Figuras de autor, figuras de editor

FUNDAÇÃO EDITORA DA UNESP

Presidente do Conselho Curador
Mário Sérgio Vasconcelos

Diretor-Presidente
Jézio Hernani Bomfim Gutierre

Superintendente Administrativo e Financeiro
William de Souza Agostinho

Conselho Editorial Acadêmico
Danilo Rothberg
João Luís Cardoso Tápias Ceccantini
Luiz Fernando Ayerbe
Marcelo Takeshi Yamashita
Maria Cristina Pereira Lima
Milton Terumitsu Sogabe
Newton La Scala Júnior
Pedro Angelo Pagni
Renata Junqueira de Souza
Rosa Maria Feiteiro Cavalari

Editores-Adjuntos
Anderson Nobara
Leandro Rodrigues

CILZA CARLA BIGNOTTO

Figuras de autor, figuras de editor
As práticas editoriais de Monteiro Lobato

© 2018 Editora Unesp

Direitos de publicação reservados à:
Fundação Editora da Unesp (FEU)
Praça da Sé, 108
01001-900 – São Paulo – SP
Tel.: (0xx11) 3242-7171
Fax: (0xx11) 3242-7172
www.editoraunesp.com.br
www.livrariaunesp.com.br
feu@editora.unesp.br

Dados Internacionais de Catalogação na Publicação (CIP) de acordo com ISBD
Elaborado por Vagner Rodolfo da Silva – CRB-8/9410

B593f
Bignotto, Cilza Carla
    Figuras de autor, figuras de editor: as práticas editoriais de Monteiro Lobato / Cilza Carla Bignotto. – São Paulo: Editora Unesp, 2018.
    ISBN: 978-85-393-0737-1

    1. Editoração. 2. Práticas editoriais. 3. Mercado Editorial. 4. Século XX. 5. Lobato, Monteiro. I. Título.

2018-631   CDD 070.5
                                                                  CDU 070.4

Editora afiliada:

Para
Maria Eliza Colaviti,
Mirko Lerotic Filho,
Marisa Philbert Lajolo

Sumário

Agradecimentos . 11
Introdução . 15

Parte I. Formação de autores e de editores no Brasil

1. Os primeiros prelos: 1808 a 1830 . 51
   1.1. Do bloqueio tipográfico à Impressão Régia . 51
   1.2. O estabelecimento da imprensa . 64
   1.3. Censura e liberdade de imprensa . 83
   1.4. Primeiras leis de proteção ao autor . 94

2. Em torno das tipografias de Paula Brito . 109
   2.1. Direitos autorais, Romantismo e mecenato imperial . 109
   2.2. "A Confederação dos Tamoios" e o campo literário . 116
   2.3. A propriedade literária e a figura do autor romântico . 122
   2.4. Paula Brito, Teixeira e Souza e a edição de romances . 135
   2.5. Gonçalves Dias, José de Alencar e a carreira literária . 148

3. No tempo da livraria Garnier . *171*
   3.1. B. L. Garnier, livreiro-editor . *171*
   3.2. Edições, contrafações e tensões no campo literário do Segundo Reinado . *183*
   3.3. A propriedade literária no final do Império . *199*
   3.4. Escritores, editores e direitos autorais na República . *203*

Parte II. Figuras de editor e de autor nas empresas de Monteiro Lobato

4. Na salinha da *Revista do Brasil* . *235*
   4.1. A *Revista do Brasil* . *235*
   4.2. Sacis, *Urupês* e um projeto literário . *256*
   4.3. Primeiras edições alheias . *281*

5. As editoras de Monteiro Lobato . *297*
   5.1. A Olegário Ribeiro, Lobato & Cia. . *297*
   5.2. A Monteiro Lobato & Cia. . *305*
   5.3. A Cia. Gráfico-Editora Monteiro Lobato . *354*

6. A rede dos homens de letras . *387*
   6.1. Uma rede de distribuição revolucionária . *387*
   6.2. Os agentes da *Revista do Brasil* . *391*
   6.3. Novos métodos de divulgação . *412*
   6.4. Letrados estrelam propagandas . *415*
   6.5. Jovens autores entram na rede . *421*
   6.6. O caso Sylvio Floreal . *423*
   6.7. A rede dos Quixotes . *438*

7. Contratos de edição das empresas de Monteiro Lobato . *449*
   7.1. A propriedade literária no Código Civil de 1916 . *449*
   7.2. Monteiro Lobato e os direitos autorais . *454*

7.3. Os contratos das empresas editoras de Monteiro Lobato . *461*

7.4. Lobato contrata Lobato . *513*

Conclusão . *519*
Índice de figuras . *527*
Referências bibliográficas . *529*

Agradecimentos

Este livro é uma versão revisada de minha tese de doutorado, orientada pela professora doutora Marisa Lajolo e defendida, em janeiro de 2007, no Instituto de Estudos de Linguagem (IEL) da Universidade de Campinas (Unicamp).

Quando eu iniciava as pesquisas para a tese, Vladimir Sacchetta compartilhou comigo uma série de documentos que havia pesquisado para o livro *Monteiro Lobato:* furacão na Botocúndia, escrito em parceria com Marcia Camargos e Carmem Lúcia de Azevedo. Entre esses documentos estavam cópias de partes do processo de falência da Cia. Gráfico-Editora Monteiro Lobato, que teve muita importância no desenvolvimento de meu trabalho. Serei sempre grata pela generosidade com que Vladimir me cedeu cópias de documentos tão valiosos, além de informações conseguidas com muito esforço por ele, Marcia e Carmem, durante o processo de escrita de um dos melhores livros existentes sobre Monteiro Lobato. Generosidade assim faz crer que há algo maior do que nós: o amor pela cultura brasileira, que está acima de interesses pessoais.

Os colegas orientandos da professora Marisa Lajolo também foram muito generosos e solícitos, durante os seis anos em que desenvolvi a tese no IEL. Agradeço especialmente a Milena Ribeiro Martins, Luís Camargo e Thaís Albieri, pelas discussões produtivas sobre Monteiro Lobato, livros e leitura. Emerson Tin contribuiu com muitos documentos para o desenvolvimento de minha pesquisa. Graças a ele, tive acesso a cartas de Monteiro Lobato para Antônio Sales, Roquette-Pinto, Rodrigo Octávio Filho, entre outros autores. Emerson cedeu a mim, gentilmente, pesquisas feitas em vários arquivos brasileiros para sua própria tese de doutorado.

Os funcionários do Centro de Documentação Alexandre Eulálio (Cedae), do IEL, onde está arquivado o Fundo Monteiro Lobato, e da Biblioteca Infanto-Juvenil Monteiro Lobato, em São Paulo, também foram muito prestativos, e a eles agradeço pela atenção. Já o desembargador Emeric Lévay, coordenador do Museu da Justiça de São Paulo, em 2004, quando lá pesquisei o processo de falência da Cia. Gráfico-Editora Monteiro Lobato, deixou lição inesquecível como servidor público. Ele tinha, então, 86 anos e uma carreira brilhante como jurista. Estava à frente de um museu em que ocorriam problemas de todo tipo: para fotografar documentos em uma sala, por exemplo, era preciso desligar as luzes de várias outras. Pois o desembargador Emeric, com paciência e delicadeza infinitas, não apenas permitiu que meu marido e eu fotografássemos todo o processo, como nos incentivou a fazê-lo, e para tanto proporcionou todas as condições possíveis, e algumas além do que talvez fosse permitido, pelo que pude testemunhar. Ele dizia: "Lobato merece ser estudado pelos jovens, merece ser lembrado". Passamos várias tardes no museu, fotografando, e as conversas com o dr. Emeric, que, quando jovem, havia conhecido Lobato, eram sempre instrutivas e agradabilíssimas. Membro da Academia Paulista de História, ele enfatizava a importância da preservação de documentos e de testemunhos sobre nossa memória social. Infelizmente, o desembargador faleceu logo depois de nossas sessões de fotos. Não pude lhe mostrar nem as fotos nem minha tese. Agradeço a ele, por intermédio de seus familiares, por todo o auxílio que nos prestou, afirmando mais uma vez que o presente trabalho não seria possível sem sua atenção, incentivo e amor à cultura brasileira. Obrigada, dr. Emeric Lévay.

Márcia Razzini também me ajudou muito, com documentos e ideias. As professoras Marisa Deaecto e Márcia Abreu, que integraram minha banca de qualificação, foram leitoras cuidadosas do texto inicial da tese e sugeriram bibliografia essencial para o desenvolvimento da argumentação. Posteriormente, os professores João Luís C. T. Ceccantini, Regina Zilberman e Tania de Luca, membros da banca examinadora da tese, juntamente com a professora Marisa Deaecto, fizeram leituras meticulosas, interessadas e interessantes de meu trabalho. Nos últimos anos, alguns amigos colaboraram para que a tese saísse do limbo e se tornasse livro: Carlos Minchillo, Enio Passiani, Duda Machado, Milena Ribeiro Martins (sempre), Gilberto Franco, Luís Camargo e Valdei Araújo. Nunca é demais lembrar que eles não têm a menor responsabilidade pelo que escrevi neste livro.

Conheci todas essas pessoas graças a Marisa Lajolo, que está no início de tudo, quando havia apenas minha vontade de estudar alguns aspectos da vida profissional e da obra de Monteiro Lobato. Se este livro tiver algum mérito, é por força e graça das orientações de Marisa; os problemas dele são todos meus.

Introdução

Comecemos com uma imagem pinçada em meio às muitas que compõem a figura de Monteiro Lobato.

Em agosto de 1921, o redator da seção "Momento literário", da revista paulistana *A Vida Moderna*, pintava o seguinte retrato do escritor e editor paulista:

> O chronista do "momento" não póde deixar de registrar hoje na sua secção insulsa o nome deste palladino das letras em terras paulistanas. Monteiro Lobato, Géca Tatú modernisado, quase, quase almofadinha, pois para Géca tem as credenciaes de ter nascido no interior e para almofadinha a de trajar á ultima móda, Monteiro Lobato, dizíamos, é um paradoxo vivo.
>
> Affirmou que o Géca é homem morto, e elle, Géca tambem, demonstra, pelo contrario, que é "vivo" como poucos. Montou, como diz o Lellis, uma grande machina de vender livros, e, só de sua lavra, vendeu mais de cem mil!! É, como se vê, uma colheita das melhores. Felizardo como só elle, não houve praga que a impedisse.[1]

---

[1] Momento literário, *A vida moderna*, n.412, p.26, ago. 1921.

Monteiro Lobato tinha então 39 anos, era autor de uma dúzia de *best-sellers*[2] e proprietário da casa editora que o jornalista Lellis Vieira chamara de "máquina de fazer livros". Era conhecido nas redações de revistas e jornais de São Paulo e do Rio de Janeiro, pois colaborava em vários periódicos, dentre eles *A Vida Moderna*, e mantinha contato estreito com jornalistas para divulgação das obras que escrevia e publicava; é provável que conhecesse pessoalmente o anônimo redator que o descreveu como um Jeca modernizado. Esse redator ocupava um posto privilegiado para observar as produções e atividades do "paradoxo vivo" que seria Monteiro Lobato.

No começo do século XX, a maioria dos jornais e revistas brasileiros mantinha uma seção para divulgar lançamentos de livros. O espaço atendia à demanda de escritores, tipógrafos, livreiros, editores, que enviavam suas mais novas publicações para as redações de periódicos, às quais pediam divulgação dos títulos. Essa prática era quase tão antiga quanto a existência da imprensa no país; os primeiros jornais brasileiros, criados logo após 1808, já reservavam espaço para anunciar obras "dadas à luz". Por vezes, o livro recebido por determinada redação era avaliado com mais cuidado em resenha ou artigo crítico; geralmente, porém, os títulos eram apenas divulgados aos leitores, o que já era boa publicidade para seus produtores. Periódicos podiam construir e alimentar a fama de escritores de diversas maneiras, em diferentes seções: publicando seus textos, louvando suas obras, dando notícia de suas variadas atividades sociais, estampando seus retratos em fotos ou ilustrações.

Hoje, desaparecidas as livrarias, os vendedores de livros, os balcões e vitrines do passado, essas seções dos periódicos permitem vislumbrar o fluxo de títulos que saíam das impressoras e aguardavam por leitores; permitem, também, perceber como os jornais e revistas atuavam para promover determinados autores junto a seus públicos.

---

2 *O saci-pererê*: resultado de um inquérito (1917); *Urupês* (1918); *Problema vital* (1918); *Cidades mortas*: contos e impressões (1919); *Ideias de Jeca Tatu* (1919); *Negrinha* (1920); *Os negros ou Ele e o outro* (1921); *A onda verde* (1921); *A menina do narizinho arrebitado* (1920); *Narizinho arrebitado* (1921); *O saci* (1921); *Fábulas de Narizinho* (1921). Todos esses títulos foram editados e publicados por Monteiro Lobato, a princípio por meio da "Seção de obras" do jornal *O Estado de S. Paulo*, no caso de *O saci-pererê* e *Urupês*, posteriormente sob chancela de suas editoras.

Os redatores encarregados de escrever notas para seções como "Momento literário" acompanhavam de perto a produção de diferentes autores, editores e livreiros, o que lhes permitia comparar aspectos materiais da fatura dos livros, perceber tendências temáticas e apontar problemas diversos, do estilo inseguro de um autor iniciante ao número de gralhas da reedição de um clássico. A *Revista do Brasil*, de propriedade de Monteiro Lobato, mantinha espaços destinados a resenhas críticas e a informações diversas sobre livros, de notícias de concursos literários a notas sobre reuniões da Academia Brasileira de Letras. A seção "Movimento editorial", inaugurada em janeiro de 1921, apresentava balancetes do número de publicações de editoras brasileiras e, eventualmente, portuguesas e argentinas. As informações, que seriam fornecidas pelas empresas editoras, indicavam que "em fins" do ano de 1920, as edições da *Revista do Brasil* teriam somado "mais de 60 mil exemplares".[3]

Como bem apontou Milena Ribeiro Martins, esse dado "contradiz uma outra informação, de janeiro de 1922, segundo a qual a editora da *Revista do Brasil* teria editado 50 mil exemplares em 1920 e 150 mil exemplares em 1921".[4] Embora apresentem por vezes esse tipo de incongruência, e quase sempre se caracterizem por generalizações construídas por números arredondados e referentes a apenas alguns dos títulos lançados, as informações relativas às publicações de Monteiro Lobato divulgadas pela própria editora notabilizam-se pelas grandes tiragens, que crescem ao longo dos anos.[5]

A divulgação das tiragens da editora, muito maiores do que as de suas concorrentes, reforçadas por entrevistas concedidas por Monteiro Lobato no período e por textos diversos atestando o crescimento de seu negócio, podem ter contribuído para a construção da figura do editor revolucionário, criador de uma "máquina de fazer livros", tal como a conhecemos hoje. A soma anunciada de "150 mil" exemplares saídos dos prelos em 1921[6]

---

3 Movimento editorial, *Revista do Brasil*, n.61, jan. 1921.
4 Martins, M., *Lobato edita Lobato:* história das edições dos contos lobateanos, p.57. Milena apresenta uma análise densa e esclarecedora das seções da revista dedicadas ao que ela denomina "mundo dos livros".
5 Ibid., p.58.
6 Ibid., p.59.

certamente ancorou prognósticos como o do redator da seção "Livros novos", da revista carioca *Paratodos*, realizado no início de 1922:

> Continua Monteiro Lobato a editar em S. Paulo, movimentando a nossa producção de livros de tal sorte que para o futuro, quando algum pesquizador a queira estudar, há de dividil-a em dous períodos: antes e depois do advento de Monteiro Lobato.[7]

As narrativas que apresentam Monteiro Lobato como um herói fundador, responsável pela criação de um novo período na produção nacional de livros, são encontradas logo nos primeiros anos de suas atividades como editor. Não espanta que o cronista da revista *A vida moderna* represente Lobato como um ser quase mitológico: meio empresário, meio caipira, vestido como almofadinha e paramentado com as armas tecnológicas que aumentavam seus poderes de campeão das letras. Esses traços de Ulisses astuto, idealizador de estratégias fabulosas, seriam ampliados e cristalizados em numerosos textos nas décadas seguintes, os quais, ao selecionar, ordenar e referendar determinados comportamentos e práticas, terminaram por compor a figura do editor Monteiro Lobato que encontramos atualmente nos estudos sobre história do livro no Brasil, nos quais ele permanece erigido em marco divisor de períodos.

Para melhor atar os fios do passado e do presente, porém, voltemos a 1921, quando essa figura começava a ser construída, em parte, pelo próprio Monteiro Lobato, que exercia as atividades de editor com encanto nunca antes visto – ou pelo menos registrado – em terras brasileiras. Para trás ficavam figuras nada glamorosas de editores como Baptiste-Louis Garnier, cujas iniciais, nas bocas e penas de escritores, anunciavam o apelido "bom ladrão". Monteiro Lobato não vivia discretamente, nem mesmo se vestia discretamente, como Garnier ou Francisco Alves. Roupas refinadas envolviam seu corpo de Jeca, capas refinadas envolviam seus livros sobre jecas.

Não eram, entretanto, a aparência, a origem, a verve que mais afastavam a figura de Monteiro Lobato das de outros editores, contemporâneos ou

---

7 Livros novos, *Paratodos*, n.160, p.33.

passados; era o fato de que ele era também um escritor – um consagrado e célebre escritor. Era o criador do ainda mais célebre Jeca Tatu, que declarava morte ao cronista do "Momento literário", quem sabe na tentativa de promover outras personagens e produções, quem sabe na esperança de não ser definido como um "Jeca modernizado".

Em 1921, a criatura estava tão viva quanto seu "paradoxal" criador.

Lobato dera forma ao Jeca Tatu nos artigos "Velha praga" e "Urupês", publicados no jornal *O Estado de S. Paulo* nos últimos meses de 1914. Os artigos provocaram uma onda de polêmicas que se alastrou, a princípio, pelos círculos letrados brasileiros; rapidamente, porém, Jeca escapou das páginas de jornal e ganhou novas feições e funções em modinhas, cartuns, operetas, pinturas, anedotas. Esse fenômeno levou o nome Monteiro Lobato a circular em diferentes mídias e grupos sociais.

A popularização da personagem afetou as práticas autorais e editoriais de Lobato de diversas maneiras, como se verá na segunda parte deste livro. Por ora, mencionaremos duas das mais importantes. Em seu primeiro livro, *O saci-pererê: resultado de um inquérito* (1917), Lobato apresentava o caipira como símbolo de um projeto estético orientado para a valorização das pessoas e coisas nacionais. Sua segunda publicação, uma coletânea de contos lançada em 1918, foi intitulada *Urupês*. Embora a obra fosse de ficção, incluía os dois artigos sobre Jeca Tatu que haviam tornado o nome Monteiro Lobato tão conhecido nos círculos letrados.

Naquele mesmo ano, ele comprou a *Revista do Brasil*, sede e primeiro selo de sua editora, que mudou várias vezes de nome. Em 1919, Lobato associou-se ao tipógrafo Olegário Ribeiro e outros sócios para formar a Olegário Ribeiro, Lobato e Cia., dissolvida poucos meses depois. No início de 1920, estabeleceu, com Octalles Marcondes Ferreira, a Monteiro Lobato & Cia., que agregou novos sócios e teve o capital ampliado em 1922. Com o crescimento do negócio, em 1924 surgiu a Cia. Gráfico-Editora Monteiro Lobato, sucessora da Monteiro Lobato & Cia. A empresa faliu em julho de 1925; de seus despojos, surgiria, menos de dois meses depois, a Cia. Editora Nacional.

A história dessas empresas já foi contada em linhas gerais pelos principais biógrafos de Lobato e aparece em estudos fundamentais sobre a história do livro e da leitura no Brasil. Como previra o redator da revista *Paratodos*, os pesquisadores costumam dividir a história da produção de livros no país em antes e depois de Lobato. Nos trabalhos sobre o tema, o adjetivo "revolucionário" é utilizado com frequência para expressar o lugar ocupado pelo editor no desenvolvimento do mercado livreiro. Já no primeiro texto em que a história das editoras é traçada de modo mais detalhado, a biografia *Monteiro Lobato: vida e obra* (1955), Edgard Cavalheiro pauta as atividades editoriais lobatianas pela clave da revolução.[8]

No entanto, as fontes usadas por Cavalheiro para tratar do assunto são documentos e testemunhos do próprio Monteiro Lobato, que confiou ao biógrafo, de quem era amigo, parte de seu acervo pessoal. Assim, a importância da editora em seus anos iniciais, por exemplo, é enfocada, na biografia, por meio de lentes fornecidas pelo próprio Monteiro Lobato:

> Lobato apreciava relembrar os anos iniciais da editora, quando, todo entusiasmo e arrojo, timbra em ser um editor revolucionário. Revolucionário não só por ter aberto a porta aos novos, e pelos métodos comerciais postos em prática, mas também pela elegância e originalidade da apresentação gráfica dada às suas edições.[9]

De fato, em algumas entrevistas que deu em seus últimos anos de vida, Lobato chamou de "revolucionária" sua atuação editorial, justamente porque teria tomado as medidas mencionadas por Cavalheiro. Em uma entrevista intitulada justamente "Lobato, editor revolucionário", concedida à revista *Leitura*, em 1943, ele afirma: "fui um revolucionário nos métodos empregados".[10] Esses métodos, segundo Lobato, seriam a criação de uma rede nacional de distribuição de livros, a publicação de novos autores, o pagamento de direitos autorais, além da renovação da indústria gráfica de produção livreira. O mesmo conjunto de inovações, mencionado por

---

8 Ver. Livros, livros a mancheias. In: Cavalheiro, *Monteiro Lobato: vida e obra*, p.241-90.
9 Ibid., p.245.
10 Lobato, editor revolucionário, *Leitura*, v.10, p.13 e 32. Uma versão modificada dessa entrevista foi publicada em Lobato, *Prefácios e entrevistas*, p.251-6.

Figuras de autor, figuras de editor

Lobato em outras entrevistas do período, aparece com destaque em textos posteriores sobre suas editoras, quase sempre para qualificá-lo como editor revolucionário.

A título de ilustração, já que não é possível citar todos os trabalhos a respeito,[11] vejamos duas das mais importantes obras que discorrem sobre as atividades editoriais de Lobato. Na biografia *Monteiro Lobato:* furacão na Botocúndia, de Carmen Lucia de Azevedo, Marcia Camargos e Vladimir Sacchetta, o capítulo sobre as editoras é intitulado "Revolução editorial".[12] Em *O livro no Brasil:* sua história, Laurence Hallewell utiliza, para apresentar Monteiro Lobato, o verbo "revolucionar": "[...] foi em 1917 que um cafeicultor paulista chamado José Bento Monteiro Lobato deu os primeiros passos para o renascimento da atividade editorial brasileira e que iriam revolucionar as perspectivas do autor brasileiro".[13]

Tanto o estudo histórico de Hallewell como a biografia de Azevedo, Camargos e Sacchetta são obras de referência sobre, dentre outros assuntos, as editoras de Monteiro Lobato. A ideia de que essas editoras teriam representado um papel significativo no desenvolvimento do mercado livreiro nacional é praticamente unânime, embora apoiada quase exclusivamente sobre depoimentos do próprio editor – o que torna instigante a perspectiva de estudá-la por prismas diferentes daqueles encontrados em discursos biográficos e históricos já conhecidos. Documentos relacionados às empresas, como o processo de falência da Cia. Gráfico-Editora Monteiro Lobato (Figura 1, p.22), permitem ver por novos ângulos as práticas do editor.

O processo de falência teve início em 1925 e arrastou-se por pelo menos dois anos. Em seus três volumes, que abrangem quase mil páginas, estão reunidos estatutos da empresa, relatórios de assembleias, balancetes parciais, cópias de contratos de autores, notas fiscais de fornecedores, relações de vendedores em pontos variados do país, entremeados a dezenas de outros papéis utilizados pelos credores da companhia para justificar requerimentos de cobrança.

---

11 O leitor pode, entretanto, conferir as obras sobre Monteiro Lobato e sobre história do livro no Brasil listadas nas referências bibliograficas.

12 Azevedo; Camargos; Sacchetta, *Monteiro Lobato:* furacão na Botocúndia, p.101-201.

13 Hallewell, *O livro no Brasil:* sua história, p.236.

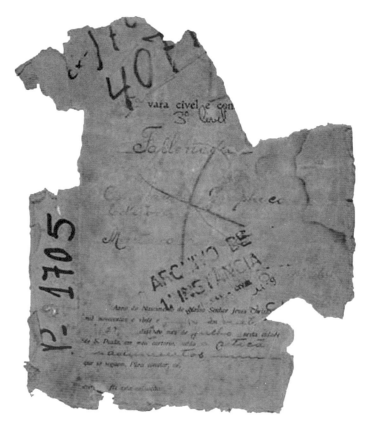

Figura 1. Capa do primeiro volume do processo de falência da Cia. Gráfico-Editora Monteiro Lobato.[14]

Nesses papéis, há registro de numerosos procedimentos editoriais, administrativos e industriais da Cia. Gráfico-Editora Monteiro Lobato e das firmas que a precederam, como a Monteiro Lobato & Cia., pois alguns dos contratos dessas empresas ainda vigoravam em 1924. Noventa anos após a liquidação da editora, ocorrida em 1927, eles podem ajudar a esclarecer como eram realizadas as atividades da empresa, da escolha de

---

14 O processo de falência está, atualmente, sob guarda do Museu da Justiça de São Paulo. Como se pode observar pela capa do primeiro volume, os papéis estão bastante deteriorados, devido às más condições de armazenamento dos arquivos da Justiça de São Paulo.

autores e textos à composição, impressão, acabamento e venda dos livros, sem contar sua distribuição e publicidade, dentre outros trâmites editoriais e mercadológicos.

Estão arquivados, no processo de falência, fragmentos dos discursos de empregados, fornecedores, prestadores de serviços, autores, toda uma multidão cujos interesses foram há muito esquecidos. Naquele período de 1925 a 1927, a falência da companhia projetou sobre a figura pública de Monteiro Lobato uma sombra de dimensões difíceis de mensurar hoje, quando seu nome está relativamente acomodado sob rótulos como os de "escritor pré-modernista" ou "pai da literatura infantil brasileira contemporânea".[15] Alguns contornos dessa sombra serão investigados neste livro, embora se estendam para além do período que pretendemos analisar.

As folhas do processo, ainda que avariadas por inundações que destruíram documentos armazenados pela Justiça de São Paulo, permitem recuperar, além dos registros de vozes já desaparecidas, o mapa dos prédios da companhia, a localização de diferentes seções da empresa, as quantidades de livros em estoque, as marcas dos equipamentos das oficinas, os objetos de decoração nas salas dos diretores, os mostruários de produtos na área de vendas.[16] Os elementos esparsos, em parte apagados, dos papéis da falência iluminam ângulos pouco conhecidos das editoras de Monteiro Lobato, favorecendo uma nova visão das práticas do editor.

---

15 Eventuais polêmicas envolvendo o escritor, como as recentes acusações de que sua obra infantil seria racista, parecem mais reforçar essas etiquetas de classificação de Monteiro Lobato do que realmente modificá-las. É o que sugere, por exemplo, o conteúdo do parecer do Conselho Nacional de Educação 15/2010, a respeito do livro *Caçadas de Pedrinho*; no parecer, o valor estético dos livros para crianças do autor mantém-se impermeável às denúncias de que neles haveria traços preconceituosos. Ver Brasil. Conselho Nacional de Educação. Parecer CNE/CEB N15/2010. Disponível em: <http://portal.mec.gov.br/>. Acesso em: 10 jan. 2017.

16 O processo ficou guardado, durante anos, em um galpão situado na Vila Leopoldina, em São Paulo, onde sofreu danos devido a constantes inundações. Em 1999, o Tribunal de Justiça do Estado de São Paulo inaugurou um arquivo informatizado. Ver Tribunal de Justiça terá novo arquivo. *Folha de S.Paulo*, 8 jul. 1999. Disponível em: <http://www1.folha.uol.com.br/fsp/cotidian/ff08079935.htm>. Acesso em: 10 jan. 2017.

Outros documentos auxiliam a construir o diorama apresentado neste livro: relatos a respeito da editora registrados em entrevistas, notícias e anúncios publicados em periódicos, além de memórias e cartas daqueles que trabalharam ou tiveram contato com a empresa, nos sete anos em que ela existiu, com nomes e capitais variados. Muitos desses papéis ainda não foram publicados, como as cartas que integram o Fundo Monteiro Lobato, composto de documentos doados pela família do escritor ao Centro de Documentação Alexandre Eulálio, da Unicamp.[17] Há, nesse acervo, uma série de papéis inéditos do período de 1918 a 1925: recortes de jornal, cartas, livros, que, somados aos documentos da coleção da Biblioteca Infanto-Juvenil Monteiro Lobato, na capital paulista, e aos de outros arquivos brasileiros, contribuem para esclarecer alguns aspectos das atividades editoriais da companhia.

Reunidas, as diferentes informações pesquisadas nesses arquivos permitem rastrear todo o "ciclo de vida", para usar uma expressão de Robert Darnton, dos livros editados por Monteiro Lobato naqueles sete anos. Segundo o historiador americano, esse ciclo "pode ser descrito como um circuito de comunicação que vai do autor ao editor (se não é o livreiro que assume esse papel), ao impressor, ao distribuidor, ao vendedor, e chega ao leitor".[18] É possível, por meio dos documentos do processo de falência, obter dados sobre quase todas as fases desse ciclo: do primeiro convite a escritores para terem seus livros publicados à impressão, distribuição e venda dos volumes. As informações relativas aos leitores dos livros publicados são mais esparsas, mas podem ser encontradas em alguns artigos, cartas, entrevistas, biografias.

Este trabalho enfoca um dos segmentos do circuito de vida do livro, o das *relações entre autores e editor*; mais precisamente, a *participação de escritores na criação e manutenção da rede nacional de distribuição de livros* e a *contratação de autores*

---

17 Em 2002, os herdeiros de Monteiro Lobato cederam ao Centro de Documentação Alexandre Eulálio (Cedae), do Instituto de Estudos da Linguagem (IEL), da Unicamp, mais de 2 mil itens, dentre aquarelas, textos originais, fotos, desenhos e cartas do escritor. Os documentos passaram a constituir o Fundo Monteiro Lobato (FML).

18 Darnton, O que é a história dos livros? In: _____, *O beijo de Lamourette*, p.112.

para publicação. Naturalmente, esse recorte não exclui outros segmentos do ciclo de vida do livro que auxiliem a compreender as atividades editoriais de Lobato, até porque, como adverte Darnton, "as partes não adquirem seu significado completo enquanto não são relacionadas com o todo".[19] Essa visão holística parece ainda mais necessária quando se leva em consideração que alguns escritores publicados pelas editoras de Monteiro Lobato trabalharam sob as ordens do editor em segmentos como o setor administrativo das empresas, caso de Léo Vaz, ou na distribuição de livros, caso de Mário Sette. Além disso, a publicação de determinados escritores parece ter obedecido, muitas vezes, a critérios como o que o editor chamava de "a psicologia média do leitor". Por esse motivo, a investigação do modo como Lobato organizou os catálogos de suas editoras, assim como o exame de seus discursos relacionados aos públicos leitores, configura-se como etapa essencial para a análise das práticas de contratação e das modalidades de contrato realizadas com autores de diferentes gêneros.

O modelo proposto por Darnton, porém, embora muito útil, não fornece instrumentos para analisar justamente os fatores que levaram à escolha de determinado título para publicação ou o modo como foram calculados os valores de pagamento de direitos autorais, entre outras práticas editoriais. Para tentar responder a esse gênero de perguntas, é preciso recorrer à Sociologia, como sugere o próprio historiador americano, ao recomendar a leitura de trabalhos como os do sociólogo francês Pierre Bourdieu. De fato, as teorias formuladas por Bourdieu, em especial as utilizadas para investigar o que ele definia como *bens simbólicos*, permitem transformar o modelo plano de circuito de comunicação proposto por Darnton em uma estrutura tridimensional: o campo literário.[20]

No decorrer deste livro, a teoria dos campos, em especial a do campo literário, que Bourdieu aprimorou ao longo de décadas de pesquisa, será largamente utilizada para examinar as práticas editoriais de Monteiro Lobato. Esperamos que, nesse processo, a teoria ilumine o objeto de estudo e vice-versa. De início, usaremos uma explicação do próprio sociólogo para

---

19 Ibid.
20 Ibid., p.129.

introduzir o conceito de campo, metáfora que designa uma arena social com estrutura e regras próprias para a produção, circulação, apropriação de bens simbólicos como livros:

> É preciso, de fato, aplicar o modo de pensar relacional ao espaço social dos produtores: o microcosmo social, no qual se produzem obras culturais, campo literário, campo artístico, campo científico etc., é um espaço de relações objetivas entre posições – a do artista consagrado e a do artista maldito, por exemplo – e não podemos compreender o que ocorre a não ser que situemos cada agente ou cada instituição em suas relações objetivas com todos os outros. É no horizonte particular dessas relações específicas, e de lutas que têm por objetivo conservá-las ou transformá-las, que se engendram as estratégias dos produtores, a forma de arte que defendem, as alianças que estabelecem, as escolas que fundam, e isso por meio dos interesses específicos que são aí determinados.[21]

Esse modo de pensar o espaço social dos produtores de arte permite analisar as práticas editoriais (e literárias) de Monteiro Lobato em relação às de outros editores, bem como as escolhas feitas por ele, o uso de seu prestígio como autor para promover livros alheios, seu posicionamento contra determinadas correntes estéticas ou a favor delas. A capacidade de conferir valor estético a um texto exige um tipo específico de capital, que Bourdieu chama de *simbólico*, e que pode ser definido como o "capital de reconhecimento ou de consagração, institucionalizada ou não, que os diferentes agentes e instituições conseguiram acumular no decorrer das lutas anteriores".[22] Nessa perspectiva, o escritor Monteiro Lobato obteve e acumulou capital simbólico conforme seus livros conquistam o reconhecimento de agentes literários de prestígio, como críticos e escritores renomados. Posteriormente, ele usou o capital simbólico conquistado para valorizar os produtos de sua editora; por exemplo, para qualificar os livros de autores estreantes como obras literárias legítimas.

---

21 Bourdieu, *Razões práticas:* sobre a teoria da ação, p.60.
22 Id., O campo intelectual: um mundo à parte. In: _____, *Coisas ditas*, p.170.

Conforme Bourdieu, a estrutura do campo literário seria determinada pelas relações de força e pelas lutas entre os agentes por capital simbólico, o lastro que serviria como garantia de que determinadas produções são literárias, de que determinados movimentos literários são importantes, de que determinadas maneiras de apreciar literatura são as adequadas ou desejáveis. Quanto maior a consagração de um escritor, mais capital simbólico acumulado ele terá, mais alta será sua posição na hierarquia do campo e mais forte sua capacidade de definir o que deve ser considerado literatura e, portanto, o que – e quem – deve ser aceito dentro do campo. A distribuição de capital simbólico seria feita, em grande parte, pelas chamadas *instâncias de legitimação*, que teriam a capacidade de reconhecer como legítimas as produções literárias surgidas no campo. As empresas de Monteiro Lobato teriam sido instâncias legitimadoras de literatura, porque os livros que saíam de seus prelos já estariam imantados pelo capital simbólico acumulado pelo escritor Monteiro Lobato.

As instâncias legitimadoras seriam responsáveis pela manutenção da propriedade principal de um campo literário: a crença. É preciso que os agentes do campo literário acreditem que determinados textos, que determinados ideais, que determinados projetos autorais têm valor estético.

A teoria do campo literário, portanto, oferece um conjunto de instrumentos que permitem investigar a dinâmica da produção e da recepção de bens simbólicos, mais especificamente, de livros. Essa dinâmica é até sugerida por modelos como o do *circuito de comunicação*, de Darnton, ou o de *sistema literário*, de Antonio Candido, para quem a "arte é um sistema simbólico de comunicação inter-humana".[23] A ideia de sistema literário, apresentada por Candido no livro Formação da Literatura Brasileira (1960), pressupõe a existência de "um conjunto de produtores literários, mais ou menos conscientes de seu papel", além de "um conjunto de receptores, formando os diferentes tipos de público, sem os quais a obra não vive". Para completar o circuito, é preciso haver "um mecanismo transmissor (de modo geral, uma linguagem, traduzida em estilos)", que ligaria produtores a receptores.[24]

---

23 Candido, A literatura e a vida social. In: _____, *Literatura e sociedade*, p.31.
24 Id., *Formação da literatura brasileira*, p.23.

Tal como o de Darnton, o modelo de Candido não oferece, de maneira explícita, instrumentos para medir aspectos como que instâncias definem, e por quais critérios, quem pode ser considerado "produtor literário", ou por que determinadas obras consideradas artísticas por um grupo de receptores podem ser tidas como comerciais por outros grupos. A noção de sistema literário – que Marisa Lajolo considera "uma teoria literária *tout court*"[25] – apresenta vários pontos em comum com a teoria de campo literário. No ensaio "O escritor e seu público", no qual investiga as relações entre esses dois vértices de seu sistema, Candido afirma:

> [...] a posição do escritor depende do conceito social que os grupos elaboram em relação a ele, e não corresponde necessariamente ao seu próprio. Esse fator exprime o reconhecimento coletivo da sua atividade, que deste modo se justifica socialmente. Deve-se notar, a propósito, que, embora certos escritores tenham individualmente alcançado o pináculo da consideração em todas as épocas da civilização ocidental, o certo é que, como grupo e função, apenas nos tempos modernos ela lhe foi dispensada pela sociedade.[26]

Candido descreve como o *reconhecimento* obtido por um escritor é sempre elaborado por grupos e determina a posição desse escritor na sociedade. Logo reconhecemos, nessa formulação, o princípio a partir do qual se constrói a teoria do campo literário de Bourdieu, a qual procura responder a perguntas como: Que grupos têm legitimidade para conferir reconhecimento a um escritor? Como essa legitimidade é conquistada? O escritor, embora não possa ele mesmo determinar sua posição na sociedade, pode realizar ações que o levem a obter maior ou menor reconhecimento? Para Bourdieu, é bastante restrito o grupo de leitores que pode fazer com que um escritor seja reconhecido, primeiro entre agentes do campo literário, de-

---

25 Lajolo, A leitura na *Formação da literatura brasileira* de Antonio Candido, *Desenredo* – Revista do programa de Pós-Graduação em Letras pela Universidade de Passo Fundo, p.76.
26 Candido, O escritor e seu público. In: _____, *Literatura e sociedade*, p.85. Os ensaios reunidos nesse livro expandem e explicam aspectos da noção de sistema literário apresentada em *Formação da literatura brasileira*.

pois em outros campos sociais. Esse grupo seleto é composto por críticos, outros escritores, membros de instituições como academias de letras ou universidades; todos detêm o capital simbólico necessário para assegurar o valor do reconhecimento que conferem a um escritor ou a uma obra.

Indivíduos e instituições reconhecidos como instâncias legitimadoras seriam os responsáveis pela manutenção da principal propriedade do campo literário: *a crença* de que determinados textos, ideais, projetos autorais têm valor estético.

Para Candido, o público é "mediador entre o autor e a obra, na medida em que o autor só adquire plena consciência da obra quando ela lhe é *mostrada* através da reação de terceiros".[27] Segundo Bourdieu, há um conjunto de (poucos) agentes literários que fazem a mediação entre público e obra; assim é que, nas contracapas e orelhas dos livros, nos catálogos das editoras — as de Monteiro Lobato incluídas —, nos anúncios publicados em jornais, costuma haver textos produzidos por escritores ou críticos renomados que apresentam a obra ao público como literatura de grande valor estético. Da mesma forma, informações sobre os prêmios conquistados pelo autor ou pela obra são destacadas, geralmente na capa do livro.

As seções de jornais e revistas como *A Vida Moderna*, nas quais livros, autores e editores como Lobato eram apresentados, elogiados, criticados, seriam responsáveis por outro tipo de mediação entre obra e público, feita igualmente por agentes do campo literário.

O público seria configurado, segundo Candido, "pela existência e natureza dos meios de comunicação, pela formação de uma opinião literária e a diferenciação de setores mais restritos que tendem à liderança do gosto — *as elites*".[28] A natureza dos meios de comunicação envolveria "a ilustração, os hábitos intelectuais, os instrumentos de divulgação (livro, jornal, auditório etc.)", elementos também "sugeridos" como formadores da opinião literária e das elites do gosto, que se definiriam "automaticamente".[29] Na visão de Bourdieu, a "ilustração", que ele chama de capital cultural, os

---

27 Ibid., p.85.
28 Ibid., p.87.
29 Ibid.

hábitos intelectuais, integrantes do que ele denomina *"habitus"*, e o capital econômico dos membros das classes dominantes são elementos essenciais na criação dos grupos de "liderança do gosto", que, no entanto, não se formariam de maneira automática, mas por força da competição pela legitimidade de poder definir o "gosto".

Os pontos em comum entre as teorias de sistema literário e de campo literário provavelmente são responsáveis pelo modo como elas têm sido utilizadas de maneira complementar em trabalhos sobre história do livro e da leitura no Brasil.[30] Há outros fatores, porém, que levam a essa utilização complementar. O primeiro deles se relaciona às dificuldades, bem apontadas por Roger Chartier, de utilizar o modelo teórico de Bourdieu para estudar períodos anteriores a 1850, quando o campo literário francês teria começado a se configurar de maneira mais autônoma.[31] O segundo concerne aos obstáculos enfrentados por quem pretende usar o instrumental teórico de Bourdieu para estudar o que seriam campos literários em países como o Brasil.[32]

O conceito de campo literário não poderia ser aplicado, por exemplo, ao espaço de produção, circulação e consumo de livros do Rio de Janeiro de 1880. Naquela época, segundo Antonio Candido, o sistema literário brasileiro já estaria consolidado, com a obra de Machado de Assis. Existiria, no país, uma tradição literária; os escritores brasileiros podiam olhar para o passado nacional e nele encontrar modelos para seguir ou superar. Porém, ainda não havia o grau de autonomia necessário em relação ao campo do poder, principalmente, exigido para a constituição de um campo literário, que funcione de acordo com leis próprias.

O grau de autonomia de um campo cultural, como o literário, depende do grau de "independência" ou de "subordinação" de seus produtores em

---

30 Como exemplo de trabalhos em que conceitos advindos das teorias de sistema literário e de campo literário são usados, veja Lajolo; Zilberman, *Formação da leitura no Brasil*; Deaecto, *O império das letras*: instituições e práticas na São Paulo oitocentista; a maior parte dos artigos reunidos em Bragança; Abreu (orgs.), *Impresso no Brasil*.

31 Chartier, *Bourdieu e a história*, p.143.

32 Ver Micelli, *Intelectuais à brasileira*.

relação "à demanda do 'grande público' e às sujeições do mercado", conforme Bourdieu.[33] A independência seria medida pela capacidade de produzir "arte pela arte", ou seja, de produzir literatura de acordo com projetos movidos por ideais estéticos pessoais, e não por imposições de mecenas, encomendas de jornais, lucros econômicos, interesses políticos. Quanto maior a dominação dos campos do poder e da economia sobre o campo literário, menor sua autonomia para funcionar de acordo com regras próprias.

É o próprio Antonio Candido quem dá a dimensão da dominação dos campos do poder e da economia sobre escritores e suas produções no século XIX. Para ele, a atitude do governo para com escritores era "paternal",

> [...] numa sociedade em que o escritor esperava acomodar-se nas carreiras paralelas e respeitáveis, que lhe permitiriam viver com aprovação pública, redimindo ou compensando a originalidade e a rebeldia. Por isso mesmo, talvez tenha sido uma felicidade a morte de tantos escritores de talento antes da servidão burocrática.
>
> Não se estranha, pois, que se tenha desenvolvido na nossa literatura oitocentista um certo conformismo de forma e fundo [...]. Ele se liga ao caráter, não raro assumido pelo escritor, de apêndice da vida social, pronto para submeter sua criação a uma tonalidade média, enquadrando a expressão nas bitolas do gosto. Muitos de nossos maiores escritores – inclusive Gonçalves Dias e Machado de Assis – foram homens ajustados à superestrutura administrativa.[34]

A relação de dependência que os escritores mantiveram por tanto tempo com o Estado, segundo Candido, pode ser vista como o grande obstáculo para a autonomização do campo literário brasileiro nos moldes propostos por Bourdieu. Como investigar as relações entre escritores e editores nos períodos em que essa autonomia ainda não existe ou ainda ensaia existir? Creio ser possível utilizar algumas categorias de Bourdieu, como as de *capital simbólico* e, principalmente, de *habitus*, para examinar a constituição

---

33 Bourdieu, *As regras da arte*, p.247.
34 Candido, O escritor e seu público. In: _____, *Literatura e sociedade*, p.93-4.

de um campo literário como o brasileiro, que se consolidou muito mais tarde e de maneiras muito diferentes da do francês. A análise do que seriam prefigurações do campo literário nacional só tem a ganhar se levar em consideração características dos públicos brasileiros, exploradas por Antonio Candido, que possibilitam perceber algumas singularidades, como o que Candido chamou de "público de auditores":

> A ação dos pregadores, dos conferencistas de academia, dos glosadores de mote, dos oradores nas comemorações, dos recitadores de toda hora correspondia a uma sociedade de iletrados, analfabetos ou pouco afeitos à leitura. Deste modo, formou-se, dispensando o intermédio da página impressa, um público de auditores, muito maior do que se dependesse dela e favorecendo, ou mesmo requerendo, no escritor, certas características de facilidade e ênfase, certo ritmo oratório que passou a timbre de boa literatura e prejudicou entre nós a formação dum estilo realmente escrito para ser lido.[35]

Essa hipótese de Candido pode ser testada por meio do exame de fenômenos como a popularização da personagem Jeca Tatu, que Monteiro Lobato declarava morto em 1921. O Jeca, assim como Marília de Dirceu, foi apresentado a muitos brasileiros não por meio da página impressa, mas de modinhas, encenações teatrais, relatos orais, menção em discursos políticos. É por essa e outras razões, que serão conhecidas ao longo do livro, que a teoria de sistema literário de Antonio Candido ajuda a entender como foram se constituindo, no Brasil, alguns dos fatores que levariam, na década de 1920, à formação de um campo literário brasileiro relativamente autônomo, com as peculiaridades que Sérgio Micelli tão bem mapeou.[36]

Um primeiro vislumbre sobre o campo literário que se formava naquele período pode ser obtido por meio da "Crônica Carnavalesca", publicada na revista *A Vida Moderna* de 3 de março de 1922. A crônica faz desfilarem juntos os conflituosos produtores de literatura de São Paulo, onde a Cia. Editora Monteiro Lobato se firmava como ponta de lança no mundo livreiro:

---

[35] Ibid., p.91.
[36] Micelli, op. cit.

[...]
E passaram na turba que avança,
Desde o Braz á Avenida Paulista
Os heróes das batalhas de Momo
Na Paulicea...

E almofadinhas...
E melindrosas...
Elles: catitas,
Ellas: mimosas!...
La deslizam cantando canções
Do Guilherme de Almeida...

E as românticas flores de estufa
Cujas almas de sonho inda vivem
A ler o Lamartine e a ler Musset
Com o languido olhar pelo infinito,
Vão tangendo os sonoros violinos
Do Laurindo de Brito...

[...]

E Passadistas
E Futuristas
Esquecendo que inda hontem foram feras
Nas phreneticas fúrias pugilistas,
Lá vão passando
De braço dado...

Lá passa o Aristeu
Dando o braço ao Menotti Del Picchia
Que saltita sorrindo chibante...
E petulante...

O Belmonte, o Paim e o Jota Prado
Lá vão de braço dado
Com o Di Cavalcanti...

Staracce, com a linda cabelleira,
Cavalga o monumento da bandeira
Na garupa do enorme Brecheret.

E passa o Mario Andrade
Com "uma gota de sangue" em cada face
– Os tropheus de sua ultima Victoria! –
Abraçadinho com o René...

E o Couto Magalhães levando a serio o futurismo
Também se vê...

E lá passa o Monteiro Lobato
Cavalgando um sacy-pererê...

[...]

E Oswald de Andrade e Mario Pinto Serva
Esquecendo a façanha futurista
Mergulham a dançar na multidão
E perdem-se de vista...

E o Leopoldo de Freitas
Vae dizendo a quem encontra:
"Meu illustre patrício,
Vae ser tremenda esta campanha...
Hê... hê... hê...
Ahi vem o Graça Aranha!..."

Vicente de Carvalho
E Ronald de Carvalho
E Elysio de Carvalho,
Em nome do passado e a Academia
Empunhando um vergalho,
Segurando Graça Aranha pela orelha
E este... nem pia... [...][37]

Em forma de marchinha carnavalesca, a crônica apresenta um divertido instantâneo de artistas que brigavam por diferentes definições de arte: futuristas e passadistas, como são chamados pelo autor do texto, que provavelmente escrevia influenciado pelas repercussões da Semana de Arte Moderna, realizada alguns dias antes, entre 11 e 18 de fevereiro, no Teatro Municipal de São Paulo.[38] Praticamente todos os escritores mencionados na crônica foram publicados por Monteiro Lobato, ele mesmo retratado "cavalgando um saci-pererê", epítome de seu projeto estético, como se verá no Capítulo 4. Apenas Mário de Andrade não chegou a figurar nos catálogos lobatianos; a história da tentativa de publicação de seu *Pauliceia desvairada* por Monteiro Lobato, porém, é das mais representativas das lutas ocorridas no interior do campo literário da época, e será analisada no Capítulo 5.

A oposição entre autores consagrados, como Monteiro Lobato, e pretendentes à consagração, como Oswald de Andrade, Menotti Del Picchia e Mário de Andrade, instituiria "no interior mesmo do campo a tensão entre aqueles que, como em uma corrida, se esforçam por ultrapassar seus concorrentes e aqueles que querem evitar ser ultrapassados", nas palavras de Bourdieu.[39] As tensões entre artistas ocorridas naquele período termi-

---

37 Guanabarino, Chronica carnavalesca!, *A vida moderna*, n.426, p.33.
38 Segundo Afrânio Coutinho, "nem todos os jornais e revistas deram cobertura intensiva à realização da Semana. No entanto, aqueles que participaram – *O Imparcial*, *D. Quixote*, *Careta* e outros – deram uma tônica irreverente e maliciosa ao evento". Seriam necessárias muitas lutas no campo literário para se estabelecer a crença de que as propostas modernistas eram de enorme valor estético. Ver Coutinho, *Revista Cultura*, n.5, p.12.
39 Bourdieu, *As regras da arte*, p.147-8.

naram por formatar as estruturas do campo literário brasileiro como o conhecemos hoje. Uma das consequências da vitória dos modernistas e de suas concepções artísticas seria o fato de Monteiro Lobato ser rotulado como escritor "pré-modernista" na maioria dos atuais livros de história literária. Em 1922, quando ele irradiava prestígio de seu posto hegemônico no campo literário, as lutas entre artistas afetaram mais imediatamente suas decisões editoriais, cujo apoio a novas correntes estéticas era contrabalançado por preocupações com os interesses do público leitor.

Conforme observou Enio Passiani, os embates entre escritores, naqueles anos, constituem evidência da formação de um campo literário no país, nos moldes pensados por Bourdieu.[40] Muitos critérios contemporâneos de definição de arte e, mais especificamente, de literatura, foram forjados naquela arena, em que escritores e críticos, mas também editoras, academias e jornais, disputavam a primazia de delimitar as regras de produção e de apreciação artística – disputa que se dava, por vezes, de maneira violenta, como se viu nos dias de realização da Semana de Arte Moderna.

As lutas não eram apenas entre modernistas e "passadistas", porém. Como se verá nos capítulos 4, 5 e 6, estavam em jogo diferentes modelos de publicação de literatura: havia, por exemplo, uma profusão de obras concebidas e produzidas para satisfazer necessidades passageiras de leitores, como faziam cigarros ou chocolates; essa percepção do livro como produto utilitário, que podia ser lido em bondes e depois descartado, punha em cheque uma concepção mais tradicional do livro como um clássico permanente, produzido para ser lido por gerações e guardado como um tesouro nos espaços nobres dos lares. No Rio de Janeiro, editoras como Leite Ribeiro, com a qual a Monteiro Lobato & Cia. quase se uniu, e Benjamin Costallat e Micollis, entre outras, vendiam inúmeros *best-sellers*, provando que no país havia *mercado para livros*, dirigidos a públicos variados, condição sem a qual não existe campo literário.

A era industrial de produção do livro, que começara a se fazer notar em várias regiões no Brasil, mas principalmente na capital, no final do XIX,

---

40 Passiani, *Na trilha do Jeca:* Monteiro Lobato e a formação do campo literário no Brasil, p.35-6.

modificaria uma série de concepções sobre autoria, publicação, público leitor. A regulamentação de direitos autorais e seu pagamento de acordo com várias modalidades de contrato, o uso de meios de comunicação como jornal e cinema para promover livros e autores, a produção de livros a partir de interesses específicos de leitores – como as *Aventuras extraordinárias de Sherlock, Nick Carter e Pearl White no Brasil*, lançadas em fascículos pela Cia. Editora Monteiro Lobato a partir de 1920 – eram alguns dos fatores que modificariam antigas noções relativas à autoria, por exemplo. Nem sempre livros eram criados por autores, como sugerem o circuito proposto por Darnton e o sistema pensado por Candido; muitas vezes, escritores eram contratados por editores para produzir, anonimamente, determinados livros para públicos específicos. Personagens de um determinado texto, como Jeca Tatu, eram apropriados por outros criadores, de livros, filmes, músicas, cartuns, nos quais assumiam configurações diferentes das originais. A originalidade, por sua vez, já se configurava como critério maior de orientação para os projetos estéticos daqueles que pretendiam fazer arte "legítima", e não comercial.

Para investigar as inovações que Monteiro Lobato teria realizado como editor que valorizava o trabalho autoral, é preciso examinar o que se entendia por autoria – e por edição – naquele período.

As palavras *autor* e *editor* têm origem no latim e chegaram até nós por uma série de cadeias linguísticas. No caminho, os atributos e as funções sociais de um e de outro mudaram muito. Comecemos pelo autor. Quando alguém chama igualmente de *autores* Píndaro, Dante Alighieri, Gonçalves Dias e Chico Buarque de Holanda está usando, de forma anacrônica, uma mesma e contemporânea noção de autoria para classificar a todos. Essa noção pode ser sintetizada nos seguintes termos: um autor é alguém que criou uma obra original, única, pela qual tem direito a crédito simbólico e econômico. Uma classificação desse tipo não se aplicaria, entretanto, a autores da Antiguidade grega e latina, para os quais não havia direitos autorais da forma como os conhecemos hoje.[41] A noção contemporânea de autoria também

---

41 Ver Kleberg, Comercio Librario y actividad editorial en el mundo antiguo. In: Cavallo (org.), *Libros, editores y público en el mundo antiguo*: guia histórica y crítica,

seria estranha a escritores da Idade Média, cuja produção era guiada por diretrizes que não envolviam a busca por originalidade.[42] Com o advento da imprensa, por volta de 1450, a noção de autoria começou a ser redefinida como atividade mais criativa, que poderia levar à fama e a alguma fortuna.[43] No século XVIII, quando surgem leis de proteção a autores e a figura do autor passa a ser remodelada por escritores românticos, a concepção de autoria começa a tomar os contornos que apresenta atualmente.

Ao se perguntar "O que é um autor", em uma conferência de 1969 que se tornou referência sobre o assunto, Michel Foucault observou que "a função-autor não se exerce uniformemente e da mesma maneira sobre todos os discursos, em todas as épocas e em todas as formas de civilização".[44] O que se entende por autor e por suas competências é algo que muda conforme o período histórico, a sociedade e o tipo de discurso.

A "função-autor", para Foucault, seria "característica do modo de existência, de circulação e de funcionamento de certos discursos no interior de

---

     p.60. Segundo o autor, não havia legislação, no mundo antigo, para regulamentar as práticas de autores e de livreiros. Sobre as atividades de autores no mundo ocidental antigo, ver também: Hauser, *História social da arte e da literatura*; Kenyon, *Books and readers in ancient Greece and Rome*.

42 A esse respeito, vale reproduzir a análise de E. P. Goldschmidt, extraída do livro *Medieval texts and their first appearance in print*: "[...] a Idade Média, por várias razões e várias causas, não dava ao conceito de 'autoria' exatamente o mesmo sentido que lhe damos agora. Muito do fascínio e prestígio que nós, modernos, emprestamos ao termo, e que nos faz considerar o autor que conseguiu ter livro publicado como tendo avançado uma etapa na marcha para se tornar grande homem, deve ter tido desenvolvimento recente. A indiferença dos eruditos medievais pela exata identidade dos autores, em cujos livros estudavam, é incontestável. Os próprios escritores, por outro lado, nem se davam ao trabalho de 'pôr entre aspas' o que extraíam de outros livros ou de indicar a fonte de onde haviam citado o trecho; hesitavam em assinar de maneira clara e inconfundível até mesmo o que evidentemente era trabalho deles próprios". Apud Macluhan, *A galáxia de Gutenberg*, p.184. Ver também, a respeito, os capítulos referentes à Idade Média em Hauser, op. cit.

43 Finkelstein; McCleery, *An introduction to book history*, p.66-71. O capítulo Authors, authorship and authority apresenta um excelente panorama das transformações pelas quais a noção de autoria passou desde a Antiguidade.

44 Foucault, O que é um autor? In: _____, *Estética*: literatura e pintura, música e cinema, p.264-98. Todas as citações posteriores foram extraídas desse texto.

uma sociedade". Entre esses discursos estariam as próprias obras literárias, mas também as leis que regulam a existência e a natureza da autoria. Nem todos os textos que circulam socialmente são discriminados pelo nome do autor. A atribuição de autoria a uma obra, e a própria delimitação do que seja uma obra, são resultado de "operações específicas e complexas", intimamente relacionadas ao "sistema jurídico e institucional que encerra, determina e articula o universo dos discursos". De acordo com Foucault, a noção contemporânea de autoria tem como pressuposto tanto o reconhecimento da responsabilidade penal do autor como o conceito de propriedade literária.

Foucault faz uma ressalva importante no início da conferência:

> Deixarei de lado, pelo menos na conferência desta noite, a análise histórico-sociológica da personagem do autor. Como o autor se individualizou em uma cultura como a nossa, que estatuto lhe foi dado, a partir de qual momento, por exemplo, pôs-se a fazer pesquisas de autenticidade e de atribuição, em que sistema de valorização o autor foi acolhido, em que momento começou-se a contar a vida não mais dos heróis, mas dos autores, como se instaurou essa categoria fundamental da crítica "o-homem-e-a-obra", tudo isso certamente mereceria ser analisado. Gostaria no momento de examinar unicamente a relação do texto com o autor, a maneira com que o texto aponta para essa figura que lhe é exterior e anterior, pelo menos aparentemente.

Nas quatro últimas décadas, grande número de historiadores, sociólogos, críticos literários e outros estudiosos da história do livro e da leitura vêm examinando justamente os aspectos deixados de lado por Foucault. No ensaio "Figuras de autor", Roger Chartier investiga aspectos históricos e sociológicos do autor moderno a partir de análise da conferência de Foucault.[45] O historiador francês argumenta que, para tentar responder à questão "o que é um autor", a história do livro "nas suas diferentes dimensões pode ter alguma pertinência". Ele sugere, ainda, que há alguns

---

45 Chartier, Figuras do autor. In: _____, *A ordem dos livros*, p.33-65. Os trechos posteriores foram extraídos desse ensaio.

dispositivos fundamentais para "a invenção do autor": os *jurídicos*, relativos à propriedade literária, os *repressivos*, relacionados à censura, e os *materiais*, ligados ao modo como a autoria é materializada nos livros impressos. Esses dispositivos são usados, neste trabalho, como categorias para análise das práticas editoriais de Monteiro Lobato, em especial a participação de autores nas vendas de livros e a contratação de escritores.

Em um relato sobre sua experiência com escritores que se recusou a editar, Lobato esboça o que podemos chamar de uma *figura do autor*:

> É lei infalível do mundo das letras: cada autor se julga um gênio, dono de uma obra que, quando revelada ao público, marcará nova era nas coisas literárias. Se o editor, pouco diplomata, chamar o autor e falar claramente, dizendo que seu livro não vale coisa alguma, que ele errou de vocação, pronto, ganhou um inimigo figadal para o resto da existência. O golpe é tratar a coisa com jeito e com açúcar. [...] Era o que eu fazia. [...] Era só soltar: "Achei o seu livro esplêndido, meu caro. Nunca um romance nacional me impressionou tanto. Naturalidade de narração, tema novo, ideias novas. O senhor não compreende o meu sofrimento em não poder editá-lo".[46]

Quando generaliza o comportamento de autores com os quais interagiu, Lobato constrói uma representação simbólica, uma imagem que remete a autores em geral. Os elementos presentes nessa *figura de autor* são distintivos do caráter que o autor de obras literárias apresenta a partir do final do século XVIII, e que ganha maior vigor no século XIX. Na generalização de Lobato, está presente a ideia de "gênio original", que, segundo Martha Woodmansee, teria sido fundamental para escritores românticos redefinirem os atributos de autoria e de obras artísticas.[47] Também está patente a ideia de que um autor é alguém que publica sua obra, que a tem "revelada ao público" em forma de livro impresso. Finalmente, essa obra apresenta "ideias novas", que reforçam a originalidade do autor. A concepção que

---

46 Lobato, Um governo deve sair do povo como o fumo sai da fogueira. In: _____, *Prefácios e entrevistas*, p.155-66.
47 Woodmansee, *The author, art, and the market*: rereading the history of aesthetics, p.36.

Lobato apresenta a respeito de autoria, baseada nas práticas e discursos dos autores com quem interagiu, será aprofundada nos capítulos subsequentes.

Como a moderna noção de autor chegou ao Brasil e a Monteiro Lobato? É o que se pretende examinar na Parte I deste livro, tomando como fio condutor a história do direito autoral no país. O estudo da transformação das leis nacionais referentes aos direitos de autor, além de permitir melhor compreensão de como atuavam as editoras de Monteiro Lobato com relação ao pagamento de escritores, oferece um importante viés para abordar a evolução das noções de autoria e de edição no Brasil até o estabelecimento de Lobato como negociante do ramo. Importante porque o direito pode servir como ponto de partida para analisar essas práticas, se entendido como produto social e histórico, ou seja, como resultado das atividades de determinada época e sociedade que passa a regulamentar.

Por outro lado, é possível desentranhar dos discursos que deram forma aos projetos de lei relativos a direito autoral diversas figuras de autor que circularam ao longo do século XIX e no começo do século XX, quando o primeiro Código Civil brasileiro estabeleceu, em 1916, leis relativas à propriedade literária. A figura do editor também emerge, com traços igualmente cambiantes, dos discursos das leis de direito autoral debatidas ao longo desse período. Comparados com outros discursos, como os das cartas de escritores, dos prefácios de livros, das notícias e artigos de jornal, dos estatutos de sociedades literárias e de textos literários, entre outros, os artigos que elencavam a natureza da autoria e da edição, além dos direitos relativos a cada função, podem oferecer boas pistas para reconstruir as figuras de autor e de editor traçadas no campo literário brasileiro do Oitocentos e do começo do Novecentos.

A palavra editor teria entrado pela primeira vez em um dicionário de língua portuguesa em 1813.[48] A definição de editor dada então pelo *Diccionario da lingua portugueza: recopilado dos vocabularios impressos ate agora, e nessa segunda edição novamente emendado, e muito accrescentado, de*

---

48 É o que informam os mais importantes dicionários de língua portuguesa, entre eles o Houaiss. Ver *Dicionário Houaiss de Língua Portuguesa*. Disponível em: < http://houaiss.uol.com.br >.

Antonio de Morais Silva, era: "O que faz a edição de algum livro, isto é, o que faz publicar a obra de algum autor, ou por impressão, ou por copia manuscrita".[49] As atribuições de um editor em Portugal – e provavelmente no Brasil – de 1813 eram bem diferentes, portanto, daquelas de um editor atual. Parte significativa das obras dadas a público naquele período era manuscrita.[50] A Biblioteca Nacional do Rio de Janeiro abriga uma bela coleção de periódicos manuscritos, que abrange do português *O Folheto de Lisboa* a jornais brasileiros do começo do século XX. Essa coleção reforça a hipótese de que, mesmo após a proliferação de tipografias, não era rara a circulação de obras manuscritas em Portugal e no Brasil.

Mais distantes ainda da noção contemporânea de edição estão os editores da Roma antiga, onde a palavra teria surgido. Segundo Tönnes Kleberg, um bom editor deveria ter uma equipe de copistas bem treinados – muitas vezes escravos –, para produzir com rapidez várias cópias em papiro, além de contar com revisores que garantissem a eliminação de eventuais erros. Feitas as cópias, o editor tratava de colocá-las em circulação, negociando-as com livreiros ou encaminhando-as a bibliotecas e pessoas de destaque nos círculos intelectuais. Era comum uma mesma pessoa exercer as atividades de editor e de vendedor de livros.[51]

Com o surgimento do códex e, posteriormente, da imprensa, juntaram-se a essas atividades novos ofícios, como os de encadernador e impressor. Artur Anselmo afirma que, nos primeiros tempos da tipografia, "as funções de impressor, de livreiro e de editor coincidem muitas vezes na mesma pessoa, como em Portugal com Valentim Fernandes e Rodrigo Álvares".[52]

---

49 Silva, A. de M., *Diccionario da lingua portugueza:* recopilado dos vocabularios impressos ate agora, e nesta segunda edição novamente emendado, e muito accrescentado, p.647.

50 No ensaio Figuras de autor, Chartier examina a mudança dos atributos do autor em verbetes de dicionários franceses do final do século XVII. Naquela época, na França, já se definia o autor como alguém que teve impressos seus livros. Com relação à produção portuguesa de impressos e manuscritos, veja Guedes, *Os livreiros em Portugal e suas associações desde o século XV até aos nossos dias.*

51 Mais informações sobre as atividades de editores e livreiros no mundo antigo podem ser encontradas no livro organizado por Cavallo, op. cit.

52 Anselmo, Da edição à transgressão. In: _____, *Estudos de história do livro*, p.13.

Conforme Anselmo, impressores, mercadores de livros e encadernadores portugueses faziam parte do mesmo "órgão de classe", a Irmandade de Santa Catarina, surgida por volta de 1460. Eram todos chamados de livreiros, "quer fossem compositores, tiradores de prelo, gravadores, encadernadores, douradores de peles, mercadores de tenda fixa ou móvel, papeleiros, etc.".[53] Somente no decorrer do século XIX, com a sofisticação da indústria do livro em Portugal (e no Brasil, que passou a ter imprensa), denominações mais específicas começaram a se firmar, entre elas a de editor.

A etimologia do termo *editor* mostra o quanto as atribuições do profissional mudaram ao longo dos séculos, variando a acepção da palavra, ainda, conforme o país. O *Dicionário Houaiss* faz um bom resumo da história etimológica do termo editor:

> lat. *editor,óris* "o que gera, produz, o que causa; autor, fundador; o que dá jogos, espetáculos" foi a fonte, culta, do port. esp. *editor*, it. *editore*, fr. *éditeur*, ing. *editor*, que até o invento da tipografia eram, a um tempo, o erudito que preparava, criticando-o e apurando-o, um texto (ger. clássico, gr. ou lat.), fazia-o copiar em um ou vários exemplares e punha-os em circulação, à venda; a primeira parte, a erudita, em breve se distinguiria da segunda, a comercial, o que em ing. tomou as figuras do *editor* e do *publisher*, pioneiramente; o fr. *éditeur de texte* é, por ora, a alternativa; o esp. *editorial* é a casa que publica, preferentemente; o port. *editar* busca, especializadamente, ficar com o lado erudito, criando, modernamente, *editorar*, para as atividades de fabrico e venda, donde mais modernamente ainda, o *editor* (ou, inequivocamente, *editor de* ou *do texto*) em contraste com *editorador*; ver *da*(d)-; a datação é para o subst.[54]

Esse verbete condensa mais de 2 mil anos de história. Engloba dos editores romanos, que tornavam públicos desde espetáculos e jogos até livros em rolo de papiro, aos editores de texto atuais, especialistas que não lidam com as "atividades de fabrico e venda". Vale acrescentar que "editor de texto" é hoje também nome de um tipo de programa de computador que permite

---

53 Ibid.
54 *Dicionário Houaiss da Língua Portuguesa*.

diversas práticas de manipulação textual, como a revisão, por exemplo. Dividindo tão diferentes águas, destaca-se a invenção da imprensa. Com a publicação de livros em massa, editar passou a ser atribuição relacionada à impressão, ainda que, durante um bom período – como mostra o verbete do dicionário português de 1813 –, o ato de publicar abrangesse igualmente obras manuscritas e impressas.

Monteiro Lobato é tributário, como editor e como autor, de práticas relativas à produção de livros que se desenvolveram ao longo do século XIX. Quando ele começou a publicar livros seus e de terceiros, encontrou uma indústria livreira ainda em formação, mas com algumas práticas consolidadas. Para entender como ele utilizou e modificou essas práticas – em meio às quais o pagamento de direitos autorais, a promoção publicitária de autores, a participação de autores nas vendas de livros –, é preciso verificar como a produção livreira se estabeleceu e evoluiu no Brasil, moldando com ela as noções de autoria e de edição que circulavam no final dos anos de 1910.

Assim, a primeira parte do livro, "Formação de autores e editores no Brasil", concentra-se em recuperar e estudar as práticas autorais e editoriais existentes no país ao longo do século XIX. O Capítulo 1, "Os primeiros prelos", trata das características da produção nacional de livros entre 1808 e 1830. Nele, procuro enfocar principalmente o estabelecimento da imprensa no país e suas consequências para a produção de obras literárias, bem como as características das primeiras tipografias e do comércio de impressos, além das pioneiras leis de proteção ao autor. O modo como autores considerados significativos para a época, como José Bonifácio de Andrada e Silva, e autores hoje esquecidos, como Luiz Antonio de Oliveira Mendes Dias Lobato, faziam publicar seus livros e pensavam a noção de autoria dá pistas sobre os atributos da figura de autor naqueles primeiros anos de imprensa no país. As práticas daqueles autores provavelmente foram geradas por *habitus* que procuro relacionar a estruturas sociais mais amplas. Na França, autores como Voltaire projetavam – para o mundo e nele, a América Portuguesa – figuras ideais de homens de letras, que influenciaram *habitus*, disposições e práticas de escritores da colônia. Alguns desses *habitus* vão se reproduzir, hipoteticamente, até os tempos de Monteiro Lobato.

No Capítulo 2, "Em torno das tipografias de Paula Brito", as atividades editoriais do tipógrafo e escritor carioca, considerado o primeiro editor brasileiro, são elencadas e examinadas com o objetivo de investigar quais eram e como se davam as práticas relativas à publicação e à circulação de livros realizadas em meados do século XIX. Essas práticas também são avaliadas por meio da análise dos primeiros projetos de lei que procuravam regulamentar os direitos autorais, a partir da década de 1850, quando já criara força no país o movimento romântico e, com ele, uma nova concepção de autoria. O lançamento de *A confederação dos tamoios*, de Gonçalves de Magalhães, e a polêmica travada nos jornais a respeito da obra, por iniciativa do estreante José de Alencar, permitem compreender aspectos específicos do sistema literário em formação, dentre eles o mecenato exercido por d. Pedro II. O exame das trajetórias de autores como Teixeira e Souza, Gonçalves Dias e José de Alencar permite delinear traços representativos de figuras de autor existentes naquele período, nas quais é possível perceber antigos *habitus*, que continuarão reproduzidos até o século XX.

O Capítulo 3, "No tempo da livraria Garnier", destaca determinados aspectos das práticas de autores e editores da segunda metade do século XIX aos primeiros anos do século XX, especialmente o modo como eram firmados contratos, a progressiva profissionalização dos homens de letras, o papel da imprensa periódica na carreira dos escritores, as relações de editores e autores com o público leitor. O capítulo tem como fios condutores as atividades de B. L. Garnier, principal editor do período, e de escritores representativos como José de Alencar, Aluísio de Azevedo, João do Rio e Olavo Bilac. O desenvolvimento de projetos visando a garantir legalmente o pagamento de direitos autorais norteia o capítulo e fornece elementos para esmiuçar as características das figuras de editor e de autor que circulavam no período.

Os *habitus* que geraram as disposições e práticas autorais e editoriais elencadas e analisadas nos três primeiros capítulos fundamentam o desenvolvimento da segunda parte do livro, "Figuras de editor e de autor nas empresas de Monteiro Lobato", que trata especificamente do editor paulista. Lobato, como todos os escritores de seu tempo, teria incorporado *habitus* relacionados a autoria, publicação, venda de livros e periódicos, em inúmeras interações sociais vividas até se tornar editor. O campo literário que se formava em 1918 lhe oferecia um "espaço de possibilidades", para recorrer a um termo de Bourdieu, que lhe permitia usar – sem total consciência disso – os *habitus* adquiridos para reproduzir, reformular, criar práticas editoriais. Essas práticas são analisadas por meio de informações contidas em cartas, contratos, memórias e outros documentos.

"Na salinha da *Revista do Brasil*" é o título do Capítulo 4, no qual investigo a trajetória de Monteiro Lobato como editor, a partir de 1917, quando ele publica por sua conta o livro *O saci-pererê: resultado de um inquérito*. No ano seguinte, lança *Urupês*, que o torna célebre no campo literário, e compra a *Revista do Brasil*, onde começa a editar obras alheias. O capítulo trata principalmente do projeto literário defendido por Lobato, além dos primeiros livros publicados sob o selo da *Revista do Brasil*.

O assunto principal do Capítulo 5 são "As editoras de Monteiro Lobato", as empresas que Lobato fundou e dirigiu entre 1919 e 1924. O objetivo é apresentar e analisar informações sobre o estabelecimento das editoras, de modo a construir um panorama do desenvolvimento das atividades de Lobato naqueles anos. Assim, são abordados de problemas com tipografias, que levaram à montagem de oficinas próprias, às razões da falência em 1925, passando pelo crescimento do prestígio do nome Monteiro Lobato no campo literário. O enfoque principal está na organização dos catálogos das editoras: a publicação de determinadas obras e a recusa em editar outras sugerem hipóteses relativas ao modo como o editor pensava as "preferências" dos leitores e a "feição" de sua empresa.

No Capítulo 6, "A rede dos homens de letras", examino, por novo ângulo, uma das inovações que tornaram Monteiro Lobato reconhecido como editor "revolucionário": a criação de uma rede nacional de distribuição de livros. Nesse capítulo, apresento e analiso casos representativos de homens de letras que auxiliaram Lobato a criar, desenvolver e administrar a rede. Minha hipótese principal é de que letrados de vários pontos do país foram fundamentais para o funcionamento e a expansão da malha distribuidora de livros e periódicos da editora. Em troca, eles ganharam comissões, tiveram livros e artigos publicados por Lobato e puderam contar com outros favores do editor.

Finalmente, em "Contratos de edição das empresas de Monteiro Lobato", o Capítulo 7, são reproduzidos e analisados contratos firmados entre as várias editoras de Lobato e escritores de obras literárias, científicas e didáticas que vieram a figurar em seus catálogos. Esses documentos indicam que as editoras praticaram várias modalidades de negociação de direitos autorais. Os contratos revelam, ainda, alguns aspectos do trabalho do editor, como sugestão de novos títulos e exigência do uso da ortografia corrente em algumas publicações literárias. Documentos que indicam os tipos de negociação dos direitos autorais das obras do escritor Monteiro Lobato complementam a análise.

A ortografia das citações feitas no corpo do texto principal foi atualizada. No entanto, decidi preservar a ortografia dos textos alheios em citações mais longas. Gostaria que este fosse um livro de consulta e creio que essa decisão pode ser útil aos leitores, pois muitos trechos reproduzidos neste trabalho são de livros de difícil acesso. Por outro lado, a maior parte dos jornais consultados está disponível na Hemeroteca Digital da Biblioteca Nacional, sem a qual este livro não seria possível. A digitalização de acervos representa um enorme avanço para a democratização do conhecimento e para o avanço da pesquisa científica no Brasil.

Ao longo do livro, uso bastante o pronome nós, não como plural majestático, mas como convite ao leitor para seguir comigo por entre o labirinto de documentos, de figuras de autor e de editor, e de minhas hipóteses, algumas nada modestas.

Desde que este trabalho foi escrito pela primeira vez, como tese de doutorado, em 2006, muitos estudos sobre a produção de impressos no Brasil foram publicados. Citar todos implicaria mudanças profundas na forma original, que optei por manter. Eventuais referências menos atualizadas, portanto, podem ser entendidas como marca do tempo.

Parte I
Formação de autores e de editores no Brasil

Capítulo 1
Os primeiros prelos: 1808 a 1830

1.1. Do bloqueio tipográfico à Impressão Régia

Houve escritores na América Portuguesa, mas eles enfrentaram obstáculos para se tornarem *autores*, conforme a definição que o termo já apresentava no século XVIII, porque não podiam imprimir seus livros. Até 1808, quando a família real portuguesa aportou no Rio de Janeiro, a imprensa era proibida na colônia. A política obscurantista da metrópole também dificultava ao extremo a entrada de impressos no país, o que não impediu que os livros circulassem no território brasileiro e que os escritores residentes na colônia produzissem obras de belas-letras. Algumas, como os poemas de Gregório de Matos Guerra (1636-1696), eram copiadas livremente e circulavam de mão em mão. Outras (poucas), como *Música do Parnaso* (1705), de Manuel Botelho de Oliveira (1636-1711), foram impressas em Portugal. No prefácio de *Música do Parnaso*, Oliveira afirma ter resolvido expor suas rimas à "publicidade de todos" para "ao menos ser o primeiro filho do Brasil que faça pública a suavidade do metro [...]".[1] Essa justificativa do poeta indica como a prática de publicar já estava fortemente associada à de imprimir.

---

[1] Oliveira, *Musica do Parnasso dividida em quatro coros de rimas portuguesas, castelhanas, italianas & latinas*, p.8.

A história da publicação de um dos livros mais apreciados pelos leitores da colônia, no século XVIII, o *Compêndio narrativo do peregrino na América*, de Nuno Marques Pereira (1652-1728), permite investigar mais de perto as práticas de autoria possíveis na colônia naquele período. O manuscrito, "pronto para o prelo desde 1725", foi levado a Lisboa por Manuel Nunes Viana, "caudilho e mecenas das brenhas do Brasil colonial".[2] A segunda edição do livro saiu três anos depois, seguida da terceira, em 1752, da quarta, em 1760, e da quinta em 1765. O sucesso do livro talvez possa ser explicado, em parte, pela temática de exortação da fé católica, tal como se constituía após a Contrarreforma.

Viana e Pereira estavam sintonizados com as práticas de mecenato, autoria e publicação que irradiavam da Europa e com as quais provavelmente tinham contato, direta ou indiretamente, por meio de Portugal. No século XVIII, antes do desenvolvimento de um mercado livreiro industrial, os autores geralmente produziam e publicavam suas obras por meio de um sistema de patronagem, cujas transações materiais e simbólicas eram bastante complexas. Os patronos tinham o *status* valorizado por meio do trabalho intelectual de seus protegidos; em contrapartida, forneciam a esses escritores compensações que podiam assumir as formas de bolsas, prêmios, empregos.[3]

O mecenato é uma atividade antiga, como o próprio nome indica. As práticas seguidas pelo fazendeiro Viana, porém, tinham pouco em comum com as de Gaius Cilnius Mecenas (70-8 a.C.), conselheiro de Augusto. O sistema de patronagem operante no século XVIII havia sido desenvolvido nos séculos anteriores, principalmente a partir do Renascimento e do surgimento da imprensa. Os patronos protegiam artistas, fomentavam trabalhos artísticos e tinham prestígio suficiente para, em muitos casos, garantir a impressores e livreiros a posterior venda de obras impressas. A partir do século XVI, principalmente, o grau de poder do patrono podia

---

2 Souza, Almanak geral do Imperio do Brasil – 1836, *Anais da Biblioteca Nacional*, p.7-27.

3 Rose, *Authors and owners:* the invention of copyright, p.16. Veja também Chartier, Mecenato e dedicatória. In: _____. *Formas e sentido:* cultura escrita, entre distinção e apropriação, p.49-79.

funcionar como lastro do potencial de venda de determinada obra. No caso de Nuno Marques Pereira, o mecenas exerceu ainda a tarefa de levar os originais a Lisboa para publicação.

Os trabalhos dos artistas eram influenciados, em maior ou menor grau, pelas concepções artísticas, morais, políticas, do patrono e de seu círculo. Como argumentou Levin L. Schücking, não era raro um artista, tendo vivido no interior do círculo de interesses de seu protetor, ser levado a pensar como ele e a produzir obras que o agradavam.[4] Quando havia divergências sobre a natureza da obra artística, a palavra final tendia a ser dada pelo mecenas. Dentre os numerosos exemplos dados por Schücking sobre o arbítrio estético exercido pelos patronos, está a dedicatória de Shakespeare, no poema narrativo "The Rape of Lucrece" (geralmente traduzido como "O rapto de Lucrécia"), de 1594, ao Conde de Southamptom: "[...] *What I have done is yours; what I have to do is yours* [...]" [o que eu fiz é seu; o que eu tiver a fazer é seu]. Para o sociólogo alemão, essa dedicatória não deve ser tomada apenas como retórica polida, pois a influência do gosto estético de um pequeno grupo aristocrático podia ser suficientemente poderosa para se impor na composição de obras hoje tidas como alta literatura.[5] Roger Chartier, que estudou o sistema de apadrinhamento principesco na Europa dos séculos XVI e XVII, faz notar que a dedicatória não deve ser vista apenas como "instrumento de uma troca dissimétrica entre aquele que oferece uma obra e aquele que, em contrapartida diferida e liberal, dá-lhe seu apadrinhamento".[6] A dedicatória seria, também, "uma figura pela qual o príncipe vê-se louvado como o inspirador primordial, o autor primeiro do livro que lhe é apresentado",[7] como se fosse o autor de fato da obra que lhe é oferecida.

Escritores que cultivavam gêneros como a poesia ou a prosa narrativa precisavam, portanto, conformar seus trabalhos às expectativas dos patronos, caso quisessem ter livros publicados e garantir recompensas

---

4 Schücking, *The Sociology of Literary Taste*, p.10.
5 Ibid.
6 Chartier, Mecenato e dedicatória. In:_____, *Formas e sentido*, op. cit., p.79.
7 Ibid.

financeiras, segundo Schücking. Já a composição de dramas, gênero muito menos prestigiado e financiado pelo público que assistia às peças não sofreria a mesma coerção imposta pela aristocracia. Na visão de Bourdieu, os estudos de Schücking[8] mostram que o campo do teatro conquistou autonomia muito antes do campo literário, pelo menos na Inglaterra da Era Elisabetana — na França do mesmo período, o teatro continuou sendo produzido de acordo com as demandas da aristocracia e de seus cânones estéticos. Shakespeare e outros dramaturgos ingleses não dependeriam exclusivamente de um único patrão, porque eram financiados por vários patrões: um público cada vez mais diversificado.[9]

O termo *público*, por sinal, sofre transformação semântica na França, ao longo do século XVII; gradativamente, sua acepção de "corpo político" ou "o estado" (*la chose publique*) dá lugar ao significado moderno de "as pessoas, em geral".[10] Essa evolução não teria ocorrido de maneira suave, como afirma Joan DeJean: "Em francês, a noção de uma audiência foi desde o princípio amarrada à crença de declínio cultural, ao término da civilização como 'nós' a conhecemos".[11] O temor de que pessoas "antes não pertencentes à elite social" ousassem "interferir em questões culturais"[12] serviu como munição nas guerras culturais que sacudiram a Academia Francesa, em especial aquela que entrou para os anais da história literária como *Querela entre antigos e modernos*. Em Portugal, a acepção de público como audiência já é encontrada no *Vocabulário português e latino*, de Raphael Bluteau (1784).

---

8 Antonio Candido também leu a obra de Schücking, sobre a qual afirma: "Exemplo conhecido é o ensaio de Lewin Schücking, no *Handwörterbuch der Soziologie*, de Vierkandt, *Sociologia do gosto literário*, mais tarde posto em volume e traduzido em várias línguas. Apesar do renome, não passa de uma indicação das pesquisas a serem feitas neste sentido". As pesquisas seriam relativas às relações entre obra e público; talvez Bourdieu tenha sido o grande realizador das investigações que ainda estavam por ser feitas, na perspectiva de Candido. Ver Candido, *Literatura e sociedade*, p.19.

9 Bourdieu, *Campo de poder, campo intelectual*, p.10.

10 DeJean, *Antigos contra modernos: as guerras culturais e a construção de um fin-de-siècle*, p.63.

11 Ibid., p.64.

12 Ibid.

No verbete, há um parágrafo que define público como "os cidadãos, a gente de qualquer lugar" e "o comum dos homens"; no qual se encontra o seguinte exemplo: "Dar um livro ao público", que significaria "Dar um livro à luz".[13] Assim como na França, em Portugal o surgimento do público (como o concebemos atualmente) estaria vinculado ao "desenvolvimento da indústria editorial, da cultura impressa".[14]

O medo de que pessoas comuns interfiram em "questões culturais" assumirá diferentes formas ao longo do tempo, como se verá adiante. A principal luta em um campo cultural, aquela que estabelece os próprios limites do campo, é justamente a que tem por fim a conquista de legitimidade para definir o que é Cultura, com C maiúsculo.

A ampliação e a diversificação de públicos e de instâncias de consagração – academias e salões, tipografias e editoras, sociedades científicas e culturais – observadas ao longo do século XVII podem ser entendidas, conforme Bourdieu, como sinais da emergência de um campo intelectual, cujo funcionamento estaria cada vez mais condicionado a regras internas do que a influências externas.[15] Um dos resultados desse processo seria o fato de, no século XVIII, os mecenas serem substituídos por editores em vários países europeus, como observara Schücking.[16]

As práticas realizadas nos espaços das novas instâncias de consagração, porém, estavam enraizadas em antigos *habitus* e disposições de proteção aristocrática. Antoine Lilti enfatiza que as práticas sociais dos salões parisienses do século XVIII estariam "inscritas numa relação de dependência que era a da proteção".[17] Assim, os escritores podiam obter a consagração

---

13 Bluteau, *Vocabulario portuguez & latino, aulico, anatomico, architectonico*, p.817.
14 DeJean, *Antigos contra modernos*, op. cit., p.70.
15 Bourdieu, *Campo intelectual, campo do poder*, op. cit., p.10.
16 Ibid.
17 Lilti, *The World of the Salons:* Sociability and Worldliness in Eighteenth-century Paris, p.108. Os salões franceses, ou os espaços e formas de sociabilidade que costumam ser classificados sob essa rubrica, são objeto de diferentes interpretações historiográficas. Para Jünger Habermas, que faz uma análise bastante diversa da de Lilti, os salões foram espaços importantes para a participação na República das Letras. Ver Habermas, *Mudança estrutural da esfera pública:* investigações quanto a uma categoria da sociedade burguesa.

de seus nomes e suas obras em salões prestigiados; tal reconhecimento, porém, não implicava necessariamente a autonomia dos autores. Embora abertos à burguesia, os salões, segundo Lilti, eram lugares onde a aristocracia da capital interagia com homens de letras, os quais precisavam, portanto, dominar os códigos do decoro, das conversas polidas, das regras da corte. Nesses espaços regidos pelas elites aristocráticas, a opinião da massa anônima de leitores era pouco considerada; um escritor consagrado pelo público não seria necessariamente bem recebido em salões.[18]

A República das Letras, como bem sintetizou Robert Darnton, "só era democrática em princípio", pois a maioria dos autores não conseguia viver do que escrevia e "precisava cortejar mecenas, solicitar sinecuras, fazer *lobby* em busca de indicações para periódicos estatais, escapar de censores e usar de subterfúgios para ter acesso aos salões e academias onde reputações eram criadas".[19] Essas práticas, comuns também em Portugal, seriam incorporadas por autores na colônia, de acordo com as restrições e oportunidades que o campo do poder lhes oferecia. Assim, o autor do Peregrino da América, sem poder contar com a proteção de príncipes ou condes, apresenta "Súplica ao senhor mestre de campo Manoel Nunes Viana", na qual, após fazer numerosos elogios ao patrono, pede ao fazendeiro que

> [...] se digne ler este compendio; e quando V. Senhoria conheça, que desta escrita possa resultar alguma gloria a Deos, exemplo ao mundo, supplico a V. Senhoria como taó devoto da Mãy de Deos, a quem tenho dedicado este livro, se digne mandalo dar ao prelo, e amparalo com o seu Patrocinio [...][20]

O manuscrito de Pereira, portanto, deve ter recebido em primeiro lugar a aprovação do patrono, que não sabemos se foi acompanhada de interferências no texto. Após a "Súplica", seguem-se as reproduções das várias licenças necessárias para a impressão e circulação do livro. Márcia

---

18 Ibid., p.13-130.
19 Darnton, *A questão dos livros:* passado, presente e futuro, p.23.
20 Pereira, *Compendio narrativo do peregrino da América.*

Abreu explica como o processo de publicação em Portugal era longo e caro para os escritores brasileiros ou seus protetores:

> Em primeiro lugar, teriam de deslocar-se para Lisboa com seus manuscritos, ou conseguir um procurador na cidade que cuidasse de seus interesses, para quem encaminhariam seus escritos. Em seguida, o texto deveria ser submetido à apreciação da censura a fim de obter permissão para impressão. Em caso positivo, a obra seria publicada por alguma casa impressora portuguesa e voltaria uma vez mais à censura para obter a "licença de correr", que autorizava a obra a ser vendida. Mesmo cumpridas todas essas etapas, um autor residente no Brasil ainda não teria seu livro em mãos, pois necessitaria voltar à instituição responsável pela censura e fazer um pedido de autorização para importação do seu próprio livro. Só então, a obra regressaria para o local onde nasceu, meses (ou, às vezes, anos) depois de haver sido composta.[21]

Leitores contemporâneos poderiam pensar que, vencidas todas essas etapas, Nuno Marques Pereira talvez tivesse recebido alguma compensação financeira pelo sucesso de vendas das várias edições de seu livro. Não foi o caso; na edição de 1731, há reprodução de requerimento do impressor Manuel Fernandes da Costa ao rei de Portugal para obter o privilégio de imprimir a obra por dez anos, período durante o qual "nenhum impressor, livreiro, nem outra qualquer pessoa possa imprimir, vender, nem mandar vir de fora do reino o referido livro" sem sua licença.[22] O privilégio foi concedido, como era de praxe não apenas em Portugal, mas em praticamente toda a Europa, que seguia um sistema surgido no século XV, em Veneza, na esteira das práticas de proteção a invenções mecânicas. Os privilégios eram garantias dadas pelos Estados para que indivíduos, durante períodos limitados de tempo, pudessem receber proventos oriundos da realização de determinadas atividades práticas. No caso da impressão de livros, os privilégios funcionavam também como forma de controle dos

---

21 Abreu, Impressão Régia do Rio de Janeiro: novas perspectivas, *I Seminário Brasileiro sobre livro e história editorial*, p.2.
22 Pereira, *Compêndio narrativo do Peregrino da América*.

Estados sobre a escrita e sua circulação. Embora autores eventualmente obtivessem privilégios de impressão e venda, eram os impressores e livreiros que costumavam recebê-los. Para Mark Rose, os variados documentos que conferem privilégios a autores, tradutores, editores, impressores e livreiros sugerem que ainda haveria, na Veneza quinhentista, traços de concepção de produção de livros existente na Idade Média, que não separava a escrita da reprodução da escrita.[23]

A primeira lei de direitos autorais, tais como os concebemos atualmente, surgiu na Inglaterra, em 1710. Após uma série de batalhas jurídicas movidas por escritores, o Estatuto de Anna (rainha que o assinou) garantiu a eles o direito de imprimir e vender suas obras.[24] Nos anos seguintes, outros países europeus, como Dinamarca, Espanha e Alemanha, expediram ordenações proibindo a contrafação de obras literárias e artísticas e reconhecendo, de forma mais ou menos implícita, o direito de autor. Todavia, segundo a jurista Eliane Y. Abrão, "o verdadeiro alcance desse direito" só se daria "com o advento das teorias individualistas e liberais que inspiraram a Revolução Francesa" e a Guerra de Secessão nos Estados Unidos da América, "com todas as consequências que levaram à disseminação dos chamados princípios liberais e democráticos por todo o mundo ocidental".[25]

Na colônia brasileira, os escritores que não tinham meios de enfrentar o caro processo de impressão em Portugal davam suas obras a público por meio de manuscritos e leituras, em sociedades e academias literárias, que se multiplicaram ao longo do Setecentos. As principais foram a dos *Esquecidos* (1724-5), a dos *Renascidos* (1759-60), ambas em Salvador, a dos *Felizes* (1736-40) e a dos *Seletos* (1752-4), no Rio de Janeiro. As reuniões e produções dos acadêmicos constituiriam "o que tenha havido de mais sério na vida intelectual no Brasil Colônia", conforme José Aderaldo Castello.[26]

---

23 Ver Rose, op. cit., p.9-10.
24 Ibid., p.9-30. Em português, um bom início para o estudo do Estatuto de Anna é o capítulo Privilégios, títulos e propriedade, do livro *O preço da leitura*, de Marisa Lajolo e Regina Zilberman, p.23-46.
25 Abrão, *Direitos de autor e direitos conexos*, p.28.
26 Castello, *Manifestações literárias do período colonial: 1500-1808/1836*, p.97.

A importância dessas associações pode ser dimensionada por indícios como o de que a Academia dos Felizes teria motivado a criação de uma tipografia, por Antonio Isidoro da Fonseca.[27] A agremiação reunia letrados portugueses e brasileiros, oriundos principalmente dos primeiros escalões da administração colonial, da igreja e da magistratura, sob a proteção do governador Gomes Freire de Andrade. A Academia dos Seletos, criada para homenagear o governador, talvez tenha sido uma reestruturação da agremiação anterior, ainda segundo Cavalcanti. Há divergências, porém, sobre a origem e os objetivos da Academia dos Seletos, que deixou como legado o único livro impresso com textos de acadêmicos, a coletânea *Júbilos da América*, publicada em 1754.[28]

Para Antonio Candido, as academias, ocasionais como a dos Seletos, temporárias ou permanentes como a dos Renascidos, teriam favorecido o "desenvolvimento de uma consciência de grupo":

> No século XVIII não se podia falar, com referência ao Brasil e mesmo Portugal, num grupo socialmente diferenciado de escritores, dissolvidos como estavam nos agrupamentos dirigentes, administrativos e profissionais. Mas a agremiação e a comemoração eram, precisamente, oportunidade para ressaltar a especificidade virtual do escritor, destacando-o das funções que lhe definiam realmente a posição social: magistrado, funcionário militar, sacerdote, professor, fazendeiro. Na medida em que o faziam, estabeleciam um critério de identificação social do letrado *como letrado*, não como membro de um desses grupos funcionais, resultando a consequência muito significativa de lançarem, ainda que embrionariamente, as bases para a definição do *status* e do papel do escritor.[29]

A constituição de um grupo "socialmente diferenciado de escritores" é o primeiro passo para a prefiguração tanto de um sistema como de um

---

27 Cavalcanti, *O Rio de Janeiro setecentista*: a vida e a construção da cidade da invasão francesa à chegada da corte, p.219.

28 Ver Pereira, Os 250 anos do livro *Júbilos da América* da Academia dos Seletos, *Revista Brasileira*, p.209-18.

29 Candido, *Formação da literatura brasileira*, p.74.

campo literário. A existência de produtores especializados, "habilitados a expressar um juízo estético sobre os produtos artísticos e fixar seu valor",[30] costuma assinalar o início do processo de autonomização de um campo literário. Na França, a criação da Academia Francesa, "à qual o rei delega o poder de legislar sobre linguagem",[31] marcaria o início da autonomização das atividades literárias, segundo Gisele Sapiro, pois atuaria como instância de consagração de autores e de obras.

Na América Portuguesa, as agremiações desempenhariam duas funções essenciais, segundo Antonio Candido: criar "atmosfera estimulante para a vida intelectual, favorecendo o desenvolvimento de uma consciência de grupo entre os homens cultos e levando-os efetivamente a escrever" e formar um "autopúblico, num país sem públicos".[32] As reuniões dos homens de letras e as correspondências que mantinham provavelmente contribuíram não apenas para estimular a produção e o consumo de belas-letras, mas para manter e renovar práticas de autoria, de leitura, de apreciação estética. As "rotinas" das agremiações, como as chama Candido, teriam sido relevantes para a constituição e manutenção de *habitus* relativos à produção e à circulação de textos entre os homens de letras da colônia.

O conceito de *habitus* desenvolvido por Pierre Bourdieu (a partir da apropriação e modificação de conceitos anteriores) é definido por ele como "um sistema de esquemas de produção de práticas" e, simultaneamente, "um sistema de esquemas de percepção e apreciação das práticas".[33] A inculcação do *habitus* se daria por intermédio das interações dos indivíduos, entre si e com o ambiente, no interior de grupos ou classes sociais, principalmente nos primeiros anos de vida:

> As estruturas constitutivas de um tipo particular de meio (as condições materiais de existência características de uma condição de classe), que podem ser

---

30 Sapiro, Elementos para uma história do processo de autonomização: o exemplo do campo literário francês, *Tempo Social*, v.16, n.1, p.94.
31 Ibid.
32 Candido, *Formação da literatura brasileira*, p.78.
33 Bourdieu, Espaço social e espaço simbólico. In: _____, *Coisas ditas*, p.157-8.

apreendidas empiricamente sob a forma de regularidades associadas a um meio socialmente estruturado, produzem *habitus*, sistemas de disposições duráveis, estruturas estruturadas predispostas a funcionar como estruturas estruturantes, isto é, como princípio gerador e estruturador das práticas e das representações que podem ser objetivamente "reguladas" e "regulares" sem ser o produto da obediência a regras, objetivamente adaptadas a seu fim sem supor a intenção consciente dos fins e o domínio expresso das operações necessárias para atingi--los e coletivamente orquestradas, sem ser o produto da ação organizadora de um regente.[34]

Para entender melhor a noção de *habitus*, imaginemos que Basílio da Gama (1741-1795) tenha de fato assistido, aos doze anos de idade, ao único ato acadêmico oficial da Academia dos Seletos, como informa Joaquim Norberto.[35] Ao participar da reunião, o futuro autor de O Uraguai (1769) teria incorporado uma série de comportamentos, ideias, práticas e representações relacionadas à produção e à recepção de textos artísticos, por meio da experiência vivida com letrados. Os *habitus* seriam adquiridos em outras interações proporcionadas por meio social de Basílio da Gama, de modo empírico, pouco ou nada consciente – pois as normas reguladoras das práticas vivenciadas quase nunca são explicitadas –, e passariam a estruturar suas predisposições como homem de letras. Uma vez incorporado, o *habitus* proveria um alicerce para a geração de novas práticas, que poderiam ser as mais diferentes, de acordo com as características do campo em que ocorressem, no tempo em que ocorressem. As práticas seriam, afinal, produzidas pela confluência entre as disposições dos indivíduos geradas pelo *habitus* adquirido e as coerções, demandas, oportunidades encontradas por eles nos campos em que se movem.[36] Basta comparar O Uraguai às produções da Academia dos Seletos para perceber que a noção de *habitus* de modo

---

[34] Bourdieu, Esboço de uma Teoria da Prática. In: Ortiz (org.), *A sociologia de Pierre Bourdieu*, p.46-86.

[35] Silva, *História da literatura brasileira e outros ensaios*, p.276.

[36] Uma boa síntese da evolução (e dos problemas) dos conceitos de *habitus*, práticas e disposições nas obras de Bourdieu é encontrada em Jerkins, *Pierre Bourdieu*, p.40-63.

algum implica determinismo. Trata-se de um princípio mediador extremamente útil para traçar correspondências entre as práticas individuais e as práticas coletivas, de modo a evitar as armadilhas de antinomias como indivíduo/sociedade.

Em meados do século XVIII, as disposições dos homens de letras da colônia tinham como alicerce *habitus* muitas vezes adquiridos em Portugal e outros países europeus. Essas disposições, quando encontravam oportunidades proporcionadas pelo campo do poder, como a organização de agremiações, geravam práticas que teriam permitido, como afirmou Candido, "lançar as bases para a definição do *status* e do papel do escritor". Por outro lado, quando o campo do poder impunha restrições, como a proibição da imprensa, as disposições de habitantes da colônia se concretizaram em práticas que visavam a modificar condições estruturais — como a "frustrada tentativa de furar o bloqueio tipográfico imposto pela metrópole".[37]

Em 1747, o português Antonio Isidoro da Fonseca, provavelmente com apoio da Academia dos Felizes, estabeleceu uma tipografia no Rio de Janeiro, onde teria conseguido imprimir pelo menos três livros.[38] Sua iniciativa foi rapidamente extinta pelo Conselho Ultramarino de Lisboa, que ordenou, em 10 de maio de 1747, a proibição da impressão de livros no Brasil. Os equipamentos tipográficos de Fonseca deveriam ser enviados de volta ao reino e os reincidentes, presos. Três anos depois, de volta a Lisboa, o tipógrafo apresentou petição a dom João V para tornar a assentar imprensa no Rio, mas o pedido foi indeferido.

Documentos emitidos *pelo* e *para* o governo português durante o período colonial, como a ordem do Conselho Ultramarino de Lisboa e a petição de Isidoro da Fonseca, têm sido importantes para esclarecer pontos ainda obscuros da história do livro e da leitura no Brasil. É o caso do pedido

---

37 Dines, Aventuras e desventuras de Antônio Isidoro da Fonseca — nova documentação sobre a malograda Tipografia do Rio de Janeiro no século XVIII, com achegas aos 190 anos da imprensa brasileira. In: Dines; Falbel; Milgram (orgs.), *Em nome da fé*, p.77.

38 Bragança, António Isidoro da Fonseca e frei José Mariano da Conceição Veloso: precursores. In: Bragança; Abreu (orgs.), *Impresso no Brasil*, p.25-31.

feito por oficiais de livreiros cariocas que, em 1755, pretendiam obter "os mesmos privilégios, isenções e liberdades concedidas aos livreiros da corte". O requerimento, analisado pela Câmara e pelo chanceler da Relação, foi negado, com a justificativa de que os "oficiais de livreiros" não eram "tantos, e tão estabelecidos nesta cidade, que possam formar comunidade tão recomendada como a da corte".[39] O requerimento e a resposta portuguesa foram descobertos e publicados pela primeira vez por Rubem Borba de Moraes. Para o pesquisador e bibliófilo, ainda que a expressão "oficiais de livreiros" não deva ser entendida como sinônimo de "mercadores de livros", o documento provaria "a existência de gente bastante para formar uma corporação e pretender obter privilégios iguais aos seus confrades da capital lusitana".[40]

Os autores da América Portuguesa não tinham autonomia para realizar uma série de práticas de produção e de apreciação de textos, embora tivessem disposições e *habitus* para tanto. O campo do poder, porém, mudaria substancialmente com a chegada da família real e de parte da corte portuguesa ao Rio de Janeiro, o que, por sua vez, modificaria a dinâmica das práticas intelectuais no Brasil.

---

39 A transcrição integral dos documentos pode ser lida em Moraes, *Livros e bibliotecas no Brasil colonial*, p.39-40.

40 Ibid. A denominação "oficial de livreiro" abrangia atividades variadas, que somente no século seguinte começariam a ser definidas por nomes mais específicos. O pedido dos livreiros cariocas, quando analisado junto a outros documentos, lança luz sobre o comércio de livros no Rio de Janeiro de meados do século XVIII. Os papéis estudados por Moraes abrangem cartas, inventários, anúncios de lojas brasileiras onde se vendiam livros (em meio a artigos diversos), pedidos de licença à Real Mesa Censória de Portugal para o envio de obras ao Brasil. Documentos assim constituem as fontes primárias dos estudos de Márcia Abreu, sobre censura e circulação de obras literárias a partir do século XVIII, e de Luiz Carlos Villalta, sobre leitura, circulação e posse de livros na América portuguesa – para mencionar apenas dois dos principais estudiosos da história do livro e da leitura no período colonial. Para conhecer o trabalho dos pesquisadores, um bom começo é o site do projeto *Caminhos do Romance – Brasil: séculos XVIII a XIX*, do qual participaram também os professores Nelson Schapochnik e Sandra Vasconcelos. Disponível em: <http://www.caminhosdoromance.iel.unicamp.br/>. Acesso em: 27 jan. 2017.

1.2. O estabelecimento da imprensa

A família real partiu de Lisboa na noite de 27 de novembro de 1807, quando as tropas francesas já estavam em território português. Debaixo de um temporal, milhares de pessoas dirigiram-se ao cais de Belém, onde se amontoavam incontáveis lotes de bagagens e caixotes. Neles, havia sido embalado, às pressas, "o arsenal necessário para sustentar a dinastia e dar continuidade aos negócios do governo de Portugal".[41] Na confusão do embarque, Antônio Araújo de Azevedo, futuro conde da Barca, teria mandado acondicionar, no porão da nau *Medusa*, o equipamento tipográfico que havia sido comprado para a Secretaria de Estrangeiros e da Guerra, chefiada por ele, e que nem chegara a ser montado. O equipamento foi instalado no Brasil e imprimiu o decreto de criação da Imprensa Régia, mais tarde conhecida como Imprensa Nacional.

Em 13 de maio, dois meses após sua chegada, o príncipe regente criava a Impressão Régia, para imprimir "exclusivamente toda a legislação e papéis diplomáticos" da recém-instalada burocracia real, além de "todas, e quaisquer outras obras".[42] Em pouco tempo, a Impressão Régia dava à luz edições da *Gazeta do Rio de Janeiro*, periódico oficial do governo, e de livros didáticos, para atender à demanda dos estabelecimentos de ensino criados naqueles primeiros anos. A partir de 1810, o órgão iniciou a publicação de obras literárias, inclusive de romances traduzidos, encomendados pelo livreiro francês Paul Martin, estabelecido no Rio desde pelo menos o início do século.[43]

---

41 Schwarcz et al., *A longa viagem da biblioteca dos reis:* do terremoto de Lisboa à Independência do Brasil, p.215-6.

42 Sobre a instalação da Impressão Régia e os primeiros impressos no país, ver Abreu, Duzentos anos: os primeiros livros brasileiros. In: Bragança; Abreu (orgs.), op. cit., p.41-65.

43 A respeito das obras literárias publicadas pela Imprensa Régia, veja Souza, "Sahiram à luz": livros em prosa de ficção publicados pela Impressão Régia do Rio de Janeiro. In: Abreu (org.), *Trajetórias do romance:* circulação, leitura e escrita nos séculos XVIII e XIX, p.23-44.

As medidas que d. João tomou para fazer a monarquia "pegar de galho" no Rio de Janeiro, para usar expressão de Monteiro Lobato,[44] transformaram a até então acanhada capital da colônia, de população estimada entre 50 mil e 80 mil pessoas, a maioria escrava. No campo cultural, as numerosas medidas promovidas pelo governo real teriam criado "condições indispensáveis à nossa expansão cultural e intelectual",[45] como afirmou José Aderaldo Castello, dentre as quais estavam "o fim da ação estranguladora da censura; importação de livros e seu comércio; estabelecimento de tipografias, dando início à atividade editorial e à implantação da imprensa periódica".[46] Também foram fundamentais a criação de bibliotecas, tanto públicas como particulares, o estabelecimento dos primeiros cursos superiores, as frequentes apresentações de teatro, música e oratória, a organização de associações culturais, de arquivos e de museus; "e sobretudo a melhoria das condições de vida social e a presença de estrangeiros – lembre-se a missão artística francesa de 1817 –, que vêm ao Brasil e realizam obras importantes sobre nosso país.[47]

Estima-se que entre 10 mil e 15 mil nobres e funcionários reais, juntamente com seus parentes, desembarcaram no Rio com a família real e nos meses seguintes à sua chegada. Todos traziam *habitus* e disposições para práticas culturais comuns em uma corte europeia, mas até então pouco, ou nada, conhecidos no Brasil. As novas oportunidades, demandas, restrições advindas do campo do poder, principalmente, teriam disposto os homens de letras brasileiros a determinadas práticas que se tornariam características da figura do escritor brasileiro não só daqueles anos, mas de todo o século XIX. Segundo Antonio Candido,

> A raridade e a dificuldade da instrução, a escassez de livros, o destaque dado bruscamente aos intelectuais (pela necessidade de recrutar entre eles funcionários, administradores, pregadores, oradores, professores, publicistas)

---

44 Lobato, A caricatura no Brasil. In: _____. *Ideias de Jeca Tatu*, p.31.
45 Castello, op. cit., p.159.
46 Ibid.
47 Ibid, p.160.

deram-lhes um relevo inesperado. Daí a sua tendência, pelo século afora, a continuar ligados às funções de caráter público, não apenas como forma de remuneração, mas como critério de prestígio. Acrescentemos a esses fatores a tendência associativa que vinculava os intelectuais uns aos outros, fechando-os no sistema de solidariedade e reconhecimento mútuo das sociedades político-culturais, conferindo-lhes um timbre de exceção. Não espanta que se tenha gerado um certo sentimento de superioridade, a que não eram alheias algumas implicações da Ilustração – inclinada a supervalorizar o filósofo, detentor das luzes e capaz, por isso, de conduzir os homens ao progresso. Aí se encontram porventura as raízes da relativa jactância, reforçada a seguir pelo Romantismo, que deu aos grupos intelectuais, no Brasil, exagerada noção da própria importância e valia.[48]

Candido apresenta uma série de elementos que podemos entender como oportunidades que o campo do poder proporcionou aos homens de letras, como o "destaque dado bruscamente aos intelectuais" em razão da dificuldade de recrutá-los entre os habitantes da colônia. A hipótese de que letrados brasileiros permaneceriam "ligados a funções de caráter público", mais pelo prestígio que alcançavam nelas do que pela remuneração obtida, indica a existência de lutas por capital simbólico, as quais ocorriam no interior do campo do poder, já que não existiam campos culturais autônomos. Candido lembra, por sinal, que a terceira principal função das agremiações de letrados era a de propor e reforçar os "padrões dominantes, girando as suas produções quase sempre em torno da devoção religiosa, a lealdade monárquica, o respeito à hierarquia", ou seja, "reforçando a cada passo a estrutura vigente de dominação".[49]

Parece necessário desdobrar algumas das "implicações da Ilustração" na formação da figura de homem de letras descrita por Candido. A supervalorização do filósofo como "detentor das luzes e capaz, por isso, de conduzir os homens ao progresso" é encontrada em diversas obras iluministas. Na impossibilidade de examinar um grande número dessas obras, vamos ve-

---

48 Candido, A nossa *Aufklärung*. In: _____, *Formação da literatura brasileira*, p.222.
49 Ibid., p.79.

rificar como essa característica é expressa no verbete "Homens de Letras" (1765), escrito por François-Marie Arouet (1694-1778), mais conhecido pelo *nom de plume* Voltaire, para a Enciclopédia de Diderot e D'Alembert. Vários dos traços com que Voltaire delineia a figura ideal das *gens de lettres* (que deveriam ser também *gens du monde*) serão encontrados nas práticas e representações de letrados brasileiros. O ecletismo seria um desses traços:

> [...] *C'est un des grands avantages de notre siecle, que ce nombre d'hommes instruits qui passent des épines des Mathématiques aux fleurs de la Poésie, & qui jugent egalement bien d'un livre de Métaphysique & d'une piece de théatre: l'esprit du siecle les a rendus pour la plûpart aussi propres pour le monde que pour le cabinet; & c'est en quoi ils sont fort supérieurs à ceux des siecles précédens.* ("É uma das grandes vantagens de nosso século a do número de homens instruídos que passa dos espinhos da Matemática para as flores da Poesia, e que julgam igualmente bem um livro de Metafísica e uma peça de teatro; o espírito do século os tornou, na maior parte das vezes, adequados tanto ao mundo como ao gabinete; e é isso que os faz superiores aos dos séculos precedentes").[50]

A figura desse homem cultivado e eclético, confortável tanto em sua sala como nos espaços conhecidos como *le monde* (que eram os da elite sociocultural, cosmopolita e aristocrática), opunha-se à do erudito, considerado pedante, e à do *bel esprit*, a quem sobraria imaginação, mas faltariam cultura, estudo, filosofia. A natureza dos homens de letras seria constituída essencialmente pelo "espírito filosófico" (*esprit philosophique*), o que reforçaria seu compromisso com o Iluminismo, tema caro a Voltaire.[51] De modo

---

50 Voltaire, Gens de lettres, *Encyclopédie, ou Dictionnaire raisonné des sciences, des arts et des métiers*, p.599-600.
51 Segundo Robert Darnton, Voltaire "proclamara a importância dos homens de letras em *Lettres philosophiques* (1734), e, depois, identificou-os com o impulso progressista da história, em *Le siècle de Louis XIV* (1751). Em suas próprias contribuições para a *Encyclopédie*, especialmente no artigo Gens de lettres, Voltaire desenvolvia o mesmo tema e deixava claras suas implicações. A história avançava através da perfeição dar artes e das ciências; as artes e as ciências melhoravam por meio dos esforços dos homens de letras; e os homens de letras forneciam a força motriz para todo

geral, tais homens apresentariam mais independência intelectual do que os demais; "*& ceux qui sont nés sans fortune trouvent aisément dans les fondations de Louis XIV de quoi affermir en eux cette indépendance*" ("e aqueles que nasceram sem fortuna encontrarão facilmente nas fundações de Luís XIV aquilo com que fortalecer neles essa independência").[52] Não seriam mais vistas, como no século anterior, *de ces épîtres dédicatoires que l'intérêt & la bassesse offroient à la vanité* ("essas epístolas dedicatórias que o interesse e a mesquinhez ofereciam à vaidade").[53] Voltaire defendia o modelo de mecenato do Estado construído por Luís XIV, protetor de Racine e de Molière, como ideal para a manutenção de autores pobres, pois, em sua visão, o sistema evitaria a humilhante dependência financeira e intelectual de patronos particulares, registrada nas dedicatórias de livros publicados no XVII – e também no XVIII, ao contrário do que afirma o filósofo.

A independência intelectual de Voltaire era garantida pela fortuna que herdara da família burguesa e que multiplicara por meio de especulações, agiotagem, negócios diversos, direitos autorais pagos por editores oficiais e piratas, e as mais variadas subvenções artísticas concedidas por nobres de diferentes nações. Esse homem de negócios bastante hábil, que se ocupava de inúmeras atividades econômicas, da compra e venda de ações à manufatura de relógios, criou uma figura de homem de letras que deveria apresentar desinteresse por assuntos financeiros. Seu verbete constrói, em sintonia com várias outras vozes da época, a figura modelar do homem de letras – expressão tida como "referência mais legítima do que escritor (*écrivain*) ou autor (*auteur*)", segundo Lilti.[54] Além do desinteresse pelo dinhei-

---

o processo, funcionando como *philosophes*. "É este espírito filosófico que parece constituir a natureza dos homens de letras. O artigo Philosophes defendia ponto de vista bem parecido." Darnton, Os filósofos podam a árvore do conhecimento: a estratégia epistemológica da *Encyclopédie*. In: _____, *O grande massacre de gatos e outros episódios da história cultural francesa*, p.268-9.

52 "[...] *Ils ont d'ordinaire plus d'indépendance dans l'esprit que les autres hommes; et ceux qui sont nés sans fortune, trouvent aisément dans les fondations de Louis XIV de quoi affermir en eux cette indépendance.*"

53 "[...] *on ne voit point, comme autrefois, de ces épîtres dédicatoires que l'intérêt & la bassesse offroient à la vanité.* [...]"

54 Lilt, *The World of the Saloons*, p.109.

ro, o homem de letras se caracterizaria pela "falta de especialização", pela "capacidade de excelência em diferentes gêneros literários", pelo "domínio dos códigos de comportamento elaborados pela aristocracia urbana".[55]

Traços da representação do homem de letras condensada no verbete da Enciclopédia serão encontrados em numerosas figuras posteriores de autores e intelectuais, os quais, ao menos em discursos, farão esforços para se distanciar de interesses econômicos, como veremos adiante. Por ora, lembremos, com Gisèle Sapiro, que, a partir do XVIII, "é elaborada uma ética da responsabilidade do escritor que se diferencia da responsabilidade penal e que se baseia na construção histórica da imagem do intelectual"; os escritores representarão a "encarnação suprema" dessa imagem, "de Voltaire a Sartre, passando por Zola". No Brasil, Monteiro Lobato será uma das principais encarnações do intelectual, engajado em incontáveis campanhas sociais, interessado em uma multitude de assuntos, dedicado a educar governantes e governados pelos mais variados gêneros textuais.

O verbete *"Gens de lettres"* termina com uma afirmação que pode parecer paradoxal:

> *Il y a beaucoup de gens de lettres qui ne sont point auteurs, & ce sont probablement les plus heureux; ils sont à l'abri des dégoûts que la profession d'auteur entraîne quelquefois, des querelles que la rivalité fait naître, des animosités de parti, & des faux jugemens; ils sont plus unis entre eux; ils joüissent plus de la société; ils sont juges, & les autres sont jugés.* ("Há homens de letras que não são autores, e esses são provavelmente os mais felizes; eles são protegidos dos desgostos que resultam por vezes da profissão de autor, das disputas que a rivalidade faz nascer, das animosidades de partidos e dos falsos julgamentos; eles são mais unidos entre si; eles aproveitam melhor a sociedade; eles são os juízes, e os outros são os julgados.")

A ideia de autor apresentada no verbete está intimamente associada à prática de publicar livros, coisa que homens de letras não precisariam necessariamente fazer. O verbete de Voltaire é um dos muitos discursos produzidos na época que definem a figura do homem de letras *em relação*

---

55 Ibid.

à figura daqueles que, embora vivessem (ou tentassem viver) das letras, não mereceriam essa denominação. Voltaire descreve o grupo formado pela "infeliz espécie que escreve para viver" em um verbete de seu *Dictionnaire philosophique portatif* [Dicionário filosófico portátil], de 1764. O título do verbete, "Charlatão", já sugere que passamos para a ponta extremamente oposta de "Homens de Letras" no espectro dos escritores segundo Voltaire. Depois de discorrer sobre charlatães na medicina, na filosofia, na política, ele dedica um subcapítulo à charlatanice nas ciências e na literatura. A passagem sobre os escritores "charlatães" é importante, principalmente, por retratar práticas de autoria e de edição existentes na França, que seriam observadas em outros países europeus e, um século mais tarde, no Brasil. Essa importância justifica a longa transcrição a seguir, à qual voltaremos várias vezes no decorrer deste livro:

> *La malheureuse espèce qui écrit pour vivre est charlatane d'une autre manière. Un pauvre homme qui n'a point de métier, qui a eu le malheur d'aller au collège, et qui croit savoir écrire, va faire sa cour à un marchand libraire et lui demande à travailler. Le marchand libraire sait que la plupart des gens domiciliés veulent avoir de petites bibliothèques, qu'il leur faut des abrégés et des titres nouveaux; il ordonne à l'écrivain un abrégé de l'*Histoire de Rapin de Thoyras, *un abrégé de l'*Histoire de l'Eglise, *un* Recueil de bons mots *tiré du* Ménagiana, *un* Dictionnaire des grands hommes, *où l'on place un pédant inconnu à côté de Cicéron, et un sonettiorero d'Italie auprès de Virgile.*
>
> *Un autre marchand libraire commande des romans, ou des traductions de romans. Si vous n'avez pas d'imagination, dit-il à son ouvrier, vous prendrez quelques aventures dans* Cyrus, *dans* Gusman d'Alfarache, *dans les* Mémoires secrets *d'un homme de qualité, ou d'une femme de qualité; et du total vous ferez un volume de quatre cents pages à vingt sous la feuille.*
>
> *Un autre marchand libraire donne les gazettes et les almanachs de dix années à un homme de génie. Vous me ferez un extrait de tout cela, et vous me le rapporterez dans trois mois sous le nom d'*Histoire fidèle du temps, *par monsieur le chevalier de trois étoiles, lieutenant de vaisseau, employé dans les affaires étrangères.*[56]

---

56 Voltaire, *Oeuvres complètes de Voltaire*. Dictionnaire philosophique. Tome Trente-Huitième, p.467-9.

De ces sortes de livres il y en a environ cinquante mille en Europe; et tout cela passe comme le secret de blanchir la peau, de noircir les cheveux, et la panacée universelle.

("A infeliz espécie que escreve para viver é charlatã de outra maneira. Um homem pobre que não tem comércio, que teve o infortúnio de ir para a faculdade, e que pensa que sabe escrever, vai pagar sua corte a um vendedor de livros e pede-lhe para trabalhar. O vendedor sabe que a maioria das pessoas que vivem em casas quer ter pequenas bibliotecas, que elas precisam de versões simplificadas e de novos títulos; ele encomenda do escritor um resumo da *História por Rapin-Thoyas*, um resumo da *História da igreja*, uma *Coleção de ditos espirituosos* tirados da *Menagiana*, um *Dicionário de grandes homens*, no qual um pedante desconhecido é posto ao lado de Cícero, e um *sonnetiero* da Itália próximo de Virgílio.

Outro livreiro encomenda romances, ou traduções de romances. 'Se você não tem imaginação', ele diz ao trabalhador, 'você tomará algumas das aventuras do *Cyrus*, do *Guzmán de Alfarache*, das *Memórias secretas de um cavalheiro de qualidade* ou *de uma dama de qualidade*; e desse total você vai preparar um volume de quatrocentas páginas a vinte sous a folha.'

Outro livreiro dá as gazetas e almanaques dos últimos dez anos a um homem de gênio. 'Você vai me fazer um extrato disso tudo, e me trazer de volta daqui a três meses sob o nome de *História fiel dos tempos*, pelo Cavaleiro das Três Estrelas, Tenente da Marinha, empregado no Ministério de Relações Exteriores.'

Desse tipo de livro há cerca de 50 mil na Europa; e isso tudo passa como o segredo de branquear a pele, ou escurecer o cabelo, e a panaceia universal.")

Em lugar de dissertar sobre o que seria o charlatão das letras, Voltaire cria personagens e cenas para ilustrar, com mordacidade, as práticas dos "pobres-diabos"[57] contagiados pela "febre" de se tornarem homens de letras, "epidemia que grassara na França em meados do século", segundo Darnton.[58] O surgimento do chamado "público leitor", composto por uma

---

57 O literato pobre e pouco erudito protagoniza o poema satírico *Le Pauvre Diable* [O pobre diabo], de Voltaire, publicado em 1758. Ver Voltaire, *Le Pauvre Diable*. Disponível em: <http://gallica.bnf.fr/ark:/12148/bpt6k8598918>. Acesso em: 25 maio 2017.

58 Darnton, *Boemia literária e revolução*: o submundo das letras no Antigo Regime, p.78.

massa de anônimos beneficiados pela expansão escolar e pelo crescimento econômico, desejava formar "pequenas bibliotecas", cujos livros nasciam, grande parte das vezes, não de projetos autorais independentes, mas de encomendas editoriais. Os escritores que aceitavam esse tipo de trabalho apresentavam um perfil praticamente oposto, na perspectiva de Voltaire, ao do idealizado homem de letras.

Nas décadas de 1770 e 1780, centenas de jovens chegavam a Paris, muitos deles recém-saídos de faculdades, movidos pelo sonho de se tornarem filósofos como Voltaire, ou de serem ao menos recrutados para sua "igreja". Jean-Jacques Rousseau (1712-1778), o criador de um manancial de obras que irrigariam variados Romantismos no século seguinte, foi um desses jovens. O destino da maioria deles, porém, não foi o do reconhecimento, o do nome incrustado em cânones da filosofia, das letras, da pedagogia; a *canaille de la litterature* (a canalha da literatura), desprezada em vida, desapareceria na capital da República das Letras sem (quase) deixar rastros.

Os subliteratos formavam uma multidão rejeitada pelos mecenas e mal paga pelos editores. Darnton esquadrinhou as pistas deixadas por escritores desse "submundo boêmio" em arquivos policiais, nos quais descobriu que muitos deles ganhavam algum dinheiro produzindo não apenas as adaptações descritas satiricamente por Voltaire, mas panfletos políticos, obras pornográficas, relatórios de espionagem. De modo geral, eles desprezavam Voltaire e idolatravam Rousseau, a quem Voltaire via como um "pobre-diabo", a quem os pobres-diabos viam como igual. Do ponto de vista desses escritores, Rousseau "condenara a cultura elitista como o grande agente da corrupção social; e retornara, com sua semianalfabeta esposa, da classe operária, para viver uma existência humilde nas fronteiras da boemia literária".[59] O fato de Rousseau ter recebido subvenções de diferentes aristocratas não teria modificado essa imagem.[60]

---

59 Darnton, O alto iluminismo e os subliteratos. In: _____, *Boemia literária e revolução*, p.45.

60 Sobre as subvenções recebidas por Rousseau e seus contratos com editores, veja os três volumes da biografia produzida por Cramston, especialmente *The Noble Savage:* Jean-Jacques Rousseau, 1754-1762.

Os pais da Revolução Francesa encarnaram, por meio de práticas e, principalmente, de discursos, figuras quase diametralmente opostas de autor. Voltaire, o conselheiro dos príncipes, era o modelo de homem de letras para *le monde*; Rousseau, o conselheiro dos homens comuns – ou, melhor dizendo, dos burgueses –, era, para muitos de seus pares, o paradigma do autor profissional. Essas representações estavam ancoradas nas tomadas de posição de ambos, principalmente aquelas registradas em textos, a respeito das relações com os pares, os mecenas, os editores e o público. Voltaire estava suficientemente atento às demandas do emergente público leitor para difundir as Luzes por meio de um dicionário portátil quando os dicionários portáteis estavam na moda. Era versátil não apenas no tratamento de temas os mais variados, mas também na escolha de gêneros e formatos materiais diferentes, que visavam a diferentes audiências. Um de seus detratores, Alexis Piron (1689-1773), famoso por seus epigramas satíricos, ridicularizou em versos a "mania de ventilar tudo apressadamente" manifestada pelo filósofo:

> *A Enciclopédia é sua tabuleta.*
> *Que desejais? Inglês, toscano,*
> *verso, prosa, álgebra, comédia, ópera,*
> *poema épico, história, ode ou romances?*
> *Dizei. Pronto...*
> *Pois que ambiciona refazer o mundo*
> *E refazê-lo em menos de uma semana.*[61]

O epigrama de Piron, membro da Academia Francesa, pode ser entendido como indício das lutas existentes naquele campo intelectual em formação, as quais envolviam não apenas o poder de definir o que era um homem de letras, mas como deveria ser seu trabalho, quem deveria exercê-lo, em que lugares, com quais tipos de remuneração. O prestígio de Voltaire era imenso na França e fora dela, de modo que ele tinha o poder de legitimar determinadas práticas de autoria e deslegitimar outras. Da mesma maneira,

---

61 Apud Bastide, Voltaire. In: Voltaire, *Contos e novelas*.

o reconhecimento que Rousseau obtivera nos círculos mundanos era o lastro que legitimava os textos nos quais ele condenava a cultura aristocrática vigente naqueles mesmos círculos. Rousseau podia ratificar o repúdio aos rituais a que escritores se submetiam em salões porque era reconhecido nos salões como um legítimo homem de letras.

Como bem observou Geoffrey Turnovsky, a autonomia dos filósofos teria sido definida *"in a complex negotiation by wich writers positioned themselves between a broad public and a network of patrons"* ("em uma complexa negociação por meio da qual escritores se posicionavam entre um público amplo e uma rede de patronos").[62] O "público" disforme que comprava as muitas tiragens de *Candido, ou o otimismo* (1759) também comprava livros como *Mémoires et aventures d'un homme de qualité qui s'est retiré du monde* [Memórias e aventuras de um homem de qualidade que se retirou do mundo] (1728-1731), do Abade Prévost, dos quais Voltaire zomba no verbete *Gens de lettres*. A massa desorganizada de leitores não podia, portanto, consagrar obras, mesmo quando elas tinham tiragens enormes, como *Júlia, ou a nova Heloísa* (1761), de Rousseau, talvez o "maior *best-seller* do século".[63] Voltaire fez uma crítica minuciosa e violenta ao romance por meio de quatro cartas públicas, supostamente escritas pelo marquês de Ximenez a *"Monsieur de Voltaire"*, nas quais ataca, principalmente, erros gramaticais encontrados no texto.[64] Em correspondência privada à marquesa du Deffand, datada de 1770, é mais virulento: "Sua *Heloísa* me parece escrita metade num hospício e metade num bordel. Uma das infâmias deste século é ter aplaudido por algum tempo essa monstruosa obra".[65]

O aplauso de um grande número de leitores não era suficiente para que o valor de uma obra de belas-letras fosse reconhecido; pelo contrário, a acla-

---

62 Turnovsky, *The Literary Market*: Authorship and Modernity in the Old Regime, p.22.
63 Darnton, *O grande massacre de gatos e outros episódios da história cultural francesa*, p.310.
64 Voltaire, *Lettres sur La nouvelle Heloise ou Aloysia*.
65 "Son Héloïse me paraît écrite moitié dans un mauvais lieu, et moitié aux Petites-Maisons. Une des infamies de ce siècle est d'avoir applaudi quelque temps à ce monstrueux ouvrage." Voltaire, A madame la Marquise du Deffand. In: _____, *Œuvres complètes de Voltaire avec des remarques et des notes historiques, scientifiques et littéraires*, p.127-8.

mação de um público de anônimos podia desvalorizar o texto e seu autor. Esse fenômeno, bastante conhecido contemporaneamente, é característico de um campo intelectual que funciona conforme regras próprias, criadas e mantidas por agentes de prestígio. No século XVIII, o "mundo literário" se dividia hierarquicamente, conforme Darnton, "tendo no vértice um *monde de mandarins* e, na base, a boemia literária".[66] Esses extremos "subsistem ainda hoje",[67] embora o fosso entre as duas margens não seja tão profundo como era naquele período.

Voltaire trabalhou durante sua longa vida para elevar os homens de letras a uma condição social semelhante à dos aristocratas; para atingir esse objetivo, delimitado na juventude, "frequentará reis, tornar-se-á fidalgo, aumentará mais ainda sua fortuna para emprestar aos nobres e torná-los protegidos seus".[68] De modo geral, os filósofos da Ilustração procuraram elevar a figura do homem de letras. Não é estranho que na América Portuguesa, onde seus livros circulavam, apesar das muitas restrições impostas pela Coroa,[69] os letrados se dessem aquela importância descrita por Antonio Candido. Os fundadores da tradição literária brasileira – "os chamados árcades mineiros, as últimas academias e certos intelectuais *ilustrados*",[70] segundo Candido – deixaram alguns registros de práticas e de representações de autoria e de leitura. Embora esparsos, esses registros permitem perceber que os letrados da colônia apresentavam *habitus* e disposições semelhantes aos de homens de letras de Portugal, França e outros países nos quais muitos deles viveram e estudaram; no entanto, dadas as coerções e peculiaridades do campo do poder e do campo econômico em que se moviam, esses *habitus* e disposições geraram práticas distintas.

---

66 Darnton, *Boemia literária e revolução*, p.26.
67 Ibid.
68 Bastide, op. cit., p.24.
69 Sobre a circulação clandestina de livros da Ilustração francesa, e de outras obras consideradas "perigosas", ver Villalta, O diabo na livraria dos inconfidentes. In: Novaes (org.), *Tempo e história*, p.19-52; Villalta, *Reformismo Ilustrado, censura e práticas de leitura:* usos do livro na América Portuguesa.
70 Candido, *Formação da literatura brasileira*, p.26.

Uma amostra de representações de autoria e de leitura na colônia pode ser encontrada nas *Cartas chilenas*, atribuídas a Tomás Antonio Gonzaga. As cartas teriam circulado em manuscritos, não se sabe com qual amplitude, à época da preparação do "levante dos magnatas de Minas Gerais", conforme Paulo Roberto Dias Pereira.[71] O autor teria se inspirado nas *Cartas persas* de Montesquieu (1721) e nos poemas satíricos de Voltaire para denunciar as injustiças, violências, corrupções e outros desmandos do então governador e capitão geral Luís da Cunha Menezes e seus auxiliares na administração da capitania de Minas Gerais. Critilo, "cavalheiro instruído nas humanas letras",[72] que seria Gonzaga, narra em epístolas dirigidas a Doroteu, presumivelmente Cláudio Manoel da Costa, os atos condenáveis de Fanfarrão Minésio, ocorridos em um Chile repleto de topônimos como Cata-Preta e Igreja do Pilar.

As cartas apresentam uma dedicatória em que o autor pede a proteção dos "Grandes de Portugal" para "dar ao prelo" o texto,[73] início dos mais irônicos. Na terceira carta, há a descrição de um leitor que pode ser o próprio Gonzaga:

> *O nosso bom Dirceu, talvez que esteja*
> *Com os pés escondidos no capacho,*
> *Metido no capote, a ler gostoso*
> *O seu Vergílio o seu Camões e Tasso.*[74]

Esse retrato do autor que conhece e aprecia o cânone literário contrasta com as descrições de Menezes, que sabe apenas "ler redonda letra", que não bota "abaixo um livro" de sua "sempre virgem livraria", comportamentos inaceitáveis, pois "quem rege os povos" deve ler de contínuo os doutos livros". Os poucos livros lidos pelo governador seriam nada doutos. Na sexta carta, Doroteu narra como Minésio é incapaz de dizer "uma fineza"

---

71 Pereira, *Cartas chilenas*: impasses da Ilustração na colônia. In: Proença Filho (org.), *A poesia dos Inconfidentes*, p.772.
72 Gonzaga, Cartas chilenas. In: Proença Filho (org.), *A poesia dos Inconfidentes*, p.796.
73 Ibid., p.795.
74 Ibid., p.812.

a mocinhas – ou seja, não sabe manter conversação polida nos "salões" de Vila Rica – "apesar" de ter

> *muito estudo de* Florinda,
> *da* Roda da Fortuna *e de outros livros,*
> *que dão a seus leitores grande massa.*[75]

A menção a Virgílio, Camões e Tasso legitima Dirceu como homem de letras; já a referência às novelas *Infortúnios trágicos da constante Florinda*, do padre Gaspar Pires de Rebelo, e *Roda da fortuna ou vida de Alexandre e Jacinta* (1692-3), do padre Mateus Ribeiro, desqualificam o governante; é possível que Critilo as considerasse obras de charlatões. Ambos os livros foram muito populares nos séculos XVII e XVIII. Outra novela do padre Ribeiro, *Retiro de Cuidados ou Vida de Carlos e Rosaura* (1681-9), é mencionada por Nuno Marques Pereira no prólogo "Ao leitor" do *Compêndio do peregrino na América* como um dos livros que os leitores devem evitar porque "ensinam a falar para pecar".[76]

Essas imagens de leitura buriladas nos versos das *Cartas chilenas* sinalizam a existência, na Colônia, de uma hierarquia de autores; de um lado, nomes como Virgílio e Camões, apreciados por literatos de prestígio ou que almejam o prestígio entre seus pares; de outro, nomes como os de Gaspar Pires de Rebelo e Mateus Ribeiro, apreciados por leitores comuns e considerados sem valor por homens de letras. Havia na Colônia, ainda, outra divisão hierárquica entre "dominantes" e "dominados", para usar termos de Bourdieu. No final da Sexta Carta, "Em que se contam as desordens feitas nas festas que se celebraram nos desposórios do nosso sereníssimo infante, com a sereníssima infanta de Portugal", é descrita uma forma de publicação das mais instigantes:

---

75 Ibid., p.843.
76 Ver Freitas, *A novela portuguesa no século XVIII:* o caso Mateus Ribeiro. Segundo Freitas, as novelas de Ribeiro, que tiveram enorme sucesso editorial, receberam críticas negativas de escritores de prestígio, tanto contemporâneos quanto posteriores, como Alexandre Herculano.

A negra noite em dia se converte
À força das tigelas e das tochas
Que em grande cópia nas janelas ardem.
Aqui o bom Robério se distingue:
Compõe algumas quadras, que batiza
Com o distinto nome de epigramas
E pedante rendeiro as dependura
Na dilatada frente, que ilumina,
Fazendo-as escrever em lindas tarjas.
Rançoso e mau poeta, não nasceste
Para cantar heróis, nem coisas grandes!
Se te queres moldar aos teus talentos,
Em tosca frase do país somente
Escreve trovas, que os mulatos cantem.[77]

O poeta Robério é "possivelmente Roberto Antônio de Lima, protegido do governador Luís da Cunha Meneses, que o nomeou tesoureiro da Casa de Fundição da Vila Boa de Goiás".[78] A cena descrita é registro valioso de uma prática de publicação bastante singular: a de pendurar poemas em "lindas tarjas" nas janelas iluminadas da casa onde ocorre um casamento. Os versos publicados nessas páginas inusitadas, porém, não merecem o nome de epigramas que lhes dá seu autor, "rançoso e mau poeta". Os poemas de "Robério" são deslegitimados pela linguagem usada pelo autor e pelas condições sociais do "público" que apreciaria seus textos: a "tosca frase do país" serviria apenas para escrever "trovas que os mulatos cantem". Os receptores da poesia de Lima são desqualificados como leitores por uma razão cognitiva – seria mais fácil a eles cantar trovas do que ler epigramas – e por um motivo racial. Vale lembrar que, segundo Antonio Candido, as *Cartas chilenas* poderiam ter como subtítulo "Reinado da canalha", "tal a obsessão" com que o autor "se refere à ascenção de mulatos, tendeiros, gente miúda em geral";[79]

---

77 Ibid., p.836.
78 Ibid., p.1134.
79 Candido, *Formação da literatura brasileira*, p.177.

Figuras de autor, figuras de editor

por essa inversão da hierarquia social, Menezes também deveria ser culpado. Robério seria o representante da "canalha da literatura" existente na Colônia, que, como a *canaille* francesa, deixou poucos traços.

Veremos adiante como a origem étnica e a cor da pele terão peso específico nas equações que definem a legitimidade de autores e leitores no Brasil.

Por enquanto, retomemos a instauração da imprensa por d. João em 1808. Da Inglaterra, Hipólito José da Costa escrevia nas páginas de seu *Correio Braziliense*, lançado três meses antes da Impressão Régia: "Tarde, desgraçadamente tarde: mas enfim, aparecem tipos no Brasil; e eu de todo o meu coração dou os parabéns aos meus compatriotas brasilienses".[80] Proibido e perseguido pelo governo real, pelas combativas posições assumidas em favor de ideais liberais e ilustrados – seu objetivo era espalhar "as luzes" e "aclarar" os compatriotas sobre "os fatos políticos, civis e literários da Europa" –,[81] o *Correio Braziliense* encontrou meios de circular "abundantemente" e livre de censura em várias províncias brasileiras até 1822, quando foi encerrado pelo próprio dono.[82] Era anunciado na *Idade d'Ouro* e lido por integrantes do alto escalão do Império, incluindo o príncipe regente.[83] Passou à história como o iniciador do jornalismo nacional.[84]

Instalados na capital os primeiros tipos, d. João autorizou, em 1811, o "particular" António Manuel da Silva Serva a estabelecer outra tipografia em Salvador, na Bahia. Na corte, a Imprensa Régia teria o monopólio da impressão até 1821. O português Silva Serva publicou o segundo jornal brasileiro, a *Gazeta da Bahia, ou Idade d'Ouro do Brasil* (1811-23), a primeira revista literária brasileira, *As Variedades ou Ensaios de Literatura* (1812), além de livros dos mais diversos ramos do conhecimento. A "idade de ouro" do título era a joanina, o que revela os vínculos do jornal com o governo.

---

80 Apud Rizzini, *O livro, o jornal e a tipografia no Brasil*, p.315.
81 Costa, Introdução. *Correio Braziliense, ou Armazém Literário*, v.1, p.3.
82 Ver Martins, *A palavra escrita*: história do livro, da imprensa e da biblioteca, p.313.
83 Sobre o público leitor do *Correio Braziliense*, veja Lajolo, Leitores brasilienses: um público rarefeito? (ou homenagem ao leitor desconhecido), *Observatório da Imprensa*.
84 Todos os exemplares do *Correio Braziliense* foram publicados pela Imprensa Oficial do Estado de São Paulo, em edição fac-similar de 31 volumes. Costa, *Correio Braziliense, ou Armazém Literário*.

A gazeta "fora lançada sob os auspícios do conde dos Arcos", governador da Bahia a partir de 1810. A antiga capital da colônia era a cidade mais importante depois do Rio de Janeiro.[85] Várias medidas de incentivo ao desenvolvimento cultural haviam sido tomadas pelo conde dos Arcos, entre elas a criação de escolas de primeiras letras, de agricultura, de farmácia, de química, de comércio, de música; a fundação da "Real Sociedade Bahiense de Homens de Letras"; o estabelecimento de uma biblioteca municipal.

A redação da *Idade d'Ouro* era de responsabilidade do bacharel Diogo Soares da Silva e do padre Inácio José de Macedo, ambos portugueses. A presença de bacharéis e clérigos, brasileiros e portugueses, frequente nas primeiras academias do Setecentos, seria também comum nas redações e tipografias nacionais e se estenderia até o século XX. Basta dizer que o cônego Januário da Cunha Barbosa foi redator do primeiro jornal de caráter político independente publicado no Brasil, o *Revérbero Constitucional Fluminense* (15 set. 1821-8 out. 1822). Também é dele a coletânea *Parnaso brasileiro, ou Coleção das melhores poesias dos poetas do Brasil*, tanto inéditas como já impressas (1829-31), um marco em nossa historiografia literária. Quanto aos bacharéis, fariam de redações e tipografias ponto de encontro e de lançamento para a vida letrada ao longo do XIX, e mesmo em boa parte do XX. Monteiro Lobato seria um deles.

O jornal *Idade d'Ouro* tinha uma seção de "Avisos" em que eram anunciados bens à venda, chegadas e partidas de navios, notícias de escravos fugidos. Também nela se publicavam informações sobre o jornal e os livros à venda em sua tipografia, muitos deles impressos lá mesmo. Esses anúncios são reveladores de vários aspectos comuns à imprensa que se estabelecia no Brasil. Em primeiro lugar, havia a necessidade de obter assinantes que mantivessem o jornal, tarefa que não era fácil nem no momento de estipular o tipo de pagamento nem no de recebê-lo, como sugere um aviso da edição de 11 de abril de 1811:

> Como se não quis aceitar dinheiro para a assignatura da Gazeta, sem que primeiro vissemos se estas correspondião á sua despeza, razão porque parti-

---

85 Sodré, *História da imprensa no Brasil*, p.29.

cipamos aos Senhores Assignantes, que não obstante o não chegarem para a satisfação de huma tal empreza, com tudo pertendemos continuar; e por essa causa recommenda-se aos mesmos Senhores, que ainda não pagarão as suas assignaturas, queirão fazer o obsequio de mandar satisfazer a Loja da Gazeta para se lhe passarem as competentes cautelas.[86]

As reclamações concernentes à falta de assinantes e de dinheiro para continuar publicando repetem-se com assiduidade nos primeiros jornais brasileiros.[87] Para Isabel Lustosa, "a vida era dura naquele tempo para os homens de letras. Os custos da publicação de um jornal eram altos e o retorno obtido com as subscrições mal dava para pagá-los".[88] A dependência de assinantes que dessem sustentação às empresas editoras de periódicos e de livros atravessou o século e chegou aos anos de 1910 e à *Revista do Brasil*, cujos assinantes Monteiro Lobato tentou aumentar a partir de 1918. Mensagens semelhantes às do anúncio da *Gazeta* são encontradas em jornais e revistas de todo o território brasileiro ao longo de mais de cem anos, impressas em fontes mais ou menos nítidas ou em papel mais ou menos durável, conforme permitiam os avanços tecnológicos aportados aqui.

As disposições e *habitus* dos letrados brasileiros, em contato com a insuficiência crônica de leitores, geraram práticas muito semelhantes em diferentes períodos históricos.

O sistema de subscrição, importado da Europa, foi largamente utilizado no Brasil para subvencionar jornais, livros, teatros, monumentos, espetáculos de dança, entre outros produtos, eventos e instituições artísticas.[89]

---

86 *A Idade d'Ouro do Brasil*, p.4. Disponível em: <www.bn.br>. Acesso em: 10 jan. 2017.

87 Esse tipo de reclamação pode ser encontrada em praticamente todos os jornais e revistas do início do século XIX. Os periódicos desse período, constantes do acervo digital da Biblioteca Nacional, geralmente apresentam mensagens desse teor em suas páginas finais. Disponível em: <www.bn.br>. Acesso em: 10 jan. 2017.

88 Lustosa, *O nascimento da imprensa brasileira*, p.55.

89 Inúmeros alvarás autorizam loterias, no Primeiro e no Segundo Reinados, para subvencionar todo tipo de produção artística. Ver a respeito, a coleção digital de leis do Império do site da Câmara Federal. Disponível em: <http://www2.camara.

Esse tipo de recurso parece ter sido a solução para levar adiante empreendimentos artísticos quando não havia patronos disponíveis ou público pagante suficiente para bancá-los. Parte significativa dos livros lançados no Oitocentos veio à luz por meio de subscrições, o que, para Marisa Lajolo e Regina Zilberman, teria inibido "o fortalecimento de uma consciência autoral, o desenvolvimento de um público mais amplo consumidor de livros e o estímulo ao investimento em projetos editoriais e tipográficos" – ou seja, o desenvolvimento de práticas essenciais para a formação de um campo literário.[90] A subscrição era, afinal, uma forma de patronagem, com todas as restrições inerentes a ela.

O financiamento governamental a periódicos, que se dava por meios opacos, às vezes ilícitos, também pode ter prejudicado a constituição de um campo literário autônomo. Especula-se, por exemplo, que Hipólito da Costa teria feito negociações com o governo de d. João, em 1810 e 1812, as quais garantiriam pagamento da Coroa ao *Correio Braziliense* em troca de "conveniências", como preservar membros do governo em textos do jornal, além de evitar temas como maçonaria e religião.[91] Hipólito teria interrompido a primeira transação, considerada por ele muito demorada, afirmando a Vicente Pedro Nolasco, um dos intermediários com o governo: "Demais, não sofro o descrédito de vender minha pena, e não ter dele o lucro".[92]

Se a afirmação tiver algum fundo de verdade, terá inaugurado uma longa série de discussões sobre vendas e aluguéis de penas no Brasil.[93]

---

leg.br/atividade-legislativa/legislacao/publicacoes/doimperio>. Acesso em: 20 jan. 2017.
90 Lajolo; Zilberman, *O preço da leitura*, p.54.
91 Costa, *Correio brasiliense, ou Armazém Literário*, p.33.
92 Ibid., p.34.
93 Valdei Araújo faz ótima análise da emergência de novos modelos de autonomia intelectual e autoral no Brasil recém-independente e do modo como esses modelos afetaram a produção historiográfica. Um dos pontos altos do artigo é o exame de caricatura de Manuel de Araujo Porto-Alegre, publicada em 14 dez. 1837 pelo *Jornal do Comércio*, que apresenta Justiniano José da Rocha, então editor do *Correio Oficial*, como letrado vendido ao governo. Ver Araújo, Historiografia, nação e os regimes de autonomia na vida letrada no Império do Brasil, *Varia Historia*, n.56, p.365-400.

1.3. Censura e liberdade de imprensa

As primeiras oficinas tipográficas brasileiras não produziam livremente o conteúdo de seus impressos. Segundo Carlos Rizzini, "introduzindo no Brasil a tipografia, introduziu também o governo os meios de escravizá-la aos seus interesses públicos e privados". Nada se estampava no Rio e na Bahia, afirma ele, "sem censura prévia".[94] Todos os originais que chegavam à Impressão Régia já haviam sido examinados e aprovados pelos censores régios e pelo Desembargo do Paço.

Tais mecanismos de censura não destoam daqueles encontrados em outros países europeus, como a França, ou em colônias como a Índia britânica.[95] Autores e leitores, porém, sempre encontraram variadas formas de burlar a censura para produzir e consumir textos. Estudos sobre a circulação de impressos no Brasil colônia apontam que a censura provavelmente não constituiu o entrave que se imagina para o acesso à cultura letrada; pelo contrário, há indícios de forte presença de livros no país, vindos do estrangeiro e circulando em vários pontos do território nacional.[96] Apesar do considerável entrave representado pelos procedimentos censórios, a produção de livros no Brasil parece ter sido significativa, pelo que mostram os anúncios de periódicos como a *Idade d'Ouro*. A circulação de manuscritos também não era desprezível; conforme Maria Beatriz Nizza da Silva, "ainda em inícios do século XIX, copiavam-se à mão senão livros inteiros, pelos menos alguns excertos, por vezes em tradução, quando se tratava de obras estrangeiras".[97]

O estabelecimento da imprensa no Brasil foi tardio, como lamentou Hipólito da Costa; uma vez que os prelos começaram a se espalhar pelo território brasileiro, porém não tardaram a se tornar importantes arenas

---

94 Rizzini, op. cit., p.327.
95 Ver Darnton, A França dos Bourbon: privilégio e repressão; Índia britânica: liberalismo e imperialismo. In: _____. *Censores em ação*, p.17-168.
96 Abreu, *O rei e o sujeito*: considerações sobre leitura no Brasil colonial. Ver também, da mesma autora, *Os caminhos dos livros*.
97 Silva, História da leitura luso-brasileira: balanços e perspectivas. In: Abreu (org.), *Leitura, história e história da leitura*, p.159.

para as lutas no interior do campo do poder. Para Isabel Lustosa, "foi em grande parte graças à atuação da imprensa que se fez a independência do Brasil".[98] Não é de estranhar que a liberdade de imprensa tenha sido, naquelas primeiras décadas do XIX, questão das mais polêmicas e difíceis para o governo. Em março de 1817, participantes da Revolução Pernambucana elaboraram uma Constituição que proclamava, em um de seus artigos, a liberdade de imprensa. Ficava, porém, "o autor de qualquer obra e seus impressos sujeitos a responder pelos ataques à religião, à Constituição, aos bons costumes e caráter dos indivíduos, na maneira determinada pelas leis em vigor".[99] A proposta de liberdade de pensamento, que na prática seria bastante restrita, não teve oportunidade de se concretizar, pois a rebelião foi reprimida dois meses depois.

A instituição da imprensa no Brasil não havia ainda completado dez anos, a atividade tipográfica ainda era incipiente, mas a regulamentação da liberdade de expressão já era vista como necessária pelos revolucionários pernambucanos, influenciados por ideias liberais e ilustrados. A pioneira lei de imprensa que eles redigiram apresenta um "dispositivo repressivo", como diria Chartier, por meio do qual é perceptível o bosquejo de uma figura de autor brasileiro. A censura parece ter produzido, naquele período, os primeiros reconhecimentos relativos à autoria no país. Inicialmente, a censura prévia instituída pela Coroa; posteriormente, a censura presente na malfadada constituição pernambucana e nas leis do primeiro reinado.

Do outro lado do Atlântico, a Revolução Constitucionalista do Porto, ocorrida em 1820, iria provocar uma série de debates sobre imprensa e direitos autorais que resultariam em decretos válidos também no Brasil. No final de 1820, os revolucionários portugueses criaram uma junta para governar em nome do rei e convocaram as Cortes, que seriam compostas por membros de todo o mundo português, para redigir e aprovar uma Constituição. Também exigiram a volta de d. João a Portugal; ele decidiu pela partida, para salvar o trono, e deixou em seu lugar o príncipe regente d. Pedro. Antes de deixar o país, o rei assinou um decreto que extinguia a

---

98 Lustosa, op. cit., p.52.
99 Citado por Sodré, op. cit., p.40.

censura prévia e regulamentava a liberdade de imprensa. O decreto, de 2 de março de 1821, se inicia do seguinte modo:

> Fazendo-se dignas da minha real consideração as reiteradas representações que pessoas doutas e zelosas do processo da civilização e das letras têm feito subir à minha soberana presença, tanto sobre os embaraços que a prévia censura dos escritos opunha à propagação da verdade como sobre os abusos que uma ilimitada liberdade de imprensa podia trazer à religião, à moral, ou à pública tranquilidade: hei por bem ordenar que, enquanto pela Constituição cometida às Cortes de Portugal se não acharem reguladas as formalidades que devem preencher os livreiros e editores, fique suspensa a prévia censura que, pela atual legislação, se exigia para a impressão dos escritos que se intente publicar [...].[100]

A menção a "editores" no decreto chama a atenção, pois, como se viu, o substantivo *editor* teria aparecido pela primeira vez em um dicionário da língua portuguesa em 1813. Talvez d. João se referisse aos impressores de livros, já que o restante do decreto regulamenta o procedimento dos impressores e dos livreiros junto aos censores régios. Os impressores deveriam mandar aos censores "dois exemplares das provas que se tirarem de cada folha na imprensa", enquanto os livreiros deveriam encaminhar "listas dos livros que tiverem à venda".[101] O texto do decreto sugere a existência, já em 1821, de produção e circulação de livros complexa o suficiente para levar à regulamentação do decreto.

Essa hipótese é fortalecida pela informação de que, em 1821, existiam, na corte, duas tipografias, além da Nacional. No ano seguinte, o da Independência, mais quatro seriam instaladas. Havia ainda o estabelecimento de Silva Serva, na Bahia, além de tipografias em Recife, no Pará e no Maranhão. Pelo menos nove livrarias eram encontradas na corte em 1821. Em uma delas, a da Rua Direita, vendiam-se "folhetos com os discursos pronun-

---

100 Regulamentando a Imprensa. Decreto de 2 de março de 1821. Apud Ipanema, *Legislação de imprensa:* Primeiro volume: leis de Portugal e leis de D. João, p.174-6.
101 Ibid.

ciados nas Cortes de Lisboa".[102] Na de Paul Martin, um dos primeiros a estabelecer negócio no Rio, vendiam-se obras literárias, inclusive romances baratos traduzidos do francês, como *Paulo e Virgínia* (1787), de Bernardin Saint-Pierre (1734-1814), publicado pela Impressão Régia em 1811.[103]

Qual seria o público leitor das obras produzidas por essas tipografias e vendidas nessas livrarias? Provavelmente, tratava-se de público pouco numeroso, segundo o raciocínio de Marisa Lajolo: "a indiscutível multiplicação de pontos de venda é insuficiente para gerar qualquer otimismo relativamente à quantidade e qualidade dos leitores". Insuficiente porque a estrutura necessária para a formação de leitores era pobre; poucas eram as escolas, e pouquíssimas, as bibliotecas.[104]

Do outro lado do Atlântico, eram promulgadas, em 10 de março de 1821, as Bases da Constituição Política da Monarquia Portuguesa. Os artigos 8º, 9º e 10º da Seção I, referente aos direitos dos cidadãos, prescreviam o seguinte:

> 8º A livre comunicação dos pensamentos é um dos mais preciosos direitos do homem. Todo cidadão pode conseguintemente, sem dependência de censura prévia, manifestar suas opiniões em qualquer matéria; contanto que haja de responder pelo abuso dessa liberdade nos casos e na forma que a lei determinar.
> 9º As Cortes farão logo esta lei, e nomearão um Tribunal Especial para proteger a liberdade de imprensa e coibir os delitos resultantes do seu abuso.
> 10º Quanto porém àquele abuso, que se pode fazer desta liberdade em matérias religiosas, fica salva aos Bispos a censura dos escritos publicados sobre dogma e moral, e o Governo auxiliará os mesmos Bispos para serem castigados os culpados.[105]

---

102 Informações de Sodré, op. cit., p.36-8.
103 Citado por Souza, Adaptações e livros baratos para a corte, p.3.
104 Ver Lajolo, Leitores brasilienses, um público rarefeito?
105 Decreto de 10 de março de 1821 – Dá as Bases da Constituição Política da Monarquia Portuguesa. Disponível em: <http://www.camara.gov.br/Internet/InfDoc/conteudo/colecoes/Legislacao/Legimp-E3_2.pdf> Acesso em: 23 jan. 2017.

Fica patente, nesses e em outros artigos das Bases da Constituição, o tributo dos revolucionários portugueses aos ideais iluministas, que se espalhavam com mais força pela Europa após as revoluções Americana (1776) e Francesa (1789). Em meio aos revolucionários portugueses que escreveram a Constituição, estava o escritor Almeida Garret (1799-1854), autor do "Hino patriótico" da revolução e líder dos debates sobre direitos de autor e liberdade de imprensa.[106] Garret, considerado precursor do Romantismo em Portugal, exerceria grande influência sobre autores brasileiros, como escritor e político defensor da propriedade intelectual.

Os princípios estabelecidos pelos artigos 8º, 9º e 10º das Bases da Constituição foram desenvolvidos em decreto de 12 de julho de 1822. A lei é de suma importância para o estudo das figuras de autor e de editor no Brasil, porque nela aparece, no "Título I – Sobre a extensão da liberdade de imprensa", a regulamentação sobre a propriedade intelectual:

> Art. 1º Toda a pessoa pode da publicação desta Lei em diante imprimir, publicar, comprar e vender nos Estados Portugueses quaisquer livros ou escritos sem prévia censura; e só com as declarações seguintes:
>
> Art. 2º A faculdade de imprimir qualquer livro, ou escrito original, ou traduzido, constitui propriedade vitalícia do seu autor ou tradutor, a qual ainda pertencerá a seus herdeiros, e sucessores por espaço de 10 anos. Quando o autor ou tradutor for sociedade literária, ou outra qualquer corporação, gozará da mesma propriedade por tempo de 60 anos.[107]

O reconhecimento de que a "faculdade de imprimir qualquer livro, ou escrito original" constituía "propriedade vitalícia do seu autor ou tradutor" era inédito na legislação portuguesa. Até então, os privilégios

---

[106] Sobre as atividades de Garret na Constituinte, consulte Lajolo; Zilberman, *O preço da leitura*, p.56-60.

[107] Decreto de 12 de julho de 1821. Desenvolve e determina os princípios que sobre a liberdade de imprensa se acham estabelecidos nos arts. 8º, 9º e 10º das Bases da Constituição. Disponível em: <http://www.camara.gov.br/Internet/InfDoc/conteudo/colecoes/Legislacao/Legimp-E3_7.pdf> Acesso em: 28 jan. 2017.

de impressão eram concedidos a impressores e, mais raramente, a autores – sempre com censura prévia.[108] Como as Bases da Constituição, que o decreto desenvolvia, haviam sido juradas no Brasil por d. Pedro, em 5 de junho de 1821, é possível entender que o artigo 2º do "Título I" foi a primeira lei a reger os direitos de autores brasileiros. O decreto ainda previa penas para contrafação e abusos de imprensa, além de introduzir a organização de júris para tratar dos crimes de imprensa.

D. Pedro fez vigorar a lei de imprensa no Brasil antes mesmo que fosse regulamentada. Em 28 de agosto de 1821, a lei foi complementada pela "Decisão nº 51", que informava:

> Tomando S. A. Real em consideração quanto é injusto que depois do que se acha regulado pelas Côrtes Geraes Extraordinárias e Constituintes da Nação Portuguesa sobre a liberdade de imprensa, encontrem os autores ou editores inesperados estorvos à publicação dos escritos que pretendem imprimir: É o mesmo senhor servido mandar que se não embarace por pretexto algum a impressão que se quiser fazer de qualquer escrito, devendo unicamente servir de regra o que as mesmas Cortes têm determinado sobre este objeto.[...][109]

Entretanto, após a extinção da censura prévia e do monopólio da Impressão Régia, haviam começado a aparecer na corte os primeiros jornais independentes. O pioneiro dentre eles foi *O Conciliador do Reino Unido* (1º março-28 de abril de 1821), criado por José da Silva Lisboa, mais tarde visconde de Cairu, e, na época do estabelecimento do periódico – atente-se para o singular fato –, diretor da censura. Em seu rastro surgiram outros jornais, nos agitados anos de 1821 a 1823. Nesses periódicos – e também em panfletos, pasquins, folhetos – foram impressos tantos textos atacando o governo, anônimos ou assinados por pseudônimos, que a Junta Diretora da Tipografia Nacional (como se passara a chamar a Impressão Régia) "de-

---

108 Veja, a respeito dos privilégios reais, Lajolo; Zilberman, *O preço da leitura*.
109 Decreto n.51 – Reino – em 28 de agosto de 1821. Sobre a liberdade de imprensa. Disponível em: <http://www.camara.gov.br/Internet/InfDoc/conteudo/colecoes/Legislacao/Legimp-E5_10.pdf>. Acesso em: 28 jan. 2017.

terminou que não fossem mais aceitos manuscritos sem que a assinatura dos autores estivesse reconhecida por tabelião".[110]

O governo aprovou a determinação da Junta em 24 de setembro, limitando, porém, a exigência de firma reconhecida aos autores desconhecidos do administrador da tipografia e dispensando a declaração do tabelião de tê-los visto assinar os originais.[111] Em 15 de janeiro de 1822, entretanto, a Junta recebia novo "aviso", exigindo a impressão do nome do autor:

> Manda S. A. Real o Principe Regente, pela Secretaria de Estado dos Negócios do Reino, que a Junta Diretora da Typografia Nacional não consinta jamais que se imprima escrito algum sem que o nome da pessoa que deve responder pelo seu conteúdo se publique no impresso: e constando ao mesmo Senhor que no escrito intitulado – *Heroicidade brasileira* – se lêem proposições não só indiscretas, mas falsas, em que se acham estranhamente alterados os sucessos ultimamente acontecidos: Há por bem que a referida Junta suspenda já a publicação do dito papel, e faça recolher os exemplares que já estiverem impressos, para que não continue a sua circulação.[112]

Era a proibição total do anonimato, pelo menos na Tipografia Nacional. Exemplares da *Heroicidade brasileira*, panfleto anônimo que defendia ideais libertários, foram apreendidos. Ironicamente, o ato de ocultar o nome contribuiu para tornar a figura do autor mais visível ao governo que procurava controlá-la, e talvez ainda mais aos olhos do pesquisador de hoje, que lê a história dessa figura na legislação da época.

---

110 Lustosa, No centro das preocupações do Estado: entrevista de Isabel Lustosa para Letícia Nunes. Publicada em 18 nov. 2003 no site *Observatório da Imprensa*. Disponível em: <http://www.observatoriodaimprensa.com.br/news/showNews/ipub181120032p.htm> Acesso em: 23 jan. 2017.

111 N.63 – Reino – Em 24 de setembro de 1821. Determina o que se deve observar para se verificar a responsabilidade dos autores e editores de escriptos. Disponível em: <http://www.camara.gov.br/Internet/InfDoc/conteudo/colecoes/Legislacao/Legimp-E5_12.pdf> Acesso em: 28 jan. 2017.

112 N.6 – Reino – Em 15 de janeiro de 1822. Sobre a publicação de impressos na Tipografia Nacional. Disponível em: <http://www.camara.gov.br/Internet/InfDoc/conteudo/colecoes/Legislacao/Legimp-F_49.pdf> Acesso em: 28 maio 2017.

A proibição, porém, durou pouco. Em 19 de janeiro de 1822, José Bonifácio de Andrada e Silva, recém-empossado ministro do Reino, autorizou a Junta a imprimir textos anônimos, pois "pelos abusos que contiverem deve responder o autor, ainda que o seu nome não tenha sido publicado e, na falta deste, o editor, ou impressor". A figura do editor vai ganhando contornos cada vez mais nítidos nos papéis oficiais. Passados apenas cinco (tumultuados) meses, d. Pedro decretava:

> [...] serão todas as tipografias obrigadas a mandar um exemplar de todos os papéis que se imprimirem. Todos os escritos deverão ser assinados pelos escritores para sua responsabilidade: e os editores ou impressores, que imprimirem e publicarem papéis anônimos, são responsáveis por eles. Os autores porém de pasquins, proclamações incendiárias e outros papéis não impressos serão processados e punidos pelo rigor das leis antigas.[113]

O decreto menciona "editores ou impressores que imprimirem ou publicarem", o que faz crer em uma distinção entre obras impressas e obras editadas. Essa distinção é reforçada pelo aviso de que os autores de "papéis não impressos" serão processados "pelas leis antigas". Podemos supor que havia editores e autores de obras manuscritas, cuja produção o governo teria mais dificuldade de controlar. Se levarmos em consideração o fato de que, em 1813, o *Diccionario da Lingua Portugueza* definia editor como alguém que publicava obras impressas ou manuscritas, é possível entender que o ato de publicação citado no decreto abrangesse tanto textos impressos como manuscritos.

Após a proclamação da Independência, acirrou-se a perseguição a opositores do governo que se expressavam pela imprensa. A coroação de d. Pedro I, em dezembro de 1822, foi realizada ainda sob os efeitos da "Bonifácia", devassa ordenada pelo então ministro do Império, que fechou jornais

---

[113] Decreto – de 18 de junho de 1822 – Cria juízes de Fato para o julgamento dos crimes de abusos de liberdade de imprensa. Disponível em: <http://www.camara.gov.br/Internet/InfDoc/conteudo/colecoes/Legislacao/Legimp-F_10.pdf>. Acesso em: 28 maio 2017.

opositores e mandou prender redatores "inimigos". Em maio de 1823, quando foram inaugurados os trabalhos da Assembleia Constituinte e Legislativa do Brasil, os jornais da corte eram aliados dos irmãos Andrada. No entanto, as disputas entre José Bonifácio e a Assembleia levariam à queda do gabinete Andrada, em julho. Menos de um mês depois, Bonifácio e seus irmãos lançavam o jornal *O Tamoio* (12 de agosto-11 de novembro de 1823), de oposição. O imperador, por seu turno, escrevia contra seus inimigos políticos usando pseudônimos.[114]

Em 20 de outubro de 1823, d. Pedro I decretou que estavam em vigor as leis pelas quais "se regia o Brasil até 25 de abril de 1821", bem como as leis promulgadas por ele daquela data em diante, além dos decretos das Cortes portuguesas "especificados". Essa era a legislação a ser obedecida, enquanto não fosse revogada e enquanto não se promulgasse o novo Código do país. Na lista dos decretos que a lei especificava não estava, porém, o de 12 de julho de 1821, que regulamentava a lei de imprensa.[115]

A Assembleia foi dissolvida por d. Pedro em 12 de novembro. Oito dias depois, um decreto do imperador mandava "executar provisoriamente o projeto de lei da Assembleia Constituinte sobre liberdade de imprensa". Afirmava o decreto:

> Considerando que, assim como a liberdade de imprensa é um dos mais firmes sustentáculos dos Governos Constitucionais, também o abuso dela os leva ao abismo da guerra civil, e da anarquia, como acaba agora mesmo de mostrar uma tão funesta como dolorosa experiência: E sendo de absoluta necessidade empregar já um pronto, e eficaz remédio, que tire aos inimigos da Independência deste Império toda a esperança de verem renovadas as cenas, que quase o levaram à borda do precipício, marcando justas barreiras a essa liberdade de imprensa, que longe de ofenderem o direito, que tem todo cidadão, de comunicar livremente suas opiniões, e idéias, sirvam somente de dirigi-lo para o bem,

---

114 Ver Vianna, *Dom Pedro I: jornalista*.
115 Lei de 20 de outubro de 1823. Disponível em: <http://www.camara.gov.br/Internet/InfDoc/conteudo/colecoes/Legislacao/Legimp-F_82.pdf>. Acesso em: 29 jan. 2017.

e interesse geral do Estado, único fim das sociedades políticas: Hei por bem ordenar que o projeto de lei sobre esta mesma matéria, datado de 2 de outubro próximo passado, que com este baixa assinado por João Severiano Maciel da Costa, meu ministro e Secretário de Estado dos Negócios do Império, e que se principiava a discutir na Assembléia Constituinte e Legislativa, tenha desde a publicação deste decreto sua plena e inteira execução provisoriamente, até a instalação da nova Assembléia, que mandei convocar, a qual dará, depois de reunida, as providências legislativas que julgar convenientes, e adequadas à situação do Império [...].[116]

A "dolorosa experiência" mencionada no decreto provavelmente aludia aos artigos combativos de *O Tamoio* e *A Sentinela da Liberdade à Beira do Mar da Praia Grande* (5 de agosto-11 de novembro de 1823), também de oposição. Possivelmente fazia referência, ainda, aos discursos contra os portugueses pronunciados pelos Andrada na Assembleia e às manifestações públicas que se seguiram.

O projeto de lei de imprensa que d. Pedro I pôs em vigor garantia a liberdade de impressão, publicação e comércio de livros e impressos em geral. Várias restrições cingiam essa liberdade, no entanto, porque o decreto previa punição aos "abusos" contra o Estado, a religião e as leis, além de determinar a formação de júris para tratar dos crimes de imprensa e as penas para cada tipo de infração. Não eram mencionados, porém, os direitos dos autores de obras impressas, como ocorria na lei de imprensa promulgada pela Constituinte portuguesa.

A Assembleia Constituinte brasileira não voltou a ser reunida. Em 1824, foi promulgada a Constituição do Império, escrita por Luiz Joaquim dos Santos Marrocos, que viera ao Brasil para cuidar dos livros da Biblioteca Real.[117] O texto da primeira Constituição, imposta pelo imperador, era

---

[116] Decreto de 22 de novembro de 1821. Manda executar, provisoriamente, o projeto de lei da Assembleia Constituinte sobre liberdade de imprensa. Disponível em: <http://www.camara.gov.br/Internet/InfDoc/conteudo/colecoes/Legislacao/Legimp-F_107.pdf>. Acesso em: 29 jan. 2017.

[117] As cartas de Marrocos a seu irmão, que permaneceu em Portugal, são excelentes fontes para estudo da recém-nascida imprensa brasileira. Em algumas delas, ele

bastante similar àquele preparado pela Constituinte. O artigo 179, parágrafo IV, assegurava:

> Todos podem communicar os seus pensamentos, por palavras, escriptos, e publical-os pela Imprensa, sem dependencia de censura; com tanto que hajam de responder pelos abusos, que commetterem no exercicio deste Direito, nos casos, e pela fórma, que a Lei determinar.[118]

A franquia ao direito de expressão, juntamente com outras liberdades individuais presentes na Carta Magna, foi um dos marcos liberais e ilustrados de uma Constituição que contrariava, de modo geral, esse liberalismo, pois mantinha a escravidão. Deixando de lado as contradições de maior amplitude do período, vale considerar com atenção as mudanças referentes à liberdade de imprensa, ocorridas entre os anos de 1821 a 1824.

No país que se tornava independente, a lei tentava regulamentar, ao sabor dos acontecimentos políticos, as práticas de autores, editores e impressores. As figuras de autor e de editor começavam a ganhar contornos mais claros, no interior do campo do poder, enquanto autores e editores de carne e osso publicavam impressos incendiários, enfrentavam processos e levavam bordoadas de seus desafetos.[119]

No mesmo artigo 179, parágrafo XXVI, a Constituição do Império garantia aos inventores "a propriedade das suas descobertas, ou das suas produções". A lei asseguraria a eles um "privilégio exclusivo temporário" ou lhes pagaria ressarcimento por perdas que sofressem com a "vulgarização" de suas criações. Com esse artigo, a Constituição brasileira antecipou-se à portuguesa, que não garantia tal direito da propriedade a inventores. Somente com a promulgação da Carta Constitucional, em 1826 – conquista

---

reclama dos altos preços cobrados pela Imprensa Régia, a qual chama de "ladrão", e dos erros tipográficos de seus impressos. Ver Marrocos, Cartas de Luiz Joaquim dos Santos Marrocos, escritas do Rio de Janeiro à sua família em Lisboa, de 1811 a 1821, *Anais da Biblioteca Nacional do Rio de Janeiro*, p.47-8.

118 Constituição Politica Do Imperio Do Brazil (De 25 de março de 1824). Disponível em: <http://www.presidencia.gov.br/>. Acesso em: 29 jan. 2016.

119 Lustosa, *Insultos impressos:* a guerra dos jornalistas na Independência.

dos revolucionários de 1820 –, os portugueses tiveram esse direito certificado, pelo artigo 145, que reza, no parágrafo 24: "Os inventores terão a propriedade de suas obras ou de suas produções". Para dimensionar a importância dessa garantia é preciso atentar, como lembram Marisa Lajolo e Regina Zilberman, para o fato de que, até então,

> [...] a propriedade oscilou entre impressores e livreiros, sem que o criador fosse lembrado, a não ser por conta de um ou outro privilégio concedido a autor de livro didático [...]. A medida legal portuguesa, assim, representava, ainda que atrasada em relação a muitas das demais nações européias, uma bem-vinda atualização da questão.[120]

A Constituição brasileira, que vigorou por 65 anos, não menciona "obras", como a portuguesa. Por não normatizar de maneira explícita a propriedade intelectual, a Carta Magna não garantia amparo aos autores brasileiros. Como lembram Lúcia Neves e Tania Bessone Ferreira, "embora fosse possível fazer uma analogia entre inventor e autor, em função da natureza intelectual do trabalho e de seu caráter de originalidade, não era assim que pensavam os homens da época".[121] Talvez, por essa razão, os juristas brasileiros não costumem mencionar a Constituição ao tratar da história dos direitos autorais no Brasil. Para os estudiosos do assunto, a propriedade intelectual somente começaria a ser regulamentada com o Código Penal de 1830.

1.4. Primeiras leis de proteção ao autor

Antes da promulgação do Código Penal, houve uma lei importante para o desenvolvimento dos direitos de autor no país. Trata-se da Lei Imperial de 11 de agosto de 1827, criadora das primeiras faculdades de Direito, em São Paulo e no Recife (inicialmente sediada em Olinda). Uma das

---

120 Lajolo; Zilberman, *O preço da leitura*, p.57.
121 Neves; Ferreira, Privilégios ou direitos? A questão autoral entre intelectuais e homens de estado no Brasil do século XIX. In: Bragança; Abreu, op. cit., p.505.

disposições da lei conferia aos lentes das faculdades, pelo período de dez anos, "privilégio exclusivo" dos compêndios por eles escritos para as novas escolas. O artigo 7º desta lei apresenta o seguinte texto:

> Os lentes farão a escolha dos compêndios da sua profissão, outros arranjarão, não existindo já feitos, contanto que as doutrinas estejam de acordo com o sistema jurado pela nação. Esses compêndios, depois de aprovados pela Congregação, servirão interinamente, submetendo-se porém à aprovação da Assembléia Geral; o Governo fará imprimir e fornecer às escolas, competindo aos seus autores o privilégio exclusivo da obra por dez anos.[122]

O primeiro preceito legal brasileiro relativo a direito de autor teria surgido, portanto, do documento que criava as faculdades de Direito e regulava a produção de material didático para os cursos. Trata-se de certidão de nascimento bastante significativa, dada a expressividade que as obras didáticas tiveram e ainda têm na produção editorial do país. O documento sugere uma prefiguração de campo da educação, no interior do qual os lentes das universidades ocupariam o topo da hierarquia, o que lhes permitia agir com alguma autonomia ao escrever e adotar livros didáticos. É preciso ressaltar, ainda, que as faculdades eram, e ainda são, instituições nas quais estudantes incorporam *habitus* e disposições que permanecem com eles ao longo da vida. Os alunos das faculdades de Direito entrariam em contato com várias concepções de direitos autorais, incluindo aquela presente na lei de 1827, o que influenciaria futuros debates sobre o tema e a criação de leis mais abrangentes.

A imprensa brasileira existia há quase vinte anos. Aos poucos, as tipografias irradiavam-se pelo Brasil, principalmente após a Independência.[123] Em São Paulo, a imprensa chegou com a faculdade de Direito, em 1827, quando começou a ser impresso, na Tipografia Paulistana, o jornal *O*

---

122 Apud Costa Netto, *Direito autoral no Brasil*, p.36-7.
123 Informações sobre a instalação de tipografias naqueles anos podem ser encontradas em Camargo, *Gráfica: arte e indústria no Brasil*; *História da tipografia no Brasil*; Moraes, *O bibliófilo aprendiz*.

Farol Paulistano. Até então, o único periódico que havia circulado na cidade, *O Paulista*, de 1823, era manuscrito. Aviso publicado no primeiro número de *O Farol* trata de dificuldades técnicas que seriam comuns às primeiras tipografias:

> Por hora [sic] sairá esta folha ás quartas-feiras, e quando forem dias Santos, ás quintas; mas, logo que tenhamos novos typos, e quem ajude ao compositor, que é único, e não póde acudir á todo o trabalho, dal-a hemos duas vezes na semana. Subscreve-se e vende na Botica de Lucio Manoel Felix dos Santos de frente da Capella de Sant'Antoninho. Preço mensal da subscripção 480 reis.[124]

As primeiras tipografias brasileiras sofriam com a falta de equipamentos e de técnicos qualificados para operá-los. Outro problema era a dificuldade de fazer circular os periódicos, livros e folhetos impressos nas províncias, pois os meios de transporte eram escassos e havia vastas regiões despovoadas.[125] Por fim, não era fácil arranjar assinantes suficientes para sustentar periódicos como *O Farol Paulistano*. Apesar de todos esses obstáculos, a contrafação parece ter crescido de vulto na década de 1820, certamente impulsionada pela abertura dos portos aos países amigos. O crescimento da pirataria de livros pode justificar a inserção, no Código Penal promulgado em 1830, do artigo 261, que punia, como delito de furto, as seguintes atividades:

> Imprimir, gravar, lithographar ou introduzir quaesquer escriptos ou estampas que tiverem sido feitos, compostos ou traduzidos por cidadãos brasileiros, emquanto viverem e dez annos depois de sua morte, si deixarem herdeiros. Si os escriptos ou estampas pertencerem a corporações, a prohibição de imprimir, gravar, lithographar ou introduzir durará sómente por espaço de dez annos.[126]

---

124 Aviso, *O Farol Paulistano*, 7 fev. 1827, p.4. A versão fac-similar pode ser consultada no acervo digital da Biblioteca Nacional. Disponível em: <http://www.bn.br>. Acesso em: 20 jan. 2017.
125 Sobre as dificuldades enfrentadas pelas tipografias, veja Camargo, op. cit.; Moraes, op. cit.
126 Apud Azevedo, *Direito moral do escriptor*, p.147.

Figuras de autor, figuras de editor

Essa primeira lei reconhecia *indiretamente* a propriedade intelectual; afinal, previa pena para a violação de um direito que *ainda não havia sido regulamentado*. Com efeito, mesmo que concedesse aos autores base legal para se protegerem da reprodução não autorizada de suas obras, estava longe de conferir direitos propriamente ditos aos escritores brasileiros sobre suas produções. Esses direitos deveriam ser regulados pelo Código Civil, que não chegou a ser organizado durante o Império, como previa a Constituição de 1824.[127]

O artigo 261 do Código Penal permite entender que, no país, já existiam tipografias tecnicamente aptas a gravar, imprimir, litografar escritos e estampas, intermediários que "introduziam" obras ao público, além de escritores e tradutores.[128] Informações sobre produção e circulação de livros, encontradas em documentos como jornais do período,[129] reforçam a hipótese de que as bases para a formação de um campo literário brasileiro começavam a se esboçar, conforme as práticas de autores, impressores, comerciantes, leitores, tornavam-se progressivamente mais numerosas e sofisticadas, embora sob domínio das regras dos campos do poder e da igreja. É o que indicam, por exemplo, os "avisos" publicados pelo jornal baiano *A Idade d'Ouro*, de Manoel Antonio da Silva Serva, nos quais são frequentes os anúncios de livros à venda, muitos deles impressos na tipografia do periódico, como este, publicado em 1812:

> *Luiz Antonio de Oliveira Mendes Dias Lobato*, advogado da Casa de Supplicação da Cidade de Lisboa, da Relação Ecclesiastica, da Nunciatura, e Camara Patriarcal, Socio da Real Academia das Sciencias de Lisboa, actualmente Advogado na Cidade da Bahia annuncia ao Público as obras de sua composição, que se offerecem á venda em a Loja da Gazeta, e promete hir dando á luz as mais obras ineditas, que annuncia o Catalogo dellas que corre impresso, assim como as mais obras periodicas, que se destina compor.

---

127 Ver Lajolo; Zilberman, *O preço da leitura*, p.121-53.
128 Sobre o desenvolvimento das artes gráficas no Brasil, veja Ferreira, *Imagem e letra: introdução à bibliologia brasileira*.
129 Ver a respeito, o capítulo Direitos e esquerdos autorais, em Lajolo; Zilberman, *Formação da leitura no Brasil*.

Tentativas, em que tem entrado o A
   160
Verdade Ultrajada, e triumphante com sua estampa
   320
Memoria da Maquina de dilatação, e contracção com sua estampa
   320
Preliminares de Estatutos da augurada Sociedade dos Homens de Letras da Cidade da Bahia
   400
Catalogo das obras editas, e ineditas do A...
   100[130]

Luiz Antonio de Oliveira Dias Lobato apresentava-se como homem de letras, membro de diversas sociedades, eclético em seus interesses. Parece um bom representante da figura de homem de letras do período, que, conforme Antonio Candido, "sente-se levado a informar-se e falar de tudo", muitas vezes "superestimando a própria capacidade".[131] Com maior ou menor capacidade, os letrados daquela época foram também advogados, cientistas, literatos, eclesiásticos e, fundamentalmente, políticos. Muitos deles fundaram e/ou participaram de agremiações como a Sociedade dos Homens de Letras da Cidade da Bahia, mencionada no anúncio. O autor de Verdade ultrajada, porém, pretendia *vender* seus livros, que anunciava em jornal a leitores anônimos; tal comportamento empurra sua figura para longe do desinteressado grupo de homens de letras, no modelo de Voltaire, e para perto da "canalha literária".

Como costuma ocorrer com os "pobres-diabos" pretendentes a filósofos, Luiz Antonio de Oliveira Dias Lobato não é reconhecido como autor representativo de seu tempo. As histórias literárias não o registram. O posto de escritor emblemático do período costuma ser ocupado pela figura de José Bonifácio de Andrada e Silva, cientista, moralista, orador, político,

---

130 *A Idade d'Ouro do Brasil*, p.4. Disponível em: <www.bn.br>. Acesso em: 20 maio 2017.
131 Candido, *Formação da literatura brasileira*, p.222-3.

poeta, patriarca da Independência, "vulto máximo de nossa história", nas palavras de um entusiasmado Monteiro Lobato.[132] De modo mais sóbrio, José Aderaldo Castello afirma: "o nome do poeta impõe-se como expressão significativa do seu momento, ilustra muito bem as três primeiras décadas do século XIX no Brasil".[133]

Como figura tão simbólica de seu tempo pensava a produção e a publicação de seus livros? Banido por d. Pedro I em 1823, José Bonifácio exilou-se na França, na região de Bordéus. De lá, trocou dezenas de cartas com o diplomata Antonio de Menezes Vasconcelos Drummond, seu amigo de longa data, que vivia em Paris. No espaço privado dessa correspondência, o ex-ministro do Reino trata com desembaraço de suas leituras, de suas obras em preparação, de suas impressões sobre as belas-letras no Brasil. Em uma carta de 13 de outubro de 1824, ele comenta o plano de mandar imprimir livro de poesia:

> Recebi com muito gosto a sua carta tambem commum de dois de 6 do corrente, porque nelle me dá V. Sª esperanças de que bem cedo terei o gosto de abraçal-o nesta vinhosa cidade, ourinol do mundo; e para então guardo mostrar-lhe as minhas novas poesias, e principalmente a Epistola a Lucindo; pois, além de as não ter ainda posto a limpo, não julgo prudente confial-as ao correio, de quem muito desconfio, segundo o que me avisa a este respeito. Se estivera em Paris, e com a bolsa menos magra, já as teria impresso, antes que me levassem todas o mesmo caminho que já por tres vezes tiveram as outras. Aqui a impressão é mais cara; todavia, se receber algum dinheiro do Brazil, de certo farei imprimir duzentos exemplares para repartir com alguns amigos; *que para los otros me cago io*, como diria o castelhano com os santos que tinha mettido na monteira.[134]

José Bonifácio apreciava o chiste, reclamava do preço de impressões e desprezava a ideia de vender sua obra poética. Seus *habitus* e disposições,

---

132 Lobato, A estátua do Patriarca. In: _____, *Ideias de Jeca Tatu*, p.124.
133 Castello, Apresentação [1964]. In: _____, Bonifácio, *Poesia*, p.18.
134 Andrada Machado e Silva, Cartas andradinas, *Annaes da Bibliotheca Nacional do Rio de Janeiro*, p.8-9.

como homem de letras, estavam alinhados com os de letrados do Antigo Regime francês, como Voltaire, cujas obras ele apreciava. O livro cujo projeto ele menciona na carta foi mesmo impresso em Bordéus, com o título de *Poesias avulsas de Américo Elísio*. No pseudônimo árcade, encerra-se proposta literária semelhante à dos poetas inconfidentes: transplantar o campo das musas para a América. Para encerrar musas, pastores e cenas bucólicas em livros, Bonifácio parece ter recorrido à própria bolsa, como convinha a um homem de letras leitor de Voltaire. Na dedicatória das *Poesias avulsas*, ele se manifesta contra as homenagens feitas "por adulação e interesse":

> Leitor brasileiro. – Costumavam os gregos e romanos do bom tempo velho dedicar suas obras a seus naturais e amigos, porque a adulação e o interesse não aviltavam ainda as letras e as ciências.
> Os grandes e os mimosos da fortuna, a cujas abas se acoitam hoje os peralvilhos literários, se não tinham verdadeiro mérito, nem recebiam, nem pagavam louvores mentirosos. Mas se no meio da vileza e corrupção moderna não pode o escritor honrado obstar que escravos lisonjeiros não enxovalhem com suas inépcias e baixezas a razão e a boa arte, pelo menos deve alçar a voz em seus escritos para atacar o crime e ridicularizar o vício, para instruir e enobrecer a humanidade; e, quando o inspira Apolo, deve então com sua musa amimar a virtude, e deleitar o coração.[135]

Há vários aspectos interessantes nessa dedicatória. Em primeiro lugar, a referência a um público de leitores indicaria, segundo Frédéric Barbier, a autonomização do campo literário, pelo menos do europeu.[136] Paratextos como dedicatórias, prefácios e advertências dirigidos a leitores anônimos eram comuns na Europa já em fins do século XVIII. Bonifácio dirige-se a um público de leitores anônimos, conforme faziam seus contemporâneos europeus, mas, na prática, seu livro era dirigido a leitores bastante específicos, como ele dá a entender na carta a Drummond. Nesse sentido,

---

135 Id., Dedicatória (das *Poesias Avulsas*). In: Castello (org.), *Textos que interessam à história do Romantismo*, p.13.
136 Barbier, *História do livro*, p.278.

ele parece se guiar pelo que Barbier chamou de paradigma da "livraria do Antigo Regime", que se articula em torno de três elementos principais: "o mercado potencial permanece restrito e disperso, a lógica econômica é a do corporativismo, as práticas de leitura funcionam como discriminador social".[137]

A ênfase na missão de "instruir e enobrecer a humanidade" e o desprezo pelas práticas humilhantes de "peralvilhos literários" reforçam a hipótese de que Bonifácio acreditava em uma figura de homem de letras semelhante à construída por Voltaire no verbete *Gens de lettres* da Enciclopédia. Já em 1820, na *Ode belicosa*, ele havia aconselhado o rei a "descartar-se da lisonja cortesã para ver os problemas da terra, inclusive assistência às populações".[138] Sobrava lisonja nas produções literárias desde que d. João estabelecera aquela série de medidas que iniciariam, segundo Antonio Candido, a "promoção das luzes", a partir do Rio de Janeiro. Os "peralvilhos literários" aos quais se refere Bonifácio podem bem ter sido os muitos escritores que se dedicaram a elogiar em poemas a fuga da Família Real, cantada como heroica, ou os atos do governo, de modo geral, a ponto de Candido definir as produções do período como "ciclo literário de preito ao rei".[139]

Dedicatórias e cartas como as de Bonifácio, além de anúncios em jornal e outros documentos, agremiações como a Sociedade dos Homens de Letras da Cidade da Bahia, cujos estatutos teriam sido redigidos por Luiz Mendes Lobato, desempenharam um papel essencial não apenas para reunir escritores, mas para formar público das produções intelectuais, "laicizar as atividades do espírito", e formular "os problemas do país, tentando analisá-los à luz das referências teóricas da Ilustração". O processo de afastamento do campo religioso e de participação no campo político daria contornos específicos aos homens de letras brasileiros, que, aliás, passam a se ver como tais e a desejar uma literatura nacional. Restavam, porém, imensas dificuldades para a criação de um mercado de bens simbólicos, pois ainda eram escassas as tipografias, livrarias, bibliotecas, escolas e faculdades.

---

137 Ibid., p.338.
138 Candido, *Formação da literatura brasileira*, p.240-1.
139 Ibid., p.241.

As obras tidas como representativas das três primeiras décadas do Oitocentos, e que a historiografia literária convencionou chamar de neoclássicas, tiveram suas primeiras edições impressas, em sua maioria, na Europa. As *Obras poéticas* (1820) e as *Poesias sacras e profanas* (1821) de Souza Caldas foram impressas postumamente em Paris; as *Poesias oferecidas aos amigos e amantes do Brasil* (1822), de Natividade Saldanha, em Coimbra, onde estudou; as *Poesias oferecidas às senhoras brasileiras por um baiano* (1825), de Domingos Borges de Barros, em Paris, onde ele trabalhou como encarregado de negócios de Portugal. José Bonifácio mandou imprimir na França outros livros, durante seu exílio e, ao voltar ao Brasil, em 1831, publicou pela Tipografia Imperial de E. Seignot-Plancher, no Rio de Janeiro, seu livro *O poeta desterrado. Ode escrita em Bordéus, em 1825, por Américo Elísio*. Dentre as obras elencadas como esteticamente representativas do período, nos livros atuais de história da literatura brasileira, a única que veio à luz no Brasil é *A assunção*, de Frei Francisco de São Carlos, saída dos prelos da Impressão Régia em 1819.

Muito mais lido e influente do que todos esses autores foi Tomás Antonio Gonzaga, hoje canonizado como a "mais alta expressão" de nosso Arcadismo.[140] Uma "primeira parte" de *Marília de Dirceu* foi publicada em Lisboa, pela Tipografia Nunesiana, em 1792, o que é intrigante, como notou Antonio Candido: "Quem teria ousado publicar um réu de lesa Majestade, e como teria alcançado os originais, ou cópias?".[141] A segunda parte saiu em 1799, encadernada com a primeira, pela mesma tipografia, estando o poeta no exílio. Uma edição com terceira parte, apócrifa, foi impressa em 1800 pela Oficina de Joaquim Tomás de Aquino Bulhões, também de Lisboa. A partir dessa data, várias outras edições vieram à luz, contendo ora apenas a primeira parte, ora apenas a segunda ou as duas juntas.[142] Quem teria sido o mecenas editor de Tomás Antonio Gonzaga?

A edição de *Marília de Dirceu* que mais desperta interesse é a de 1810, impressa na mais improvável das tipografias, a Impressão Régia, que produziu

---

140 Candido, Letras e ideias no período colonial. In: _____, *Literatura e sociedade: estudos de teoria e história literária*, p.98-9.
141 Id., *Formação da literatura brasileira*, p.688.
142 Antunes, As edições de "Marilia de Dirceo", de Tomás Antonio Gonzaga.

tiragem "excepcionalmente grande" do livro, como afirmou José Mindlin.[143] No exemplar que pertence à Biblioteca Brasiliana Guita e José Mindlin, lê-se, no prólogo à terceira parte, o quanto a tiragem do livro foi excepcional:

> A prompta extracção de quase dous mil exemplares da Primeira, e segunda Parte dessas Lyras em seis mezes, é um irrefragavel argumento do que acabamos de dizer; apenas appareceo a Primeira Parte, de tal sorte foi recebida, dos que amão os encantos da Poesia, que nos vimos precisamos a reimprimil-a, para satisfazermos a quem nol-a buscava; motivos estes, que coopérarão para a publicação desta Terceira Parte, que não só pelo seu merecimento; como por completar a Collecção, esperamos corra a mesma fortuna das outras; ficando por este modo satisfeitos os senhores Curiosos, que este é só o interesse, que desejamos alcançar das despezas, e longos trabalhos, que tivemos em proporcionar-lhes a satisfação do seu gosto.[144]

A venda de dois mil exemplares de um livro de poemas em seis meses é algo admirável ainda hoje no Brasil.[145] Também notável é a razão mercadológica dada pela Impressão Régia aos "Curiosos" para justificar a publicação de uma nova edição do livro, com a terceira parte das liras. A procura dos leitores teria sido mais responsável pela nova edição do que o "merecimento" da obra, ou seja, seu valor artístico. Há, ainda, a sugestão de que o dinheiro recebido pela venda dos exemplares compensaria as "despesas" e "longos trabalhos" de impressão, justificativa bastante comum ao longo do XVIII – é a mesma encontrada, por exemplo, na edição de 1731

---

143 Mindlin, *Uma vida entre livros:* reencontros com o tempo, p.51.
144 Gonzaga, *Marilia de Dirceo*, p.VI-VII.
145 Para Alexandre Eulálio, o sucesso de *Marília de Dirceu* deve muito à musicalização dos poemas: "A partir da edição em livro [...], diversos compositores, populares e eruditos, puseram em música boa parte das Liras. Prova eloqüente do alcance destes versos que traziam um não-sei-quê novo e começaram a ser cantados em serestas de esquina e árias de salão, daí se espraiando pouco a pouco em mancha de óleo, no Reino e nos Domínios, dos serões de província aos mais remotos povoados da roça". Esse alcance obtido via canção reafirma a força da oralidade no campo literário do final do Setecentos. Ver Eulálio, Verso e reverso de Gonzaga. Dirceu, pastor e prisioneiro. In: Gonzaga, *Os melhores poemas*, p.7.

de *O peregrino da América*. Gonzaga, que morreu no exílio africano em fins de 1809 ou início de 1810, provavelmente não chegou a ver a edição brasileira do conjunto de seus poemas, publicada com licença de Sua Alteza Real, pela Impressão Régia.

Segundo Márcia Abreu, os arquivos da Torre do Tombo, em Portugal, guardam dezessete requerimentos para obtenção de licenças de impressão e "de correr" relacionados a edições de *Marília de Dirceu* entre 1796 e 1829. De acordo com ela, "sintomaticamente, em nenhum deles se faz menção ao nome do autor, e sim aos responsáveis pela edição", que foram oito diferentes indivíduos durante aquele período.[146] Quais requerentes teriam os manuscritos de Gonzaga? Quantas cópias manuscritas de suas liras estariam nas mãos de "curiosos", como a eles se referem os responsáveis pelas edições da Impressão Régia? Gonzaga teria tido a oportunidade de indicar o modo como gostaria de ver os versos publicados?

O prefácio da edição de 1810 fornece algumas pistas, mas o mistério ainda está longe de ser desvendado:

> A acceitação com que o respeitável público recebeo a Primeira, e Segunda Parte, exigia huma impreterível correspondência; por cujo motivo não nos quizemos poupar ao excessivo trabalho de recolher com a mais exacta legalidade os Versos, de que se compõem este Folheto, obtidos das mãos de alguns Curiosos, que por saberem avaliar o merecimento do teu Autor, com todo o cuidado os conservavão.

A se acreditar nesse trecho, havia pessoas, talvez na corte, que mantinham manuscritos de poemas de Gonzaga e que os cederam para a Impressão Régia, a fim de que fossem publicados. Também é sintomático que esses "curiosos" não tenham tido seus nomes revelados, embora seja difícil imaginar que não fossem conhecidos da Família Real. Recolher "com a mais exata legalidade os versos" significaria obtê-los com o autor, tarefa que nem chega a ser cogitada pelos impressores. Assim, a figura de "T. A. G.", como

---

[146] Abreu, Impressão Régia do Rio de Janeiro: novas perspectivas, *I Seminário Brasileiro sobre Livro e História Editorial*, p.3.

era identificado o autor daquelas edições de *Marília de Dirceu*, está indelevelmente mesclada com as figuras de vários leitores e patronos desconhecidos, além de editores e tipógrafos, os quais decidiram a forma que o livro veio a assumir. Tomás Antonio Gonzaga, caso tivesse controle sobre o formato de sua obra, talvez a tivesse organizado de maneira diferente.

Os censores que examinaram os poemas de *Marília de Dirceu*, a fim de conceder licença à obra, registraram competências artísticas até hoje associadas ao "bom Dirceu", como o chama o censor Francisco Xavier de Oliveira, em parecer de 1799:

> [...] Ó que Poeta, filho da natureza, e aluno das Graças! Certo que a índole de Anacreonte, Laso e Tehocrito naõ foi mais feliz, que a do bom Dircêo. Se estes três Poetas resuscitassem, e apparecessem vivos no mundo, naõ se envergonhariaõ deserem os Authores detaõ lindos versos. Eu falo sem paixaõ, pois nem ao menos conheço quem os-escrevêo; falo, digamo-lo, assim, *ex abundatia cordis*, eporque naõ He rasaõ que se-negue o louvor aquém delle se faz tão benemérito. [...][147]

A biografia de T. A. G. não podia ser apresentada em sua obra, de modo a defini-lo como indivíduo real, criador dos versos a ser impressos. Porém, elogios semelhantes àqueles do censor foram mais tarde incorporados às biografias de Gonzaga. De acordo com Márcia Abreu, o professor de Retórica e Poética Francisco Xavier de Oliveira "raras vezes manifestou juízo tão favorável a uma obra quanto o fez nesse parecer". Esse juízo, feito de acordo com as *tópicas* da leitura erudita do XVIII, poderia ter aparecido como crítica literária em algum periódico, caso fossem outras as circunstâncias. A crítica costuma ser entendida como um dos elementos essenciais da constituição de um campo literário. Em Portugal e na América Portuguesa, parte da crítica foi feita em pareceres da censura e circulou entre pouquíssimos leitores.

Se concordarmos com a afirmação de Bourdieu de que "o discurso sobre a obra não é um simples adjuvante, destinado a favorecer-lhe a apreensão

---

[147] Ibid., p.3.

e a apreciação, mas um momento de produção da obra, de seu sentido e de seu valor",[148] é possível afirmar que *Marília de Dirceu*, uma das obras mais populares e prestigiadas da literatura brasileira, foi produzida também por um de seus censores, o que não deixa de ser irônico para o leitor contemporâneo. A versão do livro que encontramos hoje nas livrarias tomou forma ao longo de vários anos e variados processos burocráticos, por meio da contribuição de diversos "curiosos", do trabalho de diversos tipógrafos, da avaliação de diversos críticos. Eis um excelente exemplo de que "Os autores não escrevem os livros, nem mesmo os próprios", como afirma Roger Chartier, que completa: "Os livros, manuscritos ou impressos, são sempre o resultado de múltiplas operações que supõem decisões, técnicas e competências muito diversas".[149]

A Imprensa Régia também publicou, em seus primeiros anos, traduções e adaptações de romances, como a *História verdadeira da princesa Magalona* e *O diabo coxo* (1707), de Alain-René Lesage, além do licencioso *História de dois amantes ou o Templo de Jatab* (1743), de Claude Godard d'Aucour.[150] Já *Statira e Zoroastes* (1826), de Lucas José de Alvarenga, considerada a primeira novela brasileira, foi impressa pela tipografia de Plancher, francês que se estabeleceu no Rio de Janeiro em 1824 e fez séria concorrência à Impressão Régia. A maior parte da produção de Plancher, contudo, era composta por periódicos, publicações políticas e administrativas, dentre elas a Constituição de 1824, o que constituiu grande vitória contra a concorrente.

Também a tipografia de Evaristo da Veiga, o "Benjamin Constant brasileiro", publicou literatura – incluindo as poesias do próprio dono –, embora tenha sido mais dedicada à política e ao jornalismo.[151] Evaristo, um dos principais jornalistas da época, participou do jornal *A Aurora Fluminense*, um dos mais influentes opositores de d. Pedro I. Na Bahia, a tipografia de Silva Serva seguiu imprimindo, até 1846, livros de medicina, direito,

---

148 Bourdieu, *As regras da arte*, p.197.
149 Chartier, Escutar os mortos com os olhos, *Estudos avançados*, 24 (69), p.16.
150 Sobre os romances traduzidos, conferir Souza, *Adaptações e livros baratos para a corte*. Sobre romances licenciosos, ver o ensaio da mesma autora, Romances licenciosos nos prelos da Impressão Régia: o caso de *História de dois amantes ou o Templo de Jatab*.
151 Apud Hallewell, *O livro no Brasil*, p.48.

religião, política e alguns de literatura; ao todo, teria produzido 176 títulos.[152] Em outros pontos da corte e do país, novas tipografias surgiram, o que levou ao crescimento da publicação de livros e a novos debates sobre os direitos e responsabilidades de autores e editores.

---

152 Ibid., p.60. Hallewell se baseou principalmente nas informações arroladas por Castro, no livro *A primeira imprensa da Bahia e suas publicações*.

Capítulo 2
Em torno das tipografias de Paula Brito

2.1. Direitos autorais, Romantismo e mecenato imperial

Os projetos de lei apresentados à Câmara para regulamentação dos direitos autorais, na segunda metade do século XIX, permitem vislumbrar a expansão e a sofisticação das atividades de escritores, editores e outros agentes ligados à produção de textos impressos no Brasil daquele período. O sistema literário do país, ainda em formação, tornava-se mais complexo, como indicam as linhas gerais do projeto que Aprigio Justiniano da Silva Guimarães, advogado e deputado por Pernambuco, submeteu à Câmara, em 1856. Em síntese, o projeto previa:

- Garantia deste direito às faculdades e a qualquer corporação, por espaço de 60 anos, relativamente às obras que lhes fossem doadas ou legadas;
- Registro do contrato do autor com o editor, no tribunal do Comércio;
- Obrigatoriedade da remessa da obra aos estabelecimentos públicos, sob pena de multa;
- Garantia do direito autoral ao estrangeiro, sob condição de imprimir a obra no país e na língua do país;
- Autorização ao Governo para fazer ou celebrar uma convenção literária com Portugal, que garantisse a reciprocidade dos direitos dos autores.[1]

---
1 Apud Martins, *Direito autoral:* seu conceito, sua história e sua legislação entre nós, p.20.

Guimarães definia propriedade intelectual como "toda sorte de produção nas ciências, letras e belas artes".[2] Tradutores teriam os mesmos privilégios que autores. O projeto ainda não havia sido debatido quando, dois anos depois, o deputado paulista Bernardo Avelino Gavião Peixoto apresentou outro projeto, no qual se encontram praticamente as mesmas ideias de Guimarães, com apenas algumas modificações:

- Escritura pública para os contratos entre autores e editores;
- Obrigatoriedade da remessa da obra publicada à Biblioteca Nacional e aos arquivos das secretarias dos Estados, como condição única da garantia dos direitos por parte dos poderes públicos;
- Gozo por 25 anos, dos direitos, aos herdeiros do autor;
- Prazo de 25 anos para gozo dos direitos autorais às corporações.[3]

Os artigos principais desses projetos procuram regulamentar outras e mais variadas etapas da produção de impressos que não eram contempladas pelo curto artigo do Código Penal. Para o estudo da relação entre editores e autores, é significativa a presença, nos dois projetos, da necessidade de firmar contrato e registrá-lo em alguma instância pública. A autorização para "celebrar convenção literária com Portugal", a fim de garantir a reciprocidade dos direitos dos autores, é também um ponto importante, principalmente quando cotejado com as informações sobre contrafação de obras portuguesas no Brasil, que preocupava os escritores da antiga metrópole.[4]

Outro aspecto a considerar é o fato de, em ambos os projetos de lei, a expressão "propriedade literária" ser preferida a "direito autoral", provavelmente devido à influência exercida pelo direito francês sobre os brasileiros que, desde meados do século XIX, estudavam o estabelecimento de leis para reger as atividades de produção, impressão, circulação de livros.[5]

---

2 Neves, Do privilégio à propriedade literária: a questão da autoria no Brasil imperial (1808-1861), site do *I Seminário Brasileiro sobre Livro e História Editorial*.
3 Martins, *Direito autoral*, p.20.
4 Ver a respeito, o capítulo Dividendos e divisas, de Lajolo; Zilberman, *O preço da leitura*; Neves, op. cit.
5 Ver Martins, *Direito autoral*.

Mais interessante do que a escolha de termos jurídicos parece ser a justificativa dada por Gavião Peixoto para regulamentar a propriedade literária. Na visão do deputado, assegurar esse direito significava abrir "uma carreira nobre e profícua" no país, o que possibilitaria "acabar o furor atual pelos empregos públicos, mal que ataca os próprios [sic], que poderiam ser bons produtores intelectuais".[6] A preocupação social implícita nessa justificativa era algo novo no debate sobre propriedade literária, segundo Lúcia Maria Bastos Neves. O "furor" dos homens de letras por empregos públicos, indicativo da pouca autonomia do campo literário, estava ligado, como diagnosticou Antonio Candido, não só à remuneração, mas a critérios de prestígio, conforme se observa no anúncio publicado por Luiz Mendes Lobato, no qual cargos ligados a instituições governamentais são arrolados para valorizar produções intelectuais do advogado escritor, como se viu no capítulo anterior.

Gavião Peixoto, ao que indicam os itens de sua proposta, conhecia as possibilidades de desenvolvimento econômico e cultural existentes nos campos literários em formação de alguns países da Europa e dos Estados Unidos, e procurava incentivá-las no Brasil. Tanto seu projeto de lei como o de Guimarães foram submetidos à Comissão de Legislação e Justiça; segundo Samuel Martins, "foi o parecer elaborado, optando pela aceitação do projeto do dr. Aprigio Guimarães, como mais explícito e desenvolvido sobre a matéria, e nisto ficou!!!".[7] O assunto só voltaria a ser tratado na Câmara em 1875. Embora não tenham sido aprovados, os projetos merecem destaque porque documentam a existência de práticas autorais e editoriais de maior amplitude e refinamento do que aquelas regulamentadas pelo Código Penal de 1830. De fato, mudanças importantes haviam ocorrido.

A década de 1850 começara com relativa paz no Império, após os anos conturbados da Regência e do início do governo de d. Pedro II. Em 1850, foram promulgadas leis que seriam determinantes nos caminhos que o país trilhou postumamente: a Lei de Terras, a abolição do tráfico de escravos e a reforma da Guarda Nacional. Segundo Lilia Moritz Schwarcz, essas

---

6 Apud Neves, op. cit., p.11.
7 Martins, *Direito autoral*, p.21.

leis eram "medidas vinculadas"; de um lado, a "polêmica Lei de Terras de 1850, apresentada pela primeira vez em 1843, visava organizar o país para o fim eventual do trabalho escravo – tendo sido aprovada poucos dias após a interrupção do tráfico"; de outro, "a centralização da Guarda buscava fortalecer a posição do governo perante os proprietários cuja reação ao final do tráfico e às tentativas de regulamentação da posse da terra teria sido negativa".[8]

As consequências da Lei de Terras, para Nicolau Sevcenko, seriam desastrosas:

> Como empenho pela modernização, diante da inviabilidade da manutenção do regime escravocrata, os fazendeiros haviam forçado a revogação, em 1850, da antiga lei que legitimava a posse de pequenos lotes pelos sitiantes. O objetivo era tirar o direito da população pobre à terra, compelindo assim à criação de um proletariado agrário que subsistiria os escravos. O resultado foi um grande movimento de evasão rural, em direção às áreas mais remotas do território ou às cidades. Assim se formou, no curto espaço de menos de uma década, uma cidade enorme e complexa, Canudos, em uma área desabitada do sertão da Bahia. Como num passe de mágica, essa comunidade se tornou, sem que constasse de qualquer mapa ou se tivesse notícia dela, a terceira maior cidade do Estado baiano.[9]

O movimento de evasão de pequenos camponeses e seus efeitos seria tema caro para vários escritores, incluindo Euclides da Cunha e Monteiro Lobato. Quanto aos efeitos da abolição do tráfico, seriam mais benéficos. Os recursos massivos empregados até então no comércio de escravos começaram a ser investidos nas áreas de comércio, indústria, finanças, infraestrutura nacional. Entre 1854 e 1858, foram construídas as "primeiras estradas de ferro, as primeiras linhas telegráficas e as primeiras linhas de navegação; a iluminação a gás chegou às cidades, e começou a

---

8 Schwarcz, *As barbas do imperador:* D. Pedro II, um monarca nos trópicos, p.102.
9 Sevcenko, *Pindorama revisitada:* cultura e sociedade em tempos de virada, p.58.

crescer o número de estabelecimentos de instrução".¹⁰ Para regulamentar as atividades comerciais foi promulgado, em 1850, o Código Comercial.

Enquanto essas transformações econômicas e tecnológicas impulsionavam várias atividades no sistema literário brasileiro, o Romantismo se aclimatava no país e influenciava novas configurações das práticas de autores, principalmente, e de editores. É com o movimento romântico que tem início uma nova maneira de pensar a criação artística, disseminada e sistematizada em uma série de teorias da arte pela arte. Para Raymond Williams, ao longo do século XIX teria ocorrido uma "mudança radical em matéria de ideias sobre a arte, o artista e seu lugar na sociedade". Na Inglaterra da Revolução Industrial, essa mudança apresentaria cinco características:

> [...] primeiro, a natureza da relação entre o escritor e seus leitores sofre uma transformação profunda; segundo, uma atitude diferente em relação ao "público" torna-se costumeira; terceiro, a produção artística tende a ser considerada como um tipo de produção especializada como tantas outras, sujeita às mesmas condições que a produção em geral; quarto, a teoria da realidade "superior da arte", como colocação de uma verdade de imaginação, reveste-se de uma importância crescente; quinto, a representação do escritor como criador independente, como gênio autônomo, torna-se uma espécie de regra.¹¹

No Brasil agrícola e escravocrata do século XIX, as ideias românticas importadas da Europa contribuiriam para que as figuras de autor e de editor ganhassem contornos e estofos mais sólidos, ainda que esse processo tenha ocorrido de maneira muito diferente daquele vivido por ingleses, franceses, alemães. O Romantismo já era conhecido dos leitores brasileiros desde pelo menos o começo do século, mas teria se propagado de modo mais consciente e programático a partir de 1836, com o lançamento, em Paris, da *Niterói – Revista Brasiliense*, fundada por Gonçalves de Magalhães (1811-1882), Manuel de Araújo Porto-Alegre (1806-1879) e Francisco Sales Torres-Homem (1812-1876). A revista e o livro *Suspiros poéticos e*

---

10 Schwarcz, *As barbas do imperador*, p.102.
11 Williams, *Cultura e sociedade:* de Coleridge a Orwell, p.56.

saudades, de Magalhães, publicado no mesmo ano, são tidos como marcos iniciadores do Romantismo nacional. O nome da revista e sua epígrafe, "Tudo pelo Brasil e para o Brasil", endossavam o caráter nativista do periódico e o programa de reforma e nacionalização da literatura brasileira defendido em seus artigos.

Sérgio Buarque de Holanda analisou argutamente, em prefácio de 1939 a *Suspiros poéticos e saudades*, o surgimento do livro e da revista *Niterói*:

> Os *Suspiros poéticos* quiseram ser a um tempo o nosso prefácio de Cromwell e o grito do Ipiranga da poesia. O manifesto que no mesmo ano publicava Magalhães em sua revista *Nictheroy*, intitulado "Discurso sobre a história da literatura no Brasil", reflete em um só movimento as duas aspirações. O fato de surgirem, livro e revista, em Paris, tem, por outro lado, um aspecto simbólico. Daí por diante será a França, não Portugal, o país que vai ditar as regras e modas que seguirão os nossos homens de cultura. Com o aparecimento de Magalhães enunciam-se assim três sucessos da maior importância para o desenvolvimento ulterior de nossa literatura. É ele, a um tempo, o pioneiro do nacionalismo literário entre nós (teoricamente do próprio indianismo romântico), o arauto do Romantismo brasileiro e finalmente, mas *not least*, da orientação francesa de nossa vida espiritual, orientação que ainda prevalece nos dias atuais. [...][12]

O fervor patriótico dos letrados da *Niterói*, compartilhado por outros integrantes do grupo, como Martins Pena (1815-1848), Francisco Varnhagen (1816-1878) e João Manuel Pereira da Silva (1817-1889), estimulou debates sobre a história e as peculiaridades da literatura brasileira. Tinha início um processo de emancipação cultural que seria equivalente ao que fora a Independência no plano político e que era, por sinal, decorrente dela. A "orientação francesa de nossa vida espiritual" viria embalada em livros, jornais, revistas e *habitus* que conformariam as práticas dos agentes do sistema literário nacional, conforme as restrições e oportunidades advindas dos campos do poder, da religião, da educação.

---

12 Holanda, Prefácio. In: Magalhães, *Suspiros poéticos e saudades*, p.xi-xvi.

Outro importante veículo de divulgação das ideias românticas no Brasil foi a *Revista do Instituto Histórico e Geográfico Brasileiro* (IHGB),[13] fundado em 1838. O objetivo do Instituto era escrever a história do país, além de produzir estudos sistemáticos de aspectos variados da realidade nacional, como a economia, as ciências naturais, a literatura, a medicina, a química, a mineralogia. Para esse fim, reuniu os principais intelectuais brasileiros da época, entre os quais Joaquim Manuel de Macedo (1820-1882) e Januário da Cunha Barbosa (1780-1846).

No mesmo ano de sua fundação, o presidente do IHGB, visconde de São Leopoldo, convidou d. Pedro II, então com treze anos, para ser protetor da Instituição. Em seu discurso ao jovem imperador, o visconde justifica o convite afirmando que "a proteção às letras é o mais valioso atributo e a joia mais preciosa da coroa dos príncipes".[14] O convite foi aceito, e a proteção do monarca tomou maior vulto nos anos seguintes. O Estado fornecia 75% das verbas do Instituto, cujas reuniões eram frequentadas com assiduidade por d. Pedro II. Para Edney Sanchez, por meio do

> [...] financiamento direto, do incentivo ou do auxílio a poetas, músicos, pintores e cientistas, d. Pedro II tomava parte de um grande projeto que implicava, além do fortalecimento da monarquia e do Estado, a própria unificação nacional, que também seria obrigatoriamente cultural.[15]

O pensionismo exercido pelo imperador era fator dos mais decisivos na vida dos homens de letras da época, pois influiu na produção de obras da primeira fase do Romantismo brasileiro e retardou a regulamentação de direitos autorais no país. A dimensão do mecenato imperial e seus significados para a formação do campo literário ficaram patentes em 1856. No ano em que o deputado Aprigio Guimarães apresentou à Câmara seu projeto de regulamentação do direito autoral, os jornais da corte abrigaram

---

13 Ver Sanchez, *Revista do Instituto Histórico e Geográfico Brasileiro*: um periódico na cidade letrada brasileira do século XIX.
14 Apud Sanchez, op. cit.
15 Ibid., p.127.

os artigos da polêmica literária a respeito do poema "A Confederação dos Tamoios", de Gonçalves de Magalhães. Os dois acontecimentos têm imbricações com a proteção às letras exercida por d. Pedro II e podem ajudar a entender como se estruturava o sistema literário em formação no período, no qual já se delineavam as bases de um campo literário.

2.2. "A Confederação dos Tamoios" e o campo literário

Alguns aspectos do processo de produção e de publicação de "A Confederação dos Tamoios" oferecem informações valiosas sobre as práticas de produção e de circulação de textos no Brasil de meados do século XIX. Em primeiro lugar, analisemos o modo como se deu a promoção do poema épico. Para Ubiratan Machado, Gonçalves de Magalhães foi "o primeiro escritor a ser beneficiado com a propaganda maciça de uma obra de sua autoria".[16] Magalhães, futuro barão de Araguaia, anunciara sua epopeia em 1847, quando partira para o Reino das Duas Sicílias, onde assumiu o posto de cônsul, cargo concedido pelo imperador como espécie de prebenda para o poeta. Não foi o único a receber esse tipo de benefício de d. Pedro II; seguindo o modelo de mecenato de Luís XIV, o imperador protegia e lisonjeava diversos escritores, que, por sua vez, apoiavam e lisonjeavam, de maneiras diversas, atos do governo.

Nos anos seguintes, jornais brasileiros publicaram notas, de tempos em tempos, sobre a produção do poema épico:

> Muito antes da conclusão de "A Confederação dos Tamoios", a imprensa divulgava pequenas notas sobre o andamento da obra, procurando aguçar a curiosidade do público e criar um clima de expectativa para o lançamento do poema, que só se daria em 1856. Cinco anos antes, a *Guanabara* já anunciava que a epopéia encontrava-se no sétimo canto. Tempos depois, divulgava-se que o poema estava prestes a ser concluído. "É natural que essa grande composição do reformador da poesia brasileira sofra alguma suspensão com a morte da

---

16 Machado, *A vida literária no Brasil durante o Romantismo*, p.71-2.

estimável e virtuosa senhora que deu à luz tão abalizado poeta", justificava o jornal.[17]

A revista *Guanabara* (1849-1856) era dirigida por Joaquim Norberto de Souza Silva, Araújo Porto-Alegre, Gonçalves Dias, Joaquim Manuel de Macedo – todos eles amigos de Magalhães. A *Guanabara* tivera origem no jornal *Minerva Brasiliense* (1843-5), que tinha entre seus colaboradores o próprio Magalhães, Odorico Mendes, Santiago Nunes Ribeiro e Teixeira e Sousa. As duas publicações e a *Revista do IHGB* foram as mais importantes do período e tiveram grande importância na divulgação do Romantismo.

Em fins de 1854, Magalhães deixou a Sicília com destino ao Brasil, que pretendia visitar antes de assumir o posto diplomático na Sardenha. O objetivo era apresentar a epopeia ao imperador. A *Guanabara* anunciou, em dois números seguidos, a vinda do poeta: "O sr. Domingos José de Magalhães está no mar, e traz consigo o seu poema dos 'Tamoios'".[18] A chegada do escritor foi noticiada por vários jornais cariocas. José de Alencar, então com 26 anos e folhetinista do *Correio Mercantil*, comentou em sua coluna *Ao correr da pena*, de 28 de janeiro de 1855:

> Pelo paquete do Havre chegou a esta corte o nosso distinto poeta, o sr. Gonçalves de Magalhães, que era há muito esperado. Tendo criado a nossa poesia lírica, enriquecido a nossa literatura dramática e melhorado esta arte com suas lições de declamação, o sr. Magalhães partiu para sua comissão diplomática e levou o esboço de um poema épico sobre a fundação do Rio de Janeiro.[19]

No mesmo folhetim, segundo Lira Neto, Alencar "praticamente se autoconvidara para a propalada cerimônia palaciana, em que Magalhães leria de viva voz o poema a Sua Majestade".[20] Entretanto, o convite com timbre

---

17 Ibid.
18 Ibid.
19 Apud Neto, *O inimigo do Rei*: uma biografia de José de Alencar, p.138.
20 Ibid.

imperial não lhe foi enviado. Raimundo Menezes conta que o "esquecimento" ou "falta proposital" de Magalhães transformaria "o jornalista político em crítico literário".[21] Na tarde de 30 de janeiro de 1855, foi realizada a leitura de "A Confederação dos Tamoios", que teria se prolongado por sete horas. A antiga modalidade da "publicação", que consistia na leitura em voz alta da obra ao seu patrono, subsistia junto à da publicação impressa.[22]

O resultado da leitura de Magalhães foi o melhor possível: d. Pedro II entusiasmou-se com a obra e decidiu mandar imprimi-la "com a mais rica e luxuosa encadernação possível" na tipografia Dous de Dezembro, de Paula Brito. Reis costumavam ganhar ou patrocinar a encadernação luxuosa de volumes que seriam guardados em suas bibliotecas; o fato de os exemplares da primeira edição de "A Confederação dos Tamoios" receberem essa deferência pode indicar a importância da obra para o projeto cultural do imperador. A epopeia de Magalhães ganhava corpo por meio de distinções como as notas nos jornais, a leitura no palácio, o luxuoso trabalho de tipografia.

Os primeiros exemplares da "edição imperial" vieram a público em 20 de maio de 1856. Segundo Raimundo de Menezes, a decepção foi enorme:

>Os comentários, a respeito, são deprimentes. Dizem-se coisas assim nos diálogos de rua, colhidos na imprensa da época:
>— "A encadernação é magnífica", afirmam alguns que querem achar alguma coisa que louvar.
>— "Sem dúvida", respondem outros: "mas é pequeno conforto para o Sr. Magalhães; a menos que ele não seja como alguns pais, que se consolam um pouco da morte dos filhos quando podem obter para seus cadáveres um caixão de veludo coberto de preciosos galões".[23]

Ao que indica Menezes, a edição mais requintada que se vira na corte, até então, teria sido estimada apenas pela beleza de sua materialidade, mérito

---

21 Menezes, *José de Alencar*: literato e político, p.88.
22 Chartier, Mecenato e dedicatória. In: _____, *Formas e sentido*, p.63.
23 Ibid.

do editor e impressor Paula Brito. O tema do épico, organizado em dez cantos, é a rebelião de tupis contra colonizadores portugueses ocorrida no Rio de Janeiro no século XVI. Para Antonio Candido, o poema "fora concebido para ser a grande demonstração de validade nacional do tema indígena, mas resultou uma obra desinteressante e pesada, da qual raros trechos resistiram ao tempo".[24] A forma da epopeia, como a prática das leituras orais para a corte, caminhava para o ocaso, enquanto novas formas de composição e de apreciação literária ganhavam força entre autores e leitores.

Dez dias depois de lançado o livro, o *Diário do Rio de Janeiro* começou a publicar artigos, em formato de cartas a um suposto amigo, que criticavam duramente o poema de Magalhães. As cartas eram assinadas por "Ig", *nom de plume* usado por José de Alencar, recém-empossado no cargo de redator-chefe do jornal.[25] A prática de criticar obras por meio da publicação de cartas assinadas com pseudônimos não era novidade; foi o modo usado por Voltaire para avaliar *A nova Heloísa*, de Rousseau, como observamos no capítulo anterior. As críticas de Alencar ao poema de Magalhães levaram a uma das mais famosas polêmicas da literatura brasileira – a primeira de real vulto –, como assinala José Aderaldo Castello. Para o crítico, o poema

> Representava a persistência de Gonçalves de Magalhães no desempenho da missão de reformador, já cumprida. Retomar esse propósito inicial era um anacronismo, que ia de encontro à progressiva renovação. José de Alencar também percebeu a ameaça que representava para a nossa literatura o mecenatismo do jovem imperador Dom Pedro II, ainda alvo de uma prática laudatória ultrapassada. Mas não se deteve nesse problema. O importante era não alimentar fantasmas, cessar o elogio fácil e analisar com isenção os modelos e formas apresentados. Em suma, alimentar a consciência crítica interna. [...] É o primeiro grande prefácio de Alencar ao que ele mesmo viria a escrever, em particular aos romances chamados indianistas – *O guarani*, *Iracema* e *Ubirajara*.

---

24 Candido, *O Romantismo no Brasil*, p.29.
25 Sobre o uso de pseudônimo por José de Alencar e outros autores românticos, ver Broca, O anônimo e o pseudônimo na literatura brasileira. In: _____, *Horas de leitura*: primeira e segunda séries, p.119-22.

Teria inspirado também o plano do poema *Os filhos de Tupã* e, no mesmo ano de 56 para 57, propulsionado a elaboração e publicação de *O guarani*.[26]

As críticas de Alencar provocaram um debate sobre literatura nacional que trouxe a campo vários defensores de Magalhães, dentre eles Araújo Porto-Alegre, amigo do poeta, e o próprio d. Pedro II, todos escrevendo também com pseudônimo.[27] Não cabe, aqui, analisar as ideias debatidas, mas a percepção de Alencar a respeito da "ameaça que representava o mecenatismo" do imperador à literatura nacional. Alencar defendia uma nova concepção de autoria, em sintonia com as mudanças propostas por românticos europeus. Nesse sentido, sua reprovação da "prática laudatória ultrapassada" dirigida a d. Pedro II é diferente das censuras feitas por José Bonifácio de Andrada e Silva aos "peralvilhos literários" no início do século.

Para entender melhor a posição inovadora de Alencar no sistema literário em formação, vale lembrar uma das razões que o teriam levado a iniciar a polêmica, talvez mais importante do que a falta de um convite para a leitura oficial do poema épico. Alencar havia sido contratado como redator-chefe e gerente do *Diário do Rio de Janeiro* com a missão de melhorar as vendas do jornal, que atravessava uma crise financeira; naquelas circunstâncias, segundo Lira Neto, ele iniciara os ataques a Guimarães visando ao aumento de assinantes:

> Como não conseguia manter a regularidade na publicação de suas festejadas crônicas, Alencar compreendeu que precisava de um chamariz mais eficiente para atrair a atenção dos leitores para o claudicante *Diário do Rio de Janeiro*. Era necessário descobrir um novo filão, uma novidade editorial que mobilizasse a opinião pública e provocasse acaloradas discussões nas esquinas, nos cafés e nos salões da corte. À fome juntou-se a vontade de comer justamente quando

---

26 Castello, op. cit., p.261-2.
27 Segundo as biografias citadas, o imperador teria pedido a outros literatos de destaque na época, dentre eles Gonçalves Dias e Alexandre Herculano, que defendessem publicamente o poema de Magalhães, o que teriam se recusado a fazer.

do surgimento de "A Confederação dos Tamoios", do então intocável Gonçalves de Magalhães.[28]

A se crer na hipótese de Lira Neto, uma das mais importantes polêmicas literárias do país teria iniciado por razões econômicas. Alencar percebera, como bom editor, um tema que poderia atrair a atenção e o dinheiro do público para seu jornal. Essa tomada de posição seria suficiente para classificá-lo como "charlatão" por discípulos de Voltaire. A figura do homem de letras condensada pelo filósofo francês em verbetes da *Enciclopédia* e do *Dicionário filosófico* ainda era considerada a ideal na Europa e nas Américas. No entanto, aumentava o número de escritores românticos europeus que conseguiam viver da produção de textos, principalmente quando trabalhavam para jornais e revistas, e que, conforme adquiriam prestígio, construíam uma nova figura de autor, independente do mecenato graças à expansão e diferenciação dos públicos leitores. A realidade do campo brasileiro, no entanto, era muito diferente da do europeu, o que converte o embate de Alencar com o maior patrocinador das artes nacionais em fato ainda mais extraordinário. Dentre todas as reverberações causadas por aquela luta no interior do campo literário em formação, podemos enfatizar a transformação que assinalava nas relações entre autor e público.

O trabalho de Alencar como gerente do *Diário*, em especial suas campanhas para adquirir assinantes, ainda precisa ser mais estudado. Quaisquer que fossem seus objetivos, porém, a polêmica tornou seu nome mais conhecido: quando as cartas de Ig foram publicadas em livro, pela tipografia do *Diário*, traziam o nome do autor. Alencar passava a ter o que Bourdieu chama de *marca distintiva*, que visa a delimitar as propriedades mais visíveis e, geralmente, mais superficiais, ligadas a um produtor ou a um grupo de produtores de arte.[29] Em um campo em que é preciso se distinguir dos demais para sobreviver, Alencar avançava admiravelmente.

Quanto ao poema "A Confederação dos Tamoios", há registros de que Pedro II ainda financiaria duas traduções em italiano da obra e de que Gon-

---

28 Neto, op. cit, p.137-8.
29 Bourdieu, *As regras da arte*, p.181-2.

çalves de Magalhães nunca se defendeu das acusações de Alencar, pessoalmente ou por escrito.[30]

2.3. A propriedade literária e a figura do autor romântico

Almeida Garret, participante da revolução liberal portuguesa de 1820, continuara suas atividades políticas (por vezes interrompidas dramaticamente) e fora um dos principais redatores da Constituição Portuguesa de 1838. No ano seguinte, apresentou na Câmara dos Deputados um projeto de propriedade literária que pretendia regular o direito de autor, reconhecido desde a carta de lei de 1821. O projeto foi aprovado em 1841, mas seria sancionado somente em 1851.[31] D. Maria II, filha de d. Pedro I e então rainha de Portugal, promulgou o projeto de Garret a pedido do próprio, que havia sido designado para negociar um tratado de proteção mútua com a França. Estabelecer um tratado internacional sem a existência de legislação interna seria empreitada das mais embaraçosas, de modo que o projeto de Garret saiu da gaveta. Ainda em 1851, seria assinada convenção entre os governos português e francês. Lajolo e Zilberman observam que

> Esta, a primeira de uma série de convenções entre Portugal e países europeus, encontra em Almeida Garret, outra vez paladino da propriedade literária, um articulador incansável. Ele promove os contatos políticos visando à efetivação do acordo, atua como ministro plenipotenciário quando da assinatura do convênio e percebe as vantagens econômicas que advirão de sua negociação. Sabe, por exemplo, que à França igualmente interessa uma convenção que afaste do mercado português a concorrente indústria belga – produtora de livros baratos e de fácil comercialização; e que o documento assinado entre os diplomatas repercutirá favoravelmente nos negócios de Portugal e com o Brasil [...].[32]

---

30 Neto, op. cit, p.137-8.
31 O Relatório ao projeto de lei de propriedade literária de Garret pode ser lido no site da Biblioteca Nacional de Portugal. Disponível em: < http://purl.pt/96/1/obras/index.html >. Acesso em: 4 abr. 2017.
32 Lajolo; Zilberman, *O preço da leitura*, p.60.

Figuras de autor, figuras de editor

Em uma carta ao visconde Tojal, de 20 de março de 1851, Garret confidencia que "é nas nossas futuras negociações com o Brasil que isto [a convenção] mais importará".³³ Realmente, o Brasil era grande consumidor de contrafações belgas de livros franceses, além de contrafações de obras portuguesas feitas por editores franceses aqui estabelecidos.³⁴ As proporções desse consumo preocupavam também outro expoente do Romantismo português, Alexandre Herculano (1810-1877), que fora parlamentar na década de 1840, quando convivera com Garret. As ideias de Herculano relativas à propriedade literária, no entanto, eram muito diferentes das expressas no projeto de lei de Garret. Assim, quando Herculano viu seu nome citado em uma argumentação enviada por Garret à rainha, buscando apoio para a convenção com a França, reagiu publicando uma carta em que recusava a associação de seu nome aos projetos do colega, por discordar de suas opiniões:

> Enganaria a V. Exa., se com o silêncio desse a minha fraca sanção à doutrina da propriedade literária, a qual considero mais que disputável, ou à convenção com a França, que, além de consagrar opiniões que reputo profundamente inexatas, é prejudicialíssima por diversos modos aos interesses da nossa terra.

Na carta, intitulada "Da propriedade literária e da recente convenção com França", Herculano declara acreditar que o acordo prejudicaria Portugal, pois as contrafações belgas de livros franceses eram mais baratas, e, portanto, mais acessíveis aos leitores portugueses.³⁵ Ele mesmo se declara possuidor de edições belgas, às quais preferia por não ser "abastado". Além disso, segundo Herculano, as obras dos autores portugueses não circulavam na França de maneira tão massiva quanto as francesas circulavam em Portugal, de modo que o tratado beneficiaria mais aos franceses.

Para o escritor português, a propriedade literária não poderia ser entendida como um bem comercializável. Essa concepção beneficiaria somente

---

33 Ibid.
34 Ibid.
35 Herculano, Da propriedade litteraria e da recente convenção com a França. Ao Visconde d'Almeida Garret. In: _____, *Opúsculos:* questões públicas, p.83-5.

123

autores como os franceses Eugene Sue, Paul de Kock, Honoré de Balzac ou o inglês Charles Dickens, cujos livros, de grande sucesso mercadológico, Herculano considerava "absurdos, frívolos, prejudiciais". Como seus argumentos tocam em aspectos importantes para entender algumas figuras de autor proeminentes na época, em Portugal e no Brasil, transcrevemos um trecho longo, porém significativo, da carta:

> Em vez da anarchia deleteria e repugnante que o regimen da propriedade litteraria produz, e em que o homem de talento, mas immoral, envenena as multidões para se locupletar, enquanto o genio de sciencia e consciencia morre de fome, um systema de recompensas publicas prudentemente organizado traria a ordem e a justiça, e substituiria o verdadeiro progresso ás orgias intellectuaes, á veniaga da corrupção moral, resultado infallivel da conversão das idéas em capital productivo. O direito de propriedade litteraria! Que aproveita esse direito ao mancebo desconhecido, em cuja alma se eleva a sancta aspiração da arte ou da sciencia, e para quem, no berço, a fortuna se mostrou avara? Como entrará elle nesse mercado do espírito, onde a marca de um nome illustre é necessaria para se tentarem com vantagem as luctas da concorrencia? Esse direito, que se diz protector do talento e das fadigas do espirito, como é que protege os neophitos das letras, aquelles que mais carecem de protecção? Supre elle alguma das instituições que realmente fazem progredir a cultura do espirito humano?
>
> Uma lei de recompensas nacionais seria a verdadeira lei protectora dos trabalhos da intelligencia. Nos paizes onde existe a jurisprudencia introduzida agora em Portugal existem ao lado della fundações poderosissimas, que são as que suscitam os livros verdadeiramente uteis. Em França o premio Monthyon e outros analogos, as pensões academicas, as empresas litterarias ou cientificas do governo, o professorado, os movimentos de certos cargos destinados, inventados talvez, unicamente para dar pão aos homens de letras, tem sido os incitamentos mais efficazes para se escreverem as obras graves e civilizadoras. A lei de propriedade litteraria, ou antes a lei d'envilecimento, que pendura a idea no mercado entre o barril da manteiga e a sacca de algodão, essa o que

produz em regra é os taes livros absurdos, frívolos, prejudiciais, que, na opinião de V. Exa., são quase os unicos cujas contrafacções nos subministra a Belgica.[36]

Para justificar seu projeto, Herculano diferencia o "gênio de ciência e consciência, que morre de fome" do "homem de talento, mas imoral, que envenena as multidões para se locupletar". Como exemplo de homens talentosos e imorais, ele menciona romancistas de grande popularidade. Era a mesma distinção entre escritores "puros" e "mercenários" que Bourdieu examinou no campo literário francês do período e que ocorria em outros países nos quais já era possível vender livros de literatura, principalmente romances, aos milhares.[37] Herculano é um bom exemplo da categoria de escritor que Gisèle Sapiro denominou de *notável*.[38] No polo dos escritores dominantes, os notáveis são aqueles que conquistaram reconhecimento temporal; geralmente, fazem parte de agremiações importantes, como Herculano, membro da Academia de Ciências de Lisboa, entre outras sociedades científicas e culturais. O escritor tinha posição de destaque no campo do poder, por suas atividades políticas e proximidade com a família real.

Escritores notáveis costumam se preocupar com os efeitos sociais provocados por obras literárias, pois, segundo Sapiro, têm interesse em manter as relações de poder e sua ordem hierárquica. O julgamento moral que Herculano faz dos romances de sucesso e sua preocupação com o "envenenamento" dos leitores por meio de romances não eram singulares; antes, reuniam-se ao coro emitido por autores que, do polo dos dominantes, lutava contra a concepção e a produção de literatura dos chamados escritores populares, localizados na ponta extrema do polo dos dominados. Sua tomada de posição permite verificar aspectos do processo de autonomização do campo literário português, especialmente porque Herculano não se dirige contra burgueses, de modo geral, mas contra *artistas burgueses*.

---

36 Ibid., p.83-5.
37 Bourdieu, *As regras da arte*, p.63-202.
38 Sapiro, Elementos para uma história do processo de autonomização: o exemplo do campo literário francês, p.73.

Na perspectiva das teorias de Bourdieu, determinações econômicas externas ao campo são expressas de maneira refratada dentro dele, de acordo com uma lógica própria.

Não é de surpreender que d. Pedro II tenha manifestado interesse pelo sistema de recompensas públicas proposto por Herculano, com quem mantinha relação cordial. Afinal, seu governo financiava escritores, historiadores, músicos, cientistas e pintores, diretamente ou por meio do IHGB. Alguns artistas, como Gonçalves de Magalhães, foram nomeados para cargos que parecem ter sido criados "unicamente para dar pão aos homens de letras". É compreensível, portanto, o fato de o projeto de regulamentação de direitos autorais apresentado à Câmara em 1856 por Aprigio Guimarães, apesar de aprovado pela Comissão de Legislação e Justiça, não ter sido transformado em lei. Aquele "furor" pelos empregos públicos, mencionado por Gavião Peixoto, parecia ter a aprovação imperial.

Enquanto em Portugal a propriedade literária era reconhecida, e já se discutiam convenções para assegurar em território estrangeiro o ganho dos artistas portugueses, no Brasil, os projetos de lei relativos ao direito de autor ainda não haviam passado à esfera da legislação vigente. A demora em promulgar legislação sobre propriedade literária e em estabelecer convenção com Portugal, para evitar que os autores da antiga metrópole continuassem perdendo dinheiro com as contrafações feitas aqui, "exasperavam" os portugueses. Desde 1850, ocorriam negociações entre os dois governos a fim de regulamentar o direito autoral, mas as discussões eram frequentemente interrompidas e só teriam término às vésperas da proclamação da República.[39] Parece que d. Pedro II se manteve fiel ao sistema proposto por Herculano e não teve pressa em regulamentar a propriedade literária, tanto em legislação interna como em convenção com Portugal.

A ameaça à literatura brasileira, ou ao campo literário em formação, que Alencar divisava no mecenatismo do imperador, foi expressa claramente pelo escritor português Pinheiro Chagas, em um panfleto publicado em 1879. Segundo Marisa Lajolo e Regina Zilberman, no opúsculo dirigido ao monarca brasileiro, Chagas lembra

---

39 Neves, op. cit., p.11.

[...] os males que afetariam a vida intelectual e artística, que ficaria, conforme o projeto de Alexandre Herculano, à mercê da censura, bem como da instabilidade de governos e de critérios duvidosos quando da seleção dos aquinhoados com as benesses públicas.[40]

Eram justamente a dependência de governos, muitas vezes instáveis, a arbitrariedade da escolha dos artistas patrocinados e a ameaça de censura que José de Alencar criticava no modelo de patronagem de d. Pedro II. A independência intelectual seria garantida não por benesses públicas, mas pelos públicos leitores de periódicos e de livros. Agradar a leitores leigos, porém, não significaria renunciar à originalidade, tão cara aos escritores românticos? Para examinar melhor essa questão, retomemos a carta de Alexandre Herculano.

O escritor português qualifica os homens de letras que considera "úteis" como "gênios". Ao associar palavra tão cara para o Romantismo aos escritores que acredita dignos de mérito, ele os alça a um patamar tal que a invenção de cargos governamentais destinados a sustentá-los se torna justificável. A "aspiração da arte ou da ciência" é "santa", sentida na "alma" de jovens escritores; como poderiam eles conciliar vocação de traços assim místicos com preocupações materiais? Na descrição de autor feita por Herculano, reconhecemos elementos, tais como a vocação mística do gênio e os infortúnios do artista pobre, que aparecem, com sutis variações, em inúmeros discursos de autores vinculados ao Romantismo.[41] A força com que se incrustaram nas figuras de autor, desde então, pode ser atestada pelos retratos caricaturais encontrados em diferentes registros culturais, dentre os quais se destacam obras literárias.[42]

---

40 Lajolo; Zilberman, *O preço da leitura*, p.64-5.
41 Vários desses discursos são analisados por Lajolo e Zilberman no capítulo Cartas e contas, de *O preço da leitura*, p.69-93.
42 O escritor inglês Anthony Trollope (1815-1882) criou alguns dos mais interessantes retratos caricaturais de autores românticos no livro *An Editor's Tale* (1870). Naquele mesmo ano, Machado de Assis publicava, no *Jornal das Famílias*, "Aurora sem dia", conto posteriormente reunido em *Histórias da meia-noite* (1873), em que os traços românticos de um aspirante a poeta são pintados de maneira corrosiva pelo autor.

Encontramos esses elementos concentrados e condensados na figura do poeta Capistrano, protagonista do conto "O luzeiro agrícola", publicado por Monteiro Lobato em 1916 na revista paulistana *A Vida Moderna* e, posteriormente, no livro *Cidades mortas*, de 1919. É dessa edição a transcrição abaixo:

> Antes de inspetor Capistrano foi poeta. Cultivara as musas (não a *musa* bananeira, mas a grega Polymnia); não sabia que cousa era um pé de café, mas entendia de pés métricos, pés quebrados e fazia pés d'alferes a todas as divas do Parnaso. Tal cultura, entretanto, emagrecia-o. A sua produção de hendecassílabos, alexandrinos, quadras, odes, sonetos, poemas, vilancetes, églogas, sátiras, anagramas, logogrifos, charadas elétricas e enigmas pitorescos, conquanto copiosíssima, não lhe dava pão para a boca nem cigarro para o vício. A palidez de Capistrano, sua cabeleira à Alcides Maia, sua magreza à Fagundes Varella, seu *spleen* à Lord Byron, suas atitudes fatais, ao invés de lhe aureolarem a face de um nimbo de poesia, comiseraram o burguês que ao vê-lo deslizar como alma penada pelas ruas, horas mortas, de mãos no bolso e olho nostalgicamente ferrado na lua, dizia condoído:
>
> — Não é poesia, coitado, é fome...
>
> Os editores artilhavam a cara de carrancas más quando Capistrano lhes surgia escritório adentro, sopesando a arroba de versos primorosos candidatos à edição.
>
> — São versos puros, senhor, versos sentidos, cheios d'alma. Virão enriquecer o patrimônio lírico da humanidade.
>
> — E arruinar o meu patrimônio econômico — retorquia a fera. De lirismo bastam-me aquelas prateleiras que editei no tempo em que era tolo e que não se vende nem a peso.
>
> Ó vil metal! murmurava o poeta franzindo os lábios num repuxo de supremo enojo. Ó mundo vil! Ó torpe humanidade! Em que te distingues, Homem, rei grotesco da criação, do suíno toucinhento que espapaça nos lameiros? Manes de Juvenal! Eumênides! Musas da Cólera! Inspirai-me versos de fogo onde apúe [sic] até os penetrais da alma este verme orgulhoso e mesquinho! Baudelaire! dai-me os teus venenos!...
>
> — Rapazes, berrava o livreiro à caixeirada, ponham-me este vate no olho da rua!

O poeta, ante o *manu-militari* irretorquível, tomando a papelada lírica moscava-se para a zona neutra da calçada onde, readquirida a nobre altivez, objurgava para dentro da loja hostil:

— A Posteridade me vingará, javardos![43]

A personagem Capistrano parece ser a encarnação do mancebo pobre e desconhecido descrito por Herculano; mas os tempos e os objetivos do texto são outros, e Monteiro Lobato descreve com ironia os mesmos atributos que o português elogiara em 1851. Lobato já era editor quando "O luzeiro agrícola" saiu em livro, o que reveste de interesse as figuras de autor e de editor retratadas no conto. Comecemos pelo fato de Capistrano ser poeta, e não romancista. Os demais autores mencionados pelo narrador e pela personagem também são poetas. Esse dado é da maior relevância, se forem levados em conta os atributos vinculados aos poetas românticos da chamada segunda fase, conforme os delineia Antonio Candido:

> Considerados em bloco, formam um conjunto em que se manifestam as características mais peculiares do espírito romântico. Inclusive a atração pela morte, a autodestruição dos que não se sentem ajustados ao mundo. Todos eles sentiram de modo profundo a vocação da poesia; vocação exigente, que incompatibilizava com as carreiras abertas pela sociedade do Império e nas quais se acomodaram eficazmente, na geração anterior, Magalhães, Porto Alegre, Norberto, o próprio Gonçalves Dias: advocacia, magistério, comércio, clero, armas, agricultura, burocracia. Por isso Junqueira Freire falhou como frade, Casimiro como caixeiro, Laurindo como médico, Varela como tudo. Por isso o advogado Aureliano Lessa caía de bêbado na rua e o juiz de Catalão, Bernardo Guimarães, era demitido a bem do serviço. Por isso, o melhor estudante da Academia de São Paulo, Álvares de Azevedo, morreu antes de obter o canudo de bacharel.[44]

---

43 Lobato, O luzeiro agrícola. In: _____, *Cidades mortas*, p.164-77. Os demais trechos são da mesma edição. "O luzeiro agrícola" foi reescrito por Lobato em edições posteriores, que não modificaram, no entanto, a essência da descrição de Capistrano. Ver, a respeito, a tese de Milena Martins, *Lobato edita Lobato*.
44 Candido, *Formação da literatura brasileira*, p.134-5.

A figura de Capistrano parece sintetizar o "desajuste" dos maiores poetas brasileiros da segunda fase do Romantismo. A menção a Baudelaire é bastante significativa, pois o poeta francês teria sido o principal responsável pela defesa da "arte pela arte", em tomadas de posição que teriam contribuído para a criação de um campo literário relativamente autônomo na França de meados do XIX. A presença do burguês comiserado que se apieda de Capistrano também é bastante simbólica, se pensarmos que burgueses representavam, para os escritores românticos, principalmente os poetas, a antítese da imagem que faziam de si mesmos. Não cabe aqui discutir se realmente houve ascensão da burguesia no Brasil do XIX; o fato é que, de maneira refratada, mas inegável, os românticos brasileiros, principalmente os poetas, construíram uma imagem que se opunha a determinados valores burgueses e, nesse sentido, estava em harmonia com a figura de autor idealizada pelos românticos franceses que citavam nas epígrafes de suas obras. Pierre Bourdieu sintetizou o "trabalho coletivo de invenção", por escritores e pintores franceses, da "figura heroica do artista em luta, rebelde cuja originalidade se mede pela incompreensão de que é vítima ou pelo escândalo que provoca":

> Depois de Chateaubriand, que, em *Les mémoires d'outre-tombe*, exaltava a resistência à miséria, o espírito de devotamento e a abnegação do artista, os grandes românticos, Hugo, Vigny ou Musset, encontraram na defesa dos mártires da arte muitas oportunidades de exprimir seu desprezo pelo burguês ou sua compaixão por si mesmos. A própria imagem do artista maldito, que é um elemento central da nova visão de mundo, apóia-se diretamente no exemplo da generosidade e da abnegação que os pintores dão a todo o universo intelectual: tal como Gleyre recusando de seus alunos qualquer remuneração, Corot socorrendo Daumier, Dupré alugando um atelier para Théodore Rousseau etc., sem falar de todos aqueles que suportam a miséria com heroísmo ou sacrificam sua vida por amor à arte [...]. Desinteresse contra interesse, nobreza contra baixeza, largueza e audácia contra mesquinharia e prudência, arte e amor puros contra arte e amor mercenários, a oposição afirma-se por toda parte, desde a época romântica, na literatura em primeiro lugar, com os inúmeros retratos

contrastados do artista e do burguês [...], mas também e sobretudo na arte da caricatura [...].⁴⁵

A figura heroica do artista, que resiste à miséria em nome de "versos puros", como diz a personagem Capistrano, opõe-se à figura mercenária do artista burguês nos campos literários em formação. Vale notar que boa parte das lutas entre escritores que assumem uma ou outra figura se dá no espaço heterônimo dos jornais e das revistas. As *Memóires d'outre tombe*, de Chateaubriand, por exemplo, foram publicadas em folhetim no jornal *La Presse*, entre 1848 e 1850.

No Brasil, como na Europa, a figura heroica do autor, principalmente poeta, que se sacrifica em nome da "arte pura", em oposição a escritores que ganham dinheiro com a pena, ganha força ao longo do XIX. As lutas entre defensores dessas diferentes concepções de arte dão forma ao campo literário brasileiro, especialmente nas décadas de 1910 e 1920, quando Monteiro Lobato atua como autor e editor. A permanência da figura ideal do artista "puro" e "incompreendido" ao longo de décadas que viram surgir diferentes movimentos literários é ilustrada, no conto "O luzeiro agrícola", em resumo que Capistrano faz de sua carreira como poeta ao pedir emprego em repartição pública:

> Romantico, embriaguei-me na Taverna de Hugo. Classico, bebi mel de Hymeto pela taça de Anacreonte. Evoluindo para o Parnasianismo, burilei marmores de Paros com os cinzeis de Heredia. Quando quebrei a lyra, ascendia ao Cubismo transcedental. Sim, general, sou um genio incomprehendido, novo Ahasversus a percorrer todas as regiões do Ideal em busca da Fórma perfeita.

O relato fictício – e bastante cômico – de Capistrano sugere, em primeiro lugar, a perspicácia com que Monteiro Lobato via práticas de escritores de seu tempo e *habitus* que remontam ao início do XIX. Em segundo lugar, o trecho nos permite examinar a permanência de dois aspectos, a autoclassificação como "gênio incompreendido" e a "busca da forma perfeita", nas

---

45 Bourdieu, Pierre. *As regras da arte*: gênese e estrutura do campo literário, p.155.

tomadas de posição de autores de diferentes movimentos estéticos ao longo de um período de, pelo menos, um século. Em oposição à notoriedade temporal, a notoriedade simbólica é, muitas vezes, conquistada apenas após a morte do escritor. O reconhecimento por parte de um circuito restrito de pares e especialistas pode demorar mais do que o tempo de uma vida. Daí a apropriação da noção de "gênio incompreendido" por escritores que podemos classificar como estetas ou vanguardistas para valorizarem a si mesmos e a suas obras, ao projetar para o futuro a compreensão da arte "pura" que produzem. As concepções de literatura e os discursos críticos desses agentes do campo literário, em formação ou autônomo, costumam se concentrar na forma e no estilo dos textos, enquanto escritores que ocupam as posições de notáveis ou populares atentam principalmente para o conteúdo.

Foi com o Romantismo de Hugo, Gleyre, Herculano, Garret, Varela, Azevedo, dentre tantos outros, que a ideia de "gênio" desajustado do mundo, de "novo Ahasversus" surgiu e ganhou força. Esse desajuste é retratado em muitos poemas românticos como "loucura", característica que grande parte dos poetas do movimento tomou para si de forma até exaltada, como assinala Leonardo Fróes:

> De um dos maiores e mais sóbrios, como Gonçalves Dias, a um dos mais desregrados e desconhecidos, como João Júlio dos Santos, é impressionante a frequência com que os poetas do Romantismo brasileiro, ao tecerem seus versos, chamavam-se exaltadamente de loucos. Quando não for essa a palavra, outras de igual sentido, como demente, insano, frenético, doido ou "doudo", surgirão em seu lugar para qualificar os próprios vates como seres que se viam à margem dos processos sociais de aceitação mais comum, ou para caracterizar seus impulsos, desatados quase sempre ao contrário das normas repressoras vigentes. Consideram-se os poetas românticos, sendo loucos, possuídos de inspiração e pureza. Não devem conspurcar sua alma, lançando-se aos afazeres do mundo, onde imperam as maldades e os vícios.[46]

---

46 Fróes, Romantismo: uma estética de loucos, *Poesia Sempre*, n.13, p.25-37.

No conto "O luzeiro agrícola", Capistrano lamenta, com "supremo enojo", o "vil metal", o "mundo vil", a "torpe humanidade". Para escapar da fome, porém, "quebrou a lira" e foi "acarrapatar-se" ao Estado, "boi gordo" onde já estariam pregados muitos outros Capistranos. A metáfora usada pelo narrador de "O luzeiro agrícola" faz pensar que, em 1919, ainda vigorava a ideia de criar cargos no governo para sustento de homens de letras, proposta por Herculano e incentivada por d. Pedro II; ou que essa ideia circulava com força suficiente para ser retratada em obra de ficção.

Entretanto, nem sempre os autores românticos eram pobres e desconhecidos. Os livros que Herculano menciona ao longo da carta a Garret, para exemplificar o que chama de "veniaga da corrupção moral", são todos romances de autores que conheceram fama e fortuna. Para criticar a lei de propriedade literária, ele alude ao "ignóbil industrialismo literário que devora as inteligências e os costumes da França" e que seria beneficiado pela regulamentação portuguesa. A metáfora do "industrialismo" é reforçada com a imagem das "fábricas parisienses de novelas, dramas, viagens, comédias, romances, folhetins, fisiologias morais ou imorais, [...] fábricas de Balzac, Sue, Sand, Dumas, Scribe, Arlincourt e Cia.".[47]

A expressão "literatura industrial" foi criada pelo escritor e crítico francês Charles-Augustin Sainte-Beuve (1804-1869) em artigo publicado em 1839 na *Revue des Deux Mondes*, intitulado "*De la litterature industrielle*". No artigo, Sainte-Beuve ataca, principalmente, Balzac, autor que tanto influenciou José de Alencar.[48] Metáforas que aproximavam a produção de romances à de indústrias foram largamente utilizadas em textos os mais diversos ao longo do XIX. No Brasil, porém, essas imagens não teriam lugar, conforme atesta Alencar, ironicamente, no prefácio a *Sonhos d'ouro*, de 1872:

> Ainda romance! Com alguma exclamação, nesse teor, hás de ser naturalmente acolhido, pobre livrinho, desde já te previno. Não faltará quem te acuse de filho de certa musa industrial, que nesse dizer tão novo, por aí anda a fabricar romances e dramas aos feixes. Musa industrial no Brasil! Se já houve deidade

---

47 Herculano, Da propriedade litteraria e da recente convenção com a França.
48 Meyer, *Folhetim*, p.61.

mitológica, é sem dúvida essa de que tive primeira notícia, lendo um artigo bibliográfico. Não consta que ninguém já vivesse nesta abençoada terra do produto de obras literárias. E nosso atraso provém disso mesmo, e não daquilo que se vai desacreditando de antemão. Quando as letras forem, entre nós, uma profissão, talentos que hoje apenas aí buscam passatempo ao espírito convergirão para tão nobre esfera suas poderosas faculdades. Dá-te, pois, por advertido, livrinho; e, se não quiseres incorrer na pecha passando por um produto de fábrica, já sabes o meio. É não caíres no goto da pouca gente que lê, e deixares-te ficar bem sossegado, gravemente envolto em uma crosta de pó, à espera do dente da traça ou da mão do taberneiro que te há de transformar em cartucho para vender cominhos.[49]

Se à figura dos poetas era atribuído certo desajuste, muitas vezes classificado como "loucura", que os impediria de realizar "os afazeres do mundo" e conservaria sua "pureza", outras eram as pechas conferidas a romancistas. Ainda que nem todos conseguissem viver de suas penas, como afirma José de Alencar, os romancistas eram frequentemente vistos como homens que "envenenam as multidões para se locupletar", para usar as palavras de Herculano. O "industrialismo" atribuído a eles se devia principalmente às grandes tiragens de romances, nos países que viviam revoluções industriais. As vendas de livros de poesia, mesmo os de autores consagrados, raramente se comparavam às de romances de sucesso. O fato de o novo gênero desafiar os manuais prescritivos que davam suporte, de modo geral, às avaliações de obras das belas-letras só engrossava as fileiras de críticos detratores de romances.[50]

A poesia continuava sendo o mais prestigiado dos gêneros, se levados em consideração os critérios de apreciação de obras vigentes no interior dos campos literários. No extremo oposto estava o teatro, ao qual, segundo Bourdieu, impunham-se de modo mais direto a sanção ou o aplauso do público burguês. Entre esses dois polos, situava-se o romance, que, embo-

---

49 Alencar, Bênção paterna. In: _____, *Sonhos d'ouro*, p.11.
50 Sobre as críticas dirigidas ao romance, ver Vasconcelos, A formação do romance brasileiro: 1808-1860 (vertentes inglesas).

ra já conquistasse valor simbólico com as obras de Stendhal, Flaubert ou mesmo Balzac, permanecia associado à literatura "mercantil" dos folhetins.[51] Quaisquer que fossem seu prestígio e seu poder econômico, porém, romancistas, dramaturgos, poetas viviam uma era de produção industrial do livro. O próprio Herculano, em seu texto de 1851, afirma que o livro era resultado dos "esforços combinados do escritor, do capitalista que empregou o capital para sua publicação, do fabricante de papel, do compositor, do impressor, etc.".[52] O desenvolvimento do capitalismo tornava a produção de livros mais complexa e dava margem ao surgimento de novos agentes que intermediavam os vários estágios do ciclo de vida de um volume.

2.4. Paula Brito, Teixeira e Souza e a edição de romances

No Brasil, onde a indústria engatinhava, a produção de livros estava ainda presa a algumas práticas pré-capitalistas. Senão, vejamos como operava a Tipografia Dous de Dezembro, onde fora impressa "A Confederação dos Tamoios". A empresa era dirigida por Francisco de Paula Brito (1809-1861), "o primeiro editor digno desse nome que houve entre nós", para Machado de Assis.[53] Paula Brito também foi tradutor, autor de contos, novelas, poemas e modinhas; mas, no dizer de José Veríssimo, ele

> o foi em tudo mediocremente, revelando apenas um generoso esforço e excelentes intenções de servir as letras nacionais, e a mesma sociedade, com publicações de caráter educativo, moralizador e patriótico, edições de obras brasileiras e também com as suas produções em prosa e verso.[54]

O exercício da atividade de escritor possibilita aproximar Paula Brito de Monteiro Lobato, embora as produções literárias do editor carioca sejam consideradas medíocres pela crítica. Em alguns contos de Paula Brito, assim

---

51 Bourdieu, *As regras da arte*, p.133-4.
52 Ibid., p.63.
53 Apud Hallewell, op. cit., p.79.
54 Veríssimo, *História da literatura brasileira*, p.100.

como em alguns contos de Lobato, a ótica do editor está presente – ou, pelo menos, o olhar de alguém atento para o mercado livreiro. Exemplo de tal visão editorial pode ser observado no começo do conto "A mãe-irmã", publicado em 10 de abril de 1839 no *Jornal do Comércio*:

> Alzira tinha dezesseis anos; não era uma dessas fisionomias que tanta bulha fazem nos romances que nos vêm da velha Europa; era cá da América, e era bela quanto podia ser; não tinha essa cor de leite, que tanta gente faz entusiasmar, mas tinha um moreno agradável, próprio dos trópicos [...][55]

A composição dos traços físicos da personagem Alzira (uma antecessora de *A moreninha*, de Macedo?) é organizada em contraste com a de personagens de "romances que nos vêm da velha Europa". Em 1839, Paula Brito já traduzira romances e novelas publicados em folhetins pelo *Jornal do Comércio*. No mesmo jornal, ele publicou, em 28 e 29 de março de 1839, *O enjeitado*. Pouco tempo depois, o título era anunciado como "novela brasileira, em opúsculo, pelo preço de 240 réis o exemplar, editada pela própria tipografia do *Jornal do Comércio*".[56] No início da novela, o narrador defende a produção de uma literatura nacional. Vale transcrever o parágrafo inicial, por seu significado para a análise do sistema literário do período:

> Quando os livros que nos remete a velha Europa não são recordações de velhas idades; quando depois de nos ter feito aborrecer os godos, os vândalos e os condes do feudalismo, hoje só nos mimoseiam com vândalos e godos, e feitos do feudalismo; quando depois de tantos sermões contra as cruzadas, que tantos sermões tiveram em seu favor, Walter Scott e penas, senão de igual pulso, pelo menos de avantajada fama, nos aquentam nossas imaginações com os heróis da Palestina, custará a crer que não nos apresentemos ao público com tão singelas narrações; mas nós, cuja vida é de ontem, cuja história é toda contemporânea, cujos anais ainda não estão escondidos no pó de velhos cartapácios enterrados no fundo de bibliotecas, contamos só o que vemos

---

[55] Brito, A mãe-irmã. In: Lima Sobrinho, *Os precursores do conto no Brasil*, p.185-96.
[56] Lima Sobrinho, op. cit., p.184.

e ouvimos, emprestando-lhe apenas alguns vestidos. É certo que também temos nossas tradições, nosso calendário também cheio de feitos heróicos de acrisolado patriotismo, cada pedra de Pernambuco nos prestaria matéria para um poema; as arriscadas viagens dos paulistas a nossos sertões, cada uma formaria, sem mais atavios, um romance; porém, faltam-nos dourados salões, subterrâneos imensos, portas de segredo, altos torreões dominando léguas de campinas e meias pontes levadiças, vassalos e pajens e toda a magna comitante caterva, cujas descrições enchem páginas, e que hoje são da essência. [...] A natureza é grande entre nós, suas infinitamente variadas cenas prestam-se a infinitamente variados episódios; mas o sublime da arte agora não é esse, são necessários acontecimentos horríveis e inesperados, homem sem tipo na natureza, bruxas, fantasmas, espectros; fora desse caminho não há salvação. Ora, isto não temos nós.[57]

Antes da polêmica sobre "A Confederação dos Tamoios", bem antes de José de Alencar descrever a casa de altos torreões de d. Antônio de Mariz, em *O guarani*, Paula Brito já pensava uma literatura voltada para temas de origem brasileira. Nessa reflexão sobre a literatura nacional, o gosto do público representa um fator importante. A afirmação "custará a crer que não nos apresentemos ao público com tão singelas narrações", como as que vinham da Europa, pode ser lida como justificativa aos leitores, acostumados com tais narrações, seguida por tentativa de educá-los para as possibilidades narrativas oferecidas pelo Brasil; ou, pelo menos, de chamar sua atenção para essas possibilidades.

A escolha de temas diferentes daqueles dos romances europeus não era a única dificuldade enfrentada pelos escritores brasileiros, segundo Paula Brito; havia, ainda, o problema da linguagem a ser usada nas obras literárias:

E para aqueles que escrevem na língua portuguesa, ainda há outra mania, é necessário que as palavras sejam daquelas de que já não há memória viva.
"O ponto está que o diga algum daqueles

---

57 Brito, O enjeitado. In: Lima Sobrinho, op. cit., p.197-219. As demais citações são da mesma edição.

"Que Craesbeeck imprimiu............."
Eis aí atingido o cume da perfeição, porque aliás é português mascavado, e sob autoridade dogmática infalível de um concílio chamado Sêneca, é imoral e excomungado com certeza de ir para o inferno aquele que não diz *imigo* e *mor*, em vez de maior e inimigo.

É interessante notar a referência ao tipógrafo Peeter van Craesbeeck (1572-1632), famoso impressor estabelecido na Lisboa do século XVII, usada pelo editor carioca para ilustrar seu argumento de que leitores exigiriam dos autores nacionais um português "puro" quem sabe como o de Camões.[58] Paula Brito termina suas reflexões sobre o uso do português em narrativas de ficção afirmando que "iremos satisfazendo nossa vontade de escrever sem nos importar com o que dizem esses: 'Letrados/ Licurgos e Ulpianos das palavras'". Teria ele escolhido os nomes do lendário legislador espartano Licurgo e do jurista romano Ulpiano como provocação aos bacharéis das faculdades de Direito que se tornavam letrados? De qualquer modo, sua preocupação com o estabelecimento de uma literatura com temática brasileira e português contemporâneo ao seu é digna de mérito e o aproxima de Monteiro Lobato, que teve preocupações parecidas. Talvez as ideias sobre composição de ficção nacional apresentadas em *O enjeitado* tenham norteado a escolha dos livros publicados pelo "primeiro" editor brasileiro.

Paula Brito aprendeu o ofício de tipógrafo na Tipografia Nacional. Trabalhou, em seguida, com o livreiro e impressor René Ogier e, posteriormente, na tipografia de Seignot-Plancher, fundador e editor do *Jornal do Comércio*. Nesse periódico, foi compositor, diretor das prensas, redator, tradutor e contista. Montou seu próprio negócio em 1831, ao comprar de

---

[58] Craesbeeck se instalou em Lisboa em 1597, onde estabeleceu uma casa tipográfica que funcionou por 106 anos, passando de geração a geração da família. Tornou-se impressor real em 1620. Imprimiu, dentre outras obras, nove edições de *Os Lusíadas*, de Luís de Camões, e onze das *Rimas* do mesmo autor. Ver mais informações sobre o impressor no site Museu Virtual da Imprensa. Disponível em: <http://www.imultimedia.pt/museuvirtpress/port/persona/c-d.html>. Acesso em: 20 jan. 2017.

um parente uma loja de chá, cera, papelaria e encadernação. Lá instalou um pequeno prelo e deu início à Tipografia Fluminense, nome abandonado três anos depois em favor da Tipografia Imparcial; ao que parece, o novo adjetivo pretendia designar sua neutralidade na política.

Em uma época em que os impressores e editores estabelecidos no Brasil eram imigrantes ou filhos de imigrantes, o mestiço Paula Brito, que aprendera a ler com a irmã, realizou "notável façanha", segundo Hallewell, ao estabelecer-se como tipógrafo e editor.[59] Em sua loja, no centro do Rio de Janeiro, reuniam-se os membros de uma confraria literária informal, a Sociedade Petalógica, que incluiu boa parte dos escritores da geração romântica de 1840 a 1860, além de políticos, jornalistas e d. Pedro II. O imperador tornou-se sócio de Paula Brito em 1850, quando a Tipografia passou a ter o nome Dous de Dezembro, data do aniversário natalício dos sócios. A nova firma era constituída de sociedade por ações, modalidade prevista no recém-promulgado Código Comercial, o que representava grande inovação.

Mário de Carvalho informa que, "em meados do século", Paula Brito realizou uma série de melhoramentos em sua oficina:

> Comprou uma impressora a vapor, e grande quantidade de tipos, para atender ao gosto dos leitores, que se refinava. Com o uso da estereotipia, matriz de papelão especial, facilmente duplicável, podia economizar os gastos com chumbo imobilizado em paquês, mas precisava despender mais em custos gráficos. Com a litografia, podia produzir sua revista *A Marmota na Corte*, anteriormente rodada em Paris. Abriu agências em todo o país para distribuir suas publicações. Lançou a revista feminina *A Fluminense Exaltada*, à qual sucedeu *A Marmota* em 1849.[60]

Paula Brito era conhecido por participar ativamente das composições tipográficas das obras que editava. Ele seria, na perspectiva de Aníbal Bragança, o principal representante brasileiro da categoria "impressor-editor", parte da "tipologia dos modos de produção editorial" criada pelo pesqui-

---

[59] Hallewell, op. cit., p.79.
[60] Camargo (org.), op. cit., p.36.

sador com o intuito de sistematizar os estudos sobre história do livro nacional.[61] Segundo Bragança, o paradigma da categoria "impressor-editor" seria Gutenberg. O "saber essencial" desse profissional estaria relacionado ao "domínio das técnicas de impressão, desde a fundição de ponções e tipos à impressão do texto". Esse saber técnico, aliado à propriedade de oficina ou atelier, asseguraria ao impressor a função de editor.

Em 1856, Paula Brito já editara um número considerável de obras e publicara diversos periódicos.[62] O último era *A Marmota Fluminense*, "jornal de modas e variedades" (1849-1861), no qual o jovem Machado de Assis (1839-1908) publicou seu primeiro poema, "Ela", em 1855. Segundo Jean-Michel Massa, por exemplar da *Marmota* de 22 de maio de 1855, sabe-se que a tipografia "tinha sessenta empregados: 9 franceses, 5 portugueses, 46 brasileiros".[63] Pouco se sabe, porém, sobre esses empregados e suas funções. A eles iria se juntar, em 1858, o jovem Machado de Assis, no posto de caixeiro e revisor de provas. Machado vinha de um emprego na Tipografia Nacional, onde aprendera o ofício de tipógrafo entre 1856 e 1858. O diretor do órgão era então Manuel Antônio de Almeida, que teria tomado sob sua proteção o jovem Machado. Na tipografia de Paula Brito, Machado de Assis trabalhou como revisor de provas e conviveu com os membros da Petalógica. Em 1861, Paula Brito editou (e provavelmente financiou) os primeiros livros de Machado, *Queda que as mulheres têm pelos tolos*, tradução, e *Desencantos*, "fantasia dramática".

A hipótese de que Paula Brito teria sido o primeiro editor a incentivar a produção de literatura brasileira é defendida por Hallewell:

> Paula Brito não apenas editava; ele foi também o primeiro editor a publicar trabalhos de literatos brasileiros contemporâneos como empreendimento de risco, em vez de fazê-lo como uma estrita transação comercial por parte do

---

[61] Bragança, *Francisco Alves na história editorial brasileira*. Para Bragança, Monteiro Lobato seria o modelo do "empresário-editor", terceira das categorias de sua tipologia.

[62] Eunice Ribeiro Gondim arrolou as publicações do editor em *Vida e obra de Paula Brito*.

[63] Massa, *A juventude de Machado de Assis:* 1839-1870, p.82.

autor. Pela primeira vez, um poeta ou um romancista nacional poderia almejar ser publicado em livro e ser pago por isso. Na verdade, o interesse patriótico de Paula Brito pela cultura brasileira somou-se à sua própria experiência de pobreza na disposição de oferecer apoio financeiro direto a qualquer jovem escritor sem recursos.[64]

Um desses jovens foi Gonçalves Teixeira e Souza (1812-1861), autor de *O filho do pescador*, publicado em 1843 e considerado o primeiro romance brasileiro.[65] A história do romance se passa na praia de Copacabana, o que pode reforçar a hipótese de que Paula Brito incentivaria a produção de livros com cenários, personagens e temas nacionais. Teixeira e Souza, também ele mestiço, era empregado e colaborador das revistas de Paula Brito. Sua carreira literária, conforme a conta José Veríssimo, é emblemática das condições do autor brasileiro do período:

> Começou por composições dramáticas, mas como se lhe não abrissem as portas do teatro, e na doce ilusão de ganhar mais alguma cousa do que lhe podia dar o patrão e amigo, fez romances. Escusa dizer que nem versos nem romances lhe deram fortuna. Era, porém, uma real vocação literária, desajudada embora de gênio e de cultura. Não só não desanimou, mas na constância do engano que lhe acalentava a ambição, e vendo a proteção que recebiam alguns letrados, imaginou compor um poema que lha atraísse. E o compôs numa improvisação rápida, em doze cantos de oitava *rima*, à moda de Camões. Escritos os seis primeiros, foi com eles, como carta de recomendação, ao ministro da Fazenda solicitar-lhe um emprego. Deu-lhe o prócere o de guarda da Alfândega com 400 mil-réis anuais, o que para o tempo e situação do poeta não seria tão mau como figurou Norberto na biografia de Teixeira e Sousa. O poema é "A independência do Brasil", mais um dos muitos pecos rebentos da árvore camoniana, e este de todo mofino. A crítica, com Gonçalves Dias à frente, foi-lhe

---

64 Hallewell, op. cit., p.88.
65 Há polêmica entre alguns críticos se a obra seria realmente o primeiro romance brasileiro. Ver, a respeito, Ferreira, Teixeira e Souza: "O filho do pescador" e "A fatalidade de dous jovens". In: Souza, *O filho do pescador*, p.5-26.

impiedosa. À vista, porém, da sua condescendência habitual com não melhores frutos da musa indígena contemporânea, é lícito supor que a humildade de condição do poeta fosse parte na justiça que lhe faziam.

A trajetória de Teixeira e Souza, conforme descrita por José Veríssimo, é uma perfeita representação em miniatura das estruturas e forças em jogo no campo literário brasileiro em formação. O escritor procura primeiro o teatro, gênero que ocuparia o primeiro lugar na hierarquia econômica, dada a rapidez e o volume do lucro gerado por determinadas peças, mas o último lugar na hierarquia simbólica, justamente por sua ligação com o público burguês (e, no caso brasileiro, em parte aristocrata), de cuja aprovação dependia o sucesso das obras. O fato de as portas do teatro não terem sido abertas para Teixeira e Souza pode ser explicado, pelo menos em parte, pelo lugar ocupado pelo gênero no campo literário, segundo Bourdieu:

> Quanto ao teatro, domínio reservado aos escritores de origem burguesa, torna-se também um refúgio para os romancistas e os poetas desafortunados, de origem pequeno-burguesa ou popular, na maior parte; mas estes se chocam com as barreiras na entrada que são características do gênero, isto é, com as medidas de exclusão que o clube fechado dos diretores de teatro, dos autores oficiais e dos críticos opõem às pretensões dos recém-chegados.[66]

Bourdieu analisa o teatro francês, principalmente de Paris, de finais do XIX. No entanto, as características que descreve servem para o teatro brasileiro da corte da primeira metade do Oitocentos, no qual um dos principais nomes era o de Gonçalves Magalhães, cuja posição no campo econômico era muito diferente da ocupada por Teixeira e Souza. O escritor, em seguida, procurou fazer romances, gênero que, como afirma Bourdieu, se situava economicamente em meio ao teatro e à poesia. Como Teixeira e Souza ambicionava ganhar dinheiro, sua posição no campo literário seria a de *escritor mercenário*, para usar a classificação de Bourdieu. Finalmente, munido de versos nacionalistas e uma carta de recomendação, ele consegue

---

66 Bourdieu, *As regras da arte*, p.139.

um emprego público. Precisou usar o mais prestigiado e menos rentável dos gêneros para consegui-lo, além de tema pertinente ao pedido. O modo como circunstâncias econômicas e sociais concernentes a cada escritor interfere de maneira refratada na posição que ocupam no campo literário pode ser observado não só pelo fato de Teixeira e Souza não ter conseguido entrar no grupo dos autores teatrais, mas também, e principalmente, pela constatação de Veríssimo de que "a humildade de condição do poeta" talvez "fosse parte na justiça que lhe faziam" Gonçalves Dias e outros críticos.

É preciso destacar ainda, na trajetória de Teixeira e Souza, o fato de ele ter recebido a peculiar patronagem de Paula Brito, um mecenas cujo capital econômico era pouco maior do que o de seus protegidos. Na figura de Paula Brito, percebem-se traços de editor moderno, que publicava autores estreantes como "empreendimento de risco", e de mecenas do século XVIII, que oferecia proteção a autores sem recursos financeiros. Paula Brito tinha suficiente capital simbólico para transmitir a jovens autores estreantes; entretanto, a extensão de sua proteção a escritores talvez só tenha alcançado maior dimensão graças à sociedade com d. Pedro II, que fora conquistada no campo político, conforme Jean-Michel Massa, e garantia o funcionamento dos prelos:

> Em 1840, nas publicações que dirigia, havia tomado vigorosamente partido a favor do soberano, quando o país cogitava da oportunidade de ter um monarca tão inexperiente. O Imperador mostrou-se satisfeito com ele mais tarde. Salvou em diversas oportunidades Paula Brito da falência e muito particularmente em 1857, concedendo-lhe uma subvenção, a fim de ressarcir indiretamente seus credores portugueses. Todos os meses a revista recebia do governo uma ajuda de 200.000 réis.[67]

O pensionismo de d. Pedro II, que possibilitava a concretização de vários projetos de Paula Brito, embora certamente restringisse sua autonomia editorial, não impediu a liquidação da Empresa Tipográfica Dous de Dezembro, ainda em 1857. Eunice Ribeiro Gondim afirma que a liquidação

---

67 Massa, op. cit., p.82-3.

causou "ao seu principal proprietário enorme prejuízo". Paula Brito teria perdido "quase tudo o que possuía" e assistira "à venda pública dos seus instrumentos de trabalho, que com tanto esforço conseguira reunir". Há uma triste semelhança entre as trajetórias dos editores Paula Brito e Monteiro Lobato, que também assistiu à liquidação de sua empresa, como se verá adiante. Paula Brito conseguiu "salvar alguma coisa" e continuou editando e imprimindo até 1861, ano de sua morte.[68]

Na tentativa de angariar recursos para si e para os autores que editava, Paula Brito criou a Caixa Literária, "uma sociedade beneficente para escritores que ofereceria também recursos para auxiliar os editores nacionais". Segundo Ubiratan Machado, os estatutos da associação foram publicados na *Marmota*, mas, com a morte de Paula Brito, a sociedade não saiu do papel. O editor também pretendeu criar a Caixa Auxiliadora das Composições Dramáticas e Musicais, que premiaria uma vez por ano as melhores músicas e peças de teatro.[69] Essas diferentes formas de patronagem sugerem que, de certo modo, Paula Brito trabalhou pela criação de instâncias que poderiam figurar naquele sistema das recompensas públicas sugerido por Herculano e apreciado por d. Pedro II.

De acordo com Ubiratan Machado, o editor "empreendeu várias iniciativas pioneiras para democratizar o acesso ao livro":

> O sistema de distribuição de livros era precaríssimo. Em geral, as obras eram vendidas em um ou dois locais, restritos à cidade onde eram editados. O país era um arquipélago cultural. Para implodir essa barreira granítica, Brito nomeou correspondentes em várias províncias do Império incumbidos de divulgar as obras e os periódicos de sua editora. Foi o primeiro esboço de um

---

68 Segundo Eunice Ribeiro Gondim, ele conservou apenas duas das cinco lojas que tinha e passou a usar o nome Tipografia de Paula Brito. Após sua morte, a tipografia continuou funcionando, sob direção de sua viúva, até pelo menos 1875. Apud Gondim, op. cit., p.69.

69 Apud Machado, op. cit., p.69. A criação da Caixa auxiliadora da literatura foi saudada por Joaquim Manuel de Macedo em uma crônica de 30 set. 1860, publicada no *Jornal do Comércio*. In: Macedo, *Labirinto*, p.174-8.

sistema nacional de distribuição, retomado somente cerca de 70 anos mais tarde, por Monteiro Lobato.[70]

A precariedade dos sistemas de transporte da época dificultou a realização do projeto de distribuição nacional de Paula Brito; décadas depois, Monteiro Lobato ainda teria sérios problemas para enviar obras a certas regiões do país. Todavia, não deixa de ser notável a iniciativa do editor carioca de tentar criar uma rede nacional de distribuição de impressos, especialmente quando lembramos que Lobato é considerado editor revolucionário, dentre outras razões, por ter conseguido concretizar tal projeto — feito que ganha outra dimensão quando visto como retomada de empreendimento de Paula Brito e de outros agentes do campo literário em formação do XIX.

Outra inovação de Paula Brito foi o investimento em obras destinadas a públicos específicos, como já ocorria em vários países do Ocidente. Ele publicou obras para crianças, além de livros e revistas dirigidos a mulheres. Traduziu e adaptou as *Fábulas* de Esopo, "para uso da mocidade, arranjadas em quadrinhas" (1857). Por sinal, o autor Monteiro Lobato também traduziria e adaptaria fábulas, quando editor. Outra publicação de Paula Brito para crianças foi *Leituras em verso ou poesias seletas para uso da infância* (1853),[71] de Gonçalves Dias. Ele editou o jornal *O Homem de Cor* (1833), que a partir do terceiro número teve o título alterado para *O Mulato ou o Homem de Cor*; o periódico teria sido, segundo Eunice Gondim da Fonseca, "o primeiro jornal brasileiro dedicado à luta contra os preconceitos de raça".[72]

As mulheres também foram beneficiadas pelas estratégias editoriais de Paula Brito: obras de algumas das primeiras autoras brasileiras integraram seus catálogos. Em 1845, ele publicou a segunda edição de *Conselhos à*

---

70 Machado, op. cit. Eunice Gondim também afirma que Paula Brito investiu na distribuição nacional de livros e periódicos. Nem ela nem Ubiratan Machado, porém, informam quem teriam sido seus correspondentes, em que províncias teriam atuado e de que maneira.
71 Ibid., p.75-114.
72 Gondim, op. cit., p.79. Ver também Camargo, *O negro escrito*: apontamentos sobre a presença do negro na literatura brasileira, p.41-3.

minha filha, de Nísia Floresta, pseudônimo de Dionísia Gonçalves Pinto. Nísia vinha publicando livros assiduamente desde 1832, quando lançara *Direitos das mulheres e injustiça dos homens*, uma tradução livre do *Vindication of the rights of woman* (1792), da inglesa Mary Wollstonecraft. Em 1856, estava em Paris, onde recebeu o filósofo Augusto Comte, com quem se correspondia.[73] Nísia foi uma das primeiras feministas brasileiras e uma das primeiras autoras a publicar no país. A atuação de mulheres escritoras ao longo do século XIX vem sendo recentemente investigada com maior sistematização, o que tem revelado um número significativo de autoras de diversos gêneros, incluindo os literários.[74]

O tipógrafo-editor criou ainda a coleção "Biblioteca das Senhoras", constituída por "obra em dois volumes com oito romances". Conforme anúncio, a coleção era composta por "peças escolhidas pelo editor para instrução e recreio da mocidade, principalmente das pensionistas de colégio".[75] A produção de coleções para um público assim específico sinaliza as mudanças no campo literário em formação provocadas pelo crescimento do número de mulheres leitoras, beneficiadas pela difusão – ainda que em pequena escala – de colégios femininos a partir da década de 1940.[76] As mulheres viriam a constituir uma parcela importante do público leitor de romances, como indicam inúmeros prefácios, anúncios publicitários, coleções especialmente concebidas para elas.[77] O romance *O filho do pescador*, por exemplo, inicia com uma "Carta a Emília que serve como proêmio", na qual o autor afirma ter composto o romance a pedido da "virtuosa Emília". A leitura de paratextos semelhantes, presentes em grande número de romances românticos, permite entrever o quanto modificações nas estruturas do campo literário, que por sua vez refratam

---

73 Ver Floresta, *Cintilações de uma alma brasileira*.
74 Ver, a respeito, Muzart (org.), *Escritoras brasileiras do século XIX*. O livro apresenta resultados de um projeto integrado apoiado pelo CNPq, que resgatou parte da obra de 53 brasileiras que escreveram no século XIX.
75 Apud Gondim, op. cit., p.51.
76 Sobre a leitora no século XIX, ver Lajolo; Zilberman, *Formação da leitura no Brasil*.
77 Os prefácios de romances do XIX foram estudados por Sales em *Palavra e sedução: Uma leitura dos prefácios oitocentistas (1826-1881)*.

mudanças oriundas de outros campos, como o da educação, contribuem para a formatação de gêneros e de subgêneros literários.

O filho do pescador foi publicado em folhetim nos rodapés do jornal carioca *O Brasil* (1840-52), entre 6 de julho e 22 de agosto de 1843, sem o nome do autor, "o qual foi revelado somente no número que divulgou o último capítulo do texto".[78] No mesmo ano, o romance saiu em livro, impresso por Paula Brito. Em 1859, *O filho do pescador* foi novamente publicado em folhetim, dessa vez pela *Marmota*. O romance parece ter tido boa aceitação pelo público, como defende Hebe Silva, que cita o anúncio do jornal divulgado um número antes do início da publicação da história:

> Todo o publico conhece, tão bem como nós, o – *Filho do pescador* – um dos primeiros romances sahidos da fecunda imaginação do Snr. Teixeira e Souza (hoje escrivão do Juizo Commercial); romance tão procurado como desejado. Pois bem, o vasio que existia entre nós, pela falta de exemplares d'essa engenhosa producção, nós vamos agora preencher, fazendo uma nova edição da que foi impressa em 1843 na nossa tipografia.
>
> Começaremos, portanto, a dar aos assignantes da *Marmota*, no proximo numero, o mesmo folhetim que o periodico Brasil deu aos seus, em um dos mais bellos periodos de sua não curta existência. [...].[79]

A publicidade do romance feita pelo jornal de Paula Brito, editor do livro, apresenta vários aspectos significativos. Entre as qualidades do romance estão uma de valor estético – "engenhosa produção" –, uma de valor mercadológico – "tão procurado como desejado" – e uma relacionada à originalidade do autor – "saído da fecunda imaginação do sr. Teixeira e Souza". Estão presentes no anúncio aqueles elementos que, conforme Raymond Williams, caracterizariam a transformação profunda nas ideias sobre a arte, o artista e seu lugar na sociedade. O romance é tratado no anúncio como produção especializada, semelhante a tantas outras, sujeita às mesmas leis de oferta e procura de outros produtos; o autor é apresentado como criador

---

78 Silva, Considerações acerca da recepção de *O filho do pescador*, de Teixeira e Souza.
79 Ibid.

independente, gênio autônomo; sua obra tem importância por ser de imaginação; a relação entre público e leitores (anônimos) é intermediada por editor, jornal, publicidade.

O fato de a ocupação de Teixeira e Souza – escrivão do Juízo Comercial – ter sido divulgada em peça propagandística leva a pensar naquela tendência, observada por Antonio Candido, de os homens de letras brasileiros continuarem "ligados às funções de caráter público, não apenas como forma de remuneração, mas como critério de prestígio".[80] Aparentemente, *O filho do pescador* teve terceira e quarta edições ainda em 1859, o que, para Hebe Silva, tornaria o livro um caso de "sucesso editorial". Se assim foi, tal sucesso não garantiu a Teixeira e Souza a sobrevivência por meio das letras. No dizer de Aurélio Buarque de Holanda, como os romances não lhe houvessem trazido fortuna, Teixeira e Souza tentou outro caminho: "Vendo a proteção que recebiam alguns letrados, imaginou compor um poema que lha atraísse".[81] O poema "A independência do Brasil", se não tinha valor estético para os pares do escritor, apresentava valor político suficiente para ser trocado por um emprego público.

2.5. Gonçalves Dias, José de Alencar e a carreira literária

Gonçalves Dias, que teria criticado "impiedosamente" "A independência do Brasil", de Teixeira e Souza, iniciara a trajetória de poeta em 1841 com um poema dedicado à coroação de d. Pedro II, publicado em Coimbra, onde ele estudava Direito. De volta ao Brasil, em 1845, compôs o drama *Leonor de Mendonça*. Enquanto esperava que o Conservatório do Rio de Janeiro aprovasse a peça, mandou imprimir, na tipografia Laemmert, os *Primeiros cantos*. As cartas que trocou com o amigo Alexandre Teófilo de Carvalho Leal, ao longo de 1845 e 1846, dão conta das dificuldades de arranjar dinheiro para pagar a impressão e da demora da tipografia em realizar o trabalho. Em uma carta de janeiro de 1847, ele informa que o livro finalmente estava pronto:

---

80 Candido, *Formação da literatura brasileira*, p.222.
81 Ferreira, Teixeira e Souza: "O filho do pescador" e "A fatalidade de dous jovens".

Os meus *Primeiros cantos* sairam a luz, têm me sido gabado em particular, o que de certo nada quer dizer; a gazeta oficial prometeu falar nêles – assim como alguns outros, e até agora nada de novo.

Speranza mi sustiene.

O Serra tinha-se encarregado das minhas assinaturas no Rio – foi para Angra – e como ele vence-te em preguiça (o que é difícil) estou por saber quem são os meus subscritores na corte e o Laemmert na atitude majestosa de um – *lion quando si posa;* espera impávido a módica de 900$ rs – perto de um conto. Mandei 200 exemplares para Maranhão 100 para Caxias – 100 para Pernambuco, 100 para S. Paulo e vou mandar mais 100 para o Rio Grande do Sul e acabo com minhas remessas. Como todas têm sido feitas por vapor, que pede 500 rs por cada palmo cúbico – despachos – embarques e encadernações ricas para deles fazer presente a estes barrabotas de má sina, segue-se que tenho gasto mais de 100$ rs com esta porcaria: – 100$rs. Assim pois tem paciência, vê se me fazer liquidar o montante das minhas subscrições em Maranhão – presto, presto, que o Serra está (suponho e é bem de supor) com terríveis cólicas de ter de desembolsar esse dinheiro.[82]

Na carta de Gonçalves Dias, há várias informações sobre os diferentes estágios da produção e da divulgação de um livro na época. O poeta aguardava a crítica nos jornais e, pelo que se depreende do relato, havia conversado com pessoas ligadas a periódicos da corte, as quais haviam prometido "falar" do livro. Trata ele próprio de mandar cem exemplares da obra a diferentes províncias, arcando com as despesas de embarque e despacho. Já havia tido gastos com "encadernações ricas" para fazer presente a "barrabotas de má sina". Espera que os subscritores do livro, também espalhados por diferentes províncias, acertem as contas para que ele possa pagar a Laemmert quase um conto de réis.

Enquanto isso, Laemmert espera "impávido", como um *"lion quando si posa"*; sua parte no trato já teria sido cumprida. Gonçalves Dias cuida ele mesmo de tarefas que posteriormente seriam atributo de editores, como

---

82 Carta de 23 de janeiro de 1847. Correspondência ativa de Gonçalves Dias, *Anais da Biblioteca Nacional*, p.75-8.

distribuição dos volumes e envio de exemplares para homens de opinião influente, os tais "barrabotas" (ou "intragáveis", o que denota de modo eloquente sua opinião sobre a crítica). Seus gastos podem ser mais bem dimensionados em comparação com o salário que recebia em 1847 como secretário do Liceu de Niterói: "Rs 1000$rs, que é pouco menos da metade que m'é preciso anualmente pra viver nessa terra, onde se fala em contos de réis como quem diz – vou beber um coco d'água".

Os *Primeiros cantos*, com as "Poesias americanas", receberam críticas elogiosas, incluindo um artigo encomiástico de Alexandre Herculano. Já *Leonor de Mendonça* não pôde ser representada porque o conservatório alegou haver na peça incorreções de linguagem. Ainda assim, Gonçalves Dias mandou imprimi-la, por conta própria. No ano seguinte, publicou os *Segundos cantos* e as *Sextilhas de frei Antão*, este último produzido, de acordo com seus biógrafos, para vingar-se dos censores de *Leonor de Mendonça*. O poema, escrito em idioma misto de todas as épocas por que passara a língua portuguesa, pode ser lido como um ensaio filológico e reforça a importância do tema, já debatido por Paula Brito, da linguagem utilizada por autores brasileiros.

Escritores posicionados no polo dominante costumam não apenas corrigir a linguagem usada por escritores dominados como deter a prerrogativa de definir qual deve ser a linguagem "correta" em uma obra literária. Recordemos que Voltaire, em parte significativa da crítica ao romance *A nova Heloísa*, de Rousseau, ocupa-se de apontar problemas gramaticais no texto. A correção da linguagem funcionaria como um mecanismo usado por notáveis, particularmente, para rebaixar autores em ascensão, seja em campos autônomos, seja em campos heterônomos, como era o do Antigo Regime francês ou o do Brasil imperial.

Em 1849, Gonçalves Dias foi nomeado professor de Latim e História do Colégio Pedro II e fundou a revista *Guanabara*, com Macedo e Porto Alegre. Em 1851, publicou os *Últimos cantos*, pela tipografia de Paula Brito. Encerrava com esse livro, de certa forma, a fase mais importante de sua poesia.[83] Escreveu ainda um bom número de textos científicos, princi-

---

83 Gonçalves Dias permaneceu na Europa entre 1854 e 1858, como membro da Secretaria de Negócios Estrangeiros. Em 1856, viajou para a Alemanha e, na

palmente etnográficos, resultado de pesquisas empreendidas no Norte e no Nordeste, para as quais fora designado pelo imperador.[84] Para Josué Montello, em Gonçalves Dias "a vocação científica se harmonizava com a vocação literária", o que o aproximaria do poeta alemão Goethe. Podemos acrescentar que o aproximava também de José Bonifácio, poeta e cientista brasileiro, também ele emblema de uma época. Entretanto, o valor literário da obra poética de Gonçalves Dias está em um patamar bastante diferente daquele ocupado pela obra do patriarca da Independência. Para estudiosos como Antonio Candido, Gonçalves Dias teve o mérito de fornecer aos poetas posteriores um modelo de inspiração.[85]

Para os futuros romancistas, o grande modelo seria José de Alencar, cuja trajetória como escritor é bastante diferente da de Gonçalves Dias. Alencar teria sido o primeiro grande autor brasileiro a construir uma *carreira literária*, modelar como suas obras. Nesse sentido, vale lembrar afirmação de Afrânio Coutinho:

> Ao movimento romântico se deve a constituição, no Brasil, da carreira literária e a compreensão da figura do homem de letras na comunidade. Gonçalves de Magalhães foi quem a encarnou pela primeira vez. E José de Alencar quem a elevou à mais alta estatura e a dignificou para exemplo e modelo da posteridade, na consciência do ofício, na fidelidade à vocação e ao mister, na compreensão de seu papel na sociedade. É o protótipo do escritor, do homem de letras, do *scholar*, e nele se miraria Machado de Assis para construir sua personalidade e sua obra, a obra máxima da literatura brasileira.[86]

---

passagem por Leipzig, em 1857, o livreiro-editor Brockhaus editou os *Cantos*, os primeiros quatro cantos de "Os timbiras", compostos dez anos antes, e o *Dicionário da língua tupi*. Sobre as edições alemãs, ver Lajolo, O preço da leitura: Gonçalves Dias e a profissionalização de um escritor brasileiro oitocentista, Moara, v.21, p.33-47.

84 Montello, Introdução. In: *Gonçalves Dias na Amazônia:* relatórios e Diário da viagem ao Rio Negro, p.X.
85 Candido, *Formação da literatura brasileira*, p.81-3.
86 Coutinho, *Introdução à literatura no Brasil*, p.137-8.

A análise de Coutinho convida a um olhar mais demorado sobre a vida profissional de Alencar.[87] Na autobiografia literária *Como e por que sou romancista*, ele conta que seu interesse pela literatura surgiu na infância, quando lia jornais, cartas e romances para a mãe, tias e amigas: "[...] nosso repertório romântico era pequeno; compunha-se de uma dúzia de obras entre as quais primavam a *Amanda e Oscar*, *Saint-Clair das Ilhas*, *Celestina* e outras de que já não me recordo".[88] Esses romances franceses que chegaram à pequena Mecejana, no Ceará, e compunham a biblioteca da família de Alencar, bem poderiam ser reunidos como produtos das "fábricas de Balzac, Sue, Sand [...] e Cia.", conforme as chamou Herculano.

A prática de ler em voz alta para um grupo de pessoas, descrita por Alencar, era comum no século XIX tanto na Europa como nas Américas.[89] São inúmeros os relatos a respeito da leitura de romances para ouvintes reunidos. As obras do próprio Alencar vieram a ser lidas em voz alta, conforme relato do visconde de Taunay.[90]

A família do escritor era tradicional no Ceará. Seu pai, o padre e depois senador José Martiniano de Alencar, esteve envolvido em alguns dos principais acontecimentos políticos do século XIX, entre eles a revolução de 1817. Como muitos dos homens da elite de seu tempo, Alencar formou-se em Direito. A maior parte de seu curso foi realizada em São Paulo, onde

---

87 As informações sobre a vida de Alencar foram extraídas das biografias: Magalhães Jr, *José de Alencar e sua época*; Menezes, *José de Alencar:* literato e político; Neto, op. cit.

88 Alencar, *Como e por que sou romancista*. Versão atualizada disponível em: <http://www.dominiopublico.gov.br/>. Acesso em 20 jan. 2016. Os trechos citados são dessa edição digital.

89 Ver Chartier (org.), *Práticas de leitura*.

90 O visconde de Taunay conta, em suas *Reminiscências*, o sucesso que alcançou *O guarani* na época: "Quando em São Paulo chegava o correio, com muitos dias de intervalos então, reuniam-se muitos e muitos estudantes numa república, em que houvesse um feliz assinante do *Diário do Rio*, para ouvirem, absortos e sacudidos, de vez em quando, por elétrico frêmito, a leitura feita em voz alta por alguns deles [...]". Ainda que os estudantes fossem um público muito pequeno, em comparação ao restante da população, em sua maioria analfabeta, não deixa de ser digno de nota o sucesso do romance de Alencar em um grupo tão seletivo. Taunay, *Reminiscências*, p.85-6.

se graduou em 1850. Ele contava treze anos quando chegou à capital paulista (mesma idade que tinha Lobato quando enviado a cumprir o mesmo objetivo). Alencar morou em uma república, ou "comunhão acadêmica", em suas palavras, como tantos outros bacharéis-literatos.

Entre os companheiros do jovem Alencar estava um "entusiasta do dr. Joaquim Manuel de Macedo que pouco havia publicado o seu primeiro e gentil romance – *A moreninha* [1844]". Alencar recorda que ouvia com prazer o amigo falar sobre Macedo:

> Que estranho sentir não despertava em meu coração adolescente a notícia dessas homenagens de admiração e respeito tributados ao jovem autor d'*A moreninha*! Qual régio diadema valia essa auréola de entusiasmo a cingir o nome de um escritor?

Macedo foi dos primeiros autores brasileiros a contribuir para o fortalecimento do prestígio da atividade de escritor; a notoriedade que conquistou entre pares e leitores anônimos teria provocado a admiração de Alencar. Abram-se, então, parênteses para tratar de Macedo.

Em 1844, o jovem fluminense Joaquim Manuel de Macedo (1820-1882), que estudava Medicina por não ter dinheiro para estudar Direito, publicara *A moreninha*. O sucesso da obra faria com que o autor, chamado daí por diante de "Macedinho das moças", em referência ao público principal do romance, trocasse a carreira de médico pelo cargo de professor de História e Geografia do Brasil no Colégio Pedro II e pelas atividades relacionadas ao jornalismo, à política e à literatura. Sócio fundador do IHGB, ele viria a fazer parte do grupo de protegidos do imperador. Tinha relação de amizade com a família imperial e foi professor dos filhos da princesa Isabel. Escreveu outros dezessete romances, dezesseis peças de teatro e um livro de contos – alguns dos quais, segundo relatos de alunos, escritos ou corrigidos durante as aulas no colégio.[91]

O êxito de *A moreninha* estendeu-se pelas décadas seguintes; talvez seja, até hoje, um dos romances mais lidos e estimados pelos leitores brasileiros.

---

91 Ver Machado, op. cit., p.48.

Parece ter sido justamente o êxito popular do livro que levou Monteiro Lobato a editá-lo, modificando alguns trechos,[92] e a publicá-lo em 1924, quando precisava de *best-sellers* para pagar dívidas. Outros romances românticos brasileiros editados e publicados por Lobato foram *Memórias de um sargento de milícias*, de Manuel Antonio de Almeida,[93] lançado em 1853 em folhetins semanais, sob o pseudônimo "um brasileiro", pelo *Correio Mercantil*, e *Ubirajara* (1874), de José de Alencar. Fechemos os parênteses e voltemos às leituras do jovem Alencar em São Paulo.

Os estudantes da Faculdade de Direito procuravam organizar, nas repúblicas, bibliotecas particulares que eram compartilhadas por colegas. Alencar, durante os anos em que viveu na capital paulista, leu Dumas, Chateaubriand, Lamartine, Byron, Walter Scott. Já na faculdade, ele teve acesso aos livros do colega Francisco Otaviano de Almeida Rosa, dono de uma coleção impressa na Bélgica (provavelmente pirata) das *Obras completas* de Balzac, autor fundamental na formação de Alencar como romancista.

Nos anos de 1840,[94] os estudantes de Direito "formavam uma espécie de público restrito e caloroso, que produzia e simultaneamente consumia literatura, assegurando a esta (o que não era frequente na época) circulação e apreciação",[95] como afirma Antonio Candido. Esse público acolhia "não só os produtos de rotina, mas também os divergentes, que exprimiam a ousadia eventual desse grupo suspenso no flanco da sociedade" – ao menos temporariamente, pois acabariam por integrar os altos escalões jurídicos e administrativos que lhes estavam reservados. Alguns autores não conseguiriam plenamente essa integração, como Casimiro de Abreu, Fagundes Varela, Bernardo Guimarães, em meio a tantos outros. Alencar alcançou-a.

---

92 Sobre as modificações realizadas por Lobato no romance, ver Silva, *A moreninha, por Monteiro Lobato*.

93 Para informações sobre a publicação de *Memórias de um sargento de milícias* e sobre a carreira literária de Manuel Antonio de Almeida, ver Almeida, *Obra dispersa*. Sobre a edição feita por Monteiro Lobato – e reescrita por ele – ver Carvalho, *Edição lobatiana das* Memórias de um sargento de milícias: um caso de coautoria na história do livro e da literatura no Brasil.

94 O consumo e a circulação de livros na São Paulo oitocentista foram estudados por Marisa Deaecto na tese *O império das letras*.

95 Candido, *O Romantismo no Brasil*, p.52.

Terminada a faculdade, mudou-se para o Rio de Janeiro, onde advogou por quatro anos. Em 1854, Francisco Otaviano, amigo dos tempos de faculdade, convidou-o para escrever no *Correio Mercantil*. A princípio, Alencar produzia artigos para a seção forense. Logo passou a redigir crônicas semanais, publicadas aos domingos no rodapé da primeira página, na coluna intitulada "Ao correr da pena". Seu sucesso no jornal foi rápido, mas breve; em julho de 1855, uma de suas crônicas foi censurada pela direção. Alencar escrevera sobre agiotagem e especulação financeira na Bolsa de Valores, assunto que envolvia o dono do jornal; censurado, demitiu-se. Alguns meses depois, novamente por indicação de Otaviano, tornou-se diretor-chefe do *Diário do Rio de Janeiro*, que passava por uma crise financeira.

A estreia de escritores literários em jornais e revistas já era então habitual. A febre dos folhetins (crônicas ou romances) permitia aos escritores brasileiros fazer suas obras circularem mais amplamente, ainda que as tiragens dos periódicos fossem pequenas.[96] Dependendo do sucesso junto ao público, essas obras eram posteriormente publicadas em livro,[97] caso de *O filho do pescador*. As colaborações em jornais também proporcionavam *status* e fonte de renda que contribuiriam para a futura profissionalização dos autores brasileiros. A maior parte dos escritores que hoje integram o cânone nacional referente àquele período, e à segunda metade do século XIX, escreveu para jornais, o que atesta a importância das folhas para os homens de letras da época.

Em uma crônica publicada no *Correio Mercantil* de 26 de novembro de 1854, Alencar relata como seu nome fora usado indevidamente em periódico concorrente e invoca o Código Penal:

> Achava-me muito disposto a terminar aqui, mas lembro-me que estou na obrigação de afirmar aos meus leitores que este artigo é escrito por mim

---

[96] Sobre a participação de homens de letras nos periódicos do Segundo Reinado, ver o capítulo A Imprensa do Império, de Sodré, op. cit., p.181-249.

[97] Ver Meyer, op. cit. A respeito da importância da imprensa para os escritores brasileiros, ver também Sodré, op. cit.; Lajolo; Zilberman, *Formação da leitura no Brasil*.

mesmo, e não por um pseudônimo que me descobriram, e que se acha arvorado em redator de um periódico intitulado – O Brasil Ilustrado.

Quando a princípio me contaram semelhante coisa, quando me disseram que eu ia redigir um novo periódico literário, duvidei; porém o fato é exato, e, o que mais é, lá se acha a assinatura de um dos nossos literatos, o Sr. Porto Alegre, que afirmou não ter assinado semelhante coisa.

Ora o Brasil, sendo tão ilustrado como se intitula, não pode ignorar certa disposição do Código Criminal que fala de assinaturas fingidas; por conseguinte, não há dúvida que os homens que se acham assinados naquela lista a que me refiro são nossos homônimos, os quais até hoje eram completamente desconhecidos.

Em tudo isto, pois, só temos a lamentar uma coisa, e é que o novo periódico literário, que promete tanto, tenha ido procurar redatores tão ignorados e obscuros, deixando de parte os verdadeiros Otavianos, Porto Alegres e Torres Homens.[98]

Esse relato indica que, mesmo antes de publicar romances, José de Alencar já acumulava prestígio suficiente para que seu nome fosse usado como marca distintiva para atrair leitores. Provavelmente, O Brasil Ilustrado, periódico estreante, não tinha nem capital econômico nem capital simbólico para contratar alguém cujo nome fosse suficientemente distinto como o de Alencar. Ocorrências assim não eram raras; Alencar teria problemas com plágio ou contrafação outras vezes, como se verá adiante. Já no século XX, Monteiro Lobato seria vítima do mesmo tipo de artifício, que permanece em nossa época de veículos digitais, nos quais se multiplicam exponencialmente os textos apócrifos de autores como Luís Fernando Veríssimo e Millôr Fernandes.[99] Como bem observou Janice Radway, empresários sem dinheiro publicam pirataria; já a demanda expressa em dinheiro cria fornecimento de material.[100] Quando os periódicos oferecem pagamento, surgem escritores prontos para criar os textos desejados.

---

98 Alencar, Ao correr da pena, 26 nov. 1854. In: _____, Crônicas escolhidas, p.59-64.
99 Ver Rónai, Caiu na rede.
100 Radway, A Feeling for Books: the Book-of-the-month club, literary taste, and middle--class desire.

Figuras de autor, figuras de editor

Foi essencialmente a demanda dos leitores do *Diário do Rio de Janeiro*, onde José de Alencar atuava como redator-chefe, que provocou a produção de seu primeiro romance, *Cinco minutos*, em 1856, conforme relato do próprio autor:

> Ao findar o ano, houve ideia de oferecer aos assinantes da folha um mimo de festa. Saiu um romancete, meu primeiro livro, se tal nome cabe a um folheto de 60 páginas. Escrevi *Cinco minutos* em meia dúzia de folhetins que iam saindo na folha dia por dia, e que foram depois tirados em avulso sem nome do autor. A prontidão com que em geral antigos e novos assinantes reclamavam seu exemplar, e a procura de algumas pessoas que insistiam por comprar a brochura, somente destinada à distribuição gratuita entre os subscritores do jornal; foi a única, muda mas real, animação que recebeu essa primeira prova.

Cinco minutos saiu sem o nome do autor, talvez por ser obra de estreante, talvez por ser romance originado da demanda de leitores, e não de um projeto estético do autor. Alencar não informa quem teria decidido oferecer aos assinantes um brinde e como esse brinde veio a ser seu romance de estreia. Como redator-chefe, ele pode ter percebido o tipo de narrativa apreciada pelos leitores do jornal. O fato de ele mesmo ter composto o brinde pode ter nascido da falta de recursos para contratar escritor, do desejo de lançar-se como romancista, de uma mistura dessas disposições. Esse episódio merece um exame mais prolongado, porque antecipa, de várias maneiras, o modo como se deu a estreia de Monteiro Lobato como autor e como editor.

Alencar ocupava um posto privilegiado quando lançou seu primeiro romance, pois era o diretor de um jornal de grande tiragem, pelo menos para os padrões do período. Amealhara prestígio suficiente como escritor de crônicas e artigos, a ponto de ter o nome usado indevidamente por outro jornal. Estava familiarizado com as práticas autorais e editoriais relativas a romances de Balzac, Hugo e outros escritores considerados "industriais". Estava atento, provavelmente, às características dos folhetins mais apreciados por seus leitores. Pôde usar a máquina do jornal para imprimir e distribuir *Cinco minutos*, sem precisar recorrer a subscrições, mecenas, livreiros ou editores.

A edição luxuosa do poema épico "A Confederação dos Tamoios" é produto emblemático da figura de autor que Gonçalves Guimarães encarnou tão bem: a do escritor protegido por um mecenas poderoso, que trabalha com o gênero literário mais prestigioso, a poesia, a partir de um projeto estético original, conforme os mais elevados ideais românticos, e de acordo com os ritmos de sua inspiração. Já a edição barata do romance *Cinco minutos* é produto representativo de outra figura de autor, completamente diversa, assumida, pelo menos naquele momento, por Alencar: a do escritor contratado por empresários, que produz romances, então gênero de pouco ou nenhum prestígio, a partir de demandas específicas de leitores ou de sucessos comerciais conhecidos, no ritmo rápido e regular exigido pelos periódicos. As práticas editoriais de Alencar fazem lembrar aquelas dos editores descritor por Voltaire no verbete "Charlatão"; o interessante é que ele mesmo era o escritor contratado para dar cabo da tarefa de oferecer livro ao público anônimo que tentava formar biblioteca em casa. Os protestos de Charles-Augustin Sainte-Beuve e Alexandre Herculano contra a literatura "industrial" lembram os de Voltaire. É contra a produção de romances como *Cinco minutos* que se posicionarão os defensores da "arte pura", aos quais Alencar tentará responder, quase vinte anos depois, no prefácio de *Sonhos d'ouro*.

O aparecimento desse tipo de produção cultural, destinada primordialmente ao mercado, levaria à organização do campo literário segundo um "princípio de diferenciação que não é mais que a distância objetiva e subjetiva dos empreendimentos de produção cultural com relação ao mercado e a demanda expressa ou tácita", conforme Pierre Bourdieu.[101] As ações e estratégias dos escritores se dariam "entre dois limites que, de fato, jamais são atingidos, a subordinação total e cínica à demanda e a independência absoluta com respeito ao mercado e às suas exigências".[102] A organização dos defensores de uma "produção de obras 'puras' e desti-

---

101 Bourdieu, *As regras da arte*, p.162.
102 Ibid.

nadas à apropriação simbólica" teria ocorrido justamente em retaliação aos escritores considerados "comerciais".[103]

Na França da década de 1850, algumas tomadas de posição do romancista Gustave Flaubert e do poeta Charles Baudelaire marcariam o início do processo de autonomização do campo literário francês. Para Bourdieu, eles seriam os "heróis-fundadores" do campo literário que se constituía, ao fazerem a defesa da "arte pura" em artigos, cartas e, principalmente, nos famosos processos judiciais que enfrentaram. Enquanto Flaubert e Baudelaire manifestavam horror aos "artistas burgueses", cujo sucesso e notoriedade seriam a face compensatória de "seu servilismo em relação ao público e aos poderes",[104] Alencar trabalhava pela valorização de um tipo de obra literária que se aproxima justamente dos romances de Octave Feuillet, talvez o símbolo maior da chamada arte industrial naquele período. É possível que as tomadas de posição de Alencar, autor de folhetins românticos, tenham dificultado a aceitação de sua obra por grande parte da crítica brasileira, já vinculada às noções de "arte pura" vindas da França – ainda que não houvesse no Brasil público suficiente para transformá-lo em um Hugo ou Feuillet.

Conforme relata Alencar, a crítica não se pronunciou quando do lançamento de *O guarani*, publicado em 1857.

> A edição avulsa que se tirou d'*O guarani*, logo depois de concluída a publicação em folhetim, foi comprada pela livraria do Brandão, por um conto e quatrocentos mil réis que cedi à empresa. Era essa edição de mil exemplares, porém trezentos estavam truncados, com as vendas de volumes que se faziam à formiga na tipografia. Restavam pois setecentos, saindo o exemplar a 2$000. Foi isso em 1857. Dois anos depois comprava-se o exemplar a 5$000 e mais. Nos belchiores que o tinham a cavalo do cordel, embaixo dos arcos do Paço, donde o tirou o Xavier Pinto para a sua livraria da Rua dos Ciganos. A indiferença pública, senão o pretensioso desdém da roda literária, o tinha deixado cair nas pocilgas dos alfarrabistas. Durante todo esse tempo e ainda muito depois, não vi na imprensa qualquer elogio, crítica ou simples notícia

---

103 Ibid.
104 Ibid., p.99.

do romance, a não ser em uma folha do Rio Grande do Sul, como razão para a transcrição dos folhetins. Reclamei contra esse abuso, que cessou; mas posteriormente soube que aproveitou-se a composição já adiantada para uma tiragem avulsa. Com esta anda atualmente a obra na sexta edição.

As memórias de Alencar fazem referência a vários aspectos do sistema literário da metade do século XIX. *O guarani* – depois e ainda hoje considerado marco do romance brasileiro – saiu primeiro em folhetins e, devido ao sucesso de público, sua composição tipográfica foi aproveitada para o lançamento em livro. Essa prática era comum e permaneceu até Monteiro Lobato, que imprimiu seus primeiros livros na gráfica do jornal *O Estado de S. Paulo*. Os quatro volumes de *O guarani* começaram a ser vendidos "à formiga" no balcão do *Diário*, prática igualmente comum, que se estenderia até boa parte do século XX. Posteriormente, Alencar vendeu setecentos exemplares para a livraria do Brandão; tempos depois, teria encontrado sua obra exposta em belchiores, alfarrabistas e na livraria de Xavier Pinto.

Esta trajetória de *O guarani* ilumina pontos da malha de produção e circulação dos livros do período, na qual os jornais tinham enorme importância. José de Alencar entrou no campo literário que se formava por meio do *Diário de Notícias*, em cujas páginas provocou polêmicas sobre a literatura nacional, exercitou-se como cronista e articulista, editou textos alheios, publicou seus primeiros romances. Nos jornais, publicavam-se livros e anúncios de livros, faziam-se subscrições, teciam-se críticas favoráveis ou desfavoráveis aos lançamentos, desenrolavam-se polêmicas em torno das regras da arte literária.

As tipografias eram outra porta de entrada ao mundo literário para jovens literatos. O bacharel em Direito José de Alencar estreou como colunista de jornal, para logo se tornar redator-chefe. Já rapazes pobres e mestiços, como Machado de Assis, entravam no campo literário pela "porta humilde" da revisão (como a chamou Nelson Werneck Sodré), do ofício de tipógrafo ou de caixeiro.[105]

---

105 Sobre a importância dos jornais para os homens de letras do período, ver Sodré, op. cit., p.186-201.

Gilberto Freyre destacou a "ascensão de bacharéis e mulatos", principalmente na segunda metade do século XIX, como "duas grandes forças, novas e triunfantes, às vezes reunidas numa só". Segundo Freyre, no Brasil escravocrata do Império

> a valorização social começara a fazer-se [...] em torno da Europa, mas uma Europa burguesa, donde nos foram chegando novos estilos de vida, contrários aos rurais e mesmo aos patriarcais: o chá, o governo de gabinete, a cerveja inglesa, a botina Clark, o biscoito de lata. [...] De uma nova nobreza: a dos doutores e bacharéis, talvez mais que a dos negociantes ou industriais. De uma nova casta: a de senhores de escravos e mesmo de terras, excessivamente sofisticados para tolerarem a vida rural na sua pureza rude.
> Eram tendências encarnadas principalmente pelo bacharel, filho legítimo ou não do senhor de engenho ou do fazendeiro, que voltava com novas ideias da Europa – de Coimbra, de Montpellier, de Paris, da Inglaterra, da Alemanha –, onde fora estudar por influência ou lembrança de algum tio-padre mais liberal ou algum parente maçom mais cosmopolita.[106]

Na visão de Freyre, o reinado de d. Pedro II foi "o reinado dos bacharéis", que passaram a ocupar os cargos mais importantes do governo, a debater as grandes questões nacionais, a trazer novos gostos, modas e saberes, a fazer literatura. Não que isso fosse novidade; já eram bacharéis Gregório de Mattos, Botelho de Oliveira, Cláudio Manuel da Costa e tantos outros do Setecentos. Entretanto, no segundo Império, o bacharel passa a existir, de acordo com Freyre, como "novo poder aristocrático que se levantava", capaz de modificar os antigos parâmetros sociais e políticos da colônia.

Também o "mulato" seria uma força de mudança, segundo Freyre. Em busca de ascensão, muitos mestiços recorreriam a títulos "branqueadores", como os de bacharel, militar, político e literato. No entanto, mestiços "semiaristocratizados" por postos de alto valor social ainda sofriam o preconceito associado à sua origem biológica, o que geraria um "sentimento de

---

106 Freyre, *Sobrados e mucambos*, p.602.

insatisfação" que poderia explicar, de acordo com Freyre, a participação de bacharéis mulatos em movimentos revolucionários. Também poderia explicar a "mágoa individual" encontrada "em alguns dos maiores poetas brasileiros do século XIX":

> Mulatos que tendo se bacharelado em Coimbra ou nas Academias do Império foram indivíduos que nunca se sentiram perfeitamente ajustados à sociedade da época: aos seus preconceitos de branquidade, mais suaves que noutros países, porém não de todo inofensivos. Tal o caso do grande poeta maranhense Dr. Antônio de Gonçalves Dias. O tipo de bacharel "mulato" ou "moreno". Filho de português com cafuza, Gonçalves Dias foi a vida toda um inadaptado tristonho à ordem social ainda dominante num Brasil mal saído da condição de colônia [...]. O poeta cafuzo foi uma ferida sempre sangrando embora escondida pelo *croisé* de doutor. Sensível à inferioridade de sua origem, ao estigma de sua cor, aos traços negroides gritando-lhe sempre do espelho: "Lembra-te de que é mulato!". Pior, para a época e para o meio, do que ser mortal para o triunfador romano. Ao poeta não bastava o triunfo ou a imortalidade literária: seu desejo era triunfar também, como qualquer mortal de pele branca, na sociedade elegante de seu tempo.[107]

Gilberto Freyre elege Gonçalves Dias como símbolo dos "bacharéis mulatos" que se firmavam como nova força aristocrática, mas que ainda enfrentavam os preconceitos de uma sociedade escravocrata – cuja suavidade, em relação a outros países, pensamos ser discutível.[108] Freyre baseia sua

---

107 Ibid., p.616-7.
108 É curioso o uso que Gilberto Freyre faz de cena do romance *O mulato* (1881), de Aluísio de Azevedo (1857-1913), para interpretar o que chama de "inadaptação" do "bacharel mulato" Gonçalves Dias. No romance de Azevedo, a personagem principal, Raimundo José da Silva, bacharel formado em Coimbra, descobre-se filho de escrava ao voltar para sua terra natal, o Maranhão. A condição de sua origem é revelada porque ele pretendia casar-se com a prima, moça branca. Para críticos como Agripino Grieco e Mário Meirelles, *O mulato* teria sido inspirado por um episódio ocorrido com Gonçalves Dias em 1851, quando visitava o Maranhão. Ver, a respeito, Mérian, *Aluísio Azevedo:* vida e obra (1857-1913).

análise em um relato de Rodrigues Cordeiro, amigo do poeta, que afirmara ser a "consciência de filho de mulher de cor" um tormento para Dias.

Para Lourival Villanova, Gilberto Freyre tinha "gosto pelo biográfico, sublinhando na personagem individual o ponto de interseção das correntes de pensamento social, político, literário"; desse modo, ressaltaria, "dialeticamente, no indivíduo o social, e na subjetividade do social o indivíduo historicamente relevante".[109] Nessa perspectiva, a figura de Gonçalves Dias poderia servir como símbolo das dificuldades encontradas por escritores também mulatos, como Teixeira e Souza e Machado de Assis, entre tantos outros que, naqueles idos de 1850, começavam a ascender como artistas. Em que medida o sucesso desses homens como literatos, conforme essa condição lhes possibilitava ascensão social e/ou respeito em certos círculos, teria funcionado como "branqueamento", como apagamento da origem estigmatizada?

Uma pesquisa de Ivana Stolze Lima[110] mostra que a identidade do homem negro ou mestiço vinha sendo debatida pela imprensa da corte pelo menos desde a década de 1830. Os títulos de alguns periódicos que circularam na época, às vezes por tempo curtíssimo, indicam a importância do tema: *O Filho da Terra, O Brasileiro Pardo, O Crioulinho, O Homem de Cor, O Mulato*. O "embranquecimento social", realizado por meio da obtenção de altos cargos, foi tematizado por alguns desses periódicos e é analisado por Ivana.

Na Salvador dos anos 1830, Luiz Gonzaga Pinto da Gama passava a infância com a mãe, Luiza Mahin, negra livre. Em 1840, quando ele tinha dez anos, foi vendido pelo pai, ao que parece um fidalgo português, para quitar uma dívida de jogo. Comprado em leilão pelo alferes Antonio Pereira Cardoso, viveu em cativeiro em Lorena (SP), onde teria sido alfabetizado, aos dezessete anos, pelo estudante Antônio Rodrigues de Araújo. Fugiu da fazenda em 1848 e passou a morar na capital paulista, onde se casou, por volta de 1850, e onde frequentou, como ouvinte, as

---

109 Vilanova, Gilberto Freyre – aspectos de sua obra: a sociologia como ciência cultural. In: Quintas (org.), *A obra em tempos vários*.

110 Ver Lima, *Com a palavra a cidade mestiça:* Imprensa, política e identidade no Rio de Janeiro, 1831-1833.

aulas da Faculdade de Direito. O conhecimento adquirido permitiu-lhe atuar, nas décadas seguintes, como advogado. Em 1864, fundou o jornal *Diabo Coxo*, do qual foi redator. O periódico, ilustrado pelo italiano Angelo Agostini, é considerado marco da imprensa humorística em São Paulo. Posteriormente, Gama colaborou nos jornais *Ipiranga*, *Cabrião*, *Coroaci* e *O Polichinelo*. Fundou, em 1869, o jornal *Radical Paulistano*, com Rui Barbosa; ambos eram membros fundadores da loja maçônica América.

Em 1859, apenas doze anos depois de ter aprendido a escrever, publicou o livro de versos satíricos *Primeiras trovas burlescas de Getulino*, pela Tipografia Dous de Dezembro, de Antonio Louzada Antunes. O primeiro poema após o prólogo, intitulado "Saudade do escravo", é de José Bonifácio de Andrada e Silva Filho, e foi inserido no início do volume para "servir de *Abracadabra*, nos mares tempestuosos das censuras, e nas hórridas ambages do sórdido egoísmo dos *monopolistas*".[111] No poema "Lá vai verso", o eu lírico invoca a "Musa de Guiné, cor de Azeviche" para cantar "Quero que o mundo, me encarando, veja/ Um retumbante Orfeu de carapinha,/ Que a Lira despresando, por mesquinha,/ ´Ao som decanta de Marimba augusta".[112] Gama sabe referir-se à tradição erudita ocidental, exigência para entrada em um sistema ou campo literário, e o faz de maneira subversiva, apresentando-se como Orfeu negro que usa não a lira, mas a marimba. Necessita, entretanto, de um *Abracadabra*, produzido por algum poeta branco e relativamente prestigiado, como salvaguarda entre pares, críticos, leitores.

José Bonifácio, o moço, formado pela faculdade de Direito em 1853, transfere a Luiz Gama o capital simbólico que, nas circunstâncias brasileiras da época, é composto de renome artístico alicerçado não apenas por um capital cultural e econômico, mas também por outro tipo de lastro, que podemos chamar de racial. O fato de um sobrinho do Patriarca da Independência conferir aval ao livro por meio de um poema cujo eu lírico é um escravo saudoso da África e da liberdade torna o livro ainda mais subversivo, pela inversão da hierarquia social que estruturava a hierarquia do campo literário em formação: o eu lírico que se declara vate e pretende

---

111 Gama, *Primeiras trovas burlescas de Getulino*, p.12.
112 Ibid., p.18.

"a glória abater" de "Homeros e Camões"[113] é criado por um poeta negro e escravizado, enquanto o eu lírico que chora de saudade das "feras da floresta" é produto de um poeta branco e pertencente à elite.

Essa inversão de hierarquias pontua todo o livro, que ridiculariza figurões da Política, do Direito, da Igreja, por meio de trovas, e não de epigramas. Os versos satíricos poderiam lembrar aqueles das *Cartas chilenas*; os desmandos dos senhores da São Paulo brasileira apresentam algumas semelhanças com os malfeitos da Vila Rica colonial. Há diferenças fundamentais entre os autores das sátiras, porém. Como observamos no capítulo anterior, o eu lírico das *Cartas* confisca a legitimidade dos poemas de "Robério" ao rebaixar tanto a linguagem usada pelo "mau poeta" como o público a que supostamente eram dirigidos:

> *Se te queres moldar aos teus talentos,*
> *Em tosca frase do país somente*
> *Escreve trovas, que os mulatos cantem.*

Gama – que, obviamente, não conheceu as *Cartas* – escreve justamente *As trovas burlescas de Getulino*, com suas

> *ritmas de tarelo, atropeladas,*
> *Sem metro, sem cadência e sem bitola,*
> *Que formam no papel um ziguezague,*
> *Como os passos de rengo manquitóla.*

Getulino assume a "tosca frase do país" e mais; suas trovas são

> *Grosseiras produções d'inculta mente,*
> *Em horas de pachorra construídas;*
> *Mas filhas de um bestunto que não rende*
> *Torpe lisonja às almas fementidas.*[114]

---
113 Ibid., p.18.
114 Ibid., p.6.

Essa declaração de independência intelectual, vinda do mais representativo poeta da *canaille de la litterature* da província – e do país – sinaliza que, no sistema literário do período, já havia tomadas de posição que esboçavam a formação de um campo literário. Getulino renunciava à arte lisonjeira e, nesse aspecto, aproximava-se de Américo Elísio e de Ig, seu contemporâneo.

O "orfeu de carapinha" foi "um dos raros intelectuais negros brasileiros do século XIX, o único autodidata e o único, também, a ter vivido a experiência da escravidão",[115] até conseguir reunir as provas de que havia nascido livre. Seus poemas "apresentam claramente um forte tom de denúncia quanto à posição da sociedade – branca e senhorial – em relação aos homens de sua cor", segundo Elciene Azevedo.[116] Um desses poemas tematiza especialmente a condição de um homem negro, ex-escravo, que se dispusesse a ser literato, como ele:

[…]
Quem vir esse livro
O que há de dizer?
....
Se for literato
Farçola, brejeiro,
Himpando [sic] *dirá:*
Sempre é sapateiro.

Mas eu que conheço
Mesquinho que sou,
Da minha fachada
Desfrutes não dou […][117]

---

115 Ferreira, Luiz Gama: um abolicionista leitor de Renan, *Estudos avançados*, n.60, p.271-88.

116 Azevedo, *Orfeu de carapinha*: a trajetória de Luiz Gama na imperial cidade de São Paulo, p.51. As informações sobre a biografia de Luiz Gama foram extraídas dessa edição.

117 Gama, No Álbum – do senhor capitão João Soares. Apud Azevedo, op. cit., p.52.

Figuras de autor, figuras de editor

O autor destacou as palavras "literato" e "fachada". Luiz Gama apresentaria nesse poema, pela voz do eu lírico, "uma apurada percepção do que significava o autor do livro ter uma 'fachada' negra", conforme Elciene Azevedo. O homem de pele negra que publicasse um livro não seria considerado homem de letras por seus pares brancos; continuaria sendo visto como "sapateiro". Afinal, "o critério que julgava ser o adotado por libertos 'farsolas' e 'brejeiros' era o racial e não o estético". Ainda segundo Araújo, esses versos indicariam que Luiz Gama "não deixaria de abordar o fato de ter sido escravo, e de carregar a cor da escravidão".

Nessa perspectiva, o pretendente a literato seria melhor recebido tanto entre seus pares como entre leitores anônimos se ostentasse uma "fachada" branca – ou relativamente branca, como a de Gonçalves Dias.[118]

O poeta maranhense ocupou cargos como o de professor do Colégio Pedro II, membro do IHGB, funcionário da Secretaria dos Negócios Estrangeiros. No início da carreira literária reclamou, em cartas íntimas, das dificuldades de ser literato no Brasil. É o que mostra, por exemplo, uma carta de 3 de abril de 1847 a Teófilo Leal:

> Tenho-me convencido, meu Teófilo, que a vida de literato no Brasil, é por ora para quem tem dinheiro, quem não o tiver, faz bem em vender-se a um jornalista: ora eu não me quero vender. Poesias, entre nós não rendem – dramas, vão para o excelente conservatório, e lá demoram-se meses; vêm para o teatro, e não são representadas; vão para a imprensa, e não dão para as despesas: é um gosto. Romances, se forem bons, não hão de ter compradores; como os de Paulo de Koch, porém ainda mais imorais, dão; porém é pena que haja quem por tão pouco se queira desacreditar. Entre nós, estamos no tempo de Camões: podeis compor *Lusíadas*, quem vo-lo proíbe? O governo que é inteligente e esclarecido, dará ao vosso maior poeta no fim da sua vida os 15 mil réis anuais d'El Rei D. Sebastião, e a Misericórdia franqueará os seus hospitais ao

---

118 Nesse sentido, vale lembrar a transcrição e a análise feitas por Lilia Moritz Schwarcz de uma notícia publicada no *Correio Paulistano*, de 3 jul. 1878, sobre um escravo fugido que teria se apresentado como literato em viagem de navio a Maceió (AL). In: Schwarcz, *Retrato em branco e negro*: jornais, escravos e cidadãos em São Paulo no final do século XIX, p.11-7.

protegido do rei! [...] No entanto vou prosseguindo na minha carreira, não porque eu me tenha pelo maior dos nossos poetas, mas talvez porque sou de todos o mais tolo, ou o mais teimoso.[119]

A figura de Camões, que ilustra o desabafo de Gonçalves Dias, foi evocada com frequência por literatos do XIX e do XX, em prosa e verso, como símbolo do artista genial e miserável. Não sem motivo: segundo Lajolo e Zilberman, "a biografia do escritor renascentista é sob medida para abordar, de modo lírico e lacrimoso, o embate entre criação artística e luta pela sobrevivência".[120] No caso de Gonçalves Dias, uma face desse embate pode ser observada nas diversas vezes em que o poeta defendeu a propriedade de suas obras quando das negociações, geralmente problemáticas, com editores, especialmente o tipógrafo editor alemão F. A. Brockhaus, que publicou *Cantos* (1857), parte de *Os timbiras* (1857) e o *Dicionário da língua tupi* (1858).[121] Para Marisa Lajolo, o poeta tinha consciência aguda da "dimensão econômica e mercadológica da obra literária"; suas lutas por fazer valerem seus direitos de autor teriam contribuído para a modernização do sistema literário brasileiro.[122]

Ao contrário de José de Alencar, porém, Dias recebeu a proteção de d. Pedro II, o que lhe proporcionou cargos de prestígio, além da participação em missões científicas e culturais no Brasil e na Europa. A relação com o mecenas parece ter representado para o poeta uma diferente forma de embate, pois o patronato poderia afetar sua produção artística. Embora considerasse d. Pedro II "um verdadeiro rei literato",[123] Dias teria tomado

---

119 Carta de 3 abr. 1847. Correspondência ativa de Gonçalves Dias, *Anais da Biblioteca Nacional*, v.84, p.82-3.
120 Lajolo; Zilberman, *O preço da leitura*, p.72.
121 Os documentos acerca das negociações de Gonçalves Dias com Brockhaus e Garnier permitem vislumbrar muitas das práticas relativas ao exercício da escrita profissional no Brasil do XIX. Ver Lajolo, O preço da leitura: Gonçalves Dias e a profissionalização de um escritor brasileiro oitocentista, *Moara*, n.21, p.33-47.
122 Ibid.
123 Carta de 27 fev. 1848 a Teófilo Leal. Correspondência ativa de Gonçalves Dias, p.104-5.

certos cuidados a fim de não parecer um "peralvilho literário", para lembrar a expressão de José Bonifácio. Em uma carta a Teófilo Dias de 1948, ele enfatiza a preocupação de "não afogar o imperador à força de baforadas de lisonjas, verdadeiras nuvens de incenso".[124] Esse cuidado talvez protegesse mais a imagem de artista que ele procurava construir do que a figura do imperador.

Dez anos depois, o poeta dedicava *Os timbiras* "À Majestade do Muito Alto e Muito Poderoso Príncipe o Senhor D. Pedro II Imperador Constitucional e Defensor Perpétuo do Brasil".

Gonçalves Dias dizia "não se vender" ao jornalismo, embora tenha atuado como jornalista. De seu lado, José de Alencar, que jamais obteve mecenato real, abraçou a profissão e fez dela plataforma para lançar suas obras. A decisão de trabalhar para jornais foi vista pelos literatos do XIX, e mesmo do XX, ora como "vender-se", ora como "arrebatar-se", no dizer de Alencar. O romancista também foi professor, além de advogado e jurista, mas dedicou-se principalmente ao jornalismo e à política. Viveu às turras com d. Pedro II, o que lhe custou o cargo de senador, em 1870. A partir de então, Alencar aumentou a intensidade de seus ataques ao monarca.

Os dois escritores ajudaram a criar uma tradição literária que, segundo Antonio Candido, contribuiria para consolidar o sistema literário brasileiro. Como defendiam diferentes posições com relação aos modos de produção de literatura, podemos afirmar que contribuíram também para a prefiguração de um campo literário nacional.

---

124 Ibid.

Capítulo 3
No tempo da livraria Garnier

3.1. B. L. Garnier, livreiro-editor

José de Alencar, quando estudante, lera contrafações feitas na Bélgica – aquelas que tanto preocupavam os franceses, segundo Alexandre Herculano. Como autor, via-se vítima da contrafação. Sua reclamação contra o "abuso" feito pela folha do Rio Grande do Sul não impediu que o jornal imprimisse e fizesse circular *O guarani* em versão pirata. Como ele, outros escritores brasileiros viram contrafações de suas obras serem vendidas em território nacional. Ubiratan Machado afirma que, nas décadas de 1840 e 1850, *A moreninha* foi "reproduzida em inúmeros jornais das províncias, sem que o autor visse sequer sombra de um réis".[1]

Enquanto os projetos de regulamentação dos direitos autorais no Brasil não saíam do papel, como os escritores do período negociavam a edição de seus livros?

Ao que indicam documentos dos principais autores da época, na proporção em que crescia o número de agentes e instâncias do campo literário, tornavam-se mais frequentes as reivindicações para garantia da propriedade intelectual. Marisa Lajolo e Regina Zilberman, que estudaram recibos, contratos e correspondência entre escritores e editores do século XIX,

---

[1] Machado, *A vida literária no Brasil durante o Romantismo*, p.77.

apontam como essas reivindicações aparecem no plano privado, em desabafos e reclamações expressos em cartas pessoais, como as de Gonçalves Dias, e no plano público, em negociações para o contrato de edições e em iniciativas para regulamentar os direitos autorais.[2]

Críticas a livreiros aparecem até em lundu. "Fora o Regresso", música de José Maurício Nunes Garcia com letra de Manuel Araújo de Porto-Alegre, ataca em seus primeiros versos os negociantes de livros:

> *Aprender artes, ofícios,*
> *Estudar anos inteiros,*
> *Enriquecer aos livreiros,*
> *Só o faz rombo sandeu...*[3]

A letra e a partitura do lundu "Fora o Regresso" foram publicadas no periódico carioca *Lanterna Mágica* em 1844. Na época, "livreiro" ainda era termo usado para designar tanto quem vendia como quem publicava livros. Porto-Alegre, protegido por d. Pedro II, protesta não apenas contra o enriquecimento de livreiros, mas também contra bacharéis que escrevem nos jornais "a rasa" – medida que correspondia aproximadamente ao alqueire – e membros de uma "nova carreira":

> *Um pelintra, um sem-vergonha*
> *Se improvisa redator.*
> *Unidos a outros Ciganos*
> *A pena imunda vendendo*
> *Calúnias mil escrevendo*
> *Quer campar por grão-senhor!*[4]

O poeta parece se posicionar no grupo de escritores que associam o trabalho nos jornais à dependência e ao despreparo intelectual. Os redatores e

---

2 Lajolo, Zilberman, *O preço da leitura*.
3 Porto Alegre; Garcia, Fora o Regresso, *A lanterna mágica*: periódico plástico-filosófico, v.5, p.9.
4 Ibid., p.12.

editores que ridiculariza lembram os charlatões de Voltaire. Vale notar que a figura de livreiro esboçada no lundu é caracterizada pela usura, aspecto que seria reproduzido como clichê nas décadas seguintes.

No âmbito das negociações para publicação de livros, há um rico material nos arquivos que pertenceram a duas das mais importantes editoras do período, a Garnier e a Francisco Alves.[5] Ao lado da Laemmert, essas editoras atravessaram boa parte do século XIX publicando importantes autores brasileiros e, cada uma a seu modo, contribuindo para a progressiva autonomia do campo literário.[6] O exame de contratos feitos pela Garnier, realizado por Lajolo e Zilberman, permite ter ideia de como se ratificavam os acordos entre escritores e editores em um tempo em que não havia lei regularizando a natureza e os procedimentos de contratações.

Nos estudos sobre a história do livro no Brasil, a Garnier costuma ser apresentava como de grande relevância para o desenvolvimento da indústria editorial:

> Criada em 1844 e considerada a principal responsável pelo início do desenvolvimento editorial no Brasil, a Garnier teve a seu favor pontos importantes, como pagamento regular dos direitos autorais, boa remuneração aos tradutores, formação de um corpo fixo, qualificado, de redatores revisores e um investimento maciço em literatura, tanto europeia quanto nacional.[7]

O estabelecimento foi fundado por Baptiste-Louis Garnier, que aprendera o ofício da edição de livros com seus irmãos mais velhos, donos de uma livraria em Paris.[8] B. L., como costumava imprimir suas iniciais, dirigiu

---

5 Os contratos da Francisco Alves foram examinados por Aníbal Bragança em *Eros pedagógico:* a função editor e a função autor.
6 Entre a década de 1850 e a de 1870, editores como Garnier e Laemmert fixam estabelecimentos no Brasil e, nas palavras de Lajolo e Zilberman, "investem em autores brasileiros e dispõem de capital e *know-how* para tanto". Naquela fase, desenvolve-se o romance nacional, "esforço de que participaram vivamente Macedo e Alencar". In: Lajolo; Zilberman, *A leitura rarefeita:* leitura e livro no Brasil.
7 Ver Paixão (coord.), *Momentos do livro no Brasil*, p.17.
8 Jean-Yves Mollier trata da história da "Maison Garnier Frères" no capítulo Les frères Garnier, les Hetzel père et fils, Pierre Larousse et les siens ou les vraies

seu negócio até falecer, em 1893, quando a livraria e editora passou para as mãos de seu irmão Hippolyte Garnier, então com 85 anos. Durante os mais de cinquenta anos em que trabalhou no ramo editorial, B. L. Garnier publicou a maior parte das obras da literatura brasileira que hoje são consideradas canônicas. José de Alencar, Joaquim Manuel de Macedo, Gonçalves Dias, Álvares de Azevedo, Sílvio Romero, Olavo Bilac, Arthur de Azevedo, Bernardo Guimarães, Machado de Assis e Graça Aranha estão entre os nomes que integraram o catálogo da Garnier.

A editora também publicou dois periódicos de grande prestígio: a *Revista Popular* e o *Jornal das Famílias*. Em 1862, o editor passou a imprimir todas as suas publicações na França, o que causou protesto de tipógrafos brasileiros. As razões de Garnier, segundo Alexandra Santos Pinheiro, eram quatro: a firma tinha origem em Paris; Garnier pretendia conquistar um público maior, que preferia produtos franceses; a tecnologia francesa permitia melhor impressão, e os vapores levavam apenas 22 dias para atravessar o Atlântico; finalmente, a impressão francesa era mais barata.[9] Essa decisão provocou protesto dos trabalhadores gráficos cariocas, que, em artigo publicado n'*O Tipógrafo*, em 5 de dezembro de 1867, manifestaram-se em favor de investimentos nas empresas nacionais de tipografia.[10]

Conforme relatos de escritores, Garnier evitava publicar autores estreantes; em seu catálogo seriam admitidos somente aqueles já reconhecidos por crítica e público, estratégia que lhe rendeu inúmeras críticas, inclusive de Monteiro Lobato. Os contratos que firmava com autores também geravam reclamações; porém, pelo que se depreende dos documentos da empresa, ele teria pagado corretamente direitos autorais, além de ter contribuído para a consagração de nomes atualmente canônicos.[11] Para Lajolo e Zilberman,

---

grandeurs de l'édition. In: Mollier, *L'Argent et les lettres*: histoire du capitalisme d'édition – 1880-1920.

9 Pinheiro, *Baptiste-Louis Garnier*: o homem e o empresário.
10 Ver Lajolo; Zilberman, *A leitura rarefeita*, p.119-20.
11 Uma delas foi feita no poema "Ao doutor dos manuscritos", de Gonçalves Dias, reproduzido e analisado por Marisa Lajolo e Regina Zilberman em *O preço da leitura*, p.99-100.

[...] numa sociedade de instituições econômicas bastante frágeis, a figura do editor Garnier incluía o perfil do capitalista que também fazia empréstimos a seus editados, pagando-se com a retenção dos direitos autorais. Como se pode imaginar, a situação decorrente de tal superposição de papéis é precária, tensa e poderia facilmente levar à degeneração das relações editor/editado [...].[12]

Nos círculos letrados, B. L. Garnier era chamado de "bom ladrão Garnier", porque supostamente enriqueceria à custa de autores, como os livreiros do lundu "Fora o Regresso". O epíteto é desmentido pelos contratos; segundo Hallewell, o livreiro pagava "pouco mais que os 10% de direitos de autor, percentual considerado normal, hoje, em quase todas as partes do mundo, para um trabalho original".[13] Ubiratan Machado acrescenta que os tradutores de Garnier recebiam 10% do preço de capa do livro, "o que explica o excelente nível das traduções e o importante elenco de escritores que se dedicavam a esta tarefa".[14] Não há ainda estudos, porém, que examinem todos os contratos conhecidos de Garnier e analisem o que seria considerado "correto" com relação à remuneração de autores e tradutores.

A leitura de alguns dos contratos firmados por Garnier com os escritores que publicou, embora não permita afirmações mais genéricas sobre suas práticas, possibilita adentrar, por meio da materialidade das negociações, o conjunto de direitos e deveres atribuídos a editores e a autores, além de conhecer o valor financeiro dado à produção de obras intelectuais. Os modelos de contrato do editor provavelmente eram importados de Paris, assim como os conhecimentos e procedimentos editoriais que ele utilizava. Outra hipótese é a de que os editores da segunda metade do século XIX teriam usado o Código Comercial, promulgado em 1850, como guia para efetuar suas atividades, incluindo a contratação de autores.

Seja como for, a existência de contratos de edição no período mostra sintonia com a modernização das práticas editoriais que vinham acontecendo na Europa, no bojo da consolidação do capitalismo. De fato, o

---

12 Ibid., p.100.
13 Hallewell, *O livro no Brasil*, p.137.
14 Machado, op. cit., p.81.

contrato pode ser entendido como um dos mais simbólicos instrumentos do capitalismo, como afirma Enzo Roppo:

> Não se pode certamente atribuir ao mero acaso o fato de as primeiras elaborações da moderna teoria do contrato, devidas aos jusnaturalistas do século XVII e em particular ao holandês Grotius, terem lugar numa época e numa área geográfica que coincidem com a do capitalismo nascente; assim como não é por acaso que a primeira grande sistematização legislativa do direito dos contratos (código civil francês, *Code Napoleon*, de 1804) é substancialmente coeva do amadurecimento da Revolução Francesa, e portanto, da vitória histórica conseguida pela burguesia, à qual o advento do capitalismo facultou funções de direção e domínio de toda a sociedade.[15]

O Código Napoleônico influenciou a criação de nosso Código Comercial, que definia e regulamentava as atividades mercantis. Não se pode, porém, afirmar que no Brasil do século XIX tenha ocorrido revolução da burguesia, nos moldes da que ocorria na França e em outros países europeus. O número de profissionais liberais cresceu até 1850, a extinção do tráfico de escravos levou à transferência dos capitais até então nele envolvidos para investimentos modernizadores, mas o país continuava majoritariamente uma economia agrícola, escravocrata e controlada por uma aristocracia que fornecia boa parte dos quadros liberais.[16]

Os contratos da Garnier analisados por Lajolo e Zilberman apresentam uma série de informações por meio das quais se podem desvelar os *habitus* que permeavam a produção de cultura no país, bem como as funções que editores e autores assumiam no campo literário em formação. Dois desses contratos se configuram como exemplo, especificamente, do modo como era fixada a remuneração dos autores publicados por Garnier. O primeiro foi firmado, em 1858, entre o editor e João Batista Calógeras para a pu-

---

15 Roppo, *O contrato*, p.25-6.
16 Ver Fernandes, *A revolução burguesa no Brasil:* ensaio de interpretação sociológica.

blicação do *Compêndio de história da Idade Média*, "obra adotada pelo Conselho de Instrução Pública".[17] As cláusulas são as seguintes:

1ª
O Sr. Calógeras cede ao Sr. Garnier a primeira edição de sua obra intitulada *História média* aprovada pelo Conselho de Instrução Pública, cuja edição será de dois mil exemplares.

2ª
Até que se esgotem os sobreditos dois mil exemplares, o Sr. Calógeras obriga-se a não mandar reimprimir a dita obra.

3ª
Em recompensa desta cessão, o Sr. Garnier pagará, como com efeito paga ao Sr. Calógeras, a quantia de Hum conto e seiscentos mil-réis, que lhe fica creditada em dedução da quantia de que é devedor ao Sr. Garnier.

4ª
Todas as despesas, riscos e perdas, assim como quaisquer benefícios que oferecer a impressão da dita primeira edição, ficam por conta do Sr. Garnier, a não haver [...] da parte da Secretaria do Império [...]

5ª
O Sr. Garnier obriga-se a dar pronta a mesma edição por todo o mês de janeiro de 1858.

6ª
O Sr. Garnier entregará de presente ao Sr. Calógeras dois exemplares da dita obra ricamente ornados com a Coroa Imperial, assim como doze exemplares encadernados simplesmente.

---

17 Lajolo; Zilberman, *O preço da leitura*, p.97.

E por ser verdade tudo quanto fica acima exposto, passaram-se dois exemplares da presente convenção, assinados por ambas as partes contratantes.

Rio de Janeiro, em 18 de maio de 1858.

a) B. L. Garnier

a) J. B. Calógeras

O contrato descreve as atribuições relativas a editor e a autor. O editor se responsabilizava pela impressão da obra, com "todas as suas despesas, riscos e perdas, assim como quaisquer benefícios". Obrigava-se a finalizar o livro em janeiro de 1858. Comprometia-se a dar catorze exemplares do livro ao autor, certamente para que ele os enviasse a seus pares. Em resumo, as funções do editor eram muito mais abrangentes do que aquelas assumidas por Laemmert, quando da publicação dos *Primeiros cantos* de Gonçalves Dias, onze anos antes. Garnier também pagava, de uma vez, a cessão dos direitos autorais relativos à primeira edição do livro. É importante notar que não aparece no contrato nenhuma palavra ou expressão relacionada a direitos autorais, embora a ideia desses direitos esteja implícita na primeira cláusula.

Nos contratos da Garnier, parece ter sido comum o pagamento pela cessão permanente de direitos autorais.[18] Um exemplo dessa prática é o contrato firmado com José de Alencar em 1874:

Entre os abaixo assignados José Martiniano de Alencar, autor, e B. L. Garnier, editor, foi convencionado e contratado o seguinte:

O Conselheiro José Martiniano de Alencar, vende a B. L. Garnier a propriedade perpetua dos tres romances seguintes: *Diva perfil de mulher* [sic], *Minas de prata* e *Iracema* pela quantia de um conto e cem mil reis que já recebeu.

Declaramos que a cessão da propriedade perpetua não inhibe o autor de traduzir as suas obras em lingua estrangeira.

---

18 Veja, a respeito, os contratos disponíveis para pesquisa no acervo digital do site da Biblioteca Nacional. Disponível em: <www.bn.br>. Acesso em: 20 jan. 2017.

Figuras de autor, figuras de editor

E por assim terem concordado e contratado mandárão passar a presente em duplicata que entre si trocárão depois de assignados.[19]

Por meio do contrato, a cessão da "propriedade perpétua" de três romances é vendida por 1 conto e 100 mil-réis. Os livros são tratados como "propriedade", talvez na falta de outro termo avalizado por legislação. Há uma declaração digna de nota: a cessão da propriedade "não inibe o autor de traduzir suas obras em língua estrangeira". O documento foi registrado em instância pública, como orientava o projeto de lei de Aprígio Guimarães de 1856. Em alguns livros de Alencar publicados por Garnier, dentre eles o drama *Mãe* (1862), lê-se na folha de rosto: "Ficam reservados os direitos de propriedade". Essa ressalva, contudo, não era amparada por nenhuma lei específica.

De acordo com Ubiratan Machado, a parceria com Garnier teria sido rendosa para Alencar:

> Os contratos firmados com José de Alencar, a partir de agosto de 1863, garantiam ao escritor cearense cerca de 10% do preço de capa, pagos antecipadamente, uma prática insólita para a época. A princípio, ajustaram-se a 2ª e 3ª edições de *O guarani*, pelas quais o editor pagou 750$000. Um mês depois, assinaram contrato para reeditar várias obras esgotadas de Alencar: *As asas de um anjo*; *O crédito*; *O demônio familiar*; *Mãe*; *O Rio de Janeiro: Verso e reverso*; *A viuvinha* e *Cinco minutos* em um único volume; *Luciola*. Por elas, o autor recebeu 850$000.

Antes do fim do ano, Alencar concluiu um novo perfil de mulher, *Diva*, do qual Garnier contratou logo duas edições, cada uma a 250$000. Em pouco mais de quatro meses, o escritor recebeu 2.100$000 de direitos autorais, uma quantia respeitável, igual ou superior à que recebem os autores de *best-sellers* de hoje.[20]

---

19 O contrato foi digitalizado pela Biblioteca Nacional e pode ser consultado no site da instituição.
20 Machado, op. cit., p.81.

Para fundamentar a afirmação de que Alencar teria recebido uma "quantia respeitável", Machado informa preços de imóveis na época:

> Naquele ano de 1863, com 2.000$, podia-se comprar uma casa modesta, com dois quartos e quintal, no Rio. E até mesmo uma chácara, com mais de 100 mil m². Chácara com duas frentes e água abundante, em Cascadura, com 140 mil m², plantada com cerca de mil pés de laranjeiras, limoeiros, pessegueiros, cajueiros, figueiras e alguns pés de café, era anunciada "por menos de 2.000$" (*Jornal do Comércio*, 3 de janeiro de 1863).

No balanço que Alencar faz de sua vida como escritor, em *Como e por que sou romancista*, os negócios com Garnier são relatados de modo positivo:

> Ao cabo de vinte e dois anos de gleba na imprensa, achei afinal um editor, o senhor B. Garnier, que espontaneamente ofereceu-me um contrato vantajoso em meados de 1870. O que lhe deve a minha coleção, ainda antes do contrato, terá visto nesta carta; depois, trouxe-me esta vantagem, que na concepção de um romance e na sua feitura, não me turva a mente a lembrança do tropeço material, que pode matar o livro, ou fazer dele uma larva.
>
> Deixe arrotarem os poetas mendicantes. *O Magnus Apollo da poesia moderna, o deus da inspiração e pai das musas deste século, é essa entidade que se chama editor e o seu Parnaso uma livraria*. Se outrora houvesse Homeros, Sófocles, Virgílios, Horácios e Dantes, sem tipografia nem impressor, é porque então escrevia-se nessa página imortal que se chama a tradição. O poeta cantava; e seus carmes se iam gravando no coração do povo.
>
> Todavia ainda para o que teve a fortuna de obter um editor, o bom livro é no Brasil e por muito tempo será para seu autor, um desastre financeiro. O cabedal de inteligência e trabalho que nele se emprega, daria em qualquer outra aplicação, lucro cêntuplo. [grifos meus]

Ao narrar as vantagens adquiridas ao firmar contratos com Garnier, Alencar termina por fazer um discurso de louvor à figura genérica do editor, chamando-a de "*Magnus Apollo* da poesia moderna, o deus da inspiração e pai das musas deste século". O editor é alçado, assim, a um patamar olím-

Figuras de autor, figuras de editor

pico, de onde não apenas despacha os afazeres necessários para a materialização do livro, mas também atua como "deus inspirador", provocando a geração de novas obras literárias. A defesa que Alencar faz do editor é coerente com a posição que ele vinha assumindo no campo literário em formação desde a polêmica em redor de "A Confederação dos Tamoios", de Gonçalves de Magalhães. Para combater o modelo de mecenato imperial, ele apresentava uma figura de editor completamente oposta àquela do usurário que sugava a criatividade, a independência intelectual e os ganhos econômicos dos autores. O editor, em sua visão, era o "deus inspirador, o pai das musas" do século.

Não deixa de ser irônico e extremamente sugestivo o fato de Alencar qualificar o editor como *Magnus Apollo* da poesia moderna. Nesse trecho, ele parece dialogar com as dezenas de poemas que atacavam editores e livreiros, como o lundu de Porto-Alegre. O início de sua defesa do editor, com a frase "Deixe arrotarem os poetas mendicantes", desperta a lembrança de toda uma linhagem de poetas que mendigaram prestígio, proteção e/ou dinheiro em poemas, cartas, prefácios, artigos de jornal, ao longo de todo o século XIX;[21] poetas que Capistrano, a personagem de Monteiro Lobato, sintetiza em sua figura de autor miserável.

B. L. Garnier é visto por Aníbal Bragança como representante maior da categoria "livreiro-editor", título que, por sinal, o próprio Garnier adotava nas capas e folhas de rosto de algumas de suas publicações.[22] A livraria, e não mais a tipografia, é o centro do modo de produção desse tipo de editor. Segundo Bragança, ele precisa "estar atento às demandas existentes e cultivar boas relações com o mercado". Um editor assim pode até "criar novas demandas, mas o fundamental é o domínio de canais de comercialização para atender às já existentes. Seu saber é o do empresário mercantil, que sabe como atender à clientela, de forma lucrativa para sua empresa".[23]

Com efeito, Garnier detinha os saberes de um livreiro-editor. Seus "canais de comercialização" incluíam jornais e revistas, aos quais enviava

---

21 Sobre a tematização de poetas como mendigos na literatura, ver Lajolo; Zilberman, *O preço da leitura*, p.69-93.
22 Bragança, *Francisco Alves na história editorial brasileira*, p.4.
23 Ibid.

os lançamentos de sua empresa, a fim de obter publicidade para os livros. Basta lembrar as reclamações de Gonçalves Dias sobre o livreiro Laemmert, que não cuidara do envio de seus livros aos "borrabotas" que poderiam promovê-lo, para perceber o quanto Garnier apresentava *habitus* próximos daqueles esperados de um editor contemporâneo. Outra estratégia de publicidade, cujo funcionamento ainda não foi estudado, pode ser observada em várias narrativas de ficção dos periódicos editados por Garnier, nas quais ele aparece como personagem secundária. Um exemplo é o final de "A vida eterna", de Camillo da Annunciação, conto publicado no *Jornal das Famílias* de janeiro de 1870:

— Por que não escreves o teu sonho ao *Jornal das Famílias*?
— Homem, talvez.
— Pois escreve, que eu o mando ao Garnier.[24]

Estratagema parecido é usado em "O caminho de Dasmasco", assinado por "Job", em que a Livraria Garnier é parte do cenário.[25] A casa editora ou o editor Garnier são mencionados em vários contos e romances publicados em seus periódicos. É possível que essa tenha sido uma das ações que integravam a "filosofia de vendas mais agressiva, muito comum no comércio livreiro parisiense", que, segundo Ubiratan Machado, o editor teria introduzido no país, a partir de 1858:

Cada compra de livros no valor de 5$, pagos à vista e em dinheiro, dava direito a concorrer a um sorteio mensal. Ganhava quem tivesse número correspondente ao primeiro prêmio da loteria federal, na data marcada. O vencedor teria direito a 500$ em jóias, equivalente a um alfinete de gravata de prata ou um bracelete.

A reação foi imediata. Os livreiros cariocas — excetuando apenas Paula Brito — alegaram que se tratava de uma artimanha para vender rifa à freguesia.

---

24 Annunciação, A vida eterna, *Jornal das Famílias*, n.1, p.18.
25 Job, O caminho de Damasco, *Jornal das Famílias*, p.130.

Garnier recuou, mas usando o recurso dos homens decididos: deu um passo para trás e outro para frente.

Em lugar de jóias, passou a oferecer um prêmio de 600$ em livros ao vencedor. Com esse artifício, conseguiu a aprovação do plano, que parece ter tido imenso sucesso.[26]

O sistema de oferecer prêmios acabaria sendo adotado por todos os outros livreiros cariocas. Garnier também introduziu no país o chamado formato francês, "ao qual a maioria dos livros brasileiros se ajustou durante sessenta anos ou mais". Hallewell afirma que esse formato existia "em dois tamanhos: in-oitavo (16,5 x 10,5 centímetros), adotado principalmente nos primeiros anos de seu trabalho editorial, e outro muito mais frequente, o longo in--doze (17,5 x 11,0 centímetros)".[27] Os dois formatos seriam imitação de produtos da firma parisiense Calman Levy. Ao longo do XIX, esses volumes de capa amarela e títulos impressos em fontes sóbrias seriam associados tão fortemente ao prestígio de Garnier e dos autores publicados por ele que praticamente se tornaram símbolos materiais da alta literatura nacional.

3.2. Edições, contrafações e tensões no campo literário do Segundo Reinado

Em uma sessão da Câmara de 7 de junho de 1875, José de Alencar, então deputado federal pelo Rio de Janeiro, apresentou projeto de lei visando à regulamentação dos direitos autorais.[28] Como seus antecessores, Alencar usou a denominação *propriedade literária* para legislar sobre a matéria. Algumas das disposições apresentadas se destacavam pela evolução que apresentavam com relação às dos projetos anteriores, de acordo com Samuel Martins. Eram elas:

---

26 Machado, op. cit., p.74.
27 Hallewell, op. cit., p.146.
28 A criação e a apresentação desse projeto por José de Alencar ainda não foram devidamente estudadas. Nas principais biografias do escritor, citadas anteriormente, esse episódio nem chega a ser citado.

- Garantia de propriedade sem limitação de tempo e sem distinção de nacionalidade;
- Garantia para os autores estrangeiros, quando haja reciprocidade, relativamente à obras publicadas fora do país;
- Estabelecimento de registro de propriedade, como condição aquisitiva da proteção legal;
- Transmissibilidade da propriedade;
- Criação dum júri para o julgamento sumário das contrafações;
- Aplicação do direito civil, na parte relativa à propriedade, nos casos omissos da lei.[29]

O projeto de Alencar foi arquivado na pasta da Comissão de Legislação e Justiça, onde, segundo Samuel Martins, "dorme o sono eterno das coisas arquivadas". Realmente, havia inovações no projeto, como a criação de um júri para julgamento de contrafações, garantia da propriedade sem limitação de tempo e sem distinção de nacionalidade, além de garantia de propriedade, para autores estrangeiros, das obras publicadas no país, desde que houvesse reciprocidade. O compromisso de afiançar a escritores estrangeiros os direitos sobre suas obras no Brasil pode ter sido resultado das inúmeras reclamações de autores, principalmente portugueses, relacionadas às contrafações aqui produzidas.

Um dos casos mais curiosos de contrafação brasileira foi a "continuação" do romance *O conde de Monte Cristo*, de Alexandre Dumas, publicada pelo *Jornal do Comércio* em 1853. Conforme relata Raimundo de Magalhães Jr., a direção do jornal, animada com o êxito da obra e com os pedidos de continuação feitos pelos leitores, teria decidido publicar a sequência das aventuras de Edmundo Dantès, intitulando-a *A mão do finado*.[30] A continuação, publicada com o nome de Dumas, seria obra do português Alfredo Possolo Hogan (1830-1865), autor de peças teatrais.

A notícia da publicação do folhetim chegou ao romancista francês, que escreveu uma carta ao *Jornal do Comércio* afirmando não haver continuação

---

29 Martins, *Direito autoral*.
30 Magalhães Jr., *O império em chinelos*, p.188-90.

para *O conde de Monte Cristo* e solicitando que o periódico "desmentisse" ser o texto de sua autoria. Apesar do protesto, o jornal teria continuado a publicar *A mão do finado*. Afonso Schmidt conta outra versão: a continuação teria sido escrita, de fato, pelo português Hogan, entre 1851 e 1852, mas por encomenda do livreiro Luís Correia da Cunha, que editava, em Lisboa, traduções de romances franceses em fascículos.[31] Schmidt advoga que "logo depois, em Paris, foi publicada uma tradução de *La Main du défunt*, mas com a assinatura de C. F. Prince". Essa versão teria sido vertida para o português pelo *Jornal do Comércio* e publicada nos folhetins denunciados por Dumas.

Ainda de acordo com Schmidt, *A mão do finado*, "por consenso geral, talvez com autorização do autor de *O conde de Monte Cristo*", passou "a figurar na sua obra" e foi traduzido para várias línguas. Paulo Motta de Oliveira acredita que o romance tenha sido "o mais traduzido livro português de todo o século XIX".[32] Monteiro Lobato foi um dos editores que publicaram o romance de Hogan no Brasil. *A mão do finado* aparece, juntamente com *O conde de Monte Cristo* e *Os três mosqueteiros*, no Catálogo Geral da Companhia Graphico-Editora Monteiro Lobato, de 1925, na "Coleção Popular".[33]

Em 1872, ficou famoso o caso da contrafação de *As farpas*, de Eça de Queirós (1845-1900) e Ramalho Ortigão (1836-1915), pelo *Jornal do Recife*. Os escritores portugueses haviam entrado em acordo com o jornal carioca *A República*, que transcrevia o texto da publicação portuguesa em suas colunas literárias. O *Jornal do Recife*, além de reproduzir sem autorização os textos, aproveitou a composição tipográfica para lançar *As farpas* em livro. Ao saberem da contrafação, Eça e Ramalho escreveram "farpa" em que acusavam recebimento do livro e faziam um pedido ao editor pernambucano:

---

31 Schmidt, A legítima história de um romance famoso. In: Dumas, *A mão do finado*, p.5-24. Os demais trechos citados foram extraídos desse texto.

32 Motta, Um sucesso quase mundial: A mão do finado ou as metamorfoses de um conde, *Veredas* 13, p.9. Esse artigo é um bom ponto de partida para conhecer a misteriosa e complicada história editorial do romance de Hogan no Brasil e em Portugal, países em que a obra foi reescrita várias vezes.

33 *Catálogo Geral da Companhia Graphico-Editora Monteiro Lobato*, São Paulo, 1925. Fotocópia pertencente ao acervo da Biblioteca Infanto-Juvenil Monteiro Lobato, São Paulo, SP.

O Brasil, nação irmã, leva os seus extremos de fraternidade conosco até o ponto de reproduzir a nossa obra e de a vender depois por sua conta. Ao nosso editor no Brasil enviamos comovidamente nestas linhas os nossos agradecimentos pelo paternal carinho com que nos adotou. O que lhe pedimos com particular instância é que, quando a série dos seus livrinhos chegar à reprodução do presente número, se não esqueça sua senhoria de recomendar ao seu revisor o maior cuidado na integridade dos seguintes parágrafos:

"Eu abaixo assinado, editor na cidade de Pernambuco [sic] da notável publicação intitulada *As farpas*, a qual recomendo muito à proteção dos leitores. Declaro que:

Roubei aos srs. Ramalho Ortigão e Eça de Queiroz, únicos redatores e únicos proprietários da publicação acima referida, não só o presente volume, mas bem assim todos aqueles que da sua obra tenho dado à estampa sob meu nome. Declaro mais que:

Achando-me eu, abaixo assinado, fora do alcance das leis que punem este roubo, não deve a circunstância de se achar o meu pé desguarnecido da grilheta que lhe compete — ser motivo para que todas as pessoas dignas e honestas deixem de me considerar para todos os efeitos e sob todos os pontos de vista como um criminoso que tem a honra de ser [...]."[34]

A contrafação de obra de Eça de Queirós e Ramalho Ortigão assinala simbolicamente as mudanças que haviam ocorrido no sistema literário desde os últimos projetos de propriedade literária, apresentados ainda na década de 1850. Já circulavam no país obras de autores realistas europeus, que despertavam interesse a ponto de serem pirateadas. Também já eram lidos os livros do filósofo Auguste Comte e do naturalista Charles Darwin, que influenciaram escritores como Tobias Barreto (1839-1889), Sílvio Romero (1851-1914), Capistrano de Abreu (1853-1927), os quais, ao lado de nomes como Joaquim Nabuco (1849-1910) e Rui Barbosa (1849-1923), empenharam-se na divulgação de ideias liberais, abolicionistas e republicanas. De 1870 a 1890, esse ideário norteou o pensamento brasileiro. O engajamento se tornava, conforme Nicolau Sevcenko,

---

34 Ibid., p.191-2.

"a condição ética do homem de letras. Não por acaso, o principal núcleo de escritores cariocas se vangloriava fazendo-se conhecer por 'mosqueteiros intelectuais'".[35]

O engajamento dos escritores do período parece marcar não apenas uma modificação nos critérios de apreciação e de produção literária, mas o início de um movimento de transformação de homens de letras em intelectuais. Talvez não seja possível entender a atuação deles no campo político como única ou totalmente intelectual, pois não costumava ocorrer somente por meio das normas específicas do campo intelectual. A participação militante de escritores em partidos, sociedades e campanhas políticas era realizada segundo as regras do campo político. Assim, embora muitos homens de letras brasileiros tenham posto sua autoridade no campo literário a serviço de causas políticas, eles também interferiam no campo político como ocupantes de cargos no Legislativo, caso de José de Alencar, ou militantes, caso de Castro Alves (1847-1871), talvez o maior nome da "poesia participante" do período, que fundou uma sociedade abolicionista com Rui Barbosa no Recife, em 1866.[36]

A poesia continuava sendo o gênero de maior prestígio, mas o que menos "rendia", para recuperar um verbo usado por Gonçalves Dias. A figura do poeta, quando retratada em poemas, continua mendicante, conforme atestam "Poesia e mendicidade", de Castro Alves, ou "Elegia", de Fagundes Varela (1841-1865):

Retraem-se os talentos hodiernos,
E da fome o cruento despotismo
Coloca pavorosa e sem piedade.
Do mísero escritor, que o pão suplica,
A pena mercenária aos pulsos presa!...[37]

---

[35] Sevcenko, *Literatura como missão:* tensões sociais e criação cultural na Primeira República, p.97.

[36] Ver Bosi, *História concisa da literatura brasileira*, em especial as análises sobre os poetas da segunda geração romântica, no Capítulo IV. Sobre a geração de 1870, ver Um novo ideário, no Capítulo V.

[37] Apud Lajolo; Zilberman, *O preço da leitura*, p.78.

Para entender melhor o lugar, no campo literário, de onde o escritor criava a voz desse eu lírico que expressa as misérias da condição de poeta, é preciso trazer para exame alguns fatos da vida de Varela (que, por sinal, ainda precisa ser mais bem estudada). Como Gonçalves Dias, José de Alencar e tantos outros homens de letras do período, Varela fora estudante de Direito. Não terminou a faculdade, porém, "preferindo a literatura e dissipando-se na boêmia".[38] Essas escolhas, além do casamento com uma artista de circo, afastaram-no da família abastada; sem as garantias de renda proporcionadas por cargos públicos ou pelo jornalismo, o escritor vivia constantemente na pobreza.

As tentativas que empreendeu de ganhar dinheiro com sua produção poética lançam luz sobre o modo como o campo literário começava a se estruturar. Segundo Ubiratan Machado, Varela teria sido um "fanqueiro literário de gênio", que "aproveitou as facilidades do sistema de subscrição" para enganar leitores:

> Em 1861, divulgou pelos jornais paulistanos a próxima edição de suas poesias completas. Os interessados em subscrever um ou mais exemplares assinariam a lista na tipografia Imparcial, desembolsando 3$000 réis, valor de um livro de cerca de 300 páginas. Quando os subscritores receberam o *Estandarte auriverde* é que verificaram o logro em que haviam caído. Em vez da coleção completa dos poemas de Varela, um folheto de 31 páginas, que mal valia uns quinhentos réis. O autor, porém, não se apertou. No início do livro, publicou um aviso, comunicando aos assinantes que aquela obra era apenas a primeira parte de seus poemas completos, que continuariam a ser publicados a curto intervalo de tempo.[39]

Machado não informa em quais jornais paulistanos o anúncio teria sido publicado e em que periódicos os subscritores teriam denunciado o logro. Se o público associava a quantia de 3 mil-réis ao número de páginas de um

---

38 Fagundes Varela, Biografia. Verbete do site da Academia Brasileira de Letras. Disponível em: <http://www.academia.org.br/abl/cgi/cgilua.exe/sys/start.htm?infoid=854&sid=151>. Acesso em: 25 jan. 2017.

39 Machado, op. cit., p.71.

volume, o valor pelo qual a obra era apreciada era econômico, relacionado ao custo de materiais como papel, tinta, encadernação, e não estético, ou seja, ligado ao trabalho intelectual do autor. Esse episódio ajuda a refletir sobre a validade, no Brasil, da hipótese de Raymond Williams de que, com o Romantismo, a produção artística tenderia a ser considerada um tipo de produção especializada como tantas outras. A se crer nesse episódio, o público teria avaliado o livro de poemas como avaliaria outros tipos de produção especializada, por exemplo, folhinhas ou almanaques. O estandarte auriverde foi publicado em 1863 pela tipografia do jornal *O Imparcial*. O exemplar pertencente à Biblioteca Brasiliana Guita e José Mindlin tem 24 páginas, das quais constam oito poemas e um prefácio do autor em que não há aviso de novas publicações.[40]

O *Correio Paulistano* de 7 de maio de 1862 publicou um texto de J. J. Oswald, dirigido ao diretor da Faculdade de Direito e ao chefe de polícia, no qual afirma que o estudante Luiz Nicolau Fagundes Varella lhe devia três contos de réis referentes a "um ano de estudos preparatórios". Conforme o relato de Oswald, o estudante "se jactancia" por ter contraído a dívida e afirma que "não é obrigado a pagar porque é filho família" – isto é, menor de idade. No final do texto, o credor dirige-se à polícia para saber se "o menor de 21 anos, porém maior de 14", contraíra a dívida sem a intenção de pagá-la, o que configuraria crime previsto pelo Código Penal.[41]

Um ano depois, o mesmo *Correio Paulistano* reproduzia elogios a *O estandarte auriverde* publicados na *Gazeta de Portugal*, de Lisboa, e no *Coninbricense*, de Coimbra, que haviam recebido exemplares da obra.[42] Poemas do livro teriam sido transcritos no jornal português *Archivo Pittoresco*, que podia ser assinado na redação do *Correio Paulistano*.[43] Entremeadas a essas notícias de consagração, há outras que informam sobre o andamento dos processos movidos por José Pruvot contra o poeta,[44] por dívidas; suas muitas faltas

---

40 Varela, *O estandarte auri-verde:* cantos sobre a questão anglo-brazileira.
41 *Correio Paulistano*, 7 maio 1862, anno XI, n.1799, p.3-4. Disponível em: <memoria.bn.br>. Acesso em: 25 jan. 2017.
42 Id., 21 maio 1863, anno XII, n.2016, p.2. Disponível em: <memoria.bn.br>.
43 Id., 21 jul. 1863, anno XII, n.2132, p.4. Disponível em: <memoria.bn.br>.
44 Id., 14 out. 1863, anno X, n.2224, p.1. Disponível em: <memoria.bn.br>.

nas aulas da faculdade;[45] sua prisão durante um espetáculo de teatro;[46] a morte de seu filho Emiliano, de três anos.[47] Entre o início do processo por dívidas e a prisão, foi estampada a notícia de que haviam sido distribuídos "prospectos para a publicação de um volume de poesias" de Varela, "precedidas de uma carta ao autor de J. Ferreira de Menezes", seu colega de faculdade de amigo de infância. O jornal informava, ainda:

> O auctor das *Nocturnas* e do *Estandarte auriverde* é assás conhecido como poeta. A simples notícia do breve apparecimento desta publicação será sem duvida sufficiente para dispertar entre os seus admiradores o desejo de possuírem este novo livro. Acha-se à frente da publicação o Sr. Ferreira de Menezes, moço de reconhecido talento.[48]

Em 14 de setembro de 1864, o *Correio* anunciava a venda, em sua tipografia, do livro *Vozes d'América:* poesias de L. N. Fagundes Varela, pelo preço de 3$000, metade do que custava um chapéu de palhinha importado da Europa, promovido na mesma página.[49] No prefácio, o autor apresenta suas reflexões sobre a condição de poeta no país:

> O author deste insignificante volume conhece bastante o triste papel e a nenhuma importância do homem que se dedica ao culto das Musas, principalmente na terra de Santa Cruz, para almejar a coroa de poeta. [...]
> *O mundo mo caminha por cantigas*, disse um escriptor; todos aquelles que se enthusiasmam pelas Musas no Brasil, devem lembrar-se que o inverno há de chegar, e previnirem que não lhes succeda o mesmo que a cigarra de Lafontaine.
> — Tendes razão de abandonar a Poesia, disse alguém ao author, os poetas são sempre desgraçados.
> Magestosa sentença! Por que razão o homem que escreve versos padece e o uzurario não? [...]

---

45 Id., 13 set. 1863, anno X, n.2205, p.4. Disponível em: <memoria.bn.br>.
46 Id., 21 out 1863, anno X, n.2230, p.1. Disponível em: <memoria.bn.br>.
47 Id., 13 dez. 1863, anno X, n.22752, p.2. Disponível em: <memoria.bn.br>.
48 Id., 14 set. 1864, anno XI, n.2489, p.4. Disponível em: <memoria.bn.br>.
49 Ibid.

> O poeta soffre, porque o seu elemento é a ociosidade, e por ella sacrifica todos os seus deveres e necessidades.
>
> O poeta soffre, (eis o lugar commum de suas lamentações) porque as turbas não o comprehendem, e cospem o sarcasmo e as ironias ás mais fundas agonias de su'alma.[50]

A teoria do campo literário permite objetivar as ações de Fagundes Varela sem reduzi-las a reações de um mero sujeito das estruturas sociais ou a comportamentos individualistas sem relação com essas mesmas estruturas. O orgulho de admitir a dívida e de não pagá-la, a vida boêmia, a prisão em um teatro, a submissão à miséria, o ódio ao usurário e ao burguês, o desprezo pelos deveres sociais, a incompreensão do público são fragmentos da vida de Varela que, no campo literário que se prefigurava, constituíam uma imagem de poeta extremamente valorizada por determinados grupos de literatos. Os mesmos fatos e comportamentos seriam percebidos de maneira diferente em outros campos, como o econômico ou o político. No campo literário, porém, os discursos e ações de Varela eram estruturados por valores compartilhados, relacionados à representação de artista, que, por sua vez, ajudavam a estruturar.

O epítome da figura de "artista maldito" talvez tenha sido Charles Baudelaire (1821-1867). O poeta francês, segundo Pierre Bourdieu, "vive e descreve com a suprema lucidez a contradição descoberta em um aprendizado da vida literária efetuado no sofrimento e na revolta, no seio da boemia dos anos 1840":

> O rebaixamento trágico do poeta, a exclusão e a maldição que o atingem lhe são impostos pela necessidade exterior ao mesmo tempo que se impõem a ele, por uma necessidade inteiramente interna, como a condição da realização de uma obra. A experiência e a consciência dessa contradição fazem com que, diferentemente de Flaubert, coloque toda a sua existência e toda a sua obra sob o signo do desafio, da ruptura, e que se saiba e se queira para sempre irrecuperável.

---

50 Varela, *Vozes d'América*: poesias.

Não pretendemos comparar a obra de Baudelaire à de Varela, muito menos o papel de suas obras para os campos literários que ajudaram a formar. O que parece importante, aqui, é a observação de um mesmo padrão de ações, que estrutura o campo e é estruturado por ele. Varela adota *habitus* associados à imagem de poeta que ele e seus pares valorizam. Suas ações e discursos, tanto em poemas como em prefácios, parecem regidos por esquemas intelectuais comuns a outros poetas, que podem ter sido apreendidos de maneira nada consciente. Suas tomadas de posição parecem regradas por ideias sobre poesia e sobre legitimidade intelectual com as quais ele teve contato por meio de outros agentes do campo e as quais contribuiu para fortalecer.

Nesse sentido, ele se colocava em posição oposta à de poetas cujas ações e discursos obedeciam a uma concepção diferente sobre a poesia e o fazer literário. Talvez o exemplo mais persuasivo dessa oposição, no campo literário do período, seja o debate surgido quando da morte de Varela, em 1875. No livro póstumo *Anchieta ou o evangelho das selvas*, publicado no mesmo ano pela Livraria Imperial, do Rio de Janeiro, Ferreira Menezes relata que homens de letras haviam criticado, na imprensa, as homenagens feitas a Varela, justamente em razão de sua trajetória de boêmio e perdulário. Menezes reproduz uma carta que teria recebido de Salvador Mendonça, o qual questionava os elogios dirigidos a Varela:

> [...] digo-te que a reflexão fez com que eu achasse justos a esses jornalistas, e ao teu animo de provada tempera pergunto: Que palavras reservará a imprensa para o poeta do lar e da família, para o gênio fulgido e calmo, que, depois de duros sacrifícios, legar á patria um nome glorioso e uma vida cheia de abnegação e fructos abençoados?
>
> O que dirias no dia em que se apagasse o grande espirito que no meio de nós vive a trabalhar pela família e pela pátria, ferido com os mais rudes golpes no santuário de uma e de outra, e sempre com aquelle illuminado semblante acariciado pelo sorriso, qual reflexo daquella alma immensa, aberta a todos affectos sãos; á Idea mai – a democracia, aos sentimentos cândidos e aos sentimentos grandes, poeta da prosa e do metro, orador e jornalista como só elle, philologo e sábio como ambos nós o conhecemos, e que na agudeza do

pensamento devassa o fundo do abysmo para pairar sobre elle como águia, e em quem se allia a face de Mephistopheles, que Gutierres lhe descobriu, e a face de anjo sonhador que ambos lhe temos visto? O que dirias se se finasse o Octaviano? O que dirias se se finasse o immaculado José Bonifacio, coração e cabeça de archanjo? O mesmo, as mesmas palavras que dirigiu o teu coração sensível ao desditoso Varella?

Salvador de Menezes Drummond Furtado de Mendonça (1841-1913) fora colega de Fagundes Varela na Faculdade de Direito de São Paulo, onde publicou o poema épico "Singairu, lenda das margens do Piraí, 1567", em 1859, e iniciou a carreira de jornalista. Foi advogado, diplomata, um dos idealizadores do Movimento Republicano e um dos fundadores da Academia Brasileira de Letras, idealizada por seu irmão, Lúcio de Mendonça. Era amigo de Machado de Assis e de Francisco Otaviano de Almeida Rosa (1825-1889), que menciona, com José Bonifácio, como exemplar, na carta a Ferreira Menezes, porque viveria "a trabalhar pela família e pela pátria". Otaviano, que fora responsável pela estreia de José de Alencar no jornalismo, foi também advogado e jornalista, além de diplomata, deputado geral e senador do Império do Brasil de 1867 a 1889.

Note-se que Salvador de Mendonça, pelo menos no trecho que Ferreira de Menezes reproduz, não trata da qualidade da obra de Varela, mas da qualidade de sua vida. Lembremos, com Nicolau Sevcenko, que o engajamento era a "condição ética" do homem de letras do período, e, para o prestigiado grupo de que Mendonça fazia parte, essa condição parecia funcionar como liga que tornava indissociáveis certos princípios morais da atividade literária. Esse critério de apreciação estética, que leva em consideração aspectos morais da biografia do autor, é facilmente encontrado nos estudos críticos produzidos ao longo do XIX.

Eis a resposta de Ferreira de Menezes:

> Respondo perguntando: por que não lembra a imprensa a certos vultos que descem á campa os crimes, as falsidades, as traições que commeteram em vida? Foi perdulário do seu gênio e da sua vida aquelle a quem chamais desditoso? Foi desordenado?

E no entanto teve tempo de deixar quatro volumes impressos: o manuscripto de um poema e mais um drama inédito! E teve tempo de illustrar o nome de sua família e de augmentar a riqueza litteraria do seu paiz e da sua língua!

Se houvesse ganho e deixado um milhão de contos de réis, teria deixado mais? A quem elle offendeu? A quem atraiçoou? Que mal fez a sua pátria? Que família desgraçou? É responsável a cigarra de cantar até partir-se-lhe o peito? Quem a censurará por isto, encontrando-a morta? A formiga. Terá razão; ella, porém, teve culpa, a douda? A Christo também invectivava Pilatos a sua dedicação pela humanidade. Elle, querendo, poderia ter sido governador de alguma província da Judéa. Mas era elle, apezar de Deus, senhor de não morrer aos trinta e trez annos em uma cruz infamante?[51]

A fábula da cigarra e da formiga, usada por Varela para definir sua percepção da condição de poeta, é retomada por Ferreira de Menezes para defesa do amigo. A formiga, dessa vez, é metáfora usada para representar não somente um tipo genérico de burguês, mas para classificar um tipo de poeta burguês, ou burguês poeta, que conciliava profissão liberal ou cargo público às atividades literárias. A oposição entre o grupo de Salvador de Mendonça e o grupo de Fagundes Varela é um exemplo das tensões entre linhas de força que se dispõem, compondo uma estrutura específica – ainda que em fase inicial – assumida por aquele campo em configuração. As lutas por legitimidade no interior do campo ocorrem, muitas vezes, em momentos como o das homenagens e edições póstumas, que costumam exigir tomadas de posição diante de determinado nome e determinada obra.

Ao longo da vida, conforme acumulava capital simbólico, Varela teve suas obras progressivamente publicadas por casas de maior prestígio. Em 1864, o livreiro paulista Garraux decidiu editar um livro do poeta, que já então desfrutava de renome nacional. Ubiratan Machado afirma que, "como sabia com quem estava lidando", Garraux "cercou-se de todas as garantias", de modo que "a transação de compra e venda dos direitos autorais de *Cantos e fantasias* foi realizada por meio de escritura pública, com todas

---

51 Menezes; Varela, *Anchieta ou o Evangelho nas selvas*, p.XIX-XX.

as garantias legais".[52] O contrato estabelecia que o autor receberia, adiantadamente, 225$000 por "tempo de seis anos".[53] Para Marisa Deaecto, os termos do contrato teriam sido "inescrupulosos", pois o livreiro adquirira o direito de publicar a obra "sem limite de edição e tiragem; além disso, ele podia ceder ou vender o direito de publicação a outro editor sem o aval do autor". A quantia paga a Varela equivalia a 45 exemplares do livro, que foi vendido a 5$000.

Em anúncios publicados no *Diário de S. Paulo*, no segundo semestre de 1865, lê-se:

> Aviso para o interior da província
> A Casa Garraux de Lailhacar & Cia. encarrega-se de mandar pelo correio, a obra muito procurada do distincto poeta brasileiro Luiz Nicolao Fagundes Varella, intitulada *Cantos e phantasias*. Perto de 200 exemplares venderão-se no curto espaço de 8 dias. Preço da obra pelo correio: 5$000.[54]

A se acreditar na publicidade, o livro teria rendido ao editor um conto de réis em pouco mais de uma semana. Em outro anúncio, a Garraux informa que *Cantos e fantasias* fora "nitidamente impresso em Paris", afirmação na qual está implícita a ideia de que as tipografias paulistas – ou brasileiras, de modo geral – fariam trabalhos de má qualidade, além da expectativa, semelhante à de Garnier, de que o público almejado daria mais valor a um produto manufaturado na França. O anúncio ainda proclama: "Esta obra, que foi elogiada por toda a imprensa do Rio de Janeiro, era esperada com ansiedade pelos inúmeros assinantes".[55] Não fica claro se os referidos assinantes eram subscritores do livro; se tiver sido o caso, Garraux teria

---

52 Machado, op. cit., p.82.
53 Apud Deaecto, *O império das letras*, p.292. A autora faz, no Capítulo IV, excelente análise da trajetória do livreiro Anatole Louis Garraux e de sua importância para a economia do livro na São Paulo oitocentista.
54 *Diário de S. Paulo*, 13 out. 1865, n.61, p.4. Disponível em: <memoria.bn.br>. Acesso em: 20 jan. 2017.
55 Id., 10 nov. de 1865, n.83, p.4. Disponível em: <memoria.bn.br>. Acesso em: 20 jan. 2017.

tomado uma última precaução, a de não investir capital próprio na publicação. O anúncio informa também que o livro fora elogiado pela crítica da corte, ou seja, conquistara valor simbólico ao ser apreciado por agentes do campo literário cujo prestígio era transferido à obra. Os dois anúncios procuram ressaltar que o livro teria sido bem recebido tanto por leitores anônimos como por leitores reconhecidos como críticos.

O contrato revelaria "a fragilidade do autor no meio intelectual citadino", conforme Deaecto, já que Varela, embora consagrado por seus pares, vivia em condição de quase indigência.[56] Alguns meses depois do lançamento de *Cantos e fantasias*, o *Diário de S. Paulo* estampou uma série de anúncios promovendo a publicação da serenata "Noite saudosa", composição "do amador dr. Venâncio Gomes, com palavras do dr. Fagundes Varela, cuidadosamente autografada pelo artista Emigdyo Junior".[57] Não é possível saber se a serenata foi impressa ou se era vendida em manuscritos. Os anúncios avisam que "Emigdyo Junior incumbe-se de autografar músicas mediante um pequeno honorário". A canção havia sido apresentada previamente no Teatro São José, da capital paulista, em espetáculos nos quais se entremeavam números musicais, dramas e entreatos cômicos.

Composições musicais parecem ter sido realizadas por um grande número de poetas românticos, mas não compartilhavam com poemas o mesmo lugar na hierarquia estética do campo literário. Vale notar que um dos anúncios da serenata faz saber que a música tinha "palavras" – e não versos – de Varela. É possível, porém, que, como as apresentações teatrais, as canções estivessem no topo da hierarquia dos valores econômicos das produções artísticas. Os critérios de apreciação de canções, pelo público, pelos poetas, pela crítica, e o quanto essas composições significavam em termos de capital econômico ou simbólico para seus autores são temas que aguardam estudos mais aprofundados.

As tensões surgidas entre agentes do campo literário quando da morte de Fagundes Varela são pouco conhecidas, embora configurem uma amostra ilustrativa das linhas de força que caracterizam o campo em determi-

---

56 Deaecto, op. cit., p.297.
57 *Diário de S. Paulo*, 21 ago. 1866, n.308, p.4. Disponível em: <memoria.bn.br>.

nado momento. Mais famosa é a polêmica literária envolvendo José de Alencar e Franklin Távora (1842-1888),[58] ocorrida em 1871, talvez um dos exemplos mais simbólicos de como as tensões provocadas por diferentes tomadas de posição em relação a critérios de produção e percepção de obras podem modificar o arranjo estrutural do campo literário.

Alencar publicara, em 1870, *O gaúcho*. O romance recebeu críticas severas do futuro autor de *O cabeleira* (1876), escritas em forma de carta e publicadas no periódico quinzenal *Questões do Dia*, mantido pelo escritor português José Feliciano de Castilho, antigo desafeto político de Alencar. O jovem Távora, amigo de Sílvio Romero, era autor do drama *Três lágrimas* (1869)[59] e de três romances, entre eles *Os índios do Jaguaribe* (1862) "um romance indianista na esteira de *O guarani*".[60] Ao atacar a obra do conselheiro Alencar por meio de cartas, assinadas com o pseudônimo de Semprônio, Távora reproduzia o modo como, quinze anos antes, o então estreante Alencar atacara Gonçalves de Magalhães, o visconde de Araguaia.

Alencar, porém, não deixou de responder às críticas, como fizera Magalhães. Suas réplicas provocaram mais doze cartas de Távora, desta vez tomando *Iracema* (1865) como alvo. Nelas, o escritor pernambucano criticava, dentre outros aspectos, a representação das personagens de Alencar, que considerava excessivamente idealizada, e a descrição dos lugares, que seria prejudicada por falta de conhecimento empírico do autor. Para Antonio Candido, a polêmica teria uma dimensão importante no âmbito estético, porque "os motivos principais de Távora eram a tomada de posição contra um certo tipo de literatura" e, por esse motivo, representariam "o início da fase final do Romantismo, quando já se ia desejando um incremento da observação e a superação do estilo poético na ficção".[61]

---

58 Sobre vida e obra do autor, consultar Aguiar, *Franklin Távora e o seu tempo*. O capítulo Cartas a Cincinato trata da polêmica com Alencar.

59 Segundo Cláudio Aguiar, a edição de *Três lágrimas*, feita pela Tipografia Mercantil, de Recife, pode ter sofrido influência do próprio Távora "quanto a detalhes de diagramação, utilização de cores, tipos etc., já que ele era dotado de profundos conhecimentos sobre a arte tipográfica". Ibid., p.185.

60 Candido, *Formação da literatura brasileira*, p.324.

61 Ibid., p.325.

O debate entre Távora e seu antigo mestre provocou rearranjos no campo literário devido às tomadas de posição de autores que se aproximaram de um ou de outro escritor para defender modelos distintos de construção e de apreciação do romance. Dentre os resultados do processo dialético iniciado pela polêmica, é possível incluir, sob influência de Antonio Candido, o ensaio "Instinto de nacionalidade", que Machado de Assis publicaria no periódico *Novo Mundo*, em 1873, e que costuma ser visto pela crítica como um marco não só de transição na obra do escritor, mas do Realismo no país.[62]

As polêmicas envolvendo Alencar e Magalhães e, posteriormente, Távora e Alencar, apresentam simetrias que podem ser entendidas por meio do conceito de *dialética da distinção*, de Pierre Bourdieu:

[...] a dialética da distinção destina as instituições, as escolas, as obras e os artistas que "marcaram época" a cair no passado, a tornar-se clássicos ou desclassificados, a ver-se lançados *fora da história* ou a "passar para a história", no eterno presente da cultura consagrada em que as tendências e as escolas mais incompatíveis "durante sua vida" podem coexistir pacificamente, porque canonizadas, academizadas, neutralizadas. O envelhecimento sobrevêm aos empreendimentos e aos autores quando permanecem presos (ativa ou passivamente) a modos de produção que, sobretudo se marcaram época, são inevitavelmente datados; quando se encerram em esquemas de percepção ou de apreciação que, convertidos em normas transcendentes e eternas, impedem de aceitar ou mesmo de perceber a novidade.

Essa seria a lei mais específica do campo literário – e artístico, de modo geral. Ela permite objetivar as associações entre originalidade e juventude que costumam ocorrer quando novos grupos se organizam dentro do campo para combater determinados esquemas de percepção e produção artística. É preciso levar em conta, porém, outro aspecto relacionado à juventude: segundo Bourdieu, "a oposição entre as idades" seria "homóloga

---

62 Ibid., p.327.

à oposição entre a seriedade 'burguesa' e a recusa 'intelectual' do espírito de seriedade" que caracterizaria autores consagrados, mais próximos do poder e do dinheiro.

3.3. A propriedade literária no final do Império

Os projetos para regulamentação dos direitos autorais do final do século XIX apresentam, de maneira panorâmica, a maneira como os escritores percebiam e definiam os valores econômicos e estéticos de suas produções, por meio do tipo de garantias legais que reivindicavam para seus trabalhos. Em sessão de 6 de outubro de 1886, o senador Diogo Velho Cavalcante apresentou na Câmara um novo projeto regulamentando a propriedade literária. As disposições eram inspiradas na lei belga e, em síntese, estabeleciam:

- Garantia do direito autoral aos nacionais e estrangeiros, domiciliados no país, por toda a vida e 50 anos, após a morte, aos seus herdeiros;
- Transmissibilidade da propriedade, segundo as regras do direito pátrio;
- Isenção de embargos, arrestos, penhora e sequestro às obras inéditas;
- Prazo de 50 anos de garantia, para as obras póstumas, começando do dia da publicação; e quando da publicação a contar da morte do último colaborador;
- Expropriação da propriedade por utilidade pública.[63]

O projeto de Cavalcante também garantia o direito autoral dos escritores estrangeiros, em conformidade com as leis que vinham sendo aprovadas na Europa; entretanto, seu projeto não foi aprovado. Ainda assim, o Brasil enviou um representante ao Congresso de Montevidéu, realizado em 11 de janeiro de 1889, no qual se tratou da urgência de criar leis para a garantia internacional dos direitos autorais na América do Sul. O Código Criminal de 1830 continuava sendo usado para proibir a contrafação, já que ainda não havia uma lei específica sobre direitos autorais. Samuel Martins afirma

---

63 Apud Martins, *Direito autoral*, p.22.

que "realizado o Congresso, foram os tratados ali concluídos ratificados pelo Paraguai, Peru, Uruguai e República Argentina, o que o Brasil não fez".[64]

O Brasil não ratificou o tratado, mas seu comparecimento ao Congresso parece ter causado boa impressão no governo português. Em setembro de 1889, Portugal propôs um acordo para proteção e garantia recíproca dos direitos autorais entre si e o Brasil, expresso nos seguintes termos:

> O Governo de Sua Majestade o Imperador do Brasil e o Governo de Sua Majestade El-Rei de Portugal e Algarves, animados do mais vivo desejo de estreitar e consolidar os vínculos de amizade que unem os dois países, concordarão em que os autores de obras literárias escritas em português, e dos artistas de cada um deles, gozem no outro, em relação a essas obras, do mesmo direito de propriedade que as leis vigentes ou as que forem promulgadas concedam ou concederem aos autores nacionais.
>
> Este acordo começará a vigorar desde o primeiro dia do mês de novembro do corrente ano.
>
> Decorridos dois anos desde a data da assinatura, cada um dos dois Governos terá o direito de fazer cessar os efeitos do mesmo acordo, prevenindo o outro com um ano de antecipação.
>
> Em fé do que, os abaixo assinados, devidamente autorizados pelos seus respectivos governos, fizeram lavrar a presente declaração e a firmarão e selarão.
>
> Feita em duplicata no Rio de Janeiro aos nove de Setembro de 1889.
>
> (L.S.) José Francisco Diana
> (L.S.) D. G. Nogueira Soares[65]

Dias depois, d. Pedro II ordenou, pelo Decreto n. 10.353, que o acordo fosse observado.[66] Aquele foi dos últimos decretos imperiais: em 15 de

---

64 Ibid.
65 Ibid., p.25.
66 Decreto de 14 set. 1889. Manda executar o ajuste feito entre Brasil e Portugal sobre a propriedade das obras artísticas e literárias. In: Coleção das leis do Império. Site da Câmara Federal. Disponível em: <www.camara.gov.br>. Acesso em: 20 jan. 2015.

novembro era proclamada a República, que trouxe em seu bojo uma fase de reformas e de inovações nas instituições brasileiras. Entre essas reformas, estava a do Código Penal, terminada em 11 de outubro de 1891. O novo Código ampliava as penas relativas à contrafação. O antigo Código Criminal previa, em seu artigo 261:

> Penas: de perda de todos os exemplares para o autor ou tradutor, ou seus herdeiros, ou na falta deles, de seu valor, e outro tanto; e de multa igual ao tresdobro do valor dos exemplares.
>
> Se os escritos, ou estampas pertencem a corporação a proibição de imprimir, gravar, litografar, ou introduzir, durará somente por espaço de 10 anos.[67]

Já o Código Penal de 1891 estabelecia punição para:

> Art. 342. Imprimir ou publicar em coleções, as leis, decretos, resoluções, regulamentos, relatórios e quaisquer atos dos poderes legislativos e executivos da Nação e dos Estados:
> Pena: de apreensão e perda, para a Nação ou Estado, de todos os exemplares, publicados ou postos à venda, e multa igual à importância do seu valor;
> Art. 343. São solidariamente responsáveis por esta infração:
> a) o dono da oficina onde se fizer a impressão ou publicação;
> b) o autor ou infrator, se a publicação for feita no estrangeiro;
> c) o vendedor.
> Art. 344. Reimprimir, gravar, litografar, importar, introduzir, vender documentos, estampas, cartas, mapas e quaisquer publicações feitas por conta da Nação ou dos Estados, em oficinas particulares ou públicas:
> Penas: de apreensão e perda para a Nação, de todos os exemplares, e multa igual ao triplo do valor dos mesmos.
> § único. O privilégio da Fazenda Pública, resultante deste e do artigo 342, não importa proibição de transcrever, ou inserir, qualquer dos atos acima indicados nos periódicos ou gazetas, em compêndios, tratados, ou quaisquer

---

67 Apud Martins, *Direito autoral*, p.28.

obras científicas ou literárias; nem a de revender os objetos especificados, tendo sido legitimamente adquiridos.

Art. 345. Reproduzir, sem consentimento do autor, qualquer obra literária ou artística, por meio da imprensa, gravura ou litografia, ou qualquer processo mecânico ou químico, enquanto viver, ou a pessoa a quem houver transferido a sua propriedade e dez anos mais depois de sua morte, se deixar herdeiros.

Penas: de apreensão e perda dos exemplares e multa igual ao triplo do valor dos mesmos, a favor do autor.

Art. 346. Reproduzir por inteiro em livro, coleção ou publicação avulsa, discursos e orações proferidas em assembléias públicas, em tribunais, em reuniões políticas, administrativas ou religiosas, ou em conferências públicas, sem consentimento do autor:

Penas: de apreensão e perda dos exemplares e multa igual ao valor dos mesmos, em favor do autor.

Art. 347. Traduzir e expor à venda qualquer escrito ou obra sem licença do seu autor.

Penas: as mesmas do artigo antecendente.

Esta probição não importa a de fazer citação parcial de qualquer escrito, com o fim de crítica, polêmica ou ensino.

Art. 348. Executar, ou fazer representar, em teatros ou espetáculos públicos, companhia musical, tragédia, drama, comédia ou qualquer outra produção, seja qual for a sua denominação, sem consentimento, para cada vez, do dono ou autor.

Pena: de 100:000 a 500:000 a favor do dono ou autor.

Art. 349. Importar, vender, ocultar, ou receber, para serem vendidas, obras literárias, ou artísticas, sabendo que são contrafeitas.

Penas: de apreensão e perda dos exemplares e multa igual ao dobro do valor dos mesmos a favor do dono ou autor.

Art. 350. Reproduzir qualquer produção artística, sem consentimento do dono, por imitação ou contrafação.

Penas: as do artigo antecedente.[68]

---

68 Ibid., p.26-8.

A longa transcrição é necessária porque permite observar que o governo republicano tentou regulamentar, via Código Penal, a propriedade literária. Novamente, o reconhecimento dos direitos autorais dava-se por meio indireto, o que criava uma situação estranha: o código julgava crime a violação de um direito que, juridicamente, ainda não existia.

No ano seguinte, a Constituição Republicana, em seu artigo 72, parágrafo 26, estabeleceu:

> [...] aos autores de obras literárias é garantido o direito exclusivo de reproduzi-las pela imprensa, ou por qualquer outro processo mecânico. Os herdeiros do autor gozarão desse direito pelo tempo que a lei determinar".[69]

A Constituição, porém, não definia a natureza dos direitos de autor.

3.4. Escritores, editores e direitos autorais na República

Em 1894, o escritor José Joaquim de Campos da Costa de Medeiros e Albuquerque (1867-1934), recém-eleito deputado federal por Pernambuco, criticou as disposições do Código Penal relativas a direitos autorais em sessão da Câmara de 4 de setembro:

> O que há no Código são apenas oito artiguinhos defeituosíssimos, quer como doutrina jurídica, quer até como simples bom senso.
>
> Como doutrina jurídica, porque, além do mais, o Código dá direitos autorais perpétuos ao Estado, quando o Estado em todas as legislações é precisamente quem menos goza desses direitos, o que aliás, se compreende bem.
>
> Como bom senso, porque o Código edita penas irrisórias, que são antes uma animação à pirataria literária do que um castigo.
>
> Assim o artigo 348 marca a simples pena de multa de 100:000 a 500:000 a quem executar ou fizer representar música, drama ou outras composições análogas, sem licença do autor.

---

[69] Apud Azevedo, *Direito moral do escriptor*, p.148.

> Ora, sabido que o pagamento dos direitos de autor de um drama ou ópera é, em geral uma porcentagem que vai de 3 a 7 e 10%, pode-se ver como não ganhará o empresário desonesto, que preferir fazer-se processar para pagar somente 100:000 ou 500:000 em vez de somas muito mais avultadas.[70]

Medeiros e Albuquerque sabia do que estava falando, pois já era autor reconhecido de poemas, contos, romances e peças de teatro. Ele integrava um grupo de intelectuais republicanos que, desde meados dos anos de 1870, vinha trabalhando pela profissionalização dos homens de letras e pela renovação do campo literário. Entre eles, estavam Aluísio Azevedo (1857-1913), Artur Azevedo (185-1908), Coelho Neto (1864-1934), Olavo Bilac (1865-1918), Pardal Mallet (1864-1894), Paula Ney (1858-1897), Franklin Távora, José do Patrocínio (1854-1905), Valentim Magalhães (1859-1903).[71] O escritor foi um dos fundadores da Academia Brasileira de Letras, em 1897, que veio a presidir em 1924. Uma de suas contribuições ao campo literário foi a realização de conferências literárias para um público pagante, moda que trouxera da Europa e que representava fonte de renda e de prestígio para escritores do início do século XX.[72]

Em uma carta enviada a Monteiro Lobato em 1921, Medeiros e Albuquerque resume a história da edição de seus livros de poemas até então. Pelo que se depreende da carta, Lobato pretendia editar um livro do escritor e perguntara qual o sucesso obtido por seus livros de poesia:

> Pergunta-me qual o exito dos meus livros de versos. A resposta não é fácil, principalmente para quem tem horror ao *bluff*.
>
> O meu primeiro livro, *Pecados*, imprimí-o eu á minha custa, há bons trinta e tantos anos. Mais o dei que o vendi.

---

[70] Apud Martins, *Direito autoral*, p.30.
[71] Brito Broca analisa as atividades desses e outros escritores, suas produções literárias, colaborações em jornais, práticas de sociabilidade, negociações com editores, entre outros aspectos, no livro *A vida literária no Brasil – 1900*.
[72] Ver Gomes, O autor [João do Rio] e seu tempo. In: _____, *João do Rio por Renato Cordeiro Gomes*, p.164-8.

O segundo, *Canções da decadencia*, foi editado no Rio Grande do Sul. Eu presenteara o livreiro com a edição, mediante a simples condição de receber 200 exemplares. Feito isso nunca soube que resultado a obra teve.

Muitos anos depois, o Garnier editou as minhas *Poesias*. A edição devia ser de 2000 exemplares. Como, porém, sobretudo naquela epoca, fazer contas com o Garnier? Praticamente todas as edições dele eram indefinidas.

Evidentemente eu não creio que tenha sido com os acordes inspirados de minha lira que ele tenha enriquecido; mas sou incapaz de dizer si os 2000 se mantiveram nos limites que a aritmética lhes assinala.

Eu sei que os livros de versos, em geral, vendem-se pouco. Acredito, porém, que um autor conhecido consegue sempre impingir os seus. Os livros de proza suscitam os desejos de conhecê-los.

Eu não tenho atualmente nenhum livro que esteja no 1º milheiro. Creio que há nisso uma certa indicação de favor público.[73]

A carta sugere uma trajetória editorial que, apesar de iniciada no final do século XIX, era bastante parecida com a dos poetas do início do Oitocentos. O livro de estreia de Medeiros e Albuquerque, *Pecados*, fora impresso em 1889 pela Tipografia da Papelaria Parisiense, no Rio de Janeiro, à custa do autor, que diz "mais o dei que o vendi". No mesmo ano, saíram as *Canções da decadência*, publicado pelos "editores Carlos Pinto & Comp. Succ.", de "Pelotas, Porto Alegre, Rio Grande". A obra, considerada por alguns críticos introdutora do Simbolismo no Brasil, foi "presenteada ao livreiro", segundo o poeta, com "a simples condição de receber 200 exemplares". Essa prática, comum ainda hoje no Brasil, remonta pelo menos ao início do século XVI francês.[74]

O fato de Medeiros e Albuquerque chamar o editor de "livreiro" sugere que o termo ainda era usado em 1921 com a abrangência que tivera no

---

[73] Apud Martins, *Lobato edita Lobato*, p.138. A autora observa que a carta, arquivada na seção de manuscritos da Biblioteca Nacional, pode ser um rascunho. A ortografia original foi mantida.

[74] Chartier, *Mecenato e dedicatória*, p.60.

século anterior. Em 1904, *Poesias* foi publicado pela editora Garnier,[75] talvez com tiragem de 2 mil exemplares. Na época, Baptiste-Louis já era falecido, e seu irmão, Hyppolite, então com 87 anos, o substituía, com a ajuda do gerente Julien Lansac.

Segundo Hallewell, Hyppolite era "menos disposto que seu irmão a correr riscos com autores brasileiros", além de ser "mais antiquado (e cauteloso) em seus entendimentos com eles, sempre preferindo a compra definitiva dos direitos de uma obra ao pagamento de uma porcentagem sobre as vendas".[76] Medeiros e Albuquerque já tivera o livro de contos *Mãe tapuia* publicado por Garnier em 1898. Naquele ano, o autor era deputado federal, membro da recém-inaugurada Academia Brasileira de Letras e diretor-geral da Instrução Pública, cargos que podem ter ajudado a abrir as portas da Garnier. Nas palavras de Lima Barreto, "o seu critério [de Garnier] era o pistolão, editando diplomatas".[77]

A livraria era ponto de encontro de várias rodinhas literárias. Frequentavam-na Machado de Assis,[78] para quem havia uma cadeira especial reservada, além de José Veríssimo, Mário de Alencar (1872-1925), Joaquim

---

75 Hallewell informa, equivocadamente, que Medeiros e Albuquerque só teve o livro de contos *Mãe tapuia* (1898) editado por Garnier; segundo ele, *Poesias* teria sido lançado em 1905, por Laemmert.
76 Hallewell, op. cit., p.192.
77 Apud Hallewell, op. cit., p.186. O autor provavelmente se referia a casos como o de Graça Aranha, que teve *Canaã* (1902) editado por Garnier graças ao empenho de Joaquim Nabuco e à influência que tinha o barão do Rio Branco na editora – e no campo literário da capital nacional.
78 Quando o livreiro morreu, em 1863, Machado de Assis publicou uma crônica intitulada "Garnier", em que recorda: "[...] a livraria era um ponto de conversação e de encontro. Pouco me dei com Macedo, o mais popular dos nossos autores [...]. Com José de Alencar foi diferente; ali travamos as nossas relações literárias. Sentados os dois, em frente à rua, quantas vezes tratamos daqueles negócios de arte e poesia, de estilo e imaginação, que valem todas as canseiras deste mundo. Muitos outros iam ao mesmo ponto de palestra". Termina a crônica dizendo: "Perdure a notícia, ao menos, de alguém que neste país novo ocupou a vida inteira em criar uma indústria liberal, ganhar alguns milhares de contos de réis, para ir afinal dormir em sete palmos de uma sepultura perpétua. Perpétua!". Assis, Garnier, *Gazeta de Notícias*, 8 out. 1893. In: _____, *A semana*.

Nabuco, Clóvis Beviláqua (1859-1944), Sílvio Romero, Olavo Bilac, Coelho Neto e Medeiros e Albuquerque, e muitos mais homens de letras. As outras editoras importantes eram a Laemmert, a Francisco Alves, que se especializara em livros didáticos, além da Leuzinger e da Lombaerts, competidores menores. No entanto, segundo Hallewell,

> As perspectivas de um jovem com pretensões a escritor eram realmente pouco auspiciosas. Se ele não pudesse arcar com as despesas de mandar imprimir seu trabalho por conta própria, sua maior esperança era imitar Luís Tinoco, que conseguiu produzir sua obra *Goivos e camélias* angariando subscrições de seus amigos e conhecidos antes da publicação [...]. Como alternativa, ele podia tentar a publicação em Portugal, e o número de trabalhos brasileiros lá produzidos durante, aproximadamente, os primeiros anos da República é bastante grande.[79]

A livraria Chardron, do Porto, que mantinha o nome do primeiro dono – Lello & irmãos –, publicou livros de numerosos escritores brasileiros, incluindo Paulo Barreto (mais conhecido pelo pseudônimo João do Rio),[80] Sílvio Romero e Coelho Neto. Quando o autor era iniciante ou desconhecido, muitas vezes cedia os direitos autorais em troca de alguns exemplares, como ocorreu com Lima Barreto (1881-1922), que teve seu primeiro romance, *Recordações do escrivão Isaías Caminha* (1909), lançado em livro pela Livraria Clássica Editora, de Lisboa. O romance já havia sido publicado em parte na revista *Floreal*, mantida pelo escritor carioca; mesmo assim, nenhum editor brasileiro teria aceitado publicar a obra em livro.[81]

---

[79] Ibid., p.189. Faltam, no entanto, pesquisas mais sistemáticas que rastreiem a publicação de obras brasileiras por editoras portuguesas.

[80] João do Rio foi o mais famoso pseudônimo usado por João Paulo Emílio Cristóvão dos Santos Coelho Barreto. Jornalista, cronista, contista e teatrólogo, nasceu no Rio de Janeiro em 5 de agosto de 1881 e faleceu na mesma cidade em 23 de julho de 1921. A respeito do autor e sua obra, consulte Levin, *As figurações do dândi*; Magalhães Jr., *A vida vertiginosa de João do Rio*; Rodrigues, *João do Rio: uma biografia*.

[81] Francisco de Assis Barbosa trata da edição do livro no capítulo Isaías Caminha da biografia *A vida de Lima Barreto*, p.153-65.

Quando a Garnier foi vendida, em 1912, João do Rio, que teve livros editados pela casa, escreveu artigo de enorme interesse para compreender o campo literário que então se configurava. No texto, intitulado "O krak da literatura diante da necessidade da vida", João do Rio parte do exemplo da Garnier para traçar retrato desanimador do editor brasileiro. A importância de seu testemunho justifica a longa transcrição a seguir:

> A venda da casa Garnier, realizada pelo sobrinho Augusto, subitamente milionário, coloca numa atualidade senão sensacional, pelo menos interessante, a eterna questão do homem de letras e de sua paga.
>
> A casa Garnier é das mais conhecidas no Brasil e tem mais de meio século em que fez o monopólio da publicação dos *leaders* literários de Alencar a Macedo a Machado de Assis e aos mais novos membros da Academia.
>
> Vendida, depois de dar milhões à trindade dos irmãos Garnier, sucessivamente mortos de avareza, riqueza e velhice – o angustioso problema do pão do homem de letras brasileiro volta à baila.
>
> Em toda parte os ganhos dos artistas aumentaram e aumentam. Na França, na Inglaterra, na Rússia, o êxito é a segurança da fortuna. Mesmo os socialistas enriquecem. Gorki vive em Capri muito bem, e Bernard Shaw, ao fazer outro dia uma conferência socialista num bairro miserável de Londres, confessava:
>
> – Sou um homem que se contenta com pouco. Tendo uma casa de campo para passar os domingos e 100 mil francos de renda por ano, não desejo mais. E se ganho o dobro, faço economias...
>
> Nós, ao contrário, não evoluímos. Relativamente, o que pagavam por um livro de Alencar ou de Macedo pagam hoje por um de Coelho Neto. Um livro de contos aceito depois de muitos pedidos é pago por 300$. A propriedade de um livro não vai além de 1:000$. Um romance vale meio conto. Os livros de versos, salvo exceções raríssimas, não são retribuídos.
>
> Raymundo Corrêa, um dos nossos maiores poetas, teve o seu volume recusado nesse mesmo Garnier.
>
> – Pede muito caro. Não vale.
>
> *Os sertões* de Euclydes da Cunha pagou-os o falecido Laemmert por 500$000.

Figuras de autor, figuras de editor

A minha intimidade nas livrarias de Paris viu a extensão do mal terrível que o nosso editor faz ao escritor. É uma dessas explorações assassinas – porque arremeda a própria Paris apenas no que ela tem de ruim.

O editor do Brasil aceita, por especial obséquio, o livro. Se compra a edição, a edição não se esgota jamais. Preferem, então, vender-lhe a propriedade. Em troca do quê? Destas concessões:

– O editor não fixa a data do livro impresso. Pode publicá-lo quando bem lhe parecer. Que importa que seja um livro de crônicas, ou um livro político? Sai hoje? Sai dentro de cinco anos? Arranjem-se!

– O editor pouco se importa com a revisão dos ditos livros.

– O editor acha que não é da sua competência lançar as novidades. Anuncia uma ou duas vezes nos jornais, põe um volume na montra, manda um número limitado para os correspondentes nos Estados e fiquem satisfeitos.

É todo o trabalho.

Se o escritor apela para uma edição por conta própria, é preciso expor o livro. A livraria, então, pede suavemente 50% para vendê-lo.

O interessante a mais é que quando [sic] 90% dos livros editados são gratuitamente dados ao editor e que as traduções são realizadas por quase analfabetos que recebem menos, muito menos, que um escritor. [...][82]

João do Rio tinha, àquela altura, vários livros editados pela Garnier: *As religiões do Rio* (1904), *O momento literário* (1905), *A alma encantadora das ruas* (1908), *Fados, canções e danças de Portugal* (1910), *Dentro da noite* (1910), *Psicologia urbana* (1911), *Vida vertiginosa* (1911), *Portugal d'agora* (1911), *Lisboa antes da República* (1911) e *A profissão de Jacques Pedreira* (1911).[83] Também tivera um livro editado pela Francisco Alves – *Era uma vez...*, obra infantil em coautoria com Viriato Correia (1909) – e outro pela portuguesa Chardron de Lello e Irmão, que lançou *Cinematógrafo* (1909). Os cinco livros publicados em 1911 haviam sido vendidos a Garnier no ano anterior por

---

82 Rio, O krak da literatura diante da necessidade da vida. In: Gomes, *João do Rio por Renato Cordeiro Gomes*, p.164-8.

83 Capas dos principais livros de João do Rio, muitas delas ilustradas e coloridas, foram reproduzidas por Orna Messer Levin no livro *As figurações do dândi*.

seis contos de réis, que financiaram a viagem de cinco meses do autor à Europa.[84]

Em Portugal, João do Rio assinou contrato com os Lello para publicar *Os dias passam...*, editado com o título de *Cinematógrafo*. Segundo João Carlos Rodrigues, o escritor carioca permaneceu cinco meses na Europa e visitou Portugal, França, Espanha e Inglaterra, onde teria observado "as modernas tipografias do *Daily News* e outros jornais".[85] Ele teria pesquisado as novidades em maquinário para a *Gazeta de Notícias* e para um novo jornal que Irineu Marinho, pai de Roberto Marinho, pretendia fundar. Esse jornal, o vespertino *A noite*, foi lançado ainda em 1911, graças a um empréstimo de 20 contos de réis de João do Rio.[86]

As experiências editoriais e as viagens internacionais não deixam de conferir autoridade às observações de João do Rio sobre editores brasileiros, em especial Garnier. Em 1912, autor e editora se enfrentaram nos tribunais em razão da má revisão do livro *A profissão de Jacques Pedreira*. A obra, impressa na França, teria chegado com atraso ao Brasil devido à "comoção causada pela morte do velho Garnier em Paris".[87] Rodrigues informa que os exemplares estavam cheios de erros tipográficos:

> [...] Foi necessário tomar uma providência judicial, pois a Garnier recusou-se a rodar uma nova edição corrigida. Mas como processar a editora, se nos contratos então vigentes o autor cedia os direitos autorais *ad perpetum*? O advogado Pedro Jatahy, contratado por ele [João do Rio], resolveu insistir na tecla dos erros e também no desaparecimento de dois capítulos, no processo n. 1096 aberto na 6ª Vara Cível da capital contra Auguste Garnier, sobrinho e herdeiro do falecido proprietário, pedindo a total destruição da obra. Esse

---

84 Informação extraída de cronologia do site do Projeto Memória de Leitura. Disponível em: <http://www.unicamp.br/iel/memoria/base_temporal/Numeros/index.htm>. Acesso em: 20 jan. 2015

85 Rodrigues, *João do Rio: uma biografia*, p.124. A informação de que os 6 contos de réis do contrato com Garnier financiaram a viagem à Europa é fornecida nessa biografia.

86 Gomes, op. cit., p.50.

87 Ibid., p.154.

processo tramitará por quase um ano e marcou o rompimento definitivo de João do Rio com a sua primeira editora.[88]

O caso chegou ao fim com a vitória de João do Rio. O juiz Edmundo Rego teria dado "ganho de causa ao autor e ordenado a destruição de toda edição do romance". Infelizmente, segundo o biógrafo, o processo não pode mais ser lido; "teria sido incinerado em data não especificada" pela Justiça.[89] De qualquer maneira, a observação de que "o editor pouco se importa com a revisão dos livros", feita no artigo de João do Rio, tem como fundamento um processo judicial que tirou de circulação o romance *A profissão de Jacques Pedreira*.[90] Ainda não há estudos que permitam avaliar a pertinência das outras afirmações de João do Rio sobre a Garnier e "o editor" brasileiro, de modo geral. Elas sugerem, entretanto, um escritor atento a remunerações autorais realizadas tanto no país, como a firmada entre Laemmert e Euclides da Cunha (1866-1909), como no exterior, ilustradas por exemplos como o rendimento de Bernard Shaw e o "viver bem" do "socialista" Gorki.

Vamos nos deter na afirmação de João do Rio de que a Laemmert teria pagado 500$000 pela primeira edição de *Os sertões*. O modo como o livro foi publicado merece um exame mais demorado, pois revela aspectos importantes do campo literário da época. Euclides da Cunha esteve em Canudos como correspondente do jornal *O Estado de S. Paulo*, que investia na produção de reportagens em estados brasileiros e no exterior. Walnice Nogueira Galvão informa: "Euclides acumularia ainda o cargo de adido ao Estado-Maior do Ministro da Guerra, que obteria mediante pedido de

---

88 Ibid.
89 Ibid., p.277, n.223. O biógrafo informa que "os dados recolhidos" sobre o processo "vêm de uma pequena nota em *A Noite* de 11 jul. 1913 e alguma dedução do autor". A informação de que o processo foi incinerado foi dada pelo "Diretor do Arquivo Geral da Justiça".
90 João Carlos Rodrigues conta, a respeito: "Jacques Pedreira foi dado como desaparecido até 1981, quando encontrei dois exemplares na biblioteca de João do Rio doada ao Real Gabinete Português de Leitura. Em 1991 teve finalmente sua primeira edição pela Fundação Casa de Rui Barbosa, organizado pelas pesquisadoras Raquel Valença e Flora Süssekind. [...]". Ibid., p.227, n.228.

Júlio Mesquita, diretor do jornal, ao presidente da República, Prudente de Morais".[91] A obtenção do cargo para o correspondente revela o prestígio do jornal, onde mais tarde Monteiro Lobato atuaria, e de seu diretor.

Quando Euclides da Cunha terminou Os sertões, em 1901, levou-os a Júlio de Mesquita, com a ideia de publicá-lo em folhetins no Estadão. Seis meses depois, vendo que os originais estavam esquecidos na redação, resolveu tentar a publicação do livro no Rio de Janeiro. Conseguiu ser apresentado a Lúcio de Mendonça, que começou a procurar editor para a obra. Mas, conforme Viriato Correia, "o escritor era desconhecido e o volume de tiras assustava. Os editores torciam o nariz". Até que "o velho Masson, da casa Laemert, depois de muito pensar e de muito vacilar, disse que ficava com o rolo de tiras".[92] O contrato feito entre escritor e editora foi encontrado por Aníbal Bragança nos arquivos da Editora Francisco Alves, que adquiriu a Laemmert em 1909. O documento estabelece o seguinte:

> Os abaixo-assinados contrataram a impressão do livro Os sertões (Canudos), sob as seguintes condições:
>
> 1ª – O autor, Dr. Euclydes da Cunha, entrega aos editores Laemmert & Cia. os manuscritos do seu livro Os sertões para ser por eles editado.
>
> 2ª – Os editores Laemmert & Cia. obrigam-se a fazer uma edição nítida em papel igual ao livro Sonhos, e em número de mil e duzentos (1.200) exemplares.
>
> 3ª – O autor contribui com a quantia de um conto e quinhentos mil réis (R$1:500$000) para as despesas de impressão, sendo metade no ato da assinatura d'este contrato e o resto até 30 dias de abril de 1902, prazo em que deverá ficar pronta a obra" [...].[93]

---

91 Galvão, "Os sertões" faz cem anos: o alcance das ideias de Euclides da Cunha, Revista Brasileira, n.30, p.97-113. Exemplar digitalizado pode ser encontrado no site da Academia Brasileira de Letras. Disponível em: <http://www.academia.org.br/abl/media/ciclo.pdf>. Acesso em: 20 jan. 2017.

92 Correia, Uma entrevista com Euclides da Cunha, Revista Brasileira, p.219-26.

93 Bragança, Lendo a história editorial de Os sertões de Euclydes da Cunha: as edições Laemmert, Revista Horizontes, p.155-79. Há reprodução dos contratos para cessão de direitos autorais da primeira e da segunda edição de Os sertões, além de documento cedendo a propriedade "plena e inteira" da obra. As informações sobre os

Figuras de autor, figuras de editor

Aníbal Bragança assevera que 1 conto e 500 mil-réis correspondiam a aproximadamente metade do salário de Euclides da Cunha como engenheiro da Secretaria de Obras do Estado de São Paulo. O livro deveria ser lançado em abril, conforme o contrato, mas saiu apenas no final do ano, entre agosto e dezembro. Ainda de acordo com Bragança, o tipo de contrato firmado entre Euclides da Cunha e a Laemmert é de cessão de direitos autorais, e não de impressão. O verbo "contribuir" indicaria que as despesas de impressão deveriam ser maiores do que a quantia paga pelo autor. Provavelmente, o editor "não quis assumir totalmente o risco do empreendimento e propôs ao autor um contrato, não incomum à época, em que autor e editor dividiriam, igualmente, encargos e resultados".[94]

O contrato estabelecia que o produto líquido da venda seria usado para pagar, em primeiro lugar, as despesas da impressão e brochura, e o lucro líquido resultante seria dividido em partes iguais entre autor e editores. Bragança afirma ter cabido ao autor o saldo de 2.198$750, que lhe foi pago em 25 de abril de 1903. O lucro líquido de Euclides da Cunha teria sido de 698$750, ou seja, um pouco mais do que os 500$000 informados por João do Rio. A obra teria saído do prelo repleta de erros que o autor teria corrigido, com nanquim e a ponta de um canivete, em todos os 1.200 exemplares da primeira edição.[95]

Essa edição teria se esgotado em quatro meses. Pela segunda, Euclides da Cunha recebeu, antecipadamente, 1.600$000, além de 25 exemplares. Em uma carta ao pai, de 12 de julho de 1903, o escritor comenta: "Aceitei porque preciso fazer uma entrada do seguro de vida que fiz, e com o que anteriormente recebi paguei as dívidas que tinha". E acrescenta: "Além disso, nada perco porque num primeiro livro só se aspira a um lucro de ordem moral, e este eu tive de sobra".[96] Esse "lucro de ordem moral" pode ser entendido como o *capital simbólico* conferido ao escritor pelas principais

---

contratos de Euclides da Cunha com a Laemmert foram todas extraídas desse artigo.
94 Ibid., p.164.
95 Ibid., p.162.
96 Apud Bragança, Lendo a história editorial de *Os sertões:* as edições Laemmert, p.167.

instâncias de consagração do campo literário do período. De escritor praticamente desconhecido, em 1902, Euclides da Cunha passou a membro da Academia Brasileira de Letras em 1903.

No ano seguinte, o autor vendeu definitivamente os direitos de *Os sertões* para a Laemmert, por 1.800$000 – ou seja, pouco mais do que havia recebido pela segunda edição. Para Bragança, é possível imaginar que "o autor não acreditasse que as possibilidades do livro fossem muito mais adiante que uma terceira edição, ou, depois desta, uma quarta, definitiva". Já os editores teriam previsto os rendimentos que a obra lhes traria.[97] Boa deixa para voltarmos ao artigo de João do Rio, para quem os autores brasileiros prefeririam vender a propriedade de suas obras aos editores.

Antes, porém, o escritor carioca faz uma espécie de balanço dos gêneros e seus valores na "bolsa" editorial. Segundo ele, um livro de contos "aceito depois de muitos pedidos é pago por 300$". Já um romance valeria meio conto. Os livros de poesia seriam os de mais difícil aceitação por editores: "salvo exceções raríssimas, não são retribuídos". A poesia continuava ocupando, no campo literário, o topo da hierarquia relativa a valores estéticos, lugar inversamente oposto ao que ocupava na hierarquia dos valores econômicos. Poucos anos depois, quando Monteiro Lobato começou a editar obras alheias, a correlação feita por João do Rio entre gêneros e valores financeiros pactuados em contratos continuaria válida, como veremos no Capítulo 6.

João do Rio comenta, ainda, a "ilusão" dos escritores brasileiros que se voltam para Portugal em busca de bons contratos:

> Em Portugal, os editores editam quando o livro é dado grátis, ou pago ridiculamente. O preço varia entre 100$ e 200$ fortes. A maioria é em troca de cinqüenta volumes. O resultado é que Portugal editou muitos livros de literatura do Brasil e ignora os representativos dessa literatura, salvo dois ou três, a exceção que confirma a regra. Não se faz um nome para se dar as obras...[98]

---

97 Ibid., p.172.
98 Rio, O krak da literatura diante da necessidade da vida, p.166.

É bastante perspicaz a relação feita pelo escritor entre o capital simbólico de um nome "feito" e o capital financeiro que representa. O diagnóstico da relação entre editores portugueses e autores brasileiros ainda precisa ser mais estudado, a fim de que seja avaliada sua pertinência. Entretanto, alguns documentos sustentam as considerações de João do Rio, como uma carta de Lima Barreto a Antônio Maria Teixeira, da Livraria Clássica de Lisboa, que publicou *Recordações do escrivão Isaías Caminha* em 1909. Na carta, datada de 24 de abril daquele ano, Lima Barreto escreve ao editor português:

> [...] Há cerca de um mês recebi do meu amigo, dr. Noronha dos Santos, carta com a solução daquela em que João Barreto tivera a bondade de apresentar-lhe o manuscrito de um livro meu – *Recordações do escrivão Isaías Caminha* – a fim de ser pela sua conhecida casa publicado. Dizia-me ele, entre outras coisas, que o senhor estava disposto a publicá-lo desde que eu nada quisesse pela edição. Avisava-me que a tal respeito eu devia receber uma carta sua; e, como temo que esse atraso seja devido a algum quiproquó, tomei a liberdade de lhe escrever esta, da qual é portador o meu amigo Francisco Bandeira, jornalista muito conhecido.
> Ela tem por fim confirmar tudo o que o meu amigo Santos lhe tenha dito ou autorizado no tocante às condições de impressão do meu volume. Sabendo eu de que modo a fortuna de um primeiro livro é arriscada, nada exijo pela publicação do meu, a não ser alguns exemplares, cinquenta, se o senhor achar razoável, para os oferecimentos de praxe. [...][99]

A carta de Lima Barreto dá crédito à declaração de João do Rio de que os editores portugueses editariam um livro quando ele fosse "dado grátis". O autor de *Cinematógrafo* deve ter acompanhado de perto a edição do primeiro livro de Lima Barreto, pois visitou o editor Teixeira justamente quando os originais de *Recordações do escrivão Isaías Caminha* estavam na Livraria Clássica. Perguntado se conhecida Lima Barreto, João do Rio teria respondido

---

99 Barreto, *Correspondência ativa e passiva*, p.173-4. O volume reproduz outras cartas de Lima Barreto ao editor português, e uma de A. M. Teixeira ao escritor carioca.

negativamente – o que não era verdade e deixou Lima Barreto preocupado com a possibilidade de tal resposta prejudicar a publicação de seu livro.[100]

Lima Barreto receberia direitos autorais por uma obra somente em 1919, quando Monteiro Lobato publicou o romance *Vida e morte de M. J. Gonzaga de Sá*. As condições pactuadas entre ele e Lobato serão tratadas no Capítulo 6.

Quanto a João do Rio, embora não haja até o momento estudos mais sistemáticos sobre os contratos que firmou com diferentes editores ao longo da vida, sabemos, por seus biógrafos, que era um *best-seller* naqueles primeiros anos do século XX.[101] É como autor de sucesso comercial que ele, depois de expor a pouca (ou nenhuma) remuneração destinada a escritores brasileiros quando publicavam, no Brasil ou em Portugal, faz a seguinte pergunta: "Por que procedem assim os editores? Por falta de leitores?". A resposta fornece hipóteses relevantes para o entendimento das relações entre autores e editores naquele começo de século:

> O Brasil é um país de analfabetos, mas em vinte anos a proporção de gente que lê quadruplicou pelo menos. Mil exemplares de *O Paiz*, a primeira vez que se esgotaram, deram ao distribuidor Volarde quase uma apoteose, com relógio oferecido pelo conde de Mattosinhos. Hoje, se *O Paiz* esgotasse, só 10 mil estaria quebrado. Assim como os livros.
>
> Os escritores há muito esqueceram aquele desdenhoso qualificativo de Voltaire que aos gazeteiros chamava temerários:
>
> *Qui ne pouvant apprendre um honnête métier,*
> *S'occupent jour par jour à salir du papier.*
>
> Todos escrevem nos jornais sabendo o quanto isso lhes é útil e vendo quanto aos analfabetos rendem as folhas. Desde que um nome está feito, a circulação da obra é segura.

---

100 O episódio é contado e analisado por Francisco de Assis Barbosa no capítulo citado anteriormente.

101 Foram vendidos 8 mil exemplares de *As religiões do Rio* (1905) em seis anos, o que foi um sucesso para a época. Consultar, a respeito dos demais livros, as biografias de João do Rio já citadas.

Não há livro que falhe à tiragem. A vida é uma série de desilusões. Só o público até agora não me desiludiu. Ao contrário. Compra sempre mais do que se imagina que ele vai comprar.

Então por quê?

Ninguém sabe. [...]

Para João do Rio, os homens de letras teriam consciência dos benefícios proporcionados a suas obras e a seu prestígio pelo trabalho na imprensa, declaração que desperta interesse, pois ainda eram numerosos os escritores que, como declarara Gonçalves Dias, décadas antes, evitavam "vender-se" ao jornalismo. Mais surpreendente é a opinião do escritor carioca sobre a relação entre analfabetismo e mercado editorial. João do Rio afirma que, embora o país fosse "de analfabetos", havia público suficiente para sustentar a grande imprensa e garantir a venda da obra daqueles que tivessem "nome feito" nas folhas.

Desde 1872, quando o primeiro recenseamento promovido no Brasil contabilizara 9.930.478 analfabetos, ou 84% da população, vinha aumentando a veemência com que os escritores associavam a falta de leitores às dificuldades encontradas por quem pretendia viver das letras. Machado de Assis, em crônica de 15 de agosto de 1876, opina sobre as consequências nefastas do analfabetismo para a vida política nacional. Para Hélio de Seixas Guimarães, o texto reflete tomada de consciência aguda do escritor com relação ao público de que dispunha:

> A precariedade do meio intelectual, objeto frequente da indignação de artistas que se colocavam numa esfera à parte, como vítimas do meio, deixará de ser percebida por Machado como pura negatividade e/ou contingência externa à atividade literária, passando a ser tratada como condição inerente à produção literária no Brasil.[102]

---

102 Guimarães, *Os leitores de Machado de Assis:* o romance machadiano e o público de literatura do século 19, p.104. O autor analisa o modo como narradores machadianos dialogam com leitores, no plano ficcional, de modo a "traçar relações entre a percepção que Machado de Assis tinha do seu público, expressa na sua

Ao longo das décadas seguintes, essa consciência apareceria de maneira expressiva no discurso de vários escritores brasileiros, que a revelam em artigos, crônicas, correspondências, obras literárias.[103] Em 1900, José Veríssimo escrevia:

> O número de analfabetos no Brasil, em 1890, segundo a estatística oficial, era, em uma população de 14.333.915 habitantes, de 12.213.356, isto é, sabiam ler apenas 14 ou 15 em 100 brasileiros ou habitantes do Brasil. Difícil será, entre os países presumidos de civilizados, encontrar tão alta proporção de iletrados. Assentado esse fato, verifica-se logo que à literatura aqui falta a condição da cultura geral, ainda rudimentar, e igualmente o leitor e consumidor dos seus produtos.[104]

A opinião de Veríssimo não era algo isolado; de modo geral, o analfabetismo era visto pelos homens de letras do período como grande obstáculo para o desenvolvimento do mercado de livros e periódicos e, por conseguinte, da literatura nacional.[105] Para Nicolau Sevcenko, "o analfabetismo crônico do grosso da população" provocaria "reações insólitas" nos escritores brasileiros:

> [...] diante do público arredio ou indiferente, alimentavam o consolo íntimo de que ele era desprezível, ou a ilusão de que era prescindível. Como no Aluísio Azevedo descrito por Coelho Neto em discussão com um empresário

---

produção crítica, na correspondência e, em certa medida, na crônica, e a relação entre os narradores e a figuração do leitor nos romances". Sua pesquisa permite compreender melhor as condições históricas das relações entre escritores e leitores no Brasil oitocentista.

103 Ver Lajolo; Zilberman, *Formação da leitura no Brasil*.
104 Veríssimo, Revista literária, *Jornal do Comércio*, 25 jul. 1900. Apud Sevcenko, *Literatura como missão*, p.110. Sobre as estatísticas referentes ao analfabetismo da população, a partir de 1872, veja os recenseamentos apresentados no site do IBGE. Disponível em: <http://biblioteca.ibge.gov.br>. Acesso em: 20 jan. 2015.
105 Ver "Paladinos malogrados", no capítulo O exercício intelectual como atitude política: os escritores-cidadãos, em Sevcenko, *Literatura como missão*, p.96-117.

teatral: "Diz ele que o público não aceita uma peça serena, sem chirinola e saracoteios... Mas que tenho eu com o público?"[106]

A reação de Aluísio Azevedo não é insólita se lembrarmos que o desprezo pelo público fazia parte do conjunto de esquemas intelectuais que configuravam a imagem construída por artistas para si mesmos desde o Romantismo, como observamos ao analisar os discursos de autores como Fagundes Varela. Manifestar indiferença ou desdém pelos veredictos do público fazia parte das representações normativas de escritores que pretendiam fazer "arte pura", sem outra pressão que a do projeto criador, e se posicionavam, no campo literário, contra aqueles considerados "mercenários", cuja preocupação estaria voltada unicamente para a satisfação do público e os eventuais lucros decorrentes dela ou a obtenção dos benefícios de mecenas.

Nessa perspectiva, faz sentido que Aluísio Azevedo, justamente o único escritor do período que teria conseguido "realizar a façanha de viver às custas de seus romances num país em que 85% dos habitantes eram analfabetos",[107] de acordo com seu biógrafo Jean-Yves Mérian, declarasse de modo tão categórico seu desinteresse pelo público, especialmente o do teatro. Seu discurso estava sintonizado com a representação de artista com a qual ele se identificava, embora, considerado isoladamente, de fato pareça insólito, ainda mais quando lembramos, com Mérian, que o autor teria desenvolvido, "como nenhum outro escritor, a promoção de suas obras, mesmo daquelas que, no plano literário, não o satisfaziam". Suas estratégias de publicidade, como as usadas para o lançamento de O mulato (1881), são marcos na história do livro e da leitura no Brasil.[108]

Ainda segundo seu biógrafo, o escritor maranhense acreditava ser preciso produzir, em primeiro lugar, "obras que correspondessem ao gosto dos leitores, [...] já que ambicionava que suas obras fossem conhecidas

---

106 Ibid., p.111.
107 Mérian, *Aluísio Azevedo*: vida e obra (1857-1913), p.433. Ver especialmente o Capítulo 21, Aluísio Azevedo e os escritores brasileiros no debate sobre a propriedade literária, e o Capítulo 22, A profissão de escritor — 1880-1895, em que o autor faz excelentes análises dos temas anunciados.
108 Ibid., Capítulo 13, O mulato: o acontecimento social e o acontecimento literário.

e lidas". Era preciso "adaptar-se ao público potencial; apenas em seguida poderia aclimatar progressivamente o naturalismo".[109] O discernimento de que havia vários públicos consumidores de diferentes tipos de obras literárias pode ter ajudado Aluísio Azevedo a obter tanto capital simbólico como econômico. Além disso, ele teria percebido que, se a crítica e muitos de seus pares apreciavam os romances naturalistas, o público leitor mantinha princípios de percepção e de apreciação literárias formados pelo Romantismo. A mudança desses esquemas de pensamento não seria rápida – nunca é – e exigia trabalho de "aclimatação".

Azevedo reunia, em sua figura de escritor, duas representações de artista que se opunham no campo literário: para ganhar dinheiro, ele produzia romances românticos; para conquistar valor simbólico, ele produzia romances naturalistas. Para superar esse dualismo, ele se empenhou em obter empregos públicos que lhe permitissem escrever somente obras naturalistas. Em uma carta a Afonso Celso, de 1884, ele pede ajuda para encontrar um cargo em uma repartição pública com a justificativa: "Repito; seja lá o que for. Tudo serve; contanto que eu não tenha de fabricar Mistérios da Tijuca e possa escrever Casas de pensão".[110] A escolha do verbo "fabricar" para fazer referência à produção do romance romântico exprime de modo gritante a percepção do autor sobre qual seria, de fato, sua arte. Em 1895, quando ingressou na diplomacia, ele encerrou a carreira de romancista.

Outros autores, como Olavo Bilac, adotaram estratégias semelhantes à de Azevedo. O poeta parnasiano foi também cronista, contista, conferencista e autor de livros didáticos. Sua colaboração na imprensa do final do Império e dos primeiros anos da República inclui textos humorísticos e satíricos, assinados com variados pseudônimos, dentre os quais os de Fantásio, Flamínio, Belial, Tartarin-Le Songeur, Otávio Vilar. O livro humorístico *Pimentões:* rimas d'O Filhote, publicado pela Laemmert em 1897, é assinado por Puff, pseudônimo de Bilac, e Puck, pseudônimo

---

109 Ibid., p.435. O biógrafo reproduz trecho de artigo escrito por Azevedo em resposta a observações feitas por Machado de Assis quando da publicação de *Memórias de um condenado*, em que Azevedo avalia o mercado do livro no Brasil e questiona se um escritor deve produzir para os leitores ou para seus pares e a crítica.
110 Apud Mérian, op. cit., p.404.

de Guimarães Passos.[111] É possível pensar que os autores não desejavam associar seus nomes a obras que lhes traziam muito capital econômico, mas pouco capital simbólico. Bilac também teve livros didáticos publicados pela Francisco Alves e obras poéticas publicadas pela Garnier, o que sugere como alguns autores faziam contratos com diferentes editores para explorar diferentes nichos do mercado.[112]

Aluísio Azevedo e Olavo Bilac fizeram parte do grupo de homens de letras que, no final do Oitocentos, esforçou-se pela profissionalização do escritor, por sua valorização social e pela regulamentação dos direitos autorais. Seus esforços deram frutos: a criação da Sociedade dos Homens de Letras, em 1890, e da Academia Brasileira de Letras, em 1897.[113] Outra conquista foi a regulamentação dos direitos autorais, já no final do século.

Em 1º de agosto de 1898, foi promulgada a lei n. 496, que ficou conhecida como "Lei Medeiros e Albuquerque". O escritor estreara na Câmara dos Deputados conseguindo votos para a aprovação de seu projeto, que ainda em 1894 foi enviado ao Senado. Quatro anos depois, a lei foi sancionada, ainda que uma de suas disposições, relativa ao registro de obras na Biblioteca Nacional, só fosse detalhada em instrução de 1901. A lei, que passou a integrar o Código Comercial Brasileiro, estabelecia, em seus primeiros artigos:

> Art. 1º Os direitos de autor de qualquer obra litteraria, scientifica ou artistica consistem na faculdade, que só elle tem, de reproduzir ou autorizar a reproducção do seu trabalho pela publicação, traducção, representação, execução ou de qualquer outro modo.

---

111 Sobre a vida e a obra de Olavo Bilac, ver Magalhães Junior, *Olavo Bilac e sua época*.
112 Brito Broca elenca, entre os *best-sellers* do período, o *Manual dos namorados* e o *Orador do povo*, escritos por "autor anônimo" – que era Figueiredo Pimentel – e editados pela Livraria Quaresma; *Canaã*, de Graça Aranha, editado por Garnier; *A esfinge*, de Afrânio Peixoto, editado pela Francisco Alves. Ver Broca. Editores e *best-sellers*. In: _____. *A vida literária no Brasil – 1900*, p.141-7.
113 Marisa Lajolo e Regina Zilberman tratam dos esforços de homens de letras brasileiros para criar associações que defendessem seus interesses e leis que regulamentassem os direitos autorais no capítulo Associações e Legislação de *O preço da leitura*.

A lei garante estes direitos aos nacionaes e aos estrangeiros residentes no Brazil, nos termos do art. 72 da Constituição, si os autores preencherem as condições do art. 13.

Art. 2º A expressão "obra litteraria, scientifica ou artistica" comprehende: livros, brochuras e em geral escriptos de qualquer natureza; obras dramaticas, musicaes ou dramatico-musicaes, composições de musica com ou sem palavras; obras de pintura, esculptura, architectura, gravura, litographia, photographia, illustrações de qualquer especie, cartas, planos e esboços; qualquer producção, em summa, do dominio litterario, scientifico ou artistico.[114]

A lei oficializava a expressão *direito de autor*, em lugar da *propriedade literária* que aparecia nos projetos anteriores. A expressão *direito autoral* havia sido usada pela primeira vez por Tobias Barreto, em 1882, no ensaio intitulado "O que se deve entender por direito autoral".[115] Barreto assegura, no ensaio, que a expressão *direito autoral* seria mais abrangente e mais adequada do que *propriedade literária*. Seus argumentos parecem ter convencido o autor do projeto de lei e os parlamentares que o aprovaram.

É preciso destacar alguns artigos da lei, pelo avanço que representaram na defesa dos direitos *morais* do autor:

Art. 4º Os direitos de autor são móveis, cessíveis e transmissíveis no todo ou em parte e passam aos herdeiros, segundo as regras do direito.

§ 1º A cessão entre vivos não valerá por mais de trinta annos, findos os quaes o autor recobrará seus direitos, si ainda existir.

§ 2º Fica sempre salvo ao autor, por occasião de cada nova edição, emendar ou reformar sua obra, ou rehaver seus direitos sobre ella, comtanto que restitua ao cessionario o que delle houver recebido em pagamento, metade do valor liquido da edição anterior.

---

114 Lei n. 496 de 1º de agosto de 1898. In: *Código Commercial do Brazil*, p.946-51. Todos os artigos citados foram extraídos dessa obra.

115 Barreto, O que se deve entender por direito autoral. In: _____, *Estudos de Direito I*, p.249-58.

§ 3º Para execução do paragrapho antecedente, o cessionario deverá declarar por escripto ao autor o numero dos exemplares de cada edição com o respectivo preço e cada tiragem será considerada como uma edição.

§ 4º As declarações do cessionario fazem prova plena contra elle, mas o autor poderá contestal-as sempre que tiver outras e oppôr-lhes.

Para Philadelpho Azevedo, "nenhuma lei defendeu tão eficazmente o autor, nenhuma vetou tão cruamente o direito comum",[116] embora, segundo ele, o prazo da cessão de direitos fosse "excessivo", de tal forma que poucos escritores poderiam aproveitar o benefício. O responsável pela redação do art. 4 § 1 fora o deputado Coelho Rodrigues, que defendia ser necessário "garantir os direitos do autor e nunca preocupar-se mais o legislador com os interesses do editor do que com os daquele".[117] Para defender sua posição, Rodrigues usou o seguinte argumento:

> O procurado é o editor e quem o procura é o escriptor e, por isso, põe-lhe a faca aos peitos e o infeliz, tendo trabalhado dia e noite, vê no editor a taboa de salvação e para não perder o labor, confia-se de todo ás mãos do argentario – De modo que os editores ganham como zangões ganham na sociedade das abelhas.[118]

Nesse trecho do discurso de Coelho Rodrigues, pronunciado em sessão do Senado de 17 de setembro de 1886, as metáforas usadas para caracterizar autor e editor remetem a inúmeros discursos produzidos ao longo do século em que ambos são retratados; lembremos, por exemplo, o modo como são apresentados no lundu "Fora o regresso", de 1840. O editor é alguém que põe "a faca aos peitos" do autor; é um milionário, um zangão explorador em uma sociedade de abelhas trabalhadoras. Quanto ao autor, este aparece, no texto legal que o ampara, não como a cigarra "doida" de Fagundes Varela, mas como um "infeliz" que trabalha "dia e noite" e vê no

---

116 Azevedo, *Direito moral do escritor*, p.152.
117 Ibid., p.153.
118 Ibid.

editor sua "táboa de salvação". Essas representações de editor e de autor estavam perfeitamente ajustadas com aquelas encontradas em textos publicados por escritores do período.

Adolfo Caminha (1867-1897) qualifica editores brasileiros como gananciosos em suas *Cartas literárias*, publicadas em 1895. O livro é composto de artigos escritos principalmente para a *Gazeta de Notícias*, do Rio de Janeiro, em 1893 e 1894. Na carta intitulada "Editores", ele afirma:

> Incontestavelmente uma das causas que muito aflui no ânimo dos nossos escritores, obrigando-os ao recolhimento, à vida obscura de autores inéditos, a uma espécie de ascetismo literário duas vezes prejudicial, roubando-lhes o estímulo e amesquinhando-lhes o talento, é o monopólio, a ganância, a desenfreada ambição do elemento editor.[119]

Para o romancista cearense, a "mistificadora" influência dos editores tornaria a profissão de escritor, no Brasil, "a mais desgraçada de todas as profissões". Caminha já havia publicado *Incertos* (1886), *Judite ou lágrimas de um crente* (1887), ambos pela livraria de Serafim José Alves, *A normalista* (1893) e *No país dos yankees* (1893), pela Livraria Moderna, de Domingos Magalhães, considerada por Hallewell a principal editora de literatura na década de 1890. *O bom crioulo*, saído no mesmo ano das *Cartas literárias*, também foi publicado pela Livraria Moderna. Os contratos feitos com Magalhães não teriam sido prejudiciais a Caminha, segundo Aníbal Bragança, que os estudou:

> Em 17 de março de 1893 o autor assinou o contrato para a primeira edição de *A normalista*, de 1.000 exemplares, que lhe assegurava cem exemplares da obra e mais 10% sobre a venda do livro "caso a edição se esgote no praso de trez mezes a contar da data de seu apparecimento"; na cláusula 3ª ficava estabelecido que "O autor Adolpho Caminha compromette-se a não exigir mais exemplares da referida primeira edição em caso algum".

---

[119] Caminha, *Cartas literárias*, p.147.

O contrato para a edição de *No paiz dos yankees*, assinado em 15 de abril de 1894, estabeleceu que a edição seria de 2.000 exemplares e que o autor receberia a quantia de Rs 400$000 (quatrocentos mil réis), pagos em duas prestações iguais, uma no ato da assinatura e outra trinta dias após o "volume estar à venda"; isto além de 25 exemplares, que pela cláusula 3ª, "não poderão ser vendidos pelo autor".

O contrato para a edição de *Bom creoulo* previa a tiragem de cinco mil exemplares e foi assinado em 15 de outubro de 1894. O autor recebeu Rs 2:000$000 (dois contos de réis), pagos em três prestações: duas de Rs 500$000 cada e a última de Rs 1:000$000, prevista para pagamento trinta dias depois de estar à venda o livro. Foi paga em 30 de dezembro de 1896, véspera da morte do autor, falecido antes de completar 30 anos.[120]

As tensões entre autor e editor aparecem implícitas em cláusulas como a que proíbe o autor de pedir mais exemplares do livro ou a que o impede de vender os exemplares recebidos do editor. De acordo com Bragança, a remuneração estabelecida nos contratos estava em conformidade com os padrões da época e pode ser considerada digna. Entretanto, a representação que Caminha faz do escritor brasileiro na carta "Editores" é das mais comiserativas:

> Não ha por ahi quem desconheça que o escriptor brazileiro, na maioria dos casos, vive tristemente de um misero emprego publico, sem recursos de outra espécie, occultando-se da sociedade para não ser visto com os seus trajos de bohemia á força, macambúzio, chorando suas necessidades, alimentando-se mal, contrahindo favores, emquanto não lhe chega o mingoado subsidio com que vae pagar aos agiotas que o soccorreram durante o mez.
>
> Quando o poeta ou romancista pertence á espécie Felippe Dubois, e não se incommoda muito com essa questão de brio ou dignidade litteraria, menos mal: tanto lhe faz que o editor lhe oifei'eça um conto de réis ou um nickel por sua obra; viverá do mesmo modo alegre, feliz, cachimbando a sua indifferença pelos cafés, pela Rua do Ouvidor, pelo jornalismo. Todo seu interesse é que o livro seja publicado.

---

120 Bragança, Francisco Alves, uma editora sesquicentenária (1854-2004).

Entretanto, si, ao contrarjo disso, o escriptor preza a sua individualidade, o seu caracter, o seu amor próprio, nada mais triste, nada mais ridículo que essa esmola dada misericordiosamente em paga do trabalho intellectual.[121]

As duas figuras de escritor pintadas por Caminha são emblemas da estrutura dualista que, segundo Pierre Bourdieu, caracteriza um campo literário. De um lado, há os escritores mercenários, "à espécie" de Philippe Dubois, escritor que ambiciona as "satisfações brutais da fama e do dinheiro" no conto *"Un Saint"* (Um santo) do romancista e crítico literário francês Paul Bourget (1852-1935).[122] É intrigante o fato de Caminha ter escolhido essa representação de autor mercenário do campo literário francês do final do XIX para caracterizar escritores brasileiros do mesmo período, em um texto em que declara não querer "estabelecer paralelo entre o Brasil, onde verdadeiramente não existem editores, e a França, cuja literatura é uma das mais opulentas do mundo".[123] Provavelmente, ele se arriscava menos ao usar uma personagem no lugar de um nome real; é interessante notar, porém, que, tanto o campo literário francês como o brasileiro, apesar de seus diferentes estágios de autonomia, apresentavam a estrutura dualista que opõe a arte por dinheiro à arte pela arte.

Por sua vez, a figura do escritor "puro" parece decalcada do próprio Caminha, hipótese que permite entender como autobiográfico o relato de como, depois de trabalhar "como um asceta, no seu tugúrio", o "romancista de talento, que não escreve consultando o gosto pulha da burguesia" vai ao encontro de um editor:

> Depois de tudo isso, orgulhoso da obra que fez, quer publical-a e bate á porta do editor. Este, quando não é um sujeito grosseiro, sem tino commercial, ricaço, a quem tanto faz obter mais uma edição como não obtel-a, recebe-o amavelmente, com um arzinho de bondosa superioridade, manda-o sentar e passa logo ao assumpto.

---

121 Caminha, op. cit., p.148.
122 Bourget, *Nouveaux Pastels*, p.1-87.
123 Caminha, op. cit., p.148.

Figuras de autor, figuras de editor

> O discurso é o mesmo sempre: não ha leitores, além disso o romance não é do género que "o nosso povo" gosta, c tal, e cousa...
> – Mas, olhe que é um bom livro, senhor F... tem estylo, tem arte, vale a pena...
> – O amigo engana-se, diz o outro; nós editores preferimos ao estylo, á arte, um bom enredo, uma historia de sangue cheia de mysterios, commovente, arrebatadora! É disto que o povo gosta, e nós, a respeito de gosto litterario, só conhecemos o do povo.[124]

Que editor teria inspirado a figura descrita por Caminha? A morte de B. L. Garnier, em 1893, provocara transformações no mercado livreiro carioca, segundo Alessandra El Far: "O espaço deixado pelo velho editor francês foi rapidamente ocupado por outros livreiros que esperavam uma oportunidade igual a essa".[125] Um deles seria Domingos de Magalhães, que publicou livros de Adolfo Caminha, Coelho Neto, Cruz e Souza, dentre vários outros escritores representativos do período. Esses escritores, de acordo com El Far, "cediam seus textos" ao editor "em troca de alguma promoção", pois não confiavam "na pontualidade dos pagamentos".[126]

Os romances com "uma história de sangue cheia de mistérios" costumavam ser publicados por Pedro da Silva Quaresma, dono da Livraria do Povo, que "procurava fazer nome junto aos leitores" por meio da promoção de "autores de enredos arrebatadores, sanguinolentos e lúbricos, muitas vezes desaconselhados às 'mulheres de boa família'".[127] Um dos principais nomes de seu catálogo era Figueiredo Pimentel, que provocava escândalo nas rodas literárias com romances como *O aborto* (1893) e conquistava crianças e professores com títulos como *Contos da Carochinha* (1894), considerado o primeiro livro infantil brasileiro. Pimentel talvez fosse o autor escondido por Caminha sob a personagem Philippe Dubois.

---

124 Ibid., p.149-50.
125 El Far, *Páginas de sensação*: literatura popular e pornográfica no Rio de Janeiro (1870-1924), p.44.
126 Ibid.
127 Ibid.

Embora existissem várias casas editoras na capital brasileira, produzindo livros para diferentes públicos, fazia falta, segundo Caminha, um tipo específico de editor:

> O que eu desejaria encontrar em nosso paiz, um editor intelligente e sincero, como Charpentier, Lemerre, Guillaume, Chardron e tantas outras notabilidades no género: um editor que soubesse comprehender o seu papel, empregando a maior somma de esforços para que triumphasse o talento, a decidida vocação litteraria, a Arte, emfim. [...]

Os nomes mencionados por Caminha são de editores que publicaram obras de vanguardas literárias, como Charpentier:

> [...] ao tempo em que o Naturalismo feria a sua campanha de morte contra a hypocrisia litteraria, foi elle, Charpentier, quem arregimentou Zola, Flaubert os Goncourt, Daudet, e os outros revolucionários, em torno de si, á sombra da mesma bandeira; foi elle quem teve a inaudita coragem de os editar primeiramente, sem consultar o gosto da burguezia escandalisada, sem preoccupações de lucro, arriscando-se a um prejuízo enorme, e, por outro lado, á má vontade publica. Zola tinha razões para o elogiar. No fim de contas o resultado foi maravilhoso: as edições de Charpentier reproduziam-se, e a nova geração triumphava duplamente sobre a miséria económica e sobre o romantismo desequilibrado.

Enquanto Caminha culpava os editores por "amesquinhar" o talento dos escritores brasileiros, Coelho Neto sinalizava que a responsabilidade pela "depreciação literária" existente no país era dos próprios literatos. Essa acusação é feita por um dos protagonistas do romance *A conquista* (1899), no qual o autor retrata o grupo literário que integrava, composto por Olavo Bilac, Luís Murat, Guimarães Passos e Paula Ney. O romance é fonte valiosa para o estudo da representação das figuras de autor e de editor daquele período, especialmente porque o enredo teria sido inspirado por situações vividas pelos membros do grupo de Coelho Neto, "representantes de um momento de esplendor parnasiano, tocados todos pela mesma estupefação ante o cotidiano avassalador que mudava aspirações e exigia atitudes".[128] No romance, os protagonistas discutem o papel social do homem de letras, a sobrevivência por meio da literatura, a opção pela atividade jornalística, em meio a outras questões que o "cotidiano avassalador" daquele final de século impunha a homens de letras.

Um diálogo entre os personagens Anselmo Ribas (Coelho Neto) e Otávio Bivar (Olavo Bilac) condensa as posições dos literatos do período com relação ao trabalho no jornalismo:

— Não faça notícias; a notícia embota. Ataque as instituições, desmantele a sociedade, conflagre o país, excite os poderes públicos, revolte o comércio, assanhe as indústrias, enfureça as classes operárias, subleve os escravos, mas não escreva uma linha, uma palavra sobre notas policiais, nem faça reclamos. Mantenha-se artista: nem escriba nem camelote. Havemos de vencer, mas, para isto, é necessário que não façamos concessões. O redator não quer saber se temos ideais ou não: quer espremer. Quanto mais suco melhor. O prelo é a moenda e lá se vai o cérebro, aos bocados, para repasto do burguês imbecil e, no dia em que o grande industrial compreende que nada mais pode extrair do desgraçado que lhe caiu nas mãos sonhando com a glória literária, despede-o e lá vai o infeliz bagaço acabar esquecidamente, minado pela tuberculose.

Um homem de talento que se mete em jornais suicida-se. [...]

— Mas que se há de fazer?

— Escreva livros.

— Para quê, se não há quem os edite?

— Escreva contos, fantasias, crônicas.

— Não pagam. Fazem ainda grande favor quando os publicam.

— Pois, meu amigo, que me venham pedir versos ou prosa de graça. Quer saber? Os culpados da depreciação literária são os próprios literatos: Alencar vendia os seus romances ao Garnier por quatrocentos mil réis. Quantas edições tem *O Guarani*? Está ainda na primeira e é conhecido em todo o Brasil. O editor fez com o romance o milagre de Tiberíade: multiplicou-o. Se houvesse fiscalização a coisa seria outra.[129]

---

128 Prado, *Trincheira, palco e letras*: crítica, literatura e utopia no Brasil, p.17.
129 Coelho Neto, *A conquista*.

Na conversa das personagens, ressurgem questões que já se faziam os literatos ao tempo de Gonçalves Dias e José de Alencar: trabalhar em jornal é vender-se? Deve o artista fazer concessões? Como conseguir publicar um livro?[130] A figura do editor, não à toa encarnada por Garnier, aparece de modo o mais pejorativo. O pagamento pela propriedade de *O guarani* é visto como irrisório. Para a personagem Bivar, "os culpados da depreciação literária são os próprios literatos". Em sua perspectiva, José de Alencar não seria modelo de profissional das letras; seria um mau exemplo, por ter vendido a Garnier sua obra mais conhecida por tão pouco.

A angústia diante de antigas encruzilhadas, como a que oferecia os caminhos do jornalismo e da literatura, revestia-se de novos desafios para os literatos da virada do século XIX para o XX. Afinal, como afirmou Antonio Arnoni Prado,

> os tempos então eram outros, e o ritmo acelerado do novo século começava a alterar bastante o panorama cultural do país. A boêmia dourada se dispersava e sofria a concorrência oficial da Academia, da profissionalização do escritor, cada vez mais solicitado pelos novos jornais e pelas novas revistas que surgiam. Com a incorporação de um número cada vez maior de leitores, o gosto pelo consumo e pela novidade, ao mesmo tempo que acenava com a glória e expandia o mercado, impunha a diversificação do trabalho intelectual e obrigava a novas formas de escrever, que passam a repercutir na estrutura dos gêneros, dinamizando o ritmo da crônica, ampliando o espaço do poema, agora convertido em uma espécie de variação impressionista do retrato-flagrante, a rivalizar com a reportagem e o conto, também aberto à linguagem dos espetáculos e dos maquinismos que aceleravam o momento histórico e o discurso empolado dos bacharéis.[131]

---

130 Essas questões são examinadas por Brito Broca no ensaio Os intelectuais no advento da República. Ver Broca, *Naturalistas, parnasianos e decadentistas:* vida literária do realismo ao pré-modernismo. Ver também o capítulo Aluísio Azevedo e os escritores brasileiros no debate sobre a propriedade literária, em Mérian, op. cit.
131 Ibid., p.16.

Figuras de autor, figuras de editor

Nesse cenário de mudanças, João do Rio se perguntava, naquele artigo de 1908, quem seriam os continuadores da "geração de Aluísio, de Neto, de Bilac". Para o cronista, a "escravidão anacrônica" dos escritores brasileiros a editores que usavam métodos ultrapassados de publicação e pagavam direitos autorais irrisórios, quando pagavam, resultara no "krak da literatura brasileira":

> Os escritores outrora, para não morrer de fome, tinham mesmo de escrever. Eram ou boêmios ou empregados públicos. A literatura surgiu um pouco como produção de amadores. Agora, porém, há os negócios, os trabalhos rápidos que acenam com contos de réis, as empreitadas e o mais na vida vertiginosa, a necessidade absoluta do conforto e do luxo. É impossível pensar em limar um soneto, compor um drama ou concluir um romance, quando durante o dia andamos na nevrose de ganhar. Entre 500 mil réis por um livro de trezentas páginas e uma questão em que se vai por cinco contos sem escrever – ninguém hesita. Nem Shakespeare, nem Homero, se voltassem ao mundo.[132]

Daí, segundo João do Rio, aparecerem somente "alguns talentos, que transitam pelas letras, quase sempre em jornais, obrigados por uma fatalidade terrível". Não haveria quem substituísse os nomes da geração de 1870 e a culpa era dos editores, que "mataram a literatura porque não souberam pertencer à era nova".[133] Faltavam editores para as vanguardas, como reclamara Adolfo Caminha.

Talvez, Monteiro Lobato, que em 1908 era fazendeiro no interior paulista e colaborador em jornais, tenha lido o artigo de João do Rio. Naquela época, ele refletia, em cartas a amigos, sobre questões semelhantes às que haviam provocado o diagnóstico do escritor carioca sobre o mercado nacional de livros, a profissionalização do homem de letras, a situação da literatura brasileira. As respostas que Lobato deu a essas questões vieram em forma de contos, artigos e uma editora, que pretendia pertencer "à era nova".

---

132 Rio, O krak da literatura diante das necessidades da vida, p.167.
133 Ibid., p.168.

Parte II
*Figuras de editor e de autor nas empresas
de Monteiro Lobato*

Capítulo 4
Na salinha da Revista do Brasil

4.1. A *Revista do Brasil*

As atividades editoriais de Monteiro Lobato começaram a ser realizadas de modo profissional quando ele adquiriu a *Revista do Brasil*, em 1918. Embora ele tenha editado e publicado periódicos e um livro em anos anteriores,[1] é possível afirmar que sua carreira de editor começou oficialmente na sala de redação da revista, localizada no prédio onde funcionava *O Estado de S. Paulo*, no centro da capital paulista.

Lobato acompanhou de perto a fundação da sociedade anônima *Revista do Brasil*, registrada na junta comercial de São Paulo em 6 de setembro de 1915.[2] Conforme Tania de Luca, a revista foi idealizada por Júlio de Mesquita, que, "no início de 1915, designou dois auxiliares próximos, Plínio Barreto e José Pinheiro Machado Júnior, para cuidar da fundação de um

---

[1] Lobato teria realizado atividades editoriais no jornal *O Minarete*, publicado em Pindamonhangaba (SP) por Benjamin Pinheiro, seu amigo. Antes de comprar a *Revista do Brasil*, fundou com Carlos Freire e Pereira de Matos a *Parahyba*, revista publicada em Caçapava (SP) que teve apenas doze números. Essas experiências, principalmente a da revista *Parahyba*, ainda não foram estudadas em profundidade. Ver Cavalheiro, *Monteiro Lobato*: vida e obra, t.1.

[2] Acta da Assembléa Geral Extraordinária realizada em 30 de maio de 1918. Sessão de 23 de outubro de 1918. São Paulo, n.3198.

periódico que deveria chamar-se *Cultura*".[3] Ainda de acordo com a pesquisadora, coube a Pinheiro Júnior angariar acionistas para a revista, tarefa que levou quase todo o ano de 1915. Provavelmente, o valor das cotas, que era de 300$000, foi obstáculo para a reunião mais rápida de interessados em participar da sociedade.

Em uma carta a Godofredo Rangel, de janeiro de 1915, Lobato pergunta ao amigo se deve declarar a Pinheiro Júnior que Rangel ficará com uma das cotas. Em setembro, retoma o assunto, informando que os organizadores da sociedade "ainda procuravam acionistas".[4] Nenhum dos dois adquiriu cotas, mas ambos tomaram assinaturas do periódico, que começou a circular em janeiro de 1916. Em uma carta a Rangel de 20 de janeiro, Lobato incentiva o amigo a assinar a revista, que chama de "nossa", e a se preparar para colaborar nela: "vou acampar na revista e ficar lá à tua espera, para glória do Cenáculo".[5] Essa tarefa não seria difícil, pois Lobato era um dos "sapos" da redação do *Estadão*, aqueles colaboradores que costumavam comparecer ao jornal "quase todas as noites e lá ficavam até de madrugada".[6] A "glória" na revista veio, para Lobato, em forma de artigos, contos e ilustrações publicados já em 1916 e, para Rangel, por meio da publicação de seu romance *Vida ociosa*, em folhetins, a partir de 1917.

Lobato escrevia para o *Estado* com certa frequência desde 1913.[7] O artigo "Uma velha praga", que a crítica costuma associar ao início da projeção

---

3 Luca, *A Revista do Brasil:* um diagnóstico para a (N)ação, p.35.
4 Ibid., p.45.
5 Lobato, *A barca de Gleyre*, p.64. O "Cenáculo" era nome dado a grupo formado por Lobato, Rangel e outros companheiros, alguns deles colegas da faculdade de Direito: Ricardo Gonçalves, Albino Camargo Neto, Cândido Negreiros, Tito Lívio Brasil e Lino Moreira. O grupo, também autodenominado Cainçalha, reunia-se no Café Guarani e na república estudantil do Minarete.
6 Ibid.
7 O primeiro artigo de Lobato para o jornal teria sido "Entre duas crises", publicado em 30 out. 1913. Ver Azevedo; Camargos; Sacchetta, *Monteiro Lobato:* furacão na Botocúndia, p.102. Frequentar redações, ao que parece, era um hábito que Lobato mantinha desde quando se mudara para São Paulo, aos treze anos, para estudar. Em uma carta à mãe, de 22 de dezembro de 1886, ele declara: "escrito de última hora na redação do *Comércio*". Manuscrito pertencente ao acervo da Biblioteca Monteiro Lobato, em São Paulo, arquivado na pasta 35, sob n.3788.

nacional do escritor, havia sido publicado pelo jornal em 12 de novembro de 1914.[8] Nele aparecem, pela primeira vez, Jeca Tatu, Chico Marimbondo e Manuel Peroba, nomes criados por Lobato para representar caboclos que, segundo ele, seriam responsáveis por praticar incêndios tão danosos quanto os que assolavam a Europa em guerra. O artigo "Urupês", no qual a personagem Jeca Tatu e o grupo social que simboliza são esmiuçados pelo autor, foi estampado em 23 de dezembro do mesmo ano, provocando repercussão ampla e barulhenta.[9] Nos meses seguintes, Lobato passou a colaborar mais no *Estadão* e a estreitar laços com Pinheiro Júnior e os jornalistas da casa.

No início de 1915, Lobato conta a Rangel que o *Estado* pretendia lhe pagar 25 mil-réis por artigo, "logo que a folha volte à normalização financeira e se refaça dum desfalque de 150 contos que lá deu o velho gerente", segundo ouvira falar.[10] Era quantia bem maior do que os 10$000 pagos por artigo pela *Tribuna* de Santos, onde colaborara em 1909.[11] O interesse de Lobato em consolidar-se como articulista do *Estadão*, porém, estava mais relacionado ao *capital simbólico* que o jornal poderia lhe proporcionar:

> Dizes bem quanto à disseminação do nome por intermédio de outras folhas. Isto é como eleitorado. Escrevendo no *Estado*, consigo um corpo de 80 mil leitores, dada a circulação de 40 mil do jornal e atribuindo a média de 2 leitores para cada exemplar. Ora, se me introduzir no Rio num jornal de tiragem equivalente, já consigo dobrar o meu eleitorado. Ser lido por 200 mil pessoas é ir gravando o nome – e isso ajuda.[12]

---

8 Consultar, a esse respeito, as biografias relacionadas nas referências bibliográficas.
9 Essa repercussão aumentaria com o lançamento do livro *Urupês*. Marisa Lajolo traça um excelente panorama da recepção de *Jeca Tatu* quando da publicação do artigo e do lançamento do livro em *Monteiro Lobato: um brasileiro sob medida*. Ver especialmente o Capítulo 7. Já em Jeca Tatu em três tempos, Lajolo analisa o percurso ideológico de Monteiro Lobato em relação ao caipira paulista. In: Schwarz (org.), *Os pobres na literatura brasileira*.
10 Carta de 12 de fevereiro de 1915. Lobato, *A barca de Gleyre*, p.19-23.
11 Lobato conta a Rangel, em uma carta de 15 de setembro de 1915, que recebera 40$000 da *Tribuna* por uma série de artigos, o que lhe permitira pagar dois meses de aluguel. Ibid., p.273.
12 Lobato, *A barca de Gleyre*, p.273.

Como vimos nos capítulos anteriores, não era nova a estratégia de colaborar em periódicos, principalmente os da grande imprensa, para "disseminação do nome" e consequente distinção no campo literário. Também não era novidade fazer o nome conhecido por meio de uma polêmica; vale lembrar aquelas protagonizadas por José de Alencar e Franklin Távora, para mencionar apenas dois homens de letras que se tornaram conhecidos por criticar intempestivamente, nas folhas, determinadas formas de representação literária. O artigo de Lobato tem pontos em comum com os de Alencar e Távora: a preocupação com temas e problemas sociais brasileiros e a reprovação do modo como são apresentados em obras de escritores contemporâneos.

A crítica de Lobato se dirige, em "Urupês", às representações literárias do índio produzidas por Alencar e Gonçalves Dias e às do caipira criadas por Fagundes Varela, autores mortos há décadas. Logo depois de argumentar que a força da imaginação de Alencar teria imposto à sociedade uma visão idealizada do índio, Lobato afirma: "Vindo o público a bocejar de farto, já cético ante o crescente desmantelo do ideal, cessou no mercado literário a procura de bugres homéricos, inúbias, tacapes, borés, piagas e virgens bronzeadas".[13] Aparentemente, o público a que Lobato se refere seria a massa anônima de leitores consumidores de romances, que as notícias sobre índios "reais" teriam afastado da mercadoria de temática indianista. O uso da expressão "mercado literário" é crucial no desenvolvimento do raciocínio de Lobato; a ela voltaremos.

O indianismo não teria desaparecido, porém; teria evoluído e mudado de nome: "crismou-se de caboclismo".[14] Quais escritores seriam responsáveis pela nova idealização do caboclo e sua ascensão ao posto de "Ai Jesus nacional"?[15] Lobato não os nomeia. Como autor que desejava subir na hierarquia do campo literário, suas críticas presumivelmente se dirigiam aos pares que ocupavam seu topo, tais como Coelho Neto, cujo Sertão

---

13 Ibid., p.166.
14 Ibid.
15 Ibid., p.167.

alcançara grande repercussão quando de seu lançamento em 1897. Coelho Neto compõe nos contos a figura de um sertanejo cheio de vitalidade, "caracterizado como o tipo nacional".[16] Os traços desse tipo são justamente aqueles criticados por Lobato pela excessiva idealização: "orgulho indomável, independência, fidalguia, coragem, virilidade heroica". As páginas de revistas e livros do início estavam coalhadas de figuras de caboclo com essas características.[17] A estratégia de Lobato parece ter sido a de mirar escritores do passado, pioneiros da tradição literária que idealizava índios e sertanejos, em lugar de ferir, com suas críticas, contemporâneos que poderiam vir a consagrá-lo como autor – o que terminou por acontecer.

O objetivo do artigo era desmontar as figuras literariamente idealizadas dos caboclos para demonstrar que eles seriam, na realidade, "urupês", ou seja, parasitas. Para atingir essa meta, Lobato compõe uma personagem fictícia, Jeca Tatu, e seu universo familiar e social, no qual se desenrolam cenas e diálogos, igualmente fictícios, que provariam o atraso, a ignorância, a indolência dos caboclos. O estratagema provou-se duplamente eficaz. Em primeiro lugar, as características e comportamentos da personagem se mostraram mais eloquentes do que números ou conceitos abstratos para convencer os leitores da tese do parasitismo – ou para provocá-los a defender opiniões contrárias. Em segundo, o tema permitiu a Lobato apresentar-se como autor de literatura, ao criar personagem, espaço e enredo não apenas opostos aos das obras classificadas por ele como "caboclismo", mas com qualidade artística suficiente para que fosse reconhecido como escritor de talento artístico. Por essas e outras razões, Wilson Martins reconheceu o Jeca como "primeiro tipo de 'herói' literário, contraposto a Peri, na literatura moderna".[18]

---

16 Pereira, Cousas do sertão: Coelho Netto e o tipo nacional nos primeiros anos da República, *História Social*, n.22-3, p.110.

17 Ver, por exemplo, as análise de Antonio Dimas sobre os caboclos retratados em contos publicados na revista carioca *Kosmos* na primeira década do século XX, por escritores como Coelho Neto. Dimas, *Tempos eufóricos* (Análise da revista *Kosmos*: 1904-1909), p.21-49.

18 Martins, *A ideia modernista*, p.27.

O formato híbrido de "Urupês", "modulado pela narração",[19] seria usado em parte significativa dos textos de Lobato produzidos para jornais.

Graça Aranha recorda que os dois artigos de Monteiro Lobato haviam causado tamanha comoção que *O Estado de S. Paulo* lhe enviara uma carta em que "pedia preço para uma colaboração regular, uma vez por semana".[20] A proposta, porém, era feita com ressalva pelo jornal: "Apenas, para não alterar o regime estabelecido na imprensa, lhe pedia que, ao fazer seus artigos, não escrevesse dos dois lados do papel...".[21] Ainda segundo Graça Aranha, faziam-se "suposições" sobre a identidade do autor de "Urupês"; nos círculos letrados, o artigo era atribuído "ora a um, ora a outro escritor nacional". A resolução do mistério teria causado alvoroço na redação do jornal:

> Até que, um dia, surgiu na redação do "Estado" um caboclinho meudo, cara de menino, que pretendia fallar ao director.
> — Sou o Monteiro Lobato — informou.
> Foi um alvoroço na casa. Subiu gente das officinas para vêr o moço escriptor. E tal foi a acolhida, que Monteiro Lobato esqueceu o palmito, o "fogo-pôsto", o cafesal, as plantações todas, fixando-se deliberadamente na Paulicéa.[22]

O relato de Graça Aranha é moldado, como todos os relatos, por muita imaginação. Nem por isso deixa de ter interesse documental, por narrar o que teria sido a visita de Lobato ao *Estadão*, já como autor de "Urupês"; por descrever sua aparência de caboclo, como tantos contemporâneos fizeram; e por tratar, com ironia, da proposta de colaboração feita ao escritor pelo jornal.

Como era colaborar em periódicos na segunda década do século XX? Sérgio Micelli responde: "o jornalismo tornara-se um ofício compatível

---

19 A sugestão de considerar "Urupês" um ensaio é de Ceccantini, Cinquenta tons de verde: *Urupês*, o primeiro *best-seller* nacional. In: Lajolo (org.), *Monteiro Lobato, livro a livro:* Obra adulta, p.46.
20 Aranha, Figuras promissórias: Monteiro Lobato, *A maçã*, n.238, p.15.
21 Ibid.
22 Ibid.

com o *status* de escritor".²³ Para o pesquisador, que estudou a formação, o desenvolvimento e as regras do campo intelectual brasileiro, naquele período ganhava força e visibilidade um grupo de intelectuais profissionais, assalariados, que viviam de rendimentos proporcionados por trabalhos em jornais e revistas, conferências, assessorias jurídicas. Podemos acrescentar a essas atividades a redação de peças publicitárias, feita por escritores como Olavo Bilac, Bastos Tigre e outros.²⁴ A grande imprensa se firmava no país e os jornais se tornavam empresas capitalistas, embora, como lembra Nelson Werneck Sodré, no interior dos estados ainda sobrevivessem jornais pequenos, de produção quase artesanal, circulação restrita e poucos colaboradores, geralmente mal (ou nada) remunerados.²⁵

Quando Lobato fazia planos envolvendo futuros pagamentos do *Estadão*, em 1915, a prática da colaboração remunerada já era comum na grande imprensa:

> O *Jornal do Comércio* pagava trinta, cinqüenta e até sessenta mil-réis pela colaboração literária, o mesmo fazia o *Correio da Manhã*; em 1907, Bilac e Medeiros e Albuquerque recebiam salários mensais "decentes" pelas crônicas que publicavam, respectivamente, na *Gazeta de Notícias* e em *O País*. O que fora para alguns autores românticos (por exemplo, Alencar e Macedo) uma atividade e uma prática "tolerada", tornando-se depois para certos escritores da geração de 1870 (por exemplo, Machado de Assis) uma atividade regular, que lhes propiciava uma renda suplementar cada vez mais indispensável, torna-se a atividade central do grupo dos "anatolianos".²⁶

Todos os jornais mencionados por Sodré eram sediados no Rio de Janeiro, onde se concentravam as principais editoras e os autores mais prestigiados do país, como Olavo Bilac e Medeiros e Albuquerque. A afirmação

---

23 Micelli, Poder, sexo e letras na República Velha (estudo clínico dos anatolianos). In: _____, *Intelectuais à brasileira*, p.54.
24 Ver Martins; Luca, *Imprensa e cidade*; Süssekind, *Cinematógrafo de letras: literatura, técnica e modernização no Brasil*, p.58-70.
25 Ver Sodré, *História da imprensa no Brasil*, p.275.
26 Ibid., p.54.

de que a atividade jornalística, por parte de escritores, era apenas "tolerada" na época de Alencar e Macedo fora feita por Bilac, no prefácio de seu livro *Ironia e piedade* (1916), que reunia crônicas produzidas, em sua maioria, para a *Gazeta de Notícias*.[27] No prefácio, ele relembra o prestígio conferido pelo jornal a seus colaboradores e reivindica para sua geração o mérito de ter feito "da imprensa literária uma profissão remunerada".[28] Quanto aos "anatolianos", tratava-se de grupo de letrados cujo modelo intelectual maior seria o escritor francês Anatole France, pseudônimo de Jacques Anatole François Thibault (1844-1924). Para Micelli, "os anatolianos" ficariam caudatários, "tanto em suas práticas profissionais como em todas as suas tomadas de posição estéticas e políticas, do 'atraso' que tal 'escolha' implica", em comparação à escolha feita pelos modernistas, "importadores do programa estético, ético e político das vanguardas europeias".[29] Como Monteiro Lobato teria sido "o anatoliano de maior sucesso comercial e intelectual na década de 1920 em São Paulo",[30] ele teria passado para a história da literatura brasileira com o rótulo de pré-modernista.

Não nos adiantemos, porém.

Escritores de diferentes posições no campo literário da época parecem ter sido beneficiados pela consolidação do mercado jornalístico, pelo menos nos grandes centros urbanos, onde havia jornais como o *Estadão*, que oferecia a autores como Lobato tanto remuneração atrativa quanto o valor simbólico de sua marca distintiva. Entretanto, esse cenário não era suficiente para dissipar as tensões que permeavam a relação entre os homens de letras e a imprensa.[31] Os prós e contras da colaboração em periódicos foi motivo de um inquérito famoso de João do Rio com escritores,[32] tornou-

---

27 Bilac, *Ironia e piedade*, p.9.
28 Ibid.
29 Ibid., p.60.
30 Micelli, op. cit., p.98.
31 Essa relação é analisada por Marisa Lajolo e Regina Zilberman no capítulo As letras inadimplentes do livro *Formação da leitura no Brasil*, p.82-7.
32 Rio, *O momento literário*. Um dos objetivos da enquete de João do Rio, dirigida a dezenas de intelectuais brasileiros, era saber se a atividade jornalística atrapalhava ou ajudava quem queria se dedicar à literatura. Parte dos entrevistados achava,

-se pano de fundo para o primeiro romance de Lima Barreto[33] e pautou o conteúdo de boa parte da correspondência de Monteiro Lobato enviada a Godofredo Rangel nas décadas de 1900 e 1910. Nas cartas, Lobato entremeia comentários pejorativos à imprensa ("a camachorra que achata todas as palavras da língua é sempre o jornalismo")[34] a ponderações sobre a necessidade de um escritor receber pelo que escreve e fazer o nome circular por intermédio de jornais e revistas.

A trajetória de Lobato como colaborador de jornais começara ainda nos tempos de faculdade, quando escrevera para jornaizinhos pouco conhecidos como *O Combatente* e *O Minarete*. Aos poucos, ele passou a fazer trabalhos para veículos mais prestigiados, entre eles *A Gazeta de Notícias*, do Rio de Janeiro, *A Cigarra* e *A Vida Moderna*, de São Paulo. Nelas publicou contos, artigos e crônicas para diferentes públicos, muitas vezes assinando com pseudônimos.[35] Em 1915, quando se tornou colaborador do prestigiado *O Estado de S. Paulo*, tinha acumulado capital simbólico bastante para que "um cara" lhe oferecesse a edição de um livro com seus textos. A proposta teria provocado nele a seguinte reflexão, relatada a Rangel:

> Ora, cara por cara, por que não a minha? Editor de verdade não creio que apareça, nem eu procuro. Chegar com os originais dum livrinho, isso me dá idéia de chegar com o pires. E se ele vem com o "Deus o favoreça, irmão!" com que tromba ficamos?[36]

---

como Olavo Bilac, que "O jornalismo é para todo o escritor brasileiro um grande bem. É mesmo o único meio do escritor se fazer ler". Outra parte discordava dessa ideia, como Luís Edmundo: "É péssimo, e penso como toda gente. Nós temos nesta terra duas instituições fatídicas para os homens de letras: uma é a política, a outra é o jornalismo". Disponível em: <http://www.dominiopublico.gov.br/>. Acesso em: 20 jan. 2017.

33 Em *Recordações do escrivão Isaías Caminha*, Lima Barreto faz uma "pintura demolidora", para usar palavras de Lajolo e Zilberman, de literatos e jornalistas que trabalham em um grande periódico do Rio de Janeiro. Ler, a respeito, a análise feita no capítulo As letras inadimplentes de Lajolo; Zilberman, *O preço da leitura*, p.82-7.

34 Lobato, Carta a Rangel de 7 de junho de 1909. In: _____, *A barca de Gleyre*, t.1, p.241.

35 Ver Martins, *Lobato edita Lobato: história das edições dos contos lobateanos*.

36 Lobato, Carta a Rangel de 12 fev. 1915, *A barca de Gleyre*, p.19-23.

Esse trecho de carta encerra as principais representações de autor e de editor que circulavam no campo literário, e que provavelmente foram incorporadas por Lobato juntamente com *habitus* do ofício de escritor. De um lado, a figura do autor guiado apenas por seu projeto criador, que não se sujeita a patrono ou a editor, antes preferindo publicar ele mesmo seu livro; de outro, a figura do editor usurário, que pode tratá-lo como a um mendicante Fagundes Varela.

Enquanto Lobato meditava sobre as possibilidades de publicação, no final de 1915, Pinheiro Júnior reunia 66 acionistas para a *Revista do Brasil*. Faziam parte da lista "médicos, engenheiros, professores, advogados, políticos importantes e jornalistas pertencentes, em sua maioria, à elite paulistana", o que, para Tania de Luca, permitiria "caracterizar o periódico como um empreendimento desse segmento social".[37] Boa parte das cotas foi adquirida por colaboradores do *Estadão*.

Júlio de Mesquita, proprietário e diretor do jornal, era nome de destaque no cenário político nacional. Formado em Direito, iniciara a carreira jornalística na década de 1880. Era republicano e participara ativamente da política paulista, ocupando vários mandatos como deputado estadual, deputado federal e senador estadual. Havia sido um dos fundadores do Partido Democrático.

Seu jornal tinha caráter independente, condição essencial, na visão de seus mentores, "para que o matutino pudesse exercer com liberdade a oposição aos poderes constituídos, tarefa julgada fundamental para o pleno funcionamento do jogo democrático".[38] Sérgio Micelli põe entre aspas a independência do jornal. Para ele, o grupo vinculado aos Mesquita, que detinham o controle acionário do *Estadão*, veio a "assumir a liderança de sucessivas frentes de oposição ao comando perrepista". Ainda conforme Micelli, o grupo ligado ao *Estadão* dispunha, como "baluarte do 'liberalismo' oligárquico", de uma força "indissociável de sua condição de empresários culturais".[39]

---

37 Apud Luca, op. cit., p.45.
38 Ibid., p.39.
39 Micelli, op. cit., p.89-90.

O jornal vinha investindo em inovações tecnológicas desde 1890, quando importara sua primeira impressora do tipo Marinori. Em 1896, uma nova máquina foi adquirida, dessa vez uma impressora rotativa. Os investimentos continuaram em 1908, quando "foi reformado todo o material tipográfico, passando a composição a ser executada por meio de linotipos e adquirida outra máquina, uma Albert", máquina que podia produzir 23.400 exemplares de dezesseis páginas dobradas por hora.[40] Quatro anos depois, o jornal fez empréstimos para encomendar nova impressora e linotipos, além de comprar imóveis, onde seriam instaladas as oficinas, a redação e administração. Talvez o exemplo dessas aquisições bem-sucedidas tenha estimulado Lobato a fazer empréstimos, em 1924, para importar as máquinas modernas que equipariam sua editora.

O *Estadão* mantinha uma rede de correspondentes internacionais[41] e contava com ampla malha de distribuição no estado de São Paulo desde 1880, graças à boa infraestrutura ferroviária, que permitia a entrega dos matutinos em todo o estado e regiões vizinhas no mesmo dia da publicação. Os serviços dos telégrafos possibilitavam o rápido recebimento de notícias de diversas partes do país e do mundo. Os correios, que tanta má fama haviam tido ao longo do século XIX e no começo do XX, entregavam jornais em pontos distantes do território nacional e traziam cartas e textos de colaboradores residentes em locais igualmente pouco acessíveis.[42] Essa estrutura bem organizada pode ter ajudado Monteiro Lobato a criar a rede de distribuição utilizada por suas editoras, como veremos no Capítulo 6.

No número de estreia da *Revista do Brasil*, Luís Pereira Barreto, Júlio Mesquita e Alfredo Pujol figuravam como diretores e Plínio Barreto, como redator-chefe. O editorial afirmava haver "por trás do título dessa revista e dos nomes que a patrocinam" uma "coisa simples e imensa: o desejo, a deliberação, a vontade firme de construir um núcleo de propaganda nacionalista".[43] No primeiro número apresentava artigos como

---

40 Ibid., p.37.
41 Ibid., p.37-8.
42 João Pinheiro de Barros Neto faz uma boa síntese da história dos Correios no Brasil no artigo A difícil missão de vencer distâncias, *Nossa História*, n.34, p.32-6.
43 Apud Azevedo; Camargos; Sacchetta, op. cit., p.108.

"O preconceito das reformas constitucionais", de Pedro Lessa, "Economia e finança de São Paulo", de Carlos de Carvalho, "O Brasil, terra de poetas", de Amadeu Amaral, "O último passo da cirurgia", de L. P. Barreto, entre outros, além dos contos "Desespero de amor", de Valdomiro Silveira, e "O margarida", de Veiga Miranda. O conto "A vingança da peroba", de Monteiro Lobato, seria publicado no terceiro número, com ilustração do autor.

O número de novembro de 1916 da *Revista do Brasil* apresenta a seguinte nota:

> Segundo noticiou *O Estado de S. Paulo*, acha-se em vias de organização, nesta capital, uma sociedade por ações, cujo fim é editar obras de escritores paulistas. A Sociedade encarregar-se-á da propaganda dos livros que publicar, procurando extrair para si apenas os lucros necessários à sua manutenção.
>
> A idéia é por certo muito boa, pois todos sabem que a falta de editores ativos e cultos, entre nós, entrava lamentavelmente o nosso desenvolvimento literário. Como o *Estado* fez notar, há entre nós não poucos escritores que têm livros prontos, e entretanto não os publicam por não encontrarem facilidades nem compensações para isso e por não se resignarem a exercer as funções de mercadores dos próprios livros.[44]

Para Wilson Martins, essa sociedade seria "o núcleo teórico do que, na mesma *Revista do Brasil*, [...] viria a ser o enorme desenvolvimento editorial dos anos 20".[45] A se crer na notícia do *Estadão*, existiria demanda para criar uma sociedade editora que tomasse para si o encargo de publicar, distribuir e vender livros. Haveria um grande número de livros inéditos devido ao fato de seus autores "não encontrarem facilidades nem compensações" para publicá-los e por "não se resignarem a exercer as funções de mercadores dos próprios livros". Essa afirmação faz lembrar as reclamações de Adolfo Caminha, para quem faziam faltam editores inspirados que apoiariam escritores de talento por amor à arte, atuando como divulgadores de

---

44 Movimento literário, *Revista do Brasil*, n.11, nov. 1916.
45 Martins, *A ideia modernista*, p.18.

suas obras. A figura desinteressada de editor, que a sociedade por ações pretendia incorporar, apresenta, de modo idealizado, funções reais que, conforme Bourdieu, são necessárias para os escritores, especialmente os que se posicionam como artistas "puros":

> [...] só o editor ou o *marchand* podem organizar e racionalizar a difusão da obra, que, sobretudo talvez no caso da pintura, é uma empresa considerável, supondo informação [...] e meios materiais; só ele pode, agindo como intermediário e como anteparo, permitir ao produtor manter uma representação inspirada e "desinteressada" de sua pessoa e de sua atividade ao evitar-lhe o contato com o mercado, dispensando-o das tarefas ao mesmo tempo ridículas e desmoralizantes ligadas à promoção de sua obra.[46]

Eram justamente as tarefas "desmoralizantes" que afastariam o grupo de escritores paulistas, ao qual se refere a nota da *Revista do Brasil*, das tentativas de promover seus livros. Provavelmente, a perspectiva humilhante de procurar um editor comercial, confessada por Lobato, distanciaria esses autores também das casas existentes na capital. No ano seguinte, foi constituída uma sociedade para garantir aos autores pelo menos o recebimento das compensações pela publicação de seus livros:

> A Sociedade dos Autores, que tem por fim defender os direitos autorais em juízo e fora dele, representa, positivamente, uma excelente iniciativa de que há muito a esperar. Com efeito, entre nós não se tem noção alguma de propriedade literária. Como não há quem viva exclusivamente da sua pena, os autores ainda não conseguiram convencer o público de que, assim mesmo, a produção intelectual é tão digna como as outras, e tanto como as outras merece a proteção das leis. Foi para reagir contra isso que se fundou a Sociedade dos Autores. D'ora avante a lei dos direitos autorais não existirá apenas no Código – mas terá aplicação freqüente, e servirá realmente para proteger os autores.[47]

---

46 Bourdieu, *As regras da arte*, p.194.
47 *Revista do Brasil*, n.14, fev. 1917.

Os objetivos dessa sociedade eram bem mais modestos, pois ela pretendia apenas garantir o respeito aos direitos autorais. A sociedade era presidida por Vicente de Carvalho e tinha como secretário Amadeu Amaral. Deveriam compor seu "conselho superior" Affonso d'Escragnole Taunay, Alberto Seabra, José Carlos de Macedo Soares, entre outros intelectuais ligados à *Revista do Brasil* e ao jornal *O Estado de S. Paulo*. Monteiro Lobato tinha contato frequente com esse grupo de escritores e pode ter acompanhado as ações que vinham empreendendo com o objetivo de criar melhores condições para a publicação de livros e o recebimento de direitos autorais.

Como veremos no Capítulo 7, o Código Civil de 1916 regulamentava a propriedade literária, modificando alguns aspectos da Lei Medeiros e Albuquerque, de 1898. No entanto, pelo que indicam os objetivos da Sociedade dos Autores, a lei estava longe de ser aplicada. O próprio Medeiros e Albuquerque relata a enorme distância entre a lei e a prática na coluna "Cartas de Paris", de 14 de março de 1914, publicada no *Estadão* de 3 de abril do mesmo ano. O tema da coluna é a festa promovida pela Societé des Gens de Lettres em homenagem às "convenções recentes da Argentina e do Brasil para a proteção aos direitos autorais".[48] Olavo Bilac estava entre os autores presentes no jantar, ao qual compareceram escritores franceses pouco conhecidos, porque "os mais célebres", por terem "a reputação feita", não "se dignam comparecer" – eis uma excelente amostra dos efeitos de lutas por capital simbólico em um campo literário relativamente autônomo.

Na opinião de Medeiros e Albuquerque, os franceses estavam "muito iludidos" com a convenção, pois não tinham ideia da "força precisa" para que funcionasse; afinal, no Brasil, "todos sabem como os jornais e revistas não fazem cerimônia para transcrever contos e poesias dos autores brasileiros – que, teoricamente, estão garantidíssimos pela lei". Caso algum escritor decidisse reclamar aos jornais o que lhe era devido, "causaria aos redatores um verdadeiro assombro. Seria talvez a ele que considerariam um gatuno ou chantagista!". Se assim era com os brasileiros, como não seria com os estrangeiros? Daí a necessidade, segundo ele, de a Societé des Gens

---

48 Medeiros e Albuquerque, Cartas de Paris, *O Estado de S. Paulo*, p. 3. Todas as citações do texto são dessa página.

de Lettres estabelecer no Brasil uma representação ou de os brasileiros criarem associação semelhante.

A profissionalização e a garantia do recebimento de direitos autorais eram antigas reivindicações de entidades como a Associação dos Homens de Letras no Brasil, fundada no Rio de Janeiro em 1883, e a também carioca Sociedade dos Homens de Letras, criada em 1890.[49] A própria Academia Brasileira de Letras (1897) tivera, em seu início, esses objetivos em pauta, os quais guiavam igualmente as atividades da Sociedade Brasileira dos Homens de Letras, presidida por Olavo Bilac, fundada em 1914 e finda um ano depois, e da Sociedade dos Homens de Letras, que existiu entre 1915 e 1917. Para Brito Broca, essas sociedades conseguiram poucos avanços, pois o maior problema dos escritores da época não era garantir pagamento de direitos autorais, mas "encontrar quem os editasse a qualquer preço", de modo que os objetivos alardeados por essas organizações configuravam "uma espécie de demagogia literária inócua, soando falso".[50]

Nessas circunstâncias, o receio de procurar editor e terminar "de pires na mão", expresso por Monteiro Lobato em carta a Rangel, é bastante compreensível. A solução encontrada por ele para resolver o problema foi propor à direção da deficitária *Revista do Brasil* a compra do periódico, em maio de 1918.[51] Convidado por Plínio Barreto para assumir a direção da revista, Lobato decidira tornar-se dono dela.[52] Assim, na tarde de 30 de maio de 1918, os acionistas da revista reuniram-se em Assembleia Geral Extraordinária, realizada na sala de redação, para "deliberarem sobre a pro-

---

49 Ver Lajolo; Zilberman, *O preço da leitura*. Consulte especialmente o capítulo Associações e Legislação.

50 Broca, *A vida literária no Brasil – 1900*, p.57-60.

51 O número de agosto de 1916 da *Revista do Brasil* já trazia nota informando que "as suas dificuldades de publicação são enormes – por causa da crise excepcional que atravessamos. A crise afeta sobretudo o papel importado, cujo preço subiu incalculavelmente". Ver Martins, *Revistas em revista*, p.209-2.

52 Em uma carta a Rangel de 4 nov. 1917, Lobato confidenciara: "Lá pela *Revista do Brasil* tramam coisas e esperam deliberação da assembleia dos acionistas. Querem que eu substitua o Plínio na direção; mas minha ideia é substituir-me à assembleia, comprando aquilo. Revista sem comando único não vai". Lobato, *A barca de Gleyre*, p.159.

posta que lhes foi feita pelo dr. Monteiro Lobato, para a aquisição [...] do ativo da Sociedade, mediante responsabilidade de todo o seu passivo".[53]

A proposta de Lobato foi aceita por unanimidade e, no dia 3 de junho de 1918 foi lavrada, no I º Tabelionato da Capital, a escritura de transferência da *Revista*. Nessa escritura, o tabelião Filinto Lopes registrou que

> [...] a sociedade anonyma a *Revista do Brazil*, com sede nesta capital, representada por seus directores Ricardo Severo, Mario Pinto Serva e Luiz Wanderley, transferiu ao Doutor José Bento Monteiro Lobato todo o activo daquella sociedade constante do stock de exemplares da *Revista do Brazil*, contas a receber, moveis de escriptorio, dinheiro em caixa, o titulo da Revista, tudo mediante a importancia de cinco contos de reis (Reis 5:000$000) sendo transferido também a marca e o nome comercial *Revista do Brazil* com o subtitulo *Revista Brazileira* registrada na junta Comercial de São Paulo [...].[54]

Os cinco contos de réis[55] com os quais, segundo a escritura, Lobato pagou a compra da revista, eram provenientes da venda da fazenda Buquira, que ele herdara do avô, o visconde de Tremembé, em 1911.[56] O capital usado por Lobato em seu empreendimento cultural veio de uma fazenda de café, cultura que já se esgotava no Vale do Paraíba.[57] O ativo da *Revista do Brasil*, quando da transferência, era avaliado em 3:180$000, incluindo es-

---

53 Acta da Assembléa Geral Extraordinária realizada em 30 de maio de 1918. Documentos da Sociedade Anonyma *Revista do Brasil*. Arquivado sob o n. 3198 na Junta Comercial de São Paulo.

54 Documentos da Sociedade Anonyma Revista do Brasil. Sessão de 23 de outubro de 1918. N.3198, p.6-7.

55 Edgar Cavalheiro informa que Lobato teria pagado não 5, mas 10 contos de réis pela revista. *Monteiro Lobato: vida e obra*, t.1, p.194. Alice Mitika Koshiyama também afirma que o pagamento foi de 10 contos. Koshiyama, *Monteiro Lobato: intelectual, empresário, editor*, p.68. Já Lobato, em uma carta a Rangel de 6 set. 1919, diz que pagou 13 contos pela revista, pois "o ativo era de 3 contos e o passivo de 16". Lobato, *A barca de Gleyre*, t.2, p.202.

56 Segundo Edgard Cavalheiro, a fazenda Buquira foi vendida "a um sr. Alfredo Leite" por 120 contos, "em meados de 1917". Ver Cavalheiro, op. cit., p.184.

57 Ver Carone, *A evolução industrial de São Paulo (1889-1930)*, p.25-7.

toque de revistas, dinheiro em caixa e contas a receber. Já o passivo totalizava 16:792$650, sem contar as despesas do mês de maio, que ainda não haviam sido contabilizadas. O balanço da empresa mostrava, portanto, situação bastante deficitária. O volume "extraordinário" do passivo acumulado pela "empresa de literatos" é mencionado por Ricardo Severo na nota publicada pela *Revista do Brasil* em junho de 1918, justificando a venda a Lobato. Severo, presidente da diretoria da sociedade anônima, manifesta ainda que Lobato "será um continuador leal, com fé e entusiasmo, tomando o encargo com a obstinação quixotesca de prosseguir um ideal, como nós outros".[58] A associação feita por Severo entre a administração da revista e os ideais da personagem de Cervantes sinaliza a necessidade de sugerir, pelo menos no discurso, o "desinteresse" comercial tão importante para os agentes que pretendem se posicionar no campo intelectual como sérios e puros.

Com o negócio, Lobato tornou-se não apenas diretor, auxiliado pelo secretário Alarico Caiubi, mas também proprietário da *Revista*, como desejava há tempo.[59] A boa saída de seus livros *O saci-pererê: resultado de um inquérito* e *Urupês* animou-o a editar livros de terceiros.[60] O ambiente da editora recém-estabelecida era dos mais excitantes, conforme descrição de Oswald de Andrade: "Na salinha da *Revista* metralhada de estalidos de Remington, Lobato tira talões de recibo e berra para o Caiubi – 10 *Urupês*, 30 *Sacis*, 40 *Mulas-sem-cabeça*. Nacionalismo e comércio. O país que lê".[61]

---

58 *Revista do Brasil*, n.30, p.215-6. O texto integral da nota é reproduzido e analisado por Milena Ribeiro Martins em sua tese *Lobato edita Lobato*, p.24-6. A pesquisadora também apresenta levantamento exaustivo e excelente análise sobre a história da *Revista do Brasil*, sua compra por Lobato, seus textos relativos a obras literárias.

59 Em diversas cartas a Rangel daquele período, Lobato manifesta o desejo de ter seu próprio periódico. Quando Barreto o convida para ser diretor da *Revista do Brasil*, ele escreve ao amigo: "[...] sou um burrinho muito rebelde e chucro para ter patrão – e iria ter dois: Júlio de Mesquita e Alfredo Pujol". In: Lobato, *A barca de Gleyre*, t.2, p.168.

60 *O saci-pererê* teria sido lançado em janeiro de 1918, com edição inicial de 2 mil exemplares. Segundo Lobato, em agosto do mesmo ano só lhe restava um quarto da segunda edição. Lobato, *A barca de Gleyre*, p.173.

61 Andrade, *Um homem sem profissão: memórias e confissões*, p.178. O registro sobre a editora foi feito em um diário coletivo, publicado posteriormente com o título de

As observações irreverentes de Oswald de Andrade indicam que a sede da nova editora era frequentada por jovens autores que começavam a entrar no campo literário com propostas de arte vanguardista. A aproximação entre "nacionalismo" e "comércio" remete à linha editorial da *Revista do Brasil* e às estratégias de vendas a que Lobato recorreu para que o periódico se tornasse rentável. Ele teria agido em duas frentes principais: a busca por novos assinantes e a reformulação de partes da revista, com o objetivo de conferir materialidade mais leve e atraente ao sisudo periódico.[62] A preocupação com a aparência da *Revista do Brasil* e dos primeiros livros lançados sob sua chancela denota como Lobato foi aprendendo a importância da "embalagem", no dizer de Marisa Lajolo, para a conquista de leitores.[63] Já a constatação "o país que lê" pode ser entendida como o contraponto apresentado pelo sucesso das edições da *Revista do Brasil* aos argumentos de que o analfabetismo impediria o desenvolvimento da literatura nacional.

Oswald usa metonímias expressivas para evocar a intensa atividade vivida na fase inicial da editora: estalidos de Remington, talões de recibo, berros de Lobato, tiragens altas de títulos — um deles, inventado, sintetiza com perfeição a principal linha editorial da empresa.[64] A velocidade das batidas nas teclas, do preenchimento de recibos, da impressão de volumes, faz lembrar as inovações técnicas que os paulistanos experimentavam nos primeiros decênios do século XX, no âmago do desenvolvimento industrial que faria da capital do estado a cidade economicamente mais importante

---

O perfeito cozinheiro das almas deste mundo, escrito no período de 30 de maio a 12 de setembro de 1918 por Oswald de Andrade, Inácio da Costa Ferreira, Edmundo Amaral, Guilherme de Almeida, Menotti del Picchia, Monteiro Lobato, Maria de Lourdes Pontes (a "Miss Cíclone", musa do grupo), entre outros que frequentavam o apartamento de Oswald no centro de São Paulo.

62 Luca, op. cit., p.66.
63 Ver Lajolo, *Monteiro Lobato*: um brasileiro sob medida, p.32.
64 O impacto da máquina de escrever e de outras inovações técnicas na vida e na obra dos escritores brasileiros do começo do século XX foi analisado por Flora Süssekind em *Cinematógrafo de letras:* literatura, técnica e modernização do Brasil. Monteiro Lobato e Godofredo Rangel são alguns dos autores estudados por Süssekind.

do país.[65] Nos anos de 1920, acompanhando o crescimento industrial paulista, as empresas editoras passaram por uma rápida expansão, como sumariza Nicolau Sevcenko:

> A indústria editorial paulista [...] assiste a um *boom* inesperado a partir dos anos 20. Em parte desencadeado pela crise de importações e a calamitosa carestia do pós-guerra, o fato é que esse surto adquire uma dinâmica própria e se torna num crescendo autossustentado. Ele envolve não só livros, mas também revistas e folhetos de todo tipo, sendo que o próprio *O Estado* se beneficia dele, consolidando sua posição de jornal de maior tiragem do país, compondo um corpo de articulistas e redatores que envolve intelectuais dos mais brilhantes do país, além, dado excepcional, de algumas das maiores celebridades da imprensa europeia, como colaboradores permanentes. Quanto aos livros, com uma tiragem anual em torno de 1 milhão de volumes, uma multiplicação entre duas e três vezes do número de casas editoras e livrarias em 1921, com relação ao número existente até o fim da guerra, São Paulo passa a atrair escritores dos quatro cantos do país, querendo ter suas obras publicadas com a rapidez e qualidade que a indústria paulista oferecia. A própria imprensa carioca, tão ciosa de suas prerrogativas de sede política e cultural do país, passa a se referir a São Paulo como "a capital do livro no Brasil, como Leipzig é na Alemanha" e a denominar a jovem geração de jovens intelectuais, que começa a vicejar na cidade abastecendo o mercado editorial, de "o fenômeno paulista".[66]

Alguns dos jovens intelectuais que fomentaram o "fenômeno paulista" seriam posteriormente agrupados nos livros de história da Literatura Brasileira sob a designação de modernistas. Muitos deles, como Oswald de Andrade, Cassiano Ricardo, Menotti del Picchia,[67] em São Paulo, e Ben-

---

65 Sobre o desenvolvimento econômico da capital paulista, ver Carone, op. cit.; Dean, *A industrialização de São Paulo (1880-1945)*.

66 Sevcenko, *Orfeu extático na metrópole:* São Paulo, sociedade e cultura nos frementes anos 20, p.95.

67 Sobre as atividades editoriais de Picchia, veja Martins, Menotti del Picchia, editor, *Leitura*, n.28, p.46; Del Picchia, *A semana revolucionária*.

jamin Costallat,[68] no Rio de Janeiro, preocuparam-se em renovar também a materialidade de livros e periódicos. Se cabe à geração de Bilac o mérito de fazer da "imprensa literária uma profissão remunerada", caberia à geração de Lobato o de haver iniciado a modernização da indústria editorial brasileira, consolidada ao longo dos anos de 1930 e 1940. O processo permitiria, em meio a outras conquistas, que a prática do pagamento de direitos autorais se tornasse mais estável e que o mercado editorial passasse a oferecer mais postos de trabalho para escritores, tão prestigiados quanto os da imprensa.

Em São Paulo, Menotti del Picchia, Sérgio Milliet, Mário de Andrade, Oswald de Andrade, Cassiano Ricardo, Alcântara Machado, para mencionar apenas alguns escritores, participavam ativamente do processo de "materialização" de suas obras, encomendando ilustrações a artistas também de vanguarda e influenciando a escolha dos tipos e das cores, além do formato de livros e periódicos. Essa prática não era nova; autores do Oitocentos também haviam interferido em maior ou menor grau na fatura material de suas obras.[69] Entretanto, o envolvimento de escritores em atividades editoriais parece ter sido mais intenso nas primeiras décadas do século XX. Os modernistas criaram editoras como a Klaxon, fundada pelo grupo liderado por Mário de Andrade, e a Hélios, criada por Cassiano Ricardo e Francisco Pati. Segundo Yvone Soares de Lima,

> Na verdade, o que os modernistas chamavam de "edições Klaxon" nada mais era do que as obras editadas por conta própria, sob a égide da revista que haviam fundado; não havia o que a caracterizasse como uma casa editora, isto

---

68 Ver Costallat, *Mademoiselle Cinema*; Portolomeos, Um best-seller esquecido, *Nossa História*, n.23, p.80-3.

69 Além dos exemplos mencionados na Parte I, como o de Franklin Távora, abordado no Capítulo 3, há outros. Em *Formação da leitura no Brasil*, Marisa Lajolo e Regina Zilberman reproduzem e analisam cartas de Magalhães de Azevedo a Machado de Assis, em que Azevedo pede a intermediação de Machado nas negociações de contrato com a Editora Lombaerts para a publicação de seu livro *Procelárias*. Entre as preocupações de Azevedo, estão a "boa revisão das provas e a beleza artística do volume". Op. cit., p.72-6.

Figuras de autor, figuras de editor

é, não havia uma estrutura empresarial nos moldes de uma editora convencionalmente estabelecida e autônoma. O fato de a redação e administração da revista estarem instaladas no número 14 da Rua Uruguai – e logo mais na Rua Direita, 33 – não significava que lá houvesse uma sede editorial, como sucedeu, por exemplo, com a *Revista do Brasil* [...]. Uma das características do grupo é que, onde quer que se reunisse – salões, atelier, ou mesmo na residência de um de seus componentes – ali se instalava, mesmo que momentaneamente, uma pseudossede de trabalho e articulações sociais.[70]

Ainda que a Klaxon não possa ser considerada uma casa editora "convencionalmente estabelecida", as atividades realizadas por seus criadores e colaboradores eram editoriais e influenciaram o mercado de livros e o campo literário, principalmente em São Paulo. A Editorial Hélios, que começou com o lançamento da revista *Novíssima*, em 1923, chegou a ter oficinas próprias. Pela Hélios foram lançados *Vamos caçar papagaios* (1926), de Cassiano Ricardo, com capa assinada por Belmonte, e *Pathé-Baby*, de Alcântara Machado, com ilustração de Paim, entre outros títulos. A editora ficou conhecida não apenas pelos títulos lançados, mas pelas inovações estéticas na manufatura de livros, obtidas por meio dos melhores recursos técnicos disponíveis, na época, para elaborar clichês, vinhetas, capas.

A participação de escritores no ramo editorial, em casas mais ou menos estabelecidas, levou Rafael Cardoso a identificar um "entrecruzamento de nomes e atores em torno da renovação do projeto editorial brasileiro entre a Primeira Guerra e a chamada Revolução de 1930":

> Escritores como Humberto de Campos, Monteiro Lobato, Benjamin Costallat e Erico Verissimo misturaram-se nesse momento à atividade editorial, tornando-se não somente ativos articuladores de políticas editoriais como também objeto das atenções de alguns dos mais arrojados projetos gráficos da época. Será coincidência que, além de proprietário da revista *A Maçã* – de muita importância para o design gráfico do período – , Humberto de Cam-

---

70 Ver Lima, *A ilustração na produção literária:* São Paulo – década de 20, p.24.

pos tenha sido um dos principais autores a ser alvo do novo tratamento dispensado às capas nas décadas de 1910 e 1920, primeiramente como autor da Leite Ribeiro? E que tenha se tornado depois principal autor e primeiro *best-seller* da José Olympio, editora que iria revelar a obra de Santa Rosa na década de 1930? Será também coincidência que Théo-Filho e Benjamin Costallat – representantes de um cosmopolitismo carioca modernizante da década de 1920 –, ou Monteiro Lobato, Guilherme de Almeida, e Menotti del Picchia – amplamente identificados com um certo momento antecedente ao modernismo paulistano de 1922 – também tenham tido destaque nesse processo de renovação editorial?[71]

Cardoso examina principalmente a renovação gráfica do mercado, mas seu raciocínio pode ser utilizado para estudar outros aspectos da "explosão editorial" daqueles anos, que renovou a indústria brasileira. Nessa perspectiva, examinaremos a participação de escritores no processo de renovação editorial realizado por Monteiro Lobato até 1925.

4.2. Sacis, *Urupês* e um projeto literário

Na coluna "Vida Literária" da revista *A Cigarra*, de 27 de agosto de 1917, lê-se a seguinte nota:

> Referimo-nos, no passado numero d'*A Cigarra*, a diversos livros annunciados para breve, todos de autores paulistas. Acreditamos poder acrescentar á lista um volume de contos de Monteiro Lobato que, segundo ouvimos já o entregou, ou está prestes a entregal-o á tipographia. A notícia é tão boa que, embora sem a certeza da sua exactidão, não queremos perder a opportunidade desta pequena reportagem.
> Os leitores conhecem, naturalmente, o brilhante escriptor paulista, que pelo *Estado* e pela *Revista do Brasil* já se tem imposto como uma das organizações literarias mais bem dotadas da actualidade nacional. O seu livro de contos, a

---

[71] Cardoso, O início do design de livros no Brasil. In: _____ (org.), *O design brasileiro antes do design: aspectos da história gráfica, 1870-1960*, p.168.

julgar pelo "Pollice verso!...", pela "Vingança da Peroba" e outros já publicados, obterá um exito absolutamente fóra do comum.[72]

A prática de anunciar livros "por aparecer" é antiga, conforme observamos no Capítulo 2; basta lembrar as notas que antecederam o lançamento de *A Confederação dos Tamoios* (1856). Lobato era colaborador d'*A Cigarra*, que se intitulava "revista de maior circulação no estado de São Paulo" e era simpática ao Partido Republicano Paulista (PRP). Gelásio Pimenta, seu diretor e proprietário, era um dos "sapos" da redação d'*O Estado de S. Paulo*. A nota publicada na revista pode ser lida como troca simbólica entre Pimenta e Lobato, que promoveria tanto o colaborador da revista quanto o próprio periódico.[73] Lobato é descrito pelo anônimo colunista como escritor dos mais "dotados", conhecido dos leitores por contos publicados na *Revista do Brasil* e no *Estado*. Se a revista realmente era a de maior circulação em São Paulo, essa informação pode ter servido como boa publicidade para o livro de estreia do autor.

As demais notas da coluna "Vida Literária" fazem referência a instâncias de consagração importantes do campo literário que então se delineava. Como bem apontou Ana Luís Martins, revistas não podem ser usadas para reconstruir o passado sem que sua inserção na época, suas condições de vigência, sua linha editorial sejam desprezadas.[74] Assim, é preciso ter em mente que a paulistana *A Cigarra* era revista de "mundanidades", dirigida por um intelectual ligado ao PRP e crítico da Academia Brasileira de Letras. Guiados por essa diretiva, abrimos parêntesis na história da edição dos primeiros livros da editora de Monteiro Lobato para investigar as instâncias de consagração literária existentes naqueles anos, tomando como ponto de partida – mas não como parâmetro único – as notas da coluna "Vida Literária", onde ele aparece como "brilhante escritor paulista".

---

72 Vida litteraria, *A Cigarra*, n.73, p.20.
73 É curioso, aliás, que em carta ao cunhado Heitor, de 30 ago. 1917, Lobato escreva: "Não sei que história é essa que contas da Cigarra. Livro de contos? Que coisa é essa? Não tenho a Cigarra e não sei de nada". In: Lobato, *Cartas escolhidas*, p.67. Segundo seus biógrafos, porém, ele já preparava o livro de contos *Urupês* naquela época.
74 Martins, *Revistas em revista*, p.17.

A primeira notícia da coluna informa o grande número de inscritos em um concurso de sonetos sobre o Anhangabaú, cujo prêmio era "tentador".[75] Não há informação sobre a instituição criadora do concurso, mas há elogios a respeito de o tema ser "eminentemente brasileiro", o que indica a existência de forças atuantes no campo em prol da produção de literatura empenhada na valorização de temas regionais. Na sequência do anúncio de *Urupês*, há uma notícia sobre a Academia Brasileira de Letras, que, "a ser verdadeira, dará motivos para que se congratulem [...] os que lamentam a espécie de degradação em que ela vem caindo, com a indecente cabala que de ordinário se desenvolve em torno das cadeiras vagas". O rumor era de que os acadêmicos cogitavam escolher eles mesmos "a pessoa que se julgue digna de ocupar a cadeira vaga e em seguida convidá-la a apresentar-se". A notícia, porém, não passou de especulação.

A Academia, fundada em 1897, era a principal instância de consagração de autores brasileiros. De acordo com Passiani, a ABL teria contribuído para a "formação de nosso campo literário ao assegurar (ou pelo menos possibilitar) aos 'artistas da palavra' escrita o reconhecimento público", além de proporcionar a escritores mais oportunidades de publicação, melhor remuneração e maior visibilidade social.[76] Essas condições seriam importantes para a profissionalização dos autores nacionais. Entre as metas dos acadêmicos, estavam a conservação da "pureza e do prestígio" da língua portuguesa e a formação do "gosto literário" a partir do cânone definido pela Academia.[77] As críticas de Monteiro Lobato à ABL centravam-se, segundo Passiani, nos "critérios de escolha e classificação elaborados pela Academia" e nos "padrões estéticos por ela advogados". Não estava sozinho ao fazer essas críticas, como sugerem os comentários publicados por *A Cigarra*.

A entrada de Monteiro Lobato na Academia já era ventilada nas rodas literárias desde 1919. Quando Pedro Lessa faleceu, em 1921, Lobato

---

75 Vida litteraria, *A Cigarra*, p.20. As demais notas mencionadas são todas da mesma página.
76 Passiani, *Na trilha do Jeca*, p.69
77 Alessandra El Far analisa a trajetória da ABL, seus objetivos, seu significado histórico e sociológico no livro *A encenação da imortalidade:* uma análise da Academia Brasileira de Letras nos primeiros anos da República (1897-1924).

inscreveu-se para concorrer à vaga do acadêmico; logo em seguida, porém, enviou uma carta à ABL informando desistir da candidatura. Em uma carta a Rangel, ele justificou a desistência explicando que não desejava "transigir com a praxe de lá – a tal praxe de implorar votos". Em 1925, apresentou-se mais uma vez como candidato, dessa vez para a vaga de João do Rio, mas não obteve sucesso. Passiani julga que a desistência de 1921 fora lembrada pelos acadêmicos, em 1925, e punida com o preterimento.[78] Ainda uma vez, em 1944, Lobato desistiria de candidatar-se à ABL.

A coluna "Vida Literária" termina com o registro de recebimento do livro *Verão*, de Martins Fontes, que o colunista declara não ter tido tempo de ler. Elogia, então, a materialidade do volume, afirmando que é "bem impresso, com nobre aparência". Como ressaltamos nos capítulos anteriores, a preocupação com a qualidade de aspectos materiais das obras literárias existia no mercado livreiro bem antes de Lobato estrear como editor profissional; tanto era assim que Garnier e Garraux enviavam suas publicações para ser impressas na França. A prática de autores e editores enviarem obras recém-lançadas a redações de jornais e revistas era igualmente comum no país desde pelo menos a década de 1830. A imprensa era outra instância de consagração de autores e obras literárias, principalmente os jornais e as revistas com prestígio no campo literário, nos quais colaboravam críticos reconhecidos.

Voltemos à coluna "Vida literária". No centro da página, há um poema intitulado "Perfis Parlamentares – Freitas Valle", assinado por Prelidiano Jr. O soneto, cuja primeira metade é reproduzida a seguir, faz um retrato irreverente do senador José de Freitas Valle, do PRP, poeta simbolista, mecenas intelectual e artístico de grande prestígio na época:

> *Freitas Valle, o magnífico Mecenas,*
> *que na Kyrial famosa alegra e inspira*
> *os artistas e poetas ás dezenas,*
> *de Tapho, em sarabanda, em torno á pyra*

---

[78] Passiani analisa as tensões entre Lobato e a ABL, levando em conta o projeto literário lobatiano e a posição ocupada por Lobato no campo literário quando de suas candidaturas, desistências e derrota.

não é o animador que á alheia lyra
ouça os accórdes e os applaude apenas,
é também o creador, quer carmes fira,
quer tragi-poemas desenrole em scenas...

Na Villa Kyrial, Freitas Valle promovia "saraus literários, audições musicais, banquetes e ciclos de conferências dos quais participaram Lasar Segall, Guilherme de Almeida, Blaise Cendrars, Oswald de Andrade e Mário de Andrade", junto a outros artistas e literatos, conforme Marcia Camargos.[79] O senador foi um dos principais responsáveis pelo Pensionato Artístico de São Paulo. Para Camargos, graças a Freitas Valle, Anita Malfatti, Victor Brecheret, Francisco Mignone, Leonor Aguiar e João de Souza Lima, entre outros artistas de talento, tiveram a oportunidade de estudar em centros europeus.

Na São Paulo dos primeiros anos do século XX, que "praticamente não contava com instituições culturais", os salões da Villa Kyrial funcionavam como instância legitimadora de "sistemas simbólicos engendrados pela elite" e teriam contribuído para "configurar o campo intelectual do período".[80] Se inúmeros intelectuais e artistas usufruíram de benefícios do mecenas, outros tantos se posicionaram contra seus "maneirismos e excessos", seus tragipoemas em francês, seus livros impressos em papéis especiais e pequenas tiragens destinadas a amigos.[81] Monteiro Lobato, "preocupado com o desenraizamento cultural do país", fez de Freitas Valle um de seus alvos prediletos. Para Lobato, o senador encarnava os modelos europeus de literatura e de civilização que impediriam o país de desenvolver uma identidade artística, social e política.[82]

---

79 Camargos, *Villa Kyrial:* crônica da Belle Époque paulistana, p.15. A autora analisa a trajetória de Freitas Valle e sua importância como mecenas, durante a chamada "Belle époque" paulistana. Entre outros temas, ela discute os ataques de Monteiro Lobato ao senador, advogado, professor de francês, poeta simbolista, perfumista, *gourmet* – atividades que Prelidiano Jr. retrata de modo cômico no poema, por sinal reproduzido no livro de Camargos, na p.154.

80 Ibid., p.16.

81 Ibid., p.17.

82 Já em 1916, Lobato atacava Freitas Valle, nas páginas de *O Queixoso*, chamando-o de "Dr. Gomensoro" e apontando como "crimes" o livro de poemas *Rebentos*, o poema

Figuras de autor, figuras de editor

Outros salões, academias e instituições[83] figuravam no cenário das instâncias determinadoras do que era ou não considerado literatura, do qual também faziam parte editoras como a Garnier, a Laemmert e a Francisco Alves.[84] A crítica, especialmente a da grande imprensa, formava outra instância legitimadora de obras e de autores.

Podemos fechar o parêntesis aberto para percorrer as principais esferas de consagração existentes no campo literário brasileiro da época, em particular o de São Paulo, formulando a hipótese de que, ao comprar a *Revista do Brasil*, Lobato estava adquirindo a marca distintiva conquistada pela revista, cujo capital simbólico seria transferido para as edições publicadas sob o selo do periódico.

No final de agosto de 1917, Lobato já havia vendido a fazenda Buquira e mudado com a família para Caçapava, no interior de São Paulo, onde permaneceria por pouco tempo, embora suficiente para fundar a revista *Parahyba*, que teve apenas doze números. Em uma carta a Rangel de 9 de agosto, informa: "Pinheiro Junior pensa numa série de 'edições' da *Revista do Brasil* e estamos em sua lista".[85] Ao que parece, a direção da revista já cogitava publicar livros, o que pode ter influenciado a decisão de Lobato de comprar

---

"Ophis", a Villa Kyrial e o vinho Taphos, também criação do senador. Esse artigo, assinado com o pseudônimo "Mem Bugalho", é citado por Marcia Camargos em *Villa Kyrial*, p.154. Em uma carta a Rangel de 7 fev. 1916, Lobato diz que, para conquistar o público, é preciso falar do caboclo ou "farpear um grande paredro da política". E esclarece: "o meu alvo preferido é o Fre Val, o morubixaba da estética oficial". In: Lobato, *A barca de Gleyre*, t.2, p.67-70.

83 Foram famosos os salões de dona Veridiana Prado e Dona Olívia Guedes Penteado, em São Paulo, e o de dona Laurinda Santos Lobo, no Rio de Janeiro. Entre as instituições culturais que podemos considerar como instâncias de consagração literária estão a Biblioteca Nacional, o Instituto Histórico e Geográfico, o Teatro Municipal, na capital federal. Sobre a importância dessas instituições para os homens de letras, ver Lajolo; Zilberman, *Formação da leitura no Brasil* e *O preço da leitura*.

84 Segundo Hallewell, as editoras que dominavam a área editorial nos primeiros anos do século XX eram a Garnier e a Laemmert. Francisco Alves, embora tenha se concentrado na edição de livros didáticos, também teria enorme importância na época. Ver Hallewell, *O livro no Brasil*, p.197-221.

85 Lobato, Carta a Rangel de 9 ago. 1917. In: _____, *A barca de Gleyre*, t.2, p.150-1.

o periódico. Um mês e meio depois, ele escreve ao amigo relatando que estivera por dez dias em São Paulo e que, "para fazer alguma coisa", resolvera tornar-se editor.[86] Pretendia iniciar suas atividades publicando contos de Valdomiro Silveira e Agenor Silveira, além do "Saci-Pererê". Não trata, na carta, da edição do próprio volume de contos, anunciada n'*A Cigarra*.[87]

Naqueles dez dias passados em São Paulo, Lobato parece ter se informado a respeito de procedimentos editoriais, pois, em carta a Valdomiro Silveira, de mesma data da carta a Rangel, ele formaliza ao escritor santista uma proposta de edição:

> Quando aí te propus editar os contos, conhecia pouco da tramóia do negócio. Julgava que estes 25 milhões de brasis lessem um pouco mais, e que a literatura tipo 1, 2 e 3 recebesse dos editores paga, se não digna de mérito, pelo menos decente. Verifiquei que a recebe indecente. O comum é darem eles — Alves e outros — 10% sobre o preço do livro à proporção da venda, caso não adquiram a propriedade por uns mil réis que raro chegam a conto (o Euclides recebeu 700$000 pelos *Sertões*). De modo que, tudo ponderado, inclusive os 30% que levam os livreiros pela consignação, faço-te essa indecorosíssima proposta! ou 500$ pela propriedade da 1ª edição, ou 10% sobre o preço do vol. à medida que forem vendidos, entendida uma tiragem de 2000 exemplares a 3$000 o volume. Que vergonha, hein? Acho que deves recusar com indignação. Todavia, se por mal entendida modéstia te degradares ao ponto de aceitares a irrisória proposta, o livro que tanta falta faz à nossa literatura virá iluminar as estantes de todas as criaturas de bom gosto. Responda com indignação.[88]

Não se sabe qual foi a resposta de Silveira; o livro foi publicado dois anos depois, pela recém-estabelecida Monteiro Lobato & Cia. A quantia que Euclides da Cunha teria recebido da Editora Laemmert aparece como

---

86 Ibid.
87 Lobato teria conhecido esses autores por intermédio de seu cunhado, Heitor de Moraes, pelo que indicam cartas trocadas entre Moraes e Lobato em 1916. Ver, principalmente, a carta de 15 fev. 1916. In: Lobato, *Cartas escolhidas*, p.59-60.
88 Lobato, Carta a Valdomiro Silveira de 24 set. 1917. In: _____, *Monteiro Lobato vivo*, p.44.

parâmetro para calcular o pagamento de direitos autorais, tal como no artigo de João do Rio, examinado no Capítulo 3. O valor mencionado por Lobato chega perto do recebido pelo autor de *Os sertões* quando o livro foi lançado. Entretanto, como vimos, Euclides teria embolsado 698$750 pela *primeira edição* da obra, e não pela *venda* da propriedade literária, cujo valor seria de 1:800$000.

As primeiras publicações de Lobato acabariam sendo, afinal, livros produzidos por ele mesmo. Em dezembro de 1917, uma nota na seção "Livros Novos", da *Revista do Brasil*, anuncia duas obras ainda no prelo: *O saci-pererê*, "por um demonologista amador", e *Dez mortes trágicas*, "contos por Monteiro Lobato".[89] Na mesma página, outra nota avisa que a *Revista do Brasil* se encarregaria de encomendar livros nacionais ou estrangeiros, "contanto que os pedidos venham acompanhados da respectiva importância". A revista começava a investir na distribuição de livros, tomando para si a tarefa de adquiri-los e enviá-los aos compradores.

O saci-pererê: resultado de um inquérito nasceu nas páginas de um jornal, como tantos livros brasileiros. Em janeiro de 1917, *O Estadinho*, edição vespertina de *O Estado de S. Paulo*, lançara uma "série de estudos em que todos são chamados a colaborar" sobre o saci.[90] As enquetes estavam na moda, assim como o saci, que, segundo Marisa Lajolo, fora tema de peça teatral em 1914 e de tanguinho em 1915.[91] O inquérito, criado por Lobato, foi um sucesso e desdobrou-se em uma exposição de arte, promovida pelo *Estadão*, e no livro editado por ele, que reunia depoimentos dos participantes, reprodução de obras tematizando o saci e a partitura de uma polca sobre o "duende brasileiro", tudo embalado por uma bela brochura com capa de Wasth Rodrigues e patrocínio das Máquinas Remington, Chocolates Lacta, Cigarros Castellões e Casa Stolze, em cujos anúncios, na abertura e no final do livro, o saci atuava como garoto-propaganda.[92]

---

89 Apud *Revista do Brasil*, n.24, p.573.
90 Apud Azevedo; Camargos; Sacchetta, op. cit., p.66.
91 Lajolo, Saci or not Saci: that is the question. In: _____ (org.), *Monteiro Lobato, livro a livro*: obra adulta, op. cit., p.28-9.
92 Ibid., p.31-3.

No número de fevereiro de 1918, a *Revista do Brasil* registrou o aparecimento de *O saci-pererê: resultado de um inquérito*, publicado sob o selo da "Seção de Obras" d'*O Estado de S. Paulo*. Livros continuavam sendo diagramados, impressos e vendidos em oficinas de jornais, tal qual ocorria no século XIX.[93] A publicação, de cerca de trezentas páginas e tiragem inicial de 2 mil exemplares, era assinada por "Um Demonólogo Amador". Em uma carta a Rangel, Lobato confessa a extensão de sua autoria:

> [...] Meu Saci está pronto, isto é, composto; falta só a impressão. Meto-me pelo livro a dentro a corcovear como burro bravo, em prefácio, prólogo, proêmio, dedicatória, notas, epílogo; em tudo com o maior desplante e topete deste mundo. Ontem escrevi o Epílogo, a coisa mais minha que fiz até hoje – e concluo com a apologia do Jeca. Virei a casaca. Estou convencido de que o Jeca Tatu é a única coisa que presta neste país. Se o negócio correr bem editarei outros livros – o teu dado no *Estadinho*, por exemplo. [...] Quanto ao meu livro de contos, fica para o Centenário da Independencia. Imagina que eu o quero ilustrado. E sabe por quem? Por mim mesmo. Ora, como desenho peor que um caranguejo, entrei no curso Elpons-Zadig-Wasth. [...] Devo nestes cinco anos estar apto para ilustrar o meu livro, e então... Quem vai cair nas minhas unhas editoriais é você, juiz duma figa! Editar-te-ei inteirinho, com porcentagem dobrada; para os outros, 10% do preço de capa, tabela geral e universal; para você 20%![94]

Pelo que descreve em seu relato, Monteiro Lobato teria atuado como editor e como autor já em seu primeiro livro. Não somente ele editou as respostas dos leitores do *Estadinho*, como escreveu diversas partes do livro e fez estampar, nas guardas, inventivas peças de publicidade, ilustradas por Voltolino, que ajudaram a pagar os custos da obra.[95] A atividade editorial

---

93 Ver Camargo, op. cit., p.49-50.
94 Lobato, Carta de 8 dez. 1917. In: _____, *A barca de Gleyre*, p.160-1.
95 Veja, a respeito, Lajolo, Alguns editoriais, sete anúncios e setenta e quatro cartas de leitores: a arquitetura jornalística do primeiro livro de Monteiro Lobato. In: Lustosa (org.), *Imprensa, história e literatura*, p.151-63.

parece ter revigorado sua antiga paixão pelas artes visuais, pois ele informa frequentar o famoso ateliê no qual o pintor alemão George Fisher Elpons e o escultor sueco William Zadig ofereciam curso de desenho, pintura e escultura em 1916, destinado a homens e mulheres. Nas mesmas dependências, funcionava curso de desenho somente para homens, ministrado por Wasth Rodrigues.[96] Para Tadeu Chiarelli, era nítida a identificação de Lobato com os trabalhos de Rodrigues, artista que dava mostras de "desvencilhar-se da orientação estética do Pensionato" (Artístico de São Paulo) e voltar-se para "o ambiente brasileiro". Essa orientação estética estava em harmonia com o projeto de literatura apresentado por Lobato em *O saci-pererê* e concretizado em *Urupês* (1918), livros com capas assinadas por Rodrigues.[97] A primeira edição de *Urupês* apresentava, de fato, desenhos de Lobato, realização que o pôs na seleta galeria dos autores que ilustram as próprias obras, na qual já figurava Raul Pompeia, cujas ilustrações adornam *O ateneu* (1888).

Os processos de criação, produção e publicação do livro ilustram como Lobato se apropriou de práticas antigas do sistema literário brasileiro para inová-las. Comecemos pelo uso de um espaço do prestigiado *Estadinho* para atrair leitores, por meio de um inquérito. José de Alencar fizera algo parecido em 1856, quando utilizou espaços do *Diário do Rio de Janeiro* para divulgar suas críticas contra *A Confederação dos Tamoios*, de Gonçalves de Guimarães, e para escrever romances. Os folhetins escritos por Alencar renderam diferentes livros de estreia: o romance *Cinco minutos* e as *Cartas sobre a Confederação dos Tamoios*, ambos publicados em 1856, pela chancela do jornal, sem o nome do autor. Leitores costumavam recortar folhetins de jornais e revistas para conservá-los completos. Aqueles que colecionassem os capítulos de *Cinco minutos*, por exemplo, teriam em mãos um códice; mas as páginas, talvez presas com barbante, revelariam, no verso, peças publicitárias, notícias, necrológios. Para que esse conjunto de textos fosse considerado um livro, precisava passar por uma série de transformações materiais.

---

[96] Ver Chiarelli, *Um Jeca nos vernissages*, p.57.
[97] Lobato havia publicado no *Estadão*, em 9 jan. 1916, um artigo em prol do artista, intitulado A propósito de Wasth Rodrigues. Segundo Lobato, o artigo mobilizara a crítica. Ver Chiarelli, op. cit., p.132-65.

A passagem de romances, crônicas, poemas, contos, críticas do jornal para o livro envolve alguns procedimentos. O autor seleciona os textos que reunirá no volume e, posteriormente, edita-os. Os textos e imagens que, nos periódicos, faziam vizinhança, por vezes invasiva, a folhetins e colunas desaparecem, para dar lugar a ornamentos gráficos e ilustrações, além de paratextos como prefácios e dedicatórias, que enfatizam a unidade do novo objeto. Para que uma coleção de textos seja considerada um livro, portanto, é preciso que seja organizada e publicada em materialidade específica. Uma série de folhetins, todos do mesmo autor, todos abrigados sob o mesmo título e publicados no mesmo periódico, não poderia, então, ser considerada um livro, ainda que fragmentado? Leonel, irmão de José de Alencar, afirma provocativamente que sim. Ele dá o nome de "Livro do domingo" à sua coluna de folhetins, publicados no *Diário do Rio de Janeiro* ao longo de 1856. Refere-se a seus folhetins como "folhas" integrantes de um livro, espalhadas por vários números de jornal, justificando-se com engenhosas comparações, como esta: "Rasgo pois estas folhas do meu livro sem folhas, que por isso não deixa de ser um livro: um olho sem pestanas não deixa de ser um olho".[98]

Olhos sem pestana foram fundamentais para a formação do sistema literário brasileiro. Talvez a existência de um campo literário brasileiro, hoje, deva-se em grande parte a esses livros espalhados por jornais, revistas e telas de cristal líquido. Mas voltemos a Lobato e ao *Saci-Pererê*.

Nos periódicos do século XIX, especialmente nos folhetins, figuras de leitores e de leitoras são entrevistos em diálogos fictícios. Presenças idealizadas, eles servem como guias para os autores escolherem temas para seus romances ou conferirem um tom de conversa a suas crônicas. No início do século XX, porém, já se percebe uma grande mudança: leitores reais ganham cada vez mais espaço nos periódicos, nos quais contribuem com textos dos mais variados gêneros, da carta aberta – como a que Monteiro Lobato intitulou "Velha Praga" e enviou ao *Estadão* – a crônicas e poemas. A revista *A Cigarra*, por exemplo, mantinha uma seção intitulada "Colabo-

---

98 Alencar, Folhetim: Livro do domingo, *Diário do Rio de Janeiro*, n.181, p.1.

ração das leitoras" que tomava várias páginas, geralmente ao final de cada edição. No número 61, de fevereiro de 1917, há seis páginas dedicadas a textos enviados por leitoras, que descrevem bailes de carnaval, apresentam poemas que compuseram, mandam recados a amigas e a namorados. As seis páginas, porém, não foram suficientes para acomodar todos os textos recebidos pela revista, que promete às "inúmeras colaboradoras publicar no próximo número a grande quantidade de missivas que, embora já paginadas, tiveram de ser adiadas".[99]

A Cigarra não era a única revista a publicar textos e fotos de leitores; em maior ou menor grau, todos os periódicos do período reservavam espaço para suas contribuições, que muitas vezes eram estampadas ao lado dos textos de autores "profissionais". É no bojo desse fenômeno que se dá a produção de *O saci-pererê*: resultado de um inquérito por Monteiro Lobato. O espaço de possibilidades em que Lobato se move, como autor e editor, é diferente daquele em que atuaram José de Alencar e seus pares. Nessa perspectiva, Lobato *atualiza* as práticas de que Alencar lançara mão quando da criação e veiculação de produtos como o romance *Cinco minutos*. Todo o procedimento de edição de *O saci*, descrito por Lobato, é semelhante ao realizado por escritores do Oitocentos, quando transformavam em livros seus textos publicados em jornal. A grande diferença é que Lobato edita textos de leitores reais, que edita (não sabemos o quanto) e reúne a textos de sua autoria para compor *O saci*. Os anúncios publicitários não são descartados, pelo contrário; ganham unidade, por serem todos "estrelados" pelo saci.

De quebra, Lobato ainda apresenta sua concepção de arte nacional, defendida a partir de elementos extraídos das contribuições dos leitores.

Antes de editar *O saci-pererê*, Lobato conversou com amigos e conhecidos sobre os trâmites necessários para publicar livros. Um deles, segundo Edgard Cavalheiro, foi o poeta Guilherme de Almeida, autor do recém-publicado *Nós* (1917), impresso na "Seção de Obras" d'*O Estado de S. Paulo*

---

[99] Gentilíssimas senhoritas, *A Cigarra*, n.61, p.46.

com tiragem de mil exemplares.[100] Almeida teria bancado a publicação de seu livro de poemas, uma brochura com capa de Correia Dias, ilustrador português considerado "pioneiro na criação de capas ilustradas" por Rafael Cardoso. Esse fato é de grande importância, pois Lobato costuma ser apontado como pioneiro na produção de livros com ilustrações nas capas. Cardoso procura relativizar o papel de Lobato como editor revolucionário, nesse sentido:

> A atuação de Monteiro Lobato foi decisiva sim na adoção da capa ilustrada como prática comercial corrente e, por conseguinte, na sofisticação da programação visual dos livros brasileiros. Porém, não obstante sua grande importância como um dos principais modernizadores do meio editorial no Brasil, é um erro admitir tais mudanças apenas à sua iniciativa e, pior, ignorar o que foi feito à mesma época por outras editoras. Na verdade, há questões muito mais amplas por trás da transformação da indústria gráfica nacional entre as décadas de 1900 e 1930, que envolvem desde fatores tecnológicos e comerciais como a importação de máquinas e a implantação de novas fábricas de papel (Melhoramentos, Klabin) até fatores socioculturais como o crescimento dos centros urbanos e a ampliação do cenário literário profissional, com o sensível impacto sobre o público leitor.[101]

De fato, capas ilustradas foram largamente utilizadas no início dos anos 1920 pela Livraria Leite Ribeiro, do Rio de Janeiro, e pela Livraria do Globo, de Porto Alegre, para mencionar apenas duas. A maior parte dos livros de João do Rio lançados nos primeiros anos do século apresenta capas com ilustrações em cores. Também não eram raras as publicações pagas por autores, como o livro de Guilherme de Almeida, com capas ilustradas. É preciso levar em conta, porém, que livros considerados "comerciais",

---

100 Cavalheiro reproduz um diálogo que Guilherme de Almeida e Lobato teriam tido sobre publicação de livros na p.190, tomo I de *Monteiro Lobato: vida e obra*, op. cit. *Nós* foi elogiado por Lobato em um artigo publicado na revista *Parahyba*, em set. 1917, e reproduzido, com o título Sobre poesia e poetas, em Lobato, *Conferências, artigos e crônicas*, p.71-3.
101 Cardoso, op. cit., p.168.

Figuras de autor, figuras de editor

como os publicados pela Editora Quaresma, do Rio de Janeiro, exibiam capas com imagens chamativas, muitas vezes produzidas por artistas que não detinham o capital simbólico de um Correia Dias. O editor Pedro Quaresma publicava, desde fins do século XX, romances que ficaram conhecidos como "literatura de sensação", como *Maria, a desgraçada* (1898), *A mulata* (1896), de Carlos Malheiro Dias,[102] *O aborto* (1893), de Figueiredo Pimentel, cujas capas exibiam imagens tão impressionantes quanto as narrativas que embalavam.

Já as capas tipográficas em papel amarelo, usadas pela editora Garnier desde meados do XIX, exibem nomes de autores que formavam (muitos ainda formam) o cânone literário brasileiro, como Machado de Assis e José de Alencar. Não parece desmesurado pensar que, no imaginário de determinados autores, leitores e críticos daquele início de século XX, a materialidade dos livros da Garnier, com suas sóbrias encadernações em capa dura, estava associada à literatura erudita, enquanto as capas ilustradas lembravam obras populares e malvistas no campo literário. Essa situação começaria a mudar nos anos de 1920, quando a crítica literária conferiu legitimidade a uma série de livros embalados por capas coloridas, igualmente apreciadas.[103]

O saci-pererê apresentava capa do conceituado J. Wasth Rodrigues, publicidade desenhada pelo prestigiado (e popular) Voltolino, e reproduções de obras de arte criadas por nomes com algum reconhecimento no campo, como os italianos Alfredo Norfini (1867-1944) e Ricardo Cipicchia (1885-1969), vencedor do concurso promovido por Lobato para incentivar a produção de obras que retratassem o saci, à época do inquérito. Nos anos seguintes, Lobato manteria a prática de contratar artistas reconhecidos ou em ascensão para produzir as capas dos livros de suas editoras. Wasth Rodrigues, J. Prado, Di Cavalcanti, Paim, Voltolino, Anita Malfatti, entre outros nomes de prestígio, pelo menos nos círculos intelectuais, produziram capas para as edições lobatianas. São bem conhecidas as críticas

---

[102] Lobato leu *A mulata* em 1907 e considerou o livro "horrível, pesadelo enojante". In: Lobato, *A barca de Gleyre*, t.1, p.189.
[103] Ver Cardoso, op. cit.

de Lobato à exposição de Malfatti realizada em 1917; menos conhecidos são os fatos de que ela participou do concurso promovido por Lobato, com a pintura "O saci",[104] e é autora das capas de *Os condenados*, de Oswald de Andrade, e *O homem e a morte*, de Menotti del Picchia, ambos lançados em 1922 pela Monteiro Lobato & Cia.

As concepções de Lobato sobre arte estão reunidas no "Epílogo" de *O saci-pererê*, no qual ele diz fazer a "apologia do Jeca". No texto, segundo Tadeu Chiarelli, a indignação de Lobato "se expande contra o caráter incaracterístico do modo de vida do brasileiro", e ele realiza "sua primeira tentativa de síntese do que pretendia como possibilidade para a transformação desse quadro". Para Chiarelli, embora o "Epílogo" não possa ser considerado um manifesto, como aqueles realizados pelas vanguardas europeias, Lobato, como alguns artistas europeus, "acalentava um projeto de transformação estética radical da realidade brasileira, delimitada pelo nacionalismo e pelo naturalismo de extração romântica".[105] Enio Passiani considera esse projeto fundamental:

> O livro *O sacy-pererê: resultado de um inquérito*, ainda que um produto anônimo da lavra de Lobato, é de suma importância para o direcionamento de sua carreira. E por dois motivos: já está presente nesse livro o "projeto criador" de Lobato, isto é, todas as diretrizes que orientarão seu projeto artístico – a valorização de nossas tradições culturais (como o folclore, por exemplo), da cultura popular, da oralidade, o combate à imitação das modas culturais européias, a exaltação nacionalista [...], a relação estreita com o leitor.[106]

---

104 A pintura "O saci", com que Anita Malfatti participou do concurso de arte, está hoje desaparecida. Lobato dedicou boa parte do artigo sobre o concurso, publicado na *Revista do Brasil*, à obra apresentada por Malfatti (ver *Revista do Brasil*, n.23, p.403-13). Seus comentários teriam levado Di Cavalcanti e o jornalista Arnaldo Simões Pinto a visitar a pintora; após conhecer sua obra, eles teriam sugerido a ela que realizasse uma "exposição de pintura moderna", o que veio a ocorrer ainda naquele ano. Ver Batista, *Anita Malfatti no tempo e no espaço*.
105 Ver Chiarelli, op. cit., p.188-9.
106 Ver Passiani, op. cit., p.61.

De fato, as propostas sobre arte e literatura encerradas no "Epílogo" podem ser consideradas o projeto criador de Lobato, por meio do qual ele toma posição, no campo literário, contra modelos existentes de produção artística. O autor já vinha publicando artigos em que defendia um projeto de arte brasileira em oposição aos "ismos" importados da Europa. Um desses artigos, "A propósito da exposição Malfatti", estampado no *Estadinho*, em 20 de dezembro de 1917, seria o estopim de longa polêmica com os autores vinculados ao Modernismo, que começavam a formar grupo.[107] Seu diagnóstico da arte e da literatura nacionais e suas propostas ganham outra dimensão, porém, quando publicadas em livro, e podem ser pensadas como *projeto não somente do autor, mas do editor* Monteiro Lobato.

No remate de *O saci-pererê*, Lobato escreve que o livro "revela o onde e o como se hão de buscar os elementos de estudo e de compreensão de nós próprios". O país estaria dividido, segundo ele, em duas "zonas sociais": a plagiária e "a outra". A plagiária teria criado "à beira-mar um mambembe pilharengo de civilizações alheias" e seria representada por um "Capilé *gommeux*". Já "a outra", representada pelo Jeca, seria original e poderia transformar-se em país com identidade própria.[108] Essa perspectiva dualista da realidade nacional assinala uma mudança no modo com que a personagem Jeca Tatu é utilizada por Lobato. Nos artigos "Velha praga" e "Urupês", o Jeca é a representação fictícia do atraso, da ignorância, da indolência; porém, quando contrastado com o "Capilé *gommeux*", que apresentava os mesmos traços problemáticos, ocultos sob a aparência frágil de civilização europeia, o Jeca se torna símbolo de nacionalidade.[109] A defesa da origina-

---

107 Esse artigo é, talvez, um dos textos mais estudados na história da arte brasileira. Enio Passiani e Tadeu Chiarelli, nos livros citados, fazem bons levantamentos dos estudos feitos sobre o polêmico artigo.

108 Lobato, *O saci-pererê*: resultado de um inquerito, p.281-91. Os demais trechos citados são dessas páginas.

109 O Jeca também foi retomado por Lobato em uma série de artigos publicados no *Estadão* em princípios de 1918, posteriormente enfeixados no livro *O problema vital* (1918), cuja epígrafe é "O Jeca não *é* assim: *está* assim". Os artigos procuram mostrar que os males de Jeca Tatu eram fruto da miséria, da falta de saneamento, entre outros problemas.

lidade brasileira, por meio do Jeca, passa pela literatura. Para Lobato, nas letras brasileiras não haveria invenção; somente "o transplante e o plágio":

> Surgiu Byron na Inglaterra como um Sacy apollineo. Nós em massa byronisamos fazendo do Tamanduatehy Helesponto e das crioulinhas ladys Hamiltons e condessas Guicciollis. Veiu Heredia, veiu Lecomte. Nos herediamos incontinente, e lecomtiamos com um tal serio…
>
> No romance Alencar mette romanos de Plutarcho na pelle dos Aymorés, e derrama na paisagem balsaminas, graúnas, serras azues, e todo um Houbigant chateaubriandesco de cheirinhos mil flores. O resto (meu M. de Assis, tu bem sabes que és a Excepção Única) plagia com engenho maior ou menor, sciente ou inconsciente.

A passagem retoma uma crítica já feita no artigo "Urupês", em que Lobato vaticina o fim do "balsâmico indianismo de Alencar". A grande diferença é que, no "Epílogo" de O saci-pererê, ele vai mais longe, identificando como plagiadores os escritores brasileiros que adotavam obras europeias como modelo e, dessa vez, nomeando alguns dos autores e movimentos aos quais se opunha. A originalidade simbolizada pelo Jeca é defendida como forma de resistência "ao Parnasianismo, ao João do Rio" e a outras "cópias". O projeto apresentado por Lobato nesse epílogo é coerente com as ideias já traçadas em "Urupês" e outros artigos publicados por ele, principalmente como crítico de arte.

Para Wilson Martins, o artigo "Urupês" é um dos primeiros documentos contra o "passadismo" e "poderia ter sido, deveria ter sido, o primeiro manifesto modernista". O artigo seria, ainda, "a fonte imediata do 'Manifesto Antropófago' (1928), de Oswald de Andrade". Segundo Martins,

> Criando, nesse artigo, a figura do Jeca Tatu, Monteiro Lobato lançava o primeiro tipo de "herói" literário, contraposto a Peri, na literatura moderna; ao mesmo tempo, ele desfechava a campanha contra o falso regionalismo, que os modernistas encampariam logo depois e na qual o próprio Jeca acabaria por ser envolvido.[110]

---
110 Martins, *A ideia modernista*, p.26-7.

A avaliação de Martins fornece as coordenadas para medir a extensão alcançada no campo literário pela tomada de posição de Monteiro Lobato, a princípio no artigo "Urupês" e, posteriormente, em *O saci-pererê*. O impacto de seu projeto criador começaria a ser sentido no campo ainda em 1918, com a publicação de *Urupês* e dos primeiros livros escolhidos para figurar no catálogo da *Revista do Brasil*.

Para imprimir seu livro de contos, Lobato voltou a contratar as oficinas tipográficas do *Estadão*. De acordo com Edgard Cavalheiro, a "revisão das provas ia em meio" quando Artur Neiva sugeriu que Lobato mudasse o "horrível" título *Dez mortes trágicas* para *Urupês*. Lobato teria gostado da ideia, segundo Cavalheiro, pois, no artigo homônimo, "não só faz uma profissão de fé como se justifica dos caminhos escolhidos, transmitindo a visão que possuía dos homens e das coisas retratados nos contos".[111] Por certo, como bem observou Marisa Lajolo,

> [...] não pesou pouco o argumento de que sendo *Urupês* título de artigo de Monteiro Lobato de grande repercussão, poderia levar para o livro que batizava o entusiasmo (e os mil réis...) do público que o tinha aplaudido das páginas de *O Estado de S. Paulo*.[112]

O título *Urupês*, palavra de origem tupi, contribuiria também para reforçar a tomada de posição de Lobato em favor do que ele considerava a originalidade brasileira, em um campo literário que privilegiaria modelos europeus até nos títulos das obras. O livro, reunião de doze contos e o artigo "Urupês", teve edição inicial de mil exemplares, esgotadas em um mês, conforme Lobato.[113] Em um ano, alcançaria o 12º milheiro.[114] Após

---

111 Cavalheiro, op. cit., p.200-1.
112 Lajolo, *Monteiro Lobato:* um brasileiro sob medida, p.32.
113 Em carta a Godofredo Rangel de 8 jul. 1918, Lobato afirma: "Meu livro esgotou-se no dia 26 – exatamente um mês após a saída". Lobato, *A barca de Gleyre*, op. cit., p.422.
114 Ver Hallewell, op. cit., p.240-1. A principal fonte de Hallewell, assim como dos biógrafos de Lobato, parece ser as cartas de Lobato enviadas a Godofredo Rangel. Edições de *Urupês* encontradas em bibliotecas e sebos confirmam a velocidade com que novas tiragens foram impressas. A sexta edição, de 1920, por exemplo, traz a informação "17º milheiro". Já a nona edição, de 1923, registra "25º-30º milheiro", indicando que a tiragem fora de 5 mil exemplares.

uma referência de Rui Barbosa à personagem Jeca Tatu, em um discurso proferido durante a campanha presidencial, em março de 1919, o livro teve impulsionadas novas edições, consumidas ainda mais rapidamente.[115]

Repetindo prática antiga entre homens de letras brasileiros, Lobato enviou exemplares do livro para redações de periódicos e para intelectuais influentes. Infelizmente, não é possível saber quantos livros, do primeiro milheiro, foram destinados a essa forma de publicidade.[116] No acervo Monteiro Lobato do Cedae, há várias cartas de escritores que agradecem o envio do livro, dentre as quais esta, de João Ribeiro (1860-1934), datada de 10 de julho de 1918:

> Recebi o seu livro *Urupês* que estou lendo, com o vagar a que me obrigam as multiplas tarefas que me absorvem. Falarei opportunamente em uma das mᵃˢ *segundas feiras* do *Imparcial*, talvez n'esta proxima ou na outra seguinte.
>
> Recebi igualmente o nº de junho da *Revista do Brasil* que já não recebia desde janeiro, apesar de ser um collaborador; quasi silencioso... é verdade.
>
> Tudo isto agradeço e aproveito o momento para o felicitar na direcção d'aquela excelente revista.[117]

João Ribeiro, integrante da geração que se firmara trabalhando pela profissionalização do escritor, tinha grande prestígio no campo literário. Era membro da Academia Brasileira de Letras e atuava como escritor, jornalista, crítico, filólogo, tradutor e historiador. Sua promessa de comentar *Urupês* no jornal carioca *O imparcial* pode ser vista como promessa de excelente publicidade para o livro.

O fato de Lobato ser proprietário e diretor da *Revista do Brasil*, na qual Ribeiro colaborava, provavelmente tinha seu peso na promessa feita pelo

---

115 Id.

116 Uma carta a Rangel de 29 ago. 1918 dá ideia de que muitos livros foram enviados a intelectuais. Nela, escreve Lobato: "Sim, esqueci-me do Menotti. São tantos... Logo que eu tiver mais *Urupês* mandar-lhe-ei um". In: Lobato, *A barca de Gleyre*, p.181.

117 Carta de João Ribeiro a Monteiro Lobato, 10 jul. 1918. Código no Fundo Monteiro Lobato: MLb 3.2.00213cx4.

crítico de abordar *Urupês* no *Imparcial*. Esse tipo de *troca simbólica*, comum em campos literários, costuma ocorrer entre autor e crítico ou editor e crítico. Como Lobato reunia as duas figuras, o caso se torna particularmente interessante. Bourdieu argumenta que os editores, ao lançarem uma obra, selecionam críticos que possam promovê-la levando em conta sua influência no campo literário e a afinidade que podem ter com a publicação. Nas palavras do sociólogo francês, essa escolha do editor é guiada por "um misto extremamente sutil onde a ideia que tem da obra se junta à ideia que se tem da ideia que o crítico poderá ter da obra, a partir da representação que tem de suas publicações".[118]

A escolha do crítico "certo" para determinada obra é essencial para que a promoção do livro tenha êxito, pois sua análise influencia fortemente a maneira como a obra será definida no campo literário, não só para o público leitor, mas também para o próprio autor; por sua vez, autor e editor se definirão a partir do discurso crítico. Assim, etiquetas como "regionalista", por exemplo, associadas pela crítica a um livro e/ou a um autor, farão com que tanto autor como editor se posicionem frente ao rótulo, seja para contestá-lo, seja para aceitá-lo e assumi-lo.

No caso de Lobato, esse tipo de ação adquire diferentes camadas de trocas simbólicas, pois envolve um editor e dono de periódico que é também autor. Assim, o crítico que tivesse afinidade com o projeto criador de *Urupês* e o autor Monteiro Lobato, de modo a produzir um texto favorável à obra, poderia, por sua vez, conquistar a atenção do editor Monteiro Lobato, que, futuramente, poderia publicar artigos ou livro do crítico, se ele fosse também escritor. João Ribeiro seria, nos anos seguintes, um dos autores a integrar os catálogos das editoras de Monteiro Lobato. As afinidades entre o editor e autor e o crítico e autor podem ter sido de diferentes graus em diferentes circunstâncias, que envolveram diferentes trocas simbólicas.

A rede de contatos do editor Lobato parece ter sido beneficiada pelo sucesso dos livros do autor Lobato, e vice-versa. Para examinarmos essa rede de agentes do campo literário, é preciso voltar à salinha da *Revista do Brasil*.

---

118 Bourdieu, Campo intelectual e projeto criador, p.123.

O segundo semestre de 1918 parece ter sido de muito trabalho para Monteiro Lobato. A gripe espanhola, que fez milhares de vítimas no país, incluindo o presidente Rodrigues Alves, atingiu os homens que dirigiam *O Estado de S. Paulo*.[119] Lobato assumiu os postos de redator-chefe, secretário e editor, a fim de garantir a circulação do jornal. Léo Vaz e Alarico Caiuby, que trabalhavam na Revista do Brasil, ajudaram o chefe durante a crise e terminaram contratados pelo jornal. A gripe também afetou a campanha de Lobato por mais assinantes, como atesta uma carta de Pindamonhangaba, escrita em 20 de outubro por um remetente que se identifica como "Pestana". Ele comenta que "o serviço da revista está algo paralisado por via dessa sinistra ronda de morte que tem enlutado minha terra e o país inteiro".[120] Lobato, Rangel e seus familiares também adoeceram, conforme os relatos de cartas trocadas em novembro.

Léo Vaz, ou Leonel Vaz de Barros (1890-1973), havia acabado de entrar para a revista. Ele conta que, professor em Piracicaba, no interior paulista, viera passar as férias de julho em São Paulo para "espairecer". Na capital, frequentou rodinhas de literatos e jornalistas, em uma das quais conheceu Oswald de Andrade. Passou a encontrar-se com os amigos que Oswald reunia em sua *garçonnière* na Rua Líbero Badaró, entre os quais Monteiro Lobato. Não voltou para o magistério; Oswald arranjou-lhe um "bico" como redator teatral e recomendou-o a Lobato. Essa trajetória profissional, do magistério para a imprensa, era um dos caminhos trilhados por escritores para garantir a sobrevivência enquanto produziam suas obras.[121] Segundo Vaz, a *Revista do Brasil* "não tinha nem comportava um redator, mas Lobato fingiu que o trabalho que ela lhe dava era excessivo e assoberbante e que precisava mesmo, com a máxima urgência, de alguém que o auxiliasse".[122]

---

119 Ver Azevedo; Camargos; Sacchetta, op. cit., p.107-8.
120 Carta de 26 ago. 1918, pertencente ao acervo da Biblioteca Infantojuvenil Monteiro Lobato. Localização: Pasta 35, documento 3793.
121 Ana Luísa Martins trata da trajetória profissional de autores como Léo Vaz, Monteiro Lobato e Godofredo Rangel, entre outros, em Polígrafos da transição: escritores e literatos no periodismo, parte do Capítulo 6 de *Revistas em revista*, p.416-54.
122 Vaz, No jubileu de Jeca Tatu. In: _____, *Páginas vadias*, p.78. Vaz era natural de Capivari (SP).

São de Vaz os relatos mais detalhados sobre o funcionamento da *Revista do Brasil* em seus primeiros tempos. Segundo ele, o expediente da revista "só vigorava" de manhã, quando na salinha estavam, ordinariamente, Lobato, ele, o gerente Alarico Caiubi e "Antônio, menino de muitos préstimos e múltiplas atribuições":

> À tarde, a *Revista* virava clube ou tertúlia, onde compareciam, cavaqueavam, discutiam, ou tiravam uma furtiva soneca, os mais variados, heterogêneos e desencontrados espécimes intelectuais desde o importante Martim Francisco, sempre aparentando um ar de conspirador do Primeiro Império, até um maluco, egresso do Juqueri, colombiano e sem-teto, que Lobato certa noite deparara a vaguear pelo Anhangabaú. Entre esses extremos, eram obrigatórias ou esporádicas as presenças de Arthur Neiva, Manequinho Lopes, Plínio Barreto, Felinto Lopes, Paulo Setúbal, Hilário Tácito, Raul de Freitas, Quinzinho Correia, Indalécio Aguiar, Armando Rodrigues, Júlio César da Silva, Wasth Rodrigues, Roberto Moreira, Ricardo Cippichia, Voltolino, Cornélio Pires, Sílvio Floreal, Amadeu Amaral, Simões Pinto, Cândido Fontoura, Gelásio Pimenta, Oswald de Andrade, Jairo de Góis, Mário Pinto Serva, Moacir Piza, René Thiollier, Rebouças, Pinheiro Júnior, Assis Cintra, Antônio Figueiredo, Jacomino Define, Adalgiso Pereira, e muitos outros [...][123]

A longa lista provida por Léo Vaz assinala o quanto era extensa e plural a rede de sociabilidade entre intelectuais, muitos dos quais hoje desconhecidos, que tinha a editora como nó principal. A casa nascera com o prestígio da *Revista do Brasil*, o que a tornava uma instância importante no campo literário, e, em sua sede, escritores, artistas e intelectuais faziam "sessões" informais. Segundo Vaz, os gerentes de tipografia, representantes de livreiros, fornecedores de papel, em meio a outros profissionais que iam à editora prestar serviços, encontravam a "estapafúrdia e ruidosa turba". Menotti del Picchia, que também frequentava a revista, escreveu, em uma crônica de 1920, que Lobato era amigo de "todos os intelectuais paulistas" – provavelmente um exagero, mas definitivamente uma forte

---

123 Ibid., p.79.

imagem da influência exercida pelo editor. Ainda segundo Picchia, Lobato trabalhava "de manhã à tarde, com trapística paciência, lendo xaropadas que os plumitivos tentam impingir à Revista e à Casa Editora".[124]

O ambiente da *Revista do Brasil* lembra três espaços de sociabilidade intelectual que funcionavam na mesma época, dois em Paris, um terceiro em Nova York, todos "legendários". Comecemos pela redação de um periódico que certamente inspirou a criação da *Revista do Brasil*: *La Nouvelle Revue française*, "Revista mensal de literatura e crítica", surgida em 1909, depois de um número isolado no ano anterior. As semelhanças entre a revista francesa e a *Revista do Brasil* são numerosas e começam pela materialidade das edições, praticamente idênticas; ainda não existem, porém, estudos que as comparem. *La Nouvelle Revue française*, fundada e dirigida por André Gide, tinha um público enorme e contribuiu para a renovação da literatura e da crítica francesas. Em 1911, a revista criou as *Editions NRF*, selo que logo passou a ser gerenciado por Gaston Gallimard; nascia o núcleo da editora que "experimentou o desenvolvimento mais espetacular daquele século", de acordo com Sapiro.[125] Autores publicados pela revista, como Paul Claudel, tinham, posteriormente, obras lançadas pela editora. Os gigantescos acervos de correspondência de Gide e de Gallimard com escritores da França e de outros países é apenas um dos elementos que permitem entrever a importância da revista e da editora para a sociabilidade de agentes literários e para a produção e difusão de obras literárias e críticas.

A livraria Shakespeare & Co., fundada em 1919 pela americana Sylvia Beach em Paris, era frequentada por Paul Valéry, André Gide, Ernest Hemingway, T. S. Eliot, John Dos Passos, e.e. cummings, Simone de Beauvoir, George Gershwin, Ezra e Dorothy Pound, Gertrude Stein e Alice B. Toklas, F. Scott Fitzgerald, George Antheil, W. B. Yeats e muitos outros nomes integrantes do cânone literário e artístico contemporâneo. Sylvia atuava como mecenas, promovia saraus, aproximava intelectuais franceses da literatura anglo-saxônica e foi a editora de *Ulysses*, de James Joyce,

---

124 Picchia, Crônica social: cartas a Chrispim. II – Monteiro Lobato.
125 Sapiro, Elementos para uma história do processo de autonomização: o exemplo do campo literário francês, p.77.

outro frequentador da livraria, que fechou em 1941, durante a ocupação nazista.[126]

Em Nova York, os escritórios da editora Boni and Liveright, fundada em 1916, eram uma festa para intelectuais e artistas. Autores famosos ou novatos, coristas de musicais financiados por Liveright, contrabandistas de bebidas alcoólicas dividiam as dependências com funcionários da editora. Horace Liveright transformou a indústria editorial americana nos anos de 1920. Criou, com o ex-livreiro Albert Boni, a "Modern Library", que reeditava clássicos e tornou-se o embrião da moderna indústria americana de brochuras. Publicou os primeiros livros de Ernest Hemingway, William Faulkner, Dorothy Parker e S. J. Perelman. Faziam parte de seu catálogo Eugene O'Neil, Theodore Dreiser, Bertrand Russel, e.e. cummings, Ezra Pound, T.S. Eliot e muitos autores mais.[127]

Essa aproximação entre *La Nouvelle Revue française*, Shakespeare & Co., Boni and Liveright e a *Revista do Brasil* não tem como objetivo compará-las de modo aprofundado. A intenção é observar alguns aspectos que as três empresas tinham em comum e que as distinguia. Assim como Lobato, Liveright contratava jovens intelectuais para trabalhar na editora, como forma de encorajá-los. Boa parte das descobertas de sua editora foi feita por esses jovens. Mais tarde, alguns deles se tornaram escritores, como Lillian Hellman e Edward A. Weeks. A Shakespeare & Co. também acolhia jovens e desconhecidos escritores, que muitas vezes trabalhavam na livraria em troca de um lugar para dormir. Por meio deles, Sylvia Beach descobriu vários escritores importantes, que passaram a figurar em suas prateleiras e saraus. *La Nouvelle Revue française*, que nasceu da vontade de um grupo de artistas amigos de publicar autores estreantes e obras inovadoras, contou com o investimento financeiro e pessoal de Gide para se firmar no campo literário. Gallimard também usou seu patrimônio e seus contatos para que a editora se tornasse a mais prestigiada no país. A preocupação em

---

126 Ver Beach, *Shakespeare & Company*: uma livraria na Paris do entreguerras.
127 Ver Gilmer, *Horace Liveright*: publisher of the twenties. Ver também Dardis, *Firebrand*: the life of Horace Liveright. A vida do editor inspirou o filme *The Scoundrel* (1935), dirigido por Ben Hecht, no qual Noël Coward interpreta Liveright.

manter a distinção no campo pode ser mensurada pelos enormes esforços empreendidos por Gide e Gallimard para contratar Marcel Proust, após reconhecerem o erro de não ter publicado o primeiro volume de *Em busca do tempo perdido*.

Observamos *habitus* e *disposições* bastante semelhantes em empresas de campos literários os mais diferentes. As oportunidades e restrições do campo literário brasileiro, ainda em formação, levariam a práticas muitas vezes distantes daquelas encontradas nos campos literários da França e dos Estados Unidos, já completamente consolidados no período. A princípio, Monteiro Lobato apresenta os traços mais característicos da figura do editor de vanguarda, encontrados em Gide, Gallimard, Beach e Liveright: a capacidade de "descobrir" talentos, a audácia de publicá-los, a autoridade de formar o gosto de seus contemporâneos para apreciá-los. Não se pode esquecer, porém, de que editores não trabalham sozinhos, muito pelo contrário:

> Observa-se, inicialmente, que manuscritos recebidos pelo editor são afetados por diversas determinações: na maioria das vezes, já trazem a marca do intermediário (ele próprio já situado no campo intelectual como diretor de coleção, leitor, "autor da casa", crítico conhecido por seus julgamentos seguros ou audaciosos etc.) através do qual chegam até o editor; em seguida, são o resultado de uma seleção prévia que os próprios autores fizeram com referência à ideia que fazem do editor, da tendência literária que representa – por exemplo, o "*nouveau Roman*" – e que pode orientar seu projeto criador.[128]

Monteiro Lobato, como seus contemporâneos estrangeiros, contou com uma série de agentes do campo literário para selecionar os livros que publicou, para promovê-los nas rodas literárias e na imprensa, para atrair autores que se dispusessem a orientar seus projetos criadores pela tendência literária representada por ele, como se verá adiante. A redação da *Revista do Brasil* parece ter sido um lugar de encontros e desencontros entre vários agentes, de diferentes posições e disposições no campo literário, que se

---

[128] Bourdieu, Campo intelectual, campo criador, p.121.

distinguiam como artistas – estapafúrdios e barulhentos – em oposição a fornecedores, que definiam e redefiniam suas obras e as representações que faziam de si mesmos em contato com outros agentes.

4.3. Primeiras edições alheias

Apesar das baixas provocadas pela gripe espanhola e do acúmulo de tarefas na *Revista do Brasil* e no *Estadão*, Lobato conseguiu, ainda em 1918, publicar seu terceiro livro, *Problema vital*,[129] e contratar os primeiros autores que seriam editados por sua firma. Eram eles Martim Francisco, Lima Barreto e Paulo Setúbal, pelo que indicam cartas de Lobato a Rangel e a Antônio Sales, um de seus "diretores regionais", e depoimento de Léo Vaz. Em uma carta a Sales de 30 de novembro, o editor informa: "esta semana, contratei várias obras do Martim Francisco e um romance do Lima Barreto".[130] Vaz lembra, em um artigo, que "a primeira obra alheia a que se atirou a incipiente e aventurosa editora foi um volumezinho de versos intitulado *Alma cabocla*, do querido Paulo Setúbal".[131]

Martim Francisco Ribeiro de Andrada III (1853-1927),[132] bisneto do "patriarca da independência" pelo lado materno, era político e escritor como seus ancestrais. Membro do Partido Liberal, foi deputado provincial por duas vezes, presidente do Espírito Santo e secretário da Fazenda de São

---

129 O livro trazia o seguinte esclarecimento: "Artigos publicados n'*O Estado de S. Paulo*, e enfeixados em volume por decisão da "Sociedade de Eugenia de S. Paulo" e da "Liga Pró-Saneamento do Brasil". In: Lobato, *Mr. Slang e o Brasil e Problema vital*, p.133.

130 Carta a Antônio Sales de 30 nov. 1918. Acervo do Arquivo-Museu de Literatura Brasileira Casa de Rui Barbosa. Localização: Col. AS/Cp 139 – fl. 3-4-5-6. O anúncio de contratos com Lima Barreto e Martim Francisco também é feito em uma carta a Rangel de 24 nov. 1918. In: Lobato, *A barca de Gleyre*, p.185-6.

131 Vaz, op. cit., p.73.

132 Ver *71 anos da Academia Paulista de Letras*; Martim Francisco, o terceiro, herdeiro-mor da glória andradina, *Tribuna de Santos*, edição especial de 7 set. 1972, comemorativa do sesquicentenário da Independência do Brasil. Disponível em: <http://www.novomilenio.inf.br/santos/h0175f.htm>. Acesso em: 20 jan. 2017.

Paulo. Tinha convicções monarquistas[133] e defendia a separação de São Paulo do resto do país. Entre seus amigos estavam José do Patrocínio, Coelho Neto, Olavo Bilac, Joaquim Nabuco, Eduardo Prado, Vicente de Carvalho. Foi um dos fundadores da Academia Paulista de Letras (1909), onde ocupava a cadeira nº 14, cujo patrono é Martim Francisco Ribeiro de Andrada I. A cadeira seria ocupada, depois de sua morte, justamente por Léo Vaz, para quem Martim Francisco III tinha "ar de conspirador do primeiro império".

É possível que Martim Francisco, dono de escritório de advocacia em Santos (SP), tenha sido apresentado a Lobato por Heitor de Moraes, cunhado do editor e residente na mesma cidade. Essa hipótese é sugerida por uma carta de 30 de agosto de 1917 a Moraes, em que Lobato manifesta sua admiração por Martim Francisco e seu desejo de conhecê-lo.[134] No ano seguinte, o escritor e político santista já frequentava a redação da *Revista do Brasil*. Em fevereiro de 1918, sua segunda candidatura à Assembleia Legislativa foi apoiada por um grupo de intelectuais do qual fazia parte Monteiro Lobato, em uma carta aberta publicada seguidamente no jornal *O Combate*.[135] Trechos dos diários de Martim Francisco começaram a ser publicados na *Revista do Brasil*, sob o título de "Viajando", a partir de setembro de 1918. O número de dezembro da revista estampa outro artigo seu, "Pátria Morta?".

Lobato dedica *Ideias de Jeca Tatu*, publicado em 1919, a "Martim Francisco, personalidade feita homem, esse grito de guerra contra o macaco".[136] No prefácio do livro, Lobato explica que "uma ideia central unifica a

---

133 Era amigo de Luís de Orléans e Bragança, a quem apresentou *Urupês*, de Monteiro Lobato. Ver carta de Luís de Orléans e Bragança de 26 dez. 1918. Fundo Monteiro Lobato. Localização: MLb 3.2.00224cx4.

134 Lobato, Carta a Heitor de Moraes, 30 ago. 1917. In: _____, *Cartas escolhidas*, p.67.

135 Candidatura Martim Francisco, *O Combate*, n.3, p.1. Essa carta foi reproduzida quase diariamente ao longo daquele mês, como se pode verificar nas edições digitalizadas do jornal. Disponível em: <memoria.bn.br>. Acesso em: 20 jan. 2017.

136 Sobre *Ideias de Jeca Tatu*, veja Camargo, Deprecação de Lobato, fantasiado de Jeca Tatu. In: Lajolo (org.), *Monteiro Lobato, livro a livro: obra adulta*, p.97-113.

maioria" dos artigos nele reunidos, publicados originalmente no *Estadão* e na *Revista do Brasil*, entre outros periódicos. Essa ideia é o "grito de guerra em prol da nossa personalidade", e contra o "macaco", pois quem "plagia não imita, macaqueia". Macacos seriam os "paredros do *dernier cri*",[137] os seguidores de modas francesas em vários campos da vida brasileira. O livro, portanto, dava prosseguimento ao projeto literário apresentado em *O saci-pererê* e simbolizado por Jeca Tatu.

No editorial da *Revista do Brasil* de agosto de 1921, Lobato defende a candidatura de Martim Francisco para a Academia Brasileira de Letras. Para tanto, ele argumenta que o autor teria "como historiador o rigor de Tácito, como humorista a invenção de Luciano, como tribuno a precisão de Eschines, como satírico os relâmpagos de Swift, como estilística a rispidez de Voltaire".[138] Afirma, ainda, que a oportunidade era propícia para a candidatura: "sai dos prelos o seu Contribuindo, segundo volume da série de particípios – Rindo, Viajando, Falando, Recordando", títulos a serem lançados pela *Revista do Brasil*. Os três últimos, entretanto, não chegaram a ser publicados por Lobato. *Viajando:* coisas do meu diário – 1913-1915 foi lançado por Irmãos Ferraz Editores, em 1929.

Martim Francisco não era autor inédito[139] e visava a um posto na ABL, assim como Lima Barreto; as posições ocupadas por eles no campo literário da época, porém, eram muito diferentes. Lobato havia lido dois contos de Lima Barreto em 1916, conforme registra em uma carta a Rangel, e soubera "pelos jornais do triunfo do *Policarpo Quaresma*, cuja segunda edição já lá se

---

137 Lobato, *Idéas de Géca Tatu*.
138 Id., O momento, *Revista do Brasil*, n.68.
139 Já tinha publicado *Em Guararapes:* conferência proferida em Campinas, no Gremio Commercial em 6 de agosto de 1899; *Pela verdade orcamentaria*. Ambos os livros constam do catálogo de bibliotecas da USP. Em 1920, publicou *No jury de Araras*, pela Secção de Obras d'*O Estado de S. Paulo*, livro que integra a biblioteca da Academia Paulista da Letras. No acervo da Biblioteca Mário de Andrade (SP) há um exemplar de *1902:* propaganda libertadora (1903), publicado em Santos pela Typ. Popular. O exemplar, que tem anotações do autor, foi digitalizado e pode ser consultado no site da biblioteca. Disponível em: <http://www.docvirt.no-ip.com/demo/bma2/bma.htm>. Acesso em: 20 jan. 2016.

foi".[140] Ajuíza que "o sujeito é romancista de deitar sombras em todos os seus colegas coevos e coelhos, inclusive o Neto". *Triste fim de Policarpo Quaresma* havia estreado em folhetins na edição vespertina do *Jornal do Comércio*, em 1911. Segundo o biógrafo Francisco de Assis Barbosa, o romance "só despertara a atenção de Alcindo Guanabara, e mais ninguém".[141] Cinco anos depois, Lima Barreto tomou dinheiro emprestado e pagou a edição do romance em livro, que incorporava ainda alguns contos, "A nova Califórnia" e "O homem que sabia javanês", entre eles.

Era "uma pobre brochura, em papel ordinário", mas a imprensa acolheu o romance de maneira bem diversa daquela da estreia. Os jornais elogiaram a obra e o autor, que passou "a ser considerado por muitos como o legítimo sucessor da glória de Machado de Assis".[142] Provavelmente, esse era o triunfo a que Lobato fazia referência. Lima Barreto já havia publicado, então, *Recordações do escrivão Isaías Caminha*,[143] em 1909, e *Numa e a ninfa*, em 1917.[144]

O escritor carioca também fora editor de uma revista, a *Floreal* (1907), de apenas quatro números. O periódico tinha objetivo claro: publicar os trabalhos de seus criadores, em meio aos quais estavam Antônio Noronha Santos e Fábio Luz. O artigo de apresentação justificava a meta: "Este caminho se nos impunha, pois nenhum de nós teve a felicidade de nascer de pai livreiro, e pouca gente sabe que, não sendo assim, só há um meio de

---

140 Lobato, Carta a Rangel de 1º out. 1916. In: _____, *A barca de Gleyre*, t.2, p.108. O próprio Lima Barreto esclareceria a Lobato, em uma carta de 4 jan. 1919, que a primeira edição do *Policarpo*, de 2 mil exemplares, estava longe de esgotar-se. In: Barreto, *Correspondência ativa e passiva*, p.57.
141 Barbosa, *A vida de Lima Barreto (1881-1922)*, p.204.
142 Ibid., p.228.
143 O autor bancou, a custa de empréstimos onerosos, a segunda edição do livro, saída em 1917. No mesmo ano, recebeu 70 mil-réis do editor Jacinto Ribeiro dos Santos pelos direitos autorais de *A República dos Bruzundangas*, vendidos "para todo o sempre".
144 O romance apareceu pela primeira vez em folhetins publicados pelo jornal *A Noite*, em 1915. Nele, Lima aproveitara capítulos das *Aventuras do Doutor Bogóloff*, folhetim que começara a publicar em 1912 inspirado pelas altas vendas dos livros protagonizados por Nick Carter e Sherlock Holmes. O projeto, no entanto, não alcançou o terceiro número. Ver Barbosa, op. cit.

chegar ao editor: é o jornal".[145] Como tantos escritores do período, Lima Barreto e seus companheiros escolhiam a imprensa como instância para adentrar o campo literário. Os colaboradores da *Floreal* contribuíam com 10 ou 20 mil-réis para sua manutenção, mas a revista vendia pouco. O distribuidor do periódico chegou a opinar que o problema era a aparência da revista: "a capa 'matou muito'; é bom que os senhores ponham uma vista",[146] como "a alameda do Jardim Botânico". A capa foi modificada, as vendas cresceram, a revista chamou a atenção de José Veríssimo; mas, o dinheiro acabou, e também a *Floreal*, justamente no número que trazia agradecimento a Veríssimo pela "animadora referência".

As ideias de Lima Barreto sobre arte e literatura tinham muitos pontos em comum com as de Monteiro Lobato. O olhar para os problemas nacionais, a busca de uma linguagem mais "brasileira", o combate ao academicismo eram alguns deles. Não causa surpresa, portanto, que em setembro de 1918 Lobato escrevesse ao escritor carioca pedindo colaboração na *Revista do Brasil*. Na carta, o editor classifica a revista como "ninho de medalhões e perobas", precisando de "gente interessante" que escrevesse "sem nenhuma dessas preocupaçõezinhas de *toilette* gramatical que inutiliza metade dos nossos autores". Afirmava, ainda, querer "contos, romances, o diabo, mas à moda do Policarpo Quaresma, da Bruzundanga etc.".[147] Lima Barreto respondeu enviando os originais do romance *Vida e morte de M. J. Gonzaga de Sá*. Logo era firmado um contrato de edição, que examinaremos no Capítulo 7.

Martim Francisco e Lima Barreto, de tão diferentes origens e posições no campo intelectual, inaugurariam o catálogo da *Revista do Brasil*.

Quanto a Paulo Setúbal, era "autor virginalmente inédito", segundo Léo Vaz, embora já tivesse publicado poemas e artigos em periódicos.[148] Pelo relato de Vaz, Lobato achava que o livro daria prejuízo, porque "o Brasil

---

145 Apud Barbosa, op. cit., p.150.
146 Ibid., p.151.
147 Carta de Lobato a Lima Barreto de 2 set. 1918. In: Barreto, L., op. cit., p.49.
148 Vale lembrar que, em 1912, Setúbal arrendou, com Babi de Andrade, o jornal *O Pirralho*, de Oswald de Andrade, que seguia para a Europa. Ver Gonçalves, *1922: a semana que não terminou*, p.141.

andava farto de versos". Ele, porém, não teria encontrado "o ânimo de infligir sua primeira editorial recusa"[149] a Setúbal, devido à amizade que nutria pelo poeta. Já Fernando Jorge, biógrafo de Paulo Setúbal, registra uma história um pouco diferente. Lobato teria descrito da seguinte maneira o encontro que tivera com Setúbal, na *Revista do Brasil*:

> Entrou aos berros, com um pacote de versos em punho – *Alma cabocla*. Era a primeira vez que nos víamos, mas Setúbal tratou-me como a um conhecido de mil anos. Entrou explodindo e permaneceu a explodir, durante toda a hora que lá passou.
>
> Lobato mostra o impacto gerado por essa explosão:
>
> "O serviço do escritório interrompeu-se. Alarico Caiuby, o correspondente, largou da máquina e veio 'assistir'. Antônio, o menino filósofo, abandonou a trancinha de barbante que costumava fazer – e veio 'assistir'. E se os outros empregados não fizeram o mesmo, foi porque a *Revista do Brasil* naquele tempo se reduzia a esses dois."
>
> Segundo Lobato, todos ficaram "num enlevo, a assistir àquele faiscamento recém-chegado do interior, cheirando a natureza, numa euforia sem intermitência", e não houve discussões sobre a publicação do livro de versos. Monteiro Lobato nem quis efetuar a leitura das poesias, a fim de ver se eram de qualidade. Ele declarou: o entusiasmo de Setúbal, o seu ímpeto, "a tremenda força da sua simpatia irradiante, inundante e avassalante, fez que sem nenhum exame os originais voassem daquele escritório para a tipografia". Paulo, cheio de ardor, recitou alguns de seus versos, precedendo-os de exclamações iguais a esta:
>
> – Veja, Lobato, como isto é bom![150]

A imagem de Paulo Setúbal, nesse relato, lembra a figura do autor romântico, examinada no Capítulo 2. Ele é ardente, entusiasmado, chega a faiscar. Enleva a plateia com a leitura de seus versos. Sua leitura oral, diante do editor, lembra aquelas feitas por poetas do século XVIII ou do

---

149 Vaz, op. cit., p.76.
150 Jorge, *Vida, obra e época de Paulo Setúbal: um homem de alma ardente*, p.114-5.

XIX frente a possíveis mecenas. Infelizmente, Fernando Jorge não informa a fonte do relato de Monteiro Lobato. Teria sido o depoimento de outra pessoa? Léo Vaz, que foi amigo de Setúbal, deu entrevista a Jorge, o que pode explicar a origem da transcrição feita no livro.

A temática de *Alma cabocla* estava em consonância com a linha editorial que Lobato começava a construir. O caboclo era "original", como Lobato afirmara no "Epílogo" de *O saci-pererê*. Além disso, o tema "caboclo" vendia, conforme ele fizera notar a Rangel em uma carta de fevereiro de 1916.[151]

O amigo Rangel, por sinal, estava na lista de autores que Lobato pretendia editar, como informa uma carta de 29 de agosto de 1918. Nela, Lobato constata que o fato de *Vida ociosa* ter sido publicado em folhetins na *Revista do Brasil* "corresponde a quase ineditismo", porque "ninguém lê essa maçuda e irrespirável revista cheia de cracas acadêmicas".[152] Era "indispensável", portanto, vir a público "em livro". Na mesma carta, Lobato anuncia que vai editar os amigos do Cenáculo:

> Vou editar o Ricardo [Gonçalves] em setembro – *Ipês*. Já temos, paridos pelo prelo, o [José Antonio] Nogueira e eu; saindo você e o Ricardo, restará em estado interessante só o Albino [Camargo] com seu tratado de psicologia. E o Cenáculo terá vencido, hein?

Ricardo, o amigo que se suicidara em 1916, e Rangel seriam publicados em 1920, já com a chancela da Monteiro Lobato & Cia. Pelo selo da *Revista do Brasil*,[153] Lobato teria editado dezessete livros. Uma pesquisa em anúncios publicados na revista entre maio de 1918, quando Lobato a comprou, e junho de 1920, quando foi fundada a Monteiro Lobato & Cia., permitiu verificar que, naquele período, foram editadas as seguintes obras, elencadas por ordem alfabética do título:

---

151 Lobato, *A barca de Gleyre*, p.68.
152 Ibid., p.180.
153 Após o estabelecimento da Monteiro Lobato & Cia., os livros da editora apresentaram, durante pelo menos um ano, os nomes *Monteiro Lobato & Cia.* e *Revista do Brasil*. Falta ainda especificar com maior certeza qual foi esse tempo.

Título	Autor	Gênero*
Alma cabocla	Paulo Setúbal	Poesia
Amor imortal	J. A. Nogueira	Romance
Annaes de eugenia	Renato Kehl	Trabalhos, conferências e estudos da Sociedade Eugênica de São Paulo
Cidades mortas	Monteiro Lobato	Contos
Dias de guerra e de sertão	Visconde de Taunay	Memórias
Idéias de Jeca Tatu	Monteiro Lobato	Crítica
Livro de horas de soror Dolorosa	Guilherme de Almeida	Poesia
Madame Pommery	Hilario Tacito	Romance
Negrinha	Monteiro Lobato	Contos
O problema vital	Monteiro Lobato	Reunião de artigos
O professor Jeremias	Léo Vaz	Romance
Populações meridionais do Brasil	Oliveira Vianna	Trabalho de Sociologia
Rindo	Martim Francisco	Trabalhos de crítica e humorismo
Rosas e espinhos	Mário Sette	Contos
Sem crime	Papi Junior	Romance
Urupês	Monteiro Lobato	Contos
Vida e morte de M. J. Gonzaga de Sá	Lima Barreto	Romance
Voo nupcial	Albertino Moreira	Romance

*Foram reproduzidos os termos usados nos anúncios.

Ainda não foi possível estipular com exatidão as datas em que os livros foram publicados. É certo, porém, que as obras literárias foram editadas em maior número, em comparação a outros gêneros, nos dois anos em que Lobato publicou exclusivamente sob o selo da *Revista do Brasil*. Foram seis romances, dois livros de poesia, quatro livros de contos (três do próprio Lobato), um livro de memórias, três de artigos e dois que, por enquanto, classificaremos como científicos – *Annaes de eugenia* e *Populações meridionais do Brasil*.

Os autores inéditos, além de Paulo Setúbal, eram Léo Vaz,[154] Hilário Tácito (pseudônimo de Joaquim Maria de Toledo Malta),[155] Albertino

---

154 Ver Vaz, *O professor Jeremias*.
155 Ver Tácito, *Madame Pommery*.

Moreira,[156] Renato Kehl[157] e Oliveira Vianna.[158] Vaz, Kehl e Vianna vinham colaborando na *Revista do Brasil* desde 1918.[159]

O caboclo era tema de parte significativa das obras literárias que começavam a formar o catálogo da *Revista do Brasil*. *Sem crime*, de Papi Junior, transcorre no interior paraense e tem caboclos como personagens. *Voo nupcial*, de Albertino Moreira, é definido em anúncio como "romance de costumes mineiros".[160] *O professor Jeremias*, de Léo Vaz, tem como cenário o interior paulista e faz algumas referências a caipiras. Em *Cidades mortas* e *Negrinha*, ambos do próprio Lobato, o caboclo é tema de vários contos. Finalmente, *Ideias de Jeca Tatu* explora, no título, a fama da personagem, embora seja reunião de artigos, em sua maioria, de crítica de arte. Brito Broca observou, a respeito:

> Todo mundo falava em Jeca Tatu. Lançando mão de um truque comercial, enquanto continuava quente o êxito de *Urupês*, o escritor toma de vários artigos publicados na imprensa e reúne-os em livro com o título: *Ideias de Jeca Tatu*. Muita gente teria ido no engodo: comprava o livro, julgando nele encontrar novas revelações sobre o famoso tipo, já erigido à categoria de símbolo, e ao percorrer o volume verificaria que o pobre Jeca figurava ali mais ou menos como Pilatos no Credo.[161]

---

156 Albertino Moreira, ao contrário dos demais estreantes da *Revista do Brasil*, é hoje autor praticamente esquecido. Natural de Santos (SP), foi estudante da Faculdade de Direito do Largo São Francisco. Na época, dividiu quarto de pensão com o também santista Ribeiro Couto, mais tarde publicado pela Monteiro Lobato & Cia. Ver Andrade, O centenário de nascimento de Ribeiro Couto, *A Tribuna de Santos*.

157 Ainda em 1919, Kehl teve publicado seu livro *Medico no lar: diccionario popular*, pela Weiszflog & Cia., de São Paulo. Sobre seus livros posteriores, veja Miskolci, A hora da eugenia: raça, gênero e nação na América Latina, *Cad. Saúde Pública*, n.1, p.231-3.

158 Conferir Vianna, *Populações meridionais do Brasil*.

159 O artigo "As pequenas comunidades mineiras", de Oliveira Vianna, foi publicado no número de julho. "O que é Eugenia", de Renato Kehl, saiu no número de outubro de 1918. Vaz teve o conto "A rifa" estampado no número de dezembro.

160 Anúncio publicado na *Revista do Brasil*, n.54, abr. 1920.

161 Brota, A revolução editorial de Monteiro Lobato. In: _____, *O repórter impenitente*, p.64.

Como vimos anteriormente, Lobato havia elevado o Jeca a símbolo da originalidade brasileira e de um novo tipo de arte no "Epílogo" de *O saci-pererê*. No prefácio de *Ideias de Jeca Tatu*, o caboclo é definido como "um grito de guerra em prol de nossa personalidade". Já em *Problema vital*, o Jeca gritava por socorro, como representante dos "milhões de opilados" que precisavam ser atendidos por medidas de saúde pública e saneamento. O livro foi impresso pela Liga Pró-Saneamento do Brasil, em conjunto com a Sociedade Eugênica de São Paulo,[162] fundada em 1918, por iniciativa dos médicos Renato Ferraz Kehl e Arnaldo Vieira de Carvalho. *Problema vital* tem prefácio de Kehl, então secretário de ambas as instituições.[163]

Os discursos inaugurais e os estatutos da Sociedade Eugênica de São Paulo foram reunidos nos *Annaes de eugenia*, organizados por Renato Kehl. Segundo Júlio Castañon, um dos objetivos elencados nos estatutos da sociedade era "o estudo da regulamentação do meretrício".[164] Ora, *Madame Pommery* é "dedicada ao Instituto Histórico e Geográfico, à Academia Paulista de Letras, à Sociedade Eugênica e mais associações pensantes de São Paulo".[165] Hilário Tácito, ou Toledo Malta, satiriza na apresentação do romance não apenas algumas instâncias de consagração do meio literário, mas também a Sociedade Eugênica, cujos documentos haviam sido publicados pela mesma *Revista do Brasil*. A referência feita pelo autor de *Madame Pommery* à Sociedade Eugênica é um caso sofisticado e divertido de intertextualidade. Uma das leituras possíveis desse diálogo entre os livros, proposto por Hilário Tácito, é a de que os objetivos vindos a público nos *Anais de eugenia* afetariam o trabalho da cafetina protagonista de *Madame Pommery*.

---

162 Para informações sobre a Sociedade Eugênica de São Paulo e o modo como as teorias raciais no Brasil foram discutidas no Brasil, ver Masiero, A psicologia racial no Brasil (1918-1929), *Estud. psicol.*, n.2. Sobre eugenia no Brasil e na América Latina, ver Miskolci, op. cit.

163 Ver Azevedo; Camargos; Sacchetta, op. cit., p.115. Esse prefácio não é reproduzido nas edições mais recentes do livro.

164 Castañon, Nota 1. In: Tácito, op. cit., p.165.

165 Ibid., p.31.

É irresistível a hipótese de que a epígrafe do romance de Hilário Tácito tenha sido criada na salinha da *Revista do Brasil*, onde os *Annaes de eugenia* eram editados e *Madame Pommery* ganhava forma.

Para Sylvia Helena de Almeida Leite, o autor do romance produz "reiteradas e frequentes referências aos clássicos da literatura, de cujo estilo faz paródia, paráfrase ou apenas se apropria em colagens ou citações".[166] Podemos acrescentar que o autor parodia também a *materialidade* de clássicos da literatura, como quando usa didascálias no início de cada capítulo.[167] Ele ainda ridiculariza as figuras de autor e de editor correntes na época. Logo no primeiro capítulo, o narrador afirma não pertencer "a essa classe de peralvilhos das letras, que ao desejo insensato de parecer originais tudo sacrificam: o bom-senso, a compostura, até a decência".[168] A expressão "peralvilhos das letras" faz lembrar os "peralvilhos literários" mencionados por José Bonifácio na dedicatória de *Poesias avulsas*, transcrita no Capítulo 1. O narrador de *Madame Pommery* também declara, no Capítulo 5, sentir-se "intentado a rasgar as páginas escritas e dar de mão à empresa. Se não o faço é em respeito do editor ingênuo que me pagou adiantado esta pele de urso... por caçar".[169]

Foge ao escopo desse livro analisar o modo como Toledo Malta se apropria, ironicamente, de vários discursos relacionados a representações de autor e editor. Parece necessário enfatizar, porém, que ele e outros autores publicados pela *Revista do Brasil* estabelecem diálogos, geralmente por meio da ironia e da paródia, com textos e paratextos de obras integrantes do cânone ocidental, bem como de aspectos materiais como capas, erratas, fontes tipográficas.

---

166 Leite, *Chapéus de palha, panamás, plumas, cartolas:* a caricatura na literatura paulista (1900-1920), p.187. A autora também analisa, nesse livro, a figura do Jeca Tatu na obra de Monteiro Lobato.

167 A capa do livro, por sua vez, estabelece um diálogo com a folha de rosto de uma das edições dos *Ensaios* de Montaigne. Ver Brait, Madame Pommery: humor, ironia e civilização. In: _____, *Ironia em perspectiva polifônica*. A autora faz uma excelente análise de aspectos interdiscursivos e irônicos do romance.

168 Tácito, op. cit., p.33.

169 Ibid., p.69.

O professor Jeremias, de Léo Vaz, inicia com "Uma errata" em que o narrador alude ao catálogo do livreiro-editor Francisco Alves, no qual esperava ver seu nome, como autor do *Manual do perfeito professor público*.[170] As obras literárias do próprio Monteiro Lobato são repletas de referências e alusões a elementos materiais de livros, a figuras de autor e de editor, a práticas de leitura, seja em segundo plano, seja como tema principal das narrativas. O conto "O luzeiro agrícola", de *Cidades mortas*, retrata com irreverência as figuras de um poeta e de um editor, como observamos no Capítulo 2. Na mesma obra, quase que todo o circuito de comunicação do livro, conforme o propõe Darnton, é percorrido: "A vida em Oblivion" trata da circulação de livros em uma pequena cidade; "Por que Lopes se casou" aborda as práticas de publicação de autores ocasionais; "O fígado indiscreto" discorre, entre outros aspectos, sobre textos pertencentes à tradição literária; "O romance do chopim" põe em foco a recepção de um romance (que nunca existiu) por grupo de leitoras; "O plágio" trata da cópia de obra alheia.

Tomemos "O plágio" como exemplo da presença, na obra lobatiana, de temas referentes a práticas autorais e editoriais. Em certa altura do conto, o narrador parodia o modo como autores do século XIX se identificavam nas folhas de rosto de suas obras:

> *A Maravilha* era um desses romances esquecidos, que trazem o nome do autor à frente duma comitiva de identificações, à laia de passaporte à posteridade, muito em moda no tempo do onça:
>
> ALFREDO MARIA JACUACANGA
> (Natural do Recife)
> 3º anista da Escola de Medicina da Bahia
> ou
> DOUTOR CORNELIO RODRIGUES FONTOURA
> Ex-lente disso, ex-diretor daquilo, ex-membro do Pedagogium, ex-deputado provincial, ex-cavaleiro da Cruz Preta etc. etc.

---

170 Vaz, *O professor Jeremias*, p.9.

> Romances descabelados, onde há lágrimas grandes como punhos, punhais vingativos e virtudes premiadíssimas, de par com vícios arquicastigados pela intervenção final e apoteótica do Dedo de Deus – livros que a traça rendilhou nos poucos exemplares escapos à função, sobre todas bendita, de capear bombas de foguetes.[171]

O retrato cômico ou satírico de práticas de escritores e editores, que encontramos nos contos lobatianos e nos romances de Toledo Malta e Léo Vaz, pode ser entendido, a princípio, como uma tendência temática presente nas produções de autores de um mesmo grupo. À medida que passamos a conhecer os pontos ocupados por esses autores no campo literário, porém, percebemos como as perspectivas que eles têm das posições que ocupam permitem formar um "ponto de vista singular sobre esse espaço", segundo Bourdieu.[172] Pontos de vista singulares estariam associados a interesses que os levaram a participar de um empreendimento editorial, fosse de maneira informal, como Malta, fosse de modo formal, como Lobato e Vaz. Obviamente, nenhum dos três era mero sujeito das estruturas do campo literário; essas estruturas, no entanto, podem ter possibilitado não apenas o modo como cada um se envolveu no negócio editorial, mas também a seleção de temas e a formatação dada a eles em seus textos literários, que, por seu turno, pode ter contribuído para conservar ou para renovar as mesmas estruturas.

Não podemos descartar a influência da tradição literária na concepção desses pontos de vista. Afinal, as tomadas de posição de escritores estão relacionadas a seus contemporâneos, mas também a autores e obras do passado, canônicas ou não. No caso de Malta, Vaz e Lobato, o grande modelo parece ter sido Machado de Assis. As paródias envolvendo paratextos e processos editoriais que encontramos nos romances de Vaz e Malta, e nos contos de Lobato, aludem àquelas realizadas por Machado em tantos textos, *Memórias póstumas de Brás Cubas* o mais célebre deles. Os pastiches e paródias de Anatole France relativos a autores, impressos e leitores tam-

---

171 Lobato, O plágio. In: _____, *Cidades mortas*, p.103-12.
172 Bordieu, *As regras da arte*, p.15.

bém podem ter influenciado as obras de Lobato e de alguns dos escritores publicados por ele.

Essa parece uma boa deixa para retomarmos como o editor Lobato começou a organizar o catálogo de suas publicações, a fim de investigar 1) em que medida ele usou práticas consagradas pela tradição editorial e em que medida as renovou; 2) de que modo os títulos que publicou são associados à tradição literária brasileira existente naqueles anos e aos modelos que vinham do exterior, sobretudo da França.

No começo de 1920, veio a público pelas edições da *Revista do Brasil* o livro *Dias de guerra... e sertão!*, coletânea de memórias de Alfred d'Escragnolle Taunay sobre a Guerra do Paraguai, originalmente publicada em jornais diversos entre 1894 e 1898. O lançamento desse livro revela que a seção das edições tomava corpo com novatos, mas não dispensava medalhões do perfil de Taunay, um dos fundadores da Academia Brasileira de Letras. O interesse de Lobato pela Guerra do Paraguai já havia sido exposto no artigo "A glória", publicado na revista *Parahyba*, em novembro de 1917, que trata das memórias de um veterano do conflito. O tema foi reaproveitado em "Veteranos do Paraguai", que saiu no *Correio da Manhã* de 31 de outubro de 1920 e foi posteriormente incorporado em *A onda verde* (1921).[173]

Em 1920, excertos do diário de André Rebouças, referentes à guerra, foram publicados por Yan de Almeida Prado na *Revista do Brasil* nos números de setembro, outubro e novembro. A apresentação do material aos leitores foi feita por Lobato, no artigo "Uruguaiana", também integrado ao livro *A onda verde*. Como bem observou Francisco Alambert, ainda está para ser analisada a presença da Guerra do Paraguai na fase dos anos 1920 da revista e na produção da editora. Além de trechos do *Diário* de Rebouças, a revista publicou "O bailado sobre o cadáver de Solano López", de Mario Bulhões Ramos, em novembro de 1923.[174]

Vista à luz do projeto criador exposto no "Epílogo" de *O saci-pererê*, a Guerra do Paraguai configura-se como tema do maior interesse para a re-

---

173 Bignotto, A onda verde: motivos de beleza em constante agitação. In: Lajolo (org.), *Monteiro Lobato, livro a livro*: obra adulta, p.149-66.
174 Alambert, *A história a contrapelo segundo Monteiro Lobato*.

vista e a editora. Conforme Alambert, nos artigos "O pai da guerra", sobre a Primeira Guerra Mundial, e "Uruguaiana", Monteiro Lobato apresenta uma "radiografia mental" na qual se encontram "duas das mais interessantes reflexões sobre o tema da Guerra do Paraguai e sua relação com o passado e o presente da sociedade brasileira, centradas no momento em que as estruturas da República Velha se encaminhavam para sua maior crise".[175] Pensar o Brasil por meio de obras do passado e do presente parece ter sido o principal eixo da linha editorial que se desenha nos dois primeiros anos das atividades editoriais de Monteiro Lobato.

A tomada de posição de Monteiro Lobato no campo literário, por meio do projeto criador exposto em *O saci-pererê* e posto em prática na editora, provavelmente o aproximou de escritores cujas posições no campo eram semelhantes, como Mário Sette, que se tornou representante da *Revista do Brasil* em Pernambuco, e Papi Junior, que em 1923 substituiu Antônio Sales na diretoria do Ceará – mas fora cogitado por Lobato já em 1918 para representar a *Revista do Brasil* no estado. O fato de obras literárias dos representantes regionais estarem entre as primeiras publicações da editora de Lobato faz supor que ele deu preferência a autores que o ajudavam a vender a *Revista do Brasil* e suas edições em diferentes pontos do Brasil. Essa hipótese será examinada no próximo capítulo.

É preciso assinalar, antes de seguirmos em frente, a publicação do romance *Amor imortal*, de José Antônio Nogueira, amigo de Lobato dos tempos do Cenáculo e representante da *Revista do Brasil* em Minas Gerais. O romance tivera uma primeira edição em 1915.[176] Na época, Lobato, em uma carta a Rangel, afirmou considerá-lo "uma obra extraordinária", com exceção dos diálogos, "que são em regra deselegantes". O livro é uma reu-

---

175 Ibid., p.3.
176 Alaor Barbosa informa que o livro teria sido lançado em 1912, no capítulo José Antônio Nogueira do livro *Um cenáculo na pauliceia*, p.143. Cartas de Lobato a Rangel, no entanto, dão a entender que a obra teria saído em 1915. Ver Lobato, *A barca de Gleyre*, op. cit., p.34-59. *Amor imortal* teria sido indicado por João Guimarães Rosa como "o melhor livro brasileiro", conforme lista publicada por Sperber em *Caos e cosmos: leituras de Guimarães Rosa*, p.141. Para informações sobre Nogueira e sua obra, consultar o livro de Alaor Barbosa.

nião de novelas que se ligam "como capítulos de um só romance filosófico", conforme Nogueira esclarece na introdução.[177] As novelas, ainda segundo o autor, seriam fundadas "nos ensinamentos de Nietzsche relativos à Volta Eterna".[178] As cinco narrativas tratam, de alguma maneira, da vida após a morte. Para Wilson Martins, Nogueira foi um "fenômeno" na época, que teria brilhado com "luz intensa" até se extinguir "como meteoro no firmamento literário".[179]

---

[177] Apud Martins, *História da inteligência brasileira*, p.24. Martins também indica 1915 como a data de lançamento de *Amor imortal*.
[178] Ibid.
[179] Ibid.

Capítulo 5
As editoras de Monteiro Lobato

5.1. A Olegário Ribeiro, Lobato & Cia.

Os cuidados de Monteiro Lobato para conferir qualidade gráfica aos livros que publicou são patentes desde a edição de *O saci-pererê: resultado de um inquérito*, em 1917. Os primeiros títulos lançados sob o selo da *Revista do Brasil*, porém, estavam longe de apresentar excelência material. Os problemas encontrados na edição de *Rindo*, obra com que Martim Francisco estreou no catálogo da *Revista do Brasil*, ilustram bem o quanto as publicações iniciais da editora se distanciavam do primor de execução gráfica que viriam a caracterizar o trabalho de Lobato como editor.

O livro, impresso na Tipografia Ideal, de Heitor C. Canton, saiu repleto de erros, conforme atesta a longa lista na errata adicionada ao final da obra. Há mais de quarenta incidências de erros tipográficos, dentre eles "mental", em lugar de "normal", "três" em lugar de "tuas" e "etrminado" onde se deveria ler "terminado". É verdade que Martim Francisco já tivera edições piores. O livro *1902: propaganda libertadora* (1903), impresso pela Tipografia Popular, de Santos, teve o título mudado para *1932: propaganda libertadora*.[1] Erros assim eram tão comuns que, muito antes de se tornar

---

[1] Exemplar com correção no título e anotações do autor foi digitalizado e pode ser consultado no site da Biblioteca Mário de Andrade. Disponível em: <http://www.docvirt.no-ip.com/demo/bma2/bma.htm>. Acesso em: 20 jun. 2017.

editor, Lobato comentara com amigos a necessidade de considerar, durante a escrita, quais palavras seriam mais propensas a sofrer transformações devido aos inevitáveis descuidos de tipógrafos.[2] Gralhas, gatos, pastéis eram alguns nomes de erros tipográficos que assombravam os homens de letras brasileiros desde meados do Oitocentos.[3]

A Revista do Brasil não tinha oficinas próprias, de modo que os livros publicados sob sua chancela eram impressos nas oficinas do *Estadão* ou em outras tipografias paulistanas.[4] *Ideias de Jeca Tatu* teria sido "atamancado numa semana, depois de encalhado numa miserável tipografia falida e mudada para outra pior ainda, que também ia falir ou mudar".[5] O resultado foi uma primeira edição também coalhada de erros. As tipografias brasileiras, de modo geral, eram mal equipadas e estavam preparadas para produzir apenas jornais, revistas e folhetos. Segundo Rubem Borba de Moraes, os tipógrafos "não tinham o hábito de imprimir livros e cometiam os erros mais simplórios".[6] As técnicas usadas para imprimir um jornal são muito diferentes daquelas exigidas para fazer um livro, que "demandam pessoal diferente";[7] o resultado, portanto, eram as edições malfeitas que circulavam na época.

É por isso que, depois da Primeira Guerra Mundial, quando dificuldades cambiais impediram os editores de mandar imprimir seus livros na Europa, viram-se eles numa situação trágica. Somente uma ou outra tipografia (como a do *Anuário do Brasil*, dirigida por um português) era capaz de fazer um livro decente. Monteiro Lobato não encontrou tipografia capaz de produzir livros

---

2 Em uma carta de 4 jan. 1904 a Rangel, por exemplo, Lobato alerta o amigo para que não escreva "doídas saudades" em trecho de romance, justificando: "é um perigo este adjetivo; fatalmente o tipógrafo comporá 'doidas' e o revisor deixará passar". In: Lobato, *A barca de Gleyre*, p.46.
3 Ver Schapochnik, Malditos tipógrafos.
4 Yvone Soares de Lima trata de algumas tipografias contratadas por Lobato para imprimir os livros de suas editoras em *A ilustração na produção literária*, p.13-51. Sobre tipografias paulistanas existentes na época, ver Cruz, *São Paulo em papel e tinta*: periodismo e vida urbana – 1890-1915, p.73-130; Martins, *Revistas em revista*, p.163-220.
5 Carta de Lobato a Rangel de 30 dez. 1919. In: Lobato, *A barca de Gleyre*, p.207-8.
6 Moraes, *O bibliófilo aprendiz*, p.120.
7 Ibid.

nas quantidades que necessitava. Teve de montar uma oficina, meter-se num negócio estranho e nocivo à sua atividade de editor.[8]

Lobato começou a "meter-se" no negócio estranho da tipografia já no início de 1919. Em uma carta de fevereiro daquele ano a Rangel, ele anuncia: "o negócio vai crescendo de tal modo que já estamos montando oficinas próprias, especializadas na fatura do livro. Talvez o número de março já seja feito em casa".[9] A casa em questão era a Olegário Ribeiro, Lobato & Cia., empresa fundada em 5 de março.[10] A firma tinha o nome dos sócios majoritários, Olegário Ribeiro e Monteiro Lobato, donos de cotas iguais, de 16:000$000; Octalles Marcondes Ferreira, Francisco Pires de Castro, Waldemar Ferreira e Alfredo Costa detinham cotas menores. Octalles, futuramente o principal sócio de Lobato, trabalhava então na contabilidade da *Revista do Brasil*.[11]

O contrato social da nova empresa estabelecia que

> Os socios Olegário Ribeiro & Cia. realisam a primeira prestação de sua quota, de 10:500$000, transferindo á sociedade seu direito de propriedade sobre o estabelecimento typographico denominado "OFFICINAS GRAPHICAS DA REVISTA DE COMMERCIO E INDUSTRIA", instalada nesta praça á Rua Abranches n. 43. Ditos bens constam dos machinismos, material typographico, moveis, utensilios, etc relacionados em inventario levantado em 4 do corrente, do qual todos os socios têm conhecimento tendo-lhes sido dado o valor de 22:000$000 (vinte e dois contos de reis), pelo qual a sociedade voltará aos referidos sócios Olegario Ribeiro & Cia. a importancia de 11:500$000 (onze contos e quinhentos mil reis) em dinheiro.[12]

---

8 Ibid, p.121.
9 Lobato, carta a Rangel de 20 fev. 1919. In: Lobato, *A barca de Gleyre*, p.189-91.
10 Contrato social da firma Olegário Ribeiro, Monteiro Lobato & Cia. Ltda. N. 14901. São Paulo, 12 mar. 1919, p.1.
11 Sobre a trajetória de Octalles Marcondes Ferreira, consultar Beda, *Octalles Marcondes Ferreira*: formação e atuação do editor.
12 Contrato social da firma Olegário.

Lobato comunicou, em uma carta a Rangel, o estabelecimento da nova empresa: "Já temos oficinas próprias e problemas operários". E completou: "O próximo número da *Revista* já será impresso em *nossas* oficinas, com tintas nossas, tipos nossos – e verás como melhorará na fatura".[13] O grifo no pronome "nossas" sugere a importância que o editor iniciante dava ao fato de ser dono da tipografia que iria imprimir suas publicações, o que permitiria maior controle sobre a fidelidade dos textos impressos aos originais e a legibilidade das obras publicadas. Lobato ainda comenta a "coisa seriíssima" que era "a "praça", afirmando: "Temos dum lado, literariamente, o Público Ledor; e de outro, comercialmente, a Praça!". É bastante sugestiva essa oposição entre comércio e literatura, ainda mais pelo fato de o advérbio "literariamente" estar relacionado ao Público Leitor, com maiúsculas. Diferentes tipos de capital eram necessários para fazer a empresa vingar: o simbólico e o financeiro. Lobato parece reconhecer os princípios que, muito mais tarde, Bourdieu formularia em sua teoria dos campos artísticos: "um campo literário é a emergência de um mundo econômico às avessas, no qual as sanções positivas do mercado são ou indiferentes ou até negativas".[14] Por outro lado, as sanções positivas de determinado público leitor podem ser indiferentes ou até negativas para as vendas, como veremos adiante.

A Olegário Ribeiro, Lobato & Cia. durou pouco. Três meses depois de fundada a sociedade, Monteiro Lobato e Alfredo Costa pediram, em assembleia realizada no dia 30 de julho, para vender suas cotas a outras pessoas, no que foram atendidos. Uma nova assembleia, realizada em 18 de novembro do mesmo ano, decidiu pela dissolução da firma, já que Lobato vendera sua cota a vários outros sócios e Olegário Ribeiro havia morrido. Os presentes concordaram com a dissolução. Ficou resolvido, ainda, que Waldemar Ferreira, Francisco Pires de Castro e Clóvis Ribeiro estavam

---

13 Curiosamente, essa carta é datada de 4 mar. 1919, um dia antes de firmado o contrato social da Olegário Ribeiro, Lobato & Cia. In: Lobato, *A barca de Gleyre*, p.192.

14 Bourdieu, *Razões práticas: sobre a teoria da ação*, p.180.

Figuras de autor, figuras de editor

autorizados, como incorporadores, a lançar nova sociedade anônima.[15] Surgia a Sociedade Editora Olegário Ribeiro, que viria a imprimir vários livros editados por Monteiro Lobato nos anos seguintes.

Figura 2. Capa de J. Prado para *Chuva de rosas*, editado pela Monteiro Lobato & Cia.

---

15 Distrato social da firma Olegário Ribeiro, Monteiro Lobato & Cia. Ltda. N. 6473. São Paulo, 12 fev. 1920, p.2.

Figura 3. Selo da Sociedade Anônima Olegário Ribeiro, no interior do livro *Chuva de rosas*.

Figura 4. Selo da Monteiro Lobato & Co., impresso na contracapa de *Chuva de rosas*.

Ainda precisam ser realizados estudos sobre a Olegário Ribeiro, Lobato & Cia. que permitam conhecer com maior clareza e precisão os meandros dessa sociedade, a lista dos títulos que publicou, as causas de sua dissolução. Por enquanto, é possível saber que a *Revista do Brasil* e a Sociedade Editora Olegário Ribeiro mantiveram laços estreitos. Vários livros da *Revista do Brasil*, e posteriormente da Monteiro Lobato & Cia., foram impressos na tipografia da Olegário Ribeiro: as primeiras edições de *O jardim das confidências* (1921), de Ribeiro Couto, e de *Notas de um estudante* (1922), de João Ribeiro, além da quarta edição de *O professor Jeremias* (1921), de Léo Vaz, são alguns deles. Há ainda o interessante caso de *Chuva de rosas* (Figura 2), de Jorge Salis Goulart, publicado em 1922, que apresenta selo tanto da Olegário Ribeiro (Figura 3) como das "Officinas Graphicas Monteiro

Lobato & Cia" (Figura 4). Em ambos os selos, a ilustração e o endereço são os mesmos: Rua Gusmões, 70, sede da Monteiro Lobato & Cia.

Em maio de 1921, a Sociedade Editora Olegário Ribeiro lançou a revista *A novela semanal*, dirigida por Brenno Ferraz, nos moldes da argentina *La novela semanal*. O editorial informava que a revista pretendia atuar como "um instrumento de propaganda das boas letras – dos melhores autores e dos melhores livros nacionais",[16] tanto inéditos como consagrados. Seu objetivo maior seria "popularizar o livro, torná-lo acessível a todos", difundi-lo "em todo o território nacional". O formato de revista, segundo o editorial, ajudaria a alcançar esse objetivo: "como revista, será de leitura leve e variada, será vendida a preço ínfimo, será apregoada nas ruas, nas estradas de ferro, em toda parte, a toda gente". A revista procurava oferecer um conteúdo prazeroso e efêmero, como balas ou chocolate, a leitores em trânsito por vias e ferrovias.

É nítida, no primeiro número, a estratégia de valorizar o nome de Monteiro Lobato como escritor e como editor. A revista abre com uma crônica de Lobato, intitulada "O 22 da Marajó", que inicia com reflexões em tom de conversa sobre o "delírio que aí vai pelo futebol" e termina com "o caso" de um capoeirista, o "22" do título. Na sequência, há um conto de Léo Vaz, autor publicado pela editora, e outro de Aluízio de Azevedo, dividido pelo anúncio publicitário de *A onda verde*, de Monteiro Lobato. Seguem-se contos de Baptista Junior e Magalhães de Azeredo, no meio do qual há publicidade do livro *Dialeto caipira*, de Amadeu Amaral, lançado pela Casa Editora O Livro. Uma segunda seção da revista, intitulada "Suplemento", enfileira estrategicamente duas colunas: "A vida anedótica e pitoresca dos grandes escritores", na qual Amadeu Amaral apresenta "reminiscências" sobre Olavo Bilac, e "Curiosidades literárias", na qual Monteiro Lobato narra uma curta e cômica "Autobiografia". O expediente de vincular a biografia de Lobato à de Bilac e ambas ao título "grandes escritores" não passou despercebido. Na *Gazeta*, Carlos da Maia fez duras críticas ao que chamou de "panelinha onde pontificam aqueles escritores ilustres que se

---

16 Editorial, *A novella semanal*, n.1.

encastelaram nas colunas do grande órgão dos fatos consumados para a indústria do elogio mútuo":

> [...] no "Supplemento" há uma secção dedicada á vida anecdotica e pittoresca dos grandes escriptores. Tomem bem nota, meus amigos: dos grandes escriptores. Querem saber que foram ahi, ultimamente, engrossados? Nada mais, nada menos do que os srs. Monteiro Lobato e Amadeu Amaral. Parece pilheria, não acham? Parece, mas não é. [...] Os srs. Amadeu e Lobato são figuras de relevo na panelinha. O sr. Lobato tem ainda a seu favor o facto, muito importante, de ser proprietario de uma casa editora. É natural que lhe elogiem calorosamente a creação impatriotica do Geca Tatú os plumitivos que anceiem por ver em letra redonda, no livro, as tolices que escrevem.[17]

Por meio da crítica de Carlos da Maia – que deveria ser pseudônimo, pois é o nome do protagonista de *Os maias*, de Eça de Queiroz, autor idolatrado na época – podemos nos aproximar de um ponto de vista, dentro do campo literário, advindo de posição oposta à do grupo de que fazia parte Monteiro Lobato. Carlos da Maia denuncia a estratégia usada por *A novela Semanal* para aumentar o capital simbólico de Lobato, assim como o de Amadeu Amaral, e as trocas simbólicas envolvendo os interessados em entrar na "panelinha" da qual ambos faziam parte e no catálogo da editora lobatiana. De seu lado, o jornalista, que parece escrever de Santos, usa a coluna da *Gazeta* para combater o grupo rival, artifício comum, no campo literário, a fim de atrair pares e formar "panelinha" forte o suficiente para lutas maiores, como fundar uma revista de literatura em oposição às de outros grupos.

A novela semanal teve apenas quinze números; em todos eles, há anúncios das "Edições da *Revista do Brasil*" e das "Edições da Sociedade Editora Olegário Ribeiro" na penúltima página. Alguns livros "no prelo" anunciados pela Olegário Ribeiro ao longo de 1921, caso de *Ritinha*, de Léo Vaz, e *Mula sem cabeça*, de Gustavo Barroso, foram editados pela Monteiro Lobato

---

17 Maia, Cartas de Santos, *A Gazeta*, n.465, p.1.

& Cia. em 1922. Outros livros, que chegaram a ser publicados pela Olegário Ribeiro, também passaram a integrar o catálogo de Lobato a partir de 1922. Entre eles estão *O que o cidadão deve saber*, de Sampaio Dória, e *Manual do comerciante*, de Waldemar Ferreira — um dos sócios da Olegário Ribeiro. A contratação de outros livros de Sampaio Dória e Waldemar Ferreira pela Cia. Graphico-Editora Monteiro Lobato será examinada no Capítulo 7.

O próprio Lobato teve uma novela, *Os negros*, publicada pela Olegário Ribeiro; o texto passou a integrar o livro de contos *Negrinha* a partir de 1922.[18] *Os negros* foi o segundo título da coleção "A novela nacional", dirigida por Amadeu Amaral, autor de *A pulseira de ferro*, que inaugurou a série. "A novela nacional", conforme anúncios publicados em todos os números da revista *A novela semanal*, era "uma série de pequenos livros, nos quais se mira o seguinte escopo: oferecer a melhor leitura, sob a apresentação mais artística, ao preço mais barato possível".[19] A coleção, porém, parece não ter ido além dos dois primeiros volumes.

No final de 1921, Brenno Ferraz seria admitido como crítico literário da *Revista do Brasil*, na qual já atuava como secretário de redação, sucedendo a Léo Vaz. Em janeiro de 1922, era alçado ao cargo de diretor da *Revista do Brasil*. Uma de suas primeiras tarefas no cargo foi divulgar o balanço das atividades editoriais da *Revista*, que àquela altura já haviam provocado o surgimento da Monteiro Lobato & Cia., como se verá a seguir.

5.2. A Monteiro Lobato & Cia.

Em 1920, o crescimento dos negócios editoriais iniciados na *Revista do Brasil* levou Monteiro Lobato a estabelecer, com Octalles Marcondes Ferreira, a Monteiro Lobato & Cia. O contrato da sociedade, firmado em 22 de junho de 1920, estabelece que

---

18 Ver Martins, *Lobato edita Lobato*, p.312. Ainda sobre *Os negros*, ver Guimarães, *Os negros, ou a história fora de si*. In: Lajolo (org.), *Monteiro Lobato, livro a livro: obra adulta*, p.135-45.

19 Anúncio publicado na contracapa de *A novella semanal*, ano I, n.15. São Paulo, 6 ago. 1921.

O capital social será de 80:000$000, sendo 70:000$000 do socio. Dr. Monteiro Lobato e rs.10:000$000, do socio Octalles Marcondes Ferreira, que realisará a sua parte dentro do prazo de seis meses. O socio dr. Monteiro Lobato, realisará a sua parte, transferindo á sociedade o seu direito de propriedade sobre o estabelecimento á Rua Boa Vista n. 52, de sua propriedade. Os bens do dito estabelecimento constam de stock de livros, propriedade litteraria sobre varios livros, sobre a *Revista do Brasil*, creditos em conta corrente, moveis e utensilios, dinheiro em caixa, etc., tudo de accordo com o balanço de seu estabelecimento levantado a 31 do corrente mez.[20]

A *Revista do Brasil*, portanto, passava a fazer parte da empresa criada para "exploração do negócio de edições em geral", de modo que o negócio nascido dentro da revista vinha a incorporá-la. Lobato pagara 5 contos de réis pela *Revista do Brasil*, em junho de 1918, e a recebera com um ativo de cerca de 3 contos e um passivo de 16 contos; dois anos depois, a *Revista do Brasil* tinha "um ativo de 70 contos e um passivo de 0", nas palavras de Lobato a Rangel.[21] É interessante notar que os bens da *Revista do Brasil* abrangiam obras em estoque, créditos em conta corrente, móveis, dinheiro e a *propriedade literária* sobre vários livros. Ou seja: propriedade literária, naquela época, já era contabilizada como bem na mesma categoria que utensílios, volumes impressos, dinheiro em caixa.

A empresa sucedia "à firma individual do dr. J. B. Monteiro Lobato, devidamente registrada na Junta Comercial".[22] Lobato cogitara batizar a firma como Empresa Editora Revista do Brasil, que em seus planos teria capital de 100 contos e seria localizada no Rio de Janeiro.[23] Em 9 de agosto de 1919, o jornal *O Combate* noticiava que, conforme informação dos colegas do *Diário Popular*, o médico Arthur Neiva estava de mudança para o Rio de Janeiro, onde aplicaria seu "respeitável pecúlio" em uma "empresa lucrativa":

---

20 Contrato social da firma Monteiro Lobato & Cia. N. 16529. São Paulo, 23 jun. 1920, p.1.
21 Lobato, Carta a Rangel de 6 jul. 1919. In: _____, *A barca de Gleyre*, p.202.
22 Contrato social da firma Monteiro Lobato & Cia.
23 Lobato, Carta a Rangel de 6 jul. 1919.

Assim é que o actual diretor do Serviço Sanitário de S. Paulo constituiu uma sociedade com os drs. Luciano Gualberto e Monteiro Lobato, para a publicação da Revista do Brasil. Esta mudar-se-á para o Rio, onde já se acha o último dos associados, tratando do assunto.[24]

A notícia terminava com crítica ao médico por deixar a população "entregue à divina providência". *O Combate* vinha atacando a administração de Neiva desde quando ele tomara posse do cargo, em 1917. No ano em que a gripe espanhola fazia milhares de vítimas em São Paulo, as críticas do jornal ao diretor do Serviço Sanitário tornaram-se ainda mais frequentes e violentas; é nesse contexto que a notícia de sua participação como sócio na *Revista do Brasil* deve ser lida. A editora foi, afinal, registrada com o nome Monteiro Lobato, então magnetizado de prestígio suficiente para figurar como marca distintiva. Com efeito, o autor de *Urupês*, *Cidades mortas*, *Negrinha*, *Ideias de Jeca Tatu* e *Problema vital* alcançara um êxito notável junto à crítica, conforme atestam a imprensa do período e testemunhos colhidos por seus biógrafos. Conquistara o reconhecimento de intelectuais das mais variadas posições no campo literário e era incentivado a tentar vaga na Academia Brasileira de Letras.[25]

A figura de Jeca Tatu, principalmente após o discurso em que Rui Barbosa a mencionara, era conhecida nacionalmente.[26] Léo Vaz lembra que Lobato chegou a "ficar farto, não do Jeca, propriamente, que *havia muito já o enchera*, mas da *jecologia* que à volta da personagem começou a persegui-lo". Eram "cartas, jornais, revistas, folhetos, recortes, separatas, discursos, panegíricos, paráfrases, paródias"[27] vindos de toda parte do Brasil, elogiando ou descompondo o autor do Jeca (Figura 5, p.308).

---

24 O dr. Neiva faz-se sócio da *Revista do Brasil*. In: *O Combate*, n.1262, p.1.
25 Ver Passiani, *Na trilha do Jeca*.
26 Ver Azevedo; Camargos; Sacchetta, op. cit., p.49-51. Uma busca nos periódicos digitalizados da Biblioteca Nacional tem como resultado menções ao Jeca em praticamente todos os jornais brasileiros do período pertencentes à coleção. Ver Biblioteca Nacional Digital Brasil. Disponível em: <memoria.bn.br>. Acesso em: 20 jun. 2017.
27 Vaz, Léo. Reminiscências. In: _____, *Páginas vadias*, p.88.

Figura 5. Na legenda da charge, lê-se: "Monteiro Lobato, o fino conteur de *Urupês*, impiedoso caricaturista de *Géca Tatú*. Em anotação à margem, provavelmente de Purezinha, lê-se: "Imagina a que te reduziram: a um Lobato almofadinha!".[28]

O nome Monteiro Lobato aparecia até nas telas de cinema. Em março de 1920, estreara em São Paulo a adaptação cinematográfica do conto "Os faroleiros", de *Urupês*, dirigido por Antônio Leite e produzido pela Sociedade de Cultura Artística Romeiros do Progresso. Lobato, ao que parece, havia acumulado capital simbólico em tal medida que podia transferi-lo não só para obras de escritores novatos, por meio de prefácios ou resenhas

---

28 Recorte colado no Álbum n.1 de Dona Purezinha, p.73. Acervo da Biblioteca Infantojuvenil Monteiro Lobato. A charge foi publicada na revista *A Cigarra*, n.114, p.25. Disponível em: <memoria.bn.br>. Acesso em: 28 jul. 2017.

elogiosas,[29] mas também para uma produção cinematográfica. Presumidamente, a escolha de seu nome para figurar na razão social da editora levava em consideração esse capital simbólico acumulado, que poderia insuflar prestígio nas publicações da nova casa. Como afirmou Brito Broca, "tudo [...] que trouxesse a chancela de Monteiro Lobato passaria a ser recebido com interesse. E os outros editados da casa iriam se beneficiando com o rumor feito em torno do escritor".[30]

A transferência para o Rio de Janeiro vinha sendo planejada desde o ano anterior. Em uma carta a Rangel de 26 de maio de 1919, Lobato comenta que a revista, em São Paulo, "terá sempre o caráter regional, provinciano, e isso a diminui". Argumenta que, na França, "todas as revistas irradiam de Paris" e que as capitais nacionais "são o centro natural de certas irradiações".[31] Esses comentários sugerem que, embora o projeto literário lobatiano tivesse como ponto focal o interior do Brasil e supostamente rejeitasse modelos artísticos franceses, o editor Lobato avaliava o mercado das produções intelectuais por outros parâmetros.

A ideia de mudar a *Revista do Brasil* para o Rio de Janeiro não seria abandonada tão cedo. Em 1920, Lobato escreve a Rangel: "Ando a colaborar no *Correio da Manhã* e tive convite d'*O Jornal*. Cinquenta mil-réis o artigo. Vou custear com as unhas a sucursal da *Revista* aberta no Rio, isto é, com esses artigos".[32] De fato, ele colaborou em vários periódicos cariocas naqueles anos, publicando artigos que, posteriormente, foram enfeixados em livros como *A onda verde* (1923).[33] Escrevia sobre os mais ecléticos assuntos, assumindo algo daquela figura de homem de letras idealizada por Voltaire, capaz de passar "dos espinhos da Matemática para as flores da Poesia", como vimos no Capítulo 1. Trata de cinema, educação, expansão cafeeira, preço do papel, política, literatura, invasão de latifúndios, leitura de pornografia, veteranos do Paraguai, arquitetura, eucaliptos, química, poesia e

---

29 Resenhas e prefácios produzidos por Lobato na época podem ser lidos em Lobato, *Críticas e outras notas*.
30 Broca, A revolução editorial de Monteiro Lobato. In: _____, *O repórter impenitente*, p.64.
31 Lobato, Carta a Rangel de 26 maio 1919. In: _____, *A barca de Gleyre*, p.198-9.
32 Id., Carta a Rangel de 23 mar. 1920.
33 Ver Bignotto, A onda verde: motivos de beleza em constante agitação. In: Lajolo (org.), *Monteiro Lobato, livro a livro*.

muito mais. As razões de sua produção profícua são, em parte, voltairianas e, em parte, financeiras – ou seja, semelhantes à daquela "canalha" que escrevia por encomenda, para horror do filósofo francês. *Habitus* muito antigos persistiam sob novas formas nos *espaços de possibilidades* encontrados pelos homens de letras no campo literário brasileiro daquele período.

No final de dezembro de 1922, vários jornais do Rio e de São Paulo publicaram uma carta aberta das editoras Monteiro Lobato e Leite Ribeiro anunciando desistência de uma planejada fusão das casas:

> Acreditando que o nosso apparelhamento commercial e os nossos esforços pessoaes, reunidos em um só corpo, tornar-se-iam mais proveitosos á produção, divulgação e venda dos artigos do nosso commercio (livros de sciencia, literatura etc.) cogitamos, por iniciativa dos primeiros, de uma fusão de nossas casas, mas tal commettimento acaba de ser verificado irrealisavel, por não convir aos primeiros, domiciliados em S. Paulo, transferirem-se para o Rio de Janeiro, e exigir o segundo que a tal transferência se fizesse, para, na capital da República, ser fixada a séde social, sob a direção dos primeiros.
>
> A irrealização desse projeto em nada prejudicará o nosso objetivo principal, que era o de incrementarmos a producção, divulgação e venda do livro, sobretudo brasileiro, assim auxiliando os respectivos autores, pois, embora continuemos juridicamente separados, a intimidade estabelecida pelo contacto havido nos fez tão ligados pela amizade e confiança recíprocas que seremos, quanto a esse ponto, como um só individuo, de pensamento uno e noção uniforme encontrando os leitores particulares e os revendedores, na razão de cada um de nós, o que pelo outro for editado, em condições perfeitamente eguaes ás estabelecidas pela casa originária.
>
> Tendo a imaginada fusão caido no dominio publico por varios orgãos da imprensa, era nosso dever proporcionarmos a esse mesmo publico essa explicação, bastante clara para impedir quaesquer outras supposições.
>
> S. Paulo, 21 de dezembro de 1922.
> Monteiro Lobato & C.
> (de S. Paulo)
> Carlos Leite Ribeiro
> (do Rio de Janeiro)[34]

---

34 Ao público, *A Noite*, n.3.971, p.4.

Pouco se sabe sobre a "imaginada fusão" entre as duas casas, além do fato de que alguns de seus catálogos passaram a anunciar os livros publicados por ambas. Um exemplo é o catálogo da Leite Ribeiro encartado ao final do livro *Uma estação em Petrópolis* (1923), de Crysanthème, no qual se lê:

> Em virtude de accordo firmado com os nossos colegas Monteiro Lobato & Cia., as suas edições são encontradas em nossas mãos como as nossas são encontradas nas suas, para a venda, a retalho e em grosso, pelos preços e com os descontos estabelecidos pela respectiva casa editora.[35]

O acordo entre as casas provavelmente ajudou a aumentar a rede de distribuição de livros das editoras da Monteiro Lobato & Cia. Resta saber por que Lobato planejou uma fusão com a Leite Ribeiro, quais foram exatamente os obstáculos para a sonhada mudança para a capital, que vantagens a colaboração entre as editoras proporcionou a ambas. Faltam documentos para desvendar as histórias do "indivíduo" supostamente formado pelas duas editoras.

Voltemos, portanto, a um dos documentos de que já dispomos, o contrato da Monteiro Lobato & Cia. A cláusula VII estabelece que caberia a Lobato "especialmente a direção literária da sociedade", enquanto Octalles ficaria com a direção comercial. Ambos os sócios receberiam um "ordenado mensal de 500$000".[36] Retiradas além desse ordenado seriam debitadas em conta particular, fechada no final de cada ano, com os lucros líquidos apurados. Desses lucros, seria "levada uma cota, entre os sócios, combinada, à conta de fundo de reserva". O restante seria dividido entre os sócios, "na proporção do capital de cada um"; Octalles teria, além de sua parte, mais 5% sobre os lucros líquidos.[37]

5.2.1. O catálogo da Monteiro Lobato & Cia.

O catálogo de 1923 da Monteiro Lobato & Cia.[38] apresenta, nas primeiras páginas, as obras do próprio Lobato, que incluíam uma novidade:

---

35 Catálogo das últimas edições – Livraria Editora Leite Ribeiro. In: Crysanthème, *Uma estação em Petrópolis*.
36 Contrato social da firma Monteiro Lobato & Cia., p.1.
37 Ibid.
38 Catálogo das edições de Monteiro Lobato & Cia., p.5.

literatura para crianças. *A menina do narizinho arrebitado* (1920) dera origem à série de aventuras passadas no Sítio do Picapau Amarelo, as quais iriam conferir a Lobato, anos depois, o título de "pai da literatura infantil brasileira".[39] Em 1923, já tinham sido lançados *Fábulas de Narizinho*, *Fábulas*, *Narizinho arrebitado* (edição escolar) e *O saci*, em que Lobato aproveita material de *O saci-pererê: resultado de um inquérito*. Os catálogos das editoras de Monteiro Lobato merecem estudos minuciosos sobre sua organização, os autores e as obras que os compõem, os discursos usados para descrever e valorizar as obras anunciadas – o que, infelizmente, ultrapassa o escopo deste livro. Faremos apenas um voo panorâmico por sobre alguns aspectos mais significativos dos contratos.

Narizinho arrebitado parece ter sido o maior sucesso comercial da editora. Em 1921, foram vendidos 50 mil exemplares do livro para as escolas do estado de São Paulo, então presidido por Washington Luís. Segundo Edgard Cavalheiro, Lobato enviara quinhentos exemplares para os grupos e escolas públicas paulistas. O presidente do estado, ao visitar a rede de ensino em companhia de Alarico Silveira, seu secretário do interior, teria ficado surpreso com o interesse dos alunos por *Narizinho arrebitado* e mandara Silveira descobrir de quem era a obra, a fim de adotá-la em toda a rede.[40] Nos anos seguintes, o livro foi adotado em outros estados, com a ajuda de intelectuais ligados a Lobato, como veremos no próximo capítulo.

A versão de Cavalheiro, para quem essa "doida aventura comercial" teria dado certo devido a estratégias de marketing de Lobato, ainda precisa ser mais bem estudada e avaliada. Afinal, Lobato tinha amizade com Alarico Silveira e laços antigos com Washington Luís, que o nomeara para a promotoria em Areias, em 1907, graças à intervenção do visconde de Tremembé, conforme conta o próprio Cavalheiro. O estudo das ligações do editor com os políticos da época pode trazer novas informações sobre esse episódio, até para confirmar a versão contada por Cavalheiro.

---

39 Sobre a história das publicações de Monteiro Lobato para crianças e seu estatuto de "divisor de águas" na literatura infantil brasileira, ver Bignotto, *Personagens infantis da obra para adultos e da obra para crianças de Monteiro Lobato*, em especial o Capítulo 3.
40 Cavalheiro, *A correspondência entre Monteiro Lobato e Lima Barreto*, p.570-1.

Outras obras didáticas estavam presentes no catálogo de 1923 da Monteiro Lobato & Cia., dentre elas *Como se aprende a língua*, de Sampaio Dória, e *Ciências físicas, naturais e higiene*, de Miguel Milano. Como bem observou Marisa Lajolo,

> Depois do estrondoso sucesso de seu primeiro lançamento para crianças, Monteiro Lobato confirma a importância da escola e do estado na difusão da leitura. Juntando ambos, não hesita em fazer da escola seu trampolim temporário, ainda que seus livros denunciem sistematicamente a burocracia do estado e a chatice da escola brasileira de seu tempo.[41]

Livros técnicos de diversas áreas, como *Os credores privilegiados e o direito de pedir falência*, de Waldemar Ferreira, *Higiene veterinária*, de Antonio Souza, *Código comercial brasileiro*, de Clóvis Ribeiro, ou *Atlas da fauna do Brasil*, de Rodolpho von Ihering, também estavam presentes no catálogo, ao lado de livros de história, crítica literária e política, como *Tradições e reminiscências paulistanas*, de Afonso de Freitas, *Fisionomina de novos*, de João Pinto da Silva, *Sonho de gigante*, de J. A. Nogueira.

Na linha orientada pelo projeto literário lobatiano, eram anunciados *Sapezais e tigueras*, de Amando Caiubi, *Os caboclos*, de Valdomiro Silveira, *Tropas e boiadas*, de Hugo Carvalho Ramos, *Vida ociosa*, de Godofredo Rangel, *Redenção*, de Veiga Miranda, *Cenas e paisagens de minha terra*, de Cornélio Pires, *Ipês*, de Ricardo Gonçalves, *Dialeto caipira*, de Amadeu Amaral, *A sedição do Joazeiro*, de Rodolfo Teófilo, *Mula sem cabeça*, de Gustavo Barroso.

Havia ainda obras literárias vinculadas ao movimento modernista, como o romance *Os condenados*, de Oswald de Andrade, lançado, com capa de Anita Malfatti, no mesmo ano da Semana de Arte Moderna, além de *A mulher que pecou* (1922), de Menotti del Picchia, *Livro de horas de Soror Dolorosa* (1920) de Guilherme de Almeida, *Jardim das confidências* (1921), de Ribeiro Couto.

---

41 Lajolo, *Monteiro Lobato:* um brasileiro sob medida, p.60. É importante lembrar que Lobato vinha escrevendo resenhas sobre livros didáticos desde 1919, o que sugere um acompanhamento crítico da produção dos editores concorrentes na área. Algumas dessas resenhas estão reproduzidas em Lobato, *Críticas e outras notas*, parte "Literatura didática".

Entre os livros "a sair", estava anunciado *Poesias*, de Manuel Bandeira – que nunca chegou a ser publicado, como veremos no Capítulo 7. A editora também publicou, em 1921, o álbum *Fantoches da meia-noite*, de Di Cavalcanti, com texto de Ribeiro Couto.[42] O álbum não consta do catálogo de 1923, embora ainda houvesse exemplares dele no estoque da editora quando da falência, em 1925.

Figura 6. Capa de J. Prado para *Esfinges*, de Francisca Júlia.
A edição requintada é amostra do apuro gráfico pelo qual a Monteiro Lobato & Cia. ficaria famosa.

---

42 Ver Azevedo; Camargos; Sacchetta, op. cit., p.176. O Capítulo 5 do livro trata das relações de Lobato com os modernistas.

Outros "medalhões", como os chamava Lobato, haviam se juntado a Taunay e a Martim Francisco no catálogo da editora: Medeiros e Albuquerque, autor de *Fim* (1921), Francisca Júlia, de *Esfinges* (1921), João Ribeiro, de *Notas de um estudante* (1922), Rui Barbosa, de *Oração aos moços* (1921), Gilberto Amado, de *Aparências e realidades* (1922), Coelho Neto, Afrânio Peixoto, Viriato Correia e Medeiros e Albuquerque, de *O mistério* (1920),[43] além de Amadeu Amaral, autor de *Um soneto de Bilac* (1920), *O dialeto caipira* (1920), *Dante* (1921) e o *Discurso* (1920) proferido por ele quando de sua recepção na Academia Brasileira de Letras.

Esfinges, de Francisca Júlia (1871-1920), saiu em edição luxuosa, com capa e vinhetas de J. Prado (Figura 6), impressa pela Sociedade Editora Olegário Ribeiro. Quando de sua primeira edição, em 1903, o livro fora impresso pela Bentley Junior & Comp., de São Paulo.[44] A edição da Monteiro Lobato & Cia. inclui versos inéditos e reúne, ao final do volume, um prefácio de João Ribeiro para a primeira edição, além da compilação de resenhas sobre a obra da poeta. Júlio César da Silva, irmão de Francisca Júlia, era amigo de Lobato e frequentador constante da editora. Além de reeditar *Esfinges*, Lobato e Octalles Marcondes Ferreira foram fiadores e principais pagadores de escultura realizada por Victor Brecheret[45] e encomendada pelo governo – mais especificamente pelo senador Freitas Valle – para adornar a sepultura da poeta parnasiana, falecida no ano anterior.[46]

O financiamento da escultura modernista é emblemático da política editorial da Monteiro Lobato & Cia.: as apostas da editora em novos modelos artísticos eram lastreadas pela manutenção de modelos consagrados.

---

43 A respeito da publicação desse último livro, veja Bignotto, Monteiro Lobato e a edição de *Mistério*. In: Adami et al. (orgs.), *Mídia, cultura e comunicação 2*, p.303-11.

44 Essa edição foi digitalizada e pode ser consultada no site do Instituto de Estudos Brasileiros (IEB) da Universidade de São Paulo (USP). Disponível em: <http://www.ieb.usp.br>. Acesso em: 20 jun. 2017.

45 Lobato admirava a obra de Brecheret, então com 23 anos. A edição da *Revista do Brasil* de fevereiro de 1920 reproduziu fotografias de duas esculturas do artista e resenha elogiosa de Monteiro Lobato, para quem Brecheret era "a mais séria manifestação de gênio escultural surgida entre nós". In: Lobato, Victor Brecheret. In: _____, *Críticas e outras notas*, p.121-2.

46 Conforme estabelece escritura registrada em cartório, na data de 1º dez. 1922.

No diagnóstico de Brito Broca, "se Monteiro Lobato lançou muitos novos, a verdade é que não esqueceu também dos que estavam com nome feito. E nos novos, soube escolher, de preferência, os que podiam interessar o público".[47] Estrategicamente, as "obras características do regionalismo rústico" de Valdomiro Silveira, Godofredo Rangel e Armando Caiubi, entre outros, atendiam ao "clima nacionalista da época".[48] Além de se alinharem com o projeto literário lobatiano, essas obras respondiam a uma determinada demanda, vinda de um público que havia apreciado as conferências de Cornélio Pires sobre "o caipira", os livros de temática regionalista de autores como Amadeu Amaral, Afonso Arinos, Catulo da Paixão Cearense, o inquérito do *Estadinho* sobre o saci. O projeto literário e editorial de Lobato, portanto, ajustava-se a forças estruturantes do campo literário brasileiro, o qual, por sua vez, contribuía para estruturar.[49]

Broca aponta os elementos que entravam na fatura dos cálculos editoriais de Lobato:

> Oliveira Vianna não era um desconhecido quando Lobato lhe editou *Populações Meridionais do Brasil*, que foi, por assim dizer, a *Casa-Grande e Senzala* da década de 20. Já escrevia há dez anos, com assiduidade nos jornais do Rio, mas Lobato soube ver o interesse que podia oferecer um livro do jovem sociólogo. Hilário Tácito (pseudônimo de Toledo Malta) tinha na gaveta um romance à clé: *Madame Pommery*. Lobato compreendeu a sensação que podia causar um livro em que apareciam figurões da burguesia rural e da política paulista, enredados numa intriga do alto meretrício. A tradição de Machado de Assis

---

47 Broca, A revolução editorial de Monteiro Lobato. In: _____, O repórter impenitente, p.62-6. As citações posteriores são do mesmo artigo.

48 Ibid., p.62-6.

49 Para Giordano Barlin Bertelli e Tânia Pellegrini, essas produções de temática nacionalista "distinguem-se das anteriores pela retração da escala de ponto de vista", por integrarem um "processo de invenção historiográfica e literária que vinha atuando, sintomaticamente, pelo menos desde os primórdios do movimento republicano paulista e que condensava os referenciais de sua épica nacionalista, na idealização da experiência particular da formação histórica e social de São Paulo". Ver Bertelli; Pellegrini, Entre política e literatura: o Brasil de Oswald de Andrade, *Revista Estudos de Literatura Brasileira*, n.34.

perdia-se: Lobato sentiu em Léo Vaz o romancista que a retomaria nesse delicioso *Professor Jeremias* ainda há pouco mais uma vez reeditado pela Saraiva.

De acordo com os exemplos mencionados por Broca, os critérios de seleção de obras utilizados por Lobato pressupunham um bom conhecimento da tradição existente no polo erudito do campo intelectual, do capital simbólico acumulado por cada autor, das preferências temáticas de leitores situados em polo mais popular do campo. O catálogo de 1923 indica que o editor procurou lançar nomes inéditos, principalmente os relacionados a seu projeto literário, mas também publicou "nomes feitos", como afirmou Broca. Para entender os mecanismos envolvidos na seleção de autores novatos ou já legitimados no campo, vale retomar análise de Pierre Bourdieu sobre o funcionamento de empresas de produções artísticas:

> Um empreendimento está tanto mais próximo do polo "comercial" quanto os produtos que oferece no mercado correspondem mais direta ou mais completamente a uma demanda preexistente, e em formas preestabelecidas. Por conseguinte, a duração do ciclo de produção constitui sem dúvida uma das melhores medidas da posição de um empreendimento de produção cultural no campo. Tem-se assim, de um lado, empreendimentos com ciclo de produção curto, visando minimizar os riscos por um ajustamento antecipado a demanda detectável, e dotados de circuitos de comercialização e de procedimentos de valorização (publicidade, relações públicas etc.) destinados a assegurar o recebimento acelerado dos lucros por uma circulação rápida de produtos reservados a uma obsolescência rápida; e, de outro lado, empreendimentos com ciclo de produção longo, baseado na aceitação do risco inerente aos investimentos culturais e sobretudo na submissão às leis específicas do comércio de arte: não tendo mercado no presente, essa produção inteiramente voltada para o futuro tende a constituir estoques de produtos sempre ameaçados de recair no estado de objetos materiais (avaliados como tais, ou seja, por exemplo, pelo peso do papel).[50]

---

50 Bourdieu, *As regras da arte*, p.163.

A descrição de Bourdieu sobre os mecanismos de funcionamento do mercado de arte nos ajuda a perceber algumas tendências no catálogo da Monteiro Lobato & Cia. publicado em 1923. O grande número de livros produzidos por escritores estreantes ou pouco conhecidos no campo literário implicava um ciclo de produção longo e arriscado. Em tal circunstância, a publicação de nomes consagrados pode ser vista como uma maneira de minimizar os riscos de venda de alguns produtos, o que seria saudável para a economia da empresa. As obras de autores prestigiados conferiam capital simbólico não apenas à editora, mas também ao projeto literário lobatiano, que se vinculava a tradições eruditas do campo. Assim, a publicação de textos inéditos do visconde de Taunay, por exemplo, tinha o mérito de valorizar, com seu prestígio, o nome da casa, e de reforçar a importância de obras novas com temática semelhante.

Essa estratégia parece ter guiado a seleção de livros integrantes da "Coleção Brasília", que, segundo o catálogo, era "destinada a baratear o livro, vulgarizando as melhores obras nacionais por preços ao alcance de todos".[51] Os volumes da coleção eram impressos em papel jornal e tinham entre 250 e 300 páginas; custavam de 1$500 a 3$000, enquanto as demais obras literárias da editora tinham preço entre 3$000 e 8$000. A tiragem inicial de cada título era de 4 mil exemplares. A materialidade dos livros e a proposta editorial lembram muito a "Coleção Brasileira", publicada pelo "editor-livreiro" Domingos de Magalhães no Rio de Janeiro nas décadas finais do século XIV. Pela "Coleção Brasileira" saíram livros já consagrados, como *Memórias de um sargento de milícias*, de Manuel Antônio de Almeida, e lançamentos, como *Por montes e vales* (1899), de Anselmo Ribas, pseudônimo de Coelho Neto. As capas dos livros da coleção, ilustradas por Julião Machado, mostram uma jovem mulher lendo.

A "Coleção Brasília" também reunia autores estreantes a nomes já reconhecidos no campo. Embora o *slogan* anunciasse "Obras nacionais de autores consagrados", boa parte delas era de escritores pouco ou nada conhecidos. O volume 1 era *Urupês*, de Monteiro Lobato, locomotiva a

---

51 Catálogo das edições de Monteiro Lobato & Cia., p.27-8.

puxar os demais números com seu prestígio. A decisão editorial de iniciar coleção com a obra mais aplaudida de Lobato é exemplar dos mecanismos pelos quais a editora conferia um valor simbólico ao escritor-proprietário enquanto ele, por sua vez, legitimava o selo com suas obras, especialmente as mais reconhecidas pela crítica.

O volume 2 da coleção era *A renegada*, "audacioso romance realista de Carlos Dias Fernandes, notável escritor paraibano". A necessidade de texto explicativo com adjetivos encomiásticos indica que apenas o nome do autor não era suficiente para promover a obra de Fernandes (1874-1942), de temática regionalista. O livro *Os cangaceiros*, do mesmo autor, elencado como sexto volume da coleção, era anunciado como "romance do banditismo do Norte". *Cidades mortas*, de Monteiro Lobato, aparecia como volume 3, seguido por *Senhora de engenho*, "romance de Mário Sette, da Academia Pernambucana de Letras, 3.a.ed.". Novamente, a publicidade lançava mão do "procedimento de valorização" da obra, dessa vez destacando a participação do autor em uma instância de consagração, além do fato de o romance estar na terceira edição. Não há informação sobre número das edições dos livros de Lobato, o que assinala o quanto esse dado era desnecessário, no caso dele.

Os condenados (contos atrozes), de Gabriel Marques, apresentado como "um romântico moderno", era o quinto volume da "Coleção Brasília".[52] Marques é descrito no catálogo como autor consagrado, embora aquele fosse seu primeiro livro. No ano anterior, seu conto "A caveira" saíra na revista *A vida moderna*, em junho,[53] e na *Revista do Brasil*, em setembro – com várias modificações.[54] A contratação de Marques é das poucas decisões editoriais de Lobato sobre as quais existem relatos de contemporâneos, provavelmente porque o episódio era visto como anedótico. O "caso" é contado por Edgard Cavalheiro:

---

52 Um dos contos, "O filho do outro", é dedicado a Monteiro Lobato. In: Marques, *Os condenados* (contos atrozes), p.31. Ao final dessa edição, há o anúncio de um novo livro do autor, *As virgens da floresta*, "a aparecer". O livro, porém, não chegou a ser lançado.

53 Marques, A caveira, *A vida moderna*, n.432, p.8-9.

54 Id., A caveira, *Revista do Brasil*, n.69, p.44-8.

> Há [...] o caso daquele preto que entra na saleta da editora sobraçando um maço de originais.
> "Sou Fulano de Tal, escrevi este livro, e desejava saber se ele merece ser editado."
> Lobato responde "ex-abrupto":
> "Perfeitamente. Edito o seu livro."
> O preto, confuso, soube apenas demonstrar o seu espanto:
> "Mas se o senhor ainda não leu o livro?"
> "Não tem importância. Se ele não prestar, eu conserto. O que preciso é de um preto na galeria dos meus editados. De você só quero uma coisa: o retrato bem preto, sem chapéu, mostrando a gaforinha."[55]

O "preto" era Gabriel Marques, segundo Brito Broca, cuja versão do episódio, aparentemente ouvida de conhecidos, é um pouco mais detalhada:

> Conta-se ter aceito o livro de um preto, sem lê-lo, havendo-lhe declarado: se a obra não prestasse, ele a consertaria. "O que preciso é de um preto na galeria dos meus editados. De você só quero uma coisa: o retrato bem preto, sem chapéu, mostrando a gaforinha." O preto deve ser naturalmente Gabriel Marques, cujo retrato aparece na capa do livro *Os condenados*, contos teratológicos de arrepiar os cabelos do leitor.[56]

Cavalheiro, Broca e Nelson Palma Travassos[57] – cuja versão é idêntica à de Cavalheiro – parecem ter registrado a contratação de Marques porque a consideravam uma piada estrelada por Lobato. Há indícios, porém, de que o editor tenha sido extremamente sério ao usar a cor da pele do autor como critério para a publicação de seu primeiro livro. Recordemos Luiz Gama, que tão agudamente expressara a necessidade de apresentar "fachada" branca para ser aceito como escritor no Brasil. Lobato conhecia bem a história do "Orfeu de carapinha". Em dezembro de 1920, a *Revista do Brasil*

---
[55] Cavalheiro, op. cit., p.245.
[56] Broca, A revolução editorial de Monteiro Lobato. In: _____, *O repórter impenitente*, p.62-6.
[57] Travassos, *Livro sobre livros*, p.157.

publicara, com destaque, um ensaio de Candido Freire intitulado "Luiz Gama", no qual a vida e os feitos do "imortal" letrado são narrados com recursos romanescos, entremeados a generalizações questionáveis, como era comum no tempo, sobre africanos, índios e portugueses.[58] O mesmo número apresentava trecho dos "Excertos do diário de André Rebouças". Textos de e sobre intelectuais afrodescendentes, como Lima Barreto, vinham sendo publicados com regularidade pela revista. Em outubro de 1923, a *Revista do Brasil* reproduziria um artigo de Evaristo de Moraes, publicado no *Jornal do Brasil*, intitulado "A ascensão dos mulatos". No texto, Moraes afirma que, apesar do preconceito, os mulatos teriam contribuído para a "prosperidade do Brasil":

> Desde o primeiro Império, foram notáveis estadistas e sentaram-se nos conselhos da corôa; foram oradores e publicistas e, por vezes, guardaram o principado da palavra e da penna; foram médicos e tiveram aos seus cuidados a preciosa saúde dos dois imperadores, foram advogados, e um delles mereceu das Câmaras do Segundo Império o doutoramento sem passar por qualquer academia; foram poetas, e um delles disputou, talvez com vantagem, o primado do verso no periodo romântico; foram musicistas e um delles confundiu, logo á chegada da família real ao Brasil, a prosápia metropolitana de Marcos Portugal; foram tudo que quizeram ser, e foram, também, a expressão maxima da affectividade brasileira, acompanhando ao exilio, na pessoa de André Rebouças, grande engenheiro, a família imperial, deposta pela Republica.[59]

Após louvar os mulatos brasileiros e condenar seus detratores, o texto termina citando Delgado de Carvalho, cujas afirmações enquadram os elogios derramados por Moraes em moldura discriminatória: "O mestiço que resulta do cruzamento do branco com o negro tem tendência a afastar-se do tipo africano".[60] A chave para ler o artigo, afinal, é a de que mulatos seriam louváveis porque branqueados. Como observou Tania de Luca, na *Revista do*

---

58 Candido Freire, Luiz Gama, *Revista do Brasil*, n.60, p.319-44.
59 Moraes, A ascensão dos mulatos, *Revista do Brasil*, n.84, p.197.
60 Apud Moraes, op. cit., p.197.

Brasil, a visão negativa sobre a miscigenação, "que não se cansava de alardear os efeitos deletérios dos cruzamentos, foi cedendo lugar a uma interpretação que elegia a mistura como via privilegiada em direção ao progresso".[61] Essa via passava por um processo de arianização, o qual, ao longo do tempo, terminaria por solucionar os problemas da sociedade brasileira, multirracial e desigual. Em textos de intelectuais como Oliveira Vianna, por exemplo, o "afã de banir o negro do cenário nacional era por demais evidente. Esperava-se não só que ele desaparecesse do palco, a exemplo de um ator que finda seu papel, como também que não deixasse qualquer rastro de sua passagem".[62]

O projeto de branqueamento da população brasileira não era exclusivo dos colaboradores da revista; parece ter predominado nos meios intelectuais do período.[63]

É nessas circunstâncias que se deu a contratação de Gabriel Marques. Caso haja alguma verdade sob a roupa da anedota, Lobato teria posto sob os holofotes um escritor negro, justamente quando os intelectuais da *Revista do Brasil* – e do Brasil, de modo geral – esperavam que negros desaparecessem do palco. Seu critério de contratação lembra o das cotas para artistas negros, tão comuns hoje, mas absolutamente impensáveis nos anos de 1920; não é estranho que o caso tenha sido registrado como piada. Os indícios de que Lobato não estava brincando à custa de Marques são encontrados na própria revista. *Os condenados* recebeu crítica elogiosa no número 76 da *Revista do Brasil*, de abril de 1922. Poucos meses depois, a *Revista do Brasil* noticiava o lançamento, na Argentina, de um número especial da *Nuestra Revista*, de Buenos Aires, em homenagem ao centenário da Independência do Brasil. O número de agosto de *Nuestra Revista* era dedicado a escritores brasileiros, entre os quais "Ronald de Carvalho, Monteiro Lobato, Júlio César da Silva, Hugo de Carvalho Ramos, Ribeiro Couto, Faria Neves Sobrinho, Mário Sette, Lima Barreto e Gabriel Marques",[64] todos publicados pela editora de Monteiro Lobato.

---

61 Luca, *A Revista do Brasil*, p.170.
62 Ibid.
63 Ver, a respeito, o capítulo Etnia: um desafio para a construção da nação, em Luca, op. cit., p.131-77.
64 O centenário da Independência, *Revista do Brasil*, n.81, p.91.

O investimento na legitimização de Marques no campo literário continuou quando ele lançou um novo livro, *A canalha*, pela Editora Irmãos Marrano, em 1923. A resenha publicada na *Revista do Brasil* sobre o livro é bastante laudatória: "Este seu segundo trabalho, *A canalha*, já não é um livro de principiante, e sim de um escritor, de um escritor imaginoso, fluente, interessante".[65] Completava-se uma etapa importante do processo de reconhecimento de Marques como escritor, processo que também tivera início nas páginas da *Revista do Brasil*, com a publicação de seu conto "A caveira" e de seu retrato, utilizado também na capa de *Os condenados*. Gabriel Marques é o único negro retratado nas capas da "Coleção Brasília" e nas páginas da *Revista do Brasil*. Aparece sem chapéu, acessório que apenas as escritoras, por sinal, usavam em fotografias.

A representação física do autor, em seu livro, é prática antiga no Ocidente. Segundo Roger Chartier, "o retrato do autor que torna imediatamente visível a atribuição do texto a um eu singular é frequente no livro impresso do século XVI".[66] A função do retrato do autor, para Chartier, é "constituir a escrita como expressão de uma individualidade que fundamenta a autenticidade da obra". Na Europa do século XVI, alguns dos primeiros livros impressos traziam ilustrações dos autores, ora representados com coroas de louros, "heroificados à antiga", ora próximos de seus protetores, a quem as obras eram dedicadas, ou ainda escrevendo em frente a seus leitores.[67] No Brasil do Oitocentos, retratos de autores eram encontrados em obras materialmente mais luxuosas, como a primeira edição de *A Confederação dos Tamoios* (1856), de Gonçalves de Magalhães, patrocinada por d. Pedro II. Custava caro, para os românticos nacionais, imprimir a individualidade da autoria.

No início do século XX, a manifestação da singularidade autoral por meio de retratos havia se tornado prática comum, devido ao barateamento das tecnologias de impressão. Era também prática essencial para a divulgação e a venda de obras lançadas, como explica o editor Monteiro Lobato a Oswald de Andrade, em entrevista para a revista *Papel e Tinta*, publicada em 1921:

---

65 Marques, A canalha, *Revista do Brasil*, n.93, p.82.
66 Chartier, Figuras do autor. In: _____, *A ordem dos livros*, p.53.
67 Ibid., p.59-70.

[...] Há lançamentos de primeira classe, de segunda e de terceira. Os de primeira exigem retratos nas revistas. Por sinal, quanto vocês cobram em *Papel e Tinta* por um retrato de literato, decorativo, com cabeleira, numa livraria, e por baixo: "O ilustre autor dos 'Tomates Fritos', verdadeira e última revelação da talentosa moderna geração paulista?"[68]

O discurso de Lobato, nessa entrevista, reverbera a irreverência e a contestação de artigos como "Urupês", em que ele se posiciona como escritor e ridiculariza clichês românticos. No entanto, como editor, Lobato levava muito a sério o uso de retratos com livros ao fundo e legendas elogiosas por baixo para divulgar os autores lançados por sua editora. De fato, o editor Lobato não apenas valorizava cabeleiras românticas em retratos como publicava obras românticas cabeludas que o escritor Lobato desprezava. O sétimo volume da "Coleção Brasília" era o romance *O bandido do Rio das Mortes*, de Bernardo Guimarães, autor dos mais depreciados em *Cidades mortas*.[69]

O volume número 8 é *Negrinha*, de Monteiro Lobato, que passava a figurar com três títulos de sua autoria na coleção – quase a metade das obras lançadas. Na contracapa do livro, uma peça publicitária elenca as obras já publicadas e anuncia o nono volume, *Brutalidade*, por Afonso Schmidt. A coleção, entretanto, foi encerrada antes desse lançamento. O livro de contos de Schmidt foi impresso pelo Instituto D. Escolástica Rosa, de Santos, no litoral paulista, em 1922.

Além da "Coleção Brasília", o catálogo de 1923 anuncia a "Biblioteca da Rainha Mab", uma "coleção de livros em pequeno formato, corpo 8, extraordinariamente cômodos para trazer no bolso e lindamente encapados em 'Castilian Cover', ou couro artificial dos americanos". O "couro

---

68 Apud Azevedo; Camargos; Sacchetta, op. cit., p.129.
69 Em "A vida em Oblivion", que abre *Cidades mortas*, lê-se o seguinte trecho: "No concerto dos nossos romancistas, onde Alencar é o piano querido das moças e Macedo a sensaboria relambória dum flautim piegas, Bernardo é a sanfona. Lê-lo é ir para o mato, para a roça – mas uma roça adjetivada por menina de Sion, onde os prados são amenos, os vergéis floridos, os rios caudalosos, as matas viridentes, os pínearos altíssimos, os sabiás sonoros, as rolinhas meigas. Bernardo descreve a natureza como um cego que ouvisse contar e reproduzisse as paisagens com os qualificativos surrados do mau contador". Lobato, *Cidades mortas*, p.27. O narrador segue apontando mais problemas da obra de Guimarães.

artificial" vinha sendo usado para encadernar os livros em miniatura da Little Leather Library Corporation, editora norte-americana fundada em Nova York por Charles e Albert Boni, Harry Scherman e Max Sackheim. A escassez de couro, ocorrida durante a Primeira Guerra Mundial, obrigou a companhia a usar material sintético nas capas. Apesar dos problemas causados pela guerra, a editora vendeu mais de 25 milhões de livrinhos entre 1916 e 1923, por meio de lojas de departamentos, farmácias, livrarias, além de encomendas pelos correios.[70] É possível que tanto o formato dos produtos como as estratégias de venda da Little Leather Library Corporation tenham sido inspiradores para Monteiro Lobato.

O primeiro livro lançado pela editora norte-americana foi *Romeu e Julieta*, de Shakespeare, justamente a peça em que a rainha Mab, a "parteira das fadas", é descrita por Mercúcio. A minúscula rainha viaja em uma carruagem feita com a casca vazia de uma avelã e puxada por parelha de átomos, percorrendo os corpos de pessoas adormecidas a fim de provocar-lhes sonhos ou pesadelos. A personagem apareceria, décadas mais tarde, no conto para crianças "A rainha Mabe", publicado em 1947 e reproduzido no livro póstumo *Histórias diversas* (1959). De modo geral, a influência de Shakespeare sobre a obra lobatiana ainda precisa ser estudada mais detidamente.[71]

Os volumes 1 e 2 da coleção eram compostos por *A veranista* (1921), romance de Abel Juruá, "pseudônimo de ilustre escritora carioca" (Iracema Guimarães Vilella, irmã do poeta parnasiano e acadêmico Luís Guimarães Júnior). Na sequência, apareceram *A casa do gato cinzento* (1922), "contos de Ribeiro Couto"; *Quem vê cara...* (1922), "contos dialogados" de Mário Sette; *Linguinhas de prata* (1922), contos de Euclides Andrade; *Casamento a prestações* (1922), de Otto Prazeres; *Nariz de Cleópatra* (1922), contos de Menotti del Picchia; *Assombração* (1922), contos de Manoel Victor; *Andorinhas* (1922), contos de Godofredo Rangel; *Lógica de um burro* (1924),

---

70 Rubin, *The Making of Middle-Brow Culture*, p.95, 343.
71 Sobre a influência da literatura inglesa sobre o projeto literário de Monteiro Lobato, ver Bignotto; Martins, The brazilian publishing industry at the beginning of the twentieth century: the path of Monteiro Lobato. In: Silva; Vasconcelos (orgs.), *Books and periodicals in Brazil (1769-1930)*, p.245-60.

novelas de Jayme d'Altavila;[72] *O dever de matar* (1924), de Oscar Wilde; *Rosas e espinhos* (1925), novelas de Mário Sette. A publicidade no interior dos livros apresentava-os como "destinados a figurar no cestinho de costura das moças".[73] Os livrinhos medem cerca de 11 centímetros de altura por 8 centímetros de largura e são ornados por ilustrações de J. Prado, na capa e nas guardas, nas quais uma fada lê um pequeno livro.

Coleções voltadas especificamente para o público feminino não eram novidade. Conforme vimos no Capítulo 2, Paula Brito editara uma série intitulada "Biblioteca das Senhoras". No início do século XIX, quando o menino José de Alencar lia romances para as mulheres da família, que acompanhavam a leitura fazendo trabalhos com a agulha, os livros já faziam parte do cotidiano das mulheres integrantes de classes mais abastadas. Conforme observou Maria Teresa Santos Cunha, "foi o espaço das cestas de costura que primeiro acolheu o objeto-livro".[74] Coleções como a "Biblioteca das Senhoras" reuniam livros cujo conteúdo pudesse ser aprovado por pais e maridos vigilantes. A "Biblioteca da Rainha Mab" seria herdeira dessas coleções.

Os tempos eram outros, porém. O século XX iniciara com uma "movimentação inédita de mulheres mais ou menos organizadas, que clamam alto pelo direito ao voto, ao curso superior e à ampliação do campo de trabalho".[75] Em 1918, a bióloga e zoóloga Berta Lutz (1894-1976) criava, com um grupo de colaboradoras, a Liga para Emancipação Intelectual da Mulher. Quatro anos depois, representou o Brasil na assembleia geral da Liga das Mulheres Eleitoras, realizada nos Estados Unidos, onde foi eleita vice-presidente da Sociedade Pan-Americana. De volta ao Brasil, fundou a Federação para o Progresso Feminino, iniciando a luta pelo direito da

---

72 Em uma carta a Andrade Muricy, de 11 dez. 1926, Jayme d'Altavila pede que o amigo lhe envie um exemplar de *Lógica de um burro*, escrito por eles em coautoria, do qual não teria sequer um exemplar. Ver Altavilla, Carta (I) a AM. Maceió, 11 dez. 1926. 1fl. Arquivo Andrade Muricy – Série correspondência pessoal. Fundação Casa de Rui Barbosa.

73 Apud Giordano, *Monteiro Lobato editor*, p.34.

74 Cunha, *Armadilhas da sedução*: os romances de M. Delly, p.31.

75 Duarte, Feminismo e literatura no Brasil, *Estudos avançados*, n.49.

mulher ao voto, à escolha de domicílio, ao trabalho sem autorização do marido.[76] O país vivia uma onda feminista, pelo menos nos centros urbanos, que aparece retratada na forma de dois títulos anunciados na seção de "Literatura Feminina" do catálogo de 1924 da Cia. Graphico-Editora Monteiro Lobato: *Jardim secreto*, de Francisca Basto Cordeiro (1875-1969), e *Virgindade anti-higiênica*, de Ercilia Nogueira Cobra (1891-1938).

Virgindade anti-higiênica: preconceitos e convenções hipócritas[77] denuncia a exploração sexual e trabalhista da mulher e propõe, como meios para sua libertação, o amor livre e o fim da leitura de romances "lamechas, imbecis e piegas",[78] entre outras práticas. O livro foi apreendido pela polícia ainda em 1924, por ser considerado imoral.[79] Maria Lúcia de Barros Mott informa que Ercilia teria enviado cartas para vários jornais defendendo o livro; porém nenhuma delas foi publicada.[80] Em 1927, a autora teria custeado nova edição da obra, na qual afirma:

> Eis a segunda edição do meu livrinho. A primeira foi proibida pela polícia. Não foi possível vir pelos jornais à arbitrariedade devido à situação anormal que atravessamos (revolução de 1924). O meu livro simplesmente acoimado [sic] de pornografia e apreendido. Não se disse porque [sic] ele era pornográfico...[81]

---

76 Ver Araujo, O voto de saias: a Constituinte de 1934 e a participação das mulheres na política, *Estududos avançados*, n.49.

77 O livro foi digitado por Rubem Queiroz Cobra e pode ser lido no site Cobra Pages. Disponível em: <http://www.cobra.pages.nom.br/virgindade.html>. Acesso em: 30 jan. 2017.

78 Ibid.

79 O jornal paulistano *A Gazeta*, de 1º set. 1924, publicou nota intitulada "Um livro imoral", na qual se lê: "A Câmara Municipal aprovou um requerimento, apresentado por um de seus vereadores, pedindo seja endereçado um ofício à Secretaria de Justiça, no sentido de proibir a venda do livro intitulado "Virgindade anti-higiênica", de autoria de Ercilia Nogueira Cobra, impresso na Companhia Gráfica Editora dos srs. Monteiro Lobato e Cia., desta capital". *A Gazeta*, São Paulo, 1º set. 1924, p.1. Ver, também, Mott, Biografia de uma revoltada: Ercilia Maria Cobra, *Cadernos de Pesquisa*, p.85.

80 Ibid.

81 Apud Mott, História de uma romancista corajosa.

Virgindade anti-higiênica não foi o único livro a ser recolhido pela polícia por imoralidade naquele período. Em outubro de 1923, fora promulgado o decreto 4743, que proibia a venda e a circulação de "livro, folheto, periódico ou jornal, gravura, desenho, estampa, pintura ou impresso de qualquer natureza, desde que contenha ofensa à moral pública ou aos bons costumes".[82] Apoiada nesse decreto, a Liga pela Moralidade, fundada em 1912 no Rio de Janeiro, processou o escritor carioca Benjamin Costallat por considerar seu romance *Mlle. Cinema* um "atentado à moral e aos bons costumes".[83] O livro era o maior sucesso da recém-estabelecida editora Benjamin Costallat & Miccolis: havia vendido 25 mil exemplares em dez meses. A polêmica em torno do romance, que começara quando a obra ainda estava no prelo, ganhou força com a apreensão de exemplares pela polícia na livraria Leite Ribeiro. Nos jornais do Rio de Janeiro, intelectuais como Medeiros e Albuquerque defendiam o romance, enquanto outros, como Mario de Alencar, "denunciavam a pornografia, a imoralidade e a pobreza de sua literatura".[84]

Aconteciam, no campo literário brasileiro, processos judiciais semelhantes aos enfrentados por Flaubert e Baudelaire na França de meados do XIX, vistos por Bourdieu como marcos da constituição do campo literário francês.

Costallat foi absolvido, em setembro de 1924, da acusação de ser autor de livro imoral. *Mlle. Cinema* venderia, nos três anos seguintes, 60 mil exemplares.[85] Muito diferente foi a sorte de *Virgindade anti-higiênica*, provavelmente porque Ercilia Nogueira Cobra não tinha, nem de longe, o prestígio amealhado por Costallat no campo literário, especialmente o da capital.

A segunda edição do livro foi impressa à custa da autora. Rubem Queiroz Cobra, parente de Ercilia, acredita que Monteiro Lobato, "solidário, cedeu as pranchas da primeira edição à autora", pois a "cópia da segunda

---

82 Art.5 parágrafo único do decreto n.4743, de 31 out. 1923, *Colleção das leis*, p.169.
83 França, *Livros para leitores:* a atuação de Benjamin Costallat para a ampliação do público leitor no Rio de Janeiro dos anos 20, p.13.
84 Ibid., p.30.
85 Ibid., p.32.

edição tem as mesmas dimensões e aspecto descritos por Lúcia Mott para os exemplares da primeira, e deve ter sido rodada na mesma oficina da Monteiro Lobato & Cia. Editores".[86]

Faltam pesquisas que permitam avaliar melhor o papel de Lobato como editor de *Virgindade anti-higiênica*, inclusive quando o livro foi apreendido. Por enquanto, sabe-se que o livro foi elogiado na *Revista do Brasil* e que um novo título da autora, intitulado *Virgindade inútil*, foi publicado pela Cia. Editora Nacional em 1927, época em que Lobato comandava as decisões editoriais da empresa.[87] Segundo João Ribeiro, "*Virgindade inútil* é o título bem comercial de um romance de Ercilia Nogueira Cobra", nome que, por sua vez, parecia-lhe pseudônimo de "um latagão de calças que tem faro para os melhores negócios de livraria".[88] Ainda segundo Ribeiro, "dona Ercilia será lida com interesse. Os negócios são os negócios". Como Ribeiro – por sinal, editado por Monteiro Lobato – era um dos principais críticos do período, detinha o poder de tirar a legitimidade artística do livro e confiná-lo no nicho menos prestigiado do campo literário, o dos livros "comerciais".

As polêmicas envolvendo livros que tematizassem a sexualidade feminina, fossem eles feministas ou conservadores, como o romance de Costallat, impulsionavam as vendas das obras. *A mulher é uma degenerada?*, de Maria Lacerda de Moura (1887-1945), "teve três edições desde 1924, tal a repercussão e a polêmica que alcançou nos meios letrados do país".[89] A autora havia colaborado com Bertha Lutz na fundação da Liga pela Emancipação Intelectual da Mulher, "mas logo deixou o grupo para abraçar a causa do operariado".[90] Monteiro Lobato, criador do Jeca Tatu, conhecia bem a força com que polêmicas podiam projetar o nome de um autor e, por consequência, impulsionar as vendas de seus livros. Talvez Lobato tenha

---

86 Cobra, *Ercilia*: culta e destemida modernista brasileira.
87 Sobre a resenha elogiosa na *Revista do Brasil*, confira Mott, Biografia de uma revoltada, p.95. O artigo também apresenta um levantamento minucioso sobre as edições dos dois títulos de Ercilia.
88 Ribeiro, Crônica literária, *Jornal do Brasil*, p.8.
89 Duarte, Feminismo e literatura no Brasil, op. cit. Sobre Maria Lacerda de Moura, ver Leite, *Outra face do feminismo:* Maria Lacerda de Moura.
90 Ibid.

percebido em *Virgindade anti-higiênica* não somente o talento de Ercilia, mas o potencial de gerar debates acalorados e grandes tiragens. Essa hipótese, porém, ainda aguarda corroboração por meio de documentos.

Já a simpatia de Lobato pelos movimentos feministas e pela liberdade sexual das mulheres está registrada em vários de seus textos. Um bom exemplo é o artigo "Ideias russas", publicado em 26 de fevereiro de 1926 no jornal carioca *A Manhã*, no qual Lobato analisa informações que lera em uma reportagem de Adolpho Agorio sobre as liberdades das mulheres na Rússia de Lênin. Elogia o quadro pintado por Agorio sobre o estatuto civil das mulheres russas: "A mulher trabalha livremente e possui igual ao homem a iniciativa do amor. Pode escolher à vontade. Nenhuma barreira se opõe aos impulsos de seu coração". Termina o artigo com ironia amarga: "É justo que fechemos os portos aos navios russos que trazem em barris tais ideias".[91]

A seção intitulada "Literatura feminina" não aparece no catálogo de 1925. *Jardim secreto* é listado na categoria "Ensaios, crítica etc". *Rito pagão* (1921), de Rosalina Coelho Lisboa (1900-1975), é anunciado na categoria "Poesia", enquanto *Gritos femininos*, de Chrysanthème, pseudônimo da jornalista Cecília Moncorvo Bandeira de Melo Rebelo de Vasconcelos (1870-1948),[92] estava elencado em "Contos". As autoras pertenciam à alta sociedade carioca, eram ligadas ao movimento feminista e escreviam em jornais da capital.[93] Chrysanthème foi uma das defensoras de *Mlle. Cinema*, quando da apreensão do livro.

---

91 Lobato, Ideias russas, *A manhã*, n.50, p.3.
92 Cecília era filha de Carmem Dolores, pseudônimo de Emília Moncorvo Bandeira de Melo (1852-1910). Ver Carmem Dolores, verbete organizado por Eliane de Vasconcellos. Disponível em: <http://www.amulhernaliteratura.ufsc.br/catalogo/carmemDolores_vida.html>. Acesso em: 30 jan. 2017.
93 Sobre Rosalina Coelho Lisboa, ver o artigo de Constância Lima Duarte supracitado. A respeito de Chrysanthème, ver Xavier, O pseudônimo Chrysanthème e a personagem de Pierre Loti: um simples empréstimo?, *Boletim do GT*, n.8. Segundo Elódia Xavier, "vivendo uma relação amorosa com o famoso jornalista Alcindo Guanabara e construindo suas personagens fora dos padrões impostos pela sociedade contemporânea, ela [Crysanthème] acirrou o ânimo dos críticos, que não lhe perdoaram os ataques ao gênero masculino".

Rito pagão conquistou o primeiro prêmio no concurso literário da Academia Brasileira de Letras, em 1921, distinção que a editora passou a anunciar na capa da segunda edição. Foi lançado em edição de luxo pela Monteiro Lobato & Cia., com capa, guardas e vinhetas de J. Prado. Parte de edição foi impressa pelo Estabelecimento Graphico Pasquino Coloniale, e parte pelas Officinas Graphicas Monteiro Lobato & Cia. As capas de ambas as impressões apresentam algumas diferenças de cor e formatação, que ilustram como a produção de um mesmo livro em oficinas distintas podia resultar em exemplares materialmente diversos.

Monteiro Lobato editou, ainda, *Vicentinho*, de Maria Eugênia Celso (1886-1963), e *Quinze noites*, de Yaynha Pereira Gomes (1885-1975). Maria Eugênia, filha do conde Affonso Celso, também de família tradicional, era ligada a movimentos de emancipação da mulher e mantinha a coluna "Femina" no *Jornal do Comércio*. Pelo teor de carta integrante do FML, ela tinha amizade com Rosalina Coelho Lisboa e Iracema Guimarães Villela, a autora de *A veranista*. Na carta, datada de 29 de agosto de 1921, Maria Eugênia escreve a Lobato:

> Não tinha que agradecer o comentário. Que vantagem teria a gente em pertencer à redação de um jornal se não se pudesse dizer de vez em quando o que se pensa?... Sua carta veio, entretanto, ao encontro de uma que lhe ia escrever recorrendo aos préstimos de editor que "S.or" tão amavelmente me oferece. Rosalina e Iracema Villela me haviam, aliás, enaltecido os processos de publicidade de Monteiro Lobato & Cia. e eu já me resolvera a solicitar-lhe os serviços quando os seus oferecimentos me vieram definitivamente decidir. Trata-se de dois livros. Um de crônicas, critica de costumes, retalhos de paisagens da cidade, pequenos estudos psicológicos, tudo leve, rápido, moderno, ao sabor do gosto do dia. Dei-lhe o titulo de "De relance" pois foram verdadeiramente todas feitas de relance. O outro, mais volumoso, e por isto mesmo mais difícil de ser aceito por uma casa editora, é a tradução do David Copperfield de Dickens, dada em folhetim no *O Jornal*. Como folhetim era demasiado literário, como tradução posso lhe assegurar que não está de todo má. Sei, no entanto, que M. Lobato & Cia. ainda não publicaram nenhuma tradução,

conto pois com a sua franqueza para me responder sim ou não. E aguardando essa resposta aqui lhe deixo os meus muitos e cordiais cumprimentos [...][94]

Maria Eugênia havia publicado, em sua coluna "Femina", uma crítica favorável a *Urupês*.[95] Segundo a escritora, o livro lhe fora enviado pelo próprio Lobato. A prática de presentear escritores com *Urupês* parece ter sido usada por Lobato como estratégia de aproximação em diversas ocasiões. Na carta, Maria Eugênia relata ter oferecido para publicação um livro de crônicas, *De relance* – publicado por Lobato em 1924 – e uma tradução de *David Copperfield*, de Dickens, que não chegou a sair pelas editoras lobatianas. A escritora conta ainda que "Rosalina e Iracema Villela" haviam "enaltecido os processos de publicidade" da Monteiro Lobato & Cia. As trocas simbólicas entre Lobato e os autores publicados por ele envolveram muitas vezes a publicação de artigos elogiosos, como veremos no próximo capítulo, quando também serão examinados mais de perto os processos de publicidade da editora.

Por ora, registremos que escritoras feministas foram publicadas por Lobato, por vezes com risco de perda da edição, como parece ter ocorrido no caso de Ercilia Nogueira Cobra. As relações entre as editoras de Lobato e essas autoras merece uma pesquisa mais exaustiva, até porque há um aspecto intrigante na questão: Cecília Bandeira de Mello era filha de Carmem Dolores, Iracema Vilella era filha de Luís Guimarães Júnior e Maria Eugênia era filha de Affonso Celso, cujo *Trovas de Espanha* foi publicado por Lobato em 1922. O fato de terem pais famosos no campo literário teria contribuído para que elas fossem editadas por Lobato?

Yaynha Pereira Gomes, intelectual paulistana, deixou um interessante relato sobre sua convivência com Monteiro Lobato. Em seu livro *Colcha de*

---

94 Carta de Maria Eugênia Celso, de 29 ago. 1921. Fundo Monteiro Lobato. Localização: MLb 3.2.00262cx5.

95 O recorte do texto de Maria Eugênia na coluna "Femina", elogiando *Urupês*, está colado na p.89 do álbum n.1 de Dona Purezinha. Infelizmente, não há indicação de data. O texto, porém, alude ao discurso de Rui Barbosa que tornou o livro de Lobato famoso, de forma que deve ser posterior a 1919; provavelmente foi publicado em 1921, ano da carta de Maria Eugênia para Lobato.

retalhos (1926), publicado quando o editor, falido, já estava morando no Rio de Janeiro, ela relata:

> Hoje, que a nossa Paulicéa está deserta de Lobato, como é grato lembrar os nossos serões, em minha casa.
> Lobato era um visitante semanal.
> Sua palestra era simples e às vezes ingenua. Nada de litteratura. Andava abarrotado de lettras gordas e magras.
> Gostava de falar na sua peregrinação pelo Interior. Recordar a vida bohemia com a lembrança de Ricardo Gonçalves, o poeta que tão tragicamente sahiu desta vida, e a quem exaltava. Fôra dos seus intimos.
> Julio Cezar da Silva encantava-o com as suas aventuras. Mas só o vi rir a bom rir, quando me surprehendeu com o livro de versos – *Sereno na flôr*.
> Lobato não sabia rir. Aqui em São Paulo não se ri bem. Talvez agora no Rio de Janeiro, aprendesse essa arte incomparavel que é o maior bem da vida... Excelentes noitadas!...[96]

Por meio deste relato de Yaynha, pouco conhecido, ficamos sabendo que a rede de sociabilidade de Lobato com homens e mulheres de letras ia além das salas de suas editoras. Ele participava de "noitadas" semanais com escritores por ele publicados. As lembranças de Yaynha, no entanto, referem-se a um tempo que ainda não alcançamos.

Voltemos às publicações da editora, para acrescentar que, no catálogo de 1923, é anunciada a publicação de *Aventuras extraordinárias de Sherlock, Nick Carter e Pearl White no Brasil*, lançadas em "fascículos independentes, ilustrados, contendo episódios das aventuras extraordinárias desses três heróis no Brasil". Cada fascículo custava 500 réis. Não há informação sobre o autor das histórias. Os livros protagonizados por Sherlock Holmes[97] e Nick Car-

---

96 Gomes, Rui desservindo Lobato. In: _____, *Colcha de retalhos*, p.17-25. Vale notar que o livro tem o mesmo título de um conto de Lobato, publicado em *Urupês* (1918).

97 O detetive Sherlock Holmes, criado pelo escritor britânico Arthur Conan Doyle (1859-1930), apareceu pela primeira vez no romance *A Study in Scarlet* [Um es-

ter[98] eram *best-sellers* no Brasil, de tal maneira que Lima Barreto, inspirado pelas altas vendas dos livros protagonizados por esses detetives, escreveu o folhetim *Aventuras do Doutor Bogóloff*, publicado em 1912.[99] A americana Pearl Fay White (1889-1938),[100] rainha dos filmes mudos de ação, não era personagem de ficção, como Sherlock Holmes e Nick Carter – apesar de haver elementos em sua vida que lembram os de folhetins. Ela havia se tornado uma celebridade com o filme *Os perigos de Pauline* (1914), que deu origem a uma série de vinte episódios nos quais White, sem o auxílio de dublês, pilotava aviões e carros de corrida, atravessava rios a nado e escapava dos mais variados perigos.

A publicação lançada pela Monteiro Lobato & Cia. reunia um detetive americano e outro britânico, ambos fictícios, e uma atriz americana que interpretava heroínas em filmes de ação. Os três viviam aventuras no Brasil, o que torna as histórias mais interessantes ainda. Infelizmente, não há, até o momento, estudos que tragam mais informações sobre esses fascículos. De qualquer modo, a aposta de Lobato em histórias de detetives famosos, incrementada com a presença de uma das primeiras estrelas de cinema, é digna de nota: havia espaço, em sua editora, para a publicação de livros que costumam estar situados, no campo literário, no extremo oposto ao de obras eruditas. O catálogo desenha um espectro que vai do campo de produção erudita ao da chamada "literatura comercial", o que denota investimentos, por parte da editora, em alcançar públicos os mais diversificados.

---

tudo em vermelho], editado e publicado pela revista *Beeton's Christmas Annual*, em novembro de 1887.

98 As histórias protagonizadas pelo detetive Nick Carter apareceram em 1886, na revista *New York Weekly*, editada por Street & Smith. O criador da personagem foi o americano John R. Coryell (1848-1924), mas inúmeros outros autores assinaram histórias com o detetive nas décadas seguintes. Ver The Thrilling detectives website. Disponível em: <http://www.thrillingdetective.com/carter.html>. Acesso em: 30 jan. 2017.

99 Ver Barbosa, *A vida de Lima Barreto*, p.205.

100 Weltmann; Raymond, *Pearl White:* The Peerless, Fearless Girl.

5.2.2. Movimento editorial e psicologia do público

Em janeiro de 1921, Brenno Ferraz inicia a publicação, na *Revista do Brasil*, de uma seção intitulada "Movimento Editorial", a princípio no interior da divisão "Resenha do Mês". Milena Ribeiro Martins sintetiza os principais aspectos da seção:

> O "Movimento Editorial" tenta mapear, principalmente através de dados numéricos, o funcionamento de editoras no Brasil (sobretudo em São Paulo) e, muito eventualmente, do exterior. Configura-se como um espaço intermediário entre a notícia e a publicidade, já que, apesar de se encontrar fora das páginas propriamente publicitárias, numa seção informativa e analítica, divulga a produção de diversas editoras. Evidencia-se nesta seção um esforço analítico, na medida em que são feitos certos comentários críticos acerca do mercado livreiro e do aspecto temático de certas editoras. Por outro lado, ao caracterizar as editoras e fornecer dados sobre suas tiragens, a seção acaba por propagandeá-las.[101]

O primeiro texto da coluna "Movimento Editorial" começa por informar as obras editadas "nos fins do ano passado, em São Paulo, além de outras publicadas pelos próprios autores ou por editores ocasionais". Em seguida, apresenta uma lista com as publicações da Monteiro Lobato & Cia., da Casa Editora O Livro e da Olegário Ribeiro & Cia., todas de São Paulo e relacionadas a Monteiro Lobato. No capítulo anterior, tratamos da sociedade estabelecida entre Lobato e a Olegário Ribeiro, em 1920, desfeita no mesmo ano. A casa editora O Livro era de Jacinto Silva, antigo "mentor de Lobato", segundo Laurence Hallewell.[102] Na livraria de Silva, reuniam-se intelectuais, principalmente os ligados ao Modernismo. A casa teria até sido escolhida por eles, num primeiro momento, como local de realização da Semana de Arte Moderna.[103]

---

[101] Martins, *Lobato edita Lobato*, p.57. A autora analisou detidamente no Capítulo 1 de sua tese os lançamentos de livros anunciados pela *Revista do Brasil* entre 1918 e 1925, bem como os números apresentados na seção "Movimento editorial".

[102] Hallewell, op. cit., p.249. Segundo Hallewell, Lobato havia recorrido a Jacinto Silva, ainda em 1917, para pedir informações sobre edição de livros.

[103] Ibid.

A lista do "Movimento Editorial" é encabeçada pelas maiores tiragens da Monteiro Lobato & Cia., as quais somariam, "com outras feitas pela casa", mais de 60 mil exemplares.[104] Os livros *Urupês*, *Cidades mortas*, *Negrinha*, *Ideias de Jeca Tatu* e *Narizinho arrebitado* totalizavam, juntos, 27 mil exemplares. *O professor Jeremias*, de Léo Vaz, e *Alma cabocla*, de Paulo Setúbal, apresentavam cada um a tiragem de 4 mil exemplares. As editoras O Livro e Olegário Ribeiro haviam fornecido apenas os títulos dos livros publicados e os nomes de seus autores. Embora não apresentasse dados sobre as tiragens das duas editoras, e das demais atuantes em São Paulo, a seção terminava com a seguinte conclusão:

> Como se vê desta resenha incompleta, o movimento livreiro em S. Paulo tem crescido admiravelmente, nos últimos tempos, sendo de se notar que este Estado é ainda o melhor dos clientes das livrarias do Rio. Este progresso um tanto repentino foi preparado, principalmente, pelo grande encarecimento dos livros estrangeiros, durante e depois da guerra. Varias causas concorreram em seguida: o aparecimento de editores ousados, inteligentes e conhecedores da psicologia do nosso público, o auxílio esclarecido e simpático da imprensa, e talvez, ainda, um certo aumento do gosto pela leitura, produzido pelos quatro anos de noticiário guerreiro, devorado por toda a gente capaz de ler. São ainda causas mais antigas e gerais, o aumento da população (S. Paulo conta hoje, seguramente, 4 milhões e meio), o progresso das artes gráficas, que permite hoje uma factura perfeitamente satisfatória, o aparecimento de bons ilustradores etc.[105]

Dentre os elementos apontados como incentivadores do crescimento da indústria livreira, merece interesse o "aparecimento de editores ousados, inteligentes e conhecedores da psicologia do nosso público". Essa qua-

---

104 Segundo Milena Ribeiro Martins, "este dado contradiz uma outra informação, de janeiro de 1922, segundo a qual a editora da *Revista do Brasil* teria editado 50 mil exemplares em 1920 e 150 mil exemplares em 1921". Martins, *Lobato edita Lobato*, p.57, n.84.
105 Movimento editorial, *Revista do Brasil*, n.61.

lificação parece feita sob medida para Monteiro Lobato, dono da revista que publicava a seção "Movimento Editorial". Com efeito, a importância conferida por Lobato ao conhecimento da "psicologia do público" está presente em grande parte das entrevistas que concedeu no período de 1920 a 1925, bem como em cartas e resenhas produzidas por ele.

Vejamos, como exemplo, uma carta escrita a Godofredo Rangel em 20 de abril de 1919:

> Recebi carta e *Clamores vãos*. Irra!... Será verdade todo aquele clamor uterino? Mas, Rangel, onde ficam as minhas leitoras puritanas? Onde fica a honesta *pruderie* da *Revista do Brasil*, essa vestal? Se te publico e Noé de Matos, decaio e decai a revista no conceito de seus 3 mil assinantes envergonhadíssimos – gente que só faz as coisas atrás da porta. Tenho de evitar estouros de boiada. Mande-me coisa moral, com casamento no fim e o dedo de Deus.[106]

Pode parecer curioso o fato de, poucos anos depois, a Monteiro Lobato & Cia. publicar *Virgindade anti-higiênica*, de Ercilia Nogueira Cobra, em que o casamento é uma instituição das mais criticadas, além de livros de conteúdo erótico, como *O arara*, de Caliban (pseudônimo de Coelho Neto). Entretanto, livros assim não foram parcialmente publicados nas páginas da *Revista do Brasil*, que, de fato, tinha qualquer coisa de vestal. Já os critérios para publicação de livros potencialmente escandalosos pela editora parecem ter sido mais complacentes, como indicam os títulos publicados e as resenhas críticas produzidas por Lobato sobre os lançamentos de sua editora, como o texto em que ele avalia *Madame Pommery*, de Hilário Tácito:

> O assunto é escabroso, mas com tal arte soube avir-se o autor que o mais arrepiado moralista o lê sem cara feia. Historia a vida em São Paulo duma mundana criadora de costumes. [...] Mas o argumento do livro é coisa de somenos. Esse mesmo argumento, tratado por um espírito vulgar, daria ou obra chilra ou pornografia.

---

106 Carta a Rangel de 20 abr. 1919. In: Lobato, *A barca de Gleyre*, p.193-5.

Salvou-o a maneira do autor, sua erudição, seu bom gosto literário, seu senso inato do verdadeiro *humour*, suas qualidades deveras notáveis de equilíbrio e *savoir-faire*.[...] O público, que tem faro, percebeu logo o advento dum escritor de escol, desses que raro em raro aparecem, um ou outro em cada geração. E, antes que a crítica se manifestasse, fez ao livro honras invulgares em nosso meio. Desde que saiu até hoje a *Madame Pommery* constitui um tema forçado de palestra, não fazendo ninguém restrições à arte inigualável do autor. Mais estreias como esta e São Paulo ajuntará à sua hegemonia econômica mais uma, a literária.[107]

Sobressaem, no excerto desta resenha, publicada na *Revista do Brasil* em 1920, dois argumentos relevantes para analisar as práticas editoriais de Monteiro Lobato naquele período. Em primeiro lugar, o editor valoriza "o bom gosto literário" de Toledo Malta, capaz de escrever sobre um "tema escabroso" sem ofender moralistas. Em segundo lugar, ele acredita que o público é capaz de perceber intuitivamente — por "faro" — "o advento de um escritor de escol", antes mesmo de que a crítica se manifeste. Tais observações revelam uma concepção de literatura que permite situar Lobato, no campo literário, entre os agentes que Gisèle Sapiro classifica como *notáveis*. Essa categoria, como vimos, abrange escritores cujo capital simbólico é suficiente para garantir-lhes espaço no grupo dos *dominantes* na hierarquia de um campo literário. O prestígio de que desfrutam é de ordem temporal, "como sucesso de vendas, prêmios literários, pertencimento a academias".[108] O reconhecimento conferido a eles é diferente daquele que os distingue dos chamados *estetas*, escritores também situados entre os *dominantes*, mas cujo "forte capital de notoriedade simbólico" não é acompanhado do "benefício de consagração temporal (quer em termos de números de vendas, quer em termos de consagração acadêmica)".[109]

Na visão de Sapiro, as duas categorias de escritores *dominantes* apresentam concepções distintas de literatura. Os *notáveis* tenderiam a valorizar o

---

107 Lobato, Madame Pommery, *Revista do Brasil*, n.54. Apud Lobato, *Críticas e outras notas*, p.85.
108 Sapiro, op. cit., p.75.
109 Ibid.

"bom gosto" e a privilegiar "o conteúdo em detrimento da forma", além de "conferir um julgamento moral ou moralista sobre as obras, preocupando-se com seus efeitos sociais".[110] Frequentariam os círculos dos "detentores do capital econômico e político", fariam uso da imprensa, das conferências e dos ensaios para defender causas sociais e participariam de associações políticas e filantrópicas, como partidos e instituições de caridade.[111]

Evidentemente, essas categorias são construções que permitem analisar sociologicamente trajetórias artísticas e tomadas de posição no campo literário, de modo que não devem ser encaradas como classificações totalizantes. Além disso, um mesmo escritor pode ocupar posições diferentes, ao longo da vida, na hierarquia do campo, tanto entre os agentes considerados *dominados* — por serem muito comerciais ou muito vanguardistas — como entre os dominantes. Monteiro Lobato pode ser visto predominantemente como um *esteta* até 1920, quando seu êxito comercial, as indicações para participar de instâncias de consagração, como a Academia Brasileira de Letras e, principalmente, o trabalho como editor terminam por sedimentar sua permanência no grupo dos *notáveis* por um largo período de tempo.

As concepções de literatura que Monteiro Lobato manifesta como editor estão fortemente associadas à sua posição no campo literário como escritor. Na resenha sobre *Os condenados*, de Oswald de Andrade, lançado pela Monteiro Lobato & Cia. logo após a Semana de Arte Moderna de 1922, o editor faz restrições "quanto à forma" em que o romance foi escrito:

> Se o objetivo de um escritor é transmitir idéias e sensações, essa transmissão será tanto mais perfeita quanto mais respeitar a psicologia média dos leitores. Quando, ao invés disso, arrastado por preocupações de escola, vai contra ela, na vã tentativa de inovar, em vez de causar a impressão visada causa uma impressão defeituosa, incompleta, "empastelada", muito diferente da que pretendeu. Tenha isto em vista o jovem romancista, faça experiências *in anima nobile*, abandone teorias, escolas, corrilhos, "ache o seu trilho" — e sua obra

---

110 Ibid.
111 Ibid., p.76.

corresponderá na aceitação pública ao muito que se espera do seu magnífico talento.[112]

Em resenhas como essa, Monteiro Lobato assume um terceiro papel no campo literário, o de crítico, que se alinha com os papéis do escritor e do editor. Como crítico, Lobato procura fazer a intermediação entre o romance de Oswald de Andrade e os leitores, cuja "psicologia média" deve, em sua opinião, ser respeitada pelo autor. A função de mediador o obriga a desenvolver, em um mesmo texto, dois argumentos endereçados a agentes distintos, autor e leitores. A maior parte da resenha dirige-se aos leitores, para os quais Lobato faz uma síntese comentada do romance, destacando os sofrimentos da protagonista, Alma, "espezinhada flor da lama", e a "dedicação levada ao sadismo" que reserva ao cáften, Mauro, "monstro que traz empolgada a triste mártir". A sinopse lobatiana faz com que o romance de Oswald lembre uma produção romântica. Ao final da resenha, Lobato elogia a "psicologia das personagens", que classifica como "perfeitamente estabelecida", e a maneira com que a vida do filho de Alma é "primorosamente cinematografada numa série de quadros a Griffith". Por meio dessa comparação, Lobato valoriza aspectos formais de uma passagem do romance, ao equipará-los à linguagem usada pelo prestigiado – e popular – diretor norte-americano David Llewelyn Wark Griffith (1875-1948). Esse é o único trecho da resenha em que uma inovação formal apresentada por Oswald é apreciada por Lobato.

No parágrafo final do texto crítico, reproduzido anteriormente, Lobato concentra-se em apontar problemas formais, ainda que de maneira vaga, e alertar o autor sobre os efeitos desastrosos provocados por escolhas baseadas em "preocupações de escola", que poderiam impedi-lo de receber a "aceitação pública".

O romance de Oswald é visto de maneira um pouco diferente por Lobato em uma resenha publicada dois meses depois, na qual o editor analisa

---

112 Lobato, Os condenados, *Revista do Brasil*, n.81. Apud Lobato, *Críticas e outras notas*, p.21-3.

Figuras de autor, figuras de editor

O homem e a morte, de Menotti del Picchia,[113] lançado pela Monteiro Lobato & Cia. no final de 1922. No texto crítico, Lobato novamente advoga que a "psicologia média do leitor" deve guiar a produção e a avaliação de literatura:

> Era um livro esperado. A posição do A. em São Paulo, sua atividade na imprensa como jornalista-artista e sua obra anterior, copiosa e variada, igualmente valiosa na poesia, no romance, na novela curta e na crônica d'arte, despertaram no público viva curiosidade pelo livro que o autor tinha como o seu livro máximo. Todavia, dada a ação de Menotti na campanha futurista e o ardor com que traz o estandarte da escola, tal livro era esperado como o "prefácio de Cromwell" da estética revolucionária. Porque, até aqui, o futurismo se limitou a destruir e a... prometer. Exibiu alguns paninhos de amostra, que não satisfizeram. Mas provinham de fábricas menores – era a desculpa. Os Crespis, os Matarazzos não tinham ainda apresentado produtos.
>
> Surgem eles, afinal. Surgem com *Os condenados*, de Oswald de Andrade e com este romance de Menotti.
>
> Decepção profunda. Livros sólidos, passadistas, sem nenhuma extravagância, respeitadores da natureza e do homem como eles o são, respeitadores da psicologia média do leitor e da língua. Apenas uma coisa os distingue: o talento com que são feitos e a forte personalidade dos autores, que revelam. [...][114]

Nesta última resenha, tanto *O homem e a morte* como *Os condenados* são classificados como "respeitadores da psicologia média do leitor". Tal "respeito" pode ser entendido de várias maneiras. É possível que Lobato tenha minimizado o potencial "revolucionário" dos livros na resenha a fim de tranquilizar leitores eventualmente avessos ao "futurismo" e convencê--los a adquirir romances publicados por sua editora. É igualmente possível que Lobato tenha decidido publicar as obras justamente porque elas não

---

113 Del Picchia teve outros livros editados por Lobato: *Dente de ouro*, *Máscaras*, *O crime daquela noite*, *Angústia de d. João* e *A mulher que pecou*.
114 Lobato, O homem e a morte, *Revista do Brasil*, n.83. Apud Lobato, *Críticas e outras notas*, p.24-6.

apresentavam a estética destruidora prometida pelos "futuristas". Finalmente – e, aqui, adentramos o terreno de especulação mais desenfreada – é possível que Lobato, como editor, tenha feito intervenções, em alguma medida, nos livros de Menotti del Picchia e Oswald de Andrade. Se esse fosse o caso, porém, não haveria necessidade de críticas aos autores por meio de resenhas. O mais provável é que as restrições de Lobato aos livros não tenham ultrapassado os limites do aconselhamento, dado pessoalmente ou por escrito.

As resenhas cumpriam a dupla função de manter a posição do escritor Monteiro Lobato no campo literário e promover a ascensão dos autores que o editor Monteiro Lobato publicava. Seus textos críticos precisavam, portanto, apresentar elogios aos elementos que se aproximavam de sua concepção de literatura, ao mesmo tempo em que denunciavam aspectos que se afastavam dessa mesma concepção – empreitada que, convenhamos, não era fácil. O prestígio da editora (e de seu catálogo) dependia, afinal, da capacidade do escritor que lhe dava nome de se manter no topo da hierarquia do campo literário.

Os romances que poderiam ter sido "prefácios de Cromwell" do Modernismo apresentam, de fato, inovações tímidas em aspectos como construção da estrutura narrativa e uso da linguagem.[115] Aspectos "passadistas" de ambas as narrativas podem ser creditados às dificuldades enfrentadas pelos autores em utilizar as novas técnicas artísticas que defendiam – ou, ainda, aos efeitos da pressa com que ambos trabalhavam para "proclamar a Revolução".[116] Menotti relata, em sua autobiografia, como "tivemos nós mesmos que borrar às pressas" algumas telas exibidas durante os três dias da Semana de Arte Moderna, porque o grupo de artistas "era minguado".[117] Ele não revela quem eram os companheiros que, com ele, "besuntaram a esmo telas ultraístas".[118] A urgência de publicar romances modernistas,

---

115 Consultar, a respeito, Brito, O aluno de romance Oswald de Andrade. In: Andrade, *Os condenados*, p.XV-XXXVIII; Menotti del Picchia. In: Bosi, *História concisa da literatura brasileira*, p.367-8.
116 Picchia, *A longa viagem:* 2ª etapa, p.128.
117 Ibid., p.132.
118 Ibid., p.133.

aliada à inexperiência na utilização de técnicas narrativas inovadoras, pode ter prejudicado a fatura final dos livros. Por outro lado, não é totalmente inadmissível que os autores tenham formatado seus textos, em maior ou menor grau, de modo a acomodar tanto alguns procedimentos de vanguarda como alguns conselhos do editor.

Menotti silencia, em suas memórias, sobre o processo de edição de seus livros por Monteiro Lobato. Afirma, apenas, que o editor foi "o verdadeiro pai do livro para as massas" — declaração das mais sugestivas, vinda de um *esteta* que se tornou *notável*. Descreve sua "intimidade" com Lobato como "profunda e harmoniosa" e não vai muito além disso.[119] Oswald de Andrade também emudece sobre eventuais conversas editoriais com Monteiro Lobato.

É por Mário de Andrade que ficamos sabendo um pouco mais sobre o modo como Monteiro Lobato editava, ou tentava editar, livros alheios. Mário trabalhava em *Pauliceia desvairada* na mesma época em que Menotti e Oswald escreviam seus romances. Em um relato publicado quase duas décadas depois da "Semana", Mário narra a história da publicação do livro, que deveria ter sido lançado por Monteiro Lobato:

> [...] é certo que o artista dos *Urupês* foi o editor cauteloso e hábil, a que deve bastante a literatura brasileira. Eu mesmo lhe devo um favor que precisa ser proclamado. O sr. Monteiro Lobato, a pedido de um amigo comum daqueles tempos, prontificou-se a editar *Pauliceia desvairada* depois do merecido escândalo que causou a publicação de apenas um dos hórridos poemas desse livro. Mas o sr. Lobato hesitava muito. Não queria, naturalmente, prestar um desserviço às nossas letras, nem a mim, vago professorzinho de piano, que fazia versos malucos nas minhas horas de iluminação. E com isso os originais modorraram meses e meses a fio nas gavetas do grande editor. De vez em quando, ele retirava o manuscrito do esconderijo, percorria-lhe as páginas e sacudia a cabeça pensativo. Enfim, mandou me chamar, me acolheu muito bem, e disse franco o seu pensamento sobre o livro, ou melhor, o seu não-pensamento, pois confessou não compreender neres daquilo tudo. E me disse: "Você não poderia

---

119 Ibid., p.72.

escrever um prefácio, uma explicação dos seus versos e da sua poética?". A ideia era esplêndida, e foi a pedido do sr. Lobato que escrevi o "Prefácio interessantíssimo", a melhor parte do livro, na opinião dos que perdem tempo e verdade, gostando um bocado de mim. É certo que os originais acrescentados, continuaram dormindo sobre a justa inquietação do editor, até que depois de mais de ano de amadurecimento, ele os devolveu intactos. Ainda não rompi com o sr. Monteiro Lobato. Rompi depois, quando ele fez a mesma coisa, e já agora injustificadamente, com um livro de poesias do sr. Manuel Bandeira.[120]

Há muito de imaginação no relato de Mário de Andrade sobre a edição do livro, como ocorre com toda recordação. As cenas em que ele descreve Monteiro Lobato sozinho em sua sala, tirando os originais de *Pauliceia desvairada* da gaveta e sacudindo a cabeça, pensativo, são fictícias, mas parecem bastante verossímeis – principalmente após a leitura da carta que Lobato enviou a Mário em setembro de 1921:

> Presado amigo Mario
> Estive relendo a tua paulicea e... fiquei sem coragem de edital-a. Esta uma coisa tão revolucionaria que é capaz de indignar a minha clientela burgueza e fazel-os lançar terrivel anathema sobre todas as producções da casa, levando-nos á fallencia. Não sou dos menos corajosos, mas confesso que neste caso a coragem fallece-me por completo... Acho que o melhor é tu mesmo editares o vermelho grito de guerra.
> Vamos. Resolve lá este caso.
> Lobato[121]

Esta carta e o relato de Mário formam um conjunto que requer um exame mais detalhado. Os originais de *Pauliceia desvairada* haviam sido levados a Lobato por Oswald de Andrade, conforme informação de Marcos Antonio

---

[120] *Diário de Notícias*, 26 maio 1940. In: Andrade, *Vida literária*, p.197-8.
[121] Carta de Monteiro Lobato a Mário de Andrade. Fundo Mário de Andrade, Instituto de Estudos Brasileiros (IEB) da Universidade de São Paulo (USP). Código: MA-C-CPL4330.

de Moraes. Ainda segundo Moraes, "caberia ao editor, estupefato diante dos poemas, a exigência de uma explicação inicial no livro, à qual Mário de Andrade responde prontamente com o 'Prefácio interessantíssimo'".[122] A suposta estupefação de Lobato diante dos poemas de Mário pode ser entendida de maneira menos pejorativa se vista no interior do campo literário que se delineava naquele período.

O livro de poemas mais vendido da Monteiro Lobato & Cia. era *Alma cabocla*, de Paulo Setúbal. Conforme dados da *Revista do Brasil* de março de 1921, já haviam sido vendidos 6 mil exemplares do título, cuja primeira edição esgotara em um mês. Ao final da segunda edição, uma "Nota dos editores" informa que, além de se revelar um "sucesso de livraria, um dos maiores alcançados no Brasil", *Alma cabocla* também fora "recebida triunfalmente por toda a imprensa e homens de letras do país".[123] Como prova, apresentavam-se excertos elogiosos da crítica, "tirados apenas dos jornais e revistas de São Paulo e Rio". Entre os louvadores do livro estavam Spencer Vandré, Lellis Vieira, Plínio Barroso, Sud Mennucci, Ronald de Carvalho, Menotti del Picchia, Hermes Fontes, Tristão de Ataíde, Assis Cintra, Afrânio Peixoto.[124]

Além de estar alinhada com o projeto estético de Monteiro Lobato, *Alma cabocla* arrematava capital econômico para a editora, além de capital simbólico, dada sua aceitação entre críticos importantes, entre eles alguns alinhados com as correntes posteriormente enfeixadas sob o rótulo Modernismo. O "verso fácil e musical" de Setúbal, como o classificara Ronald de Carvalho, respeitava a "psicologia média do leitor", conforme atestava o próprio Monteiro Lobato: "Desta poesia é que precisamos, porque a verdadeira poesia é esta. Fala à alma de todos e não pede a ninguém iniciação nalguma alta escola de estética indigesta".[125]

---

122 Moraes (org.), *Correspondência:* Mário de Andrade & Manuel Bandeira, p.95, n.37. Moraes parece ter se baseado no relato de Mário para narrar a história do "Prefácio interessantíssimo".
123 Nota dos editores. Setúbal, *Alma cabocla*, p.I.
124 Ibid., p.II-X.
125 Ibid., p.III. A resenha de Monteiro Lobato reproduzida ao final de *Alma cabocla*, juntamente com outros textos elogiosos, havia sido originalmente publicada na revista paulistana *A cigarra*, conforme informação no rodapé do excerto.

Pauliceia desvairada pedia justamente esse tipo de iniciação, que Mário procurou realizar no "Prefácio interessantíssimo".

A aprendizagem e a incorporação de novos esquemas de apreciação de arte, porém, pode levar anos, como lembra Bourdieu. Editores que investem no lançamento de jovens autores precisam estar preparados para um retorno financeiro em longo prazo, especialmente se os estreantes são escritores de vanguarda. O *ciclo de produção longo*, segundo Bourdieu, é "baseado na aceitação do risco inerente aos investimentos culturais e sobretudo na submissão às leis específicas do comércio de arte". Em outras palavras, o editor Monteiro Lobato pode ter reconhecido a qualidade estética de *Pauliceira desvairada*, tanto que manteve os originais em sua editora por meses, período em que deve ter tentado calcular quanto tempo e quanto dinheiro precisaria investir para que o livro obtivesse reconhecimento da crítica e fosse adquirido pelo público. Alguns fatores podem ter entrado nesse cálculo. Mário de Andrade recorda que, na época da publicação do livro, era um "professorzinho de piano"; não tinha o capital econômico de Oswald de Andrade, o capital político de Menotti del Picchia, o capital simbólico de ambos, atuantes na imprensa paulista havia alguns anos.[126] Seu livro de estreia, *Há uma gota de sangue em cada poema* (1917), que custeou e lançou sob o pseudônimo Mário Sobral, não havia provocado grande repercussão.[127]

A posição de Mário no campo literário situava-se no polo dos *dominados*, composta por escritores que, segundo Bourdieu, procuram romper com as convenções estabelecidas e/ou mantidas pelos *dominantes*.[128] Na visão de Gisèle Sapiro, autores vanguardistas caracterizam-se por fazer oposição à "ortodoxia do bom gosto" e por valorizar a "vocação subversiva da literatura".[129] Eles se orientam, sobretudo, "em direção à acumulação de capital simbólico e à redefinição das possibilidades estéticas e estilísticas".[130]

---

126 Sobre os primeiros artigos de Mário de Andrade na imprensa, incluindo os publicados na *Revista do Brasil*, ver Lopez, Mário de Andrade cronista de São Paulo nos primórdios do modernismo, n.1-2.
127 Ver Marques, Restituir obra imatura. In: Andrade, *Obra imatura*.
128 Bourdieu, *As regras da arte*, p.181.
129 Sapiro, op. cit., p.78.
130 Ibid.

Figuras de autor, figuras de editor

De modo geral, as vanguardas costumam existir "na forma coletiva de um grupo", como veio a acontecer com os modernistas.

Pauliceia desvairada não apenas representava ruptura com as convenções estéticas estabelecidas, como apresentava poemas francamente ofensivos à "clientela burguesa" da Monteiro Lobato & Cia. Como reagiriam os consumidores que haviam esgotado duas edições de *Alma cabocla* ao ler "Ode ao burguês"? Lobato temia que ficassem indignados e lançassem "terrível anátema sobre todas as produções da casa". Mário era a encarnação modernista daquela figura de poeta que, desde o Romantismo, cantava o ódio ao burguês, em geral, e ao artista burguês, em particular. No "Prefácio interessantíssimo", o autor revela: "Perto de dez anos rimei, metrifiquei".[131] Reproduz um soneto, "O artista", como exemplo de sua poesia infantil. Em seguida, desvela seus oponentes no campo literário:

> Os snrs. Laurindo de Brito, Martins Fontes, Paulo Setúbal, embora não tenham a envergadura de Vicente de Carvalho ou de Francisca Júlia, publicaram seus versos. E fazem muito bem. Podia, como eles, publicar meus versos metrificados.

Versos metrificados que ele teria composto aos dez anos.

Paulo Setúbal, Martins Fontes, Vicente de Carvalho e Francisca Júlia eram autores publicados ou em processo de publicação por Monteiro Lobato. Laurindo de Brito, conhecido "antifuturista",[132] viria a publicar uma das edições de seu *Caminhos da vida* pela Cia. Gráfico-Editora Monteiro Lobato em 1925.

É plausível que o editor Monteiro Lobato tenha lido os originais de *Pauliceia desvairada* várias vezes e sacudido a cabeça. Publicar o "esperado 'prefácio de Cromwell' da estética revolucionária" demandava alto investimento financeiro e, sobretudo, simbólico. As inovações formais exibidas

---

131 Andrade, Prefácio interessantíssimo. In: _____, *Pauliceia desvairada*, p.10; Id., *Caixa modernista*.
132 Brito, Marinetti em São Paulo, *Literatura e sociedade*, n.7, p.332-6.

nos romances de Menotti del Picchia e de Oswald de Andrade não punham em xeque o mérito de livros já publicados por Lobato, em cujo reconhecimento ele vinha empregando diferentes tipos de capitais. Talvez, ele tenha decidido lançar *O homem e a morte* e *Os condenados* precisamente porque tinham o "passadismo" necessário para conquistar os leitores "médios" e iniciá-los no novo modelo de produção ficcional.

Os autores "novos" que Lobato lançou podem ser considerados, em sua maioria, *anatolianos*, para lembrar a classificação de Sérgio Micelli. Assim como o editor, eles teriam em Anatole France o grande modelo intelectual, enquanto os modernistas seriam "importadores do programa estético, ético e político das vanguardas europeias".[133] Nos textos publicitários que promoviam os livros editados por Lobato, é nítida a valorização de uma tradição literária que remete a Anatole France como paradigma europeu e a Machado de Assis como cânone brasileiro. Um bom exemplo é o anúncio do livro *O professor Jeremias*, de Léo Vaz, publicado na *Revista do Brasil* de janeiro de 1920: "O AUTOR revela-se aqui um fino humorista da família dos Sternes, Anatoles e Machado de Assis, vindo ocupar o lugar deste, vago até agora".[134] Para Milena Ribeiro Martins, essa "filiação" de Vaz pode ser vista como "bom recurso publicitário, por aproximar um novo escritor de grandes nomes da literatura universal. Também é um recurso constante da crítica, que procura dizer se a obra literária tem ou não valor".

Quando a obra de um escritor rompe com a concepção de literatura hegemônica no campo literário, porém, é preciso lançar mão de outros recursos. Assim, o texto promocional de *Os condenados*, de Oswald de Andrade, apregoava:

> É o primeiro romance, há tanto esperado, do terrível *frondeur* que o público já conhece do jornalismo e do theatro. Todas as audácias revela elle nesta obra onde derramou á larga muito de seu vigoroso talento.

---

133 Ibid., p.60.
134 *Revista do Brasil*, n.48.

O texto recorre ao prestígio que Oswald já detinha no campo cultural para promover seu livro, relacionando audácias temáticas e formais do romance à reputação de "ponta de lança" que o autor construíra como articulista e dramaturgo. O público que consumia os produtos intelectuais e artísticos do autor estaria preparado para comprar *Os condenados* e o restante da *Trilogia do exílio*. O montante de capital simbólico amealhado por Oswald tornava o lançamento de seu romance menos arriscado para a editora. Se Mário de Andrade dispusesse de prestígio semelhante – ou se tivesse apresentado outro tipo de estratégia no "Prefácio interessantíssimo" –, talvez *Pauliceia desvairada* figurasse no catálogo da Monteiro Lobato & Cia.

Há, ainda, um fator que o editor pode ter levado em consideração para descartar o livro de Mário de Andrade: a "feição" que a editora havia adquirido desde sua fundação. Lobato explica esse fator em seu artigo de estreia como colaborador no periódico carioca *O Jornal*, publicado em junho de 1920:

> Cada folha tem sua feição personalissima. É como o tom, sustenido ou bemol, das musicas, esta linha mental que afina o orgão inteiro, do artigo editorial á mais simples noticia. Se fogem do tom, da linha, ai da musica! ai do jornal! Auditorio e publico, chocados, torcem o nariz, resingam e acabam pondo o chapéo na cabeça. [...]
>
> Freguez de jornal é como freguez de restaurante. Adquire habitos gastronomicos, serios e respeitabilissimos. Se o jornalista, levado pela veneta, ou por humores extravagantes, perde o ponto de bala, dá sal demais, ou mette banha de latta no que requer manteiga, arrisca-se a um – "idiota!" – desconcertante, e á perda dum freguez. Isso porque não há publico, há publicos, partidos, facções, gente afim em materia de exigencias mentaes, tom, timbre, estylo, themas e até disposição typographica. [...]
>
> Dahi jornaes de toda a côr e feitio, amarellos, rubros, cinzentos; escriptos com cordite liquida ou mel rosado; vestidos á ultima moda ou capistranescamente; sisudos ou brincalhões; honestos ou canalhas. Diz-me que jornal lês, dir-te-ei que bisca és.[135]

---

135 Lobato, Introito, *O Jornal*, n.352, p.1.

Na época em que avaliava *Pauliceia desvairada*, Lobato refletia sobre as "feições" dos periódicos, o "tom" pelo qual os textos neles publicados deveria se afinar. Um mesmo texto poderia agradar aos leitores de um periódico e desagradar aos de outro, daí a necessidade de conhecer o feitio de uma publicação e os hábitos (ou *habitus*, diria Bourdieu) de seu público. O editor apresenta uma compreensão sofisticada dos públicos leitores e de suas demandas. Para conquistar um determinado público, segundo Lobato, era preciso "tempo e constância de atitude".[136] Mudar o tempo todo de "atitude" e de "cara" significava perder "fregueses" já conquistados e aqueles por conquistar.

A decisão final a respeito de *Pauliceia desvairada* pode ter sido resultado, afinal, de uma constatação de que o livro não afinava com o diapasão da *Revista do Brasil* e da editora Monteiro Lobato & Cia. É razoável pensar que Lobato tenha decidido assumir a "feição" adquirida pela editora desde sua fundação, pagando, por isso, o preço alto da desistência de publicar Mário de Andrade e Manuel Bandeira.

Apesar do *"senza rancore"* de Mário, parece que o abandono do projeto de publicar seu livro e, posteriormente, *Poesias*, de Manuel Bandeira (que chegou a ser anunciado no catálogo de 1923) estremeceu as relações entre o editor e parte dos modernistas. Para Ênio Passiani, a "vingança" dos modernistas foi "varrer" Lobato "e outros tantos literatos [...] por um bom tempo da nossa história literária".[137] No entanto, as relações entre Monteiro Lobato, Mário de Andrade e outros modernistas não teriam sofrido a ruptura radical que algumas tomadas de posição no campo literário daquele período parecem sugerir. Em uma carta de 6 de agosto de 1930, Lobato propõe a Mário intermediar a tradução e a publicação de *Macunaíma* (1928) por um editor norte-americano. As circunstâncias eram outras: Lobato era adido comercial nos Estados Unidos, não precisava mais sustentar um projeto estético para manter seu ganha-pão, estava relativamente distante das batalhas no campo literário brasileiro e podia investir, finalmente, em Mário de Andrade, como afirma na carta: "É in-

---

136 Ibid.
137 Passiani, op. cit., p.85.

crível como dá voltas o mundo! Vou eu ajudar o Mário a publicar-se neste país e ajudar na tradução".[138]

Os desdobramentos das tomadas de posição de Monteiro Lobato como editor ao longo das décadas seguintes ultrapassam, porém, o escopo deste trabalho. Regressemos ao Brasil, ao início da década de 1920 e à Monteiro Lobato & Cia.[139]

O número de março de 1923 da *Revista do Brasil* reproduz, na seção "Movimento Editorial", uma reportagem realizada pelo *Estadão* sobre o mercado livreiro em São Paulo. É possível, como apontou Laurence Hallewell, que a reportagem tenha sido encomendada por Lobato. Segundo *O Estado de S. Paulo*, existiam na capital paulista "cerca de vinte casas editoras entre as de maior e menor importância, representando um capital de 3.500 contos, aproximadamente".[140] Ainda de acordo com o jornal, em 1920, "quinze desses estabelecimentos, sobre os quais foi possível obter informes precisos, editaram 203 obras". Entre as editoras que forneceram informações ao jornal estava a Monteiro Lobato & Cia., que teria publicado 56 mil exemplares em 1920 – número inferior aos "mais de 60 mil exemplares" registrados no levantamento publicado no número de janeiro da *Revista do Brasil*. Embora não pudesse comprovar os números apresentados por quatro editoras, a reportagem concluía que:

> A tiragem total das 203 obras editadas em 1920, atingiu, segundo as declarações dos livreiros, a 901 mil exemplares [...].
>
> Pouco mais de dois terços da tiragem total cabe aos livros didáticos. Do terço restante, cerca de 100 mil exemplares representam as edições de livros de literatura, isto é, livros de boa literatura: os demais compreendem as edições de livros de direito, medicina, comércio, conhecimentos úteis, literatura de cordel, etc. [...]

---

138 A carta faz parte do Fundo Monteiro Lobato do Cedae, sob registro MLb 3.1.00169 cx3.
139 Sobre as relações entre Lobato e os modernistas, ver Chiarelli, op. cit.; Lajolo, Monteiro Lobato e Mário de Andrade: um diálogo modernista em três tempos; Azevedo; Camargos; Sacchetta, op. cit.
140 *Revista do Brasil*, n.63, p.278.

Destes números e de outras notas avulsas que colhemos, tiram-se as seguintes conclusões: as tiragens dos livros didáticos oscilam entre 5 mil e 50 mil exemplares por edição; as dos livros de direito, medicina e comércio, entre mil e 2 mil exemplares; as dos livros de boa literatura, entre mil e 4 mil exemplares, sendo excepcional a tiragem de 8 mil alcançada pelo *Urupês* de Monteiro Lobato [...].[141]

Os dados mostram que os livros didáticos lideravam as vendas. Entre os livros de "boa literatura", Monteiro Lobato era o *best-seller*. Infelizmente, não foram incluídos na pesquisa livros considerados "má literatura", que talvez mudassem o quadro. Nos anos de 1922 e 1923, a seção "Movimento Editorial" apresenta somente informações sobre a Monteiro Lobato & Cia. Na seção publicada em julho de 1923, há uma síntese interessante das operações da editora:

[...] Dos Srs. Monteiro Lobato & Cia., obtivemos algumas notas relativas à produção da casa no decurso deste semestre e delas se vê que foi auspicioso o movimento. Esses editores lançaram no mercado, apesar da greve dos gráficos que os trouxe paralisados mais de um mês, um total de 208 mil volumes, ou sejam 78 milheiros a mais que durante todo o ano de 922. [...]
As novidades que a casa edita não ficam nas capitais, como acontecia antigamente, mas infiltram-se pelo país inteiro e vão procurar os leitores onde quer que eles se encontrem. Duas cousas, infelizmente, prejudicam esta expansão: a baixa do câmbio, que põe o livro por um preço muito alto para um país pobre como o nosso, e o abuso de certos revendedores que ainda elevam o preço das obras, criminosamente.[142]

O texto faz menção à greve dos gráficos, ocorrida em 1923 no bojo das greves operárias que vinham paralisando as atividades industriais na cidade desde 1917.[143] Também alude ao esforço empreendido pela editora

---

141 Ibid., p.279.
142 Movimento editorial, *Revista do Brasil*, n.91, p.230.
143 A respeito das greves operárias em São Paulo, ver Fausto, *Trabalho urbano e conflito social (1890-1920)*.

para "procurar os leitores onde quer que eles se encontrem". Veremos, no próximo capítulo, como homens de letras de todo o país auxiliaram a criar e a manter essa rede de conquista ao leitor. A corrupção é elencada, juntamente com a taxa de câmbio, como fator prejudicial à expansão do mercado livreiro. Sobre o "abuso de certos revendedores que ainda elevam o preço das obras criminosamente", há uma carta bastante esclarecedora de Monteiro Lobato a Câmara Cascudo, que analisaremos também no Capítulo 6.

O crescimento das tiragens e edições da Monteiro Lobato & Cia., "apesar da carestia do livro, consequente à desvalorização da nossa moeda e alto preço do papel e das máquinas", é enfatizado no texto. Infelizmente, ainda não há estudos aprofundados sobre os impactos de medidas políticas e econômicas na produção da indústria brasileira de livros e impressos naquele período.

Em dezembro de 1922 a Monteiro Lobato & Cia. havia se transformado em uma sociedade em comandita simples e ampliado sua participação societária:

> Sócios solidários, Lobato entra com cota de 450 contos de réis e Octalles com 120 contos, admitindo nove sócios comanditários, entre eles Martinho Prado, José Carlos de Macedo Soares, Paulo Prado, Alberto Seabra e Alfredo Machado, cada um com cinqüenta contos, e Heitor de Moraes, cunhado de Lobato, com quarenta contos. Renato Maia, Alfredo Costa – que participara da sociedade Olegário Ribeiro, Lobato & Cia. – e, ainda, José Antônio Nogueira, um velho amigo do Minarete, ingressam com vinte contos cada. A direção literária, como sempre, fica nas mãos de Lobato, e a gerência, nas de Octalles Marcondes Ferreira.[144]

O ordenado mensal de Lobato e Octalles sobe para 1 conto e 500 mil-réis mensais. As oficinas gráficas da Monteiro Lobato & Cia. são aparelhadas. O negócio vai tão bem que, em 1924, surge a Cia. Gráfico-Editora Monteiro Lobato.

---

144 Contrato social da firma Monteiro Lobato & Cia., n.21617, sessão de 27 dez. 1922, p.3.

5.3. A Cia. Gráfico-Editora Monteiro Lobato

Figura 7. O Palacete São Paulo, sede da Cia. Gráfico-Editora Monteiro Lobato em 1924.[145]

O ano de 1925 prometia ser bom para a Cia. Gráfico-Editora Monteiro Lobato, de acordo com os prognósticos do relatório apresentado aos acionistas em 7 de março, quando ocorreu a primeira assembleia geral da empresa.

A reunião deve ter sido realizada nos escritórios da firma, instalados no primeiro andar do Palacete São Paulo, localizado na Praça da Sé, nº 34 (Figura 7), um dos endereços mais elegantes da capital paulista naquela época. Segundo o relatório, os escritórios haviam sido "montados de modo a permitir toda a comodidade aos que nele trabalham", aos visitantes e aos fregueses da editora. Como eram "cada vez mais frequentados", e como,

---

145 Apud *A construção em São Paulo*, ano II, n.II, São Paulo, fev. 1925. Mais informações sobre o palacete podem ser obtidas em Borges, *São Paulo e a origem dos arranha-céus*, p.132-3.

ainda segundo o relatório, "o progresso da Companhia" era "constante", já se providenciara seu aumento. Lá trabalhavam 21 empregados, além dos diretores Monteiro Lobato, Alexandre Pulitzer e Octalles Marcondes Ferreira.

A empresa havia sido fundada em maio de 1924, como narram Vladimir Sacchetta, Carmem Azevedo e Márcia Camargos:

> Em situação instável e bastante endividada, a Monteiro Lobato & Cia. recorre à abertura de capital como recurso de captação de fundos. E para dar suporte econômico ao projeto de expansão que vinha sendo implementado há quase dois anos, em maio de 1924 transforma-se na Companhia Graphico-Editora Monteiro Lobato, sociedade anônima que reunia entre seus acionistas a nata da classe dirigente paulistana. Além de José Carlos de Macedo Soares, escolhido para presidi-la, e de Martinho Prado, Paulo Prado, Renato Maia e Heitor de Moraes – antigos sócios de sua antecessora –, também passam a fazer parte da nova empresa o conselheiro Antônio Prado e seu filho Antônio Prado Jr., Numa de Oliveira, Ramos de Azevedo e Ricardo Severo, José Maria Whitaker, Alceu de Amoroso Lima e Goffredo da Silva Telles, para citar apenas alguns nomes entre os sessenta sócios fundadores.[146]

O capital da editora era de 2.200 contos, divididos em 4.400 ações no valor de 500 mil-réis cada uma. Os diretores tinham salários de 2 contos de réis, mais 20% dos lucros líquidos apurados anualmente.

A maior parte dos funcionários batia ponto na fábrica, que ficava na Rua Brigadeiro Machado, no Brás. No edifício de 5 mil metros quadrados, 197 operários e operárias dividiam-se nas seções de impressão, pautação, encadernação, linotipia e monotipia, coordenados por um gerente e um subgerente. O relatório de março afirma que os diretores tinham "esperanças" de ver funcionando, "antes de findar o primeiro semestre", as esperadas "máquinas da Europa e da América do Norte", importadas para tornar mais completo e moderno o parque gráfico da empresa.

---

[146] Ver Azevedo; Camargos; Sacchetta, op. cit., p.137.

A produção que saía da fábrica era descrita da seguinte maneira pelos diretores:

> Desde a fundação da Companhia [em junho de 1924] foram editadas ou impressas 142 obras e essa producção attingiu a quase 258 mil volumes; se calcularmos durante o primeiro trimestre 130 dias de trabalho effectivo, significa isso uma producção de 250 livros por hora. A nossa estatística especifica com clareza as diversas classes, como sejam a litteraria, a didactica, a infantil, a scientifica etc.

O relatório apresenta um lucro líquido de Rs. 124:434$162 nas vendas dos meses de setembro, outubro, novembro e dezembro de 1924. A estatística que detalhava essas vendas infelizmente desapareceu. Os três meses anteriores não foram levados em conta, devido aos seguintes fatores:

> Dos 7 mezes decorridos de 1º de junho a 31 de dezembro de 1924, devemos descontar o primeiro perturbado completamente pela mudança dos escriptorios e officinas, e os mezes de julho e agosto, perdidos em consequencia dos lamentaveis acontecimentos que tiveram por theatro essa cidade, e que nos custaram, além da perda de tempo, cerca de 70 contos de réis.

Os "lamentáveis acontecimentos" mencionados pelos diretores referem-se aos bombardeios, tiroteios, incêndios, saques e outros fatos ocorridos durante a Revolução Tenentista comandada pelo general reformado Isidoro Dias Lopes, que tomou São Paulo entre 5 e 28 de julho. Os rebeldes se opunham à política das oligarquias, reivindicavam eleições livres, por voto secreto, e pretendiam depor o presidente Arthur Bernardes. Durante o conflito bélico, o maior a atingir a capital paulista, cerca de mil pessoas morreram e 4 mil foram feridas.[147] Derrotados o tenentes e reiniciadas as atividades na capital, a Cia. Gráfico-Editora Monteiro Lobato procurou

---

147 Sobre a revolução de 1924, ver Cohen, *Bombas sobre São Paulo:* a revolução de 1924; sobre os efeitos da revolta sobre a produção da editora, consultar Azevedo; Camargos; Sacchetta, op. cit., p.151-6.

recuperar o tempo e os contos perdidos. Era com otimismo que seus diretores viam o futuro:

> Como se depreende do nosso balanço, estatísticas e deste relatório, os nossos negocios vão em franco e constante progresso, a nossa casa já é bem conhecida e as nossas produções são de primeira ordem e muito procuradas. Por isso estamos convencidos de que poderemos encarar o futuro com todo o desassombro.

Quatro meses depois, Monteiro Lobato requeria a autofalência da editora.

A petição de falência, assinado por ele e pelo jurista Waldemar Ferreira, deu entrada na 5ª Vara Cível e Comercial de São Paulo em 24 de julho de 1925. Ferreira, como vimos no capítulo anterior, fora sócio de Lobato na editora Olegário Ribeiro, Lobato & Cia. Era autor de várias obras jurídicas publicadas pela Monteiro Lobato & Cia., entre elas *Os credores privilegiados e o direito de pedir falência* (1923). A petição, que pode ter sido redigida por Lobato, sintetiza a história da empresa, definida como "a maior casa editora do Brasil, para cujo desenvolvimento intelectual contribuiu sobremodo" e, na sequência, elenca as razões do pedido de falência:

> Surge-lhe o primeiro imprevisto: a irrupção do movimento revolucionário do anno passado, que lhe impoz uma completa paralysia.
> Reiniciado o trabalho em setembro, tudo correu bem. As vendas mensaes apresentavam um movimento de alta muito accentuado, que, em dezembro, ultrapassou de quatrocentos contos de réis. Com a inauguração de novas secções este ano, e com a montagem das novas machinas, que vinha ampliar as secções antigas, era natural, fatal mesmo, a ampliação de negocios, eis que cada dia se alargava a zona de seus clientes, para o que contribuia o apuro da escolha e a perfeição material das obras editadas.
> Sobrevem o facto absurdo e fóra de todos os calculos da crise de energia electrica, que tanto mal fez ao commercio e á industria de São Paulo. A principio, teve a companhia uma redução de 70% da força consumida pela sua fabrica, reducção que, depois, passou a ser de 50%, que perdura até hoje e que

não se sabe até quando irá. Este subito golpe na producção das officinas, deu como resultado cairem as vendas á media de trezentos contos de reis mensaes, metade da que estava na previsão de seus directores.

Como se accumulassem, no decurso do anno, fortes pagamentos de machinas e material, além das despezas forçadas de installação, ficou a companhia em má situação financeira, que a levou a contrair um emprestimo, por meio de debentures, que foi levado a effeito, mercê das difficuldades da epoca, quando, infelizmente, já se desenhava a aguda crise actual.

A persistencia da baixa das vendas, occasionada, sobretudo, pela paralysação que o movimento revolucionario trouxe para o comercio paulista no sul do paiz, e a impossibilidade de augmental-as emquanto não dispuzer da força necessaria para o trabalho continuo de todas as machinas, tornou impossivel a resistencia e improficuos os esforços de seus directores, collocando-a na posição de não poder effectus o pagamento de suas obrigações mercantis liquidas e certas, no seu vencimento. Suspendeu ella, pois, desde homtem, seus pagamentos. Como a lei não lhe dá o direito de fazer uma concordata preventiva com seus credores – vem ella, nos termos do art. 8 da lei n. 2.204, de 17 de dezembro de 1908, requerer a V. Exa. a declaração da sua fallencia [...][148]

A longa transcrição permite conhecer a versão de Monteiro Lobato sobre a falência.[149] Há outras versões no decorrer do processo, conduzido pelo juiz da 5ª Vara Cível e Comercial, Achilles de Oliveira Ribeiro. No mesmo dia em que o requerimento de autofalência deu entrada, foram nomeados para síndicos da massa falida os credores J. Napoli & Cia., Holmberg, Bech & Cia. Ltda., ambos importadores, e a Sociedade Anônima *O Estado de S. Paulo*. Para atuar junto aos síndicos, foi indicado Themístocles, irmão de Octalles Marcondes Ferreira, como gerente da massa falida.

Os síndicos contrataram os serviços dos "contadores srs. Moore Cross & Co. para examinarem os livros da falida e procederam ao levantamento do

---

[148] Petição de falência da Cia. Gráfico-Editora Monteiro Lobato, São Paulo, 5ª Vara Cível e Comercial, 27 jul. 1925, p.1-5. Documento integrante do primeiro volume do Processo de falência da companhia, arquivado no Museu da Justiça de São Paulo.

[149] De modo geral, essa é a versão que predomina nas biografias de Monteiro Lobato.

respectivo balanço".[150] Após verificarem a análise dos peritos, os síndicos apresentaram seu relatório, em 26 de setembro de 1925.[151] O documento inicia lamentando a falência da empresa e reconhecendo sua importância nos meios "literários e livreiros do país". Em seguida, resume as causas da falência, retomando do endividamento inicial da firma aos problemas de energia elétrica que prejudicaram seu funcionamento. Os síndicos concluem que "as três causas principais, além das secundárias" da falência, eram a "falta de tino administrativo e comercial de seus diretores", a "falta de numerário" e o "abuso de crédito".[152] Quanto aos procedimentos dos diretores da empresa, afirmam:

> Nada, em consciencia, podem os syndicos articular contra o procedimento dos directores da fallida, seus representantes legaes. Auxiliaram os syndicos nos seus trabalhos, foram diligentes e esforçados. Não tolheram ou embaraçaram os serviços de continuação de negocios da Companhia, informaram regularmente os creditos habilitados, esclareceram duvidas, attenderam aos pedidos dos syndicos, merecendo, sem favor, os beneficios deferidos pela Lei de Fallencias, em seu art. 42. Quanto ao procedimento anterior dos directores da fallida, antes da queda, não teem os syndicos elementos para poderem dizer que tenha sido desabonatorio ou censuravel.[153]

Procedimentos anteriores à falência são investigados no relatório do escritório dos advogados Plínio Barreto e Antônio Mendonça, contratados pela Sociedade Anônima *O Estado de S. Paulo*. Logo no início do relatório, os advogados declaram que a Cia. Gráfico-Editora Monteiro Lobato "nasceu inviável". Eles apontam, entre as causas da falência, o endividamento inicial,

---

[150] A nomeação dos peritos da Moore, Cross & Co. foi indicada pelos síndicos e teve a aprovação da editora e do Curador Fiscal. Os honorários dos peritos seriam de 3 contos e 500 mil-réis. Ver Processo de falência da Cia. Gráfico-Editora Monteiro Lobato, p.119.

[151] Falência da Cia. Gráfico-Editora Monteiro Lobato. Relatório, p.1-4. Documento integrante do Primeiro volume do Processo de falência da companhia.

[152] Ibid., p.2-3.

[153] Ibid., p.3-4.

a crise no setor elétrico, a falta de numerário na praça, o congestionamento do porto de Santos e os prejuízos causados pela revolução de 1924, "desde a qual a falida perdeu as encomendas do governo, que era o seu melhor cliente".[154] As dívidas crescentes teriam levado os diretores da empresa a realizarem operações ilegais de empréstimo, obtidas da Casa Lotérica R. Ferreira & Cia., de que eram proprietários, a qual por sua vez subscreveu debêntures e as caucionou por 1.700 contos no Bank of London.[155] Os prognósticos para o futuro podiam ser otimistas, mas o cotidiano da companhia, em seus últimos meses, era dos mais sombrios: em um prédio ainda com marcas de tiroteios, um gerador Diesel fora instalado, na tentativa de mover as máquinas sem eletricidade – mas não havia água para resfriá-lo. O presidente da empresa estava exilado, os juros das dívidas cresciam, as cobranças aumentavam, e os planos para suportar o período de crise falhavam. Monteiro Lobato recorreu a Carlos Leôncio de Magalhães, um dos cafeicultores mais ricos do começo do século XX, presidente e proprietário da Companhia Paulista de Comércio e Finança, em busca de empréstimo. Cartas pertencentes ao Fundo Carlos Leôncio de Magalhães, da Unidade Especial de Informação e Memória, da Universidade Federal de São Carlos (UFSCar), indicam que houve um acordo verbal de empréstimo, entre "Nhonhô Magalhães" e os diretores da editora – eles, pelo menos, acreditaram que havia acordo. Entretanto, em uma carta de 19 de maio de 1925, o banqueiro pede desculpas se "o amigo confundiu a minha melhor disposição com decisão", afirma que "os motivos do fracasso do negócio já foram bem expostos ao amigo pelos drs. Estevam e Amaral" e termina a

---

154 Relatório. Advogados Plínio Barreto e Antônio Mendonça, p.1-2. Documento integrante do Primeiro volume do Processo de falência da Cia. Graphico-Editora Monteiro Lobato.

155 Ibid., p.258. Ver, também, *Debêntures (Nulidade de venda particular feita pela emissora). Falência da Cia. Gráfico-Editora Monteiro Lobato*. Agravo entre as partes: Agravante: O síndico Sociedade Anônima O Estado de S. Paulo. Agravado: The London & South America Bank Ltd. Minuta da Agravante pelo advogado Antonio Mendonça. São Paulo: Secção de Obras d'O Estado de S. Paulo, 1925. Documento pertencente ao Fundo Carlos Leôncio de Magalhães – Pasta Cia. Gráfico-Editora Monteiro Lobato.

carta explicando que a Companhia Paulista de Comércio e Finança poderia ajudá-lo na "colocação de títulos" obtidos por empréstimos por meio de debêntures.

A resposta de Lobato parece ter chegado no mesmo dia, em uma carta desesperada:

Nhonhô Magalhães:

A nossa situação perante os bancos não nos permite supportar a falha do negócio. Como depois da sua decisão aqui e das informações do dr. Amaral tudo ficasse como certo, baseamo-nos nisso e agora esta derrocada subita nos põe numa situação que depende da bondade e da compreensão do amigo: é comprometter-se a fornecer o dinheiro à Companhia para ella fazer o negocio combinado dentro de 3 mezes, epoca em que seu dinheiro se libera. Ahi então estará afastada a razão pela qual dr. Amaral não acceitou o negocio: o redesconto. Com este compromisso seu — o qual será fazer o mesmo negocio já estudado mas daqui a tres mezes — nós nos folgariamos e nos arrancariamos do terrivel tranco. Porque o outro caminho, dos debentures passados aos bocadinhos, é em extremo moroso e virá tarde. Tudo no momento se volta contra nós, falta de força, de transporte, do diabo. Mas a fábrica é nossa casa de trabalho e o trabalho tudo vence.

Se Nhonhô Magalhães nos salvar nesta situação fará um bom negocio para si e prestará ao paiz um serviço. Quanto a mim pessoalmente, que já vi que lhe valho [?] alguma coisa, terá talvez a vida...

Lobato
Peço telefonar-me a resposta
C. al 4012.

A carta manuscrita foi grifada com lápis vermelho; a data e o pedido final, após a assinatura, foram acrescentados a lápis. O empréstimo, de fato, havia sido estudado, como comprovam documentos da Companhia arquivados no Fundo Carlos Leôncio Magalhães, nos quais os ativos e passivos da editora são esmiuçados e examinados. Um relatório, aparentemente redigido pela Companhia Paulista de Comércio e Finanças, atesta: "Não há no ativo nenhuma verba que faça crédito a um empréstimo de 1.500 contos". Os prognósticos positivos do relatório de março de 1925 também são vistos com ressalva: "Os lucros líquidos verificados em 1924, 124 contos de reis, não dão margem a previsões otimistas quanto aos resultados dos futuros exercícios [...]".[156] O empréstimo, afinal, não foi concedido, e Lobato, aparentemente, não ficou devendo a vida a Nhonhô Magalhães.

Alguns meses depois, o fazendeiro "prestou serviço", a seu modo, para o país, dando dinheiro para Assis Chateaubriand pôr em prática seu plano de evitar que o presidente Arthur Bernardes adquirisse "sorrateiramente" o controle acionário da Sociedade Anônima O Jornal, como relata Fernando Morais:

> Um dos que, além de apoiá-lo politicamente, abriram seus talões de cheques foi o cafeicultor Carlos Leôncio "Nhonhô" de Magalhães. Ele não só depositou na conta do jornalista algumas centenas de contos, como ainda deixou mais 3 500 contos à disposição de Chateaubriand, "reservados para alguma emergência". A gentileza de Magalhães veio acompanhada de uma frase de efeito:
> — Esta não é uma guerra de Assis Chateaubriand contra Bernardes. É a guerra do café e dos cafeicultores contra um presidente mofino, um inimigo jurado do café.
> Recebeu uma resposta à altura:
> — E eu vejo que não estou falando com um reles fazendeiro, mas com um brasileiro de peito cabeludo![157]

Naquele dezembro de 1925, Chateaubriand já era o novo proprietário da *Revista do Brasil*. Talvez Nhonhô Magalhães tenha visto nele o tino para negócios que não percebera em Monteiro Lobato. Talvez, para fazer guerra a Bernardes, o fazendeiro preferisse o estilo de Chatô, o homem que o elogiou por seu "peito cabeludo", ao estilo de Lobato, o homem que apelou à

---

156 Documento sem título arquivado na Pasta Cia. Gráfico-Editora Monteiro Lobato. Fundo Carlos Leôncido de Magalhães.
157 Morais, *Chatô: o rei do Brasil, a vida de Assis Chateaubriand*, p.157.

Figuras de autor, figuras de editor

sua bondade. Afinal, Monteiro Lobato também fazia guerra a Bernardes – e quem sabe por isso valesse "alguma coisa" a Nhonhô Magalhães. Justamente por causa dessa guerra, a editora sofrera um de seus maiores golpes, o corte de encomendas de livros didáticos. Para Carmem Lúcia de Azevedo, Márcia Camargos e Vladimir Sacchetta, a interrupção das compras do governo era o modo como o presidente Bernardes respondia à Carta Aberta de Monteiro Lobato ao governador Carlos de Campos, na qual o editor defende a adoção do voto secreto – uma das exigências dos militares da Revolução de 1924.[158]

A carta, por sua vez, teria sido escrita por um Monteiro Lobato indignado com o governo federal que decretara a prisão de José Carlos Macedo Soares e a proibição da Liga Nacionalista, fundada em 1917 por parte dos acionistas que haviam criado a *Revista do Brasil*.

Macedo Soares (1833-1968), presidente da Cia. Gráfico-Editora Monteiro Lobato, era também diretor de outras empresas e presidente da Associação Comercial de São Paulo. Ele havia atuado como principal intermediador entre as forças rebeldes e o governo federal, com o intuito principal de proteger a população, além do patrimônio de fábricas, lojas e bancos da capital. Em 4 de agosto, poucos dias depois de os militares deixarem a cidade, Macedo Soares foi preso, sob a alegação de colaborar com os revoltosos. Depois de dois meses na prisão, partiu para o exílio na França. Lá, publicou *Justiça: a revolta militar em São Paulo* (1925), no qual narra e justifica seus atos durante o período do conflito.

Em 9 de julho, Monteiro Lobato escreveu uma carta, enviada a Bernardes, na qual denunciava o desinteresse da população pela política, motivado pela decepção com "usurpadores indignos" do Tesouro Nacional, e "o divórcio entre o governo e a elite do país", provocado pelos resultados do regime do "voto de cabresto". O documento, acrescido de paratextos e de 24 assinaturas de empresários, intelectuais e profissionais liberais, foi publicado como Carta Aberta a Carlos de Campos, governador de São

---

[158] A carta, datada de 9 de agosto de 1924, pertence ao acervo do Arquivo Público do Estado de São Paulo. Foi digitalizada e pode ser lida no site da instituição. Disponível em: <http://www.arquivoestado.sp.gov.br>. Acesso em: 5 jul. 2017.

Paulo, "transformando-se em panfleto largamente distribuído".[159] De acordo com o jornalista e escritor Geraldo Ferraz, que trabalhou na editora, a resposta do Palácio do Catete à carta teria sido "brutal", pois "determinava a suspensão de todas as edições escolares que a editora imprimia e distribuía, inclusive da recente aquisição dos direitos autorais das gramáticas de Eduardo Carlos Pereira".[160]

Sem as compras do governo, destinadas a escolas de todo o país, a editora teria se tornado ainda mais frágil, até finalmente falir. Azevedo, Camargos e Sacchetta fornecem dados que permitem avaliar a importância da venda de livros didáticos para os negócios da companhia: "no processo de falência, Eduardo Carlos Pereira aparecerá entre os maiores credores. E, dos bens arrolados no estoque, consta uma infinidade de didáticos, incluindo nada menos do que 10.119 exemplares de suas gramáticas".[161] A editora que iniciara publicando literatura não conseguira se manter no campo literário sem produzir uma grande quantidade de livros didáticos, vendidos para governos municipais, estaduais e, principalmente, para o governo federal.

Os catálogos das editoras de Monteiro Lobato permitem entrever, como observamos no capítulo anterior, as linhas de força que caracterizavam o campo literário brasileiro. Suas páginas abrigavam escritores do polo *dominante* do campo, como o *notável* Coelho Neto e o *esteta* Lima Barreto, e escritores do polo *dominado*, como o anônimo autor de *As aventuras de Sherlock, Nick Carter e Pearl White no Brasil*, título considerado comercial, além dos vanguardistas Oswald de Andrade e Menotti del Picchia – sem contar aqueles que figuraram no catálogo, mas não chegaram a ser publicados, como Manuel Bandeira. As vendas de obras dos autores *notáveis* e dos *comerciais*, porém, não eram suficientes para sustentar nem a publicação de *estetas* e

---

159 Azevedo; Camargos; Sacchetta, op. cit., p.151. No capítulo A vingança do Bernardes, os autores esmiuçam as razões do envio da carta a Bernardes – entre elas a prisão do presidente da editora, José Carlos Macedo Soares – e do corte de encomendas que o governo havia contratado com a empresa, as quais incluíam vários livros didáticos.
160 Apud Azevedo; Camargos; Sacchetta, op. cit., p.156.
161 Ibid.

vanguardistas, nem, possivelmente, a dos próprios *best-sellers* de literatura, a maioria deles produzida por Lobato. A crescente necessidade de lançar títulos técnicos e didáticos e a dependência de compras do governo, por parte da editora, configuram emblema eloquente da pouca autonomia do campo literário nacional da época.

Havia, no estoque da editora, mais de quatrocentos títulos editados, totalizando 412.466 volumes, no valor de 868:321$200.[162] Os livros foram arrolados apenas por título – na maior parte das vezes incompleto –, o que dificulta sua identificação. No final da lista, há registros vagos, como 328 "livros da edição Leite Ribeiro, amostras, etc. a 2$000", ou 1.108 "livros de várias edições, avulsos, e esgotados, de H. Antunes & Cia., Leite Ribeiro, Castilho, Guimarães de Lisboa, e outras casas nacionais e portuguesas a 1$". Esses registros indicam que a editora de Monteiro Lobato vendia livros de outras empresas, do Brasil e de Portugal.

Os livros técnicos e didáticos ocupam boa parte do catálogo de 1925 da Cia. Gráfico-Editora Monteiro Lobato. Há 23 títulos na seção "Didática", 34 na seção "Direito", 18 em "Contabilidade", 7 em "Medicina, Higiene e Veterinária" e 7 na seção "Técnica", que abrange livros como *A mesa e a sobremesa*, de Rosaura Lins, o *Dicionário do futebol*, de Guy Gay, e *Concreto armado*, de Raul Porto. Nas páginas dedicadas à literatura, estão elencados 30 títulos na seção "Poesia", 55 em "Contos" – incluindo 9 obras de Humberto de Campos editadas pela Leite Ribeiro –, 52 em "Romance" e 11 em "Literatura infantil". A seção "Filologia" apresenta 5 obras, a "Sociologia" lista 10, a "Psicologia e ocultismo", 5, e a "Ensaios, crítica, etc." arrola o maior número de títulos, 61. A "Coleção Rainha Mab" tinha crescido e reunia 12 volumes.

A lista de livros infantis inclui *A menina do narizinho arrebitado* (1920), *Narizinho arrebitado* (1921), *O saci* (1921), *O marquês de Rabicó* (1924), *A caçada da onça* (1924), *Jeca Tatuzinho* (1924), *Fábulas de Narizinho* (1921) e *Fábulas* (1922), todos de Monteiro Lobato. Havia ainda *Dodóca*, de Do-

---

162 Ato de arrecadação da massa falida da Cia. Gráphico-Editora Monteiro Lobato. Documento integrante do Primeiro volume do Processo de falência da companhia, p.51-153.

lores Barreto, *Rosalina*, de Philips – sobre o qual trataremos adiante –, e *Barão de Münchausen*, de Burger. *O garimpeiro do rio das garças*, de Lobato, não aparece no catálogo, mas teria sido lançado em 1924.[163] Na contracapa da segunda edição de *O marquês de Rabicó* (1925), lê-se anúncio do livro *Os pequenos bandeirantes*, que não chegou a ser publicado. Quando a editora faliu, Monteiro Lobato preparava o lançamento da coleção "Shakespeare dos meninos", conforme veremos no Capítulo 7. Em março de 1925, ele escreve a Rangel:

> Andas com tempo disponível? Estou precisando de um *D. Quixote* para crianças, mais correntio e mais em língua da terra que as edições do Garnier e dos portugueses. Preciso do *D. Quixote*, do *Gulliver*, do *Robinson*, do diabo! Posso mandar serviço? É uma distração e ganhas uns cobres. Quanta coisa tenho vontade de fazer e não posso! Meu tempo é curto demais.[164]

Já existia, no país, a tradição editorial de publicar adaptações de clássicos para o público infantojuvenil. Lobato menciona o *D. Quixote da juventude*, que fazia parte da coleção "Biblioteca da Juventude", da Editora Garnier, também responsável por lançar traduções (algumas delas anônimas) de *Viagens de Gulliver* e *Robinson Crusoé*. Sua rival Laemmert publicara várias traduções feitas por Carlos Jansen Müller, professor de alemão do Colégio Pedro II, entre as quais *Robinson Crusoé* e *Viagens de Gulliver*, que se tornaram famosas pela excelência.[165] Ao renovar essa tradição, Lobato encontraria um caminho para sua própria produção como tradutor. Ele mesmo adaptaria esses livros, anos depois. *Robinson Crusoé: aventuras dum náufrago perdido numa ilha deserta*, publicadas em 1719, sairia em 1934, pela Cia. Editora

---

163 Uma bibliografia dos livros infantis escritos e traduzidos por Monteiro Lobato foi organizada pela equipe de pesquisadores do Projeto Monteiro Lobato (1882-1948) e outros modernismos brasileiros, com revisão final de Jaqueline Negrini Rocha e Mariana Baldo de Gênova. Disponível em: <http://www.unicamp.br/iel/monteirolobato/bibliografia.htm>. Acesso em: 10 jul. 2017.
164 Carta a Rangel de 8 mar. 1925. In: Lobato, *A barca de Gleyre*, t.2, p.276.
165 Hallewell, op. cit., p.242.

Nacional. Dois anos depois, viria a público *D. Quixote das crianças*.[166] Em 1937, seria a vez de *Viagens de Gulliver*.[167]

Várias traduções estão arroladas no catálogo de 1925 da Cia. Gráfico-Editora Monteiro Lobato, entre elas *O príncipe feliz* e *O dever de matar*, de Oscar Wilde, *A máscara da morte*, de E. T. A. Hoffmann, e *Facundo*, de Domingos Sarmiento. É raro encontrar os nomes dos tradutores nos catálogos e textos promocionais das obras, bem como nas edições publicadas. Rosalina Coelho Lisboa, responsável por verter *O príncipe feliz* para o português, é mencionada em alguns anúncios de livros estrangeiros, bem como Godofredo Rangel, que aparece como tradutor de *A mulher*, de Jules Michelet. Na edição de *Facundo* (1923), um paratexto informa com destaque, na capa: "tradução de Carlos Maul", autor de uma nota introdutória ao livro.[168] Seriam os tradutores mencionados apenas quando seus nomes já eram reconhecidos e podiam transferir capital simbólico à obra? Quem seriam os demais tradutores empregados por Lobato? Quanto receberiam por tradução? Essas perguntas, por enquanto, não têm resposta, de modo que não se pode comparar as práticas de Monteiro Lobato relativas à publicação de traduções com a de seus contemporâneos e antecessores.

O tempo curto, de que Lobato reclamava, não o impediu de reescrever alguns clássicos brasileiros e portugueses para adultos. As razões da empreitada são comentadas por ele na entrevista que deu ao jornal paulistano *Folha da Tarde*, poucos meses antes da falência de sua editora:

> Quem é Monteiro Lobato? Não há nenhum brasileiro, que presuma enxergar uma palmo além do nariz, que o desconheça. Qual a sua opinião sobre o romance brasileiro? Eis o que talvez ignorem todos.
> — Está vendo este livro? — pergunta-nos o grande novellista.
> Pegamos o volume e lemos o título: *A fortuna de Solano Lopes*.

---

166 Ver Lajolo, Monteiro Lobato e Dom Quixote: viajantes nos caminhos da leitura.
167 Ver Vieira, *Viagens de Gulliver ao Brasil*.
168 *Facundo* fazia parte da "Biblioteca Americana", iniciativa da Monteiro Lobato & Cia. de publicar obras sul-americanas, em especial as argentinas. Ver Albieri, *São Paulo-Buenos Aires: a trajetória de Monteiro Lobato na Argentina*.

— Basta. É um romance popular italiano, em que o autor explora uma assumpto positivamente fantastico, inteiramente divorciado da historia, mas que collima um propósito que está sendo esquecido pelos escritores brasileiros, tal o de interessar o povo.

Lobato grifa as palavras com um sorriso irônico e prossegue:

— Os romancistas brasileiros precisam tornar-se populares. Já reparou que não temos um escriptor verdadeiramente popular, em nossos dias? Não rebusque porque não encontra. Todos querem fazer parte do rol da "elite"... e até hoje Alencar e Macedo permanecem sem substitutos. Por que? Por falta de tallento nas gerações que os succederam? Talvez sim, talvez não. Mas não creio: o que há é uma pavorosa crise de romancismo. Sim, falta coração nesse dilúvio de romances modernos, e o peor é que os tolos não percebem que só o coração é inalteravel e immortal. [...] O romancista, muito mais imperiosamente do que os cultores de outros generos litterarios, devem escrever para a costureirinha. Esta, sim, é eterna: symbolisa a humanidade; possue, como esta, duas cordas só no coração: a tragica e a comica. Dahi a razão por que Dumas e Hugo, Bernardim e Zevaco são imorredouros. Por isso. Porque descobriram essas cordas e nellas apenas tocam [...].

— Então devemos ser ferrenhamente romanticos?

— Logico. É uma lição que só agora aprendi, e tanto me convenço dessa necessidade, que iniciei a publicação de uma longa série de romances populares brasileiros. Sabe em quanto calculo a venda annual d'*A moreninha*, por todo o Brasil? Em nada menos de 50 mil exemplares. Vale ou não a pena de se cultivar o genero? É facto que me custou muitas horas de trabalho fazer a revisão do romance de Macedo. A d'*As memorias de um sargento de milicia* [sic], então, nem lhe conto! O livro já fôra mal escripto e, a agravar a feição hispida da prosa, uma infinidade de erros de revisão foi-se alli amontoando com o correr do tempo, graças á ignorancia de editores affoitos. É possivel que a critica berre, pois enfiei a penna a fundo nessas obras, mas se fizer escandalo, tanto melhor. Eu parti desse principio: foram apontados como criminosos os autores das hediondas adulterações desses livros? Não. Logo, não pode ser culpado quem as alterou para melhor.

Lobato preenche o ligeiro hiato da dissertação com um sorriso irônico. E continua:

– Aos nossos romancistas, eu, como editor, só tenho um conselho a dar: estudem os processos do romantismo francez. [...]¹⁶⁹

A entrevista começa com a afirmação do repórter de que "não há nenhum brasileiro, que presuma enxergar uma palmo além do nariz", desconhecedor de Monteiro Lobato, constatação eloquente do prestígio acumulado pelo escritor e editor. O romance italiano *A fortuna de Solano Lopez* não foi localizado; seria mesmo um romance italiano? Na época, fazia muito sucesso a biografia romanceada *El mariscal Solano López* (1920), do intelectual paraguaio Juan Emiliano O'Leary Costa e Urdapilleta Carísimo (1879-1969), mais conhecido como J. E. O'Leary. Não importa; o livro serve apenas para introduzir o tema principal da entrevista, para Lobato, que é "os romancistas brasileiros precisam tornar-se populares". Ao que parece, essa era sua grande preocupação pouco antes de pedir a autofalência da editora.

Na entrevista, o editor, que havia aconselhado Oswald de Andrade e Menotti del Picchia a respeitar a "psicologia média dos leitores", dá forma, gênero e profissão à figura de leitor – melhor dizendo, de leitora – que tinha em mente. Romancistas deveriam escrever para "a costureirinha", símbolo não apenas dos leitores, mas da humanidade. Para se tornar "imorredouro", um escritor deveria saber tocar nas cordas "trágica e cômica", as duas únicas existentes no coração da costureirinha e da humanidade. Era preciso ser "ferrenhamente" romântico, como observou o repórter, para ser lido e para ser imortal.

A aproximação entre escritores românticos, ou caros ao Romantismo, como Bernardim Ribeiro (1482?-1552?), e a figura da "costureirinha" é instigante. A jovem costureira foi um dos temas prediletos de artistas românticos ingleses, que a retrataram em quadros e canções, romances, poemas. Há várias hipóteses, expostas em dezenas de estudos, sobre as razões desse fascínio. Para Lynn Mae Alexander e Elizabeth Stone, parte do apelo da costureirinha pode ser explicada pela universalidade da ocupação: quase todas as mulheres, independentemente da classe social e da idade,

---

169 Lobato, O romance brasileiro, *Revista do Brasil*, n.109, p.75-7.

costuravam. Além disso, a figura da costureira pareceria menos ameaçadora, aos escritores e leitores burgueses, como representante da classe operária.[170]

Monteiro Lobato havia reescrito vários romances românticos nacionais, repletos de heroínas empunhando agulhas. A "longa série de romances populares brasileiros" que ele anuncia na entrevista incluía *A moreninha* e *Memórias de um sargento de milícias*, nos quais teria "enfiado fundo a pena". As *Memórias de um sargento de milícias* são apresentadas como "edição escoimada de vícios de forma". Para Lilian Escorel de Carvalho, as mudanças feitas por Lobato no texto de Manuel Antonio de Almeida são de tal envergadura que o editor pode ser considerado "coautor" do livro publicado em 1925.[171] O texto de *A moreninha* também parece ter sofrido cortes e modificações significativas, que ainda aguardam estudos aprofundados.[172]

Os romances reescritos por Lobato faziam parte da "Coleção Popular", que abrangia dezoito títulos, entre eles *Ubirajara*, de Alencar, *Os três mosqueteiros*, de Dumas, *A cruz de cedro*, de A. J. da Rosa, *O mártir do Gólgota*, de Escrich, e *Menina e moça*, de Bernardim Ribeiro. Em uma carta a Rangel, Lobato conta que também fizera modificações no texto de *Menina e moça*:

> Já concluí a semidesarcaização do Bernardim Ribeiro, mas coisa tão leve que o leitor nem sente. Nada se perdeu da ingenuidade daquele homem. De ilegível que era, ficou delicioso de ler-se.[173]

Na folha de rosto de *Menina e moça* (1924), lê-se o aviso: "edição levemente modernizada". As modernizações feitas por Lobato no texto de Bernardim Ribeiro estão por ser analisadas, o que poderá esclarecer aspectos relativos ao modo como o editor imaginava seus leitores e suas

---

170 Alexander, *Women, Work, and Representation*: needlewomen in victorian art and literature, p.1-26.
171 Carvalho, *Monteiro Lobato e Manuel Antônio de Almeida:* Um caso de coautoria na história do livro e da literatura no Brasil.
172 Até onde foi possível averiguar, há apenas um estudo sobre as modificações realizadas por Monteiro Lobato no romance *A moreninha*. Ver Silva, *A moreninha*, por Monteiro Lobato. Entretanto, somente alguns capítulos da edição de Lobato foram analisados nesse trabalho.
173 Carta a Rangel de 25 set. 1924. In: Lobato, *A barca de Gleyre*, t.2, p.268-70.

perspectivas de leitura. Testemunhos de leitores reais sobre os títulos das editoras de Lobato são bastante escassos. Um raro registro, de segunda mão, encontra-se na autobiografia do escritor Marcos Rey, pseudônimo de Edmundo Donato (1925-1999). Seu pai, Luís Donato, trabalhou na Cia. Gráfico-Editora Monteiro Lobato, onde teria adquirido o hábito de ler:

> Meu pai instalou sua oficina de encadernação em nossa própria casa. Vindo de Campinas, onde haviam nascido Mário, Sylvio e Lydia, chefiara um Departamento na Editora Monteiro Lobato. Quando ela fechou as portas, resolveu comprar máquinas, contratar alguns empregados e trabalhar por conta própria. Nunca, porém, esqueceu os anos na editora, onde, além de ganhar bom dinheiro, *adquirira o hábito da leitura*, de tão boa influência na vida familiar, e fizera amizade das quais se orgulhava. Nem estou incluindo nelas seu patrão e amigo, Monteiro Lobato, um dos escritores mais populares do país, autor do Jeca Tatu e pai da literatura infantil. Lobato era figura da família. Infelizmente eu não sabia ler ainda, mas seus livros aguardavam por mim. Meu pai costumava exibir as dedicatórias também de outro escritor famoso, Paulo Setúbal, autor do primeiro grande *best-seller* paulista, *A marquesa de Santos*. [grifos meus][174]

O relato de Marcos Rey apresenta uma série de elementos interessantes para a história da editora, da vinda de Luís Donato para São Paulo a fim de trabalhar na companhia à amizade que ele teria cultivado com escritores e com o próprio Monteiro Lobato. A informação mais importante, porém, é a de que o encadernador teria adquirido "o hábito da leitura" quando trabalhava na empresa. Várias hipóteses podem ser formuladas a partir desse dado: Monteiro Lobato conversaria sobre leitura com seus empregados? Haveria algum tipo de incentivo para que eles adquirissem livros? O quanto seus empregados teriam contribuído para a formulação das ideias de Lobato sobre a "psicologia do leitor médio" ou da "costureirinha"?

Livros eram a fonte de inspiração para os nomes dos filhos de Luís Donato. O mais velho, Mário, devia seu nome a uma personagem de *Os miseráveis*, de Victor Hugo; Lydia era nome de heroína de ópera; Sylvio,

---

[174] Rey, *O caso do filho do encadernador: romance da vida de um romancista*.

homenagem a Sylvio Pellico, escritor e político italiano, autor de *Minhas prisões* (talvez lido em uma tradução da Garnier que circulava nos anos de 1920). "O meu, Edmundo, pois Marcos é pseudônimo, meu pai retirou de *O conde de Monte Cristo*, de Alexandre Dumas, que ele lia, em 1925, quando vim ao mundo", conta Marcos Rey.[175] Ele nasceu em fevereiro, pouco antes da falência da editora. Na época, o romance de Dumas já havia sido lançado, como parte da "Coleção Popular". Se Monteiro Lobato mantinha uma relação de amizade com a família de Donato, deve ter atentado para o fato de que dois filhos do funcionário haviam sido batizados com nomes de heróis dos mais folhetinescos.

Conversas com leitores do perfil de Donato e cálculos sobre as vendas anuais de romances como *A moreninha* podem ter movido Lobato a traçar estratégias editoriais que envolviam o lançamento de coleções como a "Biblioteca das Meninas" e a "Coleção Popular". Apenas o primeiro volume da "Biblioteca das Meninas" foi lançado, um romance intitulado *Rosalina, ou a menina rústica*, que seria, segundo informação da folha de rosto, "adaptação do inglês de Phillips". No catálogo de 1925 da Cia. Gráfico-Editora Monteiro Lobato, a obra aparece entre os títulos para crianças, acompanhada do seguinte texto promocional: "Excelente obra para meninas, traduzida do inglês, com muitas gravuras. Conta a história de uma menina rústica, que vivia lutando para corrigir-se dos seus defeitos".

O livro é um mistério e um engodo. Nenhum autor inglês de nome, sobrenome ou pseudônimo Phillips escreveu um romance sobre uma menina brasileira que vive com a família no interior fluminense e gosta de ler para os irmãos os livros infantis de Monteiro Lobato. No Capítulo VI, Rosalina procura fazer o bem, como lhe aconselham, e decide ler histórias para os irmãos mais novos. Ao longo de três páginas, as crianças conversam sobre livros lobatianos:

– Vocês querem ouvir histórias, maninhos? Posso ler algumas.
– Queremos! Queremos! foi a reposta. Leia a historia da Menina do Narizinho Arrebitado, disse Alfredina. [...]

---

175 Ibid.

Figuras de autor, figuras de editor

— Por onde principiamos? — disse eu, que já sabia quase de cór a historia de Narizinho, tantas as vezes a tinha lido.

— Pelo principio, disse Alfredina; acho bonito o pedaço em que o peixinho passeia na cara de Narizinho.

— Mas a mim não me agrada — disse eu: — queres que leia sempre a mesma cousa, cousa que já sei de cór... E tu, Emilio, que queres? perguntei, voltando a pagina; queres ouvir a historia do pinto sura?

— Não! Disse Emilio.

— Mas que devo ler, então? gritei, meio zangada.

— Si quiseres ler o pedaço da abelha... disse timidamente Alfredina. [...]

— O que eu acho mais bonito é quando Narizinho está na mesa com principe Escamado e o caruncho Pirolito sóbe à mesa e começa a fazer graças. Quer ouvir esse pedaço, Lillo? perguntei, já com medo de não conseguir harmonizar os maninhos por mais esforços que fizesse.

— Não! foi a resposta de Lillo; isso não me agrada.

— Que te agrada, então? perguntou a pobrezinha da Alfredina.

— Quero a história do Marquez de Rabicó. Aquella é bonita. Eu e Alfredina consentimos.

O que é o mundo! Emilio já quer ser um mandão para nós, como o Roberto.

— Mas Rosalina, disse Alfredina, foi mesmo um porquinho que virou um marquez?

— Você é uma bobinha! Disse Emilio. Não virou nada. Ficou marquez atôa. Que mais você quer saber? Vá dizendo!

— Alfredina é muito ingenua. Pergunta tudo, quer saber tudo. Quando se lê um livro de historias para ella ouvir, acredita em tudo e quer saber tim-tim por tim-tim o que aconteceu. [...][176]

O artifício usado nesse excerto lembra aqueles encontrados em contos e romances publicados no *Jornal das Famílias*, de Garnier, os quais mencionavam o editor e as obras por ele lançadas, como vimos no Capítulo 3. Já o diálogo entre Rosalina e seus irmãos lembra, suspeitosamente, diálogos encontrados em vários dos livros infantis de Monteiro Lobato posteriores à

---

176 Phillips, *Rosalina, ou a menina rústica*, p.47-52.

falência, como *Aventuras de Hans Staden* (1927), *Peter Pan* (1930), *D. Quixote das crianças* (1936) e tantos outros títulos nos quais as personagens do Sítio do Picapau Amarelo discutem livros lidos, geralmente, por Dona Benta. Rosalina é "rústica" como a heroína de *Os desastres de Sofia* (1858), de Sophie Rostopchine, a célebre Condessa de Ségur (1799-1854). O conselho que Monteiro Lobato dava aos romancistas brasileiros, na entrevista à *Folha da Tarde* – estudar os "processos do Romantismo francês" – teria sido posto em prática por ele mesmo, em uma seara hipoteticamente mais segura, a dos livros para crianças e jovens? Ou Rosalina teria sido uma encomenda do editor a algum escritor, quem sabe escritora?

Rosalina e os irmãos fazem referência ao livro *A menina do narizinho arrebitado* (1920) e alusões a *Narizinho arrebitado* (1921) e a *O marquês de Rabicó* (1923). *Narizinho arrebitado* (1921), edição escolar da qual fazem parte a "história do pinto sura" e "o pedaço da abelha", fora submetido pela Monteiro Lobato & Cia. à Diretoria Geral de Instrução Pública para adoção nas escolas do país. No entanto, a comissão nomeada pela diretoria para avaliar os livros reprovou *Narizinho*, pelos seguintes motivos: "Algumas ideias boas, mas outras inconvenientes. Julga a comissão que também pelas expressões pouco delicadas que nele aparecem não deve ser aprovado".[177] O parecer, datado de 19 de janeiro de 1924 (meses antes da Revolução, portanto) aprovava títulos como *Fidalgos da casa mourisca* e *Uma família inglesa*, de Julio Diniz, *Conferências e alma*, de Coelho Neto; *Fábulas de La Fontaine*, traduzidas pelo barão de Paranapiacaba; *D. Quixote das crianças*, de "Garnier" (a editora); *Aventuras de Robinson Crusoé*, na tradução de Pinheiro Chagas; *Poesias infantis*, de Olavo Bilac, entre outros títulos do final do século XIX e do início do XX.

A lista dos livros aprovados dá novo sentido à carta escrita, um ano depois, por um Monteiro Lobato soterrado por problemas na editora, que demanda a Rangel: "Preciso do D. Quixote, do Gulliver, do Robinson, do diabo!".[178]

---

177 Directoria Geral de Instrucção Publica. Expediente do dia 19 de janeiro de 1924. Relatório apresentado ao Sr. Diretor Geral de Instrucção Publica pela Comissão de Revisão dos livros didáticos, *Jornal do Brasil*, n.18, p.11.
178 Carta a Rangel de 8 mar. 1925. In: Lobato, *A barca de Gleyre*, t.2, p.276.

A comissão aprovou *Fábulas*, de Lobato, mas com restrições: "Apesar de muitos defeitos de linguagem e moralidade nem sempre bem deduzida, a comissão julga poder servir como leitura subsidiária ou auxílio para exercícios de redação [...]". Como se vê, Monteiro Lobato, como escritor para crianças, estava longe da consagração que alcançou posteriormente. Como veremos no próximo capítulo, sua ascensão no campo da literatura infantil se deu por meio da reescrita constante de obras e de muitas lutas em torno de concepções de arte tidas como adequadas a crianças por diferentes forças e agentes literários. Um processo semelhante se deu com Cecília Meireles, cujo livro *Criança, meu amor* (1924) também foi aprovado com restrições naquele relatório.

Rosalina talvez fosse uma aposta da editora para futuras avaliações da Diretoria Geral de Instrução Pública. Parecia uma tradução, como as aprovadas pela comissão julgadora; apresentava linguagem muito mais formal do que os livros para crianças da editora; era repleto de lições de "moralidade bem deduzida". O romance poderia funcionar como meio de transição para os demais livros infantis de Lobato, os quais aparentemente eram tão extravagantes para professores primários quanto os livros modernistas eram para a "clientela burguesa" da Monteiro Lobato & Cia. Muitas das práticas do editor – a reescrita de obras canônicas, o lançamento de títulos como *Rosalina*, o pedido de prefácio explicativo a Mário de Andrade – parecem esforços para facilitar a mudança de *habitus* de leitura – aqueles esquemas de percepção e avaliação de arte de que fala Bourdieu – que ele percebia nos públicos para os quais seus produtos se dirigiam.

Assim, *Rosalina, ou a menina rústica* lembrava, a princípio, títulos saídos da "Biblioteca das Senhoras" de Paula Brito, do *Jornal das Famílias*, de Garnier ou de tantas coleções que vinham circulando havia décadas entre leitores. Todavia, no interior daquela que parecia mais uma narrativa familiar (em vários sentidos), dada sua aparente semelhança com inúmeras outras já conhecidas, encontrava-se a proposta de um novo modelo de literatura para crianças e jovens. Estratégias assim sugerem o percurso da "lição" que Monteiro Lobato diz ter aprendido, na entrevista à *Folha da Tarde*, o qual passava pelo conhecimento dos *habitus* de leitura dos públicos que consumiam a *Revista do Brasil* e os livros de sua casa editora e pela constatação da distância existente entre aqueles *habitus* e as novas formas literárias propostas por autores como Mário de Andrade, Manuel Bandeira e ele mesmo, Monteiro Lobato.

Nesse sentido, vale retomar a análise de Wilson Martins sobre as obras modernistas e o público leitor:

> Mais do que a arte do passado (pois todas elas exigem do respectivo público uma formação adequada), o grande repositório artístico do Modernismo implicava, por parte do espectador ou leitor, o pré-requisito da cultura, se não da erudição e do profissionalismo: foi essa a grande barreira que se ergueu, em nosso tempo, entre o artista e o público; a hostilidade com que se viu cercado o Modernismo, sobretudo nos seus primeiros tempos, antes da institucionalização contemporânea da vanguarda, resultava, pela maior parte, de um desnível instransponível entre o produtor e o consumidor, já que a obra de arte perdera a sua condição hifenizante tradicional.[179]

Monteiro Lobato provavelmente captava e entendia, como poucos, o "desnível intransponível entre o produtor e o consumidor" descrito por Martins. Sua posição como editor lhe permitia avaliar mais de perto esse desnível, que interferia de modo negativo na recepção das obras e nas vendas. Dez anos separavam o Lobato de *Urupês*, que ataca duramente o indianismo romântico imitado de Chateaubriand e antecipa o Manifesto Antropófago, do Lobato que aconselha os escritores brasileiros, na entrevista à *Folha da Tarde*, a estudarem os "processos do Romantismo francês". Ele havia passado a maior parte daqueles dez anos publicando revistas e livros, conversando com autores e leitores, negociando assinaturas e consignações. À frente de uma editora cheia de dívidas, cujos *best-sellers* eram seus próprios livros, não é de estranhar que ele revisasse seus antigos projetos estéticos a fim de salvar seu negócio. Recordemos que o título de seu primeiro livro deveria ter sido *Dez mortes trágicas*, literariamente mais adequado aos contos que encerra do que *Urupês*, nome comercialmente mais eficaz, conforme

---

[179] Martins, *A ideia modernista*, p.54.

percebera Arthur Neiva. Lembremos, ainda, que *Cidades mortas*, seu segundo livro de contos, é famoso pela comicidade de muitas das narrativas, algumas anedóticas. Quando aconselhava autores a tocarem as cordas trágica e cômica, portanto, ele estava sugerindo o caminho que havia trilhado, mas no gênero romanesco.

Lobato responde prontamente à pergunta que ele mesmo havia feito ao repórter: "Já reparou que não temos um escriptor verdadeiramente popular, em nossos dias? Não rebusque porque não encontra". O repórter e os leitores encontrariam, porém, alguns nomes. O mais popular deles era também editor, conhecia muito bem a literatura francesa e tocava em cordas dos corações dos leitores muito diversas das sugeridas por Lobato. Seu nome era Benjamin Costallat e, como observamos anteriormente, era autor de um romance de grande sucesso, *Mlle. Cinema*, que vendera 25 mil exemplares em três edições sucessivas no período de dez meses. Costallat era cronista do *Jornal do Brasil* e autor bem-sucedido da Livraria Leite Ribeiro quando fundou, com o italiano José Miccolis, a editora B. Costallat & Micolis em 1923. As capas dos livros da casa eram feitas por artistas como Di Cavalcanti e J. Carlos. Os "carros-chefes" da editora eram romances e contos da "geração moderna" formada por escritores como José do Patrocínio Filho, Álvaro Moreira e Theo Filho; vários nomes de seu catálogo eram também publicados por Monteiro Lobato, como Chrysanthème, Ribeiro Couto e Lucílio Varejão.

Costallat foi um dos autores mais lidos das décadas de 1920 e 1930. Em março de 1924, de passagem por São Paulo com o sócio Miccolis, deu entrevista para *A Gazeta* sobre o livro que preparava, cujo título seria *Mistérios do Rio*:

— Então teremos o Eugene Sue em acção...

— Qual o quê, cousa differente. Não quero fazer obra erudita, meu amigo. O povo não gosta disso.

— Outro gênero, então?

— O meu gênero. Aqui como vê, a olhar para esta mesa, imagina-me a olhar para o Rio de Janeiro. A cidade da Guanabara vae ser encarada por mim, como eu encaro agora estes pratos, estes copos, estes talheres. Vou desvendar-lhe os segredos mais mysteriosos.

— E o Rio tem tantos mysterios!

— Tantos! Desde a Favella até o Alto da Boa Vista, desde os suburbios até as praias aristocraticas passam-se no Rio tantos segredos que me não furtei ao desejo de estampal-os em letra de forma...[180]

A entrevista termina com a informação de que os capítulos do romance seriam divulgados em primeira mão no *Jornal do Brasil*, para depois serem reunidos em livro. O repórter acrescenta que almoçou com Benjamin Costallat, José Micollis e o "amigo Pamplona", seu acompanhante no encontro com os editores do Rio. Durante o almoço com os "três vencedores na vida", um dos assuntos havia sido o "malfadado futurismo".[181]

Costallat estava preocupado, como Lobato, em escrever livros que interessassem ao povo. O título *Mistérios do Rio* leva o repórter a inferir que a nova obra seria um romance como o célebre *Os mistérios de Paris* (1842-1843), de Eugène Sue (1804-1857), o "rei do romance popular".[182] A resposta de Costallat é surpreendente, ao classificar como "erudita" a obra do folhetinista francês, que teria inaugurado a literatura "de massa" e gerado numerosas imitações, entre elas *Os mistérios de Lisboa* (1854), de Camilo Castelo Branco, e *Mistério da Tijuca*, de Aluízio Azevedo (1882).[183] O escritor carioca afirma que "o povo não gosta disso", ou seja, de folhetins franceses — que continuavam a ser publicados em muitos rodapés de jornais e brochuras baratas, como as lançadas por Monteiro Lobato. O povo, na opinião de Costallat, gostava de livros escritos no "gênero" dele, que, no caso de *Mistérios do Rio*, *A luz vermelha* (1919), *Modernos...* (1920), *Mutt, Jeff & Cia.* (1922) e outros de seus livros, era a crônica, nos moldes desenvolvidos por João do Rio no início do século.

---

180 Os mystérios do Rio, *A Gazeta*, n.5456, p.1.
181 Ibid.
182 Bory, *Eugène Sue, le roi du roman populaire*.
183 Sobre *Os mistérios de Paris* como marco da "literatura de massa", ver Jullien, *Les Amoureux de Schéhérazade*: variations modernes sur les Mille et une nuits, p.35.

Talvez, justamente por isso, *Mistérios do Rio* e outros *best-sellers* de Costallat não tenham saído pela Monteiro Lobato & Cia., como era o desejo do autor carioca.

Em uma carta de dezembro de 1921, Costallat havia proposto a Lobato o seguinte negócio:

Dr. Lobato:

O que principalmente me interessa na coleção Brasilia é a divulgação. A divulgação que o livro de 5$000 não dá. Foi o que expliquei ao Dória. Logo apesar de serem realmente modestissimas as vantagens materiais que apresenta ao autor, isso não me impede de entregar-lhe para a coleção Brasilia um livro de contos nas seguintes condições:

Como titulo – *Contos rubros*

Como conteúdo – os meus melhores contos já publicados e mais alguns do livro que agora estou fazendo para o Leite Ribeiro. "Depois da meia noite"... Esses contos dos "Contos rubros" serão de preferência os que mais se amoldam ao titulo do livro – contos fortes, de "bas fond", de vicios, de emoção...

O publico da coleção Brasilia sendo inteiramente novo e inteiramente diverso do livro a 5$000, creio que isso não me prejudicará na venda do livro caro. Muito pelo contrario abrirá caminho para novos leitores.

Se os "Contos Rubros" constituirem, o que eu estou certo, um livro de sucesso comercial, em outra edição espero, então, receber um pouco mais do que esses quatrocentos exemplares...

Sendo de sua conveniência o negocio, mande-me dizer para quando precisa dos originais.

A próxima vez que vier ao Rio conto que venha passar um dia comigo, em Paquetá. Aqui também está o Alberto de Faria.

O meu lema é Paquetá ou Paris – dois extremos, dois contrastes, duas coisas deliciosas...

Inteiramente seu,

Benjamin Costallat

A carta começa abruptamente, como que respondendo a uma missiva anterior. A negociação da publicação de um livro de Costallat na "Coleção

Brasília" teria partido do autor carioca ou do editor paulista? Ainda não sabemos. O documento é valioso, de qualquer forma, como prova de que dois dos mais importantes editores dos anos de 1920, que eram também escritores populares, mantiveram contato e podem ter planejado um contrato de edição. Ambos tinham visão parecida sobre brochuras baratas, como as da "Coleção Brasília", mais acessíveis a determinados públicos. Os direitos autorais, pelo que se entende do texto, seriam pagos a Costallat em espécie: quatrocentos exemplares do livro.

Contos rubros não chegou a ser publicado pela Monteiro Lobato & Cia. Os "contos fortes, de *bas-fond*, de vicios, de emoção" de Costallat eram praticamente o oposto do que pregava o projeto literário de Lobato. No "Epílogo" de *O saci-pererê*, ele descreve a zona "plagiária" do Brasil, que deveria ser combatida. Caso contrário, Jeca seria "civilizado" – e vestiria *smoking*, beberia *whisky*, namoraria "uma boneca toda plumas e sedas" a quem chamaria *Mlle.*, sem jamais conseguir pensar por si próprio ou criar algo original. Era forçoso escolher: "Ou ser Jeca, ou Capilé *gommeux*". Ora, Costallat fazia justamente a "arte morfinômana, caquética, que impa de *boulevardière*", característica da "zona plagiária", encarnada em João do Rio, de cuja obra era o principal herdeiro. Em 1921, não seria estratégico, da parte de Monteiro Lobato, publicar os *Contos rubros*, justamente na "Coleção Brasília".

Em 1925, porém, o espaço de possibilidades oferecido pelo campo literário era outro. A editora havia ampliado muito seu catálogo e a diversidade de seus títulos. Chrysanthème, autora de *Gritos femininos*, editada pela Costallat & Micollis, e Humberto Campos, autor de várias obras publicadas pela Leite Ribeiro e editor da revista erótica *A Maçã*, eram anunciados no catálogo da Cia. Gráfico-Editora Monteiro Lobato. O editor paulista, lutando contra os muitos problemas que afetavam sua empresa, reescrevia romances românticos e aconselhava escritores brasileiros a estudarem os processos do Romantismo francês. Costallat, que já tinha sua própria editora, usava a matriz do folhetim francês de Sue em seus *Mistérios do Rio*. Na entrevista, Costallat nega a influência de Sue, talvez temeroso de que o nome francês e antigo espantasse alguns leitores. O fato é que as semelhanças com *Os mistérios de Paris* vão muito além do título. Como Sue, Costallat construía narrativas curtas passadas nos locais da cidade grande que encerravam "mistérios" para leitores "respeitáveis" da burguesia ou da aristocracia: bordéis, prisões, hospícios, esconderijos de ladrões, casas de ópio e mais onde se encontrassem "vícios". As narrativas curtas de Sue integravam um romance de muitos personagens, que se moviam nos *bas--fonds* de Paris, cujos horrores o autor descrevia, cujas gírias reproduzia, e cujas misérias ele passaria, aos poucos, a rechaçar por meio de discursos moralizantes e reformistas. Nas narrativas curtas de Costallat, como observaram Armando Gens e Rosa de Carvalho Gens,

> Tipos são pinçados, nas visitas do cronista/observador: cocainômanos, operários, traficantes, prostitutas, entre outros. Ficam suspensos no tempo, fixados na cena compartimentada, parada. Somente a psicologia da superfície de tais tipos é revelada, já que o narrador apenas tangencia sua interioridade. Esvaziadas de uma linha sequencial de vida, as figuras esvaem-se. O cronista fixa-as e julga-as. Basta o seu juízo crítico e nada mais resta ao leitor, a não ser desconfiar do texto.[184]

O julgamento crítico do autor, ou da voz narrativa, é realizado por meio da repetição de frases e de palavras, processo usado também nos muitos diálogos, e que imita, por sua vez, um mecanismo de reiteração bastante usado por Sue.[185] Um exemplo esclarecedor é o seguinte trecho da crônica "O segredo dos sanatórios", que tem o benefício adicional de "fixar e julgar" a figura de um pretendente a intelectual:

> O almofadinha imbecil tem mesmo a volúpia de passar por um toxicômano.
> Acha profundamente elegante.
> De alto e bom tom.

---

[184] Gens; Gens, A visita do inspetor ou o dublê de sanitarista. In: Costallat, *Mistérios do Rio*, p.9-18.

[185] Esse mecanismo é estudado por Umberto Eco em Retórica e Ideologia e em *Os mistérios de Paris* de Eugène Sue. In: Eco, *Apocalípticos e integrados*, p.198-204.

E, apesar de ter sido reprovado em todos os seus exames no Pedro II, o almofadinha imbecil, graças a um pouco de pó de cocaína, toma atitudes pálidas e românticas, e frequenta exaustivamente a porta do Garnier.

E assim o Brasil ganha mais um intelectual...

Possuir olheiras fundas, olhos faiscantes e febris, mulheres e fama de poeta – é uma cousa que tenta.

O almofadinha reprovado no Pedro II acha, pois, como tantos outros o vício uma instituição elegante e útil. E não esconde que o tem. Pelo contrário. Insinua vícios que nunca teve e nunca terá...

Mas o que os viciados não querem que se saiba é o tratamento que sofrem nos sanatórios.

A elegante caixinha de cocaína perde o seu encanto quanse se divulga a série de purgantes e de lavagens que ela provocou.

O viciado perde a sua auréola.

Não há poesia que resista a uma lavagem...[186]

O excerto reproduzido acima apresenta poucas repetições, em relação ao restante da crônica. O texto é expandido ao máximo por meio de reiterações como "o almofadinha imbecil", que retorna numerosas vezes em frases curtas, geralmente finalizadas com reticências ou exclamações. As personagens são vistas do alto, como a louça na mesa do restaurante em que o autor deu a entrevista, e têm a profundidade de pratos de sobremesa. É fácil perceber por que Costallat evitava a associação com qualquer tipo de obra que parecesse "erudita". Se, por um lado, a linguagem, o estilo e os temas escolhidos por ele o aproximavam de um grande número de leitores, por outro o afastavam dos pares que poderiam consagrá-lo no campo literário. Afinal, ele era, também, o grande renovador dos chamados "romances de sensação" e "romances para homens", que narravam histórias cheias de violência e sexo em brochuras baratas na virada do século.[187] A materialidade e a temática de seus livros os aproximavam daquelas brochuras, cujo conteúdo não era considerado artístico pelas instâncias consagradoras do

---

186 Costallat, op. cit., p.98.
187 Ver El Far, op. cit., p.273-306.

campo. O exemplo máximo de arte literária em prosa era a obra de Coelho Neto – e não havia nada mais distante dela do que as narrativas de Benjamin Costallat.

Escritores *notáveis*, como "o príncipe dos prosadores", Coelho Neto, ou mesmo Monteiro Lobato, certamente desprezariam o mau gosto de frases como "Não há poesia que resista a uma lavagem…". Esse tipo de construção e a imagem que projeta são encontrados amplamente nas crônicas, contos e romances de Costallat. Do ponto de vista dos *notáveis* e *estetas* de sua época, o autor de *Mlle. Cinema* era *kitsch*; daí permanecer no polo dos autores comerciais. Há certa amargura ressentida no retrato que ele faz do "intelectual" viciado, que "toma atitudes pálidas e românticas" para frequentar a porta da ainda prestigiada Livraria Garnier. Para Costallat, jornalista e escritor de sucesso, aquela porta permaneceria fechada.

O estilo, a temática, o mau gosto (do ponto de vista de quem tinha concepções diferentes de literatura, como escritores *estetas* e *notáveis*) podem ter sido a razão pela qual Monteiro Lobato não considerava Costallat um romancista propriamente dito. Os romancistas populares que ele cita na entrevista à *Folha da Tarde* são José de Alencar e Joaquim Manuel de Macedo, que haviam granjeado tanto os aplausos da crítica quanto os do público.

Outra afirmação de Lobato para o repórter era de que "todos querem fazer parte do rol da 'elite'". Pelo que se depreende da entrevista, a "elite" seria a que produzia obras eruditas, provavelmente de vanguarda, destinadas a um público restrito. É essa elite que faz as regras do campo literário; entretanto, não há campo literário que se sustente sem obras que se vendam aos milhares. A chamada "literatura comercial" desempenha papel importante, não apenas porque permite às editoras investir em literatura erudita, que poderá dar retorno financeiro em longo prazo, mas porque permite a muitos leitores fazer a "iniciação" que poderá levar, também em longo prazo, à apreciação das obras do campo erudito. Era preciso, portanto, realizar o que autores como Alencar e Macedo haviam conseguido: produzir romances de sucesso tanto entre eruditos como entre os leitores comuns.

Ainda com relação à entrevista concedida por Lobato ao jornal *Folha da Tarde*, vale destacar o comentário do editor de que, se houvesse "escândalo" por conta das modificações feitas por ele nos romances *A moreninha* e

Memórias de um sargento de milícias, "tanto melhor". A polêmica como propulsora de vendas surgia, mais uma vez, no discurso de Lobato.

A falência interrompeu os planos do editor de publicar uma longa série de romances populares brasileiros, pelo menos pela Cia. Gráfico-Editora Monteiro Lobato. Em 15 de setembro de 1925, era constituída, no Rio de Janeiro, a Cia. Editora Nacional, de que Monteiro Lobato viria a participar oficialmente como sócio em dezembro de 1926.[188] O processo de falência arrastou-se até julho de 1928, ao que indicam os últimos documentos arrolados em seus três volumes.[189] Pelo que se pôde averiguar, houve 38 ações movidas contra a editora, que correram fora do processo e permanecem desaparecidas.[190]

O processo de falência da editora oferece documentos de grande interesse jurídico e econômico, que podem levar a estudos futuros sobre as negociações feitas pela editora com fornecedores e empregados. Alguns fatos, como a compra da tipografia de J. Rosseti pela editora, em 1925,[191] exigem exame mais rigoroso e demandam conhecimentos específicos da área jurídica. Rosseti, ao que parece, vendeu seus equipamentos gráficos para a editora, na qual passou a ocupar o cargo de subgerente de fábrica, cargo pelo qual recebia 1:100$00.

Os salários dos principais funcionários da empresa são informados em requerimento apresentado pelos síndicos ao juiz em 31 de julho de 1925.[192] Os síndicos solicitavam a continuação dos trabalhos da editora, a fim de atender aos negócios que estavam em andamento quando da falência. Para tanto, era preciso que o juiz aprovasse contratos feitos com

---

188 Ver Azevedo; Camargos; Sacchetta, op. cit., p.187-93.
189 Processo de falência da Cia Gráphico Editora Monteiro Lobato, p.622.
190 Em 14 jul. 2004, apresentei requerimento ao Juiz de Direito da 3a Vara Cível de São Paulo solicitando o desarquivamento dos autos de quatro desses processos contra a Cia. Gráphico-Editora Monteiro Lobato: o de número 19525, movido por Paulo Setúbal, o de número 19217, movido por Aristêo Seixas, o de número 19456, movido por Domiciana de Almeida Nogueira e o de número 19670, movido por Pedro de Castro Canto e Melo. Até 15 nov. 2017, não havia obtido resposta.
191 Processo de falência da Cia. Gráphico Editora Monteiro Lobato, p.324-8.
192 Ibid., p.128.

determinados empregados – o que foi feito –, de modo a permitir que eles continuassem trabalhando e recebendo os mesmos ordenados de antes da falência. Os funcionários eram:

    Natal Daiuto, gerente da fábrica – 1:100$000
    Quintiliano Moreira Cesar, contador – 900$000
    Alberto de Carvalho, chefe da seção de papelaria – 900$000
    Lindolpho Marcondes Ferreira, chefe da seção editora – 750$000
    Lauro Bueno, correntista – 450$000
    Francisco Cesar de Oliveira, diarista – 450$000
    Jerônimo Rocha, auxiliar da seção de papelaria – 450$000
    Antonio Valverde, correspondente – 300$000
    Thereza Barcos, arquivista – 275$000
    Manuel Moreira César, da seção de expediente – 150$000

Esses salários nos permitem ter melhor noção do valor financeiro dos livros publicados pela editora, que tinham preço entre 1$000 e 22$000, conforme o catálogo de 1925. Também servem como parâmetro para avaliar os pagamentos de direitos autorais, que serão vistos no Capítulo 7. Ainda com relação aos empregados, é possível saber, por petição constante no processo,[193] que o artista alemão Kurt Wiese tinha contrato de "locação de serviços constantes" com a editora e deveria ter recebido, em julho, um pagamento de 252$000 por serviços prestados. Também se obtém a informação de que um empregado da seção de Monotipos teria vindo "especialmente da Itália" para trabalhar na editora. É possível que as máquinas importadas por Lobato exigissem conhecimentos técnicos que apenas profissionais com experiência no exterior poderiam oferecer. Wiese, por exemplo, escrevera, ilustrara e publicara livros em Berlim, no início da década de 1920, cidade considerada o centro mais sofisticado de produção livreira na época, apesar de todos os problemas econômicos e sociais então enfrentados na Alemanha.

---

193 Ibid., p.540.

Os documentos relativos a fornecedores deixam entrever o quanto a editora gastava com papel, energia elétrica, manutenção de máquinas, em meio a outras despesas. Um exemplo curioso é a fatura de Amadeu Andrade & Comp., "industriais, importadores e exportadores" localizados no Rio de Janeiro, que registra o envio de caixas de papel por trem. Pelo documento, somos informados de que uma caixa continha 46 mil "envelopes Rabicó" e outra abrigava 45.500 "envelopes Jeca". Não se pôde descobrir, até agora, o que seriam exatamente os envelopes "Jeca" e "Rabicó". O valor total das mercadorias era de 6.135$000.

Mas, os documentos enfocados neste livro serão aqueles relativos a edições e autores, como se verá a seguir.

Capítulo 6
A rede dos homens de letras

6.1. Uma rede de distribuição revolucionária

Entre os feitos de Monteiro Lobato como editor que passaram à história como "revolucionários" está a criação de uma rede nacional de distribuição de livros, proeza que ele costumava destacar quando recordava suas práticas editoriais. Em entrevista à revista *Leitura*, em 1943, Lobato explica o pioneirismo da malha distribuidora que teria organizado:

> [...] Eis o que reivindico: fui um revolucionário nos métodos empregados. Redigi uma circular que mandei remeter ao endereço de pessoas conhecidas, ou, quando não, do prefeito de cada localidade. Essa circular dizia, mais ou menos: pedimos o favor de indicar-nos um livreiro, ou um vendeiro, ou um açougueiro... qualquer pessoa honesta, estabelecida, que possua no mínimo uma porta onde expor a mercadoria que possamos oferecer-lhe. Vieram os endereços. A estes, nova circular propondo essa coisa simples: aceitar nossos livros em consignação. O senhor, escrevemos ao interessado, não terá que pagar-nos. Se a mercadoria encalhar, devolva; se for vendida, remeta-nos o dinheiro menos a porcentagem que lhe toca. Trata-se de mercadoria que o senhor não precisa examinar nem saber se é boa, nem vir a escolhê-la. O conteúdo não interessa ao senhor e sim ao seu cliente, o qual dele tomará conhecimento através das nossas explicações nos catálogos, prefácios, etc... Negócio da China!

Recebemos inúmeras propostas, fomos fazendo nosso fichário. Criamos novas possibilidades antes nem sonhadas. [...][1]

O sistema de difusão criado a partir dessa circular é citado como inovador em todas as biografias de Lobato e nos principais estudos sobre história do livro no Brasil. Edgard Cavalheiro, por exemplo, afirma que Lobato constatou "a existência de mil e tantas agências postais" no país e escreveu "delicada circular a cada agente", pedindo indicação de comerciantes que pudessem vender "certa mercadoria chamada 'livro'". De posse dos endereços de comerciantes, teria dirigido a eles a circular hoje famosa. Cavalheiro reproduz parte de outra entrevista de Lobato em que ele recorda o conteúdo do documento:

Vossa Senhoria tem o seu negócio montado, e quanto mais coisa vender, maior será o lucro. Quer vender também uma coisa chamada "livro"? V. S.ª não precisa inteirar-se do que essa coisa é. Trata-se de um artigo comercial como qualquer outro, batata, querosene ou bacalhau. E como V. S.ª receberá esse artigo em consignação, não perderá coisa alguma no que propomos. Se vender os tais "livros", terá uma comissão de 30%; senão vendê-los, no-los devolverá pelo Correio, com o porte por nossa conta. Responda se topa ou não topa.

O biógrafo cita esse trecho como sendo de entrevista concedida por Lobato à revista *Leitura*, reproduzida no livro *Prefácios e entrevistas*. A entrevista encontrada no livro, porém, é diferente daquela citada por Cavalheiro. Nela, Lobato conta ao repórter como conseguiu levar livros até "onde houvesse um grupo de fregueses potenciais":

– Com uma circular que eu redigi – e que hoje eu dava um bom dinheiro para tê-la em meu arquivo. Essa circular marcou a virada de esquina da nossa cultura. Mandamo-la a uns 1300 negociantes cujos endereços com algum esforço obtivemos: 1300 negociantes de 1300 cidades e vilas do Brasil dota-

---

[1] Lobato, editor revolucionário, *Leitura*, p.13 e 32. Uma versão modificada dessa entrevista foi publicada em Lobato, *Prefácios e entrevistas*, p.251-6.

das de serviço postal – donos de lojas de armarinho ou de fazendas ou até de padarias... A circular propunha-lhes um negócio novo: a venda duma coisa chamada livro, que eles receberiam em consignação e, pois, sem empatar dinheiro nenhum. Vendida que fosse a tal misteriosa mercadoria, o negociante descontava a sua comissão de 30% e nos enviava o saldo.

– Só isso?

– Meu caro, o que você chama "só" foi "tudo". Nenhum dos nomes convidados pela circular recusou o bom negócio – e passamos de 40 ou 50 vendedores de livros a 1300...[2]

A diferença entre o conteúdo da entrevista e o texto reproduzido por Cavalheiro chamou a atenção de Laurence Hallewell que, em *História do livro no Brasil*, faz uso de versão da circular que se baseia "em ambas, mas sobretudo na última"[3] entrevista citada por Cavalheiro. O problema é que os depoimentos de Lobato são contraditórios em pelo menos um ponto. Na entrevista à *Leitura*, em 1943, ele diz que a circular enviada a diversas localidades pedia a indicação de "um livreiro, um vendeiro, um açougueiro", versão confirmada por Cavalheiro; já na entrevista citada por Hallewell, ele teria dito que só *não* mandou volumes a açougueiros, "por temor de que os livros ficassem sujos de sangue".[4]

A circular "que iria constituir a pedra básica da indústria editora brasileira",[5] segundo Lobato, ainda não foi localizada. O próprio Lobato teria lamentado não haver guardado cópia do documento. A lendária circular, que Lobato resume de forma levemente diversa a cada depoimento, é mencionada com destaque em todas as obras que tratam da história de

---

2 Lobato, editor revolucionário. In: _____, *Prefácios e entrevistas*, p.253-4. O livro não informa o número da revista, as páginas em que o texto foi publicado ou o nome do entrevistador.
3 Hallewell, op. cit., p.266, n.8. Diz Hallewell: "Lobato fez pelo menos duas tentativas na redação da famosa circular. Uma apareceu na revista *Leitura* de setembro de 1943; a outra foi citada na biografia *Monteiro Lobato, vida e obra*, de Edgard Cavalheiro. [...] Elas coincidem em substância, mas diferem no estilo. [...]".
4 Apud Hallewell, op. cit., p.245.
5 FAZ vinte e cinco anos... Entrevista a Silveira Peixoto para *Vamos ler*. In: Lobato, *Prefácios e entrevistas*, p.187-93.

suas editoras, embora nunca tenha sido vista pelos autores desses estudos. Caso semelhante é o do conto "A história do peixinho que morreu afogado", o qual, segundo Monteiro Lobato, teria sido sua primeira história para crianças. O texto permanece desaparecido, até porque o autor não se lembrava do periódico em que o teria publicado, mas é mencionado em todos os livros que se ocupam da trajetória do escritor como autor para crianças.[6]

Léo Vaz afirma que Lobato foi o primeiro editor a vender "livros a varejo". Para tanto, "organizou uma teia de agentes e correspondentes em toda parte, a quem enviava em consignação alguns volumes dos que ia editando".[7] A rede de correspondentes teria começado com livrarias e editoras que haviam contatado a *Revista do Brasil* para encomendar exemplares de *Urupês*.[8]

Além dos depoimentos de Lobato e de Léo Vaz, há documentos ligados diretamente à história dessa rede que ajudam a entender como ela foi constituída e como funcionava. São cartas inéditas dos acervos do Cedae e da Biblioteca Infantojuvenil Monteiro Lobato, o processo de falência da Cia. Gráfico-Editora Monteiro Lobato e anúncios feitos na *Revista do Brasil* e nos livros editados pelas casas editoras comandadas por Lobato. Tais documentos mostram que Lobato realmente distribuía livros para pontos distantes de São Paulo, empregando o método da consignação. Sugerem, também,

---

6 Mais informações sobre esse conto podem ser encontradas em minha dissertação de mestrado, *Personagens infantis da obra para crianças e da obra para adultos de Monteiro Lobato*.

7 Vaz, Lobato editor. In: _____, *Páginas vadias*, p.84. Há um exemplar do livro, que pertenceu ao professor Hélio Vianna, onde se lê a seguinte anotação a lápis: "Disse-me o Judas Isgorota que ele enviava livros a vendeiros que não se julgavam obrigados a prestar contas, por não tê-los encomendado (1927)". Essa anotação foi feita na p.82, em relação a trecho onde Vaz refere-se a "lendas" formadas acerca de Lobato, entre elas a de sua "incapacidade comercial". O exemplar pertence ao acervo da biblioteca do Instituto de Estudos da Linguagem (IEL). N. de chamada: B869.35 / V477p. O poeta Judas Isgorota era um dos frequentadores da *Revista do Brasil*, segundo Léo Vaz. A anotação de Vianna sugere que a rede de distribuição criada por Lobato era assunto discutido com os intelectuais que faziam da editora ponto de encontro.

8 Vaz, No jubileu de Jeca Tatu. In: _____, *Páginas vadias*, p.73.

que livreiros, vendeiros, talvez açougueiros não foram os únicos a formar a teia de agentes que possibilitou a "virada de esquina da nossa cultura".

Parte significativa dos distribuidores de Lobato parece ter sido composta por homens de letras. A hipótese é que o *sistema nervoso da rede era formado por letrados*.

6.2. Os agentes da *Revista do Brasil*

Quando Lobato assumiu a *Revista do Brasil*, ela já contava com uma rede de distribuidores, provavelmente compartilhada com o jornal *O Estado de S. Paulo*. Em fevereiro de 1917, a revista publicou uma extensa "lista de agentes".[9] Havia sete representantes na cidade de São Paulo e oitenta no interior do estado; um representante em Belo Horizonte e trinta no interior de Minas Gerais; um em Curitiba, o editor J. Cardoso Rocha, e três no interior, em Castro, Antonina e Paranaguá. No Rio de Janeiro, havia sete representantes, todos na capital federal: Agência Cosmos, Braz Lauria, Araujo & Lopes e Livrarias Garnier, Alves, Briguiet e Castilho. Em Mato Grosso, havia um representante em Campo Grande, um em Corumbá e um em Paranaíba, atual Santana do Paranaíba. Santa Catarina contava com um representante na capital e outro no interior, em São Joaquim. No Rio Grande do Sul, havia três representantes em Porto Alegre e três no interior do estado, em Cruz Alta, Santa Maria e Taquari. Não se sabe a localização do representante da Bahia; apenas que havia um para o estado todo e outro para Palmeiras. Nos estados de Sergipe, Pernambuco, Paraíba, Piauí, Maranhão, Manaus e Belém havia um representante da *Revista do Brasil* em cada capital. Podiam ser encontrados, ainda, representantes em Buenos Aires e Lisboa. Os "avulsos" J. B. Ramos, Antonio Abranches, Francisco Gomes, Oscar Cunha e Bento de Moraes provavelmente viajavam vendendo assinaturas.

Na capital paulista, os nomes dos agentes correspondem a lojas de livros: "Casa Garraux, Livrarias Alves, Lealdade, Acadêmica, Teixeira, Magalhães e Livraria do Globo". Em outras localidades, não é tão fácil depreender a natureza da firma que representa a revista. Em Belo Horizonte, os agentes são

---

[9] Agentes da Revista do Brasil, *Revista do Brasil*, n.14, p.130-1.

Giacomo Aluotto & Irmão – que, depois de alguma pesquisa, se revelaram os donos da Casa Giácomo de "Loterias e Figurinos". Os representantes em Belém, J. B. dos Santos & Cia., devem ser os livreiros e editores que atuavam na cidade naquela época. César, Cavalcanti & Cia, agentes em Manaus, também parecem ter sido impressores e livreiros. Ramos d'Almeida & Cia., indicados como agentes em São Luiz do Maranhão, eram proprietários de um ateliê tipográfico, assim como L. T. Barcellos & Cia, agentes em Santa Maria, no Rio Grande do Sul. Não foi possível identificar a natureza das atividades de outras firmas, como A. Carvalho & Cia., agentes em Teresina, Rocha & Picanço, agentes em Antonina, Moreira & Barros, em Barretos, Paulo Andrade & A. Andrade Neto (talvez, tipógrafos), em Caçapava, entre alguns outros.

Há dois farmacêuticos na lista, um em Mariana e outro em Abre Campo, ambas cidades de Minas Gerais. Um coronel representava a revista em Castro, no Paraná, outro em Dois Córregos, em São Paulo, e um terceiro em São João del Rei, em Minas. Há apenas um professor em toda a lista, representante na mineira Uberabinha, e seis doutores, três deles situados em Cabo Verde, Diamantina, Lavras (MG), e outros três em São Carlos, Itápolis e Santa Cruz do Rio Pardo (SP). É possível que nomes como Borba & Villela, de Palmeiras (BA), e Carvalho & Ferraz, de Presidente Alves (SP), fossem de escritórios de advocacia. De modo geral, os representantes da *Revista do Brasil* em cidades do interior não estavam ligados ao ramo da venda ou da produção de livros. Alguns exemplos: Bento Pantaleão, representante em Ariranha (SP), era praticante da Cia. Melhoramentos de Monte Alto; Nagib José era dono de um armarinho no Arraial dos Souzas, em Campinas (SP); Juvenal Pompeu era escrivão do juízo de paz em Barra Bonita (SP), cidade da qual seria prefeito. Tais dados nos sugerem que, antes de Monteiro Lobato começar a atuar como editor, *já existia a venda de impressos por pessoas que não eram ligadas ao comércio de impressos – que não eram nem mesmo comerciantes.*

Muitos representantes da *Revista do Brasil* já vinham atuando como revendedores de outros periódicos, como se pode verificar por intermédio de anúncio publicado em 1913 por *O Pirralho*,[10] revista de humor e política

---

10 Agentes do *O Pirralho*, *O Pirralho*, n.73, p.27.

fundada em 1911 por Dolor de Brito e Oswald de Andrade, então amigo próximo de Monteiro Lobato. No anúncio, os nomes dos agentes são apresentados por meio de listas organizadas de acordo com as linhas férreas que saíam da capital, recurso que enfatiza o quanto a distribuição de impressos dependia dos trens para ser efetivada. As listas começam com a linha Inglesa; na cidade de Santos, no litoral paulista, *O Pirralho* tinha um representante, José de Paiva Magalhães, que era também agente do jornal *O País*, do Rio de Janeiro, e veio a ser da *Revista do Brasil*.[11] Na linha das Estradas de Ferro Central do Brasil, dois agentes de *O Pirralho* vieram a representar a *Revista do Brasil*: Paulo Andrade, de Caçapava, e Henrique Fonseca, de Guaratinguetá, ambas cidades paulistas. Na linha Mogiana, os representantes de Socorro, Aurélio Martins, Casa Branca, Anysio Baptista de Melo, Ribeirão Preto, José Selles, e Franca, Hygino Caleiro & Sandoval, também se tornavam agentes da *Revista do Brasil*. Em Curitiba, o representante J. Cardoso Rocha, da Casa Novidades, também seria revendedor da *Revista do Brasil*, assim como, em Belo Horizonte, Giácomo Aluotto & Irmão, proprietários de casa lotérica. Na linha Paulista, os agentes em Campinas, Antonio Albino Jr., em Pirassununga, José Ferreira de Albuquerque, em Taquaritinga, Simeão Pereira de Albuquerque, passaram igualmente a vender assinaturas da *Revista do Brasil*. Finalmente, os representantes de *O Pirralho* na linha Sorocabana, José Hypollito da Silva, em São Roque, e Antonio Pereira Dias, em Itu, vieram a integrar a cartela de revendedores da *Revista do Brasil*.

Outras informações encontradas em jornais do período atestam que a *Revista do Brasil* utilizou os serviços de agentes que representavam periódicos de maior porte e circulação que *O Pirralho*. É o caso de Henrique Augusto Rodrigues, que representava a revista, e provavelmente a Monteiro Lobato & Cia., no território do Acre, em 1921. A notícia que trata do representante é longa, mas merece a transcrição completa porque permite entrever algo mais do que o nome de um vendedor de assinaturas:

> Pela ultima mala postal recebemos "O Estado", "Jornal do Commercio" e "Alvorada", de Cruzeiro do Sul; "Folha de Óbidos", do Pará; "A Tribuna", de Fortaleza, no Ceará.

---

[11] Ver *O País*, n.9224, p.1.

Somos gratos á visita dos illustres confrades e retribuiremos.

Também nos visitaram as brilhantes confreiras "Revista Comercial do Brasil", orgão oficial da Associação Comercial do Rio de Janeiro, e da Federação das Associações Comerciais do Brasil, dirigida pelos drs. Heitor Beltrão e Candido de Oliveira; a "Revista da Associação Comercial de São Paulo", da qual é director o dr. M. Wanderley; e a "Revista do Brasil", sob a direção dos conhecidos homens de letras da capital paulistana, Paulo Prado e Monteiro Lobato.

Profusa collaboração vem inserta em cada uma das revistas acima mencionadas, proveniente das pennas mais eruditas em destaque deste paiz.

Publicações de maxima utilidade, nellas encontrarão os leitores um repositorio amplo de variados conhecimentos, em qualquer dos ramos da sabedoria humana.

Lamentavel, porém, é que os seus respectivos directores tenham commettido o encargo de representar a "Revista Comercial do Brasil", a "Revista da Associação Comercial de S. Paulo" e a "Revista do Brasil", neste municipio de Tarauacá, a um pobre rapaz, natural da Galliza – Henrique Augusto Rodriguez, que reside no Rio Euvira, seringal "Japão", distante desta cidade, sede do mesmo municipio, onde facil seria angariar muitos assignantes e intensificar uma propaganda proveitosa a parte economica de cada uma e utilitária aos habitantes da região.

Accresce que esse gallego anda foragido, furtando-se às garras da justiça, visto como está condemnado no estado Pará, de onde poude se escapulir e aqui, pronunciado, sendo que contra elle já foi expedido competente mandado de prisão, em virtude do respectivo despacho exarado no processo, após a formação da culpa, que correu perante o juizo de direito desta comarca do Tarauacá.

Nestas condições, não será, acreditamos, o senhor Henrique Augusto Rodriguez, um correspondente na altura de representar condignamente emprezas tão importantes como soem ser as de que se tratam, e ficaram acima consignadas.[12]

Se Henrique Augusto Rodrigues era, de fato, foragido da justiça do Pará, que crime teria cometido? O breve relato sobre o "lamentável" fato

---

12 *A Reforma*, n.270, p.1.

de "publicações de máxima utilidade" serem representadas por um jovem galego, que vive em um seringal distante e tem algo a esconder da polícia, parece um esboço de romance policial, daqueles que a Monteiro Lobato & Cia. começava a vender. Apesar das acusações do jornal, Rodrigues parece ter cumprido, pelo menos em parte, sua tarefa de representante, já que as revistas chegaram à redação d'*A Reforma*, em Tarauacá, no território do Acre. A história do jovem galego espera por investigações.

A formação de rede nacional de distribuição era um projeto antigo de periódicos brasileiros. Como vimos no Capítulo 2, tentativas de fazer jornais e revistas circularem nacionalmente datam pelo menos da época de Paula Brito. No começo do século XX, a distribuição nacional parece ter sido meta de vários órgãos de imprensa, entre eles *O Estadão*, *A Cigarra* e *A Vida Moderna*, para os quais Lobato trabalhou.

A Cigarra, revista paulistana de variedades publicada entre 1914 e 1930, foi das mais importantes de seu tempo. Seu proprietário, Gelásio Pimenta, era "sapo" da redação da *Revista do Brasil* e nome constantemente citado por Lobato em cartas a Godofredo Rangel. De periodicidade quinzenal, *A Cigarra* parece ter tido ampla circulação. No expediente, a publicação informava ter "agentes e representantes em todas as localidades do interior do estado, na capital da República e nos principais centros de Minas Gerais, Paraná, Rio de Janeiro, Goiás, Santa Catarina e Rio Grande do Sul".[13] No número 60, a revista anuncia "uma sucursal e agência em Portugal e representantes nos Estados Unidos, França, Inglaterra e Argentina".[14] Aparentemente, havia agentes que cuidavam das vendas avulsas e agentes responsáveis pela assinatura da revista, como se depreende da seguinte nota, publicada em edição de 24 de agosto de 1917:

> Venda avulsa no interior – Tendo perto de 400 agentes de venda avulsa no interior de São Paulo e nos Estados do Norte e Sul do Brasil, a administração d'*A Cigarra* resolveu, para regularizar o serviço, suspender a remessa da revista

---

13 Apud Cruz (org.), *São Paulo em revista*: catálogo de publicações da imprensa cultural e de variedade paulistana – 1870-1930, p.88-93.
14 Ibid.

a todos os que estiverem em atrazo. A administração d'*A Cigarra* só manterá os agentes que mandarem liquidar as suas contas no dia 1 de cada mez.

Agentes de assignaturas – A administração d'*A Cigarra* avisa a seus representantes no interior de S. Paulo e nos estados que só remeterá a revista aos assignantes cujas segundas vias de recibos destinadas á redacção vierem acompanhadas da respectiva importancia.[15]

Os assinantes podiam, ainda, enviar carta registrada diretamente para a redação, com o valor declarado de 12$000, para garantir o recebimento d'*A Cigarra*. Outras revistas, como *A vida moderna* e *Fon-fon*, adotavam sistemas semelhantes de assinatura. Lobato, que colaborou nesses e em outros periódicos, e era ele mesmo assinante de jornais nacionais e internacionais, certamente conhecia bem diferentes formas de assinatura, representação e distribuição.[16] É possível que a famosa circular a negociantes de todo o Brasil, oferecendo a mercadoria "livro", tenha sido baseada no sistema de distribuição que Monteiro Lobato encontrara funcionando em periódicos, especialmente a *Revista do Brasil*, o qual se apoiava em representantes os mais diversos: agentes "avulsos", proprietários de lotéricas e armarinhos, empregados de correios e prefeituras, donos de livrarias e tipografias. O editor teria renovado esse antigo modelo de distribuição dos periódicos brasileiros, aumentando sua capilaridade, por meio da circular que propunha a eventuais agentes a venda de livros de sua editora. Lobato também teria usado de modo inovador uma outra rede, ainda mais antiga do que a dos representantes de periódicos, para aumentar sua malha de distribuição de impressos: a rede dos homens de letras.

É o que fazem supor cartas pertencentes ao acervo de Monteiro Lobato no Centro de Documentação Alexandre Eulálio. Um exemplo é a carta de Othoniel Motta, enviada de Campinas (SP) em novembro de 1918, que entremeia questões comerciais aos assuntos literários:

Acabo de ler a *Revista*. O artigo do Faria – que daqui seguiu no dia 25 de outubro – não veio. Porque? – Sei que seguiu *outro* agora. Sae? Já estou senhor

---

15 *A Cigarra*, n.73, p.2.
16 Ver, a respeito, as biografias citadas nas Referências bibliográficas.

dos pontos em que elle toca e a não ser na expressão franceza *"assez* coté", em que claudiquei suppondo erro de revisão, quando não é, creio que na treplica dar-lhe-hei materia que requeira, para resposta, gestação mais longa do que a primeira.

— Prometi-lhe levar o dinheiro da assignatura do sr. Eugenio Bulcão. A grippe impediu-me sair daqui. Hoje, porém, levo o cobre ao Genoud, o que, aliás, já devia ter feito ha mais tempo. É mais uma prova que dou ao Faria de que sou asno. Paciência!

Agora um favor. Se o meu conteco vae sair neste nº, peço-lhe o obsequio de mudar a graphia *Euphrosina* para *Eufrosina*, como em geral se escreve. [...] [17]

A *Revista do Brasil* havia publicado um artigo de Othoniel Motta no número de setembro. No texto, intitulado "Anotações ao livro *Aerides*", ele criticava a obra de Alberto Faria. No número seguinte da revista, Faria fez réplica às críticas de Motta no artigo "Feitiço contra o feiticeiro". Em janeiro de 1919, o debate terminou com o artigo "Sem réplica nem tréplica", de Motta. Pela carta, Motta manifesta que sabia quando o artigo do conterrâneo Faria havia seguido para São Paulo. Também afirma saber, igualmente, os pontos em ele tocava na réplica. Quanto ao conto "Eufrosina", não saiu na *Revista do Brasil*, pelo menos não com esse nome.

Em meio a questões envolvendo artigos e conto, Motta aborda um problema comercial. Promete a Lobato levar "o cobre" da assinatura do "Sr. Eugenio Bulcão" ao Genoud – livreiro de Campinas que consta da lista de agentes da *Revista do Brasil* publicada em 1917. Pelo que se infere de seus comentários, Motta havia conseguido um novo assinante e levaria o dinheiro ao agente da revista na cidade. A carta sugere que o próprio Lobato cuidava de administrar a parte da obtenção de assinaturas, dialogando por vezes com escritores, como no caso de Othoniel Motta.

Outra carta exemplar da participação de escritores em vendas de assinatura da *Revista do Brasil* é a que Sud Mennucci enviou a Lobato de Porto Ferreira (SP), em janeiro de 1919:

---

17 Carta de Othoniel Motta a Monteiro Lobato. Campinas, 22 nov. 1918. Acervo CEDAE, MLb 3.2.00222cx4.

Caro Lobato
   Salute.

Nada tens que me agradecer pelo estudo critico (!) que fiz sobre teus *Urupês*. Estou mesmo para dizer-te que o agradecido sou eu: proporcionaste-me o ensejo de o fazer, dando-nos no teu livro tão bom material e em tal abundancia que até os outros podem fazer sociedade.
Falemos um pouco da *Revista*:
   Como sabes, o teu agente mudou-se para ahi, es[te] mez, deixando-me, á falta de outro, em seu logar.
   Ainda não recebi a confirmação do posto, aliás sem a menor importancia nesta terra, onde a *Revista* tem 4 assignantes apenas e onde poderia ter de 8 a 10.
   Têm sido baldadas todas as minhas investidas contra os recalcitrantes.
   A proposito de assignantes, o único novo deste anno, o sr. Urbano Procopio de Souza Meirelles, pergunta-me si a *Revista*, á maneira dos annos anteriores, não dá o numero de Dezembro como brinde. Como eu vi isso annunciado, numa prova do meu artigo sobre o Amadeu, disse-lhe que – sim.
   Elle, ainda a não recebeu. Peço-te que lh'a mandes.
   – Li a tua profissão de fé... quasi monarchista com o artigo sobre d. Pedro II. Gostei, deveras, e especialmente do final. Apezar de saber pelo Brenno que, ahi em São Paulo, os que pensam são todos mais ou menos monarchistas, não acreditava que a *Revista* tivesse essa coragem. Ora vivas!
   E com esta, um grande abraço de
       teu amigo ex-corde e admirador

Sud Mennucci[18]

Sud Mennucci, que publicara seu *Alma contemporânea* em 1918, pela Seção de Obras d'*O Estado*, teve confirmado o posto de agente em Porto Ferreira ainda em janeiro de 1919. No mesmo mês, saía na *Revista do Brasil* a primeira parte de seu artigo sobre Amadeu Amaral, "Uma nova expressão

---

18 Carta de Sud Mennucci a Monteiro Lobato. Porto Ferreira, 22 jan. 1919. Acervo CEDAE, MLb 3.2.00228cx4.

de arte". Outros artigos de Menucci seriam publicados nos anos seguintes, até que, em 1920, ele receberia um convite de Lobato para integrar a equipe da editora. O conteúdo da carta dá a entender que Menucci fizera "estudo crítico" sobre *Urupês*, pelo qual Lobato havia agradecido. Como observamos no capítulo anterior, Lobato parece ter usado seu livro de estreia como ponto de partida para estabelecer contato com vários intelectuais.

Menucci comenta na carta que vira, em uma prova de seu artigo, um anúncio informando que o número de dezembro da *Revista do Brasil* seria dado como brinde aos assinantes. O comentário dá a entender que os autores de artigos recebiam prova da revista toda, e não somente de seus trabalhos. Como o autor passara a ocupar também o posto do representante comercial do periódico, recentemente vago, aproveita as provas para rever o artigo e para estreitar laços com o novo assinante, ao qual garante o recebimento do aguardado brinde de Natal. Monteiro Lobato e Menucci reproduziam, provavelmente sem consciência disso, *habitus* que remontavam aos tempos em que José de Alencar, diretor do *Diário do Rio de Janeiro*, escrevera o romance *Cinco minutos* (1856) para dá-lo de brinde aos assinantes, conforme vimos no Capítulo 2. Nessa perspectiva, os "vivas" de Menucci à "profissão de fé... quase monarquista" de Monteiro Lobato, e o próprio artigo em louvor a d. Pedro II, acabam assumindo traços bastante irônicos.

A separação entre crítica literária e crítica comercial, na carta, é tênue como a separação entre artigo e anúncio, nas provas. Literatura e comércio passam a se misturar com frequência progressivamente maior na correspondência de Monteiro Lobato com escritores.

No início de 1919, a *Revista do Brasil* contava com oito "diretores regionais", cuja principal atribuição era administrar a parte das assinaturas. Eram eles:

Rio de Janeiro: José Maria Bello
Minas Gerais: J. Antonio Nogueira
Pernambuco: Mário Sette
Bahia: J. de Aguiar Costa Pinto
Ceará: Antônio Sales
Rio Grande do Sul: João Pinto da Silva

Paraná: Seraphim França
Amazonas: João Baptista de Faria e Souza

Todos os diretores regionais eram intelectuais. Parte deles teve artigos publicados pela *Revista do Brasil* e alguns, como Seraphim França, João Pinto da Silva, José Antonio Nogueira e Mario Sette tiveram livros publicados por Lobato nos anos seguintes. O fato de os representantes regionais da editora serem escritores, e não comerciantes, é significativo. Afinal, eram eles que administravam o funcionamento da rede de distribuição em seus estados. Documentos sobre a relação entre Lobato e seus agentes regionais podem ajudar a compreender melhor como homens de letras foram fundamentais para a organização da rede de distribuição de livros que viria a mudar o mercado editorial brasileiro. Tomemos o exemplo de Mário Sette (1886-1950).

O escritor pernambucano teve vários artigos publicados na *Revista do Brasil* e três romances editados por Lobato: *Rosas e espinhos* (1919), *Senhora de engenho* (1920)[19] e *O palanquim dourado* (1922). *Senhora de engenho*, por sinal, é considerado precursor do romance regionalista que ganharia força, como gênero, nos anos de 1930. Na época em que se tornou diretor regional da revista em Pernambuco, Sette ocupava o cargo de praticante nos Correios, o que pode ter ajudado a desenvolver planejamentos de distribuição da *Revista do Brasil*. Ele também colaborava em vários periódicos, entre eles o *Diário de Pernambuco* e a revista carioca *Fon-Fon*, o que representava um capital simbólico razoável. Em um artigo publicado no *Diário da Noite*, Sette recorda como obteve o cargo de diretor regional em Pernambuco:

[...] Mandou-me [o livro *Urupês*] o autor em 1918, mal íamos atando nossas relações epistolares: ele já em começo de glória literária; nós, em começo de nossa ensombrada faina de escrever. Monteiro Lobato tomava conta, então, da *Revista do Brasil*, e me escolhia para um de seus "Diretores" nos es-

---

19 *Rosas e espinhos* foi lançado em 1918 pela Imprensa Industrial, de Recife, que também publicou a segunda edição de *Senhora de engenho*, em 1921. Essas informações foram extraídas da segunda edição de *Senhora de engenho*, que omite a primeira edição da *Revista do Brasil*.

tados. Coubera-me a representação em Pernambuco. E, lançando-se a editor arrojado, numa época de avareza nesse empreendimento, estendia a atenção muito além de S. Paulo e do Rio de Janeiro para patrocinar livros de escritores provincianos. A generosidade de Lobato vinha, já se vê, de longe.

Desses distantes dias de após Primeira Guerra Mundial me falam algumas cartas e recados de Lobato com aquela sua letra inconfundível num desalinho de quem a projeta no papel sem mais revê-la, com uma assinatura de maiúscula quase sempre esparramada.

E os "bilhetes" nos próprios volumes de suas obras, ao lado dos oferecimentos? Em uma delas, ele me pedia "cutucar" determinado livreiro a quem enviara obras e revistas em consignação.[20]

O depoimento de Mário Sette permite uma reflexão sobre o modo como a figura do autor Monteiro Lobato ligou-se profundamente à sua figura de editor desde a compra da *Revista do Brasil*. Em página de uma de suas obras enviadas a Sette, o autor faz dedicatória, enquanto o editor pede "cutucão" em livreiro. Reforça-se, assim, a hipótese de que Lobato usava seus livros para fazer contato com escritores e críticos, para obter favores, para manter alianças no campo literário da época. De modo semelhante, a chancela da *Revista do Brasil* contava como "moeda de troca" entre Lobato e escritores: por um lado, os autores vendiam assinaturas para manter em circulação a revista na qual poderiam ter seus trabalhos publicados; por outro, Lobato favoreceria com a publicação de artigos aqueles escritores que o ajudassem a vender a revista.

As experiências editoriais de Lobato, por outro lado, podem ter inspirado as figuras de autor e de editor encontradas em sua obra ficcional, algumas delas analisadas no Capítulo 4.

As cartas que Lobato enviou a Antônio Sales (1868-1940),[21] diretor regional do Ceará, são bons exemplos de como o editor paulistano pedia

---

20 O artigo está colado no Álbum n.1 de Dona Purezinha, que faz parte do acervo da Biblioteca Infantojuvenil Monteiro Lobato. Infelizmente, ainda não foi possível localizar a data da publicação.

21 Sobre Antonio Salles, ver Azevedo, *Aspectos da literatura cearense*; Colares, Aves de arribação, romance diferente. In: Sales, *Aves de arribação*.

a contribuição de homens de letras para aumentar a rede de distribuidores da *Revista do Brasil* e dos livros por ela editados. No acervo de Antônio Sales na Fundação Casa de Rui Barbosa (RJ), há 27 cartas de Lobato ao escritor cearense. Infelizmente, ainda não foram localizadas as cartas de Sales para Lobato, que poderiam tornar mais nítidos alguns aspectos dos acordos feitos entre os dois. Ainda assim, as cartas de Lobato apresentam um material bastante rico sobre os métodos empregados pelo editor para arregimentar distribuidores e colaboradores.

A carta mais antiga do acervo é datada de 9 de outubro de 1918 – pouco tempo depois de Lobato ter adquirido a *Revista do Brasil*, portanto. Ao que parece, Sales havia mandado um bilhete a Lobato sobre publicação de João do Rio. Lobato respondeu com uma longa carta manuscrita, que merece ser integralmente transcrita, por apresentar informações valiosas não apenas sobre a relação entre o editor e agentes distribuidores, mas sobre as forças que constituíam o campo literário do período:

> Em mãos o seu bilhete de 28. O J. do R. [João do Rio, c.b.]! Aquela nadegosa creatura, Petronio de gaforinha, quantas vezes publicar é quantas vezes levará páu. Tenho-o atravessado na garganta, e só admiro a paciencia com que todo o mundo lhe tolera o pontificado chic.
>
> A *Revista* está organisando um corpo de directores estaduaes. Lembrei-me de convidar no Ceará ao padeiro mór; mas informado de que elle não residia ahi effectivamente, mandei convite ao Papi Junior, não recebendo resposta até agora.
>
> Meu caro Ant. Salles, é de velha data que sou seu amigo – somos todos naturalmente amigos, embora nunca avistados, os que temos um certo molde mental – e um odio commum a essa coisa moderna de que J. do R. é o grande expoente. Precisamos nos approximar, pois, sobretudo agora que a Rev. do Brasil, nas minhas mãos, se tornou um centro propicio.
>
> Trabalho por tornal-a de facto a *Revista do Brasil*, e não apenas sulista como tem sido, e tbem p^a. congregar em torno della todos os espiritos largos, todos os bons escriptores que tenham idéas e saibam o segredo de amenidade.
>
> Preliminar^{te}. trato de divulgal-a o mais possivel, porque a prosperidade commercial da empreza permittirá o selecionamento e o apuro da collaboração. Vae tudo m^{to}. bem. Em quatro mezes apenas de trabalho já houve um

augmento de assignaturas de perto de 800, o que me faz admittir a hypothese de uma victoria completa.

Posta a mira nesse objectivo e fazendo a divulgação da *Revista* uma idéa fixa – prego mettido na cabeça – peço a todos os amigos a cooperação preciosa duma sympacthia activa. A *Revista é nossa*; que todos, pois, ajudem-n'a o seu bocado – todos que tem nas veias umas gotas de D. Quixote.

Como? Preconisando-a aos amigos, influindo-os a assignarem-n'a, remettendo o que encontrar digno de publicidade, gravuras antigas, documentos preciosos, notas pitorescas – ou suggestões, conselhos... Tudo é contribuição e o total de pequenas parcelas avulta. Ahi nessa poetica terra do Ceara temos... seis assignantes! Menos do que em qualquer lugarejo de S.Paulo ou Minas. Menos que em Tres Lagoas (onde alias temos 24!) cidade com oito annos de ~~vida~~ idade em Matto Grosso!

Conhecedor que é do Norte pode indicar-nos os nomes mais convenientes para o lugar de director nos Estados visinhos?

Adeus. Já muito abusei de tua paciencia. Fico, pois, a espera de sua resposta pª. ulterior combinação.[22]

A carta inicia com uma crítica a João do Rio, provável assunto do bilhete anterior de Sales. Lobato posiciona-se contra a produção do escritor carioca, a quem chama de "nadegosa criatura" e "Petrônio de gaforinha". Não seria a única vez em que Lobato faria referência de modo pejorativo a João do Rio. Em uma carta a Lima Barreto, de 1919, ele afirma: "Não podes entrar para a Academia por causa da 'desordem da tua vida urbana'; no entanto, ela admite a frescura dum João do Rio".[23] Em outra carta a Lima Barreto, de 25 de abril de 1919, vai além: "Não sou literato, nem quero ser, porque João do Rio o é". Dirigir ofensas a escritores, em lugar de críticas a suas obras, é estratégia antiga para tomar posição dentro de um campo

---

22 Carta de Monteiro Lobato a Antônio Sales, 9 out. 1918. Coleção Antônio Sales. Arquivo-Museu de Literatura Brasileira. Fundação Casa de Rui Barbosa. Localização: Col. AS / Cp 139 – fl. 1-2.

23 Lobato, Carta de 25 maio 1918 a Lima Barreto. In: _____, *Críticas e outras notas*, p.38.

literário. Lobato faz isso em cartas privadas, respondendo a insinuações ou a declarações ofensivas dos remetentes a respeito de João do Rio, pelo que se pode depreender dos textos. Por meio de retórica extraliterária, Lobato fortalecia alianças literárias. Outros escritores, como Oswald de Andrade, usaram estratégia semelhante em textos públicos.[24]

Parece que Sales comentara artigo de Lobato, publicado na *Revista do Brasil* de agosto de 1918, sobre o livro *Correspondência de uma estação de cura*, de João do Rio, lançado pela Leite Ribeiro & Maurillo naquele mesmo ano.[25] Lobato não exagerou ao dizer a Sales que o romancista carioca levara "pau". No artigo, ele declara que João do Rio fez "obra de fina maldade", cuja intenção seria

> [...] formar o verdadeiro compêndio da fatuidade humana, da insulsez de espírito, das taras repulsivas dos pitecos itinerantes, por modo a imbuir nos espíritos sadios e normais o nojo pelo plancton esverdinhento duma podrideira precoce que flutua à tona da lagoa carioca.

O livro teria, ainda, "linguajar cambaio", "ideias simiescas" e "pretensa elegância canalha". Seus protagonistas seriam plagiados de personagens de Eça de Queiroz; diálogos e ações estariam repletos de lugares-comuns. As personagens desconheceriam a paisagem e a realidade brasileiras. Antero, personagem que é o grande alvo de Lobato, não sabia o que eram jabuticabeiras; não comia jabuticabas desde a infância "por não ser elegante". Para Lobato, pior ainda seria o desconhecimento de João do Rio a respeito da flora nacional: as jabuticabeiras que a personagem vê do trem, plantadas em meio a cafezais, seriam, na verdade, mamoeiros. De modo geral, as críticas de Lobato ao romance eram coerentes com seu projeto de literatura brasileira, veiculado naquele mesmo 1918 tanto em *O saci-pererê* como em *Urupês*.

---

24 Sobre polemistas brasileiros e seus eventuais vitupérios a adversários, ver Bueno; Ermkoff (orgs.), *Duelos no serpentário: uma antologia da polêmica intelectual no Brasil 1850-1950*.
25 Lobato, Correspondência de uma estação de cura. In: _____, *Crítica e outras notas*, p.38-43.

O início da carta a Sales leva a crer que o escritor cearense (na época morando no Rio de Janeiro) também desaprovava João do Rio. Esse posicionamento contra o autor carioca, bastante célebre no período, pode ter aproximado Sales e Lobato. Os dois seriam "naturalmente amigos, embora nunca avistados", por terem "um certo molde mental – e um ódio comum a essa coisa moderna de que J. do R. é o grande expoente". A tomada de posição contra um determinado modo de produção literária, chamada de "coisa moderna", seria capaz de unir e fortalecer aqueles dotados de "um certo molde mental". Quando Lobato chama Sales de "amigo", aparentemente faz uso de sua posição de *autor*. O editor Lobato, por hipótese, daria lugar ao escritor Lobato e vice-versa, conforme o assunto a ser abordado com seus correspondentes.

A união entre intelectuais para combater o grupo rival foi analisada por Pierre Bourdieu:

> Se as relações constitutivas do campo de posições culturais não revelam completamente o seu sentido e sua função a não ser quando referidas no campo das relações entre as posições ocupadas por aqueles capazes de produzi-las, reproduzi-las e utilizá-las, tal ocorre porque as tomadas de posição intelectuais ou artísticas constituem, via de regra, estratégias inconscientes ou semiconscientes em meio a um jogo cujo alvo é a conquista da legitimidade cultural, ou melhor, do monopólio da produção, da reprodução e da manipulação legítimas dos bens simbólicos e do poder correlato de violência simbólica legítima.[26]

No campo intelectual brasileiro de 1918, João do Rio era um autor consagrado pelo público e por pares de importância, como os que o elegeram membro da Academia Brasileira de Letras em 1910. Lobato, por sua vez, começava sua trajetória ascendente no meio intelectual com *Urupês*. Não parece fortuito o fato de Lobato iniciar seu artigo sobre *Correspondência de uma estação de cura* informando que o autor é "ilustre membro da Academia Brasileira de Letras". João do Rio era representante de uma corrente literária à qual Lobato se opunha e fazia parte de um grupo de letrados que

---

26 Bourdieu, *A economia das trocas simbólicas*, p.154-81. A análise das tomadas de posição de intelectuais é ampliada por Bourdieu em *As regras da arte*, p.168-9.

Lobato combatia. Como vimos no Capítulo 4, o senador Freitas Valle, amigo de João do Rio, era um dos alvos preferidos de Lobato.[27]

Quando publicou uma crítica a João do Rio na revista que dirigia, Lobato tornou pública sua posição contra o escritor carioca, a literatura que fazia e o grupo ao qual pertencia.[28] Essa tomada de posição, por parte de Lobato, era feita não apenas como autor, mas também como editor de um selo que começava a publicar obras alheias. Por intermédio dos textos críticos que publicou na *Revista do Brasil* ao longo de 1919, ele refinava a concepção de literatura que apresentara em *O saci-pererê* e *Urupês*. Tanto seu projeto literário quanto seus textos críticos viriam a delimitar uma *feição* — como ele diria mais tarde — para sua casa editora, que atraía intelectuais de ideias afins. Talvez Antônio Sales tenha reconhecido, no perfil projetado por Lobato em seus livros e na *Revista do Brasil*, um par em potencial. Esse reconhecimento pode tê-lo levado a escrever o bilhete que gerou a carta de Lobato, com a proposta a Sales do cargo de diretor regional da *Revista do Brasil* no Ceará.

Lobato recorre a imagens poderosas para convencer Sales a atuar como divulgador, colaborador, distribuidor da revista. Afirma que está empenhado em tornar a *Revista do Brasil* uma revista realmente "do Brasil" e que pretende "congregar em torno dela todos os espíritos largos, todos os bons escritores que tenham ideias". Usa o mesmo pronome possessivo que havia utilizado em carta a Rangel: "a *Revista é nossa*". Portanto, todos que tivessem "nas veias umas gotas de D. Quixote" deveriam ajudá-la. Lembremos que Ricardo Severo, em nota publicada pela *Revista do Brasil* em junho de 1918, justificando a venda da revista a Lobato, afirmara que o novo proprietário seria "um continuador leal, com fé e entusiasmo, tomando o encargo com a obstinação quixotesca de prosseguir um ideal, como nós outros".[29] O herói de Cervan-

---

27 Ver Camargos, *Villa Kyrial*. Ver também a crônica "Freitas Valle, o magnífico — mestre e senhor!", de João do Rio, reproduzida no livro *João do Rio: um dândi na cafelândia*, p.135-41.

28 É importante ressaltar que as críticas de Lobato a João do Rio se restringiam ao campo literário. Em 1920, Lobato enviou uma carta a João do Rio solidarizando-se com o escritor carioca, que havia sido espancado, em um restaurante, por militares ligados à Ação Social Nacionalista (ASN) por sua posição contra lei que determinava a obrigatoriedade de metade da marinha mercante ser composta por brasileiros. Apud Rodrigues, *João do Rio*: uma biografia, p.244.

29 *Revista do Brasil*, n.30, p.216.

tes parecia servir como senha, entre homens de letras, para falar de negócios. A menção à personagem como que magnetizava o discurso comercial com os valores altos (e imprecisos) da Arte e do Ideal, de modo a não haver dúvida de que os invocadores de d. Quixote eram artistas lutando contra moinhos de vento, e não burgueses planejando empreitadas lucrativas.

O fictício cavaleiro andante surgiria, em outras cartas de Monteiro Lobato, como metáfora do editor e dos colaboradores, vendedores e assinantes da *Revista do Brasil*. Em uma carta a Edgard Roquette-Pinto de setembro de 1918, Lobato solicita ajuda para a revista:

> [...] Ella tem grande necessidade de que todos os seus amigos a apoiem com andar quixotesco. É, de si, uma quixotada. Revista seria e grave, expoente de cultura, n'um paiz de incultura e de analphabetismo intransigente, se os 300 de Gedeão que salvam os creditos intellectuaes da terra não n'a apoiam de maneira positiva a pobresinha não vinga crescer. Porisso eu, como o Quixote-mór da empresa venho te pedir um auxilio pratico: arranjar uns tantos assignantes no circulo das tuas relações. Mostra-a aos teus amigos e obriga-os a assignarem. Manda-me o nome e o endereço desses abnegados para os remetter ao nosso agente ahi, Dr. Eloy Ribeiro (Jornal do Commercio, sala 14, 3º andar) caso não queiras tu proprio arrecadar o producto da assignatura e nol-o enviar. Neste caso terá (que mina!) 20% de commissão. Se todos nos ajudam assim, com um pouco de cada lado, ella ira para a frente e vencerá. Adeus, meu caro, e dá o teu empurrão na *nossa* revista, que bem o merece.[30]

Como na carta para Sales, Lobato pede a Roquette-Pinto que obtenha assinantes, sugerindo até que "obrigue" amigos a tomar assinaturas. O bíblico Gedeão é convocado para guiar a tropa de intelectuais crentes que ajudará a *Revista do Brasil* a crescer. Lobato menciona uma comissão de 20%, caso Roquette-Pinto queira "arrecadar o produto da assinatura", oferecimento que ridiculariza – "que mina!" – como que a jogar com as figuras do editor ganancioso e do escritor mal pago. Reclama do analfabetismo

---

30 Carta a Roquette-Pinto de 23 set. 1918. Acervo da Academia Brasileira de Letras. Tin. *Em busca do Lobato das cartas*: a construção da imagem de Monteiro Lobato diante de seus destinatários. Tese (doutorado), IEL, Unicamp, 2007, p.448.

nacional, como tantos outros homens de letras haviam feito, e chama a revista de *"nossa"*, grifando o possessivo. Um ano e meio depois, Roquette-Pinto usaria o mesmo pronome sublinhado para pedir a Lobato retribuição do favor prestado: "Vão aqui três sonetos de Fulvio Meôni — humilde poeta que nasceu no Rio de Janeiro em 1884 e faleceu durante a grande epidemia de 1918, deixando em meu poder um pequeno volume de versos. Haverá na *nossa Revista* lugar para aquelas composições?".[31]

No final da carta a Sales, Lobato pede ao cearense que ajude a revista "preconizando-a aos amigos, influenciando-os a assinarem-na, remetendo o que encontrar digno de publicidade".[32] Informa que "na poética terra do Ceará" — e o adjetivo não soa eventual — há apenas seis assinantes, menos do que os de Três Lagoas, no Mato Grosso. Finalmente, solicita indicação de nomes "convenientes para o lugar de diretor nos estados vizinhos", o que insinua propensão a continuar arregimentando homens de letras para administrar as vendas da revista.

Ao que indica a próxima carta de Lobato a Sales, datada de 30 de novembro de 1918, o escritor cearense pactuou com as propostas do editor:

— Obrigado pela noticia que deu da *Revista*. Preciso agora que me indique com que jornais devo fazer a permuta da *Revista*.

Já convidei para directores regionaes as pessoas que me indicou, e aguardo resposta. [...] Ficamos entendidos, portanto, que no Ceará será Antonio Salles o director. No proximo numero já virá o seu nome na capa.[33]

Sales não somente deu notícia da *Revista do Brasil* e indicou nomes, como mandou a Lobato um exemplar de seu romance *Aves de arribação*.[34] Boa parte

---

31 Carta de Roquette-Pinto de 24 mar. 1920. FML, localização: MLb 3.2.00245cx5.

32 Nos números de julho e agosto de 1918, a *Revista do Brasil* publicou "Alguns autógrafos" de Antônio Sales, artigos em que o autor reproduz e comenta cartas que recebeu de Machado de Assis, Rui Barbosa, Medeiros e Albuquerque, entre outros nomes importantes do campo literário brasileiro.

33 Carta de Monteiro Lobato a Antônio Sales, 9 out. 1918. Coleção Antônio Sales. Arquivo-Museu de Literatura Brasileira. Fundação Casa de Rui Barbosa. Localização: Col. AS / Cp 139 – fl. 3-4-5-6. Os próximos trechos citados são desse documento.

34 Em novembro de 2005, o romance *Aves de arribação*, com dedicatória de Sales a Lobato, foi posto à venda no sebo virtual Bazar das Palavras [www.bazardaspa-

da carta de Lobato trata do romance, bastante elogiado pelo editor. O livro foi publicado pela primeira vez em folhetins, no jornal carioca *Correio da Manhã*, em 1902, sendo lançado em volume apenas em 1914. No Rio de Janeiro, o autor conviveu com "o papado literário da Metrópole", nas palavras de Otacílio Colares.[35] Por papado entenda-se o grupo de escritores que fundaram a Academia Brasileira de Letras. Segundo o próprio Sales, ele teria resistido às "instâncias cativantes de Machado de Assis, de Taunay, de Lúcio de Mendonça e, sobretudo, de Raimundo Correa" para concorrer a uma vaga.[36] Afirmava não concordar com o sistema de pedir votos a todos os imortais – o mesmo argumento usado posteriormente por Lobato, quando renunciou à candidatura para uma vaga na ABL.

Sales não era acadêmico, mas tinha prestígio no meio intelectual carioca e, por consequência, no nacional. Havia liderado a "Padaria Espiritual" (1892) no Ceará, associação que congregara homens de letras como Rodolfo Teófilo, Adolfo Caminha, Franklin Távora e Pápi Júnior – a quem Lobato tentara contatar para propor representação estadual. No Rio, frequentara o grupo responsável pela *Revista Brasileira*, do qual faziam parte Machado, Taunay, Lúcio de Mendonça, José Veríssimo, Joaquim Nabuco, em meio a outros. Sales era, portanto, um excelente contato para Lobato, que começava a se tornar conhecido como escritor e ainda engatinhava nas atividades editoriais. Se pensarmos, como Sérgio Micelli, que a *Revista do Brasil* procurava "restaurar a tradição inaugurada pela *Revista Brasileira*",[37] o nome de Sales apresentava, ainda, uma ligação com o periódico consagrado e com os homens reconhecidos que o haviam criado.

Ao comentar o romance de Sales, Lobato posiciona-se novamente contra determinados grupos de intelectuais:

> [...] não comprehendo porque não teve esta novela a estardalhaçante consagração merecida! Á cada capitulo, a medida que me crescia o enlevo, punha-me

---

lavras.com.br]. Quando tive notícia do anúncio, o livro já havia sido vendido. Ainda não foi possível localizar o comprador e conhecer o teor da dedicatória.
35 Colares, op. cit., p.xii.
36 Ibid.
37 Micelli, Poder, sexo e letras na República Velha. In: _____, *Intelectuais à brasileira*, p.90.

a admirar e a pensar no cabotinismo sujo que tomou conta das nossas letras, e por ahi thuribula com furor tanta coisa reles, cobrindo com o capote do silencio as obras de verdadeiro valor. Um exemplo: cada vez que Felix Pacheco edita ou reedita qualquer coisinha, geme o telegrapho, geme a imprensa do paiz inteiro em longos estudos criticos onde se encastoa o homem num corno reservado da Lua. Tenha ou não tenha valor a obra, se vem de paredro literario, bem graduado nalguma maçonaria secreta, Loja d'Apollo, Commissão Central do Partido Republicano Paulista, corre um mot d'ordre, e explode a apotheose.

Ha varios corrilhos assim organisados para sustentar taes e taes marcas de fabrica. No entanto a sua novella passou, silenciosa, num vôo discreto de ave de arribação.

Esta carta é um ótimo exemplo de como se dão as lutas no interior de um campo literário, por meio da articulação de grupos que se agregam em torno de determinadas concepções de literatura, seja buscando manter a hegemonia conquistada, como fazia o grupo de Félix Pacheco, seja procurando assenhorar-se dela, como tentava fazer o grupo que Monteiro Lobato organizava em torno de sua editora. José Félix Alves Pacheco (1879-1935) era poeta, jornalista, político e membro da Academia Brasileira de Letras desde 1912. Hoje, é mais conhecido por ter introduzido no Brasil o método de identificação por impressões digitais. Fundou e foi o primeiro diretor do Gabinete de Identificação e Estatística da Polícia do Distrito Federal, atual Instituto Félix Pacheco, o primeiro no país a adotar o banco de dados datiloscópicos. Como homem de letras, era ligado a João do Rio, a quem dedicou uma homenagem póstuma, intitulada "Em louvor de Paulo Barreto" (1921). Provavelmente, Lobato faz referência, na carta, aos livros *Martha* e *Tu, só tu* (1917), além de *No limiar do outono* (1918). O "paredro literário" aludido por Lobato pode ser o grupo de poetas simbolistas de que Pacheco fazia parte, relacionado ao senador Freitas Valle.

Aves de arribação passara "silenciosa" pela crítica, segundo Lobato. Otacílio Colares afirma que a obra, quando publicada pela primeira vez, em 1902, não teve repercussão "em sentido encomiástico".[38] José Veríssimo, ao tratar dos romances publicados naquele ano – entre eles *Canaã*, de

---

38 Colares, op. cit., p.xiv.

Graça Aranha e *Os sertões*, de Euclides na Cunha – não menciona o livro de Sales. Entretanto, Colares lembra que Veríssimo não registrava obras em folhetim, por "seu caráter ainda não definido como obra de arte acabada". A repercussão do romance, em 1914, teria sido pouco significativa.

Quatro anos depois, a ascensão de Monteiro Lobato no campo literário tornava mais propícia a recepção de *Aves de arribação*, cuja temática, linguagem e arquitetura narrativa estavam em sintonia com o projeto estético do escritor e editor. A *Revista do Brasil* seria o sustentáculo desse projeto e de escritores que, segundo Lobato, eram injustamente negligenciados pelos grupos que tinham o poder de avalizar quais autores mereciam crédito no campo literário. Para tanto, a revista precisava de colaboradores que tivessem importância suficiente no campo para afiançar, com seu prestígio, as publicações lançadas sob sua chancela. Colaboradores como Antônio Sales, que escrevia para *O Correio da Manhã* e *O País* e era conhecido nacionalmente, ou Rodrigo Octavio Filho, para quem Lobato escreve em maio de 1919:

> [...] A *Revista do Brasil* enquanto for feita em São Paulo terá um caracter provinciano que muito a prejudicará em materia de influencia e expansão. Para abreviar a esse inconveniente quero transferi-la para o Rio. Para isso necessito de um companheiro rapaz d'ahi, bem relacionado, bem conhecedor do meio carioca, com o qual eu possa me associar na nova fase. Lembrei-me de você, como o que reune todos os requisitos que imagino. E antes de entrar em pormenores ausculto-lhe a respeito. A revista está em franca prosperidade e já me dá um bom lucro. Aí tudo triplicará.
>
> Adeus. Espero a tua resposta para mais explanar-me.[39]

Os argumentos de que a *Revista do Brasil* teria "caráter provinciano" enquanto fosse editada em São Paulo já haviam sido expostos a Godofredo Rangel, como observamos no Capítulo 4. Rodrigo Octávio Filho, advogado, poeta, crítico literário, ensaísta e orador, era filho de Rodrigo Octavio de Laggaard Meneses, um dos fundadores da Academia Brasileira de Letras. Colaborava em vários periódicos cariocas, incluindo a *Fon-Fon* e o *Correio da*

---

[39] Carta a Rodrigo Octavio Filho de 25 maio 1919. Acervo Museu de Literatura da Fundação Casa de Rui Barbosa. Localização: n.262.

Manhã. Escrevia regularmente na *Revista do Brasil* e, ao que indicam outras cartas pertencentes a seu acervo na Fundação Casa de Rui Barbosa, ajudou Monteiro Lobato a resolver problemas com assinantes da revista no Rio.

Octávio Filho, ao que parece, não manifestou interesse por associação com Lobato, a fim de transferir a revista para a capital federal. Mas continuou prestando serviços ao editor, pelo que indicam cartas como a seguinte, sem data:

> Salve! Estás nomeado Benemerito de 1ª classe com direito à Gran-Cruz do Narizinho Arrebitado que mandamos cunhar. Enquanto isso recebe lá as nossas ultimas edições. Abraços do Lobato.[40]

O livro *Narizinho arrebitado* (1921) era a versão escolar de *A menina do narizinho arrebitado*, de 1920. Ainda não foi possível descobrir a razão de Octávio Filho merecer a "Gran-Cruz" mencionada por Lobato, mas talvez esteja relacionada à negociação do livro para uso nas escolas do Rio de Janeiro. Se assim for, o agradecimento ao escritor carioca selaria mais uma troca simbólica entre o editor Monteiro Lobato e um homem de letras.

6.3. Novos métodos de divulgação

Antônio Sales foi diretor regional da *Revista do Brasil* no Ceará ao longo de 1919; posteriormente foi substituído por Pápi Júnior (1854-1934), provavelmente porque até 1923 viveu no Rio de Janeiro.[41] Em uma carta de 2 de janeiro de 1919, Lobato diz a Sales que enviará ao escritor "material de propaganda" encomendado para "a grande ofensiva do verão contra o não assinante". Declara contar com "a boa vontade dos amigos simpáticos e dedicados" para elevar a tiragem da revista a 10 mil naquele ano. Justifica seus planos afirmando: "A questão é de trabalho e organização, coisas

---

40 Carta a Rodrigo Octavio Filho, sem data – provavelmente posterior a 1921, quando *Narizinho arrebitado* foi lançado. Acervo Museu de Literatura da Fundação Casa de Rui Barbosa. Localização: n.264.

41 Sobre Papi Júnior, ver Azevedo, *Aspectos da literatura cearense*, p.147-60.

que nunca sobraram nas tentativas anteriores, sempre eivadas de vícios da *vieux jeu*".[42]

Lobato se referia, provavelmente, a tentativas fracassadas da *Revista do Brasil* em de aumentar o número de assinantes. A expressão em francês que ele usa, porém, acaba por remeter a jogos franceses e mais antigos, como os do editor Hipollyte Garnier, cujo sistema de promoção e de distribuição de livros foi tão criticado por João do Rio em 1908: "O editor [...] anuncia uma ou duas vezes nos jornais, põe um volume na montra, manda um número limitado para os correspondentes nos Estados e fiquem satisfeitos".[43] Dez anos depois, Monteiro Lobato faria um diagnóstico semelhante, em uma carta a Antônio Sales, sobre a distribuição de livros no país:

> [...] Se o Brasil não lia é porque os velhos editores, na maior parte vindos da santa terrinha, limitam-se a inumar os volumes nas poeirentas prateleiras de suas próprias livrarias, e quem quiser que tome o trem, ou o navio, e vá ao Rio comprá-los. Umas bestas! O Brasil está louco por leituras. Só os editores é que até agora não sabem disso!...[44]

Monteiro Lobato havia se posicionado, no campo literário, em grupo adversário ao de João do Rio. No entanto, os dois escritores concordavam – talvez sem o saber – em vários pontos relativos ao mercado livreiro. Para ambos, os métodos inadequados de distribuição de livros representariam um entrave maior ao desenvolvimento da indústria editorial do que o analfabetismo da população – que, obviamente, não deixava de ser um grande problema.

Na carta a Sales, Lobato chama de "fora de moda" as tentativas de distribuição feitas no passado, sugerindo novos métodos, pautados "na organização", para alcançar um maior número de assinantes da *Revista do Brasil* em diferentes partes do país. A descrição dos novos métodos é reforçada por termos que remetem às tecnologias que transformavam a vida

---

42 Carta de Monteiro Lobato a Antônio Sales, 9 out. 1918. Coleção Antônio Sales. Arquivo-Museu de Literatura Brasileira. Fundação Casa de Rui Barbosa. Localização: Col. AS / Cp 139 – fl. 7-8.

43 Rio, O krak da literatura diante da necessidade da vida.

44 Apud Vaz, *Páginas vadias*, p.74.

cotidiana daqueles anos. Ao detalhar os progressos que vinha conseguindo com a difusão de livros, Lobato comenta:

> Depois de organisado definitivate. [sic] julgo ter nas mãos uma especie de rêde telefonica que ligue todos os homens de letras e os ponha em contacto com a sua clientela – a meia duzia de pessoas que em cada cidade se preoccupa de ouvir intellectuaes, lê e compra livro.[45]

A imagem da "rede telefônica" transmite as ideias de mais rapidez, mais comunicação, mais pontos de conexão entre homens de letras e sua clientela – ou, como diria Antonio Candido, entre os "produtores literários, mais ou menos conscientes de seu papel" e os "diferentes tipos de público, sem os quais a obra não vive".[46] Monteiro Lobato procurava expandir o sistema literário que, segundo Candido, havia se consolidado na segunda metade do século XIX. Já haveria, então, uma tradição literária brasileira, tornada evidente no artigo "Instinto de nacionalidade" (1872), em que Machado de Assis desenvolve ideias propostas por José de Alencar em artigos anteriores para, conforme Candido, superá-las.[47] Vimos, na primeira parte deste livro, como os debates sobre literatura entre Alencar, Machado e outros escritores, bem como suas produções artísticas, circulavam, sobretudo em periódicos, por diferentes pontos do Brasil, nos quais encontravam leitores, ainda que em número menor do que sonhavam os autores. Observamos, também, como os editores, de Paula Brito a Garnier, enfrentaram enormes obstáculos para distribuir livros no país, de modo a que as obras dos produtores culturais encontrassem seus diferentes públicos.

Monteiro Lobato assinala, na carta a Sales, a existência desse sistema literário nacional – pois em cada cidade haveria "meia dúzia de pessoas" preocupadas em "ouvir intelectuais, ler e comprar livros". Era preciso, porém, melhorar muito o funcionamento do sistema e aumentá-lo, empreitada na qual os *habitus* da antiga rede de sociabilidade entre homens de letras levariam a práticas novas de promoção, distribuição e vendas de livros.

---

45 Ibid.
46 Candido, *Formação da literatura brasileira*, p.23.
47 Ibid., p.680.

6.4. Letrados estrelam propagandas

Monteiro Lobato, como outros editores antes dele, usou largamente a publicidade para vender os livros de suas empresas. Em meio às estratégias publicitárias de que lançou mão, destaca-se a de reproduzir declarações elogiosas de homens de letras para promover a *Revista do Brasil* e suas "marcas de fábrica". O conjunto mais representativo, nesse sentido, é o de anúncios estrelados por Olavo Bilac, publicados na *Revista do Brasil* a partir de 1919.

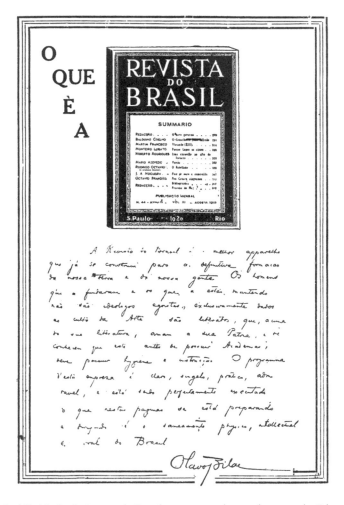

Figura 8. Publicidade da *Revista do Brasil* com reprodução de carta de Olavo Bilac.

Bilac, que havia morrido em 1918, tinha enorme prestígio no campo literário. Um manuscrito do poeta carioca elogiando a *Revista do Brasil* (Figura 8) foi reproduzido exaustivamente em anúncios. O conteúdo do documento, ou parte dele, é o seguinte:

> A *Revista do Brasil* é o melhor apparelho que já se construiu para a definitiva formação de nossa terra e da nossa gente. Os homens que a fundaram e os que a estão mantendo não são ideologos egoistas, exclusivamente dados ao culto da Arte. São letrados, que, acima de uma literatura, amam a sua Pátria, e reconhecem que esta, antes de possuir Academias, deve possuir hygiene e instrução. O programa d'esta empresa é claro, singelo, pratico, adoravel, e está sendo perfeitamente executado o que nestas paginas se está preparando e dirigindo é o saneamento physico, intellectual e moral do Brasil.

No texto, reproduzido em sua forma manuscrita, como a reforçar a identidade do poeta, estão presentes as imagens de dois tipos de literatos, conforme o entendimento de Bilac. Os primeiros seriam "ideólogos egoístas, exclusivamente dados ao culto da Arte". Os segundos seriam "letrados que, acima de uma literatura, amam a sua Pátria, e reconhecem que esta, antes de possuir Academias, deve possuir higiene e instrução". Para Bilac, os dirigentes da *Revista do Brasil* seriam do segundo tipo, condição que teria granjeado sua simpatia. Se nos lembrarmos de que, nos últimos anos de sua vida, Bilac engajou-se em campanhas civilistas, podemos imaginar que a imagem de letrado associada por ele aos homens da *Revista do Brasil* é a imagem de letrado que ele mesmo pensava projetar, embora fosse membro da Academia Brasileira de Letras. A *Revista do Brasil*, por seu turno, destacava com frequência, na seção "Resenha do Mês", as atividades da Liga de Defesa Nacional, da qual Bilac era um dos dirigentes, e a atuação do poeta à frente de campanhas da associação, fundada e integrada por vários acionistas da revista.[48]

O manuscrito de Bilac pode ter sido, originalmente, uma carta a algum dos acionistas da revista. Sua transformação em peça publicitária é exemplar de como o capital simbólico pode ser transmitido por meios diferentes

---

[48] Apud Luca, *A Revista do Brasil*, p.49.

das usuais resenhas e outros textos críticos. De fato, até o registro de comentários realizados oralmente pode servir como veículo para a transferência de prestígio entre agentes literários. Extenso anúncio publicitário das "Obras de Monteiro Lobato", publicado no final do livro *Os negros* (1921), transcreve, em quase duas páginas, "opinião da crítica" sobre, principalmente, *Urupês*.[49] A primeira "opinião" reproduzida é o início da *conferência* "A questão social e política no Brasil", proferida por Rui Barbosa em 20 de março de 1919 no Teatro Lírico do Rio de Janeiro – que, como vimos anteriormente, cita vários parágrafos do artigo "Urupês" e teria contribuído para aumentar a venda do livro homônimo de Monteiro Lobato. Em seguida, há uma reprodução parcial do artigo "Tarde", de Heitor Lima, que trata do livro póstumo de Olavo Bilac, publicado em 1919:

> Ora, se Olavo Bilac, sem prejuizo de sua natural tolerancia, era intransigente com a mediocridade, não havia ninguem mais effusivo no applauso ao merito.
> Em meados do anno de 1918, no seu gabinete, o poeta mostrou-me um livro e disse:
> – Comecei a ler *Urupês*, de Monteiro Lobato. Dar-te-ei em tempo a minha impressão.
> Uma semana após Olavo Bilac communicou-me:
> – Acabei a leitura dos *Urupês*. Vaes ler este livro.
> – Agora é impossivel. Ando occupadissimo, respondi.
> – Vaes deixar tudo quanto estás fazendo, insisto, e vaes immediatamente, sem perda de um dia, começar a leitura dos *Urupês*.
> Olhei o poeta:
> – Mas o livro é assim bom?
> Bilac intimou:
> – Empresto-te o que o autor me enviou, leval-o-has hoje, e has-de agradecer-me o te ter eu proporcionado momentos de tão alto enlevo espiritual. Recebe nas tuas mãos (e passou-me o volume) um dos melhores livros da nossa literatura. Comental-o-emos quando o tiveres lido.

---

[49] Lobato, *Os negros*, p.59-61.

O caso era serio. Trouxe *Urupês*. Trabalho perfeito, acabado, definitivo, lavrado por um artista consummado! Li-o, reli-o, tornei a lel-o em voz alta, li-o ainda a amigos.

Encontrei com Bilac, fui interpellado:

– Que me dizes do *Urupês*?

Abracei o poeta e pedi:

– Dá-me o endereço de Monteiro Lobato; quero felicital-o pela publicação de um dos melhores livros que há em prosa portugueza.

Bilac rejubilou, com a physionomia transfigurada pela commoção; e cada qual de nós que citasse os contos, que os commentasse um a um, que lhes assignalasse as bellezas, que aplaudisse as qualidades do autor, na posse de todos os recursos da technica e de todos os segredos do estylo.

– *Chóóó! Pan!* Lembras-te? Maupassant puro!

– E *Pollice verso*? Que espirito!! Que satira!

– E *A colcha de retalhos*? Que delicadeza, que sentimento, que infinito de dôr! Exclamou Bilac.

– E *Boccatorta*? Uma velha historia restaurada, mais horrenda que todas as historias!

– *O Comprador de Fazendas*!

– *O Engraçado Arrependido*!

E desatamos a rir... *O Engraçado Arrependido* é dessas paginas literarias que hão de ter a duração da natureza.

Lembrei-me do conto ao ler o soneto "Último Carnaval", em que Olavo Bilac descreve a trajectoria de um folgazão. É um dos trabalhos mais realistas e mais trepidantes da *Tarde*.

O relato de Heitor Lima faz crer que Olavo Bilac teria sido um dos muitos homens de letras a quem Monteiro Lobato enviara seu livro de estreia.[50] O poeta não chegou a manifestar em um texto crítico como e por

---

50 No Fundo Monteiro Lobato do Cedae, há várias cartas de intelectuais que agradecem a Lobato o envio de *Urupês*, entre eles Júlia Lopes de Almeida, Clóvis Beviláqua, Roquette-Pinto. Há, ainda, exemplar do livro *Poesias*, de Olavo Bilac, com dedicatória a Monteiro Lobato, datada de 1915.

que (supostamente) considerava *Urupês* "um dos melhores livros de nossa literatura", problema que o testemunho de Lima teria resolvido, ao narrar com detalhes o entusiasmo de Bilac pelo livro.

Os demais excertos publicados no anúncio eram de resenhas de Miguel Mello, Hermes Fontes e Oliveira Vianna. Textos de diferentes gêneros, portanto, constituíam a peça publicitária que promovia os livros de Monteiro Lobato. O arranjo dos textos parece obedecer ao montante de capital simbólico acumulado por cada letrado, de modo que Rui Barbosa e sua conferência como candidato à presidência encabeçam a lista.

Cartas, resenhas e comentários elogiosos de Monteiro Lobato também seriam usados por escritores como "moeda em que se pagavam algumas transações no mundo das letras", para usar a definição de capital simbólico de Lajolo e Zilberman.[51] Em 24 de julho de 1925, data em que Lobato entrou com o requerimento de autofalência de sua editora, o jornal *O Estado de S. Paulo* exibia o anúncio da publicação do novo livro de Aureliano Leite, *Por águas e terras*, em um espaço que tomava quase um quarto da página 13, destacando-se em meio a classificados e outras peças publicitárias. Para enfatizar a qualidade dos "contos regionais" reunidos na obra, que também abrangia impressões de viagens, o anúncio reproduzia uma carta de Monteiro Lobato repleta de elogios ao autor:

> Sobre o valor dos últimos [contos, c.b.], assim se manifesta em carta, ao autor, o príncipe dos prosadores paulistas, sr. Monteiro Lobato:
>
> "Aureliano. – Meus parabéns! Li hontem o teu livro todo e sahi maravilhado dos contos. Você é mais do que eu suspeitava! É um artista do conto como poucos. O "Sabiá" e o "Canivete" estão perfeitos! O estilo optimo. Um pouco "etriqué", um pouco enxuto de mais, lembrando muito o do Martim Francisco. Foi pena metteres nas impressões de viagem os contos. Devias guardal-os para um livro só de contos. Em todo o caso como a fabrica existe, faço votos para que esse livro appareça, para augmento da literatura nacional e regalo nosso.
>
> Abraço do
> LOBATO."

---

[51] Lajolo; Zilberman, *A formação da leitura no Brasil*, p.107.

Monteiro Lobato parece ter lido a obra antes da publicação, talvez porque os originais lhe tenham sido oferecidos para edição. As gráficas da Monteiro Lobato & Cia. haviam imprimido um livro do autor, *Dias de pavor* (1924), sobre a Revolução de 1924, obra totalmente paga por Leite, como se verá no capítulo seguinte. É possível que a carta laudatória a *Por águas e terras* – livro sobre o qual Lobato não mais se pronunciou – seja da espécie que o editor chamava de "golpe", conforme explicou em entrevista reproduzida na introdução deste livro e repetida a seguir, por sua importância:

> Se o editor, pouco diplomata, chamar o autor e falar claramente, dizendo que seu livro não vale coisa alguma, que ele errou de vocação, pronto, ganhou um inimigo figadal para o resto da existência. O golpe é tratar a coisa com jeito e com açúcar. [...] Era o que eu fazia. [...] Era só soltar: "Achei o seu livro esplêndido, meu caro. Nunca um romance nacional me impressionou tanto. Naturalidade de narração, tema novo, idéias novas. O senhor não compreende o meu sofrimento em não poder editá-lo".[52]

O preço de evitar inimigos figadais por meio de cartas elogiosas era vê-las estampadas em jornais como salvo-conduto de ascensão a alguns bocados de campo literário para obras que a editora havia recusado. Obviamente, a carta a Aureliano Leite pode ter sido *realmente* sincera. Não há nada além dela, porém, que sustente os louvores entoados ao livro, seja em resenha crítica, seja em prefácios ou entrevistas.

Mas, o que há, além do testemunho de Heitor Lima, que sustente os muitos elogios de Olavo Bilac a *Urupês*? O capital simbólico, assim como o financeiro, alimenta-se de especulação.

Se Lobato usara o prestígio do nome de Bilac, o "príncipe dos poetas", como publicidade para a *Revista do Brasil*, agora tinha seu próprio nome, seguido do epíteto – nada oficial no campo literário – "príncipe dos prosadores paulistas", utilizado em anúncio de um livro alheio. O prestígio de

---

52 Lobato, Um governo deve sair do povo como o fumo sai da fogueira. Entrevista Monteiro Lobato & Joel Silveira para *Diretrizes*. In: _____, *Prefácios e entrevistas*, p.155-66.

Lobato, entretanto, iria sofrer abalo com a falência de sua editora, como afirma Enio Passiani.[53] Para o pesquisador, "a perda da editora significou para Lobato sua ruína financeira e, talvez pior do que isso, a mudança vertical, de cima para baixo, de parte de seu *status* literário" – *status* que a editora ajudara a construir.

6.5. Jovens autores entram na rede

Brito Broca (1903-1961) recorda, em suas *Memórias*, como conheceu Monteiro Lobato. O relato do encontro permite examinar como jovens escritores desejosos de entrar no campo literário foram importantes para a ampliação da rede de distribuição de livros das editoras comandadas por Lobato. Broca tinha por volta de 20 anos e morava em Guaratinguetá, interior de São Paulo, quando leu *Urupês*.[54] Da leitura surgiu um desejo: "Procurar Monteiro Lobato, vê-lo de perto, em carne e osso, e mostrar-lhe a minha literatura".[55] Escreveu "uma série de pensamentos" e, na primeira oportunidade, visitou os escritórios da Monteiro Lobato & Cia., levando o manuscrito.

É assim que recorda seu encontro com o editor:

> Viera do interior para passear em São Paulo e viera conhecê-lo pessoalmente. Lobato sorriu. [...] Perguntou-me de onde era. Guaratinguetá? Lê-se muito lá? Sim; lia-se um pouquinho; pelo menos eu relera muitas vezes o *Urupês*. [...] Acabei declarando-lhe que também escrevia, e num gesto resoluto, apresentei-lhe o papelucho. Lobato tomou-o, leu-o com paciência pelo menos aparente [...] e declarou-me: "É... são interessantes os seus pensamentos...". Começou então a manifestar o maior pessimismo com relação ao Brasil; espalhara livros por todo o país, lutando com uma resistência que, em lugar de diminuir, aumentava cada vez mais.

---

53 Ver Passiani, *Na trilha do Jeca*, p.227.

54 O episódio parece ter ocorrido em 1923, ano em que Lobato publicou *O macaco que se fez homem*, cujo lançamento é mencionado no relato.

55 Broca, *Memórias*, p.168-71. Os demais trechos citados foram extraídos dessas páginas.

A conversa foi interrompida com a chegada do escritor Sylvio Floreal, com quem Lobato trocou ideias sobre a herança deixada pelo livreiro Francisco Alves para a Academia Brasileira de Letras.[56] Em seguida, Lobato deixou a sala e Floreal apresentou-se a Broca, que aproveitou para mostrar-lhe seu manuscrito. Trocavam ideias sobre os "pensamentos" de Broca quando Lobato voltou:

> De retorno à sala, Lobato perguntou-me se eu poderia conseguir um agente para a *Revista do Brasil*, em Guaratinguetá. Respondi-lhe que conhecia o proprietário de uma papelaria bem capaz de aceitar essa função. Despedi-me radiante. Afinal, vira de perto o homem, tínhamos conversado quase uma hora, e podia dizer que entrara para o rol de suas relações, pois ele ainda me pedia um serviço.

Broca conseguiu o agente e escreveu a Lobato, para informá-lo do novo revendedor e para elogiar o recém-lançado *O macaco que se fez homem*. Lobato respondeu elogiando a generosidade do rapaz, que festejou: "Não havia dúvida: estávamos amigos, eu era amigo do criador de Jeca Tatu". Na próxima vez em que esteve na editora, Lobato o recebeu "numa atitude amiga". Broca conheceu alguns escritores já publicados pela casa, como Toledo Malta e Júlio César da Silva, com quem passeou no "fordinho" de Lobato. Mais tarde, já morando em São Paulo, tornou-se frequentador da editora. Manteria uma relação próxima com Monteiro Lobato até o fim da vida do escritor.[57]

---

56 Segundo Broca, Lobato teria começado a "zurzir" a ABL: "o dinheiro do Alves fora um achado: agora, os acadêmicos podiam, quando quisessem, fechar as portas da casa e ficar com todo o cobre; a herança afinal de contas era deles". Sobre a herança deixada pelo livreiro, ver Bragança, *Eros pedagógico: a função editor e a função autor*. Sobre as relações entre Lobato e a ABL, consultar Passiani, op. cit.

57 Em 1944, por exemplo, Lobato pediu a Broca para transcrever, na coluna que mantinha no jornal paulistano *A Gazeta*, um discurso de Erico Verissimo. Lobato conhecera o escritor gaúcho no Rio Grande do Sul e queria dar a Verissimo "uma prova de que, cá por São Paulo, damos valor à opinião dele". Ver Broca, *Memórias*, p.117-78.

O relato de Broca sobre sua primeira visita à Monteiro Lobato & Cia. faz supor que escritores ainda mais iniciantes do que Othoniel Motta desempenharam um papel significativo para a formação e ampliação da rede de distribuição de livros do editor. Uma carta de outubro de 1918, assinada por "Pestana" e dirigida a Lobato, reforça essa hipótese.[58] Nela, o remetente se define como "pobre rabiscador de pés descalços" e agradece as cartas e os conselhos de Lobato, a quem chama de "mestre" e "meu insigne amigo". Pelo conteúdo da resposta de Pestana, os conselhos envolviam leitura de obras de Camilo Castelo Branco, Eça de Queiroz e Schopenhauer. No final da carta, Pestana informa como será feito o pagamento das assinaturas que angariou para a *Revista do Brasil* em Pindamonhangaba (SP), onde reside.

Brito Broca e Pestana não tiveram artigos ou livros publicados por Lobato. Prestaram serviços a ele em troca da "amizade" do "criador do Jeca", de seus conselhos, da possibilidade de fazerem parte de seu círculo. Não foi possível ainda descobrir quem era Pestana e qual sua trajetória no campo literário. Já Brito Broca, pelo que atestam suas memórias, pôde contar com Monteiro Lobato para desenvolver sua carreira.

6.6. O caso Sylvio Floreal

A venda de assinaturas da *Revista do Brasil* (e, posteriormente, a venda de livros) pode ter funcionado, em alguns casos, como segunda fonte de renda para os escritores do círculo de Monteiro Lobato. No acervo da Biblioteca Monteiro Lobato, há uma carta dirigida ao editor, escrita em papel timbrado da *Revista do Brasil*, que trata da atuação, como vendedor de assinaturas, do escritor Sylvio Floreal. Lamentavelmente, apenas a segunda página da carta foi preservada, o que prejudica a compreensão dos acontecimentos nela relatados. Ainda assim, vale transcrever o pedaço que restou, pela importância dos fatos nele narrados:

---

58 Carta de 26 out. 1918 a Monteiro Lobato, pertencente ao acervo da Biblioteca Infantojuvenil Monteiro Lobato, arquivada na pasta 35, sob n. 3793.

[...] e si elle quizesse trabalhar arranjaria perfeitamente a vida. Segundo verifiquei pelos livros e informações insuspeitas do Caiuby, o nosso homem não trabalhou tanto como imaginas, e afinal está lá alcançado em 300$000. Para provar-se que não tenho má vontade alguma, ofereci-lhe que fosse arranjar assignaturas aqui em S. Paulo, dando-lhe a mesma comissão. Mas a resposta que elle deu ao Caiuby é bastante expressiva: "Não! Não me abaixo a tanto! La fora, sim, eu era um desconhecido... Mas aqui? Eu, um literatto tão conhecido e aplaudiddo?...".

Reflete e verás que até fazemos bem ao Sylvio em curar-lhe a mania litteratícia. Se elle se tivesse metido no commercio, fosse no que fosse, seria melhor.

Da Mogiana, duas cartas negaram-nos o passe. Reescrevemos, agora por intermédio do Ramos de Azevedo. Entendo, no entretanto, que será uma boa coisa que nos desfaçamos de vez do Sylvio, que não é, em absoluto, produtivo como imaginas.

Ás finuras da tua hiper-sensibilidade estas coisas hão de parecer grosseiras, ou menos bellas. O que ellas são é logicas. Tens uma empresa commercial, e o commercio, meu caro, é um fructo da razão e do calculo, e não do sentimento.

Do que já percebi aqui por dentro, a Revista pode ser uma industria futurosa e de prosperidade facil. Mas não governada pelo teu coração... Esta é que é a verdade, e que te digo para fazer-me, a meus propprios olhos, digno da tua confiança.

Descança aí, retempera os nervos, e volta só quando elles estiverem fortes, tão fortes que não se aballem com uma cantinella do Floreal. Conforme o que eu fizer, até lá, faremos então um contracto de sociedade, que servirá, para, em mim, manter o fogo sagrado, e em ti descansar um pouco o... coração. Do teu,

Lourenço.[59]

Esse fragmento de carta despertaria o interesse circunstancial que despertam as fofocas antigas sobre problemas banais de escritório, se não fosse tão revelador sobre as figuras de autor que circulavam em 1919 e as

---

[59] Correspondência passiva de Monteiro Lobato. Acervo da Biblioteca Infantojuvenil Monteiro Lobato.

forças que estruturavam o campo literário, pelo menos em São Paulo. O chefe implicante era Lourenço Filho (1897-1970), então diretor da *Revista do Brasil*, ao lado de Monteiro Lobato.[60] O futuro educador também atuava, no mesmo período, como redator no *Estadão* e no *Jornal do Commercio*.[61] O funcionário que supostamente trabalhava menos do que deveria era Sylvio Floreal, pseudônimo usado por Domingos Alexandre, nascido em data incerta e falecido em 1928.

Ambos eram homens de letras, separados por grande distância hierárquica devido aos cargos que ocupavam na *Revista do Brasil* e enorme distância hierárquica em razão das posições que ocupavam nos campos social, econômico, cultural e literário. Comecemos pelo menos conhecido dos dois literatos, Sylvio Floreal, sobre quem Ribeiro Couto (1898-1963) escreveu um dos textos biográficos mais completos, logo após a morte do amigo.[62] Ambos teriam se conhecido em Santos, no litoral paulista, ainda adolescentes, quando se descobriram vizinhos e leitores de Octave Mirbeau. Mais tarde, encontram-se na rodinha de jovens que planejavam ser escritores, da qual faziam parte Paulo Gonçalves, Cleómenes Campos, Afonso Schmidt, entre outros. Já então Domingos Alexandre, nome que poucos conheciam, usava o pseudônimo Sylvio Floreal. Segundo Couto, os integrantes do grupo especulavam, sem obter resposta, se ele nascera na Itália ou em um navio a caminho do Brasil, se era filho de um senhor que vendia bananas nas ruas ou de outra pessoa. Floreal "escrevia mal", porque o "vocabulário português (do qual se vingava em sacrifícios incessantes de ortografia) era acanhado para ele", mas seus companheiros o consideravam extremamente talentoso: "Paulo Gonçalves, que tomou a seu cargo, desde logo, corrigir furtivamente aquelas páginas (nem mesmo a nós, companheiros, queria revelá-lo) consagrou-o: gênio".

A figura de Floreal, com sua "cabeleira vasta", sua vida misteriosa e miserável, seu ódio ao burguês, lembrava a do gênio romântico. "Naquele grupo", conta Ribeiro Couto, "nossa queda era toda para o jornal", visto

---

60 Lourenço Filho aparece como diretor da *Revista do Brasil* nos números de 42 (06/1919) a 48 (12/1919).

61 Monarcha; Lourenço Filho (orgs.), *Por Lourenço Filho*: uma biobibliografia.

62 Couto, O romance de Sylvio Floreal, *Illustração Brasileira*, n.98, p.57-9. Ver, também, Schapochnik, Ronda paulistana. In: Floreal, *Ronda da meia-noite*: vícios, misérias e esplendores da cidade de São Paulo, p.11-7.

como porta de entrada para o campo literário. Alguns, como Couto, foram para a Faculdade de Direito, outros para o funcionalismo público; todos, de algum modo, cavaram trabalho na imprensa, com exceção de Floreal, que "desprezava o jornalismo". A descrição que Couto faz das condições de penúria em que os aspirantes a literatos viviam, trabalhando como revisores em redações apertadas, vivendo em lugares insalubres, tentando publicar algum texto literário em periódicos menores, tem algo de fantasmagoria, pois remete — respeitadas as devidas proporções, obviamente — às experiências dos "pobres-diabos" que, em meados do século XVIII, chegavam a Paris movidos pela "febre" de se tornarem homens de letras, segundo Robert Darnton.[63]

Os amigos tentavam "enfiar" Sylvio Floreal em algum jornal, mas a resposta, conforme Couto, invariavelmente era: "Eu não dou para isso! Isso é burguês! Isso é para esses indivíduos que nascem com canga no pescoço!". De modo geral, tudo "o que não fosse o círculo de suas ambições literárias" era "burguês" — e os companheiros sentiam a alma "no fundo, burguesa" esmagada pelo peso da palavra. Um posto de revisor conseguido no *Correio Paulistano* foi perdido porque Floreal não sabia gramática normativa. Os amigos se afligiam, mas Floreal "dava gargalhadas de estrépito, desprezando essas inquietações, a gramática, a sociedade, os pronomes e tudo que se agitava, infuso e desinteressante, debaixo da *Tortura da glória* e da sua pessoa". *Tortura da glória* era o romance em que ele sempre estava trabalhando, enquanto vivia de favor em casas de amigos.

Sylvio Floreal seria a melhor encarnação do poeta fictício Capistrano, de Monteiro Lobato, não fosse seu talento.

Em 1919, quando Monteiro Lobato lançava *Cidades mortas*, da qual faz parte o conto "O luzeiro agrícola", protagonizado por Capistrano, que perseguia editores com sua cabeleira, sua magreza e seu ódio ao burguês, Floreal trabalhava como revendedor de assinaturas na *Revista do Brasil*. Couto não menciona a *Revista do Brasil* em seu texto, provavelmente porque, quando o escreveu, em 1928, já tinha rompido com Monteiro Lobato, em solidariedade a Manuel Bandeira, cujo *Poesias* o editor desistira de publicar,

---

[63] Darnton, *Boemia literária e revolução:* o submundo das letras no Antigo Regime, p.78.

como vimos anteriormente. Talvez, Floreal tenha sido levado à *Revista do Brasil* pelo próprio Ribeiro Couto, que entregou os originais de *Jardim das confidências* a Monteiro Lobato naquele ano (o livro sairia em 1921).[64] Seja como for, o fato é que Floreal vinha atuando como revendedor da revista, provavelmente como os "avulsos" que, conforme anúncios publicados pela *Revista do Brasil* e por *O Pirralho*, viajavam pelas estradas de ferro oferecendo assinaturas.

Na carta a Monteiro Lobato, Lourenço Filho afirma que Floreal trabalhava menos do que deveria. Além disso, pelo que se depreende da carta, um problema envolvendo Floreal havia ocorrido na Cia. Mogiana de Estradas de Ferro, a ponto de a empresa negar passes para a *Revista do Brasil*. Para resolver o contratempo, teria sido necessária a intervenção de Ramos de Azevedo – o que revela, por seu turno, as alianças da *Revista do Brasil* com pessoas de posições importantes em outros campos sociais. Ramos de Azevedo viria a ser sócio da Cia. Gráfico-Editora Monteiro Lobato em 1924, como vimos no capítulo anterior. Voltando a Floreal, parece que suas viagens por ferrovias estavam suspensas, pelo menos temporariamente, qualquer que fosse a razão do imbróglio, de modo que Lourenço Filho teria proposto ao literato vender assinaturas em São Paulo. Pelo teor da carta, Monteiro Lobato apreciava muito Sylvio Floreal, tamanho o cuidado de Lourenço Filho em ressaltar que não teve "má vontade", que poderia provar o que afirmava, que era preciso administrar a firma com a razão, e não com o coração etc.

A informação mais relevante da carta, para o estudo das figuras de autor em circulação naquele período, é a resposta que Floreal teria dado a Caiuby, com respeito à oferta de vender assinaturas na capital: "Não! Não me abaixo a tanto! Lá fora, sim, eu era um desconhecido… Mas aqui? Eu, um literato tão conhecido e aplaudido?…". Que aplausos Floreal recebia em São Paulo? Até onde foi possível averiguar, ele havia publicado uma crônica na revista *A cigarra*, em 1918;[65] em 1919, a mesma revista publicou

---

64 Ver Telles, A experimentação poética de Bandeira em *Libertinagem* e *Estrela da Manhã*. In: Bandeira, *Libertinagem – Estrela da manhã*, p.123.
65 Minha imagem longínqua, *A cigarra*, n.89, p.26.

a crônica "Solilóquio outonal"[66] e o conto "Abismo!", dedicado a Oswald de Andrade.[67] Entre uma edição e outra, a revista estampou um retrato de Floreal feito a lápis por Di Cavalcanti.[68] O texto "Gestação das formas" saíra no número 4, de 1918, da revista *Panóplia*, dirigida por Homero Prates, Guilherme de Almeida e Di Cavalcanti.[69] Outros textos podem ter sido publicados em periódicos menos importantes.

Floreal publicara pouco, mas era conhecido no campo literário, sobretudo entre os jovens que, como ele, procuravam passar do grupo dos *dominados* para o dos *dominantes*. Ribeiro Couto e Afonso Schmidt, que também escreveram um artigo biográfico sobre o conterrâneo, atestam que Floreal era conhecido nas rodinhas literárias. Schmidt lembra que lhe ofereceu emprego em um jornal santista, mas Floreal abandonou o posto no dia seguinte: "Não queria ser jornalista, pois, na sua opinião, escrever para o público desvirtua o artista, engrossa a sensibilidade, torna-o incapaz das belezas sutis do estilo…".[70]

Essa opinião sobre o jornalismo já era emitida por Gonçalves Dias, entre tantos outros homens de letras brasileiros, desde que a imprensa passou a constituir uma esfera importante de trabalho, como vimos no Capítulo 2. Na enquete "O momento literário" (1905), de João do Rio, a atividade na imprensa foi considerada danosa a homens de letras por Luís Edmundo, entre outros, e considerada benéfica por Machado de Assis, Olavo Bilac e mais colegas, conforme apontamos no Capítulo 3. Floreal escolheu a possibilidade mais radical em meio às oferecidas no campo literário. Schmidt relata que ele chegou a São Paulo "com as mãos abanando. Não tinha casa, não tinha comida, não tinha nada". Vivia pelos cafés, escrevendo, e conheceu "todas as gradações da penúria", pois "recusava qualquer ocupação que tirasse tempo

---

66 Solilóquio outonal, *A cigarra*, n.114, p.32-3.
67 Abismo!, *A cigarra*, n.117, p.17.
68 Sylvio Floreal. Sanguínea por Di Cavalcanti, *A cigarra*, n.115, p.30.
69 Gestação das formas (uma estética pura), *Panóplia*, n.4 e 5, p.107-8.
70 Schmidt, Sylvio Floreal. Crônica publicada no jornal santista *A Tribuna*, de 26 jan. 1939, edição comemorativa do primeiro centenário Santos (SP). O texto foi reproduzido no site do *Jornal Eletrônico Novo Milênio*. Disponível em: <http://www.novomilenio.inf.br/cultura/cult043.htm>. Acesso em: 30 set. 2017.

às letras". Abraçava o ideal de Baudelaire, sem ter, porém, o capital social, o capital cultural, e mesmo o capital econômico perdido do "maldito" francês.

Os amigos, percebendo que Floreal não trabalharia em jornais, conseguiram-lhe um emprego nos Correios:

> Em breve, toda a secção estava abespinhada com Sylvio Floreal. Com a secção, creio que também todos os serviços postaes do Brasil. – Isto é burquez! Elle condemnou, assim, o honesto mistér de facilitar o transito e a entrega das cartas que nós escrevemos, voltando então á incerteza das ruas, das mansardas, dos pasteis pilhados aos amigos, dos almoços problemáticos, das humilhantes relações que não apresentava os literatos porque se destinavam apenas a proporcionar jantares a troco de algumas phrases, dado que certos sujeitos sombrios pagam para ouvir catilinarias tremendas á sociedade e citações de autores que não leram (e talvez não existam). Decididamente, Sylvio Floreal não era compatível com a sociedade organizada, desde que abandonara a colher de pedreiro, na adolescencia, para secretariar circulos anarchistas. No fundo, era de uma ingenuidade adoravel...

Os relatos sobre a vida de Floreal revelam as condições em que vivia alguém no rés do chão do campo literário, reservado aos escritores *dominados* tanto no plano econômico como no simbólico. Os subliteratos, ou a "canalha da literatura", apresentava *habitus* semelhantes aos dos escritores do campo dominante. É possível que Floreal subtraísse de suas horas de trabalho na *Revista do Brasil* tempo para "as letras", e que os problemas na Mogiana tenham sido causados por seu ódio a tudo que fosse burguês. Como ele não tinha mecenas que o sustentasse, fortuna familiar ou acesso aos cargos que considerava compatíveis com seu talento, restava-lhe a vida descrita por Couto – e uma enorme perspicácia sobre os papéis a serem encenados por literatos.

Ele se resignava a vender assinaturas fora de São Paulo, onde não era conhecido; na cidade, encenava o papel de homem de letras movido apenas por seu projeto criador. Vale lembrar que um vendedor "avulso" de assinaturas desempenhava uma função muito parecida com a dos vendedores de jornais, trabalho realizado, durante muito tempo, por homens escravos e, posteriormente, de baixa extração social. Literatos trabalhavam em jornal como colaboradores; quando iniciantes, como Machado de Assis, entravam pela "porta humilde" da revisão ou da tipografia. Quando consagrados, eram articulistas, folhetinistas. Literatos "conhecidos e aplaudidos" não vendiam periódicos. Othoniel Motta, Sud Mennucci, Mário Sette e outros homens de letras que venderam assinaturas da *Revista do Brasil* não o fizeram profissionalmente; as posições que ocupavam nos campos social, econômico e cultural eram muito diferentes da de Sylvio Floreal.

Na São Paulo da década de 1910, os jornais eram vendidos por "meninos jornaleiros que, aos berros, anunciavam nas ruas do Triângulo as notícias de impacto", segundo Ana Luiza Martins. A pesquisadora ainda salienta que "o *bambino*, garoto vendedor, geralmente de procedência italiana, em seus rotos andrajos, a apregoar jornais e revistas, foi figura típica daquela São Paulo que se tornava metrópole".[71] Alguns periódicos, como a *São Paulo Ilustrado*, revista do *Estadão*, enviava "agentes de venda especiais", todas as noites, para o Largo do Tesouro, no centro paulistano. A revista também mantinha vendedores em todas as estradas de ferro.[72] Floreal pode ter sido um "agente especial" da *Revista do Brasil*, que nascera do mesmo *Estadão*.

A figura do "agente de vendas" era muito próxima daquela do jornaleiro, caracterizada por atributos historicamente definidos bastante distintos dos atributos, também historicamente definidos, associados a literatos. Assim, outra explicação para a recusa de Floreal à proposta de vender revistas na cidade de São Paulo é a de que o papel de vendedor, no campo literário, não tem prestígio algum, justamente porque o campo literário é "um mundo econômico às avessas", conforme Bourdieu, no qual a arte, para ser considerada "pura", precisa ser ou parecer "desinteressada".

Já as atividades profissionais ligadas à escrita, como a revisão e a redação, valorizariam a carreira de literatos ou aspirantes. O cargo de redator do *Estadão*, que Lourenço Filho ocupava, era considerado de grande prestígio entre homens de letras. É o que sugere o depoimento de Alberto Souza, publicado em 1918:

---

71 Martins, *Revistas em revista*, p.232-4.
72 Ibid., p.233.

A solida base em que economicamente repousa a empresa jornalística do *Estado de S. Paulo*, a larga, a crescente divulgação desse jornal pelo Brasil inteiro, as suas historicas tradições de mais antigo orgao republicano da nossa imprensa, revestem-no das apparencias de tão formidavel prestigio que o escriptor que para lá entra, na qualidade de membro effectivo da redação, o primeiro impulso que experimenta é o de uma irreprimivel exasperação do orgulho pessoal, phenomeno que nalguns chega a assumir proporções morbidas quase vesanicas. Ser, pois, redactor do *Estado* é, para elles, um titulo de gloria, de benemerencia e de recommendação directa á Posteridade, – qualquer cousa de superior á fama de poeta, de dramaturgo, de romancista, de philosopho e até de santo. Mas, si os redactores assim se orgulham dessa egregia qualidade, é porque reconhecem que o prestigio do jornal é superior aos proprios meritos de cada um delles – e, nesse caso, os excessos de seu orgulho carecem de razão plausível.[73]

Alberto Souza, que na época trabalhava no jornal *O São Paulo Imparcial*, um dos concorrentes do *Estadão*, pode ter exagerado em seus comentários. Entretanto, mesmo esse exagero pode ser interpretado como a influência exercida, no campo intelectual da época, pelo jornal *O Estado de S. Paulo*. Quando enfatiza que "ser redator do Estado" era, para quem lá entrava, título de mais prestígio do que o de poeta, dramaturgo, romancista, filósofo – ou até santo! –, Souza transmite a seus leitores uma imagem do jornal na qual certamente acreditava, e que provavelmente tinha alguma circulação no campo cultural.

Floreal até aceitaria um posto em jornal, desde que fosse "de cronista para cima", como explicou, certa vez, a Schmidt. O problema é que seu desprezo por tópicos gramaticais, que impedia sua permanência em cargos de revisor, talvez fosse uma maneira de esconder as lacunas de sua formação, a respeito da qual Ribeiro Couto fez um diagnóstico preciso – e tardio: "Os garranchos que fazia, índice da sua ausência de princípios de instrução, ele os conseguiu aos boléus de uma infância de pobre, entre cortiços". Para Couto, o maior erro, a "máxima ingenuidade" de Floreal teria sido

---

73 Souza, *Amadeu Amaral (Urzes, Névoa, Espumas...)*, p.15-6.

esconder sua origem pobre: "O seu melhor livro teria sido aquele em que pusesse toda a miséria de sua existência até a adolescência: um homem de gênio entre sopas de repolho e pão de quilo". A autobiografia que Floreal queria ver publicada, porém, era outra. Nessa perspectiva, sua figura lembra muito a de Teixeira e Souza.

Não sabemos o que realmente aconteceu com Sylvio Floreal e seu posto na *Revista do Brasil* e por que Lobato o defendia, enquanto Lourenço Filho queria sua demissão. Mais fáceis de formular são algumas hipóteses relacionadas ao projeto mencionado no final da carta, que poderia render sociedade com Lobato. Em 1921, Lourenço, então professor da Escola Normal de Piracicaba (SP), fundou a *Revista de Educação*, na qual publicou seu primeiro trabalho de pedagogia experimental, "Estudo da atenção escolar".

Em 1922, assumiu o cargo de diretor da Instrução Pública no Ceará, onde empreendeu reformas pedagógicas que tiveram repercussão nacional e contribuíram para a renovação do ensino formal no país. No mesmo ano, ele trabalhou para a adoção de livros publicados por Monteiro Lobato, como se verá adiante. De volta a São Paulo, em 1924, o educador fundou a Sociedade Industrial de Lápis e Tintas (Silp). A fábrica foi inicialmente instalada em Piracicaba e, no ano seguinte, transferida para São Paulo. Na capital, suas máquinas e instalações submergiram em uma enchente do rio Tietê, o que causou o encerramento da sociedade, com prejuízo para Lourenço Filho. Finalmente, em 1926, ele publicou *Juazeiro do Padre Cícero*, obra premiada pela Academia Brasileira de Letras em 1927.

Os três projetos – a revista, a fábrica de lápis e tintas e o livro – podem ter sido oferecidos a Lobato. O que se sabe é que não houve nenhum tipo de sociedade entre o editor e Lourenço Filho, que deixou a direção da *Revista do Brasil* em dezembro de 1919. O mais importante é notar que os dois, cujo capital cultural era semelhante, tiveram trajetórias em parte semelhantes. Ambos começaram a colaborar em jornais na década de 1910, foram redatores do *Estadão*, publicaram revistas, fundaram empresas ligadas ao campo cultural, faliram, reergueram-se, estiveram sempre próximos de círculos hegemônicos no campo do poder, envolveram-se em projetos grandiosos, transformaram-se em monumentos nacionais.

Figuras de autor, figuras de editor

Sylvio Floreal deixou poucos rastros. Foi incluído por Brito Broca no grupo de "literatos ambulantes" que percorriam cidades do interior paulista a vender livros e que seriam "remanescência de um tipo que foi frequente no século passado", o XIX. Augusto Emílio Zaluar, "o amigo de Machado de Assis", realizara uma "viagem a cavalo do Rio a São Paulo, com escalas em todas as cidades do Vale do Paraíba, a fim de acolher assinaturas para o jornal que mantinha".[74] Nos idos de 1910, os literatos ambulantes eram figuras como Vitrúvio Marcondes e Isaac Cerquinho, que em seu tempo provocavam "pena nos colegas" e hoje estão esquecidos.[75] Floreal certamente sabia o que pensavam de figuras assim os literatos como Brito Broca.

De fato, ele viajava para cidades do interior de São Paulo, no início da década de 1920, nas quais dava palestras, segundo numerosas notas encontradas em jornais paulistas. Depois de abandonar o emprego nos Correios, passou a viajar também para o interior do Mato Grosso. Pelo que se lê em alguns jornais mato-grossenses, Floreal fazia conferências bastante concorridas, nas quais era tratado como homem de letras consagrado. Uma nota publicada pela *Gazeta do Comércio*, de Três Lagoas, em junho de 1926, anuncia:

> Dentro de breves dias estará entre nós e se fará ouvir em brilhante conferência o literato paulista Sylvio Floreal. Autor de vários livros justamente consagrados pela crítica, Sylvio Floreal tem nos meios intellectuaes logar marcado e é, além disso, uma das mais assiduas penas da imprensa diaria brasileira.[76]

Em cidades como Três Lagoas, Floreal encontrava outro espaço de possibilidades, que lhe permitia sair da base do campo literário para ocupar

---

74 Broca, Literatos ambulantes. In: _____, *Memórias*, p.151-8. Ana Luiza Martins trata da peregrinação do jornalista português Augusto Emílio Zaluar pelo interior de São Paulo a fim de angariar assinaturas para a revista que pretendia fundar em *Revistas em revista*, p.226-7. No Capítulo 4, Tudo pelo comércio, a autora analisa as estratégias das revistas brasileiras, em particular as paulistas, para obter assinantes e vender exemplares avulsos.

75 Broca, op. cit.

76 Sylvio Floreal, *Gazeta do Commercio*, n.265, p.4. Ver, também, Sylvio Floreal, *A Cruz: Orgão da Liga Social Catholica Brasileira de Matto-Grosso*, p.2.

seu topo, ainda que apenas entre os homens de letras locais. Esse tipo de experiência indica que o escritor soube explorar o fato de existirem, no Brasil, *diferentes campos literários*: o nacional, os regionais, os municipais, cada qual com suas linhas de força, seu grupos em oposição, suas concepções de literatura, suas relações com campos mais poderosos. De volta a São Paulo, tornava a frequentar rodinhas, a filar pastéis, a trabalhar em seus livros. Como Fagundes Varela, fez parcerias musicais. Realizou saraus com o guitarrista português Abílio Cavalheiro sobre "O sentimento da guitarra". Ao que parece, ele comentava "as modalidades" da guitarra, e Abílio as demonstrava tocando.[77] Se lembrarmos da função relevante dos "públicos auditores" no sistema literário brasileiro, conforme observou Antonio Candido, os saraus e conferências realizados por Floreal eram atividades necessárias para fazer sua obra circular entre determinadas audiências. Não apenas as pessoas tomavam conhecimento do autor, como eventualmente poderiam adquirir seus livros. Assim como ocorre ainda hoje, não há humilhação alguma em oferecer livros à venda após a realização de palestra ou sarau, especialmente em cidade estranha; no entanto, se o mesmo intelectual tentar vender a mesmíssima obra nas ruas da cidade onde vive, será visto com "pena" pelos pares. Essas práticas não são ensinadas em cursos ou estipuladas em regulamentos; são geradas por *habitus* antigos, incorporados por meio de interações sociais.

Floreal publicou, por conta própria, o livro de contos e crônicas *Atitudes* (1922), que recebeu uma resenha elogiosa de Monteiro Lobato na *Revista do Brasil*.[78] No texto, o editor afirma que o autor havia demonstrado "que possui material de construção, que sabe temperar a argamassa do estilo, que sabe traçejar linhas harmoniosas; resta que ponha mãos à obra e construa em ponto grande". Tantas metáforas relacionadas ao universo da construção sugerem que Lobato conhecia o passado de Floreal, servente de pedreiro na adolescência. Os elogios podem ter sido redigidos com dupla função: a de elevar tanto o escritor como o pedreiro, ofício tão desvalorizado entre homens de letras. É bem conhecido o valor que Monteiro Lobato

---

77 A guitarra, *A Gazeta*, n.5252, p.6.
78 Ibid.

Figuras de autor, figuras de editor

conferia a trabalhos manuais e técnicos; o valor que dava a escritores pobres e marginalizados também parece ter sido grande.[79] Daí, talvez, a proteção a Sylvio Floreal, criticada por Lourenço Filho.

Floreal ainda publicou os romances *A coragem de amar* (1924), *O rei dos caça-dotes* (1924) e a coletânea de crônicas *Rondas da meia-noite* (1925). Poucos dias depois de sua morte, vinha a público *O Brasil trágico: impressões, visões e mistérios do Mato Grosso* (1928). A segunda edição de *A coragem de amar* foi anunciada com estardalhaço na primeira página do Estadão de 13 de março de 1925: "Igual a *La garçonne*? Melhor que *Mlle. Cinema*? Só *A coragem de amar* de Sylvio Floreal. Segunda-feira, dia 16, em todas as livrarias – 2ª edição, correta e aumentada – Primeira tiragem desta edição: 10 mil exemplares – Preço: 6$000". Os pedidos deveriam ser feitos à Editora Nova Era, localizada na Rua São Bento, no centro de São Paulo. Os modelos de Floreal, portanto, eram Victor Margueritte, autor do *best-seller La garçonne* (1922), e Costallat, cuja obra costuma ser comparada à do autor francês. Ao contrário de Costallat, Floreal realmente frequentava, desde a infância, os lugares miseráveis e sórdidos aos quais o carioca dava o nome francês de *bas-fond*. O romance que "construiu em ponto grande" seguia a escola de Costallat, e talvez o plano de Floreal fosse seguir também seu modelo de carreira. O repórter que entrevistou Costallat em 1924, para o jornal *A Gazeta*, registrou que Floreal esperava o escritor e editor carioca no saguão do hotel e lhe ofereceu um exemplar de seu novo romance, com dedicatória.[80]

A morte de Floreal, em 15 de setembro de 1928, foi noticiada por poucos jornais, e de maneiras bastante distintas. A *Gazeta de Notícias*, da capital federal, anunciou, em manchete, "O falecimento de Sylvio Floreal" e, no lide, "o popular escritor paulista viveu os últimos dias na indigência".[81] Segundo o texto, o escritor vivia em uma casa de pensão onde devia aluguel. O *Correio Paulistano* informou, em nota discreta, o falecimento do

---

79 Ver, por exemplo, A doutorice e Subtécnica em Lobato, *Fragmentos, opiniões e miscelânea*.
80 *Mistérios do Rio*.
81 O falecimento de Sylvio Floreal, *Gazeta de Notícias*, n.258, p.10.

435

"colaborador" em "sua residência".[82] Naquele ano, Floreal publicara três crônicas no jornal: uma em março e duas em abril. No também paulistano *Diário Nacional*, saíram avisos sobre missas em sua homenagem e, no dia 6 de outubro, uma nota opinativa sobre o lançamento de seu último livro, que apresentava algumas impressões do articulista, J. E. Vellino, sobre a vida de Floreal:

> O escriptor boehmio, que viveu em S. Paulo, neste momento de plena affirmação artistica, como um pária, não há muito tempo desapparecera da cidade, em cujas ruas era visto a andar pesadamente como um burguez incapaz de alimentar um idéal artistico e em cujas livrarias se demorava a ver as novidades literarias.
> Ninguem sabia para onde havia ido Sylvio Floreal. Pouco importava, porém. Ninguem sabia tambem de onde viera elle. Apenas que, com um esforço extraordinario, lográra subir da situação mais grosseira, a uma posição mais elevada, por mais terrivel para a luta que elle teve de sustentar até cahir num collapso cardiaco.[83]

Na visão de Vellino, Floreal conseguira "subir da posição mais grosseira" graças a um "esforço extraordinário", tornando-se, entretanto, um burguês "incapaz de alimentar um ideal artístico". Depois de desaparecer da cidade, ele retornara do "sertão rude", de onde trouxera "seu mais belo livro" e, conforme havia declarado ao jornalista, "as maiores desilusões". A figura de autor pintada por Vellino é a de um "pária" que se aproveita da metrópole "em plena afirmação artística", um homem de origem desconhecida que consegue se tornar um burguês gordo — nunca um artista — morto enquanto sustentava sua "luta terrível". A nota evoca um enredo conhecido: artista pobre vende a alma para se tornar burguês, perde a inspiração e paga com a própria vida pela redenção, que chega muito tarde, na forma de seu melhor livro.

---

82 Sylvio Floreal, *Correio Paulistano*, n.23.349, p.11.
83 O Brasil trágico, *Diário Nacional*, n.386, p.5.

Um texto da *Gazeta de Notícias* de Campinas (SP) compôs um retrato muito diferente de Floreal, reproduzido pelo jornal *O Mato-Grosso*:

> Sylvio Floreal morreu na mais completa miseria: destino que espera a quase todos que mourejam na imprensa ou que fazem vida literaria neste Brasil. Por isso mesmo, punge e amargura cada caso semelhante a historia cruel da morte de Sylvio Floreal. Há muitos annos foi elle, por algum tempo, redactor da "Gazeta de Campinas", onde teve ocasião de mostrar as suas lidimas qualidades de escriptor e jornalista. Após seguir rumo incerto, nomade por assim dizer, de quantos vivem ou procuram, heroica e displicentemente, viver da penna, da publicidade, do jornalismo. Ora aqui, ora lá, logo, mais além, na sua eterna bohemia, enfrentando, destemerosamente a vida e os reveses que o não poupavam. Há dois meses vimo lo pela última vez: realizou em Campinas uma conferencia intitulada "O mysterio do rio das Garças".[84]

A impressão que Floreal deixara nos jornalistas de *O Mato-Grosso* fora de "simpatia e funda inteligência". O jornal ainda assinala que Floreal foi "um impenitente boêmio, que trabalhou com dedicação na imprensa de vários estados, revelando, como em Cuiabá, um espírito inteligente e de boa cultura". Os modos distintos com que a morte de Floreal foi – ou não – noticiada nos jornais da capital federal, da capital paulista e de outras cidades brasileiras sugerem algumas pistas a respeito das diferentes posições que ele ocupava em diferentes campos literários. No campo nacional, sua morte não causou comoção, dada a sua posição quase insignificante no polo dos escritores dominados. A principal manchete sobre seu falecimento destacava não sua obra, mas o escândalo de sua suposta indigência. Em São Paulo, onde ele era mais conhecido, os jornais se concentraram em sua vida boêmia, sua origem incerta, seu trabalho na imprensa, sua aparência de "burguês", silenciando sobre eventuais qualidades estéticas de seus livros. Finalmente, em jornais do interior de São Paulo e de Mato Grosso, Floreal foi elogiado, em textos mais longos, como escritor culto e homem de letras dedicado. O texto publicado pela *Gazeta* de Campinas chega a fazer dele um mártir das

---

84 Sylvio Floreal, *O Mato-Grosso*, n.2126, p.2.

letras, retomando, para tanto, a figura do poeta romântico pobre, heroico e nômade tantas vezes cantada por Álvares de Azevedo, Gonçalves Dias, Castro Alves, Fagundes Varela, como vimos anteriormente.

Posteriormente, surgiriam os depoimentos de amigos mais próximos, como Ribeiro Couto e Afonso Schmidt, os quais apresentam um Sylvio Floreal que só odiava, acima do jornalismo, o burguês.

Em todos os textos sobre o escritor Floreal, porém, mesmo naqueles que registraram falas de Domingos Alexandre, segundo seus companheiros, percebemos a presença de *habitus* antigos a delinear as disposições e as práticas do autor de *Atitudes*, dentre os quais se destacam a inclinação pela defesa da arte "pura" e o ódio ao burguês – mais palatáveis se realizados apenas no plano do discurso; o desprezo pelo jornalismo e a sedução dos cargos de prestígio nas folhas.

6.7. A rede dos Quixotes

Os documentos relacionados às editoras de Monteiro Lobato encontrados ao longo desta pesquisa indicam que homens de letras figuraram em pontos-chave das empresas. Eles estavam em direções regionais, como Antônio Sales; em lugares estratégicos no interior dos estados, como Sud Mennucci e Othoniel Motta; em postos administrativos da *Revista do Brasil*, como Lourenço Filho e Léo Vaz; em meio a círculos importantes de intelectuais, como Rodrigo Octávio Filho. Pode ser que tenham se deslocado para vender assinaturas e livros, como Sylvio Floreal. Atuaram também na revisão, como Geraldo Ferraz.

O fato de serem homens de letras parece ter sido decisivo para que Lobato os contratasse, ainda que designados para funções por vezes apenas indiretamente ligadas à literatura. O depoimento de Geraldo Ferraz sobre o modo como foi contratado por Lobato fortalece tal hipótese. Ferraz conta que, em 1922, morava na capital paulista e trabalhava na Tipografia Condor. Nas horas de folga, escrevera um romance "pretensamente nietzschiano":

> Terminado o romance, o que fazer com ele? Entregá-lo a um editor, e esta foi a maior das audácias. Escolhera Monteiro Lobato como vítima, e lá no es-

critório da editora, à Rua Vitória, sobreloja, entregava o autor a sua pretensiosa esperança, que levava o título de *Sombras e reflexos*. O editor levou a sério o novo escritor, marcou-lhe uma audiência para daí a uma semana. E lá voltamos para ouvir de Lobato o que já esperávamos: o livro não dava ainda para ser publicado. Ele queria, entretanto, mostrar o livro a José Antonio Nogueira, dada a tendência filosófica desse escritor... entrementes, indagava, o que é que fazia o jovem autor, que é que estudava, a que visava, como vivia? Admirou-se do autodidatismo que fornecera, disse-o Lobato, "uma redação", e declarou logo: "Você não pode continuar numa oficina. Ofereço-lhe um lugar na revisão da *Revista do Brasil*, temos dois revisores lá, que estão sobrecarregados".

Dois dias depois, com ordenado dobrado (de 5$700 por dia passava a 300$000 por mês), entrava na oficina da Editora, à Rua dos Gusmões nº 70, e ali encontrava Marcelino Ritter e Pedro Ferraz do Amaral, os dois professores por Piracicaba, e que logo se entrosaram com o novo revisor. Esta, a primeira passagem da mocidade do autor, pois lhe dando um novo emprego, Monteiro Lobato o encaminhava para uma função já acima da que até então, durante quatro anos, conquistara sozinho. Ali conheceu o Narrador a Belisário Pena, de olhar inteligente e fala tranqüila, e que tinha um trabalho em andamento na Editora. Vieram depois Júlio César da Silva, o poeta, muito elegante em seu começo de velhice; Rui Ribeiro Couto, o contista de *O Jardim das Confidências*; Léo Vaz, Brenno Ferraz do Amaral, Sérgio Milliet, de partida para a Europa e que secretariava a *Revista*, e, um dia, Paulo Prado, saudável e elegante, com atenção para tudo. [...] A tudo isto Monteiro Lobato emprestava sua atenção editorial, que na época já desbordava das instalações da Rua dos Gusmões.[85]

Geraldo Ferraz entrou para a revisão e também para a rede de homens de letras que tinha a *Revista do Brasil* como ponto de encontro, de expansão, de manutenção. Conforme observamos anteriormente, não era novidade um escritor entrar no campo literário pela porta da revisão. O que chama a atenção em documentos como o relato de Geraldo Ferraz, a carta de Lourenço Filho sobre Sylvio Floreal, a correspondência de escritores que vendiam assinaturas da *Revista do Brasil*, é a presença de homens de letras em

---

85 Ferraz, *Depois de tudo*, p.12-3.

alguns "nós" importantes da editora, principalmente o da distribuição de livros. Essa presença, no entanto, foi de certo modo apagada nos registros sobre a história da editora. Lobato, nas entrevistas que deu sobre suas atividades editoriais, faz referência a comerciantes com os quais teria entrado em contato oferecendo livros para venda consignada, mas não a literatos que tivessem trabalhado, de diversas maneiras, para aumentar a rede de distribuição da *Revista do Brasil* e dos livros de suas empresas.

Uma hipótese para explicar esse "apagamento" dos literatos na história da rede de distribuição de livros seria a de que a participação de homens de letras em vários estágios do ciclo de vida do livro era prática tão antiga que não constituiria novidade. De fato, parece que os autores brasileiros encarnaram em suas figuras, pelo menos até meados do século XX (se não até hoje), as atribuições de outros profissionais que permitem a existência de um sistema literário, quais sejam os revisores, tradutores, editores, diagramadores, tipógrafos, vendedores.

Nas entrevistas concedidas por Lobato e em suas biografias, autores de livros são descritos em visitas às suas editoras, elencados entre os nomes publicados pelo editor, mas dificilmente retratados em funções relacionadas a circuitos da "vida" do livro, na expressão de Robert Darnton, tais como a leitura e a seleção de originais, a revisão de texto, a distribuição e a vendas de impressos. No entanto, homens de letras parecem ter sido fundamentais não apenas como autores editados por Lobato, mas como auxiliares dele em várias funções relacionadas à indústria livreira.

A dedicatória mencionada por Mário Sette, na qual Lobato pede para "cutucar" determinado livreiro a quem enviara "obras e revistas em consignação", é emblemática de como o editor contou com escritores para administrar a rede de distribuição. Afinal, dedicatória e solicitação de serviço ocupavam o mesmo espaço na folha de rosto da obra literária. Por sua vez, a obra, no contexto em que foi enviada, pode ser pensada como símbolo das trocas efetuadas entre Lobato, escritor já famoso e editor de prestígio, e Mário Sette, escritor que lutava por posições mais elevadas no campo literário e contava com a editora de Lobato para obtê-las. A "moeda" livro reforçava os laços de autores com um "mesmo molde mental", como dizia o editor, e evocava as transações realizadas por intermédio desse laço. As trocas simbólicas envolviam, da parte de Sette, a administração das vendas da *Revista do Brasil* em Pernambuco e, da parte de Lobato, a administração da rede que abrangia o nó onde se localizava Sette.

Luís da Câmara Cascudo foi outro jovem escritor com quem Lobato manteve correspondência e relações de negócios. Eles trocaram cartas a partir de 1918, quando Cascudo, vivendo no Rio Grande do Norte, ainda era autor inédito em livro.[86] Segundo Marisa Lajolo,

> Luís da Câmara Cascudo, muito mais do que um interlocutor para as preocupações folclóricas de Monteiro Lobato, é visto pelo editor paulista como um virtual divulgador da *Revista do Brasil* e agenciador de assinaturas para ela. Como prática até hoje vigente, remunera-se a indicação de novos assinantes com a gratuidade de assinatura.[87]

Realmente, Lobato solicita, em uma carta não datada: "Cascudo: Pegue a laço aí quatro assinantes e mande os cabras: ficas assim com a tua assinatura de graça".[88] De acordo com Lajolo, haveria "também recompensas simbólicas, eventualmente de valor maior". Em uma carta de 26 de setembro de 1920, Lobato indica que publicará um artigo de Cascudo na *Revista do Brasil*. Em 1924, a Cia. Gráfico-Editora Monteiro Lobato lança *As histórias que o vento leva*, segundo livro de Cascudo. O primeiro, *Alma patrícia*, saíra, em 1921, pelo Atelier Typ. Vitorino, muito menos prestigiado.

Entrementes, o editor paulista pede vários favores a Cascudo. Solicita a indicação de comerciantes em Assú e Caicó, em uma carta de 5 de maio de 1922. Pede auxílio, em uma carta sem data, para conseguir a adoção de livros didáticos no Rio Grande do Norte:

---

[86] No FML há uma carta de Lobato a Cascudo, datada de 1º ago 1920 (MLb 3.1.00165cx3). Esse documento levou Marisa Lajolo a estabelecer contato com a família do folclorista, que enviou ao Cedae, em 2002, um conjunto de quinze cartas fac-similadas de Cascudo a Lobato. As cartas foram analisadas por Lajolo no artigo Correspondência, história e teoria literária, publicado no site GT História da Leitura. Disponível em: <http://www.pucrs.br/fale/pos/historiadaliteratura/gt/lajolo.php>. Acesso em: 15 set. 2017.
[87] Lajolo, Correspondência, história e teoria literária.
[88] Ibid.

[...] pode informar-me do processo para apresentação de livros didáticos que pretendem a adoção na escola desse estado? A quem se requer? Quer o amigo requerer por mim, como procurador? Ou então diga-me a quem se requer, em que sede (?), e o mais que é mister fazer. Livros foram adotados pelo Est. de S. Paulo e estão em via de ser por Minas, Rio, Paraíba e outros.

O livro em questão poderia ser *Narizinho arrebitado* (1921), versão escolar do álbum *A menina do narizinho arrebitado* (1920), ou *Fábulas* (1922), ambos adotados em São Paulo e, segundo a pesquisadora Hilda Vilela, também no Paraná e no Ceará. Para obter a adoção de *Narizinho* nas escolas cearenses, Lobato contou com a ajuda de Lourenço Filho, então diretor da Instrução no estado. Em uma carta de junho de 1922, o educador escreve ao editor:

[...] V. não tem razão. A esta hora já terá recebido o jornal com a nota oficial da aprovação e adoção dos seus livros, bem como do dr. Doria.

E veja como V. é ingrato: o único embaraço na minha ação, aqui, foi exatamente o resultado da aprovação de *Narizinho arrebitado*. O clero me moveu tremenda guerra, sob o pretexto de que a adoção do livro visava ridicularizar a sagrada religião católica. Foi preciso, para manter a aprovação, que eu inventasse haver uma 2ª edição, sem os inconvenientes da primeira.

Lembra-se V. de que lhe falei sobre aquele tópico dos freis com os sacramentos etc. Esse tópico, aí mesmo, ofendeu a muitos professores. V. só terá vantagens em suprimi-lo, quando reeditar o livro. [...][89]

Homens de letras como Câmara Cascudo e Lourenço Filho – esse último em um posto importante para a realização do pedido de Lobato – parecem ter sido fundamentais, portanto, para a distribuição e venda dos livros da editora. Antônio Sales teria dado "parecer favorável" à adoção de *Narizinho* no Ceará, o que corrobora a importância da rede de letrados para a difusão e a venda de livros da casa.[90] Lourenço Filho usou sua influência

---

89 Carta de Manuel Bergstrom Lourenço Filho a Monteiro Lobato. Localização: MLb 3.2.00284cx6.

90 Em uma carta sem data, Lobato escreve: "Parece-me que o Ceará adoptou os meus livros. Houve objeções contra o Nariz. Que é 'offensivo à igreja' (!!!!)

para que as escolas cearenses adotassem *Narizinho* e uma obra assinada por Sampaio Dória.[91] A passagem de *Narizinho* em que um frei e um padre são retratados como insetos, no reino das Águas Claras, realmente havia causado polêmica em São Paulo e foi suprimida nas edições posteriores. Após relatar a aprovação dos livros, Lourenço Filho comenta o sucesso da reforma educacional que empreendia no Ceará e informa a Lobato que mandaria "jornais com notícias, para que você fale das minhas habilidades na *Revista*".

Outras trocas de favores são mencionadas ao longo da carta. O educador conta que estava pondo em prática o recenseamento escolar e a "obrigatoriedade", que triplicaria as matrículas. E arremata o texto com uma observação brincalhona, mas instigante: "É preciso fazer leitores para a *Revista* e para os livros que você edita".[92] A época era de reformas educacionais em vários estados e de perspectivas de aumento do público leitor com a disseminação do ensino básico em massa.[93]

Monteiro Lobato contava com o auxílio de homens de letras em posições influentes no campo do poder, da religião, da educação, como Antonio Salles e Lourenço Filho, para obter contratos que garantiriam as vendas de

---

mas esperam 2as edições "desagravadas". Não sabia que era V. quem dera parecer favoravel. Obrigado por mais isso, meu caro amigo. Mande o artigo para a *Revista* e escolha no catalogo os livros que o interessam que te não custarão nada". Coleção Antônio Sales. Arquivo-Museu de Literatura Brasileira. Fundação Casa de Rui Barbosa. Localização: Col. AS/Cp 139 – fl. 30.

91 Dória teve publicados por Monteiro Lobato os livros *Como se aprende a língua* (curso complementar e curso médio) e *Como se ensina*.

92 Eis uma boa epígrafe para futuras pesquisas sobre a produção de livros didáticos pelas editoras de Monteiro Lobato. Faltam ainda estudos sobre as obras publicadas por ele, as obras escritas por ele para escolas, como *Narizinho arrebitado*, as vendas para secretarias estaduais de educação, para mencionar apenas alguns aspectos

93 Sobre as reformas educacionais nos anos de 1920, consultar Nagle, *Educação e sociedade na Primeira República*. A respeito do livro didático brasileiro e formação do público leitor, ver o capítulo "Livros didáticos, escola, leitura" de Lajolo; Zilberman, *O preço da leitura*. A importância de investimento governamental em ensino de massa para a indústria do livro é examinada por Robert Estivals em *Création, consommation et production intellectuelles*. In: Escarpit, *Le Litteraire et le social: éléments pour une sociologie de la littérature*.

milhares de exemplares. Letrados muito menos poderosos também tinham papel relevante a desempenhar na rede de distribuição, pelo que se deduz de uma carta de Monteiro Lobato a Câmara Cascudo, de abril de 1921, em que o editor trata do aumento dos pontos de venda e das dificuldades de negociar com alguns comerciantes:

> Temos já a venda organizada em 500 localidades, de modo que está rompido o velho processo de confinar-se a produção literaria às capitaes. Hoje, livro que edito apparece simultaneamente em quanto lugarejo haja, de norte a sul. Em descobrindo mais uma livrariazinha, uma papelaria ou bazar que seja, ahi vamos com um punhado de livros negacear [?] o leitor. Infeliz.te os nossos consignatarios do interior abusam da situação e augmentam os preços, já tão caros. Livros que consignamos a 4$ elles expoem à venda por 4.500 e 5. E isso difficulta, embaraça, demora a sahida. Adoptei o systema de imprimir o preço no dorso. Mesmo assim abusam, dizendo que tal preço é lá em SPaulo. Mas apezar de todos os pesares vamos tocando a coisa para deante e despejando livros a mancheias. *O livro caindo n'alma é germen que faz a palma...*

A carta termina com versos de Castro Alves, grifados por Lobato. A citação de trecho do conhecido poema "O livro e a América" imprime às atividades comerciais anteriormente mencionadas o tom grandioso e heroico comumente associado ao poeta baiano. A citação do verso lembra a menção à personagem dom Quixote usada nas cartas a Sales e a Roquette-Pinto. Tanto o poema de Castro Alves como o romance de Cervantes remetem a ideais artísticos que revestem o empreendimento editorial de caráter digno, nobre, emérito.

Há uma grande diferença entre as cartas de negócios que Monteiro Lobato escreveu a homens de letras e as cartas que teria enviado a comerciantes. A circular, da qual ele se lembrava de memória, oferecia a donos de lojas "uma coisa chamada livro", artigo "como qualquer outro, batata, querosene ou bacalhau". Ao fazer uso de tais comparações, Monteiro Lobato teria provocado um escândalo, segundo o biógrafo Edgard Cavalheiro, por tratar o livro como "mercadoria anunciável", o que parecera "um rebaixamento dos valores intelectuais".[94] O escândalo teria ocorrido entre homens de letras, já que, como vimos na primeira parte deste livro, comerciantes sempre venderam livros como mercadorias, anunciando-os junto a outros produtos nos jornais, oferecendo-os junto a outras "coisas" em lojas variadas.

Quando escrevia a letrados, especialmente aqueles com os quais mantinha relações formais, o editor Monteiro Lobato sempre usava metáforas literárias para fazer referência a atividades mercantis, como quando classifica de "quixotesco" o investimento na *Revista do Brasil*. Ele era um homem de letras que conhecia bem os *habitus* dos literatos de seu tempo. Como seus pares, incorporara tais *habitus*, sem ter total consciência deles, por meio de inumeráveis interações sociais. Tinha conhecimento, que se manifestava de variadas formas, da distância que deveria existir, nos discursos a homens de letras, entre atividades artísticas e atividades financeiras, entre arte "pura" e comércio. Também tinha conhecimento de que comerciantes vendiam livros, há muito tempo, como se fossem batatas ou querosene. O desafio era convencer homens de letras de que era preciso aceitar essa realidade, e mais: era preciso trabalhar ajudando os comerciantes a vender livros junto a batatas e querosene.

Talvez, por essa razão, quase vinte anos depois de sua falência, em 1943, quando deu entrevista a uma revista chamada *Leitura*, Lobato, o editor para quem as revistas tinham *feições*, explicou a seu público que *comerciantes* – e não *letrados* – não sabiam que livros são mercadoria como outra qualquer. O editor estava em posição bastante delicada, naquela entrevista. Ele precisava tratar daquilo que Pierre Bourdieu veio a chamar de "lógica 'econômica' das indústrias literárias e artísticas", as quais "fazendo do comércio dos bens culturais um comércio como os outros, conferem prioridade à difusão, ao sucesso imediato e temporário, medido, por exemplo, pela tiragem, e contentam-se em ajustar-se à demanda preexistente da clientela".[95] Para apresentar seu comércio de bens culturais, realizado como um comércio "como os outros", de modo favorável aos amantes da *Leitura*, ele se concentra em

---

94 Cavalheiro, *A correspondência entre Monteiro Lobato e Lima Barreto*, p.243.
95 Bourdieu, *As regras da arte*, p.163.

enfatizar aspectos da difusão de livros, que passava pela "conscientização" de comerciantes para que fosse feito o ajuste à "demanda preexistente da clientela", ou seja, para que livros demandados pelos leitores fossem produzidos e entregues a eles onde quer que estivessem. Essa é uma das lógicas de produção que sustentam o campo literário, segundo Bourdieu; a segunda, ou primeira delas, será vista no próximo capítulo.

Lobato, na entrevista, realiza outra estratégia prevista pelas indústrias culturais, segundo Bourdieu, que é recusar "as formas mais grosseiras do mercantilismo" e abster-se de "declarar completamente seus fins interessados".[96] Se nos lembrarmos do conteúdo de algumas das cartas examinadas neste capítulo, podemos concluir que, de fato, Lobato silencia sobre alguns dos "fins interessados" da editora e de "formas" que poderiam ser consideradas "grosseiras do mercantilismo", pelo menos por intelectuais, optando por dissertar sobre a circular enviada a comerciantes.

Lobato teria consciência de que estava omitindo, na entrevista, a principal inovação de sua rede de distribuição de livros – a de que pusera para trabalhar com vendas provavelmente a maior quantidade de letrados até então reunida com esse fim? Não existem ainda pesquisas que provem o contrário. Se ele tinha discernimento do feito, como poderia verbalizá-lo em uma revista dirigida a um público cujo *habitus* provavelmente tornavam invisíveis todas as práticas que ligam autores a negociações direta ou indiretamente financeiras, sejam elas do tipo que envolve direitos autorais, sejam a respeito de vendas de assinaturas e livros?

Monteiro Lobato nunca fez o "grande escândalo", que seria dizer, em uma entrevista, como Othoniel Motta, Sud Mennucci, Câmara Cascudo, Brito Broca, Mário Sette, Antônio Sales, Lourenço Filho, Sylvio Floreal, Rodrigo Octávio, Roquette-Pinto, dentre muitos outros homens de letras, ajudaram-no a vender livros, de diferentes maneiras, em diversos pontos do Brasil. A "virada de esquina da nossa cultura" não teria sido o fato de Monteiro Lobato revelar ao comerciante que o livro era uma mercadoria como outra qualquer, mas o de *fazer essa revelação aos homens de letras*. Observamos, por meio de algumas cartas, como essa tarefa exigiu, da parte de

---

[96] Ibid.

Monteiro Lobato, recursos retóricos, do apelo a personagens literárias ao uso de publicidade estrelada por Olavo Bilac, e ofertas simbólicas, geralmente envolvendo publicações na *Revista do Brasil* e nas editoras. De seu lado, letrados ofereceram vendas de assinaturas e livros, contatos com comerciantes, pareceres favoráveis para a adoção de livros das editoras em estados da federação.

Obviamente, a mudança de percepção dos homens de letras com relação ao livro como mercadoria não foi provocada única e exclusivamente por Monteiro Lobato, nem ocorreu de um golpe, naqueles anos, modificando com uma "revolução" a estrutura solidificada durante séculos por *habitus* que separam a arte "pura" do comércio. É possível pensar, porém, que houve mudança suficiente para gerar novos *habitus*, a princípio no próprio Monteiro Lobato, os quais, por sua vez, geraram novas disposições e práticas de enorme alcance no campo literário. Para Marisa Lajolo, ao longo da vida do escritor e editor, "delineia-se [...] uma concepção de livro cuja inspiração capitalista traduz-se nas metáforas com que Monteiro Lobato fala da própria obra e das que edita".[97] Os livros, na linguagem de Lobato, "filtram-se em imagens de produção, de lucro, de ganho".[98] O impacto desses discursos na formação de *habitus* de escritores e de editores ainda está para ser medido de maneira mais precisa, mas não há dúvida de que provocou modificações no campo intelectual. Quando ele faz a "revelação" de que o livro é uma mercadoria como outras, mais uma vez, aos letrados leitores da *Leitura*, por meio de uma lembrança, talvez recriada pela imaginação, de circular enviada muitos anos antes a supostos comerciantes, ele também estava, de novo, usando sua posição no campo literário para modificar *habitus* estruturantes e estruturadores.

---

[97] Lajolo, *Monteiro Lobato*: um brasileiro sob medida, p.35.
[98] Ibid.

Capítulo 7
Contratos de edição das empresas de Monteiro Lobato

7.1. A propriedade literária no Código Civil de 1916

Wilson Martins acredita que o ano de 1916 foi repleto de acontecimentos representativos de um novo espírito de época, cujos contornos ficariam mais nítidos com a Semana de Arte Moderna realizada em São Paulo em 1922. Para ele,

> será inegável [...] que uma série de fatos, literários e extraliterários, conferem ou podem conferir ao ano de 1916 a condição de plataforma giratória: funda-se a *Revista do Brasil*, sob a direção de L. P. Barreto, Júlio Mesquita e Alfredo Pujol, em nome do nacionalismo que seria, sob diversos avatares, um dos dogmas mais imperiosos do Modernismo e da vida brasileira de então para o futuro; promulga-se, afinal, o Código Civil, o que implica uma nova idade social; tenta-se organizar em São Paulo uma sociedade por ações, "cujo fim é editar obras de escritores paulistas", ou seja, o núcleo teórico do que, na mesma *Revista do Brasil*, com o número de setembro, viria a ser o enorme desenvolvimento editorial dos anos 20; inicia-se a publicação de *O dialeto caipira*, de Amadeu Amaral,[1] denunciando a preocupação lingüística que, de Rui

---
1 *O dialeto caipira*, de Amadeu Amaral, foi reeditado pela Monteiro Lobato & Cia. No catálogo da editora, de 1923, o livro é anunciado como "notável estudo da

Barbosa a Mário de Andrade e Mário Neme, seria, igualmente, um dos sinais característicos do movimento.[2]

Houve várias tentativas de escrever um Código Civil durante o Império. Entre os principais entraves ao êxito dos sucessivos projetos estava a escravidão. Depois da Proclamação da República, existiram algumas tentativas individuais de redigir um Código, mas, somente em 1889, com a contratação do jovem advogado pernambucano Clóvis Beviláqua, o projeto pôs-se verdadeiramente em marcha. O então presidente da República, Campos Sales, pretendia promulgar o Código Civil como uma das realizações de seu governo. Beviláqua, cuja contratação fora controversa – havia juristas mais experientes e famosos, como Rui Barbosa – "cumpriu com as expectativas à risca".[3] Em novembro de 1900, seus trabalhos estavam terminados, e o Código seguiu para Câmara dos Deputados, cujo parecer foi relatado por Sílvio Romero em janeiro de 1902. A partir desse ponto, porém, o processo estancou, como relata Keila Grinberg:

> Desde que chegou ao senado para igual discussão e proposição de emendas, passaram-se dez anos sem que nada fosse decidido. A animá-los, as intervenções do senador e presidente da comissão de avaliação Rui Barbosa, defendendo que a pressa na codificação "forçosamente haveria de produzir uma obra tosca, indigesta, aleijada". O eminente político, jurista e diplomata fez uma leitura acuradíssima do projeto, apontando inúmeras discordâncias gramaticais que deram origem a uma das maiores discussões filológicas travadas no Brasil, envolvendo não só o próprio Beviláqua mas também o então deputado Sílvio Romero e Ernesto Carneiro Ribeiro, professor de francês e catedrático de gramática filosófica, que havia feito a revisão gramatical dos 1.832 artigos que compunham o projeto do Código.[4]

---

linguagem dos nossos caipiras, a qual já constitui um perfeito dialeto brotado da grande árvore da língua-mãe, a portuguesa".
2 Martins, *A ideia modernista*, p.18.
3 Grinberg, *Código civil e cidadania*, p.16.
4 Ibid.

O parecer de Rui sobre o projeto contestava a legitimidade da expressão *direito autoral*, usada na lei n. 496, conhecida como "Lei Medeiros e Albuquerque", primeira a regulamentar o assunto, conforme observamos no Capítulo 3. Segundo o jurista, a expressão "apenas havia entrado no léxico da língua, o de Candido de Figueiredo, como neologismo brasileiro, abonado pela lei n. 496, de 1898".[5] As discussões sobre a pertinência da expressão direito autoral, em lugar de propriedade literária, eram extensas.[6] Na época, prevaleceu *propriedade literária*, adotada no Código Civil. Os problemas apontados por Rui Barbosa no Código, grande parte deles de teor gramatical, foram vistos por "más línguas" como "ciúme de não ter sido escolhido para redigir o texto". Esse ciúme teria origem na rivalidade entre as faculdades de Direito de Recife e de São Paulo. Para Keila Grinberg, a escolha de Beviláqua significava "o reconhecimento da ascensão ao primeiro escalão intelectual do país dos autodenominados renovadores da escola de Recife".[7]

As discussões sobre a redação e o conteúdo do Código interromperam o processo de debate das leis entre 1905 e 1912, quando a Câmara sugeriu que o projeto fosse adotado, enquanto o Senado não tomava uma decisão. O Senado realizou, então, a votação do projeto, aprovando "quase todas as emendas sugeridas por Rui Barbosa".[8]

Assim, o capítulo VI do Código Civil, que regulamenta os direitos de autor, tem como título "Da propriedade literária, artística e científica". O artigo 649 reza que

> Ao autor de obra literária, científica ou artística pertence o direito exclusivo de reproduzi-la.
>
> § 1º Os herdeiros e sucessores do autor gozarão desse direito pelo tempo de 60 (sessenta) anos, a contar do dia de seu falecimento.

---

5 Apud Azevedo, *Direito moral do escriptor*, p.5.
6 Philadelpho Azevedo, no livro citado na nota anterior, apresenta e analisa as doutrinas que embasavam cada uma das expressões. Clóvis Beviláqua também analisa a questão no capítulo Direitos autorais de seu livro *Direito das coisas*.
7 Grinberg, op. cit., p.18.
8 Ibid.

§ 2º Morrendo o autor sem herdeiros ou sucessores, a obra cai no domínio comum.[9]

Em relação à Lei Medeiros e Albuquerque, o Código aumentava de cinquenta para sessenta anos a duração da propriedade literária ou direito autoral. Também modificava a data a partir da qual o direito autoral seria assegurado; na Lei Medeiros e Albuquerque, os cinquenta anos eram contados a partir da *data de publicação da obra* e, no Código Civil, o prazo de sessenta anos passaria a valer a partir da *data de morte do autor*. O Código ainda regulava o caso expresso no segundo parágrafo, que não fora previsto. Além disso, não havia mais distinções entre autores estrangeiros e nacionais para o gozo dos direitos civis. Segundo Beviláqua, o código "depurou o regime" da lei n. 2.577, de 17 de janeiro de 1912, que estendia "a proteção jurídica às obras publicadas em país estrangeiro, aderente a convenções internacionais sobre a matéria".[10] O Brasil havia aderido à Convenção de Berna em 1886, e à Convenção de Berlim de 1908, que revisava os acordos de Berna.

Outra novidade do Código era a regulamentação dos contratos de edição. O Capítulo IX, que trata dos contratos de edição, estabelece:

Art. 1.346. Mediante o contrato de edição, o editor, obrigando-se a reproduzir mecanicamente e divulgar a obra científica, literária, artística, ou industrial, que o autor lhe confia, adquire o direito exclusivo a publicá-la, e explorá-la.

Art. 1.347. Pelo mesmo contrato pode o autor obrigar-se a feitura de uma obra literária, científica ou artística, em cuja publicação e divulgação se empenha o editor.

Art. 1.348. Não havendo termo fixado para a entrega da obra, entende-se que o autor pode entregá-la quando lhe convier; mas o editor poderá fixar-lhe prazo, com a cominação de rescindir o contrato.

Art. 1.349. Enquanto não se esgotarem as edições a que tiver direito o editor, não poderá o autor dispor da obra no todo, ou em parte.

---

9 Lei n.3.071, de 1º de janeiro de 1916. *Código Civil dos Estados Unidos do Brasil*.
10 Beviláqua, *Código Civil dos Estados Unidos do Brasil comentado por Clóvis Beviláqua*, p.193. Nessa edição comentada, Beviláqua faz um meticuloso histórico da lei de propriedade literária, comparando-a com leis de outros países.

Art. 1.350. Tem direito o autor a fazer, nas edições sucessivas de suas obras, as emendas e alterações que bem lhe parecer; mas, se elas impuserem gastos extraordinários ao editor, este haverá direito a indenização.

Parágrafo único. O editor poderá opor-se às alterações que lhe prejudiquem os interesses, ofendam a reputação, ou aumentem a responsabilidade.

Art. 1.351. No caso de nova edição ou tiragem, não havendo acordo entre as partes contratantes sobre a maneira de exercerem seus direitos, poderá qualquer delas rescindir o contrato, sem prejuízo da edição anterior.

Art. 1.352. Se, esgotada a última edição, o editor, com direito a outra, a não levar a efeito, poderá o autor intimá-lo judicialmente a que o faça em certo prazo, sob pena de perder aquele direito.

Art. 1.353. Se, no contrato, ou ao tempo do contrato, o autor não tiver estipulado retribuição pelo seu trabalho, será determinada por arbitramento.

Art. 1.354. Se a retribuição do autor ficar dependente do êxito da venda, será obrigado o editor, como qualquer comissário, a lhe apresentar a sua conta.

Art. 1.355. Cabe ao editor fixar o número de exemplares a cada edição. Não poderá, porém mau grado ao autor, reduzir-lhes o número, de modo que a obra não tenha circulação bastante.

Art. 1.356. Entende-se que o contrato versa apenas sobre uma edição, se o contrário não resultar expressa ou implicitamente do seu contexto.

Art. 1.357. O editor não pode fazer abreviações, adições, ou modificações na obra, sem permissão do autor.

Art. 1.358. Ao editor compete fixar o preço de venda, sem, todavia, poder elevá-lo a ponto que embarace a circulação da obra.

O Código não estipula a forma que os contratos deveriam assumir. Clóvis Beviláqua esclarece que "não há uma forma especial para ele [o contrato], podendo ser concluído de viva voz ou por escrito. Mas a natureza mesma das relações, entre o autor e o editor, pede a forma escrita".[11]

---

[11] Beviláqua, Do contrato de edição, *Direito das obrigações*, p.286. Nesse capítulo, Beviláqua faz uma instigante análise sobre a natureza dos contratos de edição, que seriam "uma figura jurídica complexa, constituindo uma categoria contratual autônoma".

Veremos que as editoras de Monteiro Lobato firmaram contratos por escrito e também por "viva voz".

7.2. Monteiro Lobato e os direitos autorais

Monteiro Lobato, na entrevista concedida à revista *Leitura*, em 1943, comenta a relação de sua editora com os autores por ela publicados.[12] Para demonstrar por que considera ter sido um editor "revolucionário" no trato com os autores, Lobato chama a atenção para o fato de, além de ter publicado "gente nova", ter pagado a essa gente direitos autorais. Afirma ainda que não só sua empresa pagava direitos aos autores, como por vezes o fazia antecipadamente – o que qualifica como "um escândalo".

As biografias lobatianas e as histórias sobre o livro no Brasil costumam enfatizar que a editora teria lançado autores "novos" e pagado a eles direitos autorais. Para Laurence Hallewell, entre as medidas tomadas por Lobato para revolucionar as perspectivas do autor brasileiro, está o pagamento "generoso" de direitos autorais. No entanto, o pesquisador inglês dá apenas um exemplo para justificar sua afirmação:

> Ele também os pagava generosamente, e freqüentemente antes da publicação. Parece ter sido de dez por cento a taxa de direitos autorais que ele normalmente pagava, mas muitas vezes essa porcentagem era maior. Em novembro de 1918 ofereceu a Lima Barreto metade dos lucros de *Vida e Morte de M. J. Gonzaga de Sá*, com que o autor não concordou; Lobato então sugeriu as alternativas de 800$000 contra a entrega dos originais ou 500$000 nessa ocasião e mais 500$000 três meses após a publicação. Como o livro seria vendido a 2$500, isso representava direitos de mais de 13% sobre a edição de 3.000 exemplares – e muito possivelmente prejuízo para o editor: o livro acabou por vender-se muito lentamente [...]".[13]

O exemplo isolado do contrato com Lima Barreto não parece suficiente para fundamentar as afirmações de que Monteiro Lobato "pagava genero-

---

12 Lobato, editor revolucionário.
13 Ibid., p.247.

samente, e freqüentemente antes da publicação". Também não sustenta a hipótese de que seria "de 10% a taxa de direitos autorais que ele normalmente pagava, mas muitas vezes essa porcentagem era maior". No entanto, é o único documento utilizado por Hallewell para justificar e ilustrar as declarações a respeito de remuneração de autores.

Essa mesma carta que trata da quantia paga a Lima Barreto pela edição de seu romance *Vida e Morte de M. J. Gonzaga de Sá* é também o único documento relativo a direitos autorais citado no livro *Monteiro Lobato:* intelectual, empresário, editor, de Alice Mitika Koshiyama, provavelmente o mais completo trabalho sobre as atividades editoriais de Lobato. No capítulo referente aos anos entre 1918 e 1930, que abarcam o período de funcionamento das editoras de Monteiro Lobato, Koshiyama não dá maiores informações sobre transações relativas a direitos autorais realizadas entre editor e escritores publicados.[14]

A carta reaparece citada no excelente *Na trilha do Jeca:* Monteiro Lobato e a formação do campo literário no Brasil, de Enio Passiani, que dedica uma parte de seu estudo ao papel que Lobato teve como editor no campo literário nacional. A certa altura, Passiani informa que "Lobato tornou-se o primeiro editor brasileiro a pagar direitos autorais compensadores".[15] Para justificar a informação, Passiani extraiu de *O livro no Brasil* o mesmo trecho da carta de Lobato a Lima Barreto citado por Hallewell. Porém, em nenhuma passagem de seu livro Hallewell dá a Lobato o título de *primeiro* editor a pagar direitos compensadores, ainda que elenque sua "generosidade" como um dos fatores que o tornam inovador na história editorial brasileira.

Não é difícil entender por que a correspondência entre Monteiro Lobato e Lima Barreto é utilizada em três dos mais importantes trabalhos sobre a atuação de Lobato como editor e por que se lança mão dela com frequência quando se quer abordar como as editoras lobatianas tratavam o pagamento de direitos autorais. As cartas trocadas pelos dois parecem ser os *únicos* documentos publicados que registram formalmente o acerto de contas

---

14 Koshiyama, *Monteiro Lobato:* intelectual, empresário, editor.
15 Passiani, op. cit., p.204.

entre as empresas e um escritor editado por elas.[16] Não há, em nenhuma das biografias de Monteiro Lobato, nem mesmo na realizada por Edgard Cavalheiro, que teve acesso ao acervo particular de Lobato, reprodução ou mesmo informação de contratos firmados pela editora.

A análise de documentos inéditos, principalmente de contratos, referentes ao modo como as editoras de Monteiro Lobato remuneravam seus autores pode trazer, portanto, novas informações a respeito desse aspecto da história das empresas. Da mesma forma, o estudo de documentos inéditos que registram a relação entre Lobato e autores publicados por suas empresas pode clarear a natureza dos vínculos de negócios estabelecidos entre eles. Afinal, até agora as fontes principais utilizadas nas obras que tratam das editoras foram, além dos já mencionados depoimentos e biografias de Lobato, a correspondência passiva e ativa do escritor, principalmente a dirigida a Godofredo Rangel e reunida no livro *A barca de Gleyre*.

Realmente, as cartas a Rangel, escritas ao longo de quarenta anos, são ricas em informações sobre as editoras. No entanto, essas cartas foram organizadas e editadas por Lobato quando da publicação do livro. Talvez, por essa razão, não haja entre elas nenhuma carta em que Lobato trate dos direitos de Rangel como autor ou tradutor de obras publicadas pela *Revista do Brasil*, Monteiro Lobato & Cia. e Cia. Gráfico-Editora Monteiro Lobato. Ainda não foram publicadas as cartas de Rangel para Lobato, que poderiam

---

16 O contrato firmado entre a *Revista do Brasil* e Lima Barreto nunca foi encontrado. Em uma carta de 2 de dezembro de 1918, Lima Barreto informa a Lobato: "De há muito devia ter-lhe escrito, manifestando os meus agradecimentos e acusando também o recebimento dos oitocentos mil réis e uma das vias do contrato estabelecido entre a *Revista do Brasil* e eu, para a publicação do *Gonzaga de Sá*". In: Barreto, *Correspondência ativa e passiva*, p.50-1. Francisco de Assis Barbosa encontrou o arquivo de Lima Barreto em 1945: "Apesar de desfalcado, para não dizer empastelado, fomos encontrá-lo, a tempo de ser salvo, nos baixos de um guarda-comida, na residência da irmã do escritor, no subúrbio de Todos os Santos". Barbosa estima que "uns setenta por cento" do arquivo "se encontravam intactos". Barbosa, Prefácio. In: Barreto, *Recordações do escrivão Isaías Caminha*, p.21. Essa edição reproduz o prefácio feito por Barbosa para a Coleção *Obras completas de Lima Barreto*, da Editora Brasiliense, publicadas em 1961. O texto de Barbosa é um precioso testemunho das dificuldades enfrentadas para reeditar as obras esgotadas de Lima Barreto, da procura do arquivo do escritor a negociações com editoras.

trazer informações sobre o modo como o escritor mineiro acertou a publicação de suas obras com as editoras do amigo.

Cartas inéditas de Monteiro Lobato a outros escritores trazem informações novas e importantes para entender a postura do editor com relação a direitos autorais. Em uma carta manuscrita e sem data a Oliveira Vianna, por exemplo, Lobato fez um diagnóstico pouco animador sobre o alcance da lei de propriedade literária. Ao que indica o conteúdo da carta, Vianna teve um artigo reproduzido em um jornal de Vassouras (RJ) sem sua autorização. A resposta de Lobato foi longa, mas vale citar trechos dela que transmitem como o editor via o literato do interior:

> Veiu o jornal de Vassouras com a tua carta. Conta-me que o Codigo cuidou da propriedade literaria; mas o Codigo nisso como em muitas coisas considerou o Brasil ideal que não existe, a tal miragem sociologica para a qual os ideologos da Constituinte fizeram a lei de 24 de fevereiro. Eu, quando se trata desta cataplasma de 8 milhões de kilom.,[2] [cremos], em vez de consideral-o pelo prisma formalistico das leis, examinal-o *in anima vilissima*, de perto, e sempre vejo uma coisa diversa. Quando as leis, a estatistica, a empafia nacional falam de jornaes occorre-nos logo ao espirito a impressão europea ou norte-americana dos jornaes fortes e ricos de lá. Mas olhando de perto, a quão poucas folhas é possivel dar semelhante accepção! [...] Damos-lhe o nome de jornal pelas mesmas razões [...] que chamamos exercito ao tumor maligno que vegeta no orçamento [...] O pobresinho do papel sae aos domingos com um soneto no frontispicio, um artigo de fundo sobre coisas municipaes que ninguem lê salvo o autor e os louvados, umas noticias velhas de 7 dias, já fóra, da berlinda do cavaco nas boticas, um folhetim, uma "variedade" e anuncios de Emulsão de Scott e 50 outros medicamentos infalliveis na cura da anemia economica dos fabricantes. Meia duzia de meninas romanticas leem a "variedade" e o folhetim, suspirando nos trechinhos onde se fala de amor. A maioria dos assignantes, como assignaram a folha a contra gosto por injunções de amizade ou disciplina partidaria, vingam-se no correr do anno, não dando tento a que ella existe. E assim vivotam esses urupês de Guttemberg, ignorados, ineditos, sem a menor acção na vida local, contribuindo exclusivamente. para augmentar o consumo de pasta de [madeira] e do pó de sapato ate que venha abaixo a situação politica a que se aparasitam como bons bernes que são. O facto de

um delles publicar sem licença do autor uma obra, não acarreta para este um milimetro sequer de [lucro] ou de propaganda ou de reclamo. [...] De modo que o autor deve simplesmente commover-se com a homenagem prestada pelo "collega" que ratou e lá dirije a folha esmoendo toda a vida chavões e frases feitas ao sabor da politica q. os custeia. Que triste bicho é o literato falho da roça! Fez sonetos, fez "variedades", muitos chegaram ate ao romance e ao uso da cabeleira caspenta symbolica, mas a fome os fez ancorar para o resto da vida na agua morta da "imprensa partidaria". "Incomprehendidos", ali criam ferrugem nas ideas e acabam chocando filhos as duzias. Quando morrem, tem necrologio farfalhudo e deixam a familia na miseria, "pobreza honrada" é o termo.[17]

Os comentários de Lobato sobre os pequenos jornais interioranos projetam imagens de campos literários brasileiros nos quais há homens de letras que apresentam *habitus* semelhantes aos dos campos maiores, mas, dadas as restrições que enfrentam, suas disposições e práticas de "literatos da roça" são muito diferentes daquelas encontradas nos grandes centros. Os "incompreendidos" do interior têm o *espaço de possibilidades* de ação extremamente reduzido, pois os leitores são insuficientes, e a dependência dos jornais aos campos da economia e, principalmente, do poder é enorme, de modo que não há autonomia para práticas como pagamento de direitos autorais.

O campo literário de São Paulo, onde Monteiro Lobato começou a atuar como editor profissional, apresentava maior grau de autonomia e *espaço de possibilidades* mais amplo. Ao que indicam algumas cartas, tamanha era a preocupação de Lobato em respeitar a lei de propriedade literária que ele deixou de publicar o romance *Dona Guidinha do Poço*, de Manuel de Oliveira Paiva (1861-1892), porque não conseguiu contatar os herdeiros do autor. Os originais da obra tinham sido confiados por Paiva ao amigo Antônio Sales, que se empenhou para publicar o romance na *Revista Brasileira*, então dirigida por José Veríssimo. No entanto, somente alguns capítulos foram publicados, pois a revista faliu logo depois, em setembro de 1899. Em uma carta a Antônio Sales de 2 de janeiro de 1919, Lobato registra a descoberta de que o romance estava com Sales e pede informações sobre os herdeiros de Paiva:

---

17 Manuscrito sem data e sem assinatura. Acervo Casa Oliveira Vianna, Niterói (RJ). Localização: n.1050.35.

> Tanto tempo andei atraz de boas informações sobre a "Guidinha do poço" e afinal me chegam ellas inesperadamente e da melhor fonte. Tenho cá a Rev. Bras. mas com falta dos ultimos fasciculos onde vem o final da primorosa novella. Desejo muito edital-a em volume porque é um crime tel-a enclausurada numa revista hoje rara. Mas, nesse caso com quem devo me entender a respeito de direitos autoraes? Na qualidade de editor tomo cautellas para evitar futuros aborrecimentos. Preciso de informações a respeito. Fica desde já entendido que o amigo prefaciará a obra e eu me esforçarei por que na factura material não destoe o livro das excellencias da obra. Quero ver se a faço illustrada.[18]

Sales teria enviado a novela completa a Lobato, mas, ao que sugerem suas cartas posteriores, não obteve contato com os herdeiros de Paiva. Em uma carta de 20 de agosto de 1919, Lobato justifica sua preocupação em conseguir autorização da família do autor para a publicação de *Dona Guidinha do Poço*:

> Estou com uma carta sua em atrazo. Veiu com ella a *Guidinha*. Quanto à propriedade literaria a primeira lei que cuidou disso entre nós foi uma de 1898 estabelecendo o prazo de 50 annos da data da ~~morte~~ publicação da obra. Ora a *Guidinha* sahiu em 99, já no regimen dos 50 annos. Não está pois no dominio publico, e eu necessitava duma autorisação dos herdeiros para reedital-a. Dà-se entre nós uma coisa curiosa: a edição de uma obra qualquer, literaria, é um negocio insignificante, que raro dá um pequeno lucro. Mas se um editor se mette a fazel-a sem autorisação do autor ou herdeiros corre o risco de ver cair-lhe em cima um processo, com pedido de gorda indemnisação. Aconteceu isso com o A. Piccarollo, que fez de D. Casmurro uma peça theatral em italiano, por mera "curiosidade", pois não havia lucro possivel nisso. Cahiu-lhe em cima o Garnier com um pedido de indemnisação de 20 contos. Esse editor, entretanto, adquiriu por oito a propriedade de todos os livros de M. de Assis. O caso, quanto à *Guidinha*, está pegando aqui. Não pode o amigo

---

18 Carta de Monteiro Lobato a Antônio Sales, 20 ago. 1919. Coleção Antônio Sales. Arquivo-Museu de Literatura Brasileira. Fundação Casa de Rui Barbosa. Localização: Col. AS / Cp 139 – fl.7-8.

indicar-nos os herdeiros do Paiva? Dirigindo-nos a elles temos esperança de obter a autorisação salvaguardadora.[19]

É interessante notar que Lobato riscou a palavra "morte" e a substituiu por "publicação". Como vimos, a Lei Medeiros e Albuquerque, no artigo 3º, estabelecia prazo de cinquenta anos a partir da data de *publicação* da obra para garantia dos direitos autorais.[20] O artigo 649 do Código Civil, por seu lado, determinava o prazo de sessenta anos a contar da data de *falecimento* do autor para o gozo dos direitos autorais sobre suas obras.[21] Daí pode ter surgido a confusão de Lobato, rapidamente corrigida. Para ilustrar seus temores quanto a um possível pedido de indenização dos herdeiros, Lobato narra o caso ocorrido com A. Piccarolo, processado pela Garnier por ter adaptado *Dom Casmurro* para o teatro. É curioso que Lobato não cita caso de processo por parte de autor ou de seus herdeiros, mas sim caso de processo movido por um editor, Garnier, dono dos direitos sobre a obra machadiana. Garnier teve justamente o cuidado de comprar os direitos autorais de Machado, a fim de continuar editando seus livros.

Quanto a Antonio Piccarolo, parece ter vencido a causa contra Garnier. Sua adaptação de *Dom Casmurro* foi publicada na *Revista do Brasil* em outubro de 1916,[22] o que indica a possibilidade de Lobato ter acompanhado o caso de perto.

A última carta de Lobato a Sales que menciona a *Guidinha* é de 30 de dezembro de 1923, e nela o editor continuava a pedir autorização dos herdeiros para poder publicar o romance, que nunca conseguiu lançar. A obra foi publicada apenas em 1952, sessenta anos após a morte do autor, graças aos esforços da crítica Lúcia Miguel-Pereira, autora do prefácio à

---

19 Carta de Monteiro Lobato a Antônio Sales, 20 ago. 1919. Coleção Antônio Sales. Arquivo-Museu de Literatura Brasileira. Fundação Casa de Rui Barbosa. Localização: Col. AS / Cp 139 – fl.18.

20 Art. 3º da Lei n.496 de 1º de agosto de 1898 – Define e garante os direitos autoraes. In: *Código comercial do Brasil*, p.946.

21 Lei n.3.071, de 1º jan. 1916. *Código civil dos Estados Unidos do Brasil*.

22 D. Casmurro, *Revista do Brasil*, out. 1916. Uma nota de apresentação do texto diz: "Graças a uma gentileza do incansável amigo das nossas letras, podemos oferecer hoje aos leitores da *Revista do Brasil*, em primeira mão e no original, a íntegra do novo trabalho do dr. Antonio Piccarolo".

primeira edição em livro. O livro já era, então, de domínio público. Não coube a Lobato o mérito de promover a integração do romance ao cânone literário nacional, como ele pretendia.

Se Lobato foi cauteloso com a publicação do texto de um autor já falecido, como se comportava com escritores contemporâneos cujas obras tencionava editar?

É o que se verá a seguir.

7.3. Os contratos das empresas editoras de Monteiro Lobato

Alguns documentos atestam a existência de várias modalidades de negociação para edição de livros estabelecidas entre as editoras de Monteiro Lobato e escritores. Nas páginas seguintes, papéis relativos à negociação de edições encontrados no processo de falência da Cia. Gráfico-Editora Monteiro Lobato, no Fundo Monteiro Lobato (Cedae-IEL), no acervo da Biblioteca Infantojuvenil Monteiro Lobato, na Casa Oliveira Vianna, na Fundação Fiocruz e na Fundação Casa de Rui Barbosa são apresentados em uma tabela, intitulada "Documentos considerados contratos". A razão do título é o fato de que cartas com propostas de edição ou autorização para publicação, bem como os acordos verbais, eram considerados contratos pelo Código Civil de 1916, como esclareceu Clóvis Beviláqua.

Há contratos com e sem registro de firma, cartas de escritores autorizando a publicação de livros, cartas da editora com propostas de publicação que aparentemente serviram como contratos, referências a acordos verbais. Também há uma variedade de tipos de pagamento. Oliveira Vianna, por exemplo, teria recebido 30% do lucro líquido das vendas do livro *Populações meridionais do Brasil*, conforme "as livrarias revendedoras fossem liquidando suas contas". Affonso de Freitas teria como pagamento por *Tradições e reminiscências paulistanas* 50% dos lucros líquidos depois que *toda* a edição de 4 mil exemplares fosse vendida. Para Cesidio Ambrogi, a Monteiro Lobato & Cia. propôs como "paga dos direitos autorais" trezentos exemplares do livro *As moreninhas*, que teria edição de 1.500 exemplares.

Uma análise do conteúdo e da forma dos documentos elencados na tabela é apresentada na sequência.

Tabela – Documentos considerados contratos

Nº	Editora	Autor	Livro	Data	Tipo de Documento	Acervo
1	Revista do Brasil	Oliveira Vianna	*Populações meridionaes do Brazil*	25/7/1919	Contrato de edição com registro de firma	Casa Oliveira Vianna
2	Monteiro Lobato & Cia.	Affonso A. de Freitas	*Tradições e reminiscências paulistanas*	14/5/1921	Contrato de edição sem registro de firma	Processo de Falência
3	Monteiro Lobato & Cia.	Miguel Milano	*Sciencias Physicas e Natureza - Hygiene*	29/7/1921	Contrato de edição com registro de firma	Processo de Falência
4	Monteiro Lobato & Cia.	João Ribeiro	*Notas de um estudante*	2/9/1921	Carta de João Ribeiro autorizando a edição	Fundo Monteiro Lobato
5	Monteiro Lobato & Cia.	Medeiros e Albuquerque	*Fim*	12/10/1921	Carta de Medeiros e Albuquerque autorizando a edição	Fundo Monteiro Lobato
6	Monteiro Lobato & Cia.	Cesidio Ambrogi	Não mencionado; provavelmente, *As moreninhas*	15/12/1922	Carta da editora propondo edição	Biblioteca Infantojuvenil Monteiro Lobato
7	Monteiro Lobato & Cia.	Ulysses Paranhos, Alberto Seabra e Antonio Austregesilo	*Manual do Doutorado em Medicina*	6/5/1923	Contrato de edição com registro de firma	Processo de Falência
8	Monteiro Lobato & Cia.	Roquette-Pinto	*Lições de História Natural*	12/7/1923	Carta da editora propondo edição	Fundação Casa de Rui Barbosa
9	Monteiro Lobato & Cia.	Vivaldo Coaracy	*Frida Meyer*	20/8/1923	Carta da editora propondo edição	Processo de Falência

Continua

Figuras de autor, figuras de editor

Tabela – Documentos considerados contratos (*continuação*)

Nº	Editora	Autor	Livro	Data	Tipo de Documento	Acervo
10	Monteiro Lobato & Cia.	Vivaldo Coaracy	*Frida Meyer*	20/5/1924	Carta da editora propondo novas condições de edição	Processo de Falência
11	Monteiro Lobato & Cia.	Amelia Rezende Martins	*Historia da Musica*	23/5/1924	Carta da editora confirmando pagamento por impressão	Processo de Falência
12	Monteiro Lobato & Cia.	Manuel Francisco Pinto Pereira	*Casamento e divorcio no direito civil internacional*	24/5/1924	Carta da editora confirmando acordo verbal de edição	Processo de Falência
13	Cia. Gráphico-Editora Monteiro Lobato	Cassiano Ricardo	*Revista Novissima*	23/2/1925	Carta da editora com orçamento da impressão; petição do autor mencionando acordo verbal	Processo de Falência
14	Cia. Gráphico-Editora Monteiro Lobato	Tisi & Cia.	*Grammatica curso theorico da Lingua Italiana*	26/3/1925	Carta da editora confirmando acordo verbal sobre edição	Processo de Falência
15	Cia. Gráphico-Editora Monteiro Lobato	Belisario Pena	*Amarellão e Maleita*	11/4/1925	Carta da editora propondo nova edição	Processo de Falência
16	Cia. Gráphico-Editora Monteiro Lobato	Waldemar Martins Ferreira	*Sociedades por quotas*	Data da primeira nota cambial: 15/7/1925	Notas cambiais	Fundação Oswaldo Cruz
17	Cia. Gráphico-Editora Monteiro Lobato	Theodoro de Moraes	Não mencionado	Não mencionada	Notas promissórias	Processo de Falência
18	Cia. Gráphico-Editora Monteiro Lobato	A. de Sampaio Dória	*O espirito das democracias*	13/9/1925	Petição do autor que faz referência a acordo verbal de edição	Processo de Falência

463

7.3.1. Contratos

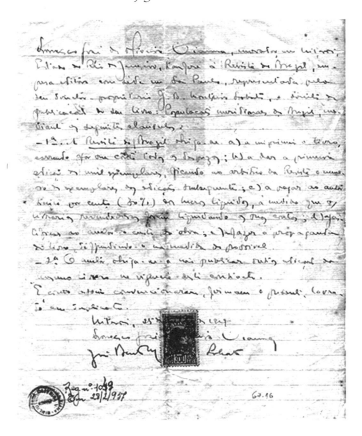

Figura 9. Contrato firmado entre Monteiro Lobato, pela *Revista do Brasil*, e Oliveira Vianna.[23]

O contrato mais antigo firmado por Monteiro Lobato como editor, entre os encontrados até o momento, é um documento ajustado com Oliveira Vianna (Figura 9), em cartório de Niterói (RJ), no dia 25 de julho de 1919:

> Francisco José de Oliveira Vianna, morador de Niteroi, Estado do Rio de Janeiro, transfere á *Revista do Brazil*, empresa editora com séde em São Paulo, representada pelo seu director-proprietario J. B. Monteiro Lobato, o direito

---
23 Acervo Casa de Oliveira Vianna, Niterói (RJ). N. de localização: 1049.

de publicação do seu livro: *Populações meridionaes do Brazil*, mediante as seguintes clausulas:

— 1ª A *Revista do Brazil* obriga-se a) a imprimir o livro, correndo por sua conta todas as despezas; b) a dar a primeira edição de mil exemplares, ficando ao arbitrio da Revista o numero de exemplares das edições subsequentes; c) a pagar ao autor trinta por cento (30%) dos lucros liquidos, à medida que as livrarias revendedoras forem liquidando as suas contas; d) a justificar ao autor o custo da obra; e) a fazer a propaganda do livro diffundindo-o na medida do possivel.

— 2ª O autor obriga-se a não publicar outras edições do mesmo livro na vigencia deste contracto.

E como assim convencionaram, firmam o presente, lavrado em duplicata. Niteroi, 25 de julho de 1919[24]

Nesse contrato, há cessão dos direitos do escritor Oliveira Vianna ao editor Monteiro Lobato, a fim de que a *Revista do Brasil* publique a obra *Populações meridionais do Brasil*. O documento estava de acordo com a regulamentação prevista no Código Civil. O editor se comprometia a:

1. Imprimir o livro, correndo por sua conta todas as despesas;
2. Publicar uma primeira edição de mil exemplares, e decidir o número dos exemplares das posteriores edições;
3. Pagar ao autor 30% dos lucros líquidos, à medida que os revendedores liquidassem suas contas;
4. Justificar ao autor o custo da obra;
5. Fazer a publicidade do livro.

A *Revista do Brasil*, naquela época, não tinha oficinas gráficas próprias. Os livros que editava eram impressos na tipografia do jornal *O Estado de S. Paulo* ou, no caso de livros que necessitassem de maior apuro gráfico, em outras oficinas da capital. A empresa de Lobato, portanto, bancaria a impressão do livro.

Os direitos autorais pagos a Oliveira Vianna suplantam os 10% de que fala Laurence Hallewell. Seria interessante saber quanto tempo a primeira

---

24 Ibid.

edição levou para se esgotar, a fim de poder calcular quando Vianna recebeu seus direitos. Segundo um anúncio da *Revista do Brasil* publicado em 1920, o preço de capa de *Populações meridionais do Brasil* era de 5$000. Os lucros brutos da venda de mil exemplares somariam, então, 5.000$000. Desse valor, seriam descontadas as despesas de produção do livro – o que torna importante a cláusula em que o editor se compromete a justificar ao autor o custo da obra. Essa cláusula, por sinal, representa um enorme avanço nas relações entre editores e editados; mesmo hoje, dificilmente uma editora fará a proposta de justificar ao autor o custo de determinada obra.

Não foram encontrados ainda documentos que atestem *se e como* Lobato justificou a Vianna o custo do livro – que parece ter feito sucesso, pois foi reeditado até a falência da editora. Em 1921, a Monteiro Lobato & Cia. lançou *Pequenos estudos de psicologia social* e, em 1923, *Evolução do povo brasileiro*. Somente o contrato de *Populações...* foi conservado na Casa de Oliveira Vianna, que abriga o acervo do escritor. No entanto, cartas de Lobato pertencentes ao acervo dão a entender que acordos semelhantes ao do primeiro contrato foram firmados. Em uma carta manuscrita, provavelmente de 1923, Lobato trata de pagamento de direitos autorais e planos para outros livros:

> Vianna
>
> Seguem 2 mezes – 1:600$. A *Evolução* vae optima, e o melhor é que se accentua a influencia do teu pensamento em tudo quanto se escreve ou planeja aqui. S. Paulo! S. Paulo é um caso seriissimo. Quando vieres correr as zonas vaes ter uma impressão 5 vezes maior do que a que esperas.
>
> O plano da geographia das familias é optimo é rara coisa de *entrar no coração* do pessoal. O orgulho familial é intenso.
>
> E a historia do Brasil para as escolas? Isto é que preciso. Começarás a influir no novo Brasil à moda dos jesuitas: impressionando as cellulas virjens da meninada.
>
> Adeus. Estou armando um grande negocio. Se pegar, fico o Mattarazzo das artes graphicas da America do Sul.
>
> Depois te contarei o plano
>
> Lobato[25]

---

25 Ibid.

A carta não informa por qual livro "seguem 2 meses" de pagamento, ou se os 1:600$000 são relativos à venda dos três livros de Vianna então publicados pela editora. Porém, já dá boa pista para a frequência do pagamento de direitos, que, no contrato, aparece de forma vaga: "à medida que os revendedores liquidarem suas contas". Infelizmente, ainda não foi possível descobrir *como* e de *quando em quando* era feita a liquidação das contas dos revendedores. Léo Vaz, ao lembrar o fracasso comercial do romance de Lima Barreto, escreve que "nas contas correntes das centenas de livrarias correspondentes ou consignatárias, era fatídica, e certa como um estribilho, esta alínea: '*Gonzaga de Sá*: recebidos tantos, devolvidos idem'".[26] Supõe-se que houvesse acompanhamento mensal das vendas, mas não é certo.

O Código Civil, na parte de regulamentação dos contratos de edição, estipulava no artigo 1.354, como vimos, que "se a retribuição do autor ficar dependente do êxito da venda, será obrigado o editor, como qualquer comissionário, a lhe apresentar a sua conta". Aparentemente, Lobato obedecia a essa regra. O pagamento feito a Vianna, se recordarmos os salários dos funcionários da Cia. Gráfico-Editora, representava uma boa soma de dinheiro. O salário dos diretores da firma era de 2 contos de réis; Natal Daiuto, gerente da fábrica, recebia um ordenado de 1:100$000.

Lobato ainda informa, na carta a Vianna, que "a *Evolução* vai ótima e o melhor é que se acentua a influência do teu pensamento em tudo quanto se escreve ou planeja aqui em S. Paulo!". Esse comentário sugere que a influência dos livros de Vianna em outros textos era seguida com atenção pelo editor.

Há também menção a uma "história do Brasil para crianças", que seria direcionada ao público escolar. Lobato já se preocupava, então, em conquistar diretores e professores, ao que indicam os esforços para adoção de *Narizinho arrebitado* e outros livros didáticos de suas editoras em escolas de diversos estados brasileiros. Anos depois, ele próprio traduziu e adaptou *A Child's History of the World* (1924), de V. M. Hyllier, publicado com o título de *História do mundo para as crianças* pela Cia. Editora Nacional, em 1933. A carta a Vianna termina com o anúncio de "um grande negócio", provavelmente a compra de máquinas importadas e a transformação da empresa em Cia. Gráfico-Editora Monteiro Lobato. É sugestivo o epíteto escolhido por Lobato para

---

26 Vaz, *Páginas vadias*, p.75.

ilustrar a amplitude que planejava para seus negócios: "fico o Matarazzo das artes gráficas da América do Sul". Ganhava maior proporção o prognóstico feito por Oswald de Andrade em 1918: "Nacionalismo e comércio".

É possível extrair, de informações presentes no contrato e nas cartas, atribuições que dão um contorno mais nítido à figura do editor Monteiro Lobato. Sua empresa pagava direitos autorais adiantados, como no caso de Lima Barreto, ou conforme as edições eram vendidas, situação de Oliveira Vianna. Ele se responsabilizava pela impressão da obra, escolhendo do tipo do papel ao ilustrador da capa. Distribuía os livros a comerciantes e representantes comerciais. Sugeria ao autor novos títulos, como a "história do Brasil para crianças". Fazia a publicidade dos livros e acompanhava a repercussão das obras publicadas por sua empresa no campo cultural.

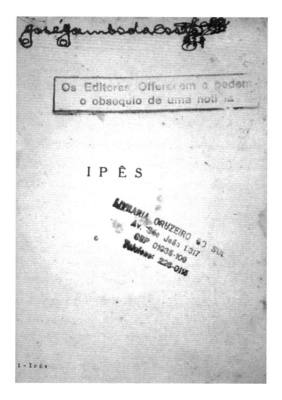

Figura 10. "Os Editores Offerecem e pedem o obsequio de uma noticia" – carimbo estampado na folha de rosto do livro *Ipês*, de Ricardo Gonçalves, editado pela Monteiro Lobato & Cia. em 1920.

Figuras de autor, figuras de editor

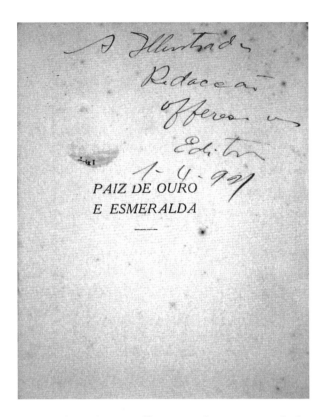

Figura 11. "A Illustrada Redacção offerece o Editor 1-4-921", diz a dedicatória manuscrita na folha de rosto de *Paiz de ouro e esmeralda*, de J. A. Nogueira, editado pela Monteiro Lobato & Cia. em 1921.

Uma das maneiras de fazer publicidade das obras era enviá-las a redações de jornais e revistas. Livros da Monteiro Lobato & Cia. encontrados em sebos paulistanos trazem nas folhas de rosto o "oferecimento" do editor (figuras 10 e 11). O envio de livros pelas editoras de Lobato a redações também é documentado por cartas como a de Povina Cavalcanti, datada de 5 de janeiro de 1922, em que o remetente comunica a Lobato: "Deixei a província e, nela, o meu *Estado das Alagoas*, que a sua bondade distinguia com a remessa dos livros editados na sua casa".[27] Cavalcanti, que era membro

---

27 Carta de Povina Cavalcanti, 5 jan. 1922. Fundo Monteiro Lobato. Localização: MLb 3.2.00271cx5.

da Academia de Letras de Alagoas e já havia colaborado na *Revista do Brasil*, despede-se informando seu novo posto de trabalho, como advogado no Rio.[28] Os autores editados por Lobato não deixavam, porém, de pedir exemplares com a finalidade de fazer publicidade. É o que se depreende de cartas como a escrita por Oswald de Andrade, em 1923, de Paris: "O Octalles combinou fornecer-me 20 volumes dos *Condenados*. À última hora esqueci-me de ir buscá-los. Preciso agora apenas de dez. Poderás pedir-lhe que me remeta esses dez com urgência? É obséquio".[29] Essa carta é interessantíssima, porque mostra uma inversão de papéis; Oswald se propõe a fazer propaganda do escritor Lobato, seu editor:

> Estou desmoralisadíssimo. Percebendo que a verdadeira literatura francesa está mais com o Lobato dos *Urupês* et caterva – de *Cidades mortas* aos últimos contos – do que com esses impagáveis Andrades (Marios e Oswalds) dispus--me a fazer propaganda de tua obra – *quelque chose de puissant et savoureux, tout le péssimisme de l'étendue!* E criei um mito em Paris – Lobatô! Agora, os apuros. *Oû est Lobatô? Ses livres? Ses nouvelles? Un échatillon de son genie!* E eu, silencio, excusas vilissimas: – Esperem um pouco, mandei buscar, já vem já! É longe...
>
> Sem blague, Lobato, estou desarmado. Travei relações ótimas do grande meio literário [...] E há – sincero ou cabotino – um interesse insistido em nos conhecer. Não trouxe um só livro meu, nem teu, nem de outros companheiros de atualidade possivelmente francesa. Manda-me pois (podes pôr na minha conta, editor usurário!) quatro ou cinco volumes de *Urupês*, *Cidades mortas*, *Onda verde* etc, etc. E sobretudo a *Revista do Brasil* de que sou um representante sem poderes.

Oswald até sugere pagar os livros de Lobato que forem enviados – "podes pôr na minha conta, editor usurário!" –, completando de maneira

---

28 Povina Cavalcanti lançaria, em 1923, o livro de crítica literária *O acendedor de lampiões*, no qual examina a obra de poetas como Mário de Andrade, Rosalina Coelho Lisboa, Paulo Setúbal.
29 Carta de Oswald de Andrade, 10 mar. 1923. Fundo Monteiro Lobato. Localização: MLb 3.2.00304cx6.

irreverente a inversão dos papéis de editor e editado. A expressão "editor usurário" remete ao estereótipo do editor brasileiro existente no imaginário de autores desde pelo menos o século XIX. Oswald usa a expressão, porém, de maneira irônica e afetiva. Os exemplares de *Os condenados*, de autoria de Oswald, provavelmente foram fornecidos gratuitamente ao autor. As editoras de Monteiro Lobato parecem ter seguido a prática registrada por Clóvis Beviláqua, ao comentar o artigo 1.355, segundo o qual "cabe ao editor fixar o número de exemplares a cada edição". Beviláqua comenta que

> As edições communs são de mil exemplares, além de uma pequena tiragem a mais para a propaganda. Dessa tiragem, alguns exemplares são dados, gratuitamente, ao autor. O Codigo não se refere a este direito do autor ou de seus successores, como o faz o suisso [...], mas o uso o consagrou.[30]

O livro *Populações meridionais do Brasil*, de Oliveira Vianna, teve edição de mil exemplares, dos quais uma pequena parte parece ter sido fornecida gratuitamente ao autor para fins de propaganda. O envio de exemplares de livros recém-publicados por Vianna a intelectuais importantes de sua área mereceu um estudo de Gisele Martins Venâncio. Para a pesquisadora, a doação de livros pelo autor, entre 1920 e 1951 (ano de sua morte),

> [...] significa uma forma de autopropaganda, ao mesmo tempo que indica o reconhecimento do receptor como pessoa autorizada a estabelecer uma leitura legítima. Das 57 pessoas que receberam e agradeceram os livros enviados por Oliveira Vianna conseguiram-se, até o momento, identificar e biografar 44. Eram todos homens, nascidos entre 1860 e 1927, a maior parte egressa de escolas de ensino superior. Quanto à formação profissional, 24 desses interlocutores cursaram a faculdade de Direito, cinco eram militares, dois eram médicos, três eram sociólogos de formação e um era religioso.[31]

---

30 Beviláqua, op. cit., p.107.
31 Venancio, Presentes de papel: cultura escrita e sociabilidade na correspondência de Oliveira Viana, *Estudos Históricos*, n.28.

Entre esses correspondentes estava Afonso Taunay, filho do visconde de Taunay e responsável pela publicação do livro *Dias de guerra e sertão*. Venâncio informa, em uma carta de 2 de janeiro de 1923, que "Taunay comenta o 'conserto' feito por ele no livro de Oliveira Vianna". Os dois integravam a rede de homens de letras que tinha como um dos nós a *Revista do Brasil*. Outro correspondente de Vianna foi o romancista Mário Sette, participante da mesma rede. Para Gisele, Vianna deve ter mandado livros a mais interlocutores, que não agradeceram o presente. Teria sido o caso de Rui Barbosa, como narra o próprio Vianna:

> Quando publiquei *Populações meridionais do Brasil*, mandei-lhe com uma respeitosa dedicatória, o livro; mas não me acusou a recepção. Depois de inaugurada a Casa de Rui Barbosa, eu, ao percorrer anonimamente o santuário de seus estudos, tive a curiosidade de pedir o volume das *Populações*, que devia existir na sua biblioteca. O livro, de fato, estava lá; mas intato. Os dedos do grande Rui Barbosa não haviam sequer aberto a primeira página do enorme cartapácio de capa amarela, em que Monteiro Lobato enfeixara a primeira edição.[32]

Esse relato indica que, embora o editor Lobato assumisse em contrato a tarefa de divulgar o livro, o autor Vianna – e outros agiram como ele – não deixava de fazer sua "autopropaganda" junto aos pares, como ocorre até hoje.

Segundo Cassiano Nunes, Lobato "não só editou" *Populações meridionais do Brasil*, "mas também, com a sua inegável habilidade literária, tornou mais leve e acessível, podando excrescências e garantindo assim o sucesso do livro".[33] Nunes não informa, porém, onde obteve essa informação que, até o momento, não pôde ser comprovada. Oliveira Vianna havia publicado na *Revista do Brasil*, ao longo de 1917, os ensaios "Psicologia das revoluções meridionais". Em 1918, o ensaio "Pequenas comunidades mineiras" foi estampado no número de julho da revista. Seus estudos estavam de acordo

---

32 Ibid., n.14.
33 Nunes, *O patriotismo difícil:* a correspondência entre Monteiro Lobato e Artur Neiva, p.28-9.

com a linha editorial da *Revista do Brasil* e com o projeto lobatiano de conhecer o país para melhor desenvolvê-lo.[34] Ainda que colaborasse em vários periódicos cariocas, era autor inédito em livro.[35] Conforme observamos no Capítulo 5, o fato de Vianna ser conhecido no campo intelectual por meio de periódicos poderia impulsionar as vendas de seus livros.

Quando a Cia. Gráfico-Editora Monteiro Lobato faliu, Vianna não apresentou petição declarando-se credor, embora ainda houvesse, no estoque da editora, 200 exemplares encadernados e 114 em brochura de *Populações meridionais do Brasil*, pelos quais teria direito a receber 30% dos lucros líquidos, conforme o contrato de 1919. Também restavam no estoque 879 brochuras e 307 volumes encadernados de *Pequenos estudos de psicologia social*, além de 463 brochuras e 376 volumes encadernados de *Evolução do povo brasileiro*.

Esses livros passaram a ser editados, posteriormente, pela Cia. Editora Nacional, fundada por Lobato e Octalles Marcondes Ferreira em 1926. A nova editora publicou também *O idealismo da Constituição* (1927), *Problemas de política objetiva* (1930), *Raça e assimilação* (1932). Teria havido um acordo entre Vianna e outras dezenas de escritores que não entraram com ação reivindicatória contra a massa falida? Esse acordo envolveria futuras publicações pela Cia. Editora Nacional? Por enquanto, não há respostas.[36]

Os próximos contratos encontrados já são da Monteiro Lobato & Cia. e integram o processo de falência da Cia. Gráfico-Editora Monteiro Lobato. Um deles foi firmado com Affonso A. de Freitas (Figura 12, p.475) em 14 de maio de 1921, para edição de *Tradições e reminiscências paulistanas*, e

---

34 Sobre Vianna e a *Revista do Brasil*, ver o capítulo Etnia: um desafio para a construção da nação, em Luca, op. cit., p.131-83.

35 Ver Torres, *Oliveira Vianna, sua vida e sua posição nos estudos brasileiros de sociologia*.

36 Também não foi possível, ainda, saber exatamente quantos autores entraram com processos contra a editora após a falência. Como informei no Capítulo 5, houve 38 ações movidas contra a editora que correram fora do processo e ainda não puderam ser estudadas, porque seu desarquivamento, pedido há mais de dez anos, não foi efetivado até novembro de 2017. Algumas delas podem ser relativas a direitos autorais. Todas as ações de autores que integram o processo de falência são examinadas neste capítulo.

outro com Miguel Milano, ao que parece em junho de 1921, para edição de *Ciências físicas e natureza – higiene*. Ambos apresentam cláusulas praticamente idênticas. Vejamos o contrato de Affonso de Freitas:

> Por este instrumento de que assignam de uma parte o sr. Dr. Affonso A. de Freitas, brasileiro, casado, residente nesta capital e de outra parte Monteiro Lobato & Cia., editores estabelecidos á Rua Boa Vista, nº 52, sob., firmam as seguintes condições de contracto para a edição de um livro denominado TRADIÇÕES E REMINISCENCIAS PAULISTANAS, da autoria do outorgante:
>
> 1º Monteiro Lobato & Cia, farão appareccer o referido livro no mais breve prazo e nas melhores condições de aspecto material e preço.
>
> 2º A edição será de 4.000 exemplares, pelos quaes os editores pagarão ao autor a quantia correspondente a 50%, cincoenta por cento dos lucros liquidos apurados com a presente edição, depois de toda vendida.
>
> 3º O outorgante obriga-se a não dar ou contractar com terceiros outra edição deste livro emquanto não estiver liquidada a que faz certo o presente contracto.
>
> 4º As partes obrigam por si ou por seus successores ao cumprimento deste contrato sob pena de uma multa de 3.000$000, tres contos de reis.
>
> 5º Estabelece-se para valor deste contracto a quantia de 1:000$000.[37]

No contrato com Miguel Milano mudam, além do nome do autor e da obra, o número de exemplares, que seria de 5 mil, e o valor da multa prevista na quarta cláusula, que seria de 5 contos de réis.[38] O autor também receberia 50% dos lucros líquidos depois de vendida toda a edição da obra.

As obras de Milano e de Freitas, ao que parece, não haviam sido totalmente vendidas quando da falência da Cia. Gráfico-Editora Monteiro Lobato, em julho de 1925. Afinal, os dois entraram com petições declarando-se credores da empresa, que, segundo eles, lhes devia a porcentagem dos lucros firmada nos contratos.

---

37 Processo de falência da Cia. Gráphico-Editora Monteiro Lobato, p.247.
38 Ibid., p.241.

Figuras de autor, figuras de editor

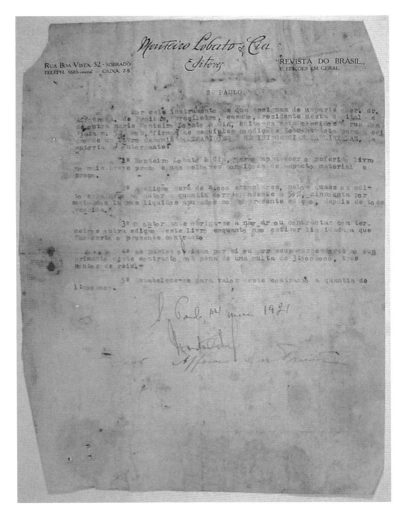

Figura 12. Contrato entre a Monteiro Lobato & Cia e Affonso A. de Freitas.[39]

A petição de Milano requer que os síndicos da falência apurem a importância de seu crédito, "tomando por base os exemplares vendidos".[40] A resposta dos síndicos foi a seguinte:

---

39 Processo de falência da Cia. Gráphico-Editora Monteiro Lobato, p.241.
40 Id.

Nos livros da fallida é o declarante creditado pela importancia de 1$500$000. De accordo, porém, com o contracto que acompanha a presente declaração só o credor receberia a sua porcentagem, uma vez vendida toda a edição do seu livro – deste, apenas vendidos apenas 2.536.[41]

Realmente, a lista de livros em estoque feita no ato de arrecadação da massa falida registra que havia na editora 2.464 exemplares da obra de Milano.[42] A petição de Freitas está praticamente ilegível, mas seu teor parece ser idêntico ao do requerimento de Milano.[43]

Os síndicos declararam Freitas credor da importância de 700$000, sem informar quantos de seus livros foram vendidos. A lista de livros em estoque mostra que restavam na empresa 489 exemplares de *Tradições e reminiscências paulistanas* em brochura e 311 encadernados.[44]

Os livros de Freitas e de Milano constam dos catálogos de 1923 da Monteiro Lobato & Cia. e de 1924 e 1925 da Cia. Gráfico-Editora Monteiro Lobato. Em nenhum dos catálogos é mencionada uma nova edição das obras, o que faz supor que os títulos não chegaram, de fato, a ser totalmente vendidos até julho de 1925.

Os dois contratos apresentam uma cláusula em que a Monteiro Lobato & Cia. se compromete a fazer os livros aparecerem "nas melhores condições de aspecto material e preço". Pelas descrições dos livros apresentadas nos catálogos, parece que o editor decidiu publicar *Tradições e reminiscências paulistanas* em exemplares brochados, a 4$000, e encadernados, a 5$000. Já *Ciências físicas e natureza* foi impresso em volumes cartonados, a 3$500 – provavelmente por ser dirigido a estudantes. Livros para o público escolar eram, em geral, cartonados. Segundo informação do catálogo de 1923, o livro de Milano foi aprovado pela Diretoria Geral de Instrução Pública de São Paulo. Não sabemos se o formato material dos livros foi discutido com os autores.

Um contrato firmado em 6 de maio de 1923 entre a Monteiro Lobato & Cia. e os médicos Ulysses Paranhos, Alberto Seabra e Antonio Austregesilo detalha mais as obrigações de contratante e contratados:

---

41 Ibid.
42 Ibid., p.74.
43 Ibid., p.247.
44 Ibid., p.75.

Os drs. Ulysses Paranhos e Alberto Seabra, residentes em S. Paulo, e Antonio Austregesilo, residente no Rio de Janeiro, todos brasileiros, medicos e maiores; e os editores Monteiro Lobato & Cia., estabelecidos nesta Praça, têm entre si junto e contractado o seguinte:

Os primeiros se propõe [sic]:

1º) – A organizar e dirigir scientificamente em conjunto a serie de obras constitutivas do *Manual do Doutorado em Medicina*, destinadas ao estudo de todas as cadeiras que constituem o actual ensino medico, escolhendo os competentes collaboradores e contractando directamente com elles a gratificação a conceder pro-labore, nada tendo que ver com isto os editores.

2º) – A fazer a revisão final de cada obra e a lançar nas provas finaes o "imprima-se".

3º) – A promover por todos os meios ao seu alcance, a adopção das obras editadas pelos cursos medicos do Brasil, orientando a sua propaganda na classe interessada.

4º) A admittir na Comissão Directora, por elles constituida, um representante das Faculdades do Norte do Brasil, que terá todas as prerrogativas e deveres do presente contracto.

Os editores Monteiro Lobato & Cia. propõem-se:

1º) – A imprimir por conta da firma e a pôr à venda as obras apresentadas pelos Directores do *Manual do Doutorado em Medicina*, cuja feitura será identica a dos livros da Bibliotheca Gilbert e Fournier.

2º) – A reeditar as obras que se esgotarem, fazendo nellas todas as modificações, que a Comissão Directora entender conveniente [sic].

3º) – A prestar contas annualmente, com o balanço de producção, stock, vendas, etc, pagando logo depois de approvadas as respectivas contas, em moeda corrente, os lucros a que tem direito a Comissão, pelo actual contracto. A escripturação, referente aos negocios do presente contracto, será feita de modo a facilitar a verificação por parte de qualquer dos membros da Comissão Directora.

4º) – No caso de liquidação da firma Monteiro Lobato & Cia., continuará de pé o presente contracto, que passará á successora, ou a quem de direito se obrigar a respeitar todas as suas clausulas e compromissos; no caso de morte de um dos membros da Comissão Directora, fica a família do finado com direito de indeminização por parte de quem o substituir ou da casa editora; em caso de desaccordo, será avaliada por meio de arbitramento.

5º) – A duração deste contracto será de 20 annos, e no caso de seu não cumprimento por uma das partes contractantes, a indemnização devida á parte lesada será estabelecida por meio de arbitramento.

6º) – Qualquer questão relativa ao actual contracto será debatida no fôro desta Capital, e não no onde residirem os contractantes moradores fóra de S. Paulo.[45]

Esse contrato é de natureza bastante diferente dos demais realizados pela editora e encontrados nesta pesquisa. Os contratados seriam responsáveis pela direção científica de "uma série de obras" a serem usadas em todas as cadeiras dos cursos de Medicina, elaboradas por autores que seriam contratados e pagos pelos drs. Paranhos, Seabra e Austregésilo, "nada tendo que ver com isto os editores". Os contratados teriam a obrigação de fazer a propaganda dos livros e "promover por todos os meios ao seu alcance a adoção das obras editadas pelos cursos médicos do Brasil". Paranhos, Seabra e Austregésilo eram três dos principais nomes do campo da Medicina no período, de modo que podemos imaginar o grau de influência que tinham nas instâncias em que se decidiam os materiais didáticos a serem usados nas faculdades.[46] O contrato ainda prevê a admissão, na comissão científica, de um representante das faculdades do Norte do Brasil, que foi escolhido em 30 de novembro de 1923. Era o o dr. Clementino Braga, "médico residente na capital do Estado da Bahia".[47]

As cláusulas concernentes a obrigações da editora revelam a inspiração da coleção: a Biblioteca *Gilbert e Fournier*, ou *Bibliothèque du Doctorat en medecine sous la direction de Gilbert et Fournier*, que começou a ser editada em 1908 pela *Baillières et fils*, de Paris. O modo de prestação de contas é detalhado na ter-

---

45 Ibid., p.535-6.
46 Muito sobre a influência de Paranhos pode ser conferido em Teixeira, *Ciência e saúde na terra dos bandeirantes*: a trajetória do Instituto Pasteur de São Paulo no período 1903-1916.
47 Processo de falência da Cia. Gráfico-Editora Monteiro Lobato, op. cit., p.537.

ceira cláusula das obrigações dos editores, o que não ocorre nos contratos anteriores. De certa forma, essa cláusula antecipa a obrigação que seria oficializada pelo decreto legislativo n. 4790, de 2 de janeiro de 1924. Para Clóvis Beviláqua, esse decreto, em seu artigo 5º,

> [...] exagerou o elemento associativo, que há no contracto de edição, e obrigou o editor a facultar ao autor o exame da respectiva escripturação. Comprehende-se que os livros do commerciante não devem estar sujeitos ao exame de quem quer que com elles tenha transacções, e não se justifica esse privilegio concedido ao autor. Além dos abusos e explorações que póde originar, não há razão juridica a fundamental-o.[48]

Nos contratos das editoras de Monteiro Lobato posteriores à data do decreto n. 4790 que pudemos encontrar, não há cláusulas tratando do exame da escrituração da editora pelo autor. Entretanto, essa combinação pode ter sido feita entre os editores e os autores publicados por meio de acordos verbais. De qualquer modo, um aspecto do contrato de edição das obras do *Manual de doutorado em Medicina* permanece obscuro: como seria feita a remuneração dos autores? O contrato menciona que a editora deveria pagar "os lucros a que tem direito a Comissão", mas não especifica como esses lucros seriam calculados.

Há ainda a previsão de vinte anos para a duração do contrato e de indenização caso não fosse cumprido. As obrigações do contrato passaram à Cia. Gráfico-Editora Monteiro Lobato. Não foi possível saber como estava o andamento da obra na época da falência da editora. Os autores entraram com uma petição requerendo ao juiz que

> [...] se digne de ordenar que os liquidatarios, nos termos do art. 47 da Lei de Fallencias, declarem si acham de conveniencia para a massa a execução desse contracto. Os supplicantes, por sua vez, declaram abrir mão do mesmo, já porque lhes parece que a outra parte não está em condições de cumpril-o.[49]

---

48 Beviláqua, op. cit., v.5, p.100.
49 Ibid., p.534.

Os síndicos da falência responderam: "A massa não pode cumprir o contrato. Por isso, concordamos que ele fique sem efeito, sem direito dos requerentes a qualquer indenização".[50] O dr. Alberto Seabra teve várias obras editadas por Lobato. No catálogo de 1923, aparece como autor de três livros: *O problema do além e do destino*, *Fenômenos psíquicos* e *Higiene e tratamento homeopático das moléstias*. Em 1924, além dessas obras, são anunciados *Problemas sul-americanos* e *A alma e o subconsciente*. Finalmente, no catálogo de 1925, na categoria "Psiquismo e ocultismo", estão elencados *A alma e o subconsciente*, *O problema do além e do destino* e *Fenômenos psíquicos*. A lista de livros em estoque feita no ato de arrecadação da massa falida indica que havia na editora 824 exemplares de *A alma e o subconsciente*, 184 de *Higiene e tratamento homeopático das moléstias*, 923 de *Problemas sul-americanos* e 45 de *O problema do além e do destino*. *Fenômenos psíquicos* não aparece na lista; estaria esgotado?

Seabra tornara-se sócio da Monteiro Lobato & Cia. em 1922, quando a firma ampliou sua participação societária, conforme vimos no Capítulo 6. Em 1924, quando a Cia. Gráfico-Editora foi fundada, ele não estava entre os sócios.

7.3.2. *Cartas*

Em petição datada de 18 de agosto de 1925, o escritor Vivaldo Coaracy, de Jundiaí (SP) declarou crédito na falência da Cia. Gráfico-Editora Monteiro Lobato pela importância de 1 conto e 200 mil-réis.[51] O documento informa que o crédito

> Provêm do incluso contrato para edição de 2.000 exemplares do romance *Frida Meyer*, cujo preço nas livrarias, onde o expôs a fallida, é de 4$000 por exemplar. Foi pactuado, segundo se vê dos dois documentos que a esta acompanha, entre a editora e o autor, que este teria quinze por cento sobre o preço da venda. Dahi a importancia ora calculada, pois o autor não recebeu da fallida, por conta de seu credito, quantia alguma.

---

50 Ibid., p.535.
51 Ibid., p.347.

O requerente ainda explica que "grande parte da edição" foi arrecadada pelos síndicos, mais precisamente 1.457 exemplares, como consta na página 66 do auto de arrecadação da massa falida. No entanto, "em consequência da falência, operou-se o vencimento do crédito em sua totalidade (art. 26 da lei n. 2.024, de 17 de dezembro de 1908)". A resposta dos síndicos à petição foi: "de acordo".[52]

Os dois documentos anexados por Coaracy como contratos são cartas da Monteiro Lobato & Cia. propondo a edição do romance. Cartas podiam ser consideradas contratos, fosse porque o Código Civil não especificava a forma dos contratos de edição, fosse porque, no Código Comercial, as missivas eram previstas no capítulo sobre contratos. O art. 127 do "Título V – Dos contratos e obrigações mercantis" do Código Comercial estabelece que:

> Art. 127. Os contractos tratados por correspondencia epistolar reputam-se concluidos e obrigatorios desde que o que recebe a proposição expede carta de resposta acceitando o contracto proposto, sem condição nem reserva: até este ponto é livre retractar a proposta; salvo se o que a fez se houver compromettido a esperar resposta, e a não dispor do objecto do contracto senão depois de rejeitada a sua proposição, ou até que decorra prazo determinado. Se a acceitação fôr condicional, tornar-se-á obrigatoria desde que o primeiro preponente avisar que se concorda com a condição.[53]

As respostas de Vivaldo Coaracy às cartas da Monteiro Lobato & Cia. propondo edição não foram encontradas. Como o livro foi publicado e o autor apresentou as cartas da editora como contratos para se declarar credor da massa falida e comprovar o negócio "pactuado" entre ele e a editora, supõe-se que tenha respondido aceitando as condições. A primeira carta (Figura 13, p.483) da Monteiro Lobato & Cia., datada de 20 de agosto de 1923, tem o seguinte conteúdo:

---

52 Ibid.
53 Beviláqua, op. cit., v.1, p.163.

> [...] Recebemos por intermedio do sr. Leo Vaz os originaes do seu romance *Frida Mayer*, que teremos muito prazer em editar.
>
> A única objecção que fazemos é em relação á ortographia. Como o publico refrega os livros não escriptos na ortographia corrente, nós adoptamos o criterio de não sahir delle. Até o Medeiros e Albuquerque, campeão de uma ortographia simplificada, adopta no seu livro *Fim*, feito para a nossa casa, a ortographia corrente.
>
> Quanto ás condições, poderão ser as seguintes: 15% do preço de venda para uma edição de 1.200 exemplares, pagos semestralmente, conforme a sahida da obra.
>
> Aguardando a sua estimada resposta, firmamo-nos com a mais alta consideração e estima, [...]
>
> Monteiro Lobato & Cia.[54]

O conteúdo da carta apresenta várias informações de interesse para o estudo da editora. Entretanto, apenas um curto parágrafo, o terceiro, lembra o teor de um contrato, ao estabelecer as condições de edição da obra. A resposta de Coaracy deve ter sido positiva, pelo que se lê da segunda carta, enviada nove meses depois da primeira:

> A presente tem o objetivo de levar ao seu conhecimento que vamos tirar uma edição de 2.000 exemplares, do seu livro, e não 1.200, conforme contractamos; esperamos merecer a sua resposta, concordando com a nossa resolução.
>
> A base que tomaremos para calcular os seus lucros é a mesma estabelecida no contracto; depois de vendida a edição calcularemos os lucros sobre 2.000 exemplares, e não sobre 1.200.[55]

A editora afirma que decidiu aumentar a tiragem do livro, que passaria a 2 mil exemplares, e não 1.200, "conforme contratamos" – o verbo escolhido reforça a ideia de que a carta anterior era mesmo um contrato. Para firmar a alteração contratual, a editora espera "merecer" a resposta

---

54 Ibid., p.350.
55 Ibid., p.349.

do autor, concordando com a "resolução". Os editores informam também que "a base" a ser tomada para calcular os "lucros" de Coaracy "é a mesma estabelecida no contrato". A porcentagem continua a mesma, mas o modo como será feito o pagamento muda consideravelmente. Na carta anterior, a editora se comprometia a pagar os lucros *semestralmente, conforme a saída da obra*.

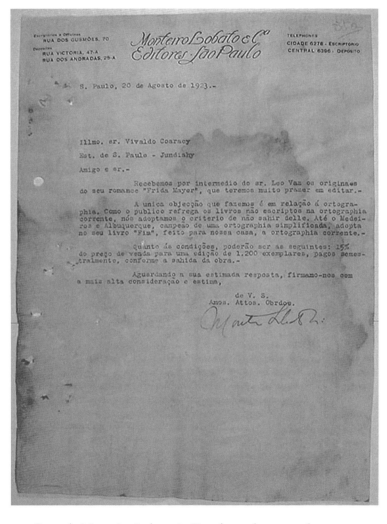

Figura 13. Carta da Monteiro Lobato & Cia., de 20 de agosto de 1923, propondo a edição do romance *Frida Meyer*.

Já no documento de 1924, o compromisso é remunerar o autor *"depois de vendida a edição"*. Se a proposta de pagar lucros semestralmente tivesse sido mantida, talvez Coaracy recebesse parte de seus direitos autorais antes da falência. Por sinal, a troca de "direitos autorais" por "lucros" é significativa. Teria sido intencional?

O romance *Frida Meyer* foi lançado ainda em 1924 pela Cia. Gráfico-Editora Monteiro Lobato e aparece no catálogo de 1925 da editora. Os originais do livro, pelo que indica a primeira carta-contrato, teriam sido recebidos pelos editores "por intermédio" de Léo Vaz. Não foi possível descobrir se Vaz os levou à editora, a pedido de Coaracy, ou se leu os originais e deu parecer favorável à publicação do romance. A informação sugere, de qualquer modo, que Vaz podia atuar como auxiliar na escolha dos títulos a serem publicados.

A objeção da editora quanto à ortografia usada por Coaracy é digna de nota. Uma carta de Medeiros e Albuquerque a Lobato, quando da edição do livro *Fim*, em 1921, esclarece a posição do "campeão da ortografia simplificada" sobre o assunto:

> [...] As condições que me oferece servem-me perfeitamente. O que eu mais dezejo é que o livro fique bonitinho.
>
> Ha um requizito, na impressão dos Sonetos, a que nos ultimos tempos, o Bilac ligava muita importancia: que começassem nas pajinas pares e acabassem nas impares. É justo. Assim não se corta o fio do pensamento enquanto se volta a pajina. Sem contar que de mais, muitas vezes a mão erra e passa mais de uma folha.
>
> Ortografia? – Aquela que lhe parecer melhor. ~~O mais simples é~~ Acho aliaz preferivel adotar a dos seus revisores habituais.
>
> Si fôr possivel, eu gostarei muito que a letra inicial do 1º verso de cada soneto seja em tinta vermelha. Isso dá muito relevo á impressão.
>
> Provas? Gostaria de revêr as segundas. E é tudo. [...][56]

---

[56] Carta de Medeiros e Albuquerque, de 29 ago. 1921. Apud Martins, *Lobato edita Lobato*, p.138-9.

Como observou Milena Ribeiro Martins, o poeta Medeiros e Albuquerque "toma decisões materiais em função dos desejados efeitos de leitura".[57] A questão ortográfica é delegada ao editor, resolução significativa por parte do autor da primeira reforma ortográfica promovida na Academia Brasileira de Letras, em 1902. A tomada de posição de Medeiros e Albuquerque sugere que, naquele momento, defender determinadas causas relativas à ortografia, na materialidade de seu livro, significava pouco ou nada para conquistar prestígio no campo literário.

Não é surpreendente que, na carta-contrato a Coaracy, a editora mencione justamente a "opção" de Medeiros pela "ortografia corrente", a fim de convencer o autor de *Frida Meyer* a também adotá-la, evitando assim a "refrega" do público. O exemplo de Medeiros, como "campeão da ortografia simplificada", era mais eloquente do que o de qualquer outro autor.

Outra carta que pode ser considerada contrato é justamente de Medeiros e Albuquerque, autorizando a Monteiro Lobato & Cia. a publicar o livro *Fim*:

Rio de Janeiro, 12 de outubro de 1921

Ilmos. Srs. Monteiro Lobato & Cia.

Conforme combinamos em cartas anteriores, autorizo-vos a que tireis uma edição de 2.000 exemplares do meu livro de versos intitulado – *Fim*, bem como a que a vendais, mediante parceria, cabendo a mim, como autor, cinqüenta por cento dos lucros líquidos, recebíveis quando a edição estiver praticamente esgotada.

Saudações cordiais.

Medeiros e Albuquerque[58]

Na carta anterior, Medeiros e Albuquerque dizia que as "condições" oferecidas pelo editor Lobato lhe serviam perfeitamente. Talvez, depois de

---

57 Ibid., p.139.
58 Carta de Medeiros e Albuquerque de 12 out. 1921. Fundo Monteiro Lobato. Localização: MLb 3.2.00267cx5.

acertadas as condições relativas à materialidade do livro, Monteiro Lobato tenha pedido autorização expressa do autor para iniciar a edição do livro. Como Milano e Freitas, o autor de *Fim* receberia 50% dos lucros líquidos sobre a venda da obra quando a edição estivesse *"praticamente* esgotada". O advérbio confere subjetividade à condição de pagamento. Quando da falência, havia ainda 152 exemplares de *Fim* no estoque da editora. Esse número poderia ser considerado como indicador de uma edição praticamente esgotada? Teria Medeiros e Albuquerque recebido seus direitos autorais? Ele não entrou com petição declarando-se credor da massa falida.

João Ribeiro, colega de Medeiros e Albuquerque na ABL, também autorizou por carta a Monteiro Lobato & Cia. a editar alguns de seus livros. Em 2 de setembro de 1922, ele escreve:

> [...] Por esta carta, autorizo Monteiro Lobato & C.º a tirarem uma edição das *Notas de um estudante* – nas mesmas condições com que editaram a *Língua nacional.*
>
> Pedirei de novo 50 exemplares das *Notas* quando for tempo. [...][59]

Não foi encontrado, ainda, nenhum documento que registre as condições de edição do livro *A língua nacional*. Ao que parece, estavam inclusas nessas condições a praxe de enviar exemplares gratuitos da obra ao autor – no caso, cinquenta deles. Os originais de *Notas de um estudante* foram remetidos pelo correio por Ribeiro poucos dias depois. Junto com o livro, ele diz ter enviado "recomendações para a impressão".[60] Em 1922, a Monteiro Lobato & Cia. editou outro livro de Ribeiro, *Colmeia*.[61] Naquele mesmo ano, Ribeiro escreveu a Lobato uma carta que revela algo da forma de pagamento de seus direitos autorais:

---

59 Carta de João Ribeiro, 2 set. 1921. Fundo Monteiro Lobato. Localização: MLb 3.2.00263cx5.
60 Carta de João Ribeiro, 28 set. 1921. Fundo Monteiro Lobato. Localização: MLb 3.2.00266cx5.
61 A edição do livro foi proposta por Ribeiro em carta de 31 maio 1922. Fundo Monteiro Lobato. Localização: MLb 3.2.00277cx6. Outras cartas de João Ribeiro que integram a correspondência passiva de Monteiro Lobato reunida no FML trazem informações sobre o processo de edição de seus livros pela editora.

O meu ilustre amigo disse-me uma vez que até o fim deste ano podia [...] dar conta dos 2 livros meus L. n.ªl [*A língua nacional*] e *Notas*.

Eu desejo que o faça agora, já porque preciso, e já porque a fusão das duas casas, Monteiro L. e L. Ribeiro, coloca os meus interesses sob a ação de um novo sócio pouco inclinado a fazer-me justiça.

Terei alguma coisa a receber, deduzidas as despesas? Poder-me-á dar um balancete até o momento da fusão? Poderei libertar a *Colmeia* – no caso que corra os riscos de má vontade dos srs. Leite Ribeiro?[62]

A transcrição leva a crer que Ribeiro aguardava a liquidação da conta de dois de seus livros publicados por Lobato até o final do ano, para receber direitos autorais. A necessidade de dinheiro e a notícia da fusão da Monteiro Lobato & Cia. com a Leite Ribeiro – que por fim não aconteceu – o levaram a pedir um acerto de contas antes do prazo. Ribeiro pede também para "libertar" a *Colmeia*, provavelmente do compromisso de exclusividade. Como o livro acabara de ser publicado, talvez a edição ainda estivesse longe de se esgotar. Ora, o art. 1.349 da lei de propriedade literária dizia: "Enquanto não se esgotarem as edições a que tiver direito o editor, não poderá o autor dispor da obra no todo, ou em parte" – justamente o que Ribeiro parece ter pedido.

Em um documento de 22 de novembro de 1922, João Ribeiro informa ter recebido uma carta de Lobato que propõe a liquidação de sua conta, incluindo os três livros, "antes de consumar-se a nova firma". Agradece ao editor, declarando: "Acho que tudo ficará muito bem e nem posso querer melhor, ainda que eu perca o editor que me conviria para futuros trabalhos".[63] É plausível que Lobato tenha descumprido os contratos firmados entre a editora e Ribeiro para realizar o pagamento do autor, ao que indicam as cartas, feito antes do prazo. Também é razoável que ele tenha feito pagamento parcial, com base na quantidade de livros já vendi-

---

62 Carta de João Ribeiro, 24 out. 1922. Fundo Monteiro Lobato. Localização: MLb 3.2.00294cx6.

63 Carta de João Ribeiro, 20 nov. 1922. Fundo Monteiro Lobato. Localização: MLb 3.2.00298cx6.

dos. *Colmeia*, entretanto, não teria sido "libertada", pois continuou sendo anunciada nos catálogos da editora.

Colmeia foi realmente o último livro de João Ribeiro editado por Monteiro Lobato. O auto de arrecadação da massa falida registra 1.131 brochuras da obra e 84 exemplares encadernados em estoque. A lista não registra, porém, a existência de exemplares de *A língua nacional* e *Notas de um estudante*. Tanto *Colmeia* como *A língua nacional* continuaram a ser anunciados nos catálogos da editora até 1925; teria o segundo título se esgotado ainda no primeiro semestre? Quanto a *Notas de um estudante*, não aparece nos catálogos de 1924 e 1925, o que leva a supor que a tiragem tenha sido totalmente vendida até 1923.

Uma carta de Monteiro Lobato a Godofredo Rangel, de 7 de outubro de 1923, mostra que o editor encerrou a conta de Rangel referente ao livro *Vida ociosa* antes que a edição estivesse esgotada: "Mandei tirar tua conta e considerar esgotada a edição. De fato está no fim. Restam uns 300 exemplares. Como vou ao Rio amanhã e demoro-me lá, dirige-te ao Octalles, depois de recebida a conta".[64]

A carta indica que Lobato podia interferir na parte comercial da editora, dirigida por Octalles Marcondes, de modo a considerar esgotada uma edição da qual ainda havia em estoque trezentos exemplares. Aparentemente, a liquidação da conta de Rangel foi iniciativa de Lobato, circunstância diferente da que ocorreu com João Ribeiro. O gesto de Lobato para com Rangel pode ter sido uma deferência de amigo, ou seja, uma ocorrência isolada. Se não foi – se Lobato costumava encerrar contas de autores antes de esgotadas as edições –, é provável que houvesse problemas na administração das finanças da empresa.

As demais cartas que podem ser consideradas contratos, encontradas ao longo desta pesquisa, foram escritas pelos editores e apresentam diferentes propostas de pagamento dos direitos autorais.

Em uma carta de 15 de dezembro de 1922, a Monteiro Lobato & Cia. propõe ao escritor Cesídio Ambrogi, de Taubaté (SP), as seguintes condições de edição:

---

[64] Carta a Rangel de 7 out. 1923. In: Lobato, *A barca de Gleyre*, t.2, p.257.

Amigo e sr. –

Em resposta á sua carta de 12 deste, dirigida ao nosso socio dr. Monteiro Lobato, temos a lhe informar que podemos editar o seu livro, numa tiragem de 1.500 exemplares, feita a capricho. Como os livros de versos são de pouca sahida, propomos edital-o dando ao autor 300 exemplares, em paga dos direitos autoraes para essa edição.

Aguardando sua autorisação, firmamo-nos com muita estima e apreço, de V. S. Amos. Attos. Obrdos.

Monteiro Lobato & Cia.[65]

A editora usa a expressão "direitos autorais", e não "propriedade literária", escolhida para figurar no Código Civil. Pode ser que "direitos autorais", apesar das polêmicas ocorridas ao tempo da redação do Código, fosse expressão de uso mais corrente do que "propriedade literária". Voltando a Cesídio Ambrogi, parece que ele aceitou as condições propostas, porque o livro foi editado no ano seguinte. Ambrogi era de Taubaté e, conforme o depoimento de sua esposa, Lygia F. Ambrogi, ele teria conhecido Lobato naquele mesmo ano de 1922:

> Lygia contou que a amizade entre os dois surgiu quando Lobato enviou um bilhete para Cesídio. "Foi em 1922 e os dois nem se conheciam. Cesídio ficou surpreso e pensava o quê que Lobato queria com ele", disse ela. "Um dia Cesídio foi a São Paulo e resolveu passar na editora do Lobato para falar com ele. Chegando lá, Lobato tirou um monte de recortes de jornais com as quadrinhas que Cesídio publicava e perguntou: 'Moço, isso é seu?'. Diante da afirmativa de Cesídio, Lobato disse que ele tinha um mês para juntar o material e fazer um livro", disse.

Segundo Lygia, o livro foi publicado no ano seguinte, 1923, com um nome diferente do escolhido por Cesídio, que deu o título *Cartalhas da roça*.

---

[65] Carta a Cesídio Ambroggi de 15 dez. 1922. Acervo da Biblioteca Infantojuvenil Monteiro Lobato. Localização: pasta 33, n. 3624.

"Lobato mudou o nome do livro para *As moreninhas*, porque assim as pessoas iam ficar curiosas para ver o que tinha no livro e iriam comprar", disse.[66]

Cartas trocadas por Ambrogi e Lobato indicam que os dois já se correspondiam há tempos. Em uma delas, que deve ser de 1918, Lobato informa:

> Recebi a sua carta de 22 e os lindos versos de cenas e costumes roceiros destinados à *Cigarra*. Vou enviá-los ao Gelásio, recomendando-os, mas não lhe garanto que publiquem porque me parece que o Gelásio não é amigo do gênero.[67]

Em outra carta de Lobato, de 1922, encontra-se a informação de que o editor recebeu versos de Cesídio para publicação na *Revista do Brasil* e os enviou a Brenno Ferraz, "que é quem governa e dirige a *Revista do Brasil* da qual sou eu um velho diretor aposentado".[68] As cartas sugerem que Ambrogi procurava ser editado por Lobato, e não o contrário.

Pelo que se infere das cartas, pouco tempo depois Lobato recebeu originais de um livro de poemas do autor taubateano. Em uma carta sem data, Lobato comenta o livro e faz sugestões editoriais, entre elas a mudança do título do livro:

> Recebi tua carta e o livro, que já li quasi todo com grande encanto. Palavra! Só agora me convenci plena[te]. do delicioso poeta que és. Ha coisas lindas, lindas, no livro, e vou já escolher uma porção dellas para dar na *Revista*, com

---

66 Guerra, Tardes com Lobato: A professora Lygia Fumagalli Ambrogi revela memórias das visitas que recebia do escritor taubateano ao lado do marido Cesídio Ambrogi, *Vale Paraibano*.

67 Cópia xerográfica de cartão datiloscrito sem data. Anotação a lápis no alto da folha diz: "provavelmente de 1916 ou 17". Como o cartão traz impresso "J. B. Monteiro Lobato / "Revista Do Brasil" – Rua Boa Vista, 52", deve ser de 1918 ou depois, quando Lobato já era dono da revista. Acervo da Biblioteca Infantojuvenil Monteiro Lobato. Localização: pasta 33A, n.3605.

68 Carta a Cesídio Ambrogi de 14 maio 1922. Acervo Biblioteca Infantojuvenil Monteiro Lobato. Localização: Pasta 33A – documento 3686.

uma nota a respeito. Sente-se, porem, que está m^{to}. influenciado pelo Ricardo. Tomaste delle até personagem, até ideias e imagens. Havemos de tirar do livro o que for m^{to}. relembratorio disso, para evitar reparos da critica. Quanto a edital-o, apesar de estarmos aqui entupidos de serviço, faço questão de fazer o livro numa linda edição. Não acho bom o titulo; um tanto pretensioso. Precisamos descobrir um melhor. Os titulos femininos são os melhores; falam á libido do homem – e forçam a sahida. *As moreninhas*, optimo titulo. Ou coisa assim, que dê a entender que ha mulheres lindas dentro. Por que não appareces aqui quando vem a S. Paulo? [...][69]

O trecho transcrito deixa entrever o editor Lobato em ação, apontando trechos que lembravam muito Ricardo Gonçalves e deveriam ser eliminados, prometendo "linda edição", sugerindo "rótulo" mais atraente para a mercadoria. O nome sugerido, *As moreninhas*, remete não apenas a "lindas mulheres", mas também a um dos maiores *best-sellers* brasileiros, *A moreninha*, de Joaquim Manoel de Macedo – que Lobato editaria em 1924, conforme vimos. Versos de Ambrogi saíram no número de outubro de 1922 da *Revista do Brasil*, com a seguinte nota:

Cesídio Ambrogi é um poeta novo, que se apresenta com a mesma formação mental de Ricardo Gonçalves, o saudoso autor dos *Ipês*. Apaixonado dos temas rurais, do sertanejo humilde, da vida roceira, da humildade cabocla, sabe impregnar os seus versos dos aromas agrestes do campo. [...][70]

A obra de Ambrogi tinha, portanto, duas qualidades que podem ter sido decisivas para sua publicação: temática "cabocla" e semelhança com os poemas de Ricardo Gonçalves, amigo querido de Lobato. Apesar das qualidades, a carta-contrato afirma que "os livros de versos são de pouca saída", de maneira a justificar o pagamento de direitos autorais em exemplares.

---

69 Carta a Cesídio Ambrogi sem data. Acervo Biblioteca Infantojuvenil Monteiro Lobato. Localização: Pasta 33A – documento 3687.
70 Nota a Poema minúsculo – Cesidio Ambrogi, *Revista do Brasil*, n.82, p.119-20.

Em várias cartas de Monteiro Lobato daquele período, o editor reclama do pouco êxito comercial que teriam os livros de poemas. Em uma carta a Antônio Sales de 1923, por exemplo, ele reclama:

> [...] Quanto ao poeta, Salles, pelo amor de Apollo não me bote mais um poeta aqui dentro. Ando doido com os que tenho, que se vendem mto. pouco, e agora só com mto. rigor edito versos. Ha versos demais. Todo o mundo os faz. O que não ha é publico para ler e comprar tanto verso. Brasileiro que sabe ler, escrever e contar invariavelmente faz versos pela puberdade. Todos! Milhões! Eu estou em ponto estrategico adequado a conhecer disso. Não se passa dia sem que me sejham propostos 6, 8, 10! livros de versos. Resultado: cerca de arame farpado, trincheira contra os poetas. Porque, editorial^{te}. pouquissimos constituem negocio. No geral não se vendem. [...][71]

Essa carta é datada de 8 de janeiro, ou seja, foi enviada menos de um mês depois da proposta de edição feita a Ambrogi. Supõe-se, então, que a editora realmente estivesse enfrentando problemas em vender livros de poesia. *As moreninhas* parece ter vendido razoavelmente: da edição de 1.500 exemplares, restavam apenas 166 na época da falência da editora. Lobato parece ter acertado em propor uma tiragem pequena da obra, apesar da temática e do estilo, que costumavam ter público cativo.

Como documento, a carta-contrato[72] com Ambrogi é importantíssima. Afinal, ela registra o pagamento de direitos autorais em exemplares de livros, o que é novidade na história das editoras de Monteiro Lobato.

Ambrogi não recebeu direitos autorais em dinheiro, mas teve seu livro editado. Já Manuel Bandeira, que parece ter firmado contrato com a Monteiro Lobato & Cia. também por carta, não teve seu *Poesias* publicado. Em uma carta a Mário de Andrade, de 31 de maio de 1923, Bandeira informa:

---

[71] Carta a Antônio Sales de 8 jan. 1923. Acervo Fundação Casa de Rui Barbosa. Localização: Col. AS / Cp 139 – fl. 24-25.

[72] A Biblioteca Infantojuvenil Monteiro Lobato guarda, em seu acervo, fotocópias de várias cartas de Lobato a Ambrogi, incluindo essa carta-contrato.

> Os meus poemas estão nas mãos do Lobato. São *A cinza das horas* aumentada de algumas poesias da mesma época, o *Carnaval*, e a parte inédita a que dei o título de *Onda solitária*. Tudo deveria sair sob o nome geral de *Poesias*. Que te parece? O [Ribeiro] Couto aconselha chamar o livro pelo título da 3ª parte: *Onda*...
>
> O Lobato fechou contrato comigo desde agosto do ano passado. Todavia, até agora, nada. Ele diz que verso não é negócio, é negocinho. Que isso de versos é bucha, sejam péssimos ou excelentes.
>
> Se o Lobato desistir de editar-me, não aparecerei mais a público senão em revistas: não tenho dinheiro nem paciência nem gosto para me editar a mim próprio.[73]

Poesias chegou a ser anunciado no catálogo de 1923 da Monteiro Lobato & Cia., como vimos no Capítulo 5. Na carta a Mário de Andrade, Bandeira reproduz comentários de Lobato sobre edição de livros de poemas que são semelhantes à opinião sobre o assunto expressa pelo editor em outras ocasiões, como na carta a Antônio Sales ou na carta-contrato a Cesídio Ambrogi. Bandeira também manifesta não ter "dinheiro nem paciência nem gosto" para editar a si próprio. Essa confissão lembra uma passagem da nota publicada pela *Revista do Brasil* em 1916, a respeito da sociedade que estava se organizando em São Paulo para editar obras de autores paulistas, conforme tratamos no Capítulo 5. A nota afirma que muitos autores tinham livros prontos, mas "não os publicam por não encontrarem facilidades nem compensações para isso e por não se resignarem a exercer as funções de mercadores dos próprios livros".

Bandeira, entretanto, precisou arcar com as despesas de publicação e distribuição de *Poesias* (1924) porque, como informa a Mário de Andrade em uma carta de 24 de setembro de 1923, Lobato desistiu de editar o livro:

> O Lobato acaba de me roer a corda, comunicando-me que não editará mais os meus versos, para a publicação dos quais ele se comprometera formalmente há mais de um ano, compromisso várias vezes renovado, sendo que o último

---

73 Carta de Manuel Bandeira a Mário de Andrade, 31 maio 1923. In: *Correspondência: Mário de Andrade & Manuel Bandeira*, p.94.

não data ainda de um mês. É um canalha, cuja palavra não merece fé. E como não posso confiar que ele me devolva os originais com a devida cautela para que não se percam no correio, peço-te, meu caro Mário, o grande favor de passares pelo escritório da firma Monteiro Lobato & Cia., Gusmões, 70, a fim de te serem entregues os meus manuscritos. Nesse sentido vou escrever para lá.

Lerás, faço questão, os meus poemas, mas não os retenhas por muito tempo, pois já se me ofereceu a oportunidade de outro editor e convém malhar o ferro quente. [...][74]

O cancelamento da publicação de *Poesias* provocou o fim da amizade entre Lobato e o escritor Ribeiro Couto, que havia recomendado o editor a Manuel Bandeira.[75] Também teria acirrado as disputas entre os modernistas e Monteiro Lobato pela hegemonia no campo literário, segundo Ênio Passiani.[76] É uma pena que não tenham sido conservadas no arquivo de Bandeira as cartas da Monteiro Lobato & Cia. Seria interessante conhecer as condições de contrato propostas a Bandeira pela editora, e também as razões da decisão de não editar mais o livro *Poesias*. Podemos deduzir que essas razões tenham sido semelhantes às apresentadas anteriormente a Mário de Andrade, quando Lobato desistiu de publicar *Pauliceia desvairada*. O livro de Bandeira talvez indignasse a "clientela burguesa" da editora, destoasse da "feição" da empresa, exigisse demorada iniciação do público e da crítica à poesia de vanguarda, ficasse tempo demais no estoque de uma editora sem muitas reservas financeiras. Esses motivos podem ter se somado à pouca saída que, segundo o editor, tinham os livros de poemas, quaisquer que fossem as escolas ou movimentos a que seus autores se filiassem.

O episódio leva a crer que contratos firmados por carta não teriam a mesma validade que contratos registrados em instâncias públicas, embora ambas as possibilidades fossem aceitas pelo Código Civil, segundo Clóvis Beviláqua. Essa hipótese ganha força com o conselho que Bandeira dá a

---

74 Ibid., p.103.
75 Ver notas de Marcos Antonio de Moraes referentes à carta de Manuel Bandeira, no livro acima citado.
76 Ver Passiani, op. cit., p.83-5.

Mário de Andrade quando, em 1930, Lobato propõe ao autor de *Macunaíma* a edição do livro nos Estados Unidos. Informado da proposta, e da reticência de Mário em fazer acordo com Lobato, Bandeira escreve:

> Desde saída tive boa impressão do caso Monteiro Lobato. E quando vi o seu irmão botando água na fervura não duvidei mais do meu juízo. Você deve topar com o Lobato, mas... *garantindo-se* mediante contrato em regra. Atenção: não fazer contrato epistolar que o safado foi assim que me roeu a corda.[77]

Marcos Antonio de Moraes observa que Bandeira mudou a fita da máquina de escrever para colocar a expressão "garantindo-se" em vermelho. A pouca validade jurídica do contrato epistolar atestada por Bandeira demanda estudos jurídicos a respeito. Se realmente esse tipo de contrato podia ser desfeito sem prejuízo para uma das partes, a prática das editoras de Monteiro Lobato de utilizá-lo pode ser interpretada de maneira negativa. Faltam estudos, porém, de mais casos parecidos, que possam clarear a questão do ponto de vista jurídico.

Os livros de poesia não eram bem-vindos na editora, pelo menos em 1923. Já os didáticos eram disputados pela firma, como atesta uma carta da Monteiro Lobato & Cia., de julho daquele ano, a Roquette-Pinto:

> [...] Amigo e sr. –
>
> Confirmamos a conversa que teve com V. S. o nosso representante sr. Raul de Paula, acerca do seu livro *Lições de Historia Natural*; conforme disse o referido senhor, teremos o maior prazer em edital-o, fazendo larga propaganda afim de conseguir a sua adopção pelas escolas do paiz.–
>
> Offerecemos a V. S., em paga dos seus direitos autoraes para essa edição de 2.000 exemplares, 50% dos lucros liquidos apurados depois de vendida toda a edição, ou 20% sobre o preço de balcão, pagos trimestralmente; os

---

77 Carta de Manuel Bandeira a Mário de Andrade, 28 jul. 1930. In: *Correspondência: Mário de Andrade & Manuel Bandeira*, p.459.

direitos autoraes continuam de sua propriedade, somente não podendo V. S. contractar outra edição com terceiros, emquanto não estiver esgotada a edição publicada por nós.–

Agradecidos de antemão pela sua preferencia, subscrevemo-nos com a maior consideração e estima, [...].[78]

Como as outras cartas, essa também apresenta informações sobre as práticas de contratação de livros para publicação por parte da Monteiro Lobato & Cia. Por seu conteúdo, sabemos que Roquette-Pinto teria conversado previamente sobre a publicação de seu livro com um representante da editora, Raul de Paula, que transmitiu a informação aos editores. A proposta de edição apresenta duas possibilidades de pagamento: 50% dos lucros líquidos após a venda de toda a edição, ou 20% "sobre o preço de balcão, pagos trimestralmente". Os editores ainda informam que o autor poderia contratar a publicação da mesma obra com terceiros apenas depois de esgotada a edição, o que era previsto pela lei de propriedade literária.

Roquette-Pinto, no entanto, respondeu poucos dias depois declinando da proposta:

Recebi a carta de V. S. de 12 do corrente confirmando a proposta que em nome dessa firma recebi do Sr. Raul de Paula, para editar um livro meu de Historia Natural.

Conforme informei ao Sr. Raul de Paula tenho já um compromisso á respeito com uma casa editora do Rio. Por enquanto, dest'arte, não me é possível aceitar a offerta de V. S.

Approveitando esta opportunidade, participo a V. S. que tenho em preparo, illustrado pelo notavel sr. Alberto Childe, um pequeno livro de contos infantis.

Se a edição desta obra convier á V. S. terei prazer em entregal-a a essa firma. [...][79]

---

78 Carta a Roquette-Pinto de 12 jul. 1923. Acervo da Academia Brasileira de Letras. Arquivo Roquette-Pinto. Localização: Caixa 5 – item 29.

79 Carta de Roquette-Pinto de 25 jul. 1923. Acervo da Academia Brasileira de Letras. Arquivo Roquette-Pinto. Localização: Caixa 31 – item 18.

A resposta de Roquette-Pinto dá a entender que ele havia sido procurado pelo representante da editora, que lhe oferecia uma proposta de publicação. Avisou o representante de que já tinha compromisso com outra editora e, ainda assim, recebeu proposta formal da Monteiro Lobato & Cia. A história faz pensar em uma "guerra" entre editoras, com direito a espionagem de representantes, pela conquista de determinado autor. O disputado livro de História Natural era dirigido ao público escolar e Lobato, naqueles idos de 1923, começava a investir mais na seção de didáticos de sua empresa. O objetivo de conseguir a adoção de livro de Roquette-Pinto "pelas escolas do país" sugere a razão dos investimentos em obras didáticas.

Os livros infantis, que tinham forte associação com os didáticos, ganhavam importância no catálogo da editora, especialmente os escritos pelo próprio Lobato, que iniciava sua "revolução" da literatura brasileira para crianças, feita por meio de muitas reprovações em editais públicos, críticas negativas, reescrita de obras e auxílio da rede dos homens de letras, conforme observamos nos capítulos anteriores. A qualidade das histórias infantis de Lobato fora reconhecida de maneira eloquente por Roquette-Pinto em maio daquele mesmo ano. No dia 19, a Rádio Sociedade do Rio de Janeiro – PR-1-A havia feito sua primeira transmissão oficial. Segundo Ruy Castro,

> [...] Edgar Süssekind de Mendonça abriu a transmissão recitando um soneto do próprio Roquette intitulado, bem a propósito, "O raio". Era simbólico: o raio viaja pelo espaço e vai cair sabe-se onde – como o rádio. (A única cópia do poema perdeu-se naquela noite e o autor nunca conseguiu reconstituí-la de memória.) Em seguida, Heloísa Alberto Torres, filha do abolicionista Alberto Torres, leu um conto infantil de Monteiro Lobato, de que não há registro do título. E, concluindo, Francisco Venâncio Filho leu uma página de *Os sertões*.[80]

A seleção dos textos lidos na transmissão da primeira rádio brasileira mereceria um estudo a parte. Roquette-Pinto e Lobato correspondiam-se

---

80 Castro, *Roquette-Pinto*: O Homem Multidão.

pelo menos desde abril de 1918. Em uma carta datada de 23 daquele mês, Roquette-Pinto agradece a Lobato por servir-se "de minha *Rondônia* para traçar dois dos mais interessantes artigos que sua pena tem escrito".[81] Para Ruy Castro, o livro *Rondônia*, publicado em 1916, é "um monumental tratado antropológico, botânico, geológico, climático, zoológico e etnográfico de uma vasta região do Brasil entre os rios Juruena e Madeira",[82] que abrange partes do Mato Grosso, Amazonas, Pará, Acre e Rondônia. Roquette-Pinto havia percorrido a região com o então o tenente-coronel Cândido Mariano da Silva Rondon, em expedição realizada em 1912. Para Ruy Castro, "tornou-se lugar-comum dizer que *Rondônia* estava para a saga de Rondon como *Os sertões*, de Euclides da Cunha, estava para a de Canudos".[83]

Roquette-Pinto era colaborador da *Revista do Brasil* desde 1916 e, como vimos, ele conseguiu obter assinantes para o periódico a pedido de Lobato. Na época, atuava como diretor do Museu Nacional, cargo que ocupou de 1915 a 1936. Em 1920, ele escreveu a Lobato propondo a edição de um livro de versos:

Meu caro Lobato

Agradeço muito a V. a carta carinhosa que me mandou. Aqui, no Rio, ainda não procurei editor, envergonhado de me apresentar sobraçando um volume de versos, na minha idade, na minha situação... Mas sei que os meus amigos da Empresa Brasil Editora tratarão com prazer desse negócio. Portanto, não se rale V. com a impossibilidade de aceitar a minha proposta. Aliás, já estou meio arrependido de haver pensado em lançar à voracidade publica as modestas cantigas que se evolaram do meu cérebro, como as composições tipo Jeca-Tatu, de ouvido. Não vale a pena publicar na *Revista* as amostras que mandei; a minha vaidade basta que V. as tenha julgado dignas de figurar acolá. Todavia, para

---

81 Carta de Roquette-Pinto, de 23 abr. 1923. Fundo Monteiro Lobato. Localização: MLb 3.2.00210cx4. O artigo de Lobato sobre *Rondônia* foi incluído em *Ideias de Jeca Tatu*.
82 Id.
83 Em 1956, o território do Guaporé passou a ter o nome de Rondônia, em homenagem a Rondon proposta por Roquette-Pinto em 1915. Ver Castro, op. cit.

mostrar à *Revista* que ainda sou o mesmo velho amigo, mando por este correio um pequeno conto de sabor profundamente sul-americano... É o seu único mérito. Peço a V. que acuse o recebimento desses originais e receba um grande abraço do [...] Roquette-Pinto[84]

Pelo teor da carta, Lobato escrevera recusando a edição do livro de poemas e propusera publicar as "amostras" enviadas por Roquette-Pinto na *Revista do Brasil*. O livro de versos não teria sido publicado; pelo menos, não consta das bibliografias de Roquette-Pinto consultadas. Também não há registro de que a Monteiro Lobato & Cia. ou a Cia. Gráfico-Editora Monteiro Lobato tenham editado um livro infantil do antropólogo. Da carta de 1920, fica a imagem do autor que se diz "envergonhado de me apresentar sobraçando um volume de versos, na minha idade, na minha situação", e, por isso, não procura editor no Rio. Essa imagem faz lembrar o preconceito que poetas do século XIX, ocupantes de cargos públicos ou profissionais liberais, diziam sofrer por parte dos colegas.

Se os versos de Roquette não foram publicados, foram declamados na transmissão da primeira rádio brasileira, criada graças a seus esforços e com auxílio da Academia Brasileira de Letras, da qual viria a ser membro, em 1927. Novos horizontes técnicos se anunciavam para os homens de letras.

A Monteiro Lobato & Cia. vinha investindo não somente em livros didáticos e infantis, mas também em livros técnicos, principalmente das áreas de Direito, Medicina e Contabilidade. Uma carta da editora, datada de 24 de maio de 1924, propõe ao dr. Manuel Francisco Pinto Pereira, de Muzambinho (MG), a edição do livro *Casamento e divórcio no direito civil internacional*:

Amigo e sr.

Pela presente confirmamos a conversa que teve V. S. comnosco, durante a qual ficou combinado que editaremos o seu livro numa tiragem a ser

---

84 Carta de Roquette-Pinto, de 13 jan. 1920. Fundo Monteiro Lobato. Localização: MLb 3.2.00239cx5.

estabelecida no momento da impressão do livro *Casamento e divorcio no direito civil internacional*, cabendo a V. S. a quota de 20% sobre o preço de venda do livro, verificados semestralmente, de conformidade com as vendas realizadas. Sem mais motivos, firmamo-nos com estima, [...]

Monteiro Lobato & Cia.[85]

Teria o dr. Manuel Francisco Pinto Pereira visitado os escritórios da editora, a fim de oferecer a Lobato os originais do livro? A informação de que a carta-contrato formalizava um acordo verbal entre autor e editora é merecedora de atenção, bem como a de que a tiragem seria estabelecida "no momento da impressão". O advogado entrou com petição declarando-se credor da Cia. Gráfico-Editora Monteiro Lobato em 8 de agosto de 1925. Em seu requerimento, ele afirma ter crédito de 4 contos e 500 mil-réis, provenientes da comissão de 20% sobre a venda de seus livros.[86] Um representante da editora, cuja assinatura está muito apagada, respondeu que se tratava "de livro impresso há pouco. A importância só seria devida depois de vendidos os livros". Os síndicos, por sua vez, deram o seguinte parecer:

Dos livros do declarante foram vendidos, apenas, 463 exemplares. De accordo com a combinação entre declarantes e fallida, compete-lhe, pois, apenas a porcentagem de 20% sobre o producto da respectiva venda, ou Rs 1:389$000 – quanto á inclusão desta importância, nada a oppôr.

O auto de arrecadação da massa falida registra 1.047 exemplares da obra em estoque. A tiragem teria sido, portanto, de 1.510 exemplares.

Em uma carta de 25 de abril de 1925, às vésperas da falência, a Cia. Gráfico-Editora Monteiro Lobato propôs a Belisário Pena a reedição de seu livro *Amarelão e maleita*:

---

85 Processo de falência da Cia. Gráfico-Editora Monteiro Lobato, p.244.
86 Ibid.

Amigo e sr.

Temos recebido varios pedidos do *Amarellão e Maleita*, e não pudemos attendel-os, porque não possuimos o livro. Quasi todos os pedidos foram feitos pelas repartições de saneamento de varios estados do Brasil; inda agora recebemos um, de 50 exemplares, da Secretaria do Interior do Estado do Rio Grande do Sul.

Desejavamos fazer uma nova edição, de 3.000 exemplares, que serão facilmente collocados, considerando-se os pedidos que temos accumu-lados. Porisso, pedimos a sua autorisação por escripto, e estamos certos de que o amigo nol-a dará.

Pagaremos a V. S., por essa edição de 3.000 exemplares, uma importancia correspondente a 15% do valor de venda do livro, pagavel semestralmente, de accordo com as vendas realizadas.

Aguardando a sua prompta resposta, firmamo-nos com a mais alta estima e consideração, [...]

Cia. Gráphico-Editora Monteiro Lobato.[87]

O livro *Higiene para o povo: amarelão e maleita* fora escrito por Pena em 1923, por encomenda do então presidente de São Paulo, Washington Luís, com quem Lobato mantinha um relacionamento antigo, conforme observamos anteriormente. As repartições de saneamento eram, em grande parte, fruto do trabalho de Pena à frente da Liga Pró-Saneamento do Brasil, fundada em 1918. Conforme Eduardo Vilela Thielen e Ricardo Augusto dos Santos, a liga, que "congregou vários intelectuais e políticos da capital da República, foi resultado da ampla repercussão alcançada pelo livro *Saneamento do Brasil*".[88] Lobato foi avisado da criação da Liga por seu diretor-secretário, Plínio Cavalcanti, em uma carta de 29 de abril:

Com a maior satisfação venho trazer ao vosso conhecimento, a instalação da Liga-Pró-Saneamento do Brasil em sessão pública realizada na Sociedade

---

[87] Carta a Belisário Pena de 11 abr. 1925. Acervo da Fundação Oswaldo Cruz. Localização: Pasta 9, BP/COR/19151126.

[88] Thielen; Santos, Belisário Penna: fotografias biográficas, *Hist. cienc. saude-Manguinhos*, n.2.

Nacional de Agricultura e bem assim, o funcionamento de sua sede no edifício do Jornal do Comércio, 2º andar, sala 19.

Conforme deveis estar informado, esta Liga teve por pedestal o livro *Saneamento do Brasil* do dr. Belisario Penna, recusado por todos os editores desta capital e dado a publicidade pelos dois outros iniciadores dessa associação, drs. Olympio Barreto e o signatário do presente ofício.

Há muito que vimos acompanhando com a maior atenção, simpatia e proveito, a colaboração valiosíssima que a vossa pena fulgurante tem trazido ao problema do Saneamento e assim sendo, é justo que procuremos dar aos vossos esforços a recompensa merecida.

Nestas condições, logo que for criada a Delegação da Liga aí em S. Paulo temos em vista incluir o vosso ilustre nome, o que estamos certos, não recusareis porquanto este gesto, nada mais traduz, do que o reconhecimento da Liga e do seu Diretório Executivo, a um dos mais decididos cruzados de sua causa e do seu programa.[89]

A "colaboração valiosíssima" que a "pena fulgurante" de Lobato vinha trazendo ao problema do Saneamento era, provavelmente, referência aos artigos publicados desde o início do ano no *Estadão* e mais tarde enfeixados no livro *O problema vital*. Em uma carta de 12 de julho, Lobato foi oficialmente convidado a ser membro da Liga de Saneamento de São Paulo, da qual faziam parte, entre outros, Amadeu Amaral, Veiga Miranda, Plinio Barreto, Vital Brasil, Arthur Neiva, José Carlos de Macedo Soares e Renato Kehl. A liga paulista mandou imprimir *O problema vital*, publicado em 1918.

O livro *Saneamento do Brasil*, "recusado por todos os editores" do Rio de Janeiro, influenciou "a decisão do presidente Wenceslau Brás de criar o Serviço de Profilaxia Rural, em maio de 1918, e de nomear Pena para dirigi-lo".[90] Pena instalou, então, dez postos sanitários nas zonas rurais do Distrito Federal. Em 1920, o governo criou o Departamento Nacional de Saúde Pública (DNSP), que teve Carlos Chagas como primeiro diretor.

---

89 Carta de Plínio Cavalcanti, de 29 abr. 1918. Fundo Monteiro Lobato. Localização: MLb 3.2.00211cx4.
90 Thielen; Santos, op. cit.

Belisário Pena passou a comandar o Departamento de Saneamento e Profilaxia Rural do DNSP. Durante sua gestão, instalou serviços de profilaxia rural em quinze estados. Ele teria se exonerado do cargo em 1922, "por não concordar com interferências políticas no departamento".[91] Em 1924, foi preso por apoiar a Revolução de 1924; permaneceu detido por seis meses no Rio de Janeiro. Também "foi suspenso de suas funções como delegado de saúde, sendo reintegrado apenas em 1927".[92]

Assim, a carta da Cia. Gráfico-Editora Monteiro Lobato com a proposta de reedição do livro *Amarelão e maleita* foi dirigida a um homem "em disponibilidade", que percorria o país fazendo conferências sobre saneamento e higiene, como empregado do Laboratório Daudt, Oliveira & Cia. Talvez por essa razão a carta da editora seja endereçada aos cuidados do dr. Renato Kehl, genro de Pena. Kehl, como vimos, era autor dos *Anais de eugenia*, publicados pela *Revista do Brasil*. Seu livro *A cura da fealdade* aparece no catálogo da Cia. Gráfico-Editora Monteiro Lobato de 1925. Pena era membro da Comissão Central Brasileira de Eugenia, da qual era secretária sua filha Eunice, esposa de Kehl.[93]

A trajetória de Pena pode explicar o sucesso de *Amarelão e maleita*, pedido "pelas repartições de saneamento de vários estados do Brasil". O auto de arrecadação da massa falida registra apenas um exemplar do livro em estoque, o que leva a crer que o título não chegou a ser impresso. Não sabemos se Belisário Pena aceitou as condições propostas pela carta da editora. É interessante notar que os editores oferecem, pela edição de 3 mil exemplares, "uma importância correspondente a 15% do valor de venda do livro, pagável semestralmente, de acordo com as vendas realizadas". A sugestão de pagamento semestral pode ter ocorrido em vista da possibilidade de vender rapidamente os exemplares, dado o grande número de pedidos.

A aposta da editora em livros destinados a órgãos do governo, que vinha se delineando com o investimento em edições escolares, torna-se patente na carta a Pena.

---

91 Ibid.
92 Ibid.
93 Ibid.

A companhia também investia em livros técnicos. Uma petição integrante do processo de falência, datada de 28 de julho de 1925, requer o pagamento de crédito por livro de direito:

> [...] O abaixo assignado [...] é credor da quantia liquida de tres contos de reis (Rs.3:000$000), proveniente da venda, que fez, de uma edição de 1.500 exemplares do seu livro *A hypotheca*, pela qual deveria receber, em dinheiro, 20% sobre o preço de venda da mesma edição, (preço que é o de 20$000 por exemplar), ou o total de RS.6:000$000, cuja metade foi de fato paga ao declarante em 7 de Março ultimo, quando o livro saiu do prelo, devendo ser paga a outra metade 120 dias depois, ou em 7 do corrente. O exposto deve constar dos livros e archivo da fallida e foi estipulado na sua carta de 10 de outubro de 1924, a qual o declarante poderá exibir, se for necessário. [...][94]

O requerente era Azevedo Marques, definido no catálogo de 1925 da editora como "mestre e já sobejamente conhecido". Seu livro *Da hipoteca*, segundo o anúncio, era "segunda edição muito melhorada e com cunho prático que vai ser de grande alcance para os jovens advogados que prezam a profissão". A obra era das mais caras do catálogo. Pelo teor da petição, o contrato firmado entre Marques e a editora fora epistolar. Ao que parece, o próprio Marques teria vendido 1.500 exemplares de seu livro. A venda teria sido realizada assim que o livro saiu do prelo, quando o autor recebeu metade dos direitos acordados sobre a obra.

Os contratos de autores de obras técnicas, como Azevedo Marques ou Ulisses Paranhos, Alberto Seabra e Antonio Austregésilo, sugerem que tais escritores assumiam as funções de vendedores ou propagandistas de suas obras com mais frequência e menos constrangimento em comparação a autores de obras literárias. O modo como a figura do autor de obras literárias se desenvolveu ao longo do século XIX parece ter contribuído para que homens de letras, especialmente os poetas como Manuel Bandeira e Mário de Andrade, tivessem dificuldade em associar as funções comerciais de livreiros e editores às atividades que exercem como literatos. Afinal,

---
94 Processo de falência da Cia. Gráfico-Editora Monteiro Lobato, p.424.

Figuras de autor, figuras de editor

como vimos nos capítulos 2 e 3, os poetas, principalmente, ajudaram a construir uma figura "heroica" de artista, miserável e abnegado, em oposição ao burguês.[95] A oposição entre artistas "puros" e "comerciais" é a base dos campos artísticos.

Voltando às editoras de Monteiro Lobato, as oficinas da Cia. Gráfico-Editora também imprimiam livros didáticos e técnicos de outros editores, como atesta um contrato entre a empresa e Tisi & Cia.[96] para a impressão do livro *Gramática:* curso teórico da língua italiana. Outros contratos de impressão foram firmados entre a Companhia e Amélia Rezende Martins, autora de *História da música*,[97] e Cassiano Ricardo, editor da revista *Novíssima*.[98] No Arquivo Público do Governo de São Paulo, há uma carta da Companhia, de 21 de outubro de 1924, dirigida a Aureliano Leite, a qual também desempenha a função de contrato de impressão do livro *Dias de pavor* (1924), sobre a Revolução chefiada por Isidoro Lopes.[99] Esses contratos não serão analisados neste livro porque tratam apenas da *impressão* das obras, pagas por autores ou editores de periódicos, e não de sua edição. Impressos como esses não constam dos catálogos das editoras de Monteiro Lobato; não recebiam nem o tratamento publicitário nem o investimento em distribuição para comerciantes e para agentes literários de prestígio que as obras editadas por Lobato recebiam; principalmente, não auferiam parte de seu capital simbólico.

Ainda com relação à impressão de obras, há no processo uma petição de Aprígio de Almeida Gonzaga[100] informando ser o autor de *Minhas lições*,

---

[95] Marisa Lajolo e Regina Zilberman registraram e analisaram as dificuldades das "vanguardas intelectuais ralas, como as brasileiras" diante da encruzilhada em que, no início do século XX, "diferentes práticas de leitura sustentam mídias distintos, logo, gerenciam diversas técnicas de produção e consumo de livros". In: Lajolo; Zilberman, *Formação da leitura no Brasil*, p.111.

[96] Processo de falência da Cia. Gráfico-Editora Monteiro Lobato, p.458.

[97] Ibid., p.410.

[98] Ibid., p.129.

[99] A carta foi digitalizada e pode ser vista no site do Arquivo. Disponível em: <http://www.arquivoestado.sp.gov.br/site/acervo/repositorio_digital/cartas_24>. Acesso em: 27 nov. 2017.

[100] Processo de falência da Cia. Gráfico-Editora Monteiro Lobato, p.184.

Contos escolares e *São Paulo e suas grandezas*, cujos originais teria entregado à Cia. Gráfico-Editora Monteiro Lobato para serem impressos. Gonzaga requer que os originais lhe sejam devolvidos, no que foi atendido. O autor não apresentou, entretanto, nenhum tipo de contrato para fundamentar sua petição.

7.3.3. *Acordo verbal, notas promissórias e cambiais*

Pelo menos um autor firmou contrato verbal com a Cia. Gráfico-Editora Monteiro Lobato, conforme atesta a seguinte petição datada de 13 de setembro de 1925:

> [...] O abaixo-assignado contractou verbalmente com a Cia. Editora Monteiro Lobato a publicação de 1.100 exemplares de um livro que escreveu e intitulou: *O Espirito das Democracias*, nas condições seguintes:
> a) fazer a Cia. por sua conta a impressão e se encarregar da venda, ficando com direito a metade do numero de exemplares;
> b) ter o autor direito, sem mais onus, a outra metade do numero de exemplares.
> Tendo aquella Cia. requerido a sua fallencia, requer o abaixo assignado a V. Ex. que, ouvidos os directores da referida Cia e Sr. Syndico da massa fallida, lhes sejam entregues os 550 exemplares que lhe pertencem, ou, na sua falta, o equivallente, a razão de 7$000 por exemplar, que foi o preço de venda [...].[101]

A assinatura do requerente está pouco legível, mas ele parece ser o educador Antônio Sampaio Dória, apontado como autor de *O espírito das democracias* no catálogo de 1925 da Cia. Gráfico-Editora Monteiro Lobato. Sampaio Dória era autor de vários outros livros publicados pela editora entre 1922 e 1924: *O que o cidadão deve saber, Como se ensina, Como se aprende a língua* (um volume destinado ao ensino elementar, outro destinado ao curso médio e um terceiro para o curso complementar), *A questão social* e *Questões de ensino*. Naquele período, Dória atuou como diretor-geral da Instrução

---
101 Ibid., p.194.

Pública do Estado, cargo para o qual fora nomeado em 1920. A Reforma Sampaio Dória, realizada no mesmo ano, reorganizou o ensino primário no estado.[102]

No estoque da massa falida havia 1.977 exemplares cartonados de *Como se ensina*, 1.030 exemplares de *Como se aprende a língua* (curso elementar), 599 exemplares de *Como se aprende a língua* (curso médio), 1.611 exemplares de *Como se aprende a língua* (curso elementar), 71 exemplares encadernados e 20 brochuras de *A questão social*, 223 brochuras de *Questões de ensino* e 2.988 exemplares de *O que o cidadão deve saber*. Não há menção na lista, porém, a *O espírito das democracias*.

Sampaio Dória não se declarou credor de importâncias relativas aos demais livros, o que leva a supor que já havia recebido os direitos autorais concernentes às obras, ou que firmara algum outro tipo de acordo com editora a propósito desses livros. O autor era também sócio da Cia. Gráfico-Editora Monteiro Lobato, conforme atestam os estatutos da empresa na época de sua fundação, em 29 de maio de 1924. O fato de ser sócio da companhia pode ter determinado sua decisão de efetuar um contrato verbal com os editores.

Na "Relação dos credores privilegiados que se habilitaram", integrante do processo de falência, Antônio de Sampaio Dória aparece com crédito de 807$000, garantidos por "livros em consignação com a falida".[103] A opção dos síndicos parece ter sido a de pagar o autor em dinheiro, e não em exemplares – que podem ter sido vendidos antes da liquidação da massa falida em 1927.

De acordo com o contrato verbal, o autor de *O espírito das democracias* teria os direitos autorais pagos com exemplares da obra, e não com dinheiro, em situação semelhante à do contrato de Cesídio Ambrogi. Os demais contratos estipulam o pagamento de direitos autorais de acordo com a venda dos livros editados, conforme indicam os documentos examinados até aqui. Os autores recebiam uma porcentagem dos lucros líquidos da venda,

---

102 Sobre a Reforma Sampaio Dória, consulte Nagle, *Educação e Sociedade na Primeira República*, p.206-7.
103 Processo de falência da Cia. Gráfico-Editora Monteiro Lobato, p.219.

que podia variar de 15% a 50%, pagos trimestralmente, semestralmente ou depois de esgotada a edição.

Havia ainda outra forma de pagamento, como indicam duas petições integrantes do processo de falência. Uma delas, de 7 de agosto de 1925, apresenta a seguinte informação:

> THEODORO DE MORAES, por seu procurador que esta subscreve, vem declarar, na forma do art. 82 da lei 2024, que é credor da Companhia Graphico-Editora Monteiro Lobato pela quantia de doze contos e quinhentos mil reis (Rs. 12:500$000), conforme as inclusas seis notas promissorias, provenientes da venda de direitos autoraes.[104]

O educador paulista Theodoro Jeronymo Rodrigues de Moraes era autor de vários livros didáticos. O principal deles talvez tenha sido a cartilha *Meu livro: primeiras leituras de acordo com o método analítico*, publicada por Augusto Siqueira & Comp,[105] em 1909, que teve sucessivas reedições até a década de 1920.[106] Moraes não informa, na petição, o título do livro ou dos livros que teria escrito para a Cia. Gráfico-Editora, mas podemos supor que eram obras didáticas. A importância que ele tinha a receber é significativa. Lembremos que os salários mensais dos diretores da editora eram de 2 contos de réis. A quantia de 12 contos e 500 mil-réis, portanto, equivalia a mais de seis ordenados de Monteiro Lobato. Resta especular: Moraes talvez tivesse preparado para a editora uma coleção de obras didáticas, que não chegaram a ser publicadas. Seu nome não consta dos catálogos de 1923, 1924 e 1925 das editoras, o que leva a crer que o material supostamente escrito por ele não foi lançado. Sabemos, pelo depoimento de Geraldo Ferraz, transcrito no Capítulo 5, que o governo Arthur Bernardes, após a Revolução de 1924, cancelou a compra "de todas as edições escolares que a Editora imprimia e distribuía, inclusive da re-

---

104 Ibid., p.370.
105 Sobre a Tipografia Siqueira, ver Razzini, *São Paulo: cidade dos livros escolares*. In: Bragança; Abreu (orgs.), *Impresso no Brasil*, p.101-20.
106 Ver Pereira, *Theodoro de Moraes na história da alfabetização do Brasil*.

cente aquisição dos direitos autorais das gramáticas de Eduardo Carlos Pereira".[107] Algo semelhante pode ter ocorrido com os direitos autorais adquiridos de Moraes.

Ainda faltam dados que permitam estimar quantos livros chegaram a ser editados e impressos pela companhia e não puderam ser lançados, devido à falência. Um deles era *A tempestade*, adaptação para crianças da peça de Shakespeare. A obra foi adaptada por Godofredo Rangel e "emendada" por Lobato, como dá a entender o trecho de uma carta enviada em agosto de 1924: "Breve te mandarei provas da *Tempestade*, com as emendas que fiz tendentes a puerilizá-lo um pouco mais. Os leitores vão ser crianças. Teu estilo estava muito 'gente grande'!".[108] Sobressai nesse comentário o cuidado que Lobato tinha em buscar um estilo adequado aos leitores infantis, cuidado que teria ao longo da vida com sua própria obra para crianças.

A tempestade seria o nº 1 da coleção "Shakespeare dos meninos". Cartas de Lobato a Rangel do início de 1925 indicam o recebimento de tradução do *Rei Lear*. Em 7 de agosto de 1925, já declarada a falência, Lobato escreve a Rangel:

> [...] Podes continuar a traduzir os contos shakesperianos. Não pares, como nós aqui, mesmo debaixo dos escombros, não paramos. Parar é morrer. E, por falar nos contos, recebeste a *Tempestade*? Que interessante! Justamente quando imprimimos a *Tempestade* de Shakespeare, tivemos a tempestade shakesperiana que nos botou por terra... Mas Caliban não vencerá. O dia de amanhã pertence a Ariel – ou a Próspero. [...][109]

No auto de arrecadação da massa falida, não há registro de *A tempestade* entre os livros estocados. Sabemos que o livro foi impresso; certamente, os exemplares ainda não estavam finalizados. Lobato conservou com ele um exemplar em seu acervo pessoal, posteriormente doado à biblioteca infantil que leva seu nome em São Paulo.

---

107 Apud Azevedo; Camargos; Sacchetta, op. cit., p.156.
108 Carta a Rangel de 30 ago. 1924. In: Lobato, *A barca de Gleyre*, t.2, p.267.
109 Carta a Godofredo Rangel de 7 ago. 1925. In: Lobato, *A barca de Gleyre*, t.2, p.279-80.

Quanto a Theodoro de Moraes, parece ter entregado material à Companhia, de maneira a receber direitos autorais, mas não sabemos se esse material chegou a ser editado ou impresso. De qualquer modo, chama a atenção o fato de o pagamento dos direitos ter sido feito via notas promissórias. Após a liquidação da massa e o encerramento do processo, as notas foram "desentranhadas" dele, como é costume. Seu conteúdo, portanto, permanece um mistério.

A petição de outro autor que recebeu pagamento semelhante apresenta mais informações:

> O dr. Waldemar Martins Ferreira, advogado, com escriptorio nesta Capital, á praça da Sé, 34, (sobreloja, salas 10, 12 e 14), vem, na fórma do art. 82 da lei de Fallencias, fazer sua declaração de crédito:
>
> a) é credor da sociedade fallida da importancia de sete contos de réis (7:000$000);
> b) tal credito é chirographario;
> c) provém da venda dos volumes da 5ª edição de seu livro *Sociedades por quotas*;
> d) é representado pelas sete cambiaes inclusas, com seus vencimentos, respectivamente, para 15 de agosto, 15 de setembro, 15 de outubro, 15 de novembro, 15 de dezembro, (1925), 15 de janeiro e 15 de fevereiro (1926); [...] [110]

Waldemar Martins Ferreira era também o advogado que tinha requerido, com Monteiro Lobato, a autofalência da editora. No estoque da empresa, havia 122 exemplares em brochura e 255 encadernados de *Sociedades por quotas*. O jurista era autor de outros livros editados pela casa: *Manual do comerciante*, *Estudos de direito comercial*, *A hipoteca naval no Brasil*, *O menor comerciante*, além do – sugestivo? – *O direito de pedir a falência*, todos anunciados no catálogo de 1923 da Monteiro Lobato & Cia. *Sociedade por quotas* aparece somente no catálogo de 1925. Não sabemos a tiragem do livro, mas supomos que tenha tido enorme êxito, para estar na quinta edição ainda em 1925.

---

110 Processo de falência da Cia. Gráfico-Editora Monteiro Lobato, p.369.

Conforme o auto de arrecadação da massa falida, havia em estoque 1.178 brochuras e 173 exemplares encadernados de *A hipoteca naval no Brasil*. Os demais livros não constam da lista; estariam esgotados? Como Ferreira declarou-se credor dos direitos autorais de apenas um de seus livros, é possível que os demais também tenham sido pagos por notas cambiais ou promissórias. Infelizmente, as notas referidas por Ferreira foram posteriormente retiradas do processo, assim como as de Moraes.

O advogado era um dos sócios da empresa Olegário Ribeiro, Lobato & Cia., fundada em 12 de março de 1919, conforme notamos no Capítulo 5. Após a dissolução da empresa, ainda em 1919, Waldemar Ferreira, Francisco Pires de Castro e Clóvis Ribeiro estabeleceram a Sociedade Editora Olegário Ribeiro, que imprimiu vários livros por encomenda da Monteiro Lobato & Cia.[111] O estudo das relações de Ferreira com a Cia. Gráfico-Editora Monteiro Lobato ainda precisa ser aprofundado, a fim de esclarecer as atividades de autor, de sócio da Olegário Ribeiro e de advogado da Cia. Monteiro Lobato acumuladas por ele. Ferreira parece ter sido um dos autores que assumiam facilmente funções associadas a outras figuras do campo cultural.

Há uma petição integrante do processo de falência que faz menção a um contrato, mas não o apresenta. Trata-se do requerimento apresentado por Joaquim Pereira de Camargo, que declara ter crédito de 4 contos de réis, "de acordo com o contrato, referente ao lucro das vendas de seu livro *Lições de Taquigrafia*".[112] O contrato não foi anexado ao processo, mas os síndicos da falência concordaram em incluir Camargo como credor da massa falida.[113] Havia 1.112 exemplares da obra no estoque da editora.

Os autores cujos contratos e menções a contratos elencamos até agora estão todos arrolados no "Resumo dos credores" que integra o processo de falência. Vários autores são classificados como detentores de crédito junto à companhia por "consignação". Entre eles, estão Affonso de Freitas

---

111 Distrato social da firma Olegário Ribeiro Lobato & Cia. Sessão de 12 de fevereiro de 1920, N.6474.

112 Processo de falência da Cia. Gráfico-Editora Monteiro Lobato, p.319.

113 O autor pediu para ser incluído como credor privilegiado, mas os síndicos o incluíram como quirografário. Os credores quirografários não gozam de preferência em caso de falência ou concordata, sendo pagos após todos os demais credores. Já os privilegiados são os primeiros credores a receber.

e Sampaio Dória, para quem a editora devia direitos autorais, conforme observamos. Podemos inferir que outros autores listados no resumo como credores por "consignação" também tivessem direitos autorais a receber. É o caso de "Wiese – Lacher – Bluchler", que teriam em consignação com a falida 2.505 exemplares do livro *Uma festa no céu*, pelos quais deveriam receber a importância de 1:650$000.[114] Esse livro não foi anunciado nos catálogos das editoras de Lobato. Não há, no processo de falência, documento algum desses autores, com exceção da menção no resumo dos "Credores privilegiados que se habilitaram". Ora, se eles se habilitaram, deveria haver algum documento no processo a respeito.

Como os erros de datilografia encontrados no processo são numerosos, Bluchler talvez não seja um sobrenome, mas a palavra *bücher*, que em alemão pode ser traduzida por livro ou livreiro; Lacher, da mesma maneira, pode ser *lachen*, riso. A expressão *lachen bücher* é equivalente à nossa "livro humorístico". Naturalmente, as palavras podem indicar sobrenomes de coautores do livro ou de intermediários da venda. É sedutora, porém, a hipótese de que Wiese tenha produzido um livro infantil em alemão sobre a história popular do jabuti que participa de festa no céu, para a qual vai escondido no violão de um urubu; quando a ave o deixa cair, na volta, o casco do jabuti se quebra, o que teria dado origem a seu formato peculiar.[115] Em 1956, Wiese lançou, pela editora Viking Press, de Nova York, o livro infantil *The Cunning Turtle* [A tartaruga astuta] – que narra exatamente essa história.

Entre os credores que se habilitaram estão J. P. Veiga Miranda, que tinha crédito de 7:289$600 por "diversos livros em consignação com a falida", e Octavio Mendes, que deveria receber 4:970$800 por "exemplares do livro *Questões de direito comercial*, em consignação com a falida".[116] Seus contratos não integram o processo de falência.

Na lista dos credores privilegiados "que não se habilitaram" está o autor de gramáticas Eduardo Carlos Pereira que, como vimos no Capítulo 5, era um dos maiores credores da editora na época da falência. A origem de seu

---

114 Processo de falência da Cia. Gráfico-Editora Monteiro Lobato, p.210.
115 Ver Cascudo, *Contos tradicionais do Brasil*, p.214.
116 Processo de falência da Cia. Gráfico-Editora Monteiro Lobato, p.319.

crédito estaria em três letras de câmbio, no valor de 20:000$000 cada uma, que venceriam em 1926. Provavelmente, os editores haviam planejado pagar direitos ao autor depois de vendidos seus livros ao governo, o que não ocorreu. A garantia de seu crédito é um "contrato feito com a falida referente aos direitos sobre edições".

Moacir Piza, Mário Sette, Lobão Filho e Oswald de Andrade, autores publicados pela editora, estavam também na lista dos credores privilegiados que *não* se habilitaram.[117] A origem do crédito deles é igualmente registrada como "consignação". Oswald de Andrade tinha 1:890$000 a receber; Lobão Filho, 2:490$000; Moacir Piza, 801$000; Mário Sette, 1:439$000. Há outros nomes arrolados na lista dos credores, tanto dos que se habilitaram como dos que não o fizeram, que teriam crédito com a editora por "consignação". São nomes que ainda não puderam, porém, ser identificados como de autores de livros. É possível que sejam nomes de comerciantes, de representantes de assinaturas, de profissionais vários da indústria livreira. Sabemos que Mário Sette atuou como representante comercial; quantas diferentes atividades estariam englobadas pela palavra consignação? Quanto a Oswald de Andrade, que tinha grande fortuna, de que maneiras não terá ajudado Monteiro Lobato?

7.4. Lobato contrata Lobato

O editor Monteiro Lobato pagava direitos autorais ao escritor Monteiro Lobato? Se sim, de que modo realizava contratos consigo mesmo?

Um documento registrado em cartório mais de vinte anos após a falência da Cia. Gráfico-Editora Monteiro Lobato fornece algumas pistas para formular respostas hipotéticas a essas questões. No Livro B número 30 do 1º Oficial de Registro Integral de Títulos, Documentos e Outros Papéis de São Paulo, há o seguinte registro, datado de 10 de maio de 1946:

> Pelo Dr. J. B. Monteiro Lobato, foi-me apresentado para registro integral o documento seguinte, apontado sob o nº de ordem 287.625 do Protocolo

---
117 Ibid., p.222.

A nº 15: "S. Paulo, 30 de abril de 1946. Ilmo. Sr. Dr. J. B. Monteiro Lobato. Capital. Amigo e Sr. Attendendo o pedido seu, vimos por esta confirmar nossa renúncia a propriedade literária de obras de sua autoria que porventura tenhamos adquirido do Bank of London & South America, arrematante da massa falida da Companhia Gráfico-Editora Monteiro Lobato, por escriptura de 12 de junho de 1926, do 8º Tabelionato desta Capital. Aliás, nos negócios mantidos com V.S. sempre admittimos não nos pertencer a propriedade literária das suas obras, abrindo mão de qualquer direito que nos tivesse conferido a mencionada escriptura. Aproveitamos esse ensejo para nos firmar, com toda estima e consideração, e attenciosamente, (em carimbo): Companhia Editora Nacional (a.) J. Marcondes Ferreira – Diretor Secretário. (no verso, em chancela): Dr. Fernando Nobre Filho – 10º Tabelião Sucessor [...].

Em 1946, as *Obras completas* de Monteiro Lobato eram lançadas pela Editora Brasiliense, fundada em 1943 por Caio da Silva Prado, Leandro Dupré, Hermes Lima, Artur Neves e Caio Prado Júnior.[118] No ano seguinte, a Brasiliense passou a publicar os livros de Monteiro Lobato, que deixara a Cia. Editora Nacional. Em fevereiro de 1946, a nova editora ampliou seu capital com a entrada de oito novos sócios, entre eles Monteiro Lobato.[119] Talvez a participação no negócio tenha motivado Lobato a fazer o pedido mencionado na carta da Cia. Editora Nacional, registrada por ele em cartório pouco tempo depois. Segundo o diretor-secretário J. Marcondes Ferreira, irmão de Octalles, a editora confirmava, a pedido de Lobato, a renúncia à propriedade literária de obras de sua autoria, que porventura tivesse adquirido do Bank of London & South America, arrematante da massa falida da Companhia Gráfico-Editora Monteiro Lobato.

Em 1926, a recém-fundada Cia. Editora Nacional teria comprado do banco inglês o estoque de livros, os desenhos e clichês e os direitos autorais adquiridos pela Cia. Gráfico-Editora Monteiro Lobato e arrematados pelo banco, um de seus maiores credores. É o que certifica a "Escritura de venda

---

118 Ver Azevedo; Camargos; Sacchetta, op. cit., p.341.
119 Ibid.

e compra e fiança", de 12 de junho de 1926, registrada no 8º Tabelião de Notas de São Paulo. O tabelião atesta que nessa data compareceram

[...] como outorgante vendedor, o "BANK OF LONDON & SOUTH AMERICA", sociedade anônima com sede em Londres, neste acto representado pelo gerente de sua filial em S. Paulo, F. FORD; como outorgada compradora, A COMPANHIA EDITORA NACIONAL, sociedade anônyma, com sede no Rio de Janeiro e filial em S. Paulo, neste acto representada pelo seu Directo [sic], OCTALLES MARCONDES FERREIRA; e como fiador e principal pagador, solidariamente responsável com a outorgada pelo fiel cumprimento da presente são [sic] inteiramente como nella se contem e declara, o dr. THEMISTOCLES MARCONDES FERREIRA, advogado, domiciliado nesta capital, os presentes meus conhecidos e das testemunhas, adeante nomeadas e ao fim desta assignadas, do que dou fé. E, em presença das mesmas testemunhas, pelo Banco, outorgante por seu representante legal, me foi dito que pela presente escriptura, e na melhor forma de direito, na qualidade de arrematante da COMPANHIA GRAPHICA EDITORA MONTEIRO LOBATO, tem justo e convencionado, vendem a COMPANHIA EDITORA NACIONAL, como de fato vendido tem, todo o stock de livro, folhetos, revistas e demais impressos tal como se acham que pertencia a referida MASSA DA COMP. GRAPHICA [sic] EDITORA MONTEIRO LOBATO e que constitue o stock de mercadorias da secção editora daquella companhia e que se acham depositadas nas officinas da Companhia, á Rua Brigadeiro Machado, porem com exclusão de todos os livros que forem objeto de reivindicação; que são incluidos na presente venda todos os direitos autoraes adquiridos pela COMPANHIA GRAPHICA-EDITORA MONTEIRO LOBATO, cuja relação será fornecida em separado, bem como todos os direitos sobre edições e contractos sobre edições adquiridos pela COMPANHIA GRAPHICA-EDITORA MONTEIRO LOBATO, excluídos os que forem objeto de reivindicação, que são objeto da presente venda, ainda todos os desenhos e clichês, pertencentes a edições da COMPANHIA GRAPHICA-EDITORA MONTEIRO LOBATO, quer seja de livros já editados, quer seja dos livros por editar; que o preço da venda é o de trezentos contos de réis (Rs300:000$000) pago nas seguintes condições: setenta e cinco contos de réis (Rs 75:000$000), neste acto que, o banco, outorgante, por seu representante legal, recebem em boa e corrente moeda brasileira, contou e achou exacta do que dou fé, e o restante em notas promissorias aceitas pela COMPANHIA EDITORA NACIONAL, vencendo-se a primeira em 15 de Outubro p. futuro e as demais sucessivamente, no dia 15 de cada mez e todos do valor de quinze contos de reis (Rs 15:000$000) cada uma sendo que o Banco outorgante dá á outorgada Compradora, da quantia ora recebida plena e irrevogável quitação; que, para garantia do outorgante vendedor, os livros, só serão entregues á Compradora de accordo com os pagamentos effectuados por esta a aquelle: com o primeiro pagamento no feito de setenta e cinco contos de réis (Rs 75:000$000), poderá a COMPANHIA EDITORA NACIONAL retirar ¼ dos livros de cada uma das edições, e em cada letra que for, paga, poderá a Companhia retirar 1/15 de cada uma das edições restantes. Os livros ficarão depositados em poder do Banco outorgante até Dezembro próximo futuro. Dahi em deante serão depositados em um armazém fechado as ordem [sic] do Banco, correndo o aluguel por conta da COMPANHIA EDITORA NACIONAL; que, desde já, o Banco outorgante cede e transferem [sic] á outorgada compradora toda a posse, jus domínio e acção que exercia em ditos bens ora vendidos, somente sobre aquelles que forem sendo entregues, obrigando-se a fazer em todo e qualquer tempo a presente venda boa, firme e valiosa, na forma da lei. [...]

Monteiro Lobato e Octalles Marcondes Ferreira, sócios da Cia. Editora Nacional, teriam comprado do banco inglês, em junho de 1926, os livros, os desenhos e clichês das edições e os direitos autorais que pertenciam à Cia. Gráfico-Editora Monteiro Lobato até a falência. Assim, puderam continuar publicando os autores que já haviam contratado e vendendo os livros que restavam no estoque. Pode ser que a maioria dos autores publicados pela editora falida não tenha entrado com ações reivindicatórias por saber que suas obras continuariam sendo publicadas e vendidas por Lobato e Octalles. Aqueles que se declararam credores não puderam integrar o catálogo da nova editora, pois suas obras e contratos eram "objeto de reivindicação".

Não é surpreendente que, entre os direitos autorais arrematados pelo Bank of London & South America e depois comprados pela Cia. Editora

Nacional estivessem os do escritor Monteiro Lobato. Afinal, ele havia publicado quinze obras por suas editoras, entre 1918 e 1925: *Urupês, Cidades mortas, Negrinha, Mundo da lua, O macaco que se fez homem, A onda verde, Ideias de Jeca Tatu, A menina do narizinho arrebitado, Narizinho arrebitado, O saci, O marquês de Rabicó, Fábulas, Fábulas de Narizinho, A caçada da onça e Jeca Tatuzinho.*

Os direitos autorais de Lobato sobre essas obras teriam passado, portanto, à Cia. Editora Nacional. O problema é que, em 1929, Lobato vendeu suas ações da empresa ao sócio Octalles, para se recompor de perdas sofridas com o *crash* da bolsa de Nova York, na qual investira todos os recursos que pudera reunir.[120] A carta da Cia. Editora Nacional de 1946 leva a crer que, desde então, a propriedade literária daquelas obras pertenceria somente à empresa, e não mais a Lobato — embora o diretor secretário enfatize, ao final: "sempre admitimos não nos pertencer a propriedade literária das suas obras, abrindo mão de qualquer direito que nos tivesse conferido a mencionada escritura".

Para que os direitos pertencessem à editora até 1946, seria preciso que Lobato tivesse cedido perpetuamente a propriedade literária daqueles livros às editoras que comandou entre 1918 e 1925. Não foram encontrados documentos que possam comprovar essa hipótese ou fornecer mais informações a respeito de como o editor Lobato editor negociou os direitos autorais do escritor Lobato. A escritura de 1926 faz menção a uma "relação" de direitos autorais que seria "fornecida em separado". Lamentavelmente, a lista não foi integrada à escritura e, se ainda existe, seu paradeiro é desconhecido. Ela poderia revelar o valor dos direitos autorais de todos os autores contratados pelas editoras de Monteiro Lobato, inclusive os do próprio Lobato.

O conhecimento de que o autor de *Narizinho arrebitado* não tinha mais a propriedade literária de suas obras abre uma série de possibilidades de estudo de sua produção posterior. Se, em 1929, ele deixou de ser sócio da Cia. Editora Nacional, e, portanto, deixou de ser dono de seus próprios livros, podemos ver com outros olhos a reescrita de suas obras infantis a partir de 1931. *A menina do narizinho arrebitado, O marquês de Rabicó* e outras

---

120 Apud Azevedo; Camargos; Sacchetta, op. cit., p.247.

narrativas curtas sofreram modificações e passaram a integrar o volume *As reinações de Narizinho* (1931), que, depois de novos acréscimos e reformas, tornou-se *Reinações de Narizinho* (1934). *A caçada da onça* também sofreu alterações e incrementos, que deram origem a *Caçadas de Pedrinho* (1933); *O saci* e *Fábulas* foram profundamente remodelados. Lobato reescrevia e modificava suas obras antes da falência, praticamente a cada nova edição; no entanto, o fato de ter mudado tão profundamente algumas delas, a ponto de não se reconhecerem mais os títulos, faz pensar se, de algum modo, ele não teria tentado criar novos livros a partir do material dos antigos, dos quais já não era dono.

O fato de os direitos autorais terem valor de compra e venda, tanto quanto livros e clichês, é bastante significativo. Não sabemos a que preço o Bank of London & South America vendeu à Cia. Editora Nacional os direitos autorais pertencentes à massa falida, porque entraram na mesma importância cobrada o estoque de livros, os desenhos e os clichês das edições. Percorremos um longo caminho, neste livro, até que direitos autorais fossem negociados como outras mercadorias.

Conclusão

O objetivo principal deste livro era apresentar novas perspectivas sobre as práticas editorias de Monteiro Lobato, nos anos entre 1918 e 1925, a partir de documentos que permaneciam desconhecidos do público, por estarem dispersos em acervos. O processo de falência da Cia. Gráfico-Editora Monteiro Lobato ficou guardado durante décadas nos arquivos da Justiça, em São Paulo, até ser transferido para o Museu da Justiça, o que descobri por acaso, quando tentava desarquivá-lo pelos trâmites corriqueiros. Os documentos que consegui rastrear ainda são poucos, mas já suficientes para fundamentar novas hipóteses sobre dois aspectos das atividades do editor que o tornaram conhecido como "revolucionário": a organização da rede de distribuição de livros e o pagamento de direitos autorais a autores contratados.

Procurei pôr esses documentos em perspectivas sincrônica e diacrônica a fim de poder analisá-los e justificar minhas hipóteses. Era preciso não apenas relacionar as práticas editoriais de Monteiro Lobato às de editores de seu tempo, mas às de editores do passado, dos quais ele haveria de ter herdado, de algum modo, costumes, hábitos, "modos de fazer". Era necessário, igualmente, examinar como se davam as interações entre editores e autores tanto nos anos de 1918 a 1925 como em períodos anteriores, a fim de investigar a origem de certas práticas de negociação de contratos, por exemplo. Para conduzir essas investigações da maneira menos impressionista possível, eu me vali da teoria dos campos de Pierre Bourdieu, especialmente a do campo literário. O conceito de *habitus* permitiu examinar as origens de práticas e disposições de Monteiro Lobato com maior rigor, de modo a identificar alguns costumes, comportamentos, inclinações, ligados a atividades de autoria e de publicação, transmitidos ao longo de décadas – ou séculos, em alguns casos – por intermédio de interações com grupos sociais e com textos variados. Assim, fragmentos de ideias sobre como deve se comportar o homem de letras ideal ou o que é um charlatão literário, escritas por Voltaire em alguns textos franceses do século XVIII, vão ser encontrados em discursos, *habitus* e disposições no Brasil do século XIX e do XX.

Nos anos em que Monteiro Lobato esteve à frente de suas editoras, tornava-se mais nítido um processo de autonomização do campo literário brasileiro, que, ao pesquisador de hoje, é mais visível na capital federal e em algumas capitais estaduais, como a paulista. Esse processo era alimentado, de um lado, por um mercado livreiro que vinha crescendo desde fins do Oitocentos e, de outro, por debates entre intelectuais sobre "as regras da arte": o que é arte? Quem a define? Passadistas, futuristas ou juristas? Um exemplo de como o campo literário estava se tornando autônomo é a vitória de Benjamin Costallat no processo movido contra ele quando do lançamento do romance *Mlle. Cinema*, considerado imoral. Cresciam os debates entre intelectuais defendendo o fazer artístico que não se submete a regras da moral, da religião, do poder, do comércio, essenciais para o estabelecimento das linhas de força que caracterizam um campo literário autônomo.

Entretanto, como procurei apontar ao longo deste livro, os obstáculos para a autonomia do campo literário brasileiro eram muitos. Os livros de Ercilia Nogueira Cobra foram apreendidos pela polícia e suas reclamações, ignoradas. O mercado livreiro havia crescido, de fato, mas não a ponto de as editoras poderem prescindir de encomendas do governo para produzirem grandes tiragens, com uma ou outra exceção – problema cuja atualidade é perturbadora. Parece haver traços de autonomia, na década de 1920, que em alguns momentos se tornam mais vigorosos, para, em outros, retroceder, até que, na década de 1930, a partir do Estado Novo, haverá fases em que a autonomia do campo será mínima ou nula.

Por força desses avanços e retrocessos, a teoria do sistema literário, de Antonio Candido, pode ser valiosa, se usada em conjunto com a de campo literário, dadas as peculiaridades brasileiras. Algumas lições de Candido são utilizadas de modo explícito, neste livro, a começar pela seleção de "momentos decisivos" que guiou a redação dos três primeiros capítulos, fundamentados sempre por exemplos de alguns editores e autores, cujos *habitus*, disposições e práticas procurei retomar, posteriormente, para justificar como Monteiro Lobato pode ter usado antigos *habitus* para resolver com novas práticas velhos (e alguns novos) problemas. A importância de fazer uso da teoria do sistema literário, porém, justifica-se pelo fato de que realmente existe no Brasil, desde a segunda metade do século XIX, um sistema de autores conscientes de seu papel, que produzem obras de literatura brasileira, as quais circulam entre públicos. Há uma tradição literária brasileira. Esse sistema literário está consolidado e assim tem permanecido, não importam os problemas econômicos, as crises sociais e políticas, as ditaduras.

Já o campo literário brasileiro, que começa a ganhar contornos mais nítidos nos anos de 1920, retrocede inúmeras vezes ao estágio de sistema literário, conservando, no entanto, algumas características oblíquas, que vistas de um ângulo parecem ser de campo, vistas de outro, parecem ser de sistema. Assim é que investimentos de Monteiro Lobato em livros são perdidos diversas vezes, devido a medidas do campo do poder que subtraem a autonomia do campo intelectual: quando da apreensão, pela polícia, de exemplares do livro *Virgindade anti-higiênica*, de Ercilia Nogueira Cobra, ou quando do rompimento de contrato de compras de livros, pelo governo, devido ao posicionamento de Monteiro Lobato na imprensa a favor do voto secreto, para mencionar apenas dois exemplos.

Monteiro Lobato procurou jogar o jogo do campo do poder com as armas que tinha, e que talvez não fossem as melhores, porque, afinal, ele saiu perdendo, e muito. É preciso ficar claro que as alianças feitas por ele com intelectuais como Lourenço Filho e Antonio Salles, por exemplo, para a adoção de livros de sua editora em escolas de alguns estados, faziam parte desse jogo e, provavelmente, eram acordos pequenos em relação aos realizados por editoras mais antigas e experientes no ramo. Lobato não deixou de fazer críticas contra governos, especialmente o federal, enquanto foi editor, e acabou pagando um preço alto por sua posição política. É preciso ressaltar, ainda, que, com exceção do breve período em que Lobato foi adido comercial nos Estados Unidos, entre 1927 e 1931, ele se manteve longe de governos, geralmente se opondo a governantes, quando poderia ter vivido confortavelmente de prebendas governamentais, circunstância das mais raras quando se trata de intelectuais brasileiros do século XX.

Examinadas as práticas editoriais de Monteiro Lobato sob novas perspectivas, é possível concluir que ele foi, de fato, revolucionário, como afirmava nas entrevistas que concedeu nos anos de 1940, como seus biógrafos costumam qualificá-lo?

Em 1943, Lobato provavelmente via muito de seu legado nas grandes editoras do período, como a José Olympio, a Civilização Brasileira, e a própria Cia. Editora Nacional, que ele havia fundado com Octalles Marcondes Ferreira. Quem olhasse os catálogos dessas editoras veria poucos indícios, nelas, dos projetos daqueles seus contemporâneos, como Benjamin Costallat, Leite Ribeiro, ou mesmo das "galinhas velhas", como ele chamava a Garnier e a Francisco Alves. Naquelas circunstâncias, era natural que ele se considerasse um revolucionário e seus contemporâneos o vissem assim, especialmente os editores que seguiam seus passos. Como procurei demonstrar, é fundamental observar *como Monteiro Lobato recriou o que já existia antes dele para perceber que suas renovações editoriais não foram nem drásticas nem abruptas*. Não foram revolucionárias, portanto. Talvez, o melhor adjetivo para qualificá-las seja *renovadoras*.

Depois de Monteiro Lobato (muitos anos depois), a literatura infantojuvenil mudou completamente, a ponto de se propagar a ideia equivocada de que ele inventou a literatura brasileira para crianças. No entanto, a maior parte das editoras atuantes no país produziu livros infantis desde praticamente o estabelecimento da imprensa, em 1808. Monteiro Lobato inspirou-se em coleções e títulos de editoras como a Garnier e a Laemmert para lançar seus produtos para crianças. Hoje, pouca gente conhece o *D. Quixote da juventude*, que fazia parte da coleção "Biblioteca da Juventude", da editora Garnier; já o *D. Quixote das crianças*, de Lobato, continua sendo publicado e inspirando escritores. Da mesma maneira, as *Fábulas* de La

Fontaine, traduzidas e comentadas pelo barão de Paranapiacaba, que eram preferidas pelos professores às *Fábulas* de Lobato, hoje estão completamente esquecidas. A série de aventuras passadas no Sítio do Picapau Amarelo, sim, é revolucionária – mas esse é assunto de outros livros.

Não foi Monteiro Lobato o primeiro a "pôr figuras nas capas" de livros. Havia capas coloridas antes dele, e em profusão, como dei provas ao longo dos capítulos 3 e 4, principalmente. Quando Lobato começou a editar livros, havia esforços, por parte de autores como Guilherme de Almeida, por exemplo, para associar livros de literatura a capas artísticas. Afinal, muitas capas coloridas eram relacionadas a obras escandalosas, de "sensação". Monteiro Lobato juntou-se ao grupo de autores e editores que empregavam forças para mudar esse cenário. Contratou alguns dos melhores artistas da época, investiu dinheiro e, principalmente, capital simbólico, e produziu livros em massa de literatura com "L" maiúsculo e capas ilustradas. Conseguiu fazer com que o público passasse a ver brochuras de cores berrantes com a mesma seriedade com que via as capas sóbrias de papel amarelo da Garnier. Que outro editor tinha o mesmo prestígio de Monteiro Lobato, no campo literário, para conseguir esse feito? Provavelmente, nenhum outro. As capas coloridas ganhariam terreno de um jeito ou de outro; editores menores e autores modernistas já lançavam edições graficamente ousadas. Monteiro Lobato não foi revolucionário, nesse sentido, mas foi renovador, em uma escala que os contemporâneos estetas não conseguiriam fazer produzir, e os contemporâneos comerciais, como Costallat, não teriam prestígio para fazer consagrar.

Escala parece ser a palavra-chave para entender as práticas editoriais de Monteiro Lobato, tanto as que foram estudadas neste livro como as que não foram – ampliação demasiada dos negócios, endividamento demasiado, metas demasiadamente altas. A rede de distribuição de livros e da *Revista do Brasil* pretendia aumentar a escala original, segundo depoimentos de Monteiro Lobato, por meio de uma circular que pedia a comerciantes de todo o Brasil a venda consignada de um mercadoria chamada livro. Cópia dessa circular ainda não foi localizada. Por outro lado, há dezenas de cartas que comprovam o quanto homens de letras teriam contribuído para a expansão da rede de distribuição e vendas das editoras de Monteiro Lobato. Como afirmei no Capítulo 6, foi extremamente renovador o modo como o editor utilizou a antiga rede de comunicação dos letrados brasileiros, que já a usavam, em escala muito menor, para trocas de favores e eventuais vendas de assinaturas e livros. Teria sido igualmente renovadora a maneira como ele passou progressivamente a usar, com letrados, discursos em que tratava o livro como mercadoria. Os documentos encontrados até o momento indicam que, de fato, Monteiro Lobato conseguiu enviar os produtos de suas editoras para pontos os mais distantes de São Paulo, renovando os meios então existentes e usados por periódicos e outros editores, a rede de comunicação entre homens de letras e, eventualmente, novos contatos obtidos com comerciantes. Esses esforços teriam resultado em uma rede mais organizada e profissional de distribuição e vendas; mas, de fato, ele não a criou abruptamente, de forma revolucionária.

Quanto aos direitos autorais, houve quem os pagasse antes de Monteiro Lobato, e de várias maneiras, e por vezes em quantias bastante razoáveis, ainda que não existissem leis regulamentando-os antes de 1900, como se viu no Capítulo 3, principalmente. Em defesa de Lobato, é preciso enfatizar que qualquer pesquisador consegue ter acesso, hoje, de seu computador, a mais cópias de contratos e informações sobre contratos dos séculos XIX e XX do que ele poderia sonhar em sua época. Lobato, que comprou *Os sertões* na época de seu lançamento, não leu a cópia do contrato de publicação do livro de Euclides da Cunha como eu pude ler. Acredito que ele conhecesse mais as reclamações de escritores sobre direitos autorais, muitas delas possivelmente incorporadas como outros *habitus*, do que contratos reais. Quando Lobato começou a editar obras alheias, a Lei Medeiros Albuquerque era recente, o Código Civil, mais ainda, as grandes editoras contratavam poucos autores de literatura, de modo que, de seu ponto de vista – que era restrito – ele era, de fato, alguém que *havia começado* a pagar direitos autorais, quando ninguém mais (que ele conhecesse) o fazia. Junte-se a uma visão restrita do campo literário de então a natural recriação produzida pela memória e o provável desejo de enfatizar as ações que, em seu tempo, fizeram com que ele fosse festejado como editor de sucesso, e não aquelas que, mais tarde, fizeram dele empresário falido, e está pronta a somatória que resultou no adjetivo "revolucionário" com que Lobato se autointitulava.

Monteiro Lobato pagou direitos autorais de várias maneiras, em diferentes modalidades contratuais, conforme procurei mostrar no Capítulo 7. O pagamento efetuado a alguns autores, como Oliveira Vianna, pode ser considerado "generoso", ainda hoje; já os exemplares do livro editado, cedidos a Cesídio Ambrogi, dificilmente entrariam na mesma categoria. Autores de livros didáticos recebiam muito mais do que autores de livros de poesia. É preciso, porém, reunir mais contratos, a fim de aprofundar as hipóteses levantadas até o momento – por exemplo, a de que contratos feitos por carta seriam juridicamente favoráveis ao editor, em caso de rompimento do pacto. Também é preciso saber mais sobre o modo como os editores contemporâneos de Lobato pagavam direitos autorais.

O fato de trabalhos pioneiros sobre história do livro no Brasil e sobre Monteiro Lobato editor o qualificarem como "revolucionário" por pagar direitos autorais mais "generosos" do que outros editores e por ter criado uma rede nacional de distribuição de livros a partir de uma circular enviada a comerciantes oferecendo a "mercadoria livro" pode ser explicado pelo material escasso com que os pesquisadores contavam até pouco tempo atrás. Trabalhos excelentes e pioneiros como os de Alice Mitika Koshiyama, Laurence Hallewell, Marisa Lajolo, Enio Passiani, Carmen Lucia de Azevedo, Marcia Camargos e Vladimir Sacchetta, entre outros, apresentaram enormes contribuições para os estudos sobre a história do livro e da leitura no Brasil, de modo geral, e das práticas editoriais de Monteiro Lobato, em particular. Espero ter contribuído, com novas informações e análises, para que os caminhos abertos por eles continuem avançando e se alargando.

Repeti, exaustivamente, formulações como "faltam documentos", "não há pesquisas", "ainda não sabemos", "infelizmente, não foi possível descobrir" e outras congêneres a respeito dos mais diversos tópicos da história editorial brasileira, relacionados ou não às práticas de Monteiro Lobato. Essa sinalização quase obsessiva de temas que aguardam por investigação foi feita com a intenção de ajudar as muitas lacunas em um campo de pesquisas ainda recente. Espero que jovens pesquisadores, principalmente, animem-se com a quantidade de tópicos da história do livro e da leitura no Brasil que esperam por ser explorados. Não se trata de tarefa fácil, porém. A memória industrial brasileira, quando não se perdeu, está dispersa por arquivos públicos, muitas vezes desorganizados, e particulares, cuja descoberta costuma depender de paciência, curiosidade, sorte e dinheiro. Inúmeras vezes, eu soube que contratos de editoras de Monteiro Lobato seriam leiloados em algum lugar do Brasil; nem sempre cheguei a tempo para adquiri-los, nem sempre tive dinheiro para fazê-lo. Cartas, contratos, recibos, provas tipográficas, livros com dedicatórias, acervos inteiros de escritores são postos à venda em antiquários ou leilões semanalmente no país.

A história das editoras de Monteiro Lobato foi apenas parcialmente escrita. Espero que profissionais de diferentes áreas – Direito, Economia, Design, Editoração, Linguística, História, Sociologia, entre muitas outras – disponham-se a desvendar seus muitos mistérios. Acredito que essa história venha a ser escrita e reescrita por meio de hipertextos, em uma grande rede que ligue e relacione documentos, imagens, discursos de escritores, de editores, de livreiros, de jornalistas, de revisores, de fornecedores, de revendedores, de leitores, de "sapos de redação", de acionistas, de personagens, de figuras de autor, figuras de editor, das muitas figuras de Monteiro Lobato, a começar por aquela primeira, de 1921, pinçada dentre muitas, que o mostra como um Jeca Tatu modernizado, trajado à última moda, um paradoxo feliz, porque é um caboclo que sabe vender livros.

Santa Bárbara d'Oeste, 25 de novembro de 2017.

Índice de figuras

Figura 1: Capa do primeiro volume do processo de falência da Cia. Gráphico-Editora Monteiro Lobato . *22*

Figura 2: Capa de J. Prado para *Chuva de rosas*, editado pela Monteiro Lobato & Cia . *301*

Figura 3: Selo da Sociedade Anônima Olegário Ribeiro, no interior do livro *Chuva de rosas* . *302*

Figura 4: Selo da Monteiro Lobato & Co., impresso na contracapa de *Chuva de rosas* . *302*

Figura 5. Na legenda da charge, lê-se: "Monteiro Lobato, o fino conteur de *Urupês*, impiedoso caricaturista de *Géca Tatú*. Em anotação à margem, provavelmente de Purezinha, lê-se: "Imagina a que te reduziram: a um Lobato almofadinha!". . *308*

Figura 6: Capa de J. Prado para *Esfinges*, de Francisca Júlia. A edição requintada é amostra do apuro gráfico pelo qual Monteiro Lobato & Cia. ficaria famosa . *314*

Figura 7: O Palacete São Paulo, sede da Cia. Gráphico-Editora Monteiro Lobato, em 1924 . *354*

Figura 8: Publicidade da *Revista do Brasil* com reprodução de carta de Olavo Bilac . *415*

Figura 9: Contrato firmado entre Monteiro Lobato, pela *Revista do Brasil*, e Oliveira Vianna . *464*

Figura 10: "Os Editores Offerecem e pedem o obsequio de uma noticia" – carimbo estampado na folha de rosto do livro *Ipês*, de Ricardo Gonçalves, editado pela Monteiro Lobato & Cia. em 1920 . *468*

Figura 11: "A Illustrada Redacção offerece o Editor 1-4-921", diz a dedicatória manuscrita na folha de rosto de *Paiz de ouro e esmeralda*, de J. A. Nogueira, editado pela Monteiro Lobato & Cia. em 1921 . *469*

Figura 12: Contrato entre a Monteiro Lobato & Cia e Affonso A. Freitas . *475*

Figura 13. Carta da Monteiro Lobato & Cia., de 20 de agosto de 1923, propondo a edição do romance *Frida Meyer* . *483*

Referências bibliográficas

A Construção em São Paulo, ano II, n.II, São Paulo, fev. 1925.
A Idade d'Ouro do Brasil. Disponível em: <www.bn.br>. Acesso em: 21 abr. 2017.
ABRÃO, Eliane Y. *Direitos de autor e direitos conexos.* São Paulo: Editora do Brasil, 2002.
ABREU, Márcia (org.). *Leitura, história e história da leitura.* Campinas, SP: Mercado das Letras/Associação de Leitura do Brasil; São Paulo: Fapesp, 1999.
_____. *Os caminhos dos livros.* Campinas, SP: Mercado de Letras/Associação de Leitura do Brasil; São Paulo: Fapesp, 2003.
_____. *O rei e o sujeito:* considerações sobre leitura no Brasil colonial. Disponível em: <http://www.unicamp.br/iel/memoria/Ensaios/index.htm>. Acesso em: 21 abr. 2017.
_____. Impressão Régia do Rio de Janeiro: novas perspectivas. *I Seminário Brasileiro sobre Livro e História Editorial.* Rio de Janeiro: FCRB: UFF/PPGCOM: LIHED, 2004. Disponível em: <http://ww.livroehistoriaeditorial.pro.br/pdf/marciaabreu.pdf>. Acesso em: 20 jan. 2015.
_____. (org.) *Trajetórias do Romance:* circulação, leitura e escrita nos séculos XVIII e XIX. Campinas, SP: Mercado de Letras, 2008.
ADAMI, Antonio et al. (orgs.). *Mídia, cultura e comunicação 2.* São Paulo: Arte & Ciência, 2003.
AGUIAR, Cláudio. *Franklin Távora e o seu tempo.* Prefácio de Nelson Saldanha. São Paulo: Ateliê Editorial, 1997.
ALAMBERT, Francisco. *A história a contrapelo segundo Monteiro Lobato.* Site do projeto Monteiro Lobato e outros modernismos brasileiros (1882-1948). Disponível em: < http://www.unicamp.br/iel/monteirolobato/outros/ArtigoXico.pdf >. Acesso em: 30 jun. 2017.

ALBIERI, Thaís de Mattos. São Paulo-Buenos Aires: a trajetória de Monteiro Lobato na Argentina. Tese (Doutorado em Teoria e História Literária). Campinas: IEL/Unicamp, 2009. Disponível em: <http://repositorio.unicamp.br>. Acesso em: 28 jul. 2017.

ALENCAR, José de. Ao correr da pena, 26 nov. 1854. In: _____. *Crônicas escolhidas*. São Paulo: Ática, 1995.

_____. Bênção paterna. In: _____. *Sonhos d'Ouro*. 3.ed. São Paulo: Ática, 2000.

_____. *Como e por que sou romancista*. Rio de Janeiro: Tipografia Leuzinger, 1873. Versão modernizada disponível em: < http://www.dominiopublico.gov.br/>. Acesso em: 20 jan. 2016

ALENCAR, Leonel. Folhetim: Livro do domingo. *Diário do Rio de Janeiro*, ano XXXVI, n.181, 30 jun. 1856, p.1. Disponível em: <memoria.bn.br>. Acesso em: 20 jun. 2017.

ALEXANDER, Lynn Mae. *Women, Work, and Representation:* needlewomen in victorian art and literature. Athens, Ohio: Ohio University Press, 2003.

ALMEIDA, Manuel Antonio de. *Obra dispersa*. Introdução, seleção e notas de Bernardo de Mendonça. Rio de Janeiro: Graphia, 1991.

AMARAL, Pedro Ferraz. Lobato e Léo Vaz. *O Estado de S. Paulo*, 12 ago. 1967, p.12. (Suplemento Literário).

ANDRADA MACHADO E SILVA, José Bonifácio Ribeiro de. Cartas andradinas. *Annaes da Bibliotheca Nacional do Rio de Janeiro*. 1886-1887. V.XIV, Fascículo n.1. Rio de Janeiro: Typographia de G. Leuzinger & Filhos, 1890.

ANDRADE, Mário de. *Pauliceia desvairada*. Fac-símile da primeira edição. São Paulo: Casa Mayença, 1922.

_____. *Caixa modernista*. São Paulo/Belo Horizonte: Edusp/Editora UFMG/Imprensa Oficial, 2003.

_____. *Vida literária*. Pesquisa, estabelecimento de texto, introdução e notas por Sonia Sachs. São Paulo: Edusp/Hucitec, 1993.

ANDRADE, Narciso. O centenário de nascimento de Ribeiro Couto. *A Tribuna de Santos*, 22 mar. 1998, Caderno AT Especial/Leituras. Disponível em: <http://www.novomilenio.inf.br/cultura/cult006.htm>. Acesso em: 20 jun. 2017.

ANDRADE, Oswald de. A consciência de Lobato. In: _____. *Telefonema*. Pesquisa e estabelecimento de texto, introdução e notas Vera Chalmers. São Paulo: Globo, 1996.

_____. Carta a Monteiro Lobato. In: _____. *Ponta de lança*. São Paulo: Globo, 1991.

_____. *Um homem sem profissão:* memórias e confissões; sob as ordens de mamãe. São Paulo: Globo, 2002.

ANDRADE, Victor; ZEQUINI, Anicleide. *Papel de Salto:* 110 anos de Evolução e Tecnologia (1889-1999). Edição bilíngue. Salto, SP: Papel de Salto, 1999.

ANNUNCIAÇÃO, Camillo da. A vida eterna. *Jornal das Famílias*. Paris: Editora B.L. Garnier, ano VIII, n.1, jan. 1870, p.18. Disponível em: <memoria.bn.br>. Acesso em: 20 jan. 2015.

ANSELMO, Artur. *Estudos de história do livro*. Lisboa: Guimarães Editores, 1997.

ANTUNES, Cristina. As edições de "Marilia de Dirceo", de Tomás Antonio Gonzaga. Acervo digital Biblioteca José e Guita Mindlin. Disponível em: <http://www.bbm.usp.br/node/72>. Acesso em: 20 jan. 2017.

ARANHA, Graça. Figuras promissórias: Monteiro Lobato. *A maçã*, Rio de Janeiro, anno V, n.238, 28 ago. 1926, p.15. Disponível em: <memoria.bn.br>. Acesso em: 27 ago. 2017.

ARAÚJO, Valdei. Historiografia, nação e os regimes de autonomia na vida letrada no Império do Brasil. *Varia Historia*, Belo Horizonte, v.31, n.56, p.365-400, maio/ago. 2015. Disponível em: <http://www.scielo.br/>. Acesso em: 15 jan. 2017.

ARAUJO, Rita de Cássia Barbosa de. O voto de saias: a Constituinte de 1934 e a participação das mulheres na política. *Estududos Avançados*, São Paulo, v.17, n.49, 2003. Disponível em: <http://www.scielo.br>. Acesso em: 30 jan. 2017.

ASSIS, Machado de. Garnier. *Gazeta de Notícias*, 8 out. 1893. In: _____. *A semana*. Rio de Janeiro: W. M. Jackson Inc., 1946. Disponível em: <http://www.biblio.com.br/conteudo/MachadodeAssis/garnier.htm>. Acesso em: 20 jan.2015.

AZEVEDO, Carmen Lucia; CAMARGOS, Marcia; SACCHETTA, Vladimir. *Monteiro Lobato:* furacão na Botocúndia. 2.ed. São Paulo: Senac, 1998.

AZEVEDO, Elciene. *Orfeu de carapinha:* a trajetória de Luiz Gama na imperial cidade de São Paulo. Campinas, SP: Editora da Unicamp, Centro de Pesquisa em História Social, 1999.

AZEVEDO, Philadelpho. *Direito moral do escriptor*. Rio de Janeiro: Alba, 1930.

AZEVEDO, Sânzio de. *Aspectos da literatura cearense*. Fortaleza: Universidade Federal do Ceará/ Academia Cearense de Letras, 1982.

BARBIER, Frédéric. *História do livro*. Coordenação, tradução e revisão técnica de Valdir Heitor Barzotto e outros. São Paulo: Paulistana, 2001.

BARBOSA, Alaor. *Um cenáculo na Pauliceia:* um estudo sobre Monteiro Lobato, Godofredo Rangel, José Antônio Nogueira, Ricardo Gonçalves, Raul de Freitas e Albino de Camargo. Brasília: Projeto Editorial, 2002.

BARBOSA, Francisco de Assis. Prefácio. In: BARRETO, Lima. *Recordações do escrivão Isaías Caminha*. São Paulo: Publifolha/Ediouro, 1997.

_____. *A vida de Lima Barreto*. Rio de Janeiro: José Olympio, 1952.

BARRETO, Lima. *Correspondência ativa e passiva*. 2.ed. Tomo 1. Prefácio de Antônio Noronha Santos. São Paulo: Brasiliense, 1961.

_____. *Recordações do escrivão Isaías Caminha*. São Paulo: Publifolha/Ediouro, 1997.

BARRETO, Tobias. *Estudos de Direito I*. Edição comemorativa. Organização e notas: Paulo Mercadante e Antonio Paim, com a colaboração de Luiz Antonio Barreto. 2.ed. Rio de Janeiro/Aracaju, SE: Record/Secretaria de Cultura e Meio Ambiente, 1991.

BARROS NETO, João Pinheiro de. A difícil missão de vencer distâncias. *Nossa História*, São Paulo, ano 3, n.34, p.32-6.

BASTIDE, Roger. Voltaire. Trad. de Sérgio Milliet. In: VOLTAIRE. *Contos e novelas*. Trad. de Mário Quintana. São Paulo: Globo, 2005.

BATISTA, Marta Rossetti. *Anita Malfatti no tempo e no espaço*. São Paulo: Editora 34/ Edusp, 2006.

BEACH, Sylvia. *Shakespeare & Company:* uma livraria na Paris do entreguerras. Rio de Janeiro: Casa da Palavra, 2004.

BEDA, Ephraim de Figueredo. *Octalles Marcondes Ferreira:* formação e atuação do editor. Dissertação (Mestrado em Comunicação). São Paulo: Escola de Comunicações e Artes, Universidade de São Paulo (ECA/USP), 1987.

BERTELLI, Giordano B; PELLEGRINI, Tânia. Entre política e literatura: o Brasil de Oswald de Andrade. *Revista Estudos de Literatura Brasileira Contemporânea*, n.34, jul./dez. 2009. Disponível em: <www.gelbc.com.br/revista_34.html>. Acesso em: 12 jun. 2017.

BEVILÁQUA, Clóvis. *Codigo Civil dos Estados Unidos do Brasil* comentado por Clóvis Beviláqua. 4.ed., v.III. Rio de Janeiro: Francisco Alves, 1933.

_____. *Direito das obrigações*. Edição histórica. Rio de Janeiro: Rio, 1976.

BIGNOTTO, Cilza Carla. *Personagens infantis da obra para crianças e da obra para adultos de Monteiro Lobato:* convergências e divergências. Dissertação (Mestrado em Linguísticas). Campinas, SP: Universidade Estadual de Campinas, Instituto de Estudos da Linguagem, 1999. Disponível em: <http://www.unicamp.br/ iel/memoria/Teses/Cilza/index.html>.

_____; MARTINS, Milena. The brazilian publishing industry at the beginning of the twentieth century: the path of Monteiro Lobato. In: SILVA, Ana C. Suriani; VASCONCELOS, Sandra G. (orgs.). *Books and periodicals in Brazil (1769-1930)*. Oxford: Legenda, 2014.

BILAC, Olavo. *Ironia e piedade*. Rio de Janeiro: Francisco Alves, 1916. Disponível em: <http://www.brasiliana.usp.br/bbd/handle/1918/00291300#page/13/mode/1up>. Acesso em: 20 jan. 2017.

BLUTEAU, Raphael. *Vocabulario portuguez & latino, aulico, anatomico, architectonico*... Coimbra: Collegio das Artes da Companhia de Jesus, 1712-28. 8v. Disponível em: <http://dicionarios.bbm.usp.br>. Acesso em: 8 maio 2017.

BORGES, Eduardo Fares. *São Paulo e a origem dos arranha-céus*. São Paulo: RG editores, 1999.

BORY, Jean-Louis. *Eugène Sue, le roi du roman populaire*. Paris: Hachette, 1962.

BOSI, Alfredo. *História concisa da literatura brasileira*. 33.ed. São Paulo: Cultrix, 1999.

BOURDIEU, Pierre. *A economia das trocas simbólicas*. São Paulo: Perspectiva, 2003.

_____. *As regras da arte:* gênese e estrutura do campo literário. Trad. de Maria Lucia Machado. São Paulo: Companhia das Letras, 1996.

_____. *Campo de poder, campo intelectual*. Buenos Aires: Montressor Jungla Simbólica, 2002.

_____. Campo intelectual e projeto criador. Trad. Rosa Maria Ribeiro da Silva. In: POUILLON, J. et al. *Problemas do estruturalismo*. Rio de Janeiro: Zahar, 1968.

_____. Esboço de uma teoria da prática. In: ORTIZ, Renato (Org.). *A sociologia de Pierre Bourdieu*. São Paulo: Ática, 1994.

_____. Espaço social e espaço simbólico. In: _____. *Coisas ditas*. Trad. de Cássia R. da Silveira e Denise Moreno Pegorin. Revisão técnica Paula Montero. São Paulo: Brasiliense, 2004.

_____. *Razões práticas:* sobre a teoria da ação. 9.ed. Trad. de Mariza Corrêa. Campinas, SP: Papirus, 1996.

BOURGET, Paul. *Nouveaux pastels*. (*Dix portraits d'hommes*). Paris: A. Lemerre, 1891. Disponível em: <https://archive.org/details/nouveauxpastels01bourgoog>. Acesso em: 20 jan. 2015.

BRAGANÇA, Aníbal. *Eros pedagógico:* a função editor e a função autor. Tese (Doutorado em Ciências da Comunicação). Escola de Comunicação e Artes, Universidade de São Paulo, 2001.

_____. *Francisco Alves na história editorial brasileira*. Disponível em: <http://www.intercom.org.br/papers/xxiii-ci/gt04/gt04a11.pdf>.

_____. Francisco Alves, uma editora sesquicentenária (1854-2004). Trabalho enviado para o NP 04 – Produção Editorial, no IV Encontro dos Núcleos de Pesquisa da Intercom, no XXVII Congresso Brasileiro de Ciências da Comunicação, realizado na PUC-RS, Porto Alegre. Disponível em: <http://www.intercom.org.br/papers/nacionais/2004/resumos/R0631-1.pdf>. Acesso em: 20 jan. 2015.

_____. Lendo a história editorial de *Os Sertões* de Euclydes da Cunha: as edições Laemmert. *Revista Horizontes*/Dossiê: Memória Social da Leitura, Bragança Paulista, v.17, Universidade São Francisco, 1997.

_____; ABREU, Márcia (orgs.). *Impresso no Brasil:* dois séculos de livros brasileiros. São Paulo: Editora da Unesp, 2010.

BRAIT, Beth. Madame Pommery: humor, ironia e civilização. In: _____. *Ironia em perspectiva polifônica*. 2.ed. Campinas, SP: Editora da Unicamp, 2008.

BRITO, Mário da Silva. *História do Modernismo brasileiro:* antecedentes da Semana de Arte Moderna. 6.ed. Rio de Janeiro: Civilização Brasileira, 1997.

_____. Marinetti em São Paulo. *Literatura e Sociedade*, São Paulo, n.7, dez. 2004.

_____. O aluno de romance Oswald de Andrade. In: ANDRADE, Oswald. *Os condenados*. 3.ed. Rio de Janeiro: Civilização Brasileira, 1970. (Coleção Obras Completas de Oswald de Andrade).

BRITO, Francisco de Paula. A mãe-irmã. In: LIMA SOBRINHO, Barbosa. *Os precursores do conto no Brasil*. Rio de Janeiro: Civilização Brasileira, 1960.

BROCA, Brito. *Horas de leitura:* primeira e segunda séries. In: BERRIEL, Carlos E. (org.). Campinas: Editora da Unicamp, 1992.

_____. Memórias. completar

BROCA, Brito. *O repórter impenitente*. Campinas, SP: Editora da Unicamp, 1994.

_____. *Naturalistas, parnasianos e decadistas:* vida literária do realismo ao pré-modernismo. Org. de Luiz Dantas. Campinas, SP: Editora da Unicamp, 1991.

_____. *A vida literária no Brasil – 1900*.

BUENO, Alexei; ERMKOFF, George. (orgs.). *Duelos no serpentário:* uma antologia da polêmica intelectual no Brasil 1850-1950. Rio de Janeiro: G. Ermakoff Casa Editorial, 2005.

CAMARGO, Mário. *Gráfica:* arte e indústria no Brasil – 180 anos de história. 2.ed. São Paulo: Edusc: Bandeirantes Gráfica, 2003.

CAMARGO, Oswaldo. *O negro escrito:* apontamentos sobre a presença do negro na literatura brasileira. São Paulo: Imprensa Oficial do Estado, 1987.

CAMARGOS, Marcia. *Villa Kyrial:* crônica da Belle Époque paulistana. São Paulo: Editora Senac São Paulo, 2001.

CAMINHA, Adolfo. *Cartas literárias*. Rio de Janeiro: Tipografia Aldina, 1895. Disponível em: <https://archive.org/details/cartasliterarias00cami>. Acesso em: 20 jan. 2015.

CANDIDO, Antonio. *Formação da literatura brasileira* (Momentos decisivos). 7.ed. Belo Horizonte/Rio de Janeiro: Itatiaia, 1993.

_____. *Literatura e sociedade:* estudos de teoria e história literária. 7.ed. São Paulo: Editora Nacional, 1985.

_____. *O Romantismo no Brasil*. São Paulo: Humanitas FFLCH/USP, 2002.

CARDOSO, Rafael. O início do design de livros no Brasil. In: _____. (org.) *O design brasileiro antes do design:* aspectos da história gráfica, 1870-1960. São Paulo: Cosac Naify, 2005.

CARONE, Edgar. *A evolução industrial de São Paulo (1889-1930)*. São Paulo: Senac, 2001.

CARVALHO, Lilian Escorel de. *Edição lobatiana das* Memórias de um sargento de Milícias: um caso de coautoria na história do livro e da literatura no Brasil. Dissertação. (Mestrado em Ciências da Comunicação). Escola de Comunicação e Artes, Universidade de São Paulo, 2002. Disponível em: <http://www.unicamp.br/iel/memoria/Teses/index.htm>.

_____. *Monteiro Lobato e Manuel Antônio de Almeida:* um caso de coautoria na história do livro e da literatura no Brasil, São Paulo, 2002. Dissertação (Mestrado) – ECA, USP.

CASCUDO, Luiz da Câmara. *Contos tradicionais do Brasil*. São Paulo: Global, 2014.

CASSAL, Sueli Tomazini Barros. *Amigos escritos:* quarenta e cinco anos de correspondência literária entre Monteiro Lobato e Godofredo Rangel. São Paulo: Imprensa Oficial do Estado/Oficina do Livro Rubens Borba de Moraes, 2002.

CASTELLO, José Aderaldo. *A literatura brasileira:* origens e unidade. (1500-1960). São Paulo: Edusp, 1999.

_____. *Manifestações literárias do período colonial:* 1500-1808/1836. 3.ed. São Paulo: Cultrix, 1965.

_____. (org.). *Textos que interessam à história do Romantismo.* São Paulo: Imprensa Oficial do Estado, 1961.

CASTRO, Renato Herbert de. *A primeira imprensa da Bahia e suas publicações.* Salvador: SEC, 1969.

CASTRO, Ruy. *Roquette-Pinto:* O Homem Multidão. Site da Rádio Mec. Disponível em: <http://www.radiomec.com.br/roquettepinto/ohomemmultidao.asp>. Acesso em: 10 maio 2006.

CARONE, Edgar. *A evolução industrial de São Paulo (1889-1930).* São Paulo: Senac, 2001.

CAVALCANTI, Irineu. *O Rio de Janeiro setecentista:* a vida e a construção da cidade da invasão francesa à chegada da corte. Rio de Janeiro: Jorge Zahar, 2004.

CAVALHEIRO, Edgard. *A correspondência entre Monteiro Lobato e Lima Barreto.* Rio de Janeiro: Ministério da Educação e Cultura, 1955.

_____. *Monteiro Lobato:* vida e obra. São Paulo: Cia. Editora Nacional, 1955.

CAVALLO, Guglielmo (dir.). *Libros, editores y público en el mundo antiguo:* guia histórica y crítica. Version española de Juan Signes Codoñer. Madrid: Alianza Editorial, 1995.

CECCANTINI, João Luís. Cinquenta tons de verde: *Urupês*, o primeiro *best-seller* nacional. In: LAJOLO, Marisa (org.). *Monteiro Lobato, livro a livro:* Obra adulta. São Paulo: Editora da Unesp, 2014.

CHARTIER, Roger. *A ordem dos livros.* Trad. de Mary Del Priori. 2.ed. Brasília: UnB, 1999.

_____. Escutar os mortos com os olhos. *Estudos avançados*, 24 (69), 2010.

_____. As práticas da escrita. In: _____ (org.). *História da vida privada.* São Paulo: Companhia das Letras, 1991. v.3.

_____. *A aventura do livro:* do leitor ao navegador – conversações com Jean LeBrum. Trad. de Reginaldo Carmello Corrêa de Moraes. São Paulo: Editora da Unesp/Imprensa Oficial do Estado de São Paulo, 1999.

_____. *Bourdieu e a história.* Debate com José Sérgio Leite Lopes. Rio de Janeiro: Topoi, 2002.

_____. *Formas e sentido.* Cultura escrita: entre distinção e apropriação. Trad. de Maria de Loudes Meirelles Matencio. Campinas, SP: Mercado de Letras/Associação de Leitura do Brasil (ALB), 2003.

CHARTIER, Roger. *Mecenato e dedicatória*.
CHARTIER, Roger. (dir.). *Práticas de leitura*. São Paulo: Estação Liberdade, 1996.
CHIARELLI, Domingos Tadeu. *Um Jeca nos vernissages*. São Paulo: Edusp, 1995.
COBRA, Rubem Queiroz. *Ercilia*: culta e destemida modernista brasileira. Disponível em: <http://www.cobra.pages.nom.br/ft-ercilia.html>. Acesso em: 30 jan. 2017.
Código Civil dos Estados Unidos do Brasil. Versão digital. Site da Câmara Federal. Disponível em: <www.camara.gov.br>. Acesso em: 20 mar. 2017.
Código Commercial do Brazil. Annotado [...] pelo conselheiro desembargador aposentado Salustiano Orlando de Araujo Costa. 7.ed. Tomo II. Rio de Janeiro: Francisco Alves, 1912.
COELHO NETO, *A conquista*. Versão digitalizada pelo site Biblioteca Virtual de Literatura. Disponível em: <http://www.biblio.com.br/conteudo/CoelhoNeto/aconquista.htm>. Acesso em: 20 jan. 2015.
COHEN, Ilka Stern. *Bombas sobre São Paulo*: a revolução de 1924. São Paulo: Editora da Unesp, 2006.
COLARES, Otacílio. Aves de arribação, romance diferente. In: _____. SALES, Antônio. *Aves de arribação*. Organização, atualização ortográfica, introdução crítica e notas de Otacílio Colares. Rio de Janeiro/Fortaleza: José Olympio/Academia Cearense de Letras, 1979.
Coleção das leis do Império. Site da Câmara Federal. Disponível em: <www.camara.gov.br>.
Colleção das leis. Rio de Janeiro: Imprensa Nacional, 1924.
CONTE, Alberto. *Monteiro Lobato:* o homem e a obra. São Paulo: Brasiliense, 1948.
Constituicão politica do Imperio do Brazil (de 25 de março de 1824). Disponível em: <http://www.presidencia.gov.br/ccivil_03/Constituicao/Constitui%C3%A7ao24.htm>.
COSTA, Hipolito José da. *Correio braziliense, ou Armazém Literário*. Projeto e coordenação de Alberto Dines; apresentação Barbosa Lima Sobrinho, José Mindlin, Alberto Dines. São Paulo: Imprensa Oficial do Estado: Instituto Uniemp, 2000.
COSTA NETTO, José Carlos. *Direito autoral no Brasil*. São Paulo: FTD, 1998.
COSTALLAT, Benjamim. *Mademoiselle Cinema*. Introdução de Beatriz Rezende e textos críticos da imprensa da época. Rio de Janeiro: Casa da Palavra, 1999.
_____. *Mistérios do Rio*. Rio de Janeiro: Secretaria Municipal de Cultura, Turismo e Esportes, Departamento Geral de Documentação e Informação Cultural, Divisão de Editoração, 1990. (Biblioteca Carioca, 14).
COUTINHO, Afrânio. *Introdução à literatura no Brasil*. 17.ed. Rio de Janeiro: Bertrand Brasil, 2001.
COUTO, Ribeiro. O romance de Sylvio Floreal. *Illustração Brasileira*, Rio de Janeiro, anno IX, n.98, out. 1918.
CRAMSTON, Maurice. *The Noble Savage:* Jean-Jacques Rousseau, 1754-1762. Chicago: University Of Chicago Press, 1999.

CRESPO, Regina Aída. *Messianismos culturais:* Monteiro Lobato, José Vasconcelos e seus projetos para a nação. Tese de Doutorado. São Paulo: Universidade de São Paulo, 1997.

CRUZ, Heloisa de Faria. *São Paulo em papel e tinta* – periodismo e vida urbana – 1890-1915. (e-bbok). São Paulo: Arquivo Público do Estado de São Paulo, 2000.

_____. (org.). *São Paulo em revista:* catálogo de publicações da imprensa cultural e de variedade paulistana – 1870-1930. São Paulo: Arquivo do Estado, 1997.

CRYSANTHÈME. *Uma estação em Petrópolis.* Rio de Janeiro: Leite Ribeiro, 1923.

CUNHA, Maria Teresa Santos. *Armadilhas da sedução:* os romances de M. Delly. Belo Horizonte: Autêntica, 1999.

DANTAS, Paulo (org.). *Vozes do tempo de Lobato.* São Paulo: Traço, 1982.

_____. *Presença de Lobato.* São Paulo: Editora do Escritor, 1973.

DARDIS, Tom. *Firebrand:* the life of Horace Liveright. Nova York: Random House, 1995.

DARNTON, Robert. *Boemia literária e revolução:* o submundo das letras no Antigo Regime. Trad. de Luís Carlos Borges. São Paulo: Cia. das Letras, 1987.

_____. *Censores em ação:* como os Estados influenciaram a literatura. Trad. de Rubens Figueiredo. São Paulo: Companhia das Letras, 2016.

_____. *O beijo de Lamourette.* Tradução de Denise Bottman. São Paulo: Companhia das Letras, 1995.

_____. *O grande massacre de gatos e outros episódios da história cultural francesa.* Trad. de Sônia Coutinho. Rio de Janeiro: Graal, 1986.

_____. *A questão dos livros:* passado, presente e futuro. Trad. de Daniel Pellizari. São Paulo: Companhia das Letras, 2010.

DEAN, Warren. *A industrialização de São Paulo (1880-1945).* Trad. de Octavio Mendes Cajado. São Paulo: Difusão Europeia do Livro/Edusp, 1971.

DEAECTO, Marisa Midori. *O império das letras:* Instituições e práticas de leitura na São Paulo oitocentista. São Paulo: Edusp, 2011.

DEL PICCHIA, Menotti. *A semana revolucionária.* Campinas, SP: Pontes, 1992.

DeJEAN, Joan E. *Antigos contra modernos:* as guerras culturais e a construção de um *fin-de-siècle*. Trad. de Zaída Maldonado. Rio de Janeiro: Civilização Brasileira, 2005.

DIAS, Gonçalves. Correspondência ativa de Gonçalves Dias. *Anais da Biblioteca Nacional.* V.84. Rio de Janeiro: Divisão de Publicações da Biblioteca Nacional, 1964.

DIMAS, Antonio. *Tempos eufóricos* (Análise da revista *Kosmos*: 1904-1909). São Paulo: Ática, 1983.

DINES, Alberto; FALBEL, Nachman; MILGRAM, Avraham (orgs.). *Em nome da fé.* São Paulo: Perspectiva, 1999.

DONATO, Mário. O meu Lobato. *O Estado de S. Paulo,* 18 abr. 1982, p.6.

DUARTE, Constância Lima. Feminismo e literatura no Brasil. *Estudos avançados,* São Paulo, v.17, n.49, 2003.

ECO, Umberto. *Apocalípticos e integrados*. 4.ed. São Paulo: Perspectiva, 1990.
EL FAR, Alessandra. *A encenação da imortalidade:* uma análise da Academia Brasileira de Letras nos primeiros anos da República (1897-1924). Rio de Janeiro: FGV/Fapesp, 2000.
_____. *Páginas de sensação*. São Paulo: Companhia das Letras, 1994.
EPSTEIN, Jason. *O negócio do livro*. Trad. de Zaida Maldonado. Rio de Janeiro; São Paulo: Record, 2002.
ESTIVALS, Robert. Création, consomation et production intellectuelles. In: ESCARPIT, Robert (org.). *Le litteraire et le social*: éléments pour une sociologie de la literature. Paris: Flammarion, 1970.
EULÁLIO, Alexandre. Verso e reverso de Gonzaga. Dirceu, pastor e prisioneiro. In: Gonzaga, Tomás Antônio. *Os melhores poemas*. São Paulo: Global, 1983.
FAUSTO, Boris. *Trabalho urbano e conflito social (1890-1920)*. São Paulo: Difel, 1976.
FERNANDES, Florestan. *A revolução burguesa no Brasil:* ensaio de interpretação sociológica. Rio de Janeiro: Zahar, 1974.
FERRAZ, Geraldo. *Depois de tudo*. São Paulo: Paz e Terra/Secretaria Municipal de Cultura, 1983.
FERREIRA, Aurélio Buarque de Holanda. Teixeira e Souza: "O filho do pescador" e "A fatalidade de dous jovens". In: SOUZA, Antonio G. Teixeira. *O filho do pescador*. São Paulo: Melhoramentos, 1977.
FERREIRA, Ligia Fonseca. Luiz Gama: um abolicionista leitor de Renan. *Estudos avançados*, São Paulo, v.21, n.60, p.271-88, ago. 2007. Disponível em: <http://www.scielo.br>. Acesso em: 26 jun. 2017.
FERREIRA, Orlando da Costa. *Imagem e letra:* introdução à bibliologia brasileira. São Paulo: Melhoramentos/Edusp/Secretaria da Cultura, Ciência e Tecnologia, 1977.
FINKELSTEIN, David; McCLEERY, Alistair. *An introduction to book history*. Nova York: Routledge, 2012.
FLOREAL, Sylvio. *Ronda da meia-noite:* vicios, misérias e esplendores da cidade de São Paulo. São Paulo: Boitempo, 2002.
FLORESTA, Nísia. *Cintilações de uma alma brasileira*. Edição bilíngue português-italiano. Introd. de Constância Lima Duarte. Santa Cruz do Sul/Florianópolis: Edunisc/Editora Mulheres, 1977.
FOUCAULT, Michel. *Estética:* literatura e pintura, música e cinema. Org. de Manoel Barros da Mota. Trad. de Inês Autran Dourado Barbosa. São Paulo: Forense Universitária, 2001.
FRANÇA, Patrícia de Souza. *Livros para leitores:* a atuação de Benjamin Costallat para a ampliação do público leitor no Rio de Janeiro dos anos 20. Rio de Janeiro: Ministério Da Cultura/Fundação Biblioteca Nacional/Programa Nacional de Apoio à Pesquisa, 2010.

FRANCISCO, Martim. *Em Guararapes:* conferência proferida em Campinas, no Gremio Commercial em 6 de agosto de 1899. Prefácio de Alfredo de Carvalho e dez gravuras. 3.ed. revisada. Recife: Typographia do Jornal do Recife, 1910.

_____. *Pela verdade orçamentaria.* Rio de Janeiro: Lusitana, 1914.

FREITAS, César Augusto Martins Miranda de. *A novela portuguesa no século XVIII:* o caso Mateus Ribeiro. (Dissertação de mestrado). Porto, Faculdade de Letras da Universidade do Porto, 2006, p.3. Disponíel em: < https://repositorio-aberto.up.pt>. Acesso em: 27 jun. 2017.

FREYRE, Gilberto. *Sobrados e mucambos.* 13.ed. Rio de Janeiro: Record, 2002.

FRÓES, Leonardo. Romantismo: uma estética de loucos. *Poesia Sempre,* ano 8, n.13. Rio de Janeiro: Fundação Biblioteca Nacional, 2000.

GALVÃO, Walnice Nogueira. "Os sertões" faz cem anos: o alcance das ideias de Euclides da Cunha, *Revista Brasileira.* Fase VII, jan.-fev.-mar. 2002, ano VIII, n.30, p.97-113. Exemplar digitalizado pode ser encontrado no site da Academia Brasileira de Letras. Disponível em: <http://www.academia.org.br/abl/media/ciclo.pdf>. Acesso em: 20 jan. 2017.

GAMA, Luiz. *Primeiras trovas burlescas de Getulino.* São Paulo: Typographia Dous de Dezembro de Antonio Louzada Antunes, 1959.

GENS, Armando; GENS, Rosa Maria de Carvalho. A visita do inspetor ou o dublê de sanitarista. In: COSTALLAT, Benjamin. *Mistérios do Rio.* Rio de Janeiro: Casa da Palavra, 1999.

GILMER, Walker. *Horace Liveright:* publisher of the twenties. New York: David Lewis Inc., 1970.

GIORDANO, Cláudio. *Monteiro Lobato editor.* São Paulo: ABER/Editora Giordano, 1996.

GLEASON, Paul. International copyright. In: ALTBACH, Philip G.; HOSHINO, Edith S. *International book publishing:* an encyclopedia. Nova York: Garland Publishing, 1995.

GOMES, Ricardo Cordeiro. O autor [João do Rio] e seu tempo. In: _____. *João do Rio por Renato Cordeiro Gomes.* Rio de Janeiro: Agir, 2005.

GOMES, Yainha Pereira. Rui desservindo Lobato. In: _____. *Colcha de retalhos.* São Paulo: Hélios, 1926.

GONÇALVES, Marcus Augusto. *1922:* a semana que não terminou. São Paulo: Companhia das Letras, 2012.

GONDIM, Eunice Ribeiro. *Vida e obra de Paula Brito.* Rio de Janeiro: Livraria Brasiliana, 1965.

GONZAGA, Tomás Antônio. Cartas chilenas. In: PROENÇA FILHO, Domício (org.). *A poesia dos inconfidentes:* Poesia completa de Cláudio Manoel da Costa, Tomás Antônio Gonzaga e Alvarenga Peixoto. Rio de Janeiro: Nova Aguilar, 2002.

GONZAGA, Tomás Antônio. *Marilia de Dirceo*. Rio de Janeiro: Impressão Régia, 1810. Disponível em: <http://www.brasiliana.usp.br/bbd/handle/1918/03551900#page/175/mode/1up>. Acesso em: 28 jan. 2016.

GRINBERG, Keila. *Código civil e cidadania*. 2.ed. Rio de Janeiro: Jorge Zahar, 2002.

GUANABARINO. Chronica carnavalesca! *A vida moderna*, ano XVIII, n.426, 3 mar. 1922, p.33.

GUEDES, Fernando. *Os livreiros em Portugal e suas associações desde o século XV até aos nossos dias*. Lisboa: Verbo, 1993.

GUERRA, Fernanda. Tardes com Lobato: A professora Lygia Fumagalli Ambrogi revela memórias das visitas que recebia do escritor taubateano ao lado do marido Cesídio Ambrogi. *Vale Paraibano*, Taubaté, 20 abr. 2004. Disponível em: <http://jornal.valeparaibano.com.br/2004/04/20/viv01/alygia1.html>. Acesso em: 15 set. 2017.

GUIMARÃES, Hélio de Seixas. *Os leitores de Machado de Assis*: o romance machadiano e o público de literatura no século 19. São Paulo: Nankin Editorial/Edusp, 2004.

HABERMAS, Jürgen. *Mudança estrutural da esfera pública*: investigações quanto a uma categoria da sociedade burguesa. Rio de Janeiro: Tempo Brasileiro, 2003.

HALLEWELL, Laurence. *O livro no Brasil*: sua história. Trad. de Maria da Penha Villalobos e Lólio Lourenço de Oliveira, revista e atualizada pelo autor. São Paulo: T. A. Queiroz/Edusp, 1985.

HAUSER, Arnold. *História social da arte e da literatura*. Trad. de Álvaro Cabral. São Paulo: Martins Fontes, 2003.

HERCULANO, Alexandre. Da propriedade litteraria e da recente convenção com a França. Ao Visconde d'Almeida Garret. In: _____. *Opúsculos*: questões públicas. Tomo II. Lisboa: Viúva Bertrand & Cia, 1873.

História da tipografia no Brasil. São Paulo: Museu de Arte de São Paulo/Secretaria de Cultura, Ciência e Tecnologia do Governo do Estado de São Paulo, 1979.

HOLANDA, Sérgio Buarque de. Prefácio. In: MAGALHÃES, Gonçalves de. *Suspiros poéticos e saudades*. Rio de Janeiro: Ministério da Educação, 1939.

IPANEMA, Marcello de. *Legislação de imprensa*. Primeiro volume: leis de Portugal e leis de D. João. Rio de Janeiro: Aurora, 1949.

JANOVITCH, Paula. A mecanização da imprensa através dos semanários paulistanos de narrativa irreverente (1900-1911). *Revista de História*, n.149. São Paulo: Humanitas/FFLCH/USP, 2003.

JERKINS, Richard. *Pierre Bourdieu*. Londres/Nova York: Routledge, 1992.

JOB. O caminho de Damasco. *Jornal das Famílias*. Paris: Editora B. L. Garnier. Tomo 9, nov. 1871, p.130. Disponível em: <memoria.bn.br>. Acesso em: 20 jan. 2015.

JORGE, Fernando. *Vida, obra e época de Paulo Setúbal*: um homem de alma ardente. São Paulo: Geração Editorial, 2003.

JULLIEN, Dominique. *Les Amoureux de Schéhérazade:* variations modernes sur les Mille et une nuits. Genève: Droz, 2009.

KENYON, Frederic G. *Books and readers in ancient Greece and Rome.* Chicago: Ares Publishers Inc., 1980.

KLEBERG, Tönnes. Comercio librario y actividad editorial en el mundo antiguo. In: CAVALLO, Guglielmo (org.). *Libros, editores y público en el mundo antiguo*: guia histórica y crítica. Versión española de Juan Signes Codoñer. Madrid: Alianza Editorial, 1995.

KOSHIYAMA, Alice Mitika. *Monteiro Lobato:* intelectual, empresário, editor. São Paulo: T. A. Queiroz, 1982.

KUPSTAS, Márcia. *Monteiro Lobato.* São Paulo: Ática, 1988.

LAJOLO, Marisa. A modernidade em Monteiro Lobato. *Letras de Hoje,* 15 (3), p.15-22.

_____. A leitura na *Formação da Literatura Brasileira* de Antonio Candido. In: DE LA SERNA, Jorge. *Antonio Candido:* Homenagem. São Paulo: Editora da Unicamp, 2003.

_____. Leitores brasilienses: um público rarefeito? (ou homenagem ao leitor desconhecido). Site *Observatório da Imprensa.* Disponível em:<http://observatorio.ultimosegundo.ig.com.br/artigos/alm05082003 1.htm>.

_____. *Monteiro Lobato:* um brasileiro sob medida. São Paulo: Moderna, 2000.

_____. Monteiro Lobato, o mal amado do modernismo. In: _____ (org.). *Monteiro Lobato:* Contos escolhidos. São Paulo: Brasiliense, 1989.

_____. Monteiro Lobato e Dom Quixote: viajantes nos caminhos da leitura. completar ver nota 167, p.367

_____. O preço da leitura: Gonçalves Dias e a profissionalização de um escritor brasileiro oitocentista. *Moara – Revista dos Cursos de Pós Graduação em Letras da UFPA,* Belém do Pará, v.21, p.33-47, 2004.

_____. Regionalismo e história da literatura: quem é o vilão da história? In: FREITAS, Marcos Cezar (org.). *Historiografia brasileira em perspectiva.* São Paulo: Universidade São Francisco/Contexto, 1998.

_____. (org.). Monteiro Lobato, livro a livro: Obra adulta. São Paulo: Editora da Unesp, 2014.

_____. Monteiro Lobato e Dom Quixote: viajantes nos caminhos da leitura. In: *Monteiro Lobato (1882-1948) e outros modernismos brasileiros.* Projeto temático coord. por Marisa Lajolo. Disponível em: <http://www.unicamp.br/iel/monteirolobato/outros/QuixoteIEL.pdf>. Acesso em: maio 2015.

_____. *O preço da leitura:* leis e números por detrás das letras. São Paulo: Ática, 2001.

_____. *A leitura rarefeita:* leitura e livro no Brasil. São Paulo: Ática, 2002.

_____; ZILBERMAN, Regina. *Formação da leitura no Brasil.* São Paulo: Ática, 2000.

LANDERS, Vasda Bonafini. *De Jeca a Macunaíma:* Monteiro Lobato e o Modernismo. Rio de Janeiro: Civilização Brasileira, 1988.

LEITE, Míriam Moreira. *Outra face do feminismo:* Maria Lacerda de Moura. São Paulo: Ática, 1984.

LEITE, Sylvia Helena Telarolli de Almeida. *Chapéus de palha, panamás, plumas, cartolas:* a caricatura na literatura paulista (1900-1920). São Paulo: Fundação Editora da Unesp, 1996.

LEVIN, Orna Messer. *As figurações do dândi.* Campinas: Edunicamp, 1996.

LILTI, Antoine. *The World of the Salons:* Sociability and Worldliness in Eighteenth-century Paris. Oxford University Press, 2015.

LILTI, Antoine. Reconhecimento e celebridade: Jean-Jacques Rousseau e a política do nome próprio. *Topoi,* Rio de Janeiro, v.15, n.29, p. 635-649, dez. 2014. Disponível em: <http://www.scielo.br>. Acesso em: 9 maio 2017.

LIMA, Ivana Stolze. *Com a palavra a cidade mestiça.* Imprensa, política e identidade no Rio de Janeiro, 1831-1833. Disponível em: <http://www.casaruibarbosa.gov.br/>.

LIMA, Yvone Soares de. *A ilustração na produção literária:* São Paulo – década de 20. São Paulo: IEB/USP, 1985

LIMA SOBRINHO, Barbosa. *Os precursores do conto no Brasil.* Rio de Janeiro. Civilização Brasileira, 1960.

LOBATO, Monteiro. *A barca de Gleyre:* quarenta anos de correspondência literária entre Monteiro Lobato e Godofredo Rangel. São Paulo: Brasiliense, 1957.

_____. *Cartas escolhidas.* 7.ed. São Paulo: Brasiliense, 1972.

_____. *Cidades mortas.* São Paulo: Revista do Brasil, 1919.

_____. *Conferências, artigos e crônicas.* São Paulo: Brasiliense, 1961.

_____. Ideias russas. *A manhã,* n.50, 25 fev. 1926, p.3. Disponível em: <memoria.bn.br>. Acesso em: 28 jul. 2017.

_____. *Fragmentos, opiniões e miscelânea.* São Paulo: Globo, 2010.

_____. Ideias de Géca Tatu. *Revista do Brasil,* São Paulo, 1919.

_____. *Ideias de Jeca Tatu.* São Paulo: Globo, 2008.

_____. *Mr. Slang e o Brasil e Problema vital.* São Paulo: Brasiliense, 1961.

_____. *Obras completas.* São Paulo: Brasiliense, 1957.

_____. *O sacy:* resultado de um inquerito. São Paulo: Secção de Obras d'O Estado de S. Paulo, 1918.

_____. *Prefácios e entrevistas.* São Paulo: Brasiliense, 1964.

_____. Os condenados. *Revista do Brasil,* n.81. Apud LOBATO, M. *Críticas e outras notas.* São Paulo: Globo, 2009.

_____. *Os negros.* São Paulo: Sociedade Editora Olegário Ribeiro, 1921.

LOPEZ, Telê Ancona. Mário de Andrade cronista de São Paulo nos primórdios do modernismo. Campinas, SP, v.33, n.1-2, jun. 2015. Disponível em: <https://periodicos.sbu.unicamp.br/>. Acesso em: 11 out. 2017.

LUCA, Tania Regina de. *A Revista do Brasil:* um diagnóstico para a (N)ação. São Paulo: Fundação Editora da Unesp, 1999.

LUSTOSA, Isabel. No centro das preocupações do Estado: entrevista de Isabel Lustosa para Letícia Nunes. Publicada em 18 nov. 2003 no site *Observatório da Imprensa*. Disponível em: <http://observatorio.ultimosegundo.ig.com.br/artigos/ipub181120032.htm>.

_____. *O nascimento da imprensa brasileira*. Rio de Janeiro: Jorge Zahar, 2003.

_____. *Insultos impressos:* a guerra dos jornalistas na Independência. São Paulo: Cia. das Letras, 2000.

LUSTOSA, Isabel (org.). *Imprensa, história e literatura*. Rio de Janeiro: Casa de Rui Barbosa, 2008.

MACEDO, Joaquim Manuel de. *Labirinto*. Organização, apresentação e notas de Jefferson Cano. Campinas, SP/São Paulo: Mercado de Letras/Cecult/ Fapesp, 2004.

MACHADO, Ubiratan. *A vida literária no Brasil durante o Romantismo*. Rio de Janeiro: UERJ, 2001.

MACLUHAN, Marshall. *A galáxia de Gutenberg*. Trad. de Leônidas Gontijo de Carvalho e Anísio Teixeira. São Paulo: Cia. Editora Nacional/Edusp, 1972.

MAGALHÃES Jr., Raimundo. *A vida vertiginosa de João do Rio*. Rio de Janeiro/Brasília: Civilização Brasileira/INL, 1978.

_____. *José de Alencar e sua época*. 2.ed. Rio de Janeiro/Brasília: Civilização Brasileira/INL, 1977.

_____. *Olavo Bilac e sua época*. Rio de Janeiro: Americana, 1974.

_____. *O império em chinelos*. Rio de Janeiro: Civilização Brasileira, 1957.

MARQUES, Aline Nogueira. Restituir obra imatura. In: ANDRADE, Mario de. *Obra imatura*. Rio de Janeiro: Agir, 2009.

MARQUES, Gabriel. A caveira. *A Vida Moderna*, São Paulo, 15 jun. 1922, ano XVIII, n.432, p.8-9.

_____. A caveira. *Revista do Brasil*, São Paulo, ano VI, n.69, set. 1921, p.44-8.

_____. *Os condemnados (Contos Atrozes)*. São Paulo: Monteiro Lobato & Cia., 1922.

MARROCOS, Luiz Joaquim dos Santos. Cartas de Luiz Joaquim dos Santos Marrocos, escritas do Rio de Janeiro à sua família em Lisboa, de 1811 a 1821. *Anais da Biblioteca Nacional do Rio de Janeiro*. V.LVI. Rio de Janeiro: Serviço Gráfico do Ministério da Educação, 1934.

MARTINS, Ana Luiza. *Revistas em revista:* imprensa e práticas culturais em tempos de república, São Paulo (1890-1922). São Paulo: Edups/Fapesp: Imprensa Oficial do Estado, 2002.

_____; LUCA, Tania de. *Imprensa e cidade*. São Paulo: Unesp, 2006. (Coleção Paradidáticos).

MARTINS, José de Barros. Menotti del Picchia, editor. *Leitura*, n.28, ano XVIII, out. 1959, p.46.

MARTINS, Milena. *Lobato edita Lobato:* história das edições dos contos lobateanos. Tese (Doutorado em Teoria Literária). Instituto de Estudos da Linguagem, Universidade Estadual de Campinas, 2003. Disponível em: <http://www.unicamp.br/iel/memoria/Teses/index.htm>.

MARTINS, Samuel. *Direito autoral:* seu conceito, sua história e sua legislação entre nós. Recife: Officinas da Livraria Francesa, 1906.

MARTINS, Wilson. *A ideia modernista*. Rio de Janeiro: Academia Brasileira de Letras/Topbooks, 2002.

_____. *A palavra escrita:* história do livro, da imprensa e da biblioteca. São Paulo: Ática, 1996.

_____. *História da inteligência brasileira*. V. VI (1915-1933). São Paulo: Cultrix/Edusp, 1978.

MASIERO, André Luís. A Psicologia racial no Brasil (1918-1929). *Estud. psicol.* (Natal), Natal, v.10, n.2, 2005. Disponível em: <http://www.scielo.br>. Acesso em: 30 jun. 2017.

MASSA, Jean-Michel. *A juventude de Machado de Assis:* 1839-1870: Ensaio de biografia intelectual. Trad. de Marco Aurélio de Mouta Matos. Rio de Janeiro: Civilização Brasileira, 1871.

MENEZES, Raimundo. *José de Alencar:* literato e político. 2.ed. Rio de Janeiro: Livros Técnicos e Científicos, 1977.

MENEZES, Ferreira de; VARELA, Fagundes L. N. *Anchieta ou o Evangelho nas selvas*. Rio de Janeiro: Livraria Imperial, 1875.

MÉRIAN, Jean-Yves. *Aluísio Azevedo:* vida e obra (1857-1913). Rio de Janeiro: Espaço e Tempo, 1988.

MEYER, Marlise. *Folhetim:* uma história. São Paulo: Companhia das Letras, 1996.

MICELLI, Sérgio. *Intelectuais à brasileira*. São Paulo: Companhia das Letras, 2001.

MINDLIN, José. *Uma vida entre livros:* reencontros com o tempo. São Paulo: Edusp, 2008.

MISKOLCI, Richard. A hora da eugenia: raça, gênero e nação na América Latina. *Cad. Saúde Pública*. [on-line]. 2006, v.22, n.1, p.231-3. Disponível em: <http://www.scielosp.org> Acesso em: 30 jun. 2017

MOLLIER, Jean-Yves. *L'Argent et les lettres:* histoire du capitalisme d'édition – 1880-1920. Paris: Fayard, 1988.

MONARCHA, Carlos; LOURENÇO FILHO, Ruy (orgs.). *Por Lourenço Filho:* uma biobibliografia. Brasília: Inep/MEC, 2001. Disponível em: <http://www.dominiopublico.gov.br>. Acesso em: 10 nov. 2017.

MONTELLO, Josué. Introdução. In: _____. *Gonçalves Dias na Amazônia:* relatórios e Diário da viagem ao Rio Negro. Rio de Janeiro: Academia Brasileira de Letras, 2004, p.X. (Coleção Austregésilo de Athaíde).

MORAES, E. de. A ascensão dos mulatos. *Revista do Brasil*, v.25, n.84, p.197, out. 1923.

MORAES, Marcos Antonio (org.). *Correspondência:* Mário de Andrade & Manuel Bandeira. 2.ed. São Paulo: Edusp, 2001.

MORAES, Pedro Rodolfo Bodê de. Monteiro Lobato e a constituição das editoras nacionais". In: REIS, Elisa; ALMEIDA, Maria Hermínia Tavares de; FRY, Peter (orgs.) *Política e cultura* – visões do passado e perspectivas contemporâneas. São Paulo: Hucitec/ANPOCS, 1996.

MORAES, Rubem Borba de. *Livros e bibliotecas no Brasil colonial*. Rio de Janeiro/São Paulo: Livros Técnicos e Científicos/Secretaria de Cultura, Ciências e Tecnologia do Estado de São Paulo, 1979.

_____. *O bibliófilo aprendiz*. Brasília/Rio de Janeiro: Briquet de Lemos/Livros/Casa da Palavra, 1998.

MORAIS, Fernando. *Chatô:* o rei do Brasil, a vida de Assis Chateaubriand. São Paulo: Companhia das Letras, 1994.

MOTT, Maria de Barros. Biografia de uma revoltada: Ercilia Maria Cobra. *Cadernos de Pesquisa*, São Paulo, Fundação Carlos Chagas, v.58, p.85, 1986. Disponível em: <http://www.fcc.org.br/pesquisa/publicacoes/cp/arquivos/724.pdf>. Acesso em: 30 jan. 2017.

_____. História de uma romancista corajosa. *D.O. Literatura*, 112(1a), 1991.

MOTTA, Paulo. Um sucesso quase mundial: A mão do finado ou as metamorfoses de um conde. *Veredas. Revista da Associação Internacional de Lusitanistas*, n.13, p.7-24, 1º jun. 2010.

MUZART, Zahidé L. (org). *Escritoras brasileiras do século XIX:* Antologia. São Paulo: Mulheres/Edunisc, 1999.

NAGLE, J. *Educação e sociedade na Primeira República*. São Paulo: Edusp, 1974.

NETO, Lira. *O inimigo do rei:* uma biografia de José de Alencar. São Paulo: Globo, 2006.

NEVES, Lúcia Maria Bastos P. Do privilégio à propriedade literária: a questão da autoria no Brasil imperial (1808-1861). *I Seminário Brasileiro sobre Livro e História Editorial*. Disponível em: <www.livroehistoriaeditorial.pro.br/ pdf/luciabastos-neves.pdf>.

_____; FERREIRA, Tania Maria Bessone da Cruz. Privilégios ou direitos? A questão autoral entre intelectuais e homens de estado no Brasil do século XIX. In: BRAGANÇA, Aníbal; ABREU, Márcia (orgs.). *Impresso no Brasil:* dois séculos de livros brasileiros. São Paulo: Editora da Unesp, 2010.

NUNES, Cassiano (org.). *Monteiro Lobato e Anísio Teixeira:* o sonho da educação no Brasil. São Paulo: Biblioteca Infantil Monteiro Lobato, 1986.

NUNES, Cassiano (org.). *Monteiro Lobato vivo*. Rio de Janeiro: MPM Propaganda/ Record, 1986.

_____. *A correspondência de Monteiro Lobato*. Brasília: Roberval, 1998.

_____. *Cartas de Monteiro Lobato a uma senhora amiga*. São Paulo: [s.n.], 1983.

_____. *Monteiro Lobato:* o editor do Brasil. Rio de Janeiro: Contraponto/Petrobrás, 2000.

_____. *O patriotismo difícil:* a correspondência entre Monteiro Lobato e Artur Neiva. São Paulo: Copidart, 1981.

_____. *O último sonho de Monteiro Lobato:* o georgismo. São Paulo: Copidart, 1983.

OLIVEIRA, Manuel Botelho de. *Musica do Parnasso dividida em quatro coros de rimas portuguesas, castelhanas, italianas & latinas* [...]. Lisboa: Na Officina de Miguel Manescal, Impressor do Santo Officio, 1775. Disponível em: <http://www.brasiliana.usp.br>. Acesso em: 30 jan. 2015.

ORTIZ, Renato (org.). *A sociologia de Pierre Bordieu*. São Paulo: Ática, 1994.

PAES, José Paulo. Monteiro Lobato: os milagres de um santo caseiro. *Jornal da Tarde*, São Paulo, 11 ago. 1986, p.9.

PAIXÃO, Fernando (coord.). *Momentos do livro no Brasil*. São Paulo: Ática, 1996.

PASSIANI, Enio. *Na trilha do Jeca:* Monteiro Lobato e a formação do campo literário no Brasil. Bauru, SP: Edusc, 2003.

PENTEADO, José Roberto Whitaker. *Os filhos de Lobato:* o imaginário infantil na ideologia do adulto. Rio de Janeiro: Qualitymark/ Dunya, 1997.

PEREIRA, Bárbara C. *Theodoro de Moraes na história da alfabetização do Brasil*. São Paulo: Editora da Unesp, 2013.

PEREIRA, Leonardo Afonso M. Cousas do sertão: Coelho Netto e o tipo nacional nos primeiros anos da República. *História Social*, n.22-23, primeiro e segundo semestres de 2012, p.110. Disponível em: <www.ifch.unicamp.br/ojs/index.php/rhs/article/download/1204/837>. Acesso em: 25 jan. 2017.

PEREIRA, Nuno Marques. *Compendio narrativo do peregrino da América*. Em que se tratam vários discursos [...]. Lisboa: Officina de Manoel Fernandes da Costa, 1731. Disponível em: <internet.archive.org>. Acesso em: 13 jan. 2016.

PEREIRA, Paulo Roberto. Os 250 anos do livro *Júbilos da América* da Academia dos Seletos. *Revista Brasileira*, Fase VII, ano XI, n.42, jan.-fev.-mar. 2005, p.209-18.

_____. *Cartas chilenas:* impasses da Ilustração na colônia. In: PROENÇA FILHO, Domício (org.). *A poesia dos inconfidentes:* Poesia completa de Cláudio Manoel da Costa, Tomás Antônio Gonzaga e Alvarenga Peixoto. Rio de Janeiro: Nova Aguilar, 2002.

PICCHIA, Menotti del. *A longa viagem:* 2ª etapa. Ilustrações do autor. São Paulo: Martins/Conselho Estadual de Cultura, 1972.

_____. Crônica social: cartas a Chrispim. II – Monteiro Lobato. In: *O gedeão do Modernismo:* 1920-1922. São Paulo: Secretaria de Estado da Cultura; Civilização Brasileira, 1983.

PINHEIRO, Alessandra Santos. *Baptiste Louis Garnier:* o homem e o empresário. Disponível em: <http://www.livroehistoriaeditorial.pro.br/trabalhos.shtml>.

PORTO ALEGRE, Manuel de Araújo; GARCIA, José Maurício Nunes. Fora o Regresso. In: _____. *Viagem pelo Brasil*. CD de aúdio. São Paulo: Ministério da Cultura/OESP, 2000.

PORTOLOMEOS, Andréa. Um best-seller esquecido. *Nossa História*, n.23, ano 3, dez. 2005, p.80-3.

PRADO, Antonio Arnoni. *Trincheira, palco e letras:* crítica, literatura e utopia no Brasil. São Paulo: Cosac Naify, 2004.

RADWAY, Janice A. *A Feeling for books:* the Book-of-the-month club, literary taste, and middle-class desire. Chapel-Hill: The University of North Carolina Press, 1997.

REY, Marcos. *O caso do filho do encadernador:* romance da vida de um romancista. São Paulo: Global, 2015.

RIO, João do. *O momento literário*. Org. de Rosa Gens. Rio de Janeiro: Edições do Departamento Nacional do Livro/Fundação Biblioteca Nacional, 1994.

_____. O krak da literatura diante da necessidade da vida. In: GOMES, R. *João do Rio por Renato Cordeiro Gomes*. Rio de Janeiro: Agir, 2005.

RIZZINI, Carlos. *O livro, o jornal e a tipografia no Brasil:* 1500-1822. Rio de Janeiro/São Paulo/Porto Alegre: Kosmos, 1945.

RIZZINI, Jorge Messias. *Vida de Monteiro Lobato*. São Paulo: Difusora Cultural Ltda., 1953.

RODRIGUES, João Carlos. *João do Rio:* uma biografia. Rio de Janeiro: Topbooks, 1996.

RÓNAI, Cora. *Caiu na rede*. Rio de Janeiro: Agir, 2006.

ROPPO, Enzo. *O contrato*. Trad. de Ana Coimbra e M. Januário Gomes. Coimbra: Almedina, 1988.

ROSE, Mark. *Authors and owners:* the invention of copyright. 2.ed. Cambridge, Massachusetts: Harvard University Press, 1994.

RUBIN, Joan Shelley. *The Making of Middle-Brow Culture*. Chapel-Hill: University of North Carolina, 1992.

SALES, Germana Maria Araújo. *Palavra e sedução:* Uma leitura dos prefácios oitocentistas (1826-1881). Tese (Doutorado em História e Teoria Literária). Instituto de Estudos da Linguagem, Universidade Estadual de Campinas, 2003. Disponível em: < http://www.caminhosdoromance.iel.unicamp.br/>.

SANCHEZ, Edney C. T. *Revista do Instituto Histórico e Geográfico Brasileiro:* um periódico na cidade letrada brasileira do século XIX. Dissertação (Mestrado em Teoria e História Literária). Instituto de Estudos da Linguagem, Universidade Estadual de Campinas, Campinas (SP), 2003.

SAPIRO, Gisele. Elementos para uma história do processo de autonomização: o exemplo do campo literário francês. Trad. de Sergio Micelli e Evania Guilhon.

Tempo Social, São Paulo, v.16, n.1, p.94, jun. 2004. Disponível em: <http://www.scielo.br/>. Acesso em 27 mai. 2017.

SCHAPOCHNIK, Nelson. Malditos tipógrafos. Texto apresentado no I Seminário Brasileiro sobre livro e história editorial, realizado de 8 a 11 de janeiro na Casa de Rui Barbosa, Rio de Janeiro (RJ). Disponível em: <http://www.livroehistoriaeditorial.pro.br/pdf/nelsonschapochnik.pdf>. Acesso em: 20 jun. 2017.

SCHAPOCHNIK, Nelson. Ronda paulistana. In: FLOREAL, Sylvio. *Ronda da meia-noite:* vícios, misérias e esplendores da cidade de São Paulo. São Paulo: Boitempo, 2002.

SCHMIDT, Afonso. A legítima história de um romance famoso. In: DUMAS, Alexandre. *A mão do finado*. Trad. revista por Nelly Cordes. São Paulo: Clube do Livro, 1958.

_____. Sylvio Floreal. *A Tribuna*, Santos, 26 jan. 1939.

SCHÜCKING, Levin L. *The sociology of literary taste*. Trad. de E. W. Dickes. 3.ed. London: Routledge & Kegal Paul Ltd., 1950.

SCHWARCZ, Lilia Moritz. *As barbas do imperador:* D. Pedro II, um monarca nos trópicos. 2.ed. São Paulo: Companhia das Letras, 1999.

_____. O dia em que Portugal fugiu para o Brasil. *Revista de História da Biblioteca Nacional*. Rio de Janeiro: MEC, jul. 2005, ano 1, n.1, p.20-7.

_____. *Retrato em branco e negro:* Jornais, escravos e cidadãos em São Paulo do século XIX. São Paulo: Companhia das Letras, 1987.

SCHWARCZ, Lilia Moritz et al. *A longa viagem da biblioteca dos reis:* do terremoto de Lisboa à Independência do Brasil. São Paulo: Companhia das Letras, 2002.

SCHWARZ, Roberto (org.). *Os pobres na literatura brasileira*. São Paulo: Brasiliense, 1983.

SETÚBAL, Paulo. *Alma cabocla*. São Paulo: Monteiro Lobato & Cia., 1921.

SEVCENKO, Nicolau. *Orfeu extático na metrópole:* São Paulo, sociedade e cultura nos frementes anos 20. São Paulo: Companhia das Letras, 1992.

_____. *Pindorama revisitada:* cultura e sociedade em tempos de virada. São Paulo: Peirópolis, 2000.

_____. *Literatura como missão:* tensões sociais e criação cultural na Primeira República. 2.ed. revista e ampliada. São Paulo: Companhia das Letras, 2003.

SILVA, Ana C. Suriani; VASCONCELOS, Sandra G. (orgs.). *Books and periodicals in Brazil (1769-1930)*. Oxford: Legenda, 2014.

SILVA, Antonio de Morais. *Diccionario da lingua portugueza:* recopilado dos vocabularios impressos ate agora, e nesta segunda edição novamente emendado, e muito accrescentado. Tomo I. Lisboa: Typographia Lacerdina, 1813.

SILVA, Hebe Cristina da. Considerações acerca da recepção de O Filho do Pescador, de Teixeira e Souza. Site *Caminhos do Romance*. Disponível em: <http://www.caminhosdoromance.iel.unicamp.br/estudos/ensaios/consideracoes.pdf>. Acesso em: 20 jan. 2017.

SILVA, Joaquim Norberto de Sousa. *História da literatura brasileira e outros ensaios*. Org. de Roberto Acízelo de Souza. Rio de Janeiro: Zé Mário Editor, 2002.

SILVA, Lorena do Rosário. *A moreninha*, por Monteiro Lobato. Relatório de Iniciação Científica orientado por Cilza Bignotto. Universidade Federal de Ouro Preto (Ufop), 2015.

SILVA, Maria Beatriz Nizza da. História da leitura luso-brasileira: balanços e perspectivas. In: ABREU, Márcia (org.). *Leitura, história e história da leitura*. Campinas, SP: Mercado das Letras/Associação de Leitura do Brasil/Fapesp, 1999.

SODRÉ, Nelson Werneck. *História da imprensa no Brasil*. 4.ed. atualizada. Rio de Janeiro: Mauad, 1999.

SOUZA, Alberto. *Amadeu Amaral (Urzes, Névoa, Espumas...)*. Edição d'*O São Paulo Imparcial*. São Paulo: Typographia Piratininga, 1918.

SOUZA, Octavio Tarquinio de. Almanak geral do Imperio do Brasil – 1836. *Anais da Biblioteca Nacional*. V.106. Rio de Janeiro: Biblioteca Nacional, 1986.

SOUZA, Simone Cristina Mendonça. "Sahiram à luz": livros em prosa de ficção publicados pela Impressão Régia do Rio de Janeiro. In: ABREU, Márcia (org.). *Trajetórias do romance*: circulação, leitura e escrita nos séculos XVIII e XIX. Campinas, SP: Mercado de Letras, 2008.

_____. Adaptações e livros baratos para a corte: folhetos editados na Impressão Régia do Rio de Janeiro entre 1808 e 1822. In: *Caminhos do Romance*: Brasil – séculos XVIII e XIX. Projeto temático interinstitucional financiado pela Fapesp, cood. por Márcia Abreu et al. Campinas, 2005. Disponível em: <http://www.caminhosdoromance.iel.unicamp.br>. Acesso em: 20 maio 2014.

_____. Romances licenciosos nos prelos da Impressão Régia: o caso de *História de dois Amantes ou o Templo de Jatab*. Disponível em: <http://www.caminhosdoromance.iel.unicamp.br>. Acesso em: 20 maio 2014.

SPERBER, Suzi Frankl. *Caos e cosmos*: leituras de Guimarães Rosa. São Paulo: Livraria Duas Cidades, 1976.

SÜSSEKIND, Flora. *Cinematógrafo de letras*: literatura, técnica e modernização no Brasil. São Paulo: Companhia das Letras, 1987.

TÁCITO, Hilário. *Madame Pommery*. Introdução, estabelecimento do texto e notas por Júlio Castañon Guimarães. 5.ed. Campinas, SP/Rio de Janeiro: Unicamp/Fundação Casa de Rui Barbosa, 1997.

TAUNAY, Visconde de. *Reminiscências*. 2.ed. São Paulo: [s.n.], 1932.

TEIXEIRA, Luiz Antonio. *Ciência e saúde na terra dos bandeirantes*: a trajetória do Instituto Pasteur de São Paulo no período 1903-1916. [on-line]. Rio de Janeiro: Editora Fiocruz, 1995.

TELLES, Gilberto Mendonça. A experimentação poética de Bandeira em *Libertinagem* e *Estrela da Manhã*. In: BANDEIRA. Manuel. *Libertinagem – Estrela da manhã*. Edição crítica coordenada por Giulia Lanciani. Madri; Paris; México; Buenos Aires; São Paulo; Lima, Guatemala, San José; Santiago de Chile: ALLCA XX, 1998.

THIELEN, Eduardo Vilela; SANTOS, Ricardo Augusto dos. Belisário Penna: fotografias biográficas. *Hist. cienc. saude-Manguinhos*, Rio de Janeiro, v.9, n.2, 2002. Disponível em: <http://www.scielo.br/>. Acesso em: 26 out. 2017.

TINHORÃO, José Ramos. *Os romances em folhetins no Brasil*. São Paulo: Duas Cidades, 1994.

TORRES, Vasconcellos. *Oliveira Vianna, sua vida e sua posição nos estudos brasileiros de sociologia*. Rio de Janeiro/São Paulo: Freitas Bastos, 1956.

TORRESINI, Elisabeth Rochadel. *Editora Globo*: Uma aventura editorial nos anos 30 e 40. São Paulo/Porto Alegre: Editora da Universidade de São Paulo/Editora da Universidade/UFRGS, 1999. (Memória Editorial, 1).

TRAVASSOS, Nelson Palma. *Livro sobre livros*. São Paulo: Hucitec, 1978.

_____. *Minhas memórias dos Monteiros Lobatos*. São Paulo: Clube do Livro, 1974.

TURNOVSKY, Geoffrey. *The Literary Market*: Authorship and Modernity in the Old Regime. Philadelphia: University of Pennsylvania Press, 2010.

VARELA, L. N. Fagundes. *O estandarte auri-verde:* cantos sobre a questão anglo-brazileira. São Paulo: Typ. Imparcial de J. R. de A. Marques, 1863.

_____. *Vozes d'America:* poesias. São Paulo: Typ. Imparcial de J. R. de Azevedo Marques, 1864.

VASCONCELOS, Sandra. A formação do romance brasileiro: 1808-1860 (vertentes inglesas). Site *Caminhos do Romance*. Disponível em: <http://www.caminhosdoromance.iel.unicamp.br/>.

VAZ, Léo. Lobato comerciante. *O Estado de S. Paulo*, 24 abr. 1955.

_____. *O professor Jeremias*. Rio de Janeiro: Bom Texto/Casa de Rui Barbosa, 2001.

_____. *Páginas vadias*. Rio de Janeiro: José Olympio, 1957.

VENANCIO, Gisele Martins. Presentes de papel: cultura escrita e sociabilidade na correspondência de Oliveira Viana. *Estudos Históricos*, Rio de Janeiro, n.28, 2001. Disponível em: <http://www.cpdoc.fgv.br/revista/arq/308.pdf>. Acesso em: 15 out. 2017.

VERÍSSIMO, José. *História da literatura brasileira*. Rio de Janeiro, 1915. Disponível em: <http://www.dominiopublico.gov.br/download/texto/bn000116.pdf>. Acesso em: 07 maio 2018.

VIANNA, Hélio. *Dom Pedro I:* jornalista. São Paulo: Melhoramentos, 1967.

VIANNA, Oliveira. *Populações meridionais do Brasil*. 3.ed. Belo Horizonte: Itatiaia, 1987.

VIEIRA, Adriana Silena. *Viagens de Gulliver ao Brasil* (Estudo das adaptações de Gulliver's Travels por Carlos Jansen e por Monteiro Lobato). Tese (Doutorado em Teoria e História Literária). Instituto de Estudos da Linguagem (IEL),

Universidade Estadual de Campinas (Unicamp), 2004. Disponível em: <http://www.unicamp.br/iel/monteirolobato>. Acesso em: 10 jul. 2017.

VILANOVA, Lourival. Gilberto Freyre – aspectos de sua obra: a sociologia como ciência cultural. In: QUINTAS, Fátima (org.). *A obra em tempos vários*. Recife, Massangana, 1999.

VILLALTA, Luís Carlos. O diabo na livraria dos inconfidentes. In: NOVAES, A. (org.). *Tempo e história*. São Paulo: Companhia das Letras, 1992.

_____. *Reformismo Ilustrado, censura e práticas de leitura:* usos do livro na América portuguesa. 1999. Tese (Doutorado em História Social) – Faculdade de Filosofia, Letras e Ciências Humanas, Universidade de São Paulo, São Paulo, 1999. Disponível em: <http://www.teses.usp.br>. Acesso em: 12 jun. 2017.

VOLTAIRE. *Oeuvres complètes de Voltaire*. Dictionnaire philosophique. – Tome Trente-Huitieme. A B A S L E De l'Imprimerie de Jean-Jaques Tourneisen, avec des caractères de G. Haaz, 1786.

VOLTAIRE. A madame la Marquise du Deffand. In: _____. *Œuvres complètes de Voltaire avec des remarques et des notes historiques, scientifiques et littéraires.* Correspondance générale. Tome X. Paris, Baudouin Frères, 1826.

_____. Gens de Lettres. *Encyclopédie, ou Dictionnaire raisonné des sciences, des arts et des métiers*. Disponível em: <http://portail.atilf.fr>. Acesso em: 7 maio 2017.

_____. *Le Pauvre Diable*. A Paris, 1758. Disponível em: <http://gallica.bnf.fr/ark:/12148/bpt6k8598918>. Acesso em: 25 maio 2017.

_____. *Lettres sur La nouvelle Heloise ou Aloysia*. [s.l.], 1761. Disponível em: <https://archive.org/details/lettressurlanouv00volt>. Acesso em: 07 maio 2018.

WELTMANN, Manuel; RAYMOND, Lee. *Pearl White:* The Peerless, Fearless Girl. New Jersey: A. S. Barnes, 1969.

WILLIAMS, R. *Cultura e sociedade:* de Coleridge a Orwell. Trad. de Vera Joscelyne. Petrópolis, RJ: Vozes, 2011.

WOODMANSEE, Martha. *The author, art, and the market:* rereading the history of aesthetics. Nova York: Columbia University Press, 2000.

XAVIER, Elódia. O Pseudônimo Chrysanthème e a Personagem de Pierre Loti: um simples empréstimo? *Boletim do GT:* Mulher e Literatura da Associação Nacional de Pós-Graduação em Letras e Linguística (ANPOLL), n.8, 2000.

ZILBERMAN, Regina (org.). *Atualidade de Monteiro Lobato*. Porto Alegre: Mercado Aberto, 1983.

SOBRE O LIVRO

Formato: 16 x 23 cm
Mancha: 27,8 x 48 paicas
Tipologia: Venetian 301 12,5/16
Papel: Off-white 80 g/m² (miolo)
Cartão Supremo 250 g/m² (capa)

1ª edição Editora Unesp: 2018

EQUIPE DE REALIZAÇÃO

Edição de texto
Silvia Massimini Felix (Copidesque)
Tomoe Moroizumi (Revisão)

Capa
Marcelo Girard

Editoração eletrônica
Eduardo Seiji Seki

Assistência editorial
Alberto Bononi
Richard Sanches